科学探索诡异可怖的现象之谜

可怕的现象

任中原　编著

中国华侨出版社

图书在版编目（CIP）数据

可怕的现象/任中原编著.—北京：中国华侨出版社，2014.4（2014.11重印）
ISBN 978-7-5113-4530-1

Ⅰ.①可… Ⅱ.①任… Ⅲ.①科学知识—普及读物 Ⅳ.①Z228

中国版本图书馆CIP数据核字（2014）第063595号

可怕的现象

编　　著：	任中原
责任编辑：	浩　淼
封面设计：	王明贵
文字编辑：	徐胜华
美术编辑：	潘　松
经　　销：	新华书店
开　　本：	720mm×1020mm　1/16　印张：27　字数：620千字
印　　刷：	北京中创彩色印刷有限公司
版　　次：	2014年8月第1版　2017年4月第3次印刷
书　　号：	ISBN 978-7-5113-4530-1
定　　价：	58.00元

中国华侨出版社　北京市朝阳区静安里26号通成达大厦3层　邮编：100028
法律顾问：陈鹰律师事务所
发 行 部：(010) 65772781　　　传　真：(010) 65756570
网　　址：www.oveaschin.com
E-mail：oveaschin@sina.com

如果发现印装质量问题，影响阅读，请与印刷厂联系调换。

前言

　　大千世界，无奇不有，太多不可思议的可怕现象发生在我们身边。它们无形中影响着我们的生活，震撼着我们的心灵，激荡着我们的灵魂，让我们不寒而栗、毛骨悚然。每当人们提起这些可怕的现象时，总会从内心深处感受到隐隐的恐惧。这些令人困惑不解的可怕现象广泛而真实地存在着，有些是人类当前的认知能力和科技水平所不能完全解释的，有些是其真实面目被历史尘封，还有些则是由于被刻意隐瞒和篡改。虽然如此，但它们所散发出来的神秘魅力，像磁石一般吸引着人们好奇的目光，并激发起人们探求其真相的强烈兴趣。

　　美国作家洛夫克拉夫特曾说："人类最古老而强烈的情绪，便是恐惧。最古老而强烈的恐惧，便是未知。"在未知的世界里到处充满了可怕的现象：动物世界是一个可怕的、狂野的世界，动物之间充满了弱肉强食的血腥屠杀，攻与防的可怕较量。面对诡异可怖的大自然，有时让人感叹它的鬼斧神工，而有时则让人感到恐怖吓人。遥望神秘莫测的宇宙，人类的梦想与好奇由此而生，也产生了更多对外太空的恐惧。人类软弱的身躯往往能爆发出令人可怕的神奇力量，而奇人逸事、非凡现象，则让人生出无限敬畏。人类曾经创造了无数不朽的文明，这些失落文明的发达程度令今天的人们感到可怕，进而崇敬。

　　爱因斯坦曾说："我们所经历的最美妙的事情就是神秘。"为了满足人们探求这些可怕现象的真相的好奇心，并获得知识上的收益和愉快的精神体验，我们组织编写了这本《可怕的现象》。本书以知识性、趣味性为出发点，全方位、多角度地展示了从动物世界到自然奥秘、从可怕宇宙到奇异人体、从可怕历史到失落文明等方面最有研究价值、最具探索意义和最为人们所关注的可怕现象，内容涉及天文、地理、政治、历史、文化、军事、科技、动物、植物等诸多领域，可谓包罗万象。对于有些可怕现象，我们并未以一家之言取信于读者，而是在参考了大量文献资料、考古发现的基础上，结合最新的研究成果，客观地将多种经过专家学者分析论证的观点一并提出，展示给读者，或引经据典，或独辟蹊径，或提供佐证，或点明主题，使读者能见微知著、去伪存真，努力揭示出这些可怕现象背后的真相。

　　在写作风格上，本书力求通俗易懂、精准生动，将大量可怕的现象用深入浅出的语言完整表达出来，可读性强，符合不同层次读者的阅读需求。同时，我们精心挑选了300多幅精美图片,包括实物图片、自然风光、建筑景观、出土文物、摄影照片等。图片背后的故事、历史背后的真相,大量珍贵图片直击可怕的现象,与文字互为补充诠释,为读者展示出更广阔的认知视野和想象空间。

流畅的叙述语言、逻辑严谨的分析理念、图文并茂的编排形式、新颖独到的版式设计,将读者最感兴趣的可怕现象全方位、立体地展现出来,使读者在轻松获取知识、提升科学和文化素养的同时,获得更广阔的审美感受和愉快体验。

目 录

第1篇 狂野的动物世界

一、攻与防的可怕较量 ... 2
    甲壳虫的"化学武器" ... 2
    带刺的"拳套" ... 2
    剧毒的箭毒蛙 ... 3
    喷血御敌的角蜥 ... 3
    令人生畏的膨胀 ... 3
    斑纹鼬的可怕臭液 ... 4
    目露凶光的草原霸主 ... 4
    杀伤力惊人的食草动物 ... 5
    "毒"名远扬的眼镜蛇 ... 5
    最长的毒牙 ... 5
    令人惊叹的"电子探测器" ... 6
    凶猛的食肉昆虫 ... 6
    可怕的俯冲 ... 7
    横扫一切的行军蚁团队 ... 7
    恐怖的海洋霸主 ... 7
    致命的口水 ... 8
    可怕的带刺长触手 ... 8
    令人震惊的活"电池" ... 9
    最迅捷的吞食速度 ... 9
    最有弹性的舌头 ... 9
    陆上动物的速度极限 ... 10
    遍身长满毒刺的海胆 ... 10
    挥舞"大刀"的突然袭击者 ... 10
    会撒毒网的蜘蛛 ... 11
    蝾螈的反捕食绝招 ... 11

1

"水中狼族"食人鱼 ·· 12
栉水母的超大胃口 ·· 12
暗藏杀机的伪装 ·· 12
蝙蝠与夜蛾斗法的奥秘 ·· 13
最可怕的吞咽方式 ·· 14
穿山甲的捕蚁圈套 ·· 15

二、不可思议的生存技能

可怕的"舌头" ··· 17
可怕的伙伴关系 ·· 17
最懒的动物 ·· 18
繁殖力惊人的蚜虫 ·· 18
交配的巨大代价 ·· 18
能控制性别的小丑鱼 ·· 19
规模最大的排卵奇观 ·· 19
冻不死的树蛙 ·· 19
极度耐寒的麝牛 ·· 20
长跑冠军叉角羚 ·· 20
超强的吸附能力 ·· 21
最艰难的孵卵 ·· 21
挑战最极端的海底生境 ·· 21
沙漠蝗虫的可怕破坏力 ·· 22
骑在水母背上的龙虾幼仔 ·· 22
"偷梁换柱"的杜鹃 ··· 23
雌雄融为一体的琵琶鱼 ·· 23
犀牛甲虫的超级举力 ·· 24
最奇异的鸟巢 ·· 24
令人讨厌的"同居者" ··· 24
啄木鸟不会脑震荡之谜 ·· 25
再生能力极强的海星 ·· 26
南极鳕鱼的抗冻本领 ·· 27
"沙漠之舟"的生存奥秘 ··· 27
鸭子不怕寒冷的秘密 ·· 28
有智慧的猩猩 ·· 29
"筑坝高手"河狸 ··· 31
"建筑师"白蚁 ··· 32
猫有"九条命"之谜 ··· 34
最长寿的信天翁 ·· 34

水中安睡的海洋哺乳动物 ·················· 35
　　"网络高手"蜘蛛 ························ 36
　　神秘的斑马纹 ···························· 36
　　令人震惊的超长脖子 ······················ 37
　　"夜行高手"蝙蝠的生存技能 ················ 38
　　抹香鲸的惊人潜水能力 ···················· 39

三、难以解读的奇异行为 ························ 40
　　动物之间的生死搏斗 ······················ 40
　　动物冬眠的奥秘 ·························· 41
　　动物治病之谜 ···························· 43
　　动物肢体再生的奥秘 ······················ 43
　　动物也有感情吗 ·························· 44
　　动物为什么要经常玩游戏 ·················· 46
　　蝉为什么要"引吭高歌" ···················· 46
　　几维鸟为何能产下巨蛋 ···················· 47
　　雄鸳鸯竟是"薄情郎" ······················ 48
　　"孕男"雄海马 ···························· 49
　　蜻蜓"点水"的奥秘 ························ 50
　　深海鱼类结群游动之谜 ···················· 50
　　飞蛾投火为哪般 ·························· 51
　　鳄鱼"流泪"之谜 ·························· 51
　　鲸为什么要喷水 ·························· 52
　　"不孕不育"的骡子 ························ 53
　　吞食自己粪便的兔子 ······················ 54
　　用胃做子宫的蛙类 ························ 54
　　可怕的好奇心 ···························· 55
　　吃掉丈夫的黑寡妇蜘蛛 ···················· 55
　　鲸鱼集体自杀之谜 ························ 56
　　不可思议的旅鼠投海行为 ·················· 57
　　大象怎样"埋葬"自己的同伴 ················ 59
　　魔鬼鲨的毁灭自爆 ························ 60
　　狐狸为何会给同类开"追悼会" ·············· 60
　　蝌蚪尾巴自动脱落的奥秘 ·················· 61
　　鹦鹉为什么要学舌 ························ 61

四、潜伏的怪兽与神秘的野人 ···················· 63
　　神秘的太平洋怪兽 ························ 63
　　震惊世界的尼斯湖水怪 ···················· 64

天池中真的潜伏着水怪吗 · 66
"海底人"真的存在吗 · 67
美人鱼之谜 · 67
信疑难辨的野人传说 · 69
喜马拉雅山的雪人之谜 · 70
神秘的大脚怪 · 70
被野兽养大的人 · 71

第 2 篇　诡异可怖的自然奥秘

一、神奇的地球 · 74

地球是怎样诞生的 · 74
地球在空中不坠的奥秘 · 75
如何计算地球的年龄 · 76
地心非常热吗 · 77
地球生命来自何处 · 77
地球上的水来自何处 · 79
恐怖的"天外来客" · 81
神秘天使——极光 · 82
破坏臭氧层的可怕后果 · 84
温室效应的争议 · 85
大陆真的在漂移吗 · 86
如何估测古代火山爆发的时间 · 87

二、令人惊奇的神秘之地 · 88

"魔鬼三角"百慕大 · 88
令人恐惧的日本龙三角 · 89
神秘的南极"无雪干谷" · 90
海上坟地——马尾藻海 · 91
"中国的百慕大"之谜 · 92
踩在"火球"上的冰岛 · 93
死海会"死"吗 · 94
神农架之谜 · 95
寻找伊甸园 · 98
阿苏伊尔幽谷中的谜团 · 99
难识庐山真面目 · 100
来去无踪的"幽灵岛" · 101

贝加尔湖为什么会有海洋生物 ················· 103
　　神奇的尼亚加拉瀑布 ····················· 104
　　撒哈拉绿洲是如何变成沙漠的 ················· 105
　　沙漠中的"魔鬼城" ····················· 106
　　东非大裂谷的未来 ······················ 107

三、不可泄露的自然"天机" ···················· 109
　　海啸是怎么产生的 ······················ 109
　　极具破坏力的龙卷风 ····················· 109
　　可怕的球形闪电 ······················· 111
　　闪电中的电从哪儿来 ····················· 112
　　令人谈之色变的"厄尔尼诺" ················· 113
　　南极冰盖下的秘密 ······················ 116
　　巨雹是怎样形成的 ······················ 118
　　渤海古陆大平原能否再现 ··················· 119
　　彩虹是怎么形成的 ······················ 120
　　神秘的海市蜃楼 ······················· 121
　　极地冰盖完全融化会淹没多少陆地 ··············· 122
　　神秘的"多个太阳" ····················· 122
　　大自然的震怒——火山爆发 ·················· 123
　　神秘莫测的间歇泉 ······················ 125
　　"冷热颠倒"的中国地温异常带 ················ 125
　　"游移"的罗布泊 ······················ 126
　　扑朔迷离的太湖成因 ····················· 127
　　会"唱歌"的沙子 ······················ 129

第3篇　神秘莫测的可怕宇宙

一、千奇百怪的宇宙 ························ 132
　　宇宙的诞生 ························· 132
　　宇宙到底有几个 ······················· 134
　　寻找宇宙的中心 ······················· 134
　　宇宙为什么在不断地膨胀 ··················· 136
　　宇宙中真的存在反物质吗 ··················· 137
　　相互残杀的星星 ······················· 140
　　宇宙的最终归宿在何处 ···················· 140
　　黑洞之谜 ·························· 141

暗物质之谜 …… 143
太空为什么是黑的 …… 145
星星为什么掉不下来 …… 145
天空中的星星组成图案之谜 …… 146
宇宙中究竟有多少个星系 …… 147
星系都有自己名字吗 …… 148
恒星的颜色从哪儿来 …… 149
为什么天体都是球形的 …… 149
脉冲星是如何形成的 …… 150
银河系的中心到底是什么 …… 151
彗星解密 …… 152

二、太阳系发生的神秘现象 …… 155

太阳的末日 …… 155
还存在其他"太阳系"吗 …… 156
太阳如何使行星按轨道运行 …… 157
太阳能照亮八大行星吗 …… 158
为什么会出现日食和月食 …… 158
木星上为何会有红斑 …… 159
为什么冥王星会从行星降格为矮行星 …… 160
除地球外的其他星球上会下雨吗 …… 161
水星的真面目 …… 162
土星与神奇的土星光环 …… 163
流星雨是怎样形成的 …… 165
陨石来自何处 …… 166
小行星会撞击地球吗 …… 167
神秘的"太白"金星 …… 170
揭开火星的秘密 …… 171
太阳黑子产生的原因 …… 172
月亮是撞出来的吗 …… 172
月亮正在远离地球吗 …… 173
难窥其实的月亮背面 …… 173
行星会聚的现象是如何产生的 …… 174
海王星的发现与探索 …… 175

三、地外生命探奇 …… 177

神秘的 UFO …… 177
中国古代真的出现过飞碟吗 …… 178

外星人谜团 ··· 179
太阳系地外生命探疑 ·· 181
金星上的神秘城墟 ·· 183
寻找火星生命 ·· 184
火星人脸形状图之谜 ·· 186
神奇的麦田怪圈 ·· 186
外星人是否阻止了核爆炸 ···································· 188
寻找外星人 ·· 189

第4篇 令人恐惧的奇异人体

一、不同寻常的婴儿 ·· 192
战胜流产的胎儿 ·· 192
最意外的分娩 ·· 193
载入医学史册的七胞胎 ······································ 194
震惊医生的奇异三胞胎 ······································ 195
不能吞咽的婴儿 ·· 196
成功怀孕并分娩的癌症患者 ·································· 197
66岁的产妇 ·· 198
5岁生子的女孩 ··· 199
在肝脏里发育的孩子 ·· 201

二、难以置信的奇人逸事 ···································· 202
"起死回生"的人 ··· 202
"怀孕"的男孩 ··· 203
奇异的"电人" ··· 204
卢尔德的奇闻逸事 ·· 206
具有透视功能的女孩 ·· 208
皮肤脱落的女子 ·· 209
匪夷所思的意念疗法 ·· 209
能接收广播的牙齿 ·· 211
奇怪的外国腔调综合征 ······································ 212
撞击带来的视力恢复 ·· 214
失明43年重获光明 ·· 214
听觉的离奇丧失和恢复 ······································ 216
植物人的神奇苏醒 ·· 217
致命肿瘤忽然消失 ·· 218

三、神奇的感应与怪异的过敏症 …… 220
  奇怪的感应怀孕 …… 220
  神奇的幻肢感觉 …… 221
  细胞的记忆力 …… 222
  不可或缺的本体感受 …… 223
  灵魂出窍的真实体验 …… 225
  神奇的安慰剂效应 …… 227
  无法自控的手 …… 228
  令人烦恼的过敏症 …… 230
  危险的吻 …… 231
  奇怪的蜜月鼻炎 …… 232

四、神奇的医术 …… 233
  移植死人的手 …… 233
  给大脑植入芯片 …… 235
  鲨口脱险后的手臂再植 …… 236
  自体干细胞移植 …… 237
  世界首例人类舌头移植 …… 240
  "断头人"获救 …… 241
  "仿生学"女子 …… 241
  用肌肉培养出新下巴 …… 242
  世界首例 3 条断肢被同时接合 …… 243
  糖尿病患者的希望 …… 244
  神奇的脸部畸形矫正术 …… 246
  引发心脏病的元凶 …… 246
  延长寿命的神奇之药 …… 248
  令人震惊的脸部移植 …… 249
  匪夷所思的子宫移植术 …… 249

五、无法解释的奇异现象 …… 252
  无法解释的人体自燃现象 …… 252
  神秘的人体不腐现象 …… 253
  神秘的记忆移植 …… 254
  神奇的"生物钟" …… 255
  为什么胳肢自己不会感到痒 …… 255
  我们为什么打嗝 …… 257
  眉毛的特殊作用 …… 258
  互相传染的打哈欠 …… 258

能预测天气变化的关节炎 260
为何哭的时候会流眼泪 261
月圆之夜暴力事件增多之谜 262
男人为什么比女人容易患色盲 262
魔力十足的催眠术 264
人为什么会做梦 265
人类为何会得癌症 266
人类拥有不同肤色之谜 267
为什么人类有不同的血型 268
耳鸣究竟是怎么回事 269
人老后为什么会长皱纹 270
我们为什么会晕车或晕船 271

第5篇 不堪回首的可怕历史

一、酷烈的战争与"丛林法则" 274
流血漂杵的征服战 274
用人头垒起的霸主宝座 276
灭绝人性的殖民战争 277
酷烈无比的世界大战 279
反对外来压迫的解放战争 281
弱肉强食的竞技场 282
日不落帝国的"辉煌" 284
罪大恶极的殖民统治 285
国家间的分赃阴谋 288
制造分裂与对抗 289
结盟与对抗 290

二、扑朔迷离的死亡悬案 293
古埃及图坦卡蒙法老死因探秘 293
马其顿亚历山大大帝死于谁手 293
杨贵妃真的被缢死了吗 294
"烛影斧声"与宋太祖之死 295
雍正帝暴死之谜 296
伊凡雷帝杀死了亲儿子吗 297
英王威廉二世真是死于意外吗 299
拿破仑死亡之谜 299

林肯被刺的背后隐秘 …………………………………………………… 301
　　巴顿将军车祸之谜 ……………………………………………………… 302
　　肯尼迪遇刺悬案 ………………………………………………………… 304
　　梦断梦露 ………………………………………………………………… 305
　　马丁·路德·金遇害是一场阴谋吗 …………………………………… 307
　　列侬为什么会遇刺身亡 ………………………………………………… 308
　　扑朔迷离的拉宾遇刺案 ………………………………………………… 310
　　黛安娜王妃车祸谁之过 ………………………………………………… 311
三、令人谈之色变的瘟疫与灾难 ………………………………………………… 313
　　历史上的流感 …………………………………………………………… 313
　　"死神的帮凶"天花和伤寒 …………………………………………… 314
　　令人丧胆的麻风病 ……………………………………………………… 316
　　瘟疫过后，文明衰败 …………………………………………………… 317
　　谈之色变的霍乱 ………………………………………………………… 319
　　普遍流行的黄热病与疟疾 ……………………………………………… 320
　　鼠疫，欧洲人三不存一 ………………………………………………… 322
　　破坏一切的地震 ………………………………………………………… 323
　　火山喷发，世界在瞬间毁灭 …………………………………………… 326
　　洪灾和泥石流 …………………………………………………………… 329
　　可怕的雪崩 ……………………………………………………………… 330
　　来自海上的灾难 ………………………………………………………… 331
　　扫荡一切的狂风 ………………………………………………………… 333
　　恐怖的沉船事件 ………………………………………………………… 334
　　太空中的悲剧 …………………………………………………………… 337

第6篇　失落文明的神秘密码

一、解读古文明的密码 …………………………………………………………… 340
　　神秘的澳大利亚原始洞穴手印 ………………………………………… 340
　　金字塔是怎样建造的 …………………………………………………… 341
　　埃及狮身人面像之谜 …………………………………………………… 343
　　神秘的英国"巨石阵" ………………………………………………… 344
　　罗马人为何用处女守护圣火 …………………………………………… 346
　　古罗马人为什么喜爱看角斗士表演 …………………………………… 347
　　古希腊为何有众多的裸体雕塑 ………………………………………… 347
　　米洛的维纳斯断臂之谜 ………………………………………………… 348

- 罗得岛巨人雕像之谜 …… 350
- 米诺斯迷宫何以保存得如此完整 …… 351
- 玛雅文明为何如此先进 …… 352
- 玛雅人为何修建金字塔 …… 353
- 难以解读的《圣经》密码 …… 354
- 敦煌遗书因何被封 …… 356
- 乐山卧佛是自然形成的吗 …… 356
- 墨西哥人头石像和委内瑞拉浮雕有何玄机 …… 358
- 北京古城墙为何独缺一角 …… 359
- 神奇的"黄泉大道" …… 360
- 中国明十三陵碑文之谜 …… 361
- 纳斯卡地画从何处来 …… 362
- 复活节岛上的石像之谜 …… 363
- 神秘的奥尔梅克石像 …… 365

二、隐藏在孤寂中的荣华 …… 368

- 消失的古大陆：亚特兰蒂斯 …… 368
- 特洛伊城遗址之谜 …… 369
- 巴比伦空中花园之谜 …… 370
- 迈锡尼古城及其毁灭 …… 373
- 亚历山大灯塔之谜 …… 375
- 谜团重重的秦始皇陵 …… 377
- 神秘消失的楼兰古城 …… 378
- 三星堆文化之谜 …… 379
- 神秘的罗马地下墓穴 …… 381
- 海底墓群之谜 …… 382
- 重见天日的古罗马庞贝城 …… 384
- 尼雅文明为何消亡 …… 385
- 神秘的玛雅文明 …… 386
- 重现于世的吴哥古城 …… 388
- 神奇的"羽蛇城" …… 388
- 古印加人为何将"空中之城"弃之而去 …… 390
- 令人惊奇的土耳其地下城市 …… 391
- 悬崖宫是如何建成的 …… 391

三、历史，曾带给我们惊奇 …… 394

- 古埃及的"木鸟模型"与外星人有关吗 …… 394
- 足球是黄帝发明的吗 …… 394

中国古代到底有没有指南车 …………………………………… 395
古印度人制造"宇宙飞船"之谜 ………………………………… 396
古希腊人制造过齿轮计算机吗 ………………………………… 397
中国酿酒的始祖是谁 …………………………………………… 398
汉字起源真是"仓颉作书"吗 …………………………………… 398
巴格达古电池作何解释 ………………………………………… 400
古印度铁柱为何永不生锈 ……………………………………… 401
中国铜和铁的冶炼始于何时 …………………………………… 403
中国古代"透光镜"之谜 ………………………………………… 404
"金缕玉衣"真的能让尸体不朽吗 ……………………………… 405
千年不腐的马王堆古尸 ………………………………………… 406
诸葛亮制造木牛流马之谜 ……………………………………… 407
轮船是中国人发明的吗 ………………………………………… 408
《山海经》到底是何书 ………………………………………… 408
谁绘制了最早的古地图 ………………………………………… 409
火箭是哪个国家最先发明的 …………………………………… 411
明代古海船之谜 ………………………………………………… 411

第 1 篇
狂野的动物世界

　　从人类的角度看,动物世界是一个可怕的、狂野的、不可理喻的世界。动物之间充满了弱肉强食的屠杀,攻与防的可怕较量。在长期的进化过程中,动物进化出许多不可思议的生存技能,还有许多难以解读的奇异行为。

一、攻与防的可怕较量

甲壳虫的"化学武器"

在昆虫界，蚂蚁几乎无所不能，但它们并不总是成功。投弹手甲壳虫对付蚂蚁的方法很奇特，那就是用爆炸的方式。也就是说，当一只蚂蚁、蜘蛛或者任何一种别的掠食者带有敌意地咬住这种甲壳虫的腿时，它们立刻就会发现自己被一股化学喷雾所轰炸，这股喷雾就像沸水一样热。

那么，如此微小、冷血的生物是如何产生爆炸的呢？这完全是由其体内的化学物质引起的：在这种甲壳虫的腹部末端有两个完全一样的腺体，它们并列地分布在两边，在腹部的尖端有开口，这就是投弹手甲壳虫的天然微型燃烧室。每个燃烧室都有一个内室和一个外室，内室含有氢的过氧化物和对苯二酚，外室含有过氧化氢酶和过氧化物酶。当内室的化学物质被迫通过外室时，这些化学物质之间就产生了化学反应，于是投弹手甲壳虫就有效地制造了一次爆炸。

爆炸所产生的液体含有现在被人类称为四氯苯醌的刺激物。这种高压沸腾的液体从甲壳虫腹部的末端喷出，同时伴随着一声巨响，声音之大连我们人类都能听见；液体的温度也足以烫伤企图攻击甲壳虫的掠食者。更令人惊讶的是，投弹手甲壳虫的腹部还能朝任何一个方向做270°的旋转，这样它就能准确射中它的对手；如果旋转270°还对不准的话，它就会越过背部射击，先击中一对反射镜，然后液体通过反射镜跳弹到所需的角度，最终射中对手。科学家认为投弹手甲壳虫的神奇之处就在于它们是自然界唯一一种能混合化学物质引起爆炸的昆虫。

带刺的"拳套"

在海洋里大家互相帮助是很普遍的事，最有名的例子就是寄居蟹和海葵——海葵带刺的刺丝囊能保护寄居蟹，同时寄居蟹多余的食物会给海葵吃。拳击蟹似乎比寄居蟹更得寸进尺。它们个头特别小，壳的长度只有1.5厘米，所以是许多动物的猎物。当它们遇到对手时就会用双螯挥舞着微小的、带刺的海葵来击退对方。拳击蟹挥动着海葵，就像拳击手带着手套一样，每一次刺戳都会刺痛对手或者令对手死亡。有人曾经看到一只拳击蟹击退过一只蓝环的章鱼，可见它的防御是非常有效的。拳击蟹之间也是用海葵作为进攻的武器，但是它们之间的争斗只是出于好玩，几乎不会用海葵触及对方，而是用自己的腿来进行格斗。

当一只成熟的拳击蟹到了要蜕皮的时候，它就必须放下海葵，等到它的新外壳长硬之后，它又会去抓新的海葵。如果它只找到一只海葵，那它就会把这只海葵一分为二，而海葵也很乐意被分成两只。令人奇怪的是，在面对要捕食拳击蟹的动物时，海葵似乎并不反对被拳击蟹抓起自己并挥舞着进攻，至少我们从没见海葵临阵脱逃过。我们很难理解，对于海葵来说，得到所需的食物难道会比能自由活动更好？不过，由于拳击蟹利用海葵来刺昏动物，因此海葵能得到足够的食物作为回报，也许正是这个原因才使得海葵宁愿生活在拳击蟹的双螯中吧。

剧毒的箭毒蛙

这种个体很小的青蛙用它体内的有毒物质进行防御，因此被归类为有毒动物（有毒动物就是指那些利用身体的某一部位，如尾巴、螯、刺或者牙齿等等，作为武器向其他动物投放有毒物质的动物）。不过只有当箭毒蛙受到攻击时，它的毒液才会令攻击者中毒，因为它并不希望受到伤害。箭毒蛙通体鲜亮，其中以黄色或者橙色者最为耀眼，似乎在炫耀自己的美丽，其实是在警告潜在的敌人它是很危险的。

事实上，金黄色的箭毒蛙很可能是世界上最毒的动物。它皮肤内的毒液毒性非常强，任何动物只要沾上一点，就会中毒，甚至死亡。1只箭毒蛙分泌的毒液可以使100多人致命。虽然这种仅仅分布在哥伦比亚地区的毒蛙直到1978年才被科学家发现，但是印第安人很早以前就发现了这种毒蛙，并且用它们皮肤分泌的毒液去涂抹他们的箭头和标枪，然后用这样的毒箭去狩猎，以使猎物立即死亡。

这种金黄色的箭毒蛙是从其他动物那里摄取蟾毒素（也可称作蛙毒）的，很可能是依靠食用一些小的甲壳虫获得的，而甲壳虫又是通过植物获取的毒素。相比之下，我们人工繁殖的青蛙却不会有毒，大概是因为它们不食用有毒的昆虫的缘故吧。箭毒蛙在白天很活跃，除了某种蛇以外几乎没有别的敌人，因为那种蛇对它的毒素有免疫力。令人惊奇的是，在新几内亚岛上也发现了某种鸟的皮肤和羽毛里含有与箭毒蛙相同的毒素。两个距离较远的地方发现同样机理的毒素，很可能要归结于某种小甲壳虫了。类似于哥伦比亚的某种甲壳虫，这里的甲壳虫也含有这种蟾毒素。

喷血御敌的角蜥

被当地人们敬畏了上千年的得克萨斯州角蜥有一系列能耐，它主要以蚂蚁为食。如果它一天吃200个蚂蚁就意味着要在外暴露很长的时间，而且吃太多把胃胀大了会使自己遇到敌人时很难逃脱。

这种蜥蜴可以依靠自身的"盔甲"防御。它有伪装色，如果危险来临，它会一动不动。它的角和背上的刺能刺穿蛇或鸟的咽喉，当它遇见一种产于北美大草原的狼以及狐狸和狗时，它也可以通过发出嘶嘶声或把自己鼓大来恐吓对手。角蜥最令人称奇的防御手段是从眼睛后的凹处喷出污秽的血液，很有效果。不过它只在自己受到危险袭击时才喷出，毕竟喷出自身1/4的血液也会危及自身。

但这些防御手段却无法对付当地人类的攻击，它那奇怪的外形和颜色已经吸引了许多爬行动物收藏者。而它那保持不动的习性又极易被东西碾过。人们引入的一种角蜥不能吃的奇异的火蚁正逐步替换角蜥赖以生存的当地蚂蚁，这对角蜥的生存有着致命的影响。

令人生畏的膨胀

刺鲀也许是有最多普通名称的生物了。仅仅在英语里，它就可以叫做有刺的河豚、箭猪鱼、气球箭猪鱼、棕色箭猪鱼、泡泡箭猪鱼、斑点箭猪鱼、跳远箭猪鱼、树篱猪鱼和气球鱼。所有这些名字都与它的防御硬刺有关，或者与它的膨胀能力有关，或者两者兼而有之。当它处于松弛状态时，它看起来相当普通。但是如果它受到攻击，它就会迅速使自己膨胀起来，

□ 可怕的现象

刺鲀身上长满尖刺，当它遇到危险时，身体便极速膨胀，长刺也会迅速地竖起。

变成一只全身带刺的球体，比它原来的体积大3倍，就像一只篮球，上面钉满了数百枚又长又细的钉子。它是通过快速吸进大量的水到肚子里办到这一切的。

它的胃在进化的过程中已经逐渐变得没有用处了（食物不在胃里消化，而是通过胃直接进入肠子），当它的身体没有膨胀时，胃就折叠成褶皱状。事实上，胃的褶皱里又有褶皱，褶皱包着褶皱，这些褶皱只能在显微镜下才能看见。

当刺鲀觉察到危险时，它立即吸入大量的水，胃就会展开，皮肤也会膨胀，鳞片——平常的时候紧紧贴着皮肤——这时会突然像刺一样弹起来。它不仅不再需要胃的正常功能，而且还不需要大多数骨骼（特别是肋骨，肋骨很明显会影响它的身体的膨胀），除了脊椎以外。与刺鲀腹部膨胀相似的口腔膨胀也能用于防御，如与刺鲀亲缘关系最近的同科动物扳机鱼，也会吸入水，然后朝着海胆喷射出水，同时翻转身子以掩盖它们柔软的腹部。

斑纹鼬的可怕臭液

斑纹鼬发出的臭味能充斥到掠食者或猎物的整个鼻腔里，我们人类的感觉器官没有大多数动物的灵敏，但是如果风正朝我们这个方向吹的话，我们还是能闻到3.2千米远的斑纹鼬身上发出的臭味。也许我们可以尽量不去理睬某种最令人讨厌的气味，如呕吐物、粪便以及腐烂的物体的气味，但是我们避不开斑纹鼬发出的臭味。其他的动物，包括非洲艾虎、袋獾、狼獾，以及不同种类的臭鼬，当它们遇到威胁或袭击时，也会释放出令人讨厌的气味，但是它们发出的气味的强度和持久度都比不上斑纹鼬射出的臭液。

斑纹鼬射出的那种黄色的油状液体是在它尾巴下面的两块肌肉腺体里产生的，能方位精确地喷射3.6米远。这种液体里面含有令人作呕的气味，就像很臭的烂鸡蛋味。它还能使人暂时失明，如果近距离遭遇到它的话，喷射到衣服上的液体根本无法洗去，最好是把它扔掉。

其他的哺乳动物对这种臭味也很惧怕，斑纹鼬唯一需要提防的掠食者就是大角鹰，因为大角鹰几乎没有嗅觉。斑纹鼬舍不得随便浪费它的臭液，因为腺体要花费两天的时间才能再次充满，于是它们通常会在喷射之前抬起它们黑白相间的尾巴作为警告。但是这样的警告在公路上不起作用，也许这就是汽车才是它们的最大敌人的缘故吧。

目露凶光的草原霸主

狮子是一种大型的食肉动物，有"万兽之王"、"草原霸主"的美称。雄狮身长约2米，重约220千克；雌狮的个头稍小一些，身长约1.7米，体重在150千克左右。狮子的身上覆盖着一层褐色的长毛，没有明显的斑纹。雄狮大约从2岁起，开始在颈部、胸部、前肢腋下等地方长出鬣，即鬃毛，有金黄、棕黄、深褐、乌黑等颜色，十分显眼，尤其是在阳光的照射下，像一团火焰熠熠生辉。

狮子是唯一过着群居生活的猫科动物，只有一小部分"老弱病残"的狮子离群独居。雄狮的主要职责是保护领地，监护狮群，因而它的日子相对比较清闲，大部分时间都在休息和睡觉。雄狮偶尔会去捕猎，其捕猎方式迅速而猛烈，先用爪子将猎物的脖子打断，几分钟后猎物便会因气管、食道断裂而死。雌狮捕猎时则以"巧"取胜。它们一般会潜伏在草丛中，等待猎物的出现。当猎物走进其势力范围时，便以迅雷不及掩耳之势扑向猎物，将其扼死。

狮子有锋利的牙齿，钢钩似的脚爪，强有力的脖子、肩膀和前足，这些都有利于它捕食大型哺乳动物。此外，狮子还有一项绝技，那就是它的吼声。狮子的吼声非常洪亮，可以传到八九千米之外，非常具有震慑作用。它在捕猎时会发出吼声，用来威吓动物，有的猎物一听到这个声音，早已吓得魂不附体，没有力气再跑，只好乖乖地成为狮子的食物。

杀伤力惊人的食草动物

非洲水牛属牛科，平均高度约 1.7 米，体长 3.4 米，体重平均有 900 千克，而体形大的能超过 1500 千克。非洲水牛和亚洲水牛的亲缘甚远，其祖先世系尚不清楚。

非洲水牛是非洲草原上体形最大的动物之一，虽是食草动物，但却是最可怕的猛兽之一。它们集体作战，由一头成年雄性水牛带头，组成大方阵冲向入侵者，通常有数百头甚至上千头，时速可高达 60 千米，在这样的阵势下，入侵者往往会被踏成肉泥。在非洲草原上，如果你遇到了一两头非洲水牛，可能你还算幸运；但是当一群水牛朝你狂奔过来时，厄运就要降临了。每年都传出非洲水牛杀伤人的消息。非洲水牛每年杀死的人数要比其他任何动物杀死的都多。

事实上，人类是非洲水牛唯一的天敌。因为即使是狮子，也会给它们让路。狮群经常遭到非洲水牛群的恶意报复甚至挑衅，在这种情况下，狮子轻则受伤，重则毙命。最可怜的是狮群中的小狮子，往往会在水牛群的进攻中无一幸免，因为它们的母亲此时自身性命尚且难保。所幸的是，非洲水牛毕竟不是食肉动物，一般不会主动发起攻击，它们之所以发威，一般来说还是出于防卫式反击。

"毒"名远扬的眼镜蛇

眼镜蛇科包括许多广为人知的毒蛇，这些蛇嘴的前部都有短而固定的中空毒牙。珊瑚蛇是南、北美洲的代表种类，这类蛇颜色鲜艳，身上环绕着红色、黑色、白色或黄色的带状条纹。尽管它们大多数生活在雨林中，但有的还会出现在墨西哥北部和美国西南部的干旱地带。它们多数以其他爬行动物为食，其中包括蛇和在地道里生活的蚓蜥。这些蛇的毒液威力很大而且会很快发作，对人类来说是很危险的。

非洲的眼镜蛇包括树眼镜蛇——一种长而细的蛇，它们中有 3 种都生活在树上。而第 4 种——黑色树眼镜蛇主要生活在陆地上。这类蛇都是在白天捕食，行动迅速，并且有一双大眼睛和光滑的鳞片。黑色树眼镜蛇身长可以超过 3 米，外表恐怖。当被惊扰时，它们的脖子会微微变扁，这种特性和眼镜蛇很相似。尽管亚洲的眼镜王蛇是眼镜蛇中最大的（可以长到 5 米），但非洲的眼镜蛇平均来说还是最大的。非洲眼镜蛇的风帽很显眼。有几种，如喷毒眼镜蛇，可以从毒牙前面的小孔里喷出毒液。澳大利亚的眼镜蛇的食物很杂，从无脊椎动物到小型哺乳动物，都在其捕食范围之内。内陆大攀蛇通常被认为是世界上最毒的蛇，是确定的哺乳动物捕食者，但大多数种类还是捕食像石龙子之类在这一地区数量丰富的小蜥蜴。

最长的毒牙

据记载，最长的加蓬咝蝰长达 2.2 米，是非洲三大毒蛇中最大的蝰蛇，其他两种分别是鼓腹毒蛇和犀咝蝰。加蓬咝蝰是世界十大毒蛇之一，若是被它咬上一口，这个伤口里含有的

□ 可怕的现象

毒液量也是最多的（事实上，它的毒性和世界上最大的毒蛇——亚洲南部的眼镜王蛇一样大）。它一般含有350～600毫克的毒液，因为60毫克毒液就能致人死地，所以从理论上说，一条加蓬咝蝰的毒液就能毒死6～10人。

它的毒牙的长度，比眼镜蛇的还要长3.5厘米，这也就是说，加蓬咝蝰咬伤的伤口要比其他任何一种毒蛇的都要深。至于为什么它需要这么长的毒牙，我们不得而知——虽然它能吞食比它大得多的动物，但是它主要还是以蜥蜴和青蛙为食。看来它的毒牙不是用于防御的，因为它不是生性特别凶猛的蛇类，在防御中很少咬其他动物。也许答案很简单：它只是一种大蛇，因此按比例而言就有较长的毒牙了。那么眼镜王蛇的毒牙为什么如此短呢？研究发现，当闭拢嘴时加蓬咝蝰的毒牙会朝后错，而眼镜王蛇的毒牙是固定的。很简单，如果眼镜王蛇的牙齿再长一点的话，那就会刺破它的下颌了。

令人惊叹的"电子探测器"

在某种程度上，所有的鲨鱼都能接收到水中猎物的微弱电波，以利于捕食。对于大多数鲨鱼而言，它们的这种感觉一般只起到辅助的作用，真正起决定性作用的通常是听觉、嗅觉和视觉。尤其在袭击前的那一瞬间，这些感觉系统能充分发挥作用。但是对于槌头双髻鲨来说，这种接收电波的能力是至关重要的，这也许就是它们头部的形状（头骨呈铁锤状）如此古怪的原因之一吧。

鲨鱼有特殊的电子感受器，感受器由数百个微小的、黑色的小孔组成，称为"劳伦茨尼器"。劳伦茨尼器是一条很深的信道，富胶质，能把接收到的微弱电波传导到每个感觉孔的神经末梢。普通鲨鱼的吻部和下颚处都遍布着这种感觉孔，那些黑色的小孔看起来就像清晨刮脸的人傍晚已长出的短髭，感觉有些奇怪。

槌头双髻鲨也有许多感觉孔，它们分布在双髻鲨的长方形头部下侧，这些感觉孔就像金属探测器一样能扫描布满沙粒的海底。用其他方式无法找到的猎物，用这种方法却往往十分灵验，像黄貂鱼和比目鱼都喜欢埋藏在沙子里，静静地一动也不动，而且没有什么特别的气味，其他掠食者根本就发现不了，但槌头双髻鲨用感觉孔却能发现它们。

槌头双髻鲨不仅能探测到水中猎物的身体和海水交互作用产生的微弱的直流电，甚至连猎物心脏跳动引起的肌肉收缩而产生的极其微弱的交流电也能感觉到。8种类型的槌头双髻鲨比大多数其他种类的鲨鱼感觉更灵敏，其中最大型的槌头双髻鲨，大约有6米长，也许是感觉最灵敏的鲨鱼。

凶猛的食肉昆虫

蜻蜓幼虫是典型的机会主义捕食者，它们的食谱包括：寡毛纲蠕虫、腹足动物、甲壳动物、蝌蚪和鱼，以及各种小型无脊椎生物，还有它们自己的同类。

大多数种类捕食时会先埋伏起来，主要依靠视力侦察接近的猎物。此时它们的复眼初步长成，此后随着身体的发育，复眼会迅速增大。驯鹰蜓的幼虫在觅食的时候，会保持静止不动，等猎物接近后再慢慢地暗中跟

蜻蜓是最凶猛的食肉昆虫之一。图中的国王蜻蜓素以捕食大红蟪而闻名。

6

上，直到猎物进入它的捕猎范围。它的立体视觉会准确计算出距离，一旦机会来了，它会突然地伸出长长的下唇（面罩）逮住猎物。休息的时候这个可屈伸的面罩折叠在头下面，捕食时全部展开的时间只需要25毫秒——通过肌肉和腹部横膈膜聚起的血压和头部下锁状装置释放的同步作用，使之瞬间射出。面罩的前端生有一个折叶似的钩，用来抓住猎物，并在面罩缩回时把猎物放进嘴里。蜻蜓幼虫的这种压力系统还包括反复喷射肛门处的水作为运动时的应急办法。

某些种类侦察猎物时用触角、身体或附肢上的刚毛感觉目标的振动。但所有种类的幼虫都是用面罩状的下唇捕捉猎物，其形状和大小还能根据微小环境和目标猎物的形态进行改变。

可怕的俯冲

飞得最快的鸟类（并且事实上也是所有野生动物中运动得最快的）肯定是一种食肉鸟，很可能就是游隼。当它俯扑或俯冲下来要捕食空中的鸟类时，因为游隼的体重超过了1千克，理论上，从1254米的高空向下俯冲时速度最大，即每小时385千米。虽然，这只是理论上计算出来的数值，但是它在空中俯冲的动作确实曾被拍摄下来，其速度超过了每小时322千米，这一速度非常接近理论上的最快速度。

游隼在俯冲的时候有一种奇怪的现象，那就是当它离它的猎物1.8千米远时，它的飞行路线是曲线而不是直线。生物学家现在弄清楚了这其中的缘由。因为游隼的头偏向一边40°时，它的视线是最佳的，但是在快速飞行时要使头调整到这个角度就会影响速度，所以俯冲时为了飞得更快，它宁愿走曲线，这样，在飞行时它的头就不必偏向一边而能使猎物一直处于它的视线范围之内。

但是这种飞行并不是常规的振翼飞行。在滑翔方面，漂泊信天翁持有最快的连续飞行纪录：连续飞行800千米以上能达到每小时56千米的速度。信天翁会控制风力进行滑翔而不用不断地振翼。

横扫一切的行军蚁团队

许多食肉动物都团结起来共同捕猎，但是非洲和中南美洲的行军蚁，一般一个群体就有2000万只，它们应该是最大的集体行动群体。进攻时它们成千上万只统一行动，但由于它们数量实在太多，往往会把进攻路线模糊掉。当它们行军时，那种场面简直令人恐惧。

它们移动得相当慢，所以体形较大的动物——爬行动物或者哺乳动物，通常能逃脱。这种行军蚁有锋利的下颚，它们排成长长的纵队，能杀死小鸡和其他圈养的家禽和动物。还有那些昆虫和别的无脊椎动物，如蜘蛛和蝎子等，往往难逃它们之口。非洲和中南美洲的行军蚁都能感觉到猎物逃跑时发出的振动，而且它们的劳动分工也基本一样，它们都有许多工蚁，而兵蚁在工蚁的外围，个头较大，有强有力的武器。中南美洲的行军蚁有导致动物身体组织溶解的毒针，而非洲行军蚁的叮咬功夫则很强。

行军蚁的工蚁负责冲锋陷阵，大多数的杀戮由它们进行，而兵蚁的职责是保护工蚁以及保证被捕获的猎物不被抢去。兵蚁们往往会守在后面，捕捉那些逃脱的猎物。所获战利品会被它们肢解，然后由工蚁运回它们的蚁巢里，那里是蚁后的活动育幼室，由工蚁的身体围成，里面还有一群饥饿的幼蚁。

恐怖的海洋霸主

蓝鲸是最大的鲸，也是地球上体形最大的动物，不过蓝鲸虽然体形庞大，但是生性较温顺，较少攻击别的动物。由于逆戟鲸能杀死大白鲨，所以在这一点上，逆戟鲸比蓝鲸还要厉害。逆戟鲸的体长可达9米，它们是海豚科海洋鲸类中最大的动物，也是最大的掠食动物。它们的强势在于它们是群居动物，遇到大型猎物时会成群出动，共同出击。

根据逆戟鲸的习性，可以把它们分为无迁徙习性的、暂居性的、近海的3种类型。每一类的外形、行为、群体的规模和食物各不相同。暂居性的逆戟鲸特别喜欢以大型动物为食，但奇怪的是，它们的群体规模比以鱼类为食的同类要小得多，每一群都不到六七只，这是相当普遍的，而以鱼类为食的逆戟鲸通常每一群就有1000多只。暂居性的逆戟鲸很敏捷，它们会针对不同的猎物采用不同的措施。例如，在南极，它们会跃上浮冰边缘，用身体把浮冰压得倾斜，使得海豹和企鹅一下滑到它们的嘴边；在个别地方，它们甚至会靠岸捕捉小海狮。

巴斯克的捕鲸者看见逆戟鲸以死鲸的尸体为食，于是这些捕鲸者就称它们为"鲸鱼杀手"，但是许多人更喜欢用逆戟鲸这一名字来称呼它，因为在拉丁语里面，逆戟鲸的意思是"死亡的国度"，没有比这个称呼更恰当的了。

致命的口水

科摩多龙蜥以其体形巨大而闻名：雄性体长一般在2.2米以上，有些甚至达到3.1米。不过这种蜥蜴相对来说身材比较细长。一种来自新几内亚的巨蜥长2.7米，其中其尾巴占了2/3的长度。

但是科摩多龙蜥是最重的蜥蜴，平均体重60千克，最大达80千克。科摩多龙蜥是一种可怕的食肉动物。它那大而锋利边缘呈锯齿状的牙齿利于切断与撕碎猎物，但它的秘密武器是带致命细菌的唾液。动物一旦被其咬伤，也许能够幸运逃脱，但几天之内就会因细菌感染而死。科摩多龙蜥则借助其敏锐的嗅觉找到该猎物，这也使其成为超级食腐动物。虽然按今天的标准来看，科摩多龙蜥是大型动物，但与它的祖先相比却像侏儒（弗洛里斯岛过去还生存着其他动物，包括现在已经灭绝的大象，据考证是被科摩多龙蜥捕食光的）。在澳大利亚曾经生存着一种真正的大怪物巨蜥，重达617千克，身长6.9米，但这个种类在大约4万年前已经灭绝。科摩多龙蜥对于人类没有太大的威胁，除非受到攻击，否则不会袭击人类。无论其有无致命的唾液，科摩多龙蜥都足以成为一种令人恐惧的巨蜥。

可怕的带刺长触手

僧帽水母是如此的古老——早在6.5亿年前就出现了——它们甚至都不被认为是单独的动物，而只是一种长着5类有机器官的集群类生物。5类有机器官是气囊、感觉器官、蜇刺、消化器官和生殖器官。它们的触手有两种类型，一类是短小的，聚集在气囊下面，另一类是一根或者几根（依种类不同而不同）特别长的，用来追踪较深处的鱼。有时候这些触手会朝外伸在水面上，有时候又会朝着相反的方向伸展。当它们伸展出触手时，确实就像僧帽，至少是暂时地成为了地球上最长的动物了，比蓝鲸还要长（除了有"弹性"的纽虫以外）。

但是大多数时候，这些长长的触手是垂下来的。一旦受到触碰或者诸如动物蛋白质等化学物质的刺激，它们的微小的刺细胞就会释放出有刺的丝状物，刺破猎物的皮肤注入神经毒素。一条小鱼若撞入一根触手的话立即就会麻痹，被困住，这时水母就会伸出顶部的肌肉把猎物拖起来，接着将猎物一口吞掉，由酶把猎物消化成营养物质供给身体里的其他部位。

就人类所知，这种僧帽水母的坏名声在于它的随意性。它们无目的地四处猎食，随着风和水流到处漂荡，经常可以在近海岸或者沙滩上看见它们。当然，如果它们漂到了海滩上的话那肯定就会死去，但是它们的刺细胞却还会产生作用，每年给数千人造成难以忍受的刺痛。

令人震惊的活"电池"

提起电鳗就让人想起活"电池"。电鳗能长到 2 米多长，但是它的器官都挤满在头部后面，剩下 80% 的身体都是产生电流的装置。在电鳗的尾部堆满多达 6000 个专门适合发电的肌肉细胞（或者称之为电路板），这些细胞并排地生长，就像电池的电极一样。每一个电路板都能发出低压脉冲，加起来可以达到 600 伏，足以使人失去知觉。电鳗身体的尾端为正极，头部为负极。在游泳时它的身体一直保持笔直的状态。它用那长长的尾鳍做推动，从而可以保持身体周围有一致的电场。

电流几乎会影响电鳗的每一个举动。它不但会用高压电击晕或杀死猎物，还会用电流与其他电鳗进行交流，并且还会用电子定位器（一种电子反馈系统）探测水中的物体以及其他生物。鱼和青蛙是它最主要的猎物，电鳗能探测到这些动物或其他生物所产生的极其微弱的电流。电鳗的视觉不发达，但是这对它的影响不大，因为它主要在夜间活动，而且喜欢生活在黑暗的水域里。

其他会放电的鱼类如刀鱼，它们周围会产生微弱的电场，使之能感觉到物体和猎物，并与同类进行交流。电鳐和电鲶也会放电，但是它们都不如电鳗放的电流令人震惊。

最迅捷的吞食速度

一条很小的鱼发现一条比它还小的鱼缓慢地、诱人地朝着一块珊瑚礁游去，当它冲向那条"小鱼"时，它感觉到一股强大的吸力，一切都变黑了，这也将是它意识到的最后一件事情，因为它成为鮟鱇的猎物了。

鮟鱇的种类有 43 种，有不同的颜色（具有会随着周围的环境而变色的功能），大小也不尽相同，还有各种各样的伪装手段：有的看起来像海绵，有的看起来像有一层外壳的石头，有的像一簇簇的海藻，还有的像在水面上漂浮的、柔软的块状物。但是它们都有一个共同点，那就是它们都有能力使自己看起来像无生命的或者其他的有生命的物体。它们还有一个背鳍已经演变成钓鱼竿，有一根线和假的钓饵，假钓饵还会像鱼儿、蠕虫或小虾一样地摆动。它们的嘴能像巨穴一样张开，吸起东西来就像喷气式飞机引擎的前端，然后又闭起来，整个过程仅仅需要 1/6 秒。

鮟鱇伪装自己的方法多种多样，富有独创性，看起来都极其丑陋。但是它们的演变并不是为了取悦人类的感官。它们只是演变成一种这样的动物：能张大嘴巴，一口吞掉它们的猎物，速度比任何其他的食肉动物都要快（吞食的速度以及具体动作甚至要等到发明了高速摄影技术时才能知道）。鮟鱇能完整吞掉比它们自身体积还要大的动物，这在食肉动物中并不多见。当然，它们还是世界上最高明的伪装者。

最有弹性的舌头

在仅仅 10 秒钟之内，变色龙的身体就会变成一种完全不同的颜色，这真是一件神奇的事。既然这么难的事它都能办到，那么它运用舌头的方式就不足为奇了。

X 光照片和高速录像向我们展示：当变色龙捕捉昆虫时，它的舌头开始的速度相当缓慢，但是后来仅仅在 20 毫秒之内它就能加速到每秒 6 米。这个加速度比纯粹的肌力所能达到的速度还要快。当它的舌尖够到了目标时，舌头伸出的长度比它的体长的 2 倍还要多。它的舌头能粘住占它自身重量15%的猎物（个头较大的还能抓住小鸟或者蜥蜴）。它舌头上面什么也没有，却富有黏性，可以快速轻易地把猎物拖回来。

那么它是怎么办到这一切的呢？首先在于发射的过程：人们发现它舌头的骨头和肌肉有一些弹性胶原质组织，在舌头弹出去之前肌肉便伸展开来，和弓弦伸展开来射箭的方式一样。其次在于抓取的过程：在舌尖还有一种肌肉，在猎物被袭击之前能立即收缩，舌尖从凸出的状态转变成凹进去的状态，形成一个强有力的吸盘。最后在于收回的过程：更多舌头上的肌肉以及特殊的纤维形成"超收缩"，就像一台手风琴砰地关上一样。这一切是在不到1秒钟之内发生的。

陆上动物的速度极限

猎豹大部分时间实际上是在休息，躲避炎热，或者隐藏起来不让别的猫科动物发现，或者坐在地势高的地方寻找着猎物。但是，当它出现时，它的行动是突如其来的，让对手猝不及防。它偷偷地潜近它的猎物，越靠越近。猎豹几乎能在瞬间就从站立达到疾驰的状态，有一段胶片拍到猎豹仅仅在3秒钟之内就达到80千米/小时的速度。另据官方记录，一只在肯尼亚的猎豹在201米的距离中时速能达到103千米/小时。

猎豹能达到如此快的速度是由于它的脊柱相当灵活，使它一步跨出的距离是赛马的2倍，以至于在它奔跑当中有一半时间四脚都是离地的。它还有其他的特征，包括强壮、引人注目的脚爪，它们就像跑鞋的长钉；又长又瘦、富有弹性肌腱的腿，可以在飞奔时突然改变方向；一条长长的尾巴则可帮助它在奔跑当中保持平衡。

然而猎豹并不总是飞速奔跑的，它通常跑了60秒后就会放弃，一般的追逐距离不会超过200～300米。不到20秒钟，它就会气喘吁吁，不得不停下来休息至少20分钟以让自己缓过气来，使乳酸的合成物从它的肌肉里消散。毫不奇怪，它的猎物如黑斑羚、瞪羚奔跑的速度也很快。据记载，汤氏瞪羚的速度为94.2千米/小时，速度之快连猎豹也要保持高度警觉的状态，因为要追上它们并不容易。

遍身长满毒刺的海胆

海胆是一种非常有趣的海洋动物。它个头不大，直径大约20厘米，体形各异，有球状的、圆盘状的或心脏形状的。

当发现猎物或受到攻击时，海胆会用针刺将毒液注射进对方的身体内。这些毒液是由覆盖在针刺下的腺体制造的。每当海胆将针刺扎入敌手体内时，针尖就会折断，于是毒液就沿着针尖注入到伤口里去。

毒原性蛛网海胆是最危险的海胆，被称做"海胆杀手"。实施攻击时，它们会用带毒腺的长"探针"扎入猎物的体内。尽管这样做以后，"探针"会从海胆身上脱落下来，但它仍能继续往敌手伤口里注入致命的白色毒液。这种海胆的毒素对人体的毒害作用非常大，可以导致身体瘫痪，甚至能够置人于死地。还有一种海胆叫做"冠海胆"，它们的紫色毒液不是那么危险，但这种外观美丽的海中怪物却有着像织衣针一样长且尖利的针刺，让人们对它们敬而远之。

挥舞"大刀"的突然袭击者

螳螂在埋伏的时候会保持一动不动的姿势，或轻轻地摇摆身体，好像什么东西在随风摆动似的，前肢举在胸前，模样看上去像是在做祷告，因此有人称它们是"祈祷的螳螂"。如果此时有猎物经过，它的脑袋和前胸会跟随目标缓慢移动（螳螂对静止的昆虫通常不予理睬，即使经过它们面前，螳螂也会自顾自地走过去）。一旦目标进入捕猎范围，螳螂生满刺的前肢会猛地伸出去抓住猎物。有些螳螂对移动的物体非常敏感，能在空中抓住飞行中的苍蝇或其他昆虫。被螳螂钳子般的前肢攫住的猎物，会立即被送进口中。猎物被螳螂的前肢抓得如此之牢，以至于根本没有逃生的机会。于是螳螂开始一点一点地随意啃吃还活着的猎物那肥嫩的身体，直到最后把它吃光。

得益于保护色和高明的伪装手段，螳螂不仅是厉害的捕猎者，还能与敌人（如鸟类、蜥蜴和食虫的哺乳动物等）对抗。一旦发觉敌情，螳螂会使用多种防御策略，比如飞快地逃走，或者飞走；有的会把身体直立起来，把前肢向后方举高，展示前肢内侧的鲜艳色彩；有的则会猛地展开后翅，露出翅膀上或腹部顶端鲜艳的色彩和眼状斑纹。

会撒毒网的蜘蛛

与喷液蜘蛛亲缘关系最近的同科蜘蛛是有毒的棕色隐遁蜘蛛。像棕色隐遁蜘蛛一样，喷液蜘蛛也只有6只眼睛（蜘蛛类本应有8只眼睛），而且视力相对较弱，但是它们的诱捕技术弥补了视力的不足。它们的主要感觉是触觉，2条前腿比其他6条腿稍长，行走时，2条前腿轻拍前面的地面，以感觉是否有可吃的食物。

与所有的蜘蛛一样，喷液蜘蛛也铺设通往地面的道路，它们定期用快速干燥的丝固定这些道路，以免从上面掉落——这就像登山运动员利用绳索一样。许多蜘蛛能分辨是昆虫还是别的蜘蛛路过它们铺设的线路，有些蜘蛛还能用它们前腿上敏感的绒毛来侦察。那些并没有真正接触它的网的生物它都能感觉得到——就像听觉器官一样，但是它们只是感觉而已，并没办法采取行动。可是喷液蜘蛛呢，它们一旦确定了猎物的方位，就会把后腿立起，朝猎物喷射唾液。

喷液蜘蛛的唾液能喷射比身体长5倍多远的距离，而且分毫不差，极其准确。它们喷出的是一种丝和毒液的黏性混合物，这些混合物能使猎物眩晕并被粘住而无法动弹，然后喷液蜘蛛急忙赶过去，咬住猎物，同时从口中汁入更多的毒液，最后再享用它。这种蜘蛛需要远距离杀死猎物的原因之一很可能是：它们的个头相当小，下巴不能张开得足够大，一口只能咬住猎物的一条腿或者一只触角。而且，这种黏性的唾液还能使它们捕捉到移动得比它们快的猎物。

蝾螈的反捕食绝招

在野外，蝾螈会受鼩鼱、鸟类、蛇以及其他蝾螈甚至甲虫、蜈蚣、蜘蛛等的攻击。这些捕食者带来的沉重压力导致了蝾螈反捕食机制的进化。比如，糙皮蝾螈的皮肤中有大量的神经毒素与河豚毒素，一只蝾螈所携带的毒素可以杀死2.5万只老鼠；无趾螈属的一些种类拥有一种不知名的神经毒素，这种毒素能使只咬了它们尾巴一口的一些蛇毙命。

火蝾螈已经进化出一种独特的机制，通过它来控制位于沿背中线生长的巨大腺体中的蝾螈神经毒素及相关毒素的防御功能。这些动物可以给这些腺体加压，并以可控制方向的方式将这些毒素喷出4米远。这种喷射能使人类有灼烧感并暂时失明，也可能给想捕食它们的敌人造成同样的后果。喷射防御性毒素为这个种类的反捕食武器库中增添了有力的武器。

还有一些更复杂的方法，比如一些钻地蝾螈会用头撞敌人，这些种类包括西班牙、葡萄牙以及摩洛哥的肋突螈（棘螈属）。它们把身体高高抬离地面，头向下低，具有大量发达腺体的头后部不停摇晃或以后脑冲撞捕食者——用这方对付鼩鼱非常有效。

尾部抽击是那些拥有发育良好的尾部肌肉以及在尾巴上表皮集中了大量毒腺的种类的特点，虎螈（钝口螈属）和肋突螈就是代表，它们会用其充满毒素的尾巴向接近它们的食物——如鼩鼱猛力地抽击。

"水中狼族"食人鱼

食人鱼栖息在干流或较大支流的较宽且水流较湍急处。在巴西的亚马孙河流域，食人鱼被列入当地最危险的4种水族生物之首。在食人鱼活动最频繁的巴西马把格洛索州，每年约有1200头牛在河中被食人鱼吃掉，一些在水中玩耍的孩子和洗衣服的妇女不时也会受到食人鱼的攻击。食人鱼因其凶残的特点被称为"水中狼族"、"水鬼"。

成熟的食人鱼雌雄外观相似，具有鲜绿色的背部和鲜红色的腹部，体侧有斑纹，听觉高度发达。其两颚短而有力，下颚突出，牙齿为三角形，尖锐，上下互相交错排列。咬住猎物后会紧咬不放，以身体的扭动将肉撕下来。牙齿的轮流替换使其能持续觅食，而强有力的齿列可导致严重的咬伤。

食人鱼为什么这么厉害？这是因为它的颈部短，头骨特别是颚骨十分坚硬。其上下颚的咬合力大得惊人，可以咬穿牛皮或坚硬的木板，甚至能把钢制的钓钩一口咬断。平时在水中称王称霸的鳄鱼，一旦遇到了食人鱼，也会吓得缩成一团，翻转身体面朝天，把坚硬的背部朝下，并立即浮上水面，以使食人鱼无法咬到其腹部。

食人鱼有胆量袭击比它自身大几倍甚至几十倍的动物，而且还有一套行之有效的"围剿战术"。当它们猎食时，总是首先咬住猎物的致命部位，如眼睛或尾巴，使其失去逃生的能力，然后成群结队地轮番发起攻击，一个接一个地冲上前去猛咬一口，然后让开，为后面的鱼留下位置，迅速将目标化整为零，其速度之快令人难以置信。

栉水母的超大胃口

海洋里有拥有世界上最大的嘴的动物。鲸鲨的嘴最宽，蓝鲸的喉咙巨大，成褶皱状，能吞下最多的食物。这两种动物实际上都是滤食动物，吃的都是相当小的猎物。但是，拥有最大的嘴的动物却是那些能一口吞下大型动物的深海生物，诸如有巨大的（相对于体形而言）、像铰链似的下巴的细长的动物。

但是如果按照嘴巴和身体的比例来看，它们都不可能比得过栉水母。栉水母有一个巨大的胃，这个胃被一层薄薄的、有肌肉的、凝胶状的体壁所包围，它通过巨大的嘴而大大地张开。它借助于栉板上8排纤毛的摆动向前运动，它对光很敏感，虽然没有眼睛，但是它可以"闻到"它的猎物。

当栉水母在水中游泳时，它的嘴唇和胶质的栉带紧紧地闭合着。一旦它碰到了猎物，它庞大的神经网会立即使嘴朝向猎物，肌纤维以惊人的速度使嘴张开，然后可以一口吞下猎物。如果猎物太大而不能一口吞下，它就会用数千颗锋利的小"牙齿"（纤毛）咬下一大块来，接着嘴唇重新闭合，让食物进入胃腔。然后装满食物的它会游走，开始慢慢消化这顿大餐。

暗藏杀机的伪装

如果你是一只中等体形的掠食者，那么章鱼就是在海里最适合食用的动物了。它结实多肉，没有外壳、骨头、刺、毒或者任何让你吃得不舒服的防御机理。事实上，大多数类型的章鱼最佳的防御手段就是白天尽可能地藏起来，晚上才出来觅食。

20世纪90年代初期，两名澳大利亚的水下摄影师正沿着印度尼西亚的弗洛里斯岛拍摄，竟然在大白天的一个阴暗处看到了一只章鱼，这令他们非常惊讶。实际上，他们第一眼看到的是一只比目鱼，仔细一看才发现其实是一只中等大小的章鱼，它8条腕足蜷起来，两只眼睛向上，制造似鱼的假象。章鱼的脑袋很大，视力极好，能变色和变形。模仿章鱼正是利用身体的这些特点把自己伪装成一种完全不同的生物。

善于伪装的模仿章鱼

后来水下摄影师还发现了更多这样的章鱼。现在人们已经拍摄到模仿章鱼变形后的各式各样的照片。它们可以伪装成各类生物，如海蛇（模仿章鱼把6条腕足朝下藏到洞里，2条腕足威吓似的在水中随波起伏）、寄居蟹、黄貂鱼、海百合、海参、蛇鳗、海星、魔鬼蟹、螳螂虾、鲶鱼、大颚鱼、水母和沙葵等。当模仿章鱼伪装成别的生物时，经常会发生这种场面：一只"比目鱼"突然伸出章鱼的腕足，把猎物缠到洞里，然后在那里享用猎物。

蝙蝠与夜蛾斗法的奥秘

我们都知道，蝙蝠只有在夜间才出来活动。在黑夜里，号称"活雷达"的蝙蝠飞行技巧非常高超，不会撞到障碍物。这种灵巧的飞行技术使它捕捉食物也十分容易，然而夜蛾却能轻而易举地避开蝙蝠，这让科学家们惊奇不已。

通过电子仪器，人们发现蝙蝠在飞行时，它的口中可以发出几万赫兹的超声波。碰到昆虫或障碍物时，这种超声波被反射回来，蝙蝠的两个耳朵接收后，传到神经中枢，便可准确地判断出目标和距离。这种超声信号使它能准确地捕捉到昆虫，避开障碍物。

由于超声波的频率在2万赫兹以上，不在人的听觉范围之内，所以人是听不到这种声波的。和其他波动一样，超声波可以在各种媒介中传播，例如固体、液体和气体等，并且和声波具有相同的速度；在两种媒质的交界面上，也有反射和折射。和普通声波相比，超声波频率高，波长短，所以又具有光波的特征，可以集中向一个方向传播，如果在传播中遇到即便是很小的障碍物，它也会被反射回来。

科学家们发现，正是这种精确的超声波定位系统，即声呐系统，使蝙蝠捕食昆虫不会判断错误。有时，它捕捉19只蚊子只需短短1分钟，真令人拍案叫绝。但蝙蝠在捕食夜蛾这种昆虫时却碰到了麻烦，科学家们反复研究后发现了夜蛾战胜蝙蝠的"法宝"。

原来，夜蛾具有一套精妙的、可以对抗蝙蝠的反声呐系统。夜蛾是一种害虫，能危害棉花、玉米和果树。它的特殊的"耳朵"——鼓膜器长在胸腹之间，这种鼓膜器能听到20万赫兹的超声波。蝙蝠发出超声波时，它能听到并及时逃避开。夜蛾的鼓膜器在充满噪声的情况下，能非常灵敏地分辨出蝙蝠发出的声波，即使是世界上最好的微音器的灵敏度也赶不上它。对抗蝙蝠的另一个"法宝"是夜蛾的振动器，这种长在关节上的振动器能发出一连串的超声波，在其干扰下，蝙蝠摸不清夜蛾的准确方位。

有些夜蛾身上长有一层保护自己的绒毛，蝙蝠发出超声波后，这种绒毛能吸收超声波，蝙蝠因收不到足够的回声，而缩小了"声波雷达"的作用距离，夜蛾便得以逃之夭夭。

□ 可怕的现象

夜蛾的精妙的反探测系统启发了武器设计者的新思路。科学家们正在模仿蝙蝠高超的"超声定位"系统，研制一种新的抗干扰的雷达装置，一旦获得成功，这种装置将在军事侦察、天文、气象观测中发挥巨大威力。

人类很多的灵感都来自大自然，随着人类探索大自然进程的加快，我们期待着更多的仿生制品能够给人类带来幸福。

最可怕的吞咽方式

有一个"蛇吞象"的寓言故事，说蛇张大嘴巴，想吞下一头巨象。这是一个讽刺故事，主要是指那些贪心的人。蛇当然没有办法吞下一头象，可是蛇却真的能吞下比自己的头大得多的食物。

许多人害怕蛇，担心蛇会冷不丁地攻击自己。其实，蛇并不是见人就咬。它的眼睛又圆又亮，却是高度近视，除了活动的物体外，蛇根本看不见别的东西。有一种很毒的眼镜蛇，人若静止不动地站在它的面前，它就不会咬人，如果跑动起来，它反而要追着咬。

由于没有外耳和鼓膜，蛇听不到空气中传播的声音，但内耳却很敏感，能感知人或动物接近的脚步声。蛇探测气味不是利用鼻子，而是利用舌头。在蛇紧闭嘴的时候，通过口前方的小孔，舌头也能伸缩自如，不断吸进周围空气中的微粒并对这些微粒进行检测。分叉的舌面粘到这些微粒后，就会把它们送到腭部的犁鼻器，以此判断是否是食物。有的蛇在眼与鼻孔之间还有个对温度非常敏感的凹陷的小坑，点燃的香烟或火把都会成为这类毒蛇攻击的对象。

蛇的用途很多。蛇肉可以食用，蛇毒、蛇胆可以用来制药。在印度尼西亚还有一种蛇喜欢吃田里的稗草，农民们利用它们来除草。希腊有一种蛇，能吐丝结网，像蜘蛛一样，而且，这种网非常结实耐用，不怕海水腐蚀。除此之外，蛇还能像狗一样看家。

蛇身的长度从十几厘米到十几米不等，随种类的不同而各不相同。但它们有相似的外形，都是又长又细的。蛇的生活环境也不尽相同，因此为了适应环境，不同的蛇在体形上也会有一些改变：生活在树上的蛇为了能更方便地盘住树，它们的尾巴变得很长，如树王蛇；有的蛇生活在地底下，它们的身体就变得非常圆滑，使它们能在地下自由地前进；生活在陆地上的蛇为了能更好地附住土壤和岩石，它们的腹部生出许多的鳞片，例如草原响尾蛇；生活在海里的蛇为了更好地产生前进的动力，就把自己的尾巴变成了平平的，样子像划船用的桨，例如海蛇。

很多蛇都长着十分漂亮的鳞片，通常都闪闪发光，仔细看过去，镶嵌得非常精细。这些五颜六色的鳞片还有两个作用：一是伪装，使蛇与周围的环境融于一体；二是向其他的动物发出警告："我很危险，不要靠近我！"

除了五颜六色的鳞片外，蛇也会用别的伪装来躲避众多的敌手。随着环境的不同，蛇的颜色也会发生许多改变，例如：树上的蛇是绿色或棕色的，沙地中的蛇则变成了黄色和浅棕色。还有一些蛇靠外形轮廓来迷惑敌手，它们的身上常长出一些斑点或条纹。有些蛇的颜色十分鲜艳，除了恐吓敌手外，还有一个功能，就是当它快速移动时，它的颜色变化很快，趁敌手眼花缭乱之际溜之大吉。

蛇属于爬行动物，既没有腿，也没有眼睑和外耳。那么它是用什么方法来前进的呢？据观测，蛇前进的方法有很多：一些蛇将身体扭成"S"形，沿着曲线前进；一些蛇则是一拱一伏地前行，前半部向前伸，后半部则稳住；另外一些蛇，身体不仅庞大而且肥硕，行动十分缓慢，行走方式也比较独特，前半部分身体的皮肤使劲拱，后半部分的身体再跟上来。

有些蛇还有一个叫热坑的感觉器官，这个器官非常敏锐，例如蟒蛇和响尾蛇。热坑可以准确地探出热能。在黑夜里，蛇利用热坑能探明温血动物的位置，甚至能判断出猎物的准确位置。根据热坑的原理，科学家制成了现在我们常见的红外线探测仪。

蛇的种类不同，繁殖方式也不一样。一般的蛇繁殖后代采用卵生的方式。蛇蛋并不需要母蛇的照料，只须放在一个温度、湿度都合适的隐蔽之所，就可自行孵化。但在整个孵化期间，母蛇必须用身体缠绕着蛇蛋以此控制蛇蛋的温度，在这一过程之中，母蛇比较辛苦。

还有一些蛇也是卵生蛇，但这些蛇蛋没有壳，只能被保持在体内，等幼蛇完全成形后，才能离开母体。

有专家考察蛇岛时，曾亲眼见到蝮蛇吞吃的鸟儿的体积比蛇头要大十几倍。在中国海南岛捕获过一只蟒蛇，发现它能吞食整头小羊、小牛。即使普通的蛇，它吞食的老鼠也比自己的脑袋要大。

蛇的嘴巴怎么能够张开这么大呢？人类的嘴巴张到最大，夹角也只有30°，可蛇的嘴巴的夹角却能达到130°！原来，蛇头部的骨骼和其他的动物不同。首先，蛇头部连接着下巴的几块骨头是可以活动的，而别的动物却是固定不动的，因此，蛇的下巴可以向下张得很大。其次，蛇左右下巴之间的骨头以韧带相连，连接成可活动的榫头，可以向两侧张大，而人的下巴处的骨头没有榫头，左右是整块。因此，蛇的嘴巴上下左右都不受限制，在一定程度内可以张得很大，要吞食比它的嘴巴大得多的东西当然毫不费力。

我们拿把烧火的钳子为例，它的夹角不可能拉成180°。但是，若将这把夹钳拆成独立的两片，中间用一物体撑住，用几根橡皮筋缠绕在两者之间，那么，它的夹角不仅能拉成180°，而且可以拉得更大。

这样，我们就非常容易理解蛇的嘴巴为什么能张得如此大。可是，那些动物又是怎样被蛇吞下去的呢？原来，在吞食前，蛇会在嘴里对捕获物进行一番加工：动物被挤压成长条以适应蛇的体形。蛇嘴里有钩状牙齿，靠着这些牙齿，食物顺利地进入喉头。由于没有胸骨连接肋骨，蛇的肋骨可以自由活动，所以食物可以从喉头长驱直入地进入肚子，我们可以很清晰地看到蛇的肚子被胀大了。同时，蛇还会分泌出大量的帮助吞咽的唾液，它的作用就像润滑油一样。

通过这些奇特的构造，蛇可以毫不费力地吞下比自己的头大的食物，并且消化掉。

1982年10月21日，在香港新界地区，有人发现一只大蟒的腹部鼓出，似乎是一头小牛的形状。大蟒不能动弹，胃部已经被牛腿撑破。警方发现后，请来一名捉蛇专家。捉蛇专家往蟒身上淋水，不一会儿，大蟒便转动腹部，拼命张大口，将整只小牛吐了出来。吐出的小牛已经死去，但是身躯仍然十分完整。

穿山甲的捕蚁圈套

穿山甲全身裹满了坚硬的鳞片，好像很凶猛。其实，它的性情很温顺，还被人称为"森林的忠实卫士"。这是因为它能消灭破坏森林的害虫——白蚁。

白蚁对农业和林业都非常不利，而穿山甲则主要以白蚁为食。穿山甲主要分布在亚洲南部和非洲，中国也有一类，属二类保护动物，主要集中在长江以南地区。

穿山甲属夜行动物，只有在夜晚，它们才出来在洞穴周围觅食。它的胆子很小，一有动静，就立刻挖洞藏身。穿山甲善于挖洞。在挖洞时，它的前后肢分工协作，前肢挖洞，后肢

可怕的现象

幼崽只需用3只脚和尾巴抱住母体尾部,再用前肢的长爪插入母体鳞片间,就能牢牢趴在母体身上。

刨土,转眼间洞就挖成了。有时,它们会换一种方式挖土,先用前爪把土挖松后,再整个儿的钻进去,然后竖起全身坚硬的鳞片拉住松土向后退。据估计,穿山甲每小时掘土的重量相当于它自身的体重。穿山甲除了腹、面和四肢内侧外,其余的地方都有角质鳞片。这种鳞片除在挖洞时发挥作用外,在逃避敌害时,也能当做铠甲保护自己。

穿山甲常常搬家,这主要依季节和食物的变化而定。冬季,天气变凉,它们会选择背风向阳而且地势较低的山坡;夏季,天气转热,它们会选择较高的通风凉爽的山坡。冬季,它们的洞连通几个白蚁巢,长达十几米,不用担心冬天没有粮食;夏季,它们的洞则不到1米,仅供栖息之用。

穿山甲的交配时期在每年的4~5月,其他的时间,它们喜欢独居。产崽期则是冬末或来年初春,一般每胎有1~3个崽。穿山甲在长大前,喜欢伏在母体的背上活动。

穿山甲是哺乳动物,主要以白蚁为食物,偶尔也吃些蜜蜂等昆虫的幼虫。成年穿山甲一次能吃许多白蚁。

穿山甲的视觉和听觉都很差,只能靠嗅觉来寻找白蚁巢。它的嘴里只有一条细长的舌头,没有一颗牙齿。穿山甲只吃蚂蚁和白蚁,这种结构非常适合它捕食。

发现一个蚁穴后,穿山甲伸出利爪,它的爪子长得像弯钩一样,左扒右掘,从蚁穴中赶出蚁群。然后,它再伸出舌头,细长的舌头像一条长带子一样向蚁群横扫过去,舌头每扫一次,就有成百上千只蚂蚁成为它的食物。蚁群进入胃后,胃中的角质膜和吞进去的小砂粒能把食物碾碎,从而进行消化。

穿山甲是白蚁的死对头,1只穿山甲吃掉1千克白蚁只需1天。而这1千克白蚁1天内能破坏153平方千米山林。因此,穿山甲是森林的好伙伴。

穿山甲有时还会设下圈套,让蚂蚁自动前来送死。穿山甲先在蚁穴边躺下装死,它张开全身的鳞片,一股浓烈的腥膻味立刻从鳞片里散发出来,一阵阵地飘向蚁穴。蚂蚁们闻到气味纷纷出洞,它们把装死的穿山甲当成一座肉山,蜂拥而上。等到前来送死的蚂蚁差不多了,穿山甲把全身肌肉一紧,合拢鳞片,大部分蚂蚁就被关在鳞片内。接着,带着满身蚂蚁的穿山甲跳进池塘中,抖动身子,打开鳞片,蚂蚁便浮在水面上了。然后,穿山甲就用舌头舔吃水面上的蚂蚁。不一会儿,水面上的蚂蚁就被吃光了。

利用这种方法,不用费多大劲,穿山甲就能捕食大量的蚂蚁。

二、不可思议的生存技能

可怕的"舌头"

蛀木水虱很可能是世界上最特别、最可怕的等足动物了,它们属于甲壳纲动物。等足类动物包括木虱、蛀木水虱和其他等足类甲壳动物。大多数等足动物与其他很多动物的生活习性一样,可能为食草动物、食腐动物或食肉动物,但是有些等足动物却过着寄生生活。像蛀木水虱就喜欢选择红鳍笛鲷的舌头作为它的巢穴。

蛀木水虱用带钩的腿(即甲壳动物的胸部附器)紧紧抓住红鳍笛鲷的舌头,以鱼的黏液、血液和身体组织为食,逐渐吃光它的舌头,然后紧抓住舌根,取而代之,成为红鳍笛鲷的舌头,并随着它一同成长,以它进食时漂浮的肉粒为食。据记载,最大的蛀木水虱长达39毫米,但是很可能还会长到鱼的舌头需要达到的长度。

也许这整个过程并不如它看起来那么可怕,因为这种红鳍笛鲷还能继续进食,但是谁知道哪一天这只蛀木水虱会决定离开这条鱼,去别的鱼嘴里另辟新巢呢?奇怪的是,尽管在太平洋东部,从墨西哥到秘鲁都有红鳍笛鲷,但是人们仅仅在加利福尼亚海湾和科迪兹海才发现红鳍笛鲷和它的寄生虫之间的这种关系。这是我们所知的唯一一例不仅代替了它所寄生的主体的器官,而且还代替其捕食的功能的寄生虫,这一举动真让人难以接受啊!

可怕的伙伴关系

有一种蠕虫,即线虫(身体不分节,呈柱状,两头稍尖),会不停地在土壤里蠕动,它在寻找一只毫不知情的幼虫。它并不挑剔,但是更喜欢诸如象鼻虫、苍蝇之类的幼虫。它会花几个月的时间来寻找一个合适的受害者。当找到了合适的幼虫时,它就会刺入这只幼虫的表皮,或者通过幼虫的气孔进入,或者干脆用它特别的牙齿挖一个洞进去。它一旦进入了幼虫的体内,就会从肚子里排出 100 多个细菌,这种细菌会产生致命的毒素、消化酶和抗生素。

这种细菌就是发光细菌,随着它们在幼虫的体内繁殖,幼虫会发出一种致命的光,即"发光病"。幼虫体内的那只线虫就以这些细菌和幼虫的尸体为食。由于抗生素的作用,使得其他与之竞争的微生物不敢吃这只幼虫的尸体。最后,这只线虫变成了一只雌雄同体的雌性线虫,在那只幼虫的尸体里产卵,并且孵化雌性和雄性的线虫。

但是更多的卵还是在线虫的体内发育,小线虫一旦孵化出来,它们就会吃掉自己的母亲,然后再互相交配产卵。就这样,大约两周后,那只幼虫的尸体最终被分裂开来,数千只小线虫(每一只线虫腹部都有发光细菌)钻入土壤中。发光细菌和线虫共存,离不开彼此,它们是一对令人讨厌的伙伴。但是人类可以利用它们的伙伴关系,特意繁殖这种小线虫,然后让

□可怕的现象

它们去捕食花园里的害虫。

最懒的动物

三趾树懒有2种生活状态：半睡半醒状态和熟睡状态。它每天能睡20多个小时。据记录，一只树懒最长的寿命是30年，那也就是说，它有25年都在睡眠中度过。它不论睡觉还是清醒时都倒挂在树枝上，不同的是，当它醒着时，它会极其缓慢地摘下树叶，然后用令人难以置信的慢速吃树叶。它沿着树枝移动的速度也相当缓慢，大约为0.5千米/小时。

实在有事的时候，它会从树上下来，既迟缓又笨拙——只有这时它才挺直身子，然后一路前进到另一棵树下。有时候，它要去的那棵树在河流或者沼泽地对面，在这种情况下，它会用狗刨的方式游过去，相比之下，它的泳姿比它走路的姿势优雅多了，但是，仍然相当缓慢。

树懒的新陈代谢与其他哺乳动物相比也是慢节奏的，它早晨醒来往往会晒晒太阳以加速新陈代谢。它的消化也慢，一周只排便1次。排便时，它慢慢地从树上爬下来，又慢慢地挖一个坑，然后排出约占自身体重1/3的大便（包括尿液）。而即使是它那又干又硬的排泄物，其分解的速度也比其他哺乳动物的要慢得多，大约仅为它们的1/10。

繁殖力惊人的蚜虫

在雌蚜虫的一生当中，它可以通过无性繁殖而生出一群遗传因子完全相同的后代。平均起来，它每10天就会繁殖一次，因为这些后代本身在出生前就已经"怀孕"了，也就是说胚胎里含有胚胎，因此，从理论上说，仅仅在一年当中，一只蚜虫就可能会复制出10亿只蚜虫。

自从植物出现在地球上以后就有蚜虫了。它们以刺吸式口器在植物上以吸食汁液为生。如果人工化肥使植物汁液中含有丰富的氮，蚜虫就会长得更快。有些蚜虫对于蚂蚁而言可以起到奶牛的作用，它们给蚂蚁提供一种叫蜜露的排泄物。蚂蚁为了回报它们，不仅提供保护，甚至还会为它们建造遮盖物，在冬天把它们的卵储存起来或者搬到新的植物上。这也许会使蚜虫的数量增长得更快，使它们不会受到昆虫等掠食者的攻击，瓢虫、草蜻蛉和飞蝇的幼虫也不会以它们为食。

如果蚜虫的数量对于它们所生存的那棵树来说太多的话，或者当这棵树开始死亡时，蚜虫可能就会开始孕育有翅膀的后代，它们能利用风飞到新的植物上。这些长了翅膀的后代会在新的植物上进行有性繁殖，雌虫还会产卵。但是产卵数量的多少要取决于食物的供应。在生态平衡的环境当中，掠食者与猎物的数量的循环周期保持一致，所以数量极多的蚜虫也只不过是大自然生物链中的一个组成部分而已。

交配的巨大代价

香蕉鼻涕虫可能是鼻涕虫当中最出名的了。对于一只鼻涕虫而言，它不但很美丽，而且还是加利福尼亚圣克鲁斯大学的吉祥物。这一物种被赋予这么高的荣誉，部分原因是由于它的独特性——人们仅仅在加利福尼亚中部沿海地区的红杉林里才能找到它——但是主要原因在于它那令人好奇的性行为。有传闻说，狭长的香蕉鼻涕虫有世界上相对于体形来说最长的阴茎，有时候香蕉鼻涕虫的阴茎和它的整个身体一样长（18厘米），它的学名"dolichophallus"事实上就是"长阴茎"的意思。

18

像其他的鼻涕虫和蜗牛一样，香蕉鼻涕虫既有雌性生殖器，又有阴茎。经过了漫长的、世俗的求爱过程，两只鼻涕虫会在铺满黏液的"床"上交配，每一只同时扮演雄性和雌性的角色，每一次交配都要缠绵数小时。但是有时候雌性生殖器会紧紧咬住阴茎不放，使得阴茎根本无法抽回来。被夹住的鼻涕虫能做的唯一一件事就是放弃——被咬掉阴茎。这样做的好处就是能阻止被阉割的鼻涕虫给其他鼻涕虫提供精子而浪费资源。照此理论，它就会把更多的精力转移到孕育受精卵上来。当然，它的伴侣也会在交配后美美地吃上一顿大餐了。

能控制性别的小丑鱼

小丑鱼最出名的一点可能是它们对海葵的有毒的刺细胞具有免疫力，另外它们终生与某些特殊海葵的共生关系也为人津津乐道。但是它们还有一个更加特殊之处：一般来说最多会有6条小丑鱼占据一个海葵，其中只有2条繁殖后代，其余4条只是在那里居住，并遵守着严格的等级制度。

雌鱼占据着主导地位，它的体形也最大。排在第2位的是它的配偶雄鱼，第3位是剩下的鱼当中最大的，然后依此类推。这种鱼控制着它们自己的生长，每条鱼都按照长幼强弱次序排列，每条排在后面的鱼只是排在它前面的鱼的个头的80%。任何一条失去控制而比规定大小长得大的鱼都会被驱逐出那个海葵的家，而没有海葵触手的保护（所有其他的海葵通常已经被占据了），最后肯定将面临死亡的威胁。

因此小丑鱼对于它们的成长很谨慎，因为它们很长命，一个小团体可以不受干扰而存在数十年。但是，当其中一条死去的时候，每一条在它之下的鱼都会受到鼓舞而长大一点，这样就又可以接纳一条幼鱼了。但是如果当家的雌鱼死了又会怎么样呢？谁来代替它呢？当然是那一对夫妻中的雄鱼了。它不但能控制自己的体形，而且还能控制自己的性别，会使自己转变成雌鱼。

规模最大的排卵奇观

珊瑚虫发明了一种壮观的方式来增加它们异体受精的机会：大量释放出精子和卵子。这些生殖事件当中最引人注目的场面发生在大堡礁——世界上最大的珊瑚礁生态系统。在10月、11月，有时候是12月，满月后的几个夜晚，在大堡礁一带的珊瑚虫会大规模产卵。

当数十亿珊瑚虫同时释放出它们的精子和卵子时，这一大规模的活动便创造了一场粉红色和白色的水下暴风雪。它们漂浮在水面上，精子与卵子相遇而受精。它们给鱼类带来了好运，但是只有一些卵子可以吃，因为有些卵子含有具抑制作用的化学物质。在数小时的受精期内，卵子会发育成胚胎，胚胎长成幼虫，然后开始浮游，去海床上寻找一块自由的地方定居下来，通过自身不断繁殖形成新的珊瑚群。珊瑚虫大规模的产卵活动是世界奇观之一，但是只有部分珊瑚虫享有此声誉。从太空中可以看到海面上由卵子形成的壮观景象，但是令人奇怪的是，这一事件首次被记录下来已是1981年。

冻不死的树蛙

有一种非洲蚊子相当适应在干旱的条件下生存，附带说明一下，它可以抵抗人为设置的 –270℃的酷寒。许多其他昆虫也能在低温环境中生存，但能够长期抵抗寒冷的，恐怕只有南极的细菌了。

最耐寒的较高级动物是树蛙，它的耐寒本领使得它的生存地点比其他两栖动物离北极更近，更能在融雪期的池塘里栖息。大概这能使它处于优势，能在池塘干涸之前就迅速繁殖。

□ 可怕的现象

当气温下降到0℃以下，蛙的肝脏就会把肝糖转变为葡萄糖，葡萄糖有抗冻的作用。在-8℃以下时，血液会把葡萄糖输送给重要的组织以防止内脏被冻。此时，蛙体内有65%的流体被冻，没有血液的内脏实际上也停止了活动，甚至眼球和大脑也凝固了，像死了一样（有一种乌龟也可以做到，但只是暂时的）。但当开始解冻时，蛙的心脏又开始跳动，并向全身输送含有凝固蛋白的血液，这有助于使被冰晶刺破的伤口的血凝固。此蛙通过这种方式能很快恢复活力，而体内被冻僵的寄生虫居然也复活了，真令人惊奇啊！

处在冰晶上的树蛙

极度耐寒的麝牛

麝牛也许真的是人们所知道的拥有最长的体毛的动物。麝牛的皮毛确实很暖和，超过任何一种与它同类的动物，如绵羊和山羊。

事实上，麝牛有两层皮毛——粗浓杂乱的那层长毛几乎垂到地面上，长毛下面的一层短绒毛则很细、很暖和，厚30厘米，被因纽特人称为北极金羊毛。这两层皮毛结合起来使得麝牛能度过-70℃的严冬。这还使它们减少了大约20%的新陈代谢，可以帮助它们在缺少食物的情况下度过漫长的、黑暗的、冰冷的冬季。

麝牛看起来像上个冰川期的苔原哺乳动物，其实它们就是苔原哺乳动物。它结合了苔原动物和庞然大物的特点，能适应气候变化，坚守在北冰洋的边缘而不迁走，终于在暖和的新纪元幸存了下来。后来，持枪的人类的到来几乎把它们杀光了，少部分由于动物保护组织的保护才得以幸存下来。

长跑冠军叉角羚

叉角羚真的很独特，它既不属于羚羊科，也不属于鹿科，而是自成一科。它的奔跑速度很快，而且富有耐力。虽然猎豹是奔跑速度最快的动物，但是它在长距离奔跑中却不能保持这么快的速度。而叉角羚在长达1.6千米的距离中能保持67千米/小时的速度，它绝对可以得到一枚长跑冠军的金牌。

它为什么可以跑得如此快呢？科学家相信，很久以前，它很可能不但被草原上的狼追猎，而且还是现在已经灭绝的既有耐力又奔跑迅速的其他食肉动物的猎物。而且，在一望无际的大草原上根本没有它的藏身之处。

最近的研究揭开了叉角羚的一些生理上的秘密。首先，它有强有力的肌肉，以及相当长的、重量很轻的腿。疾驰时，前腿往前推，后腿支持前腿，朝空中迈出一大步。与其他的哺乳动物相比，它的心脏、肺、气管都要大些，血液里的血红蛋白极其丰富，这就意味着在很短的时间内会有更多的氧气传输到肌肉。它的眼睛大大的，向外突出，有利于看到更广阔的区域，以便发现草原上的食肉动物，这在奔跑时相当关键。但是叉角羚跑得再快也快不过欧洲殖民者的枪弹。到20世纪初期，叉角羚的数量已由4000万只锐减到一两万只了。

超强的吸附能力

许多人都看到壁虎会悬挂在天花板上或者任何一种别的物体表面上，这主要是由于它的吸力的帮助。事实上，它们的吸附能力之大令人难以置信。

壁虎的每只脚上都覆盖着数百万微小的脚毛，称为刚毛，每根毛上都有上千花椰菜状的纤维，称为腺毛。当这些腺毛张开时，它们是如此靠近物体表面，以至于在它们的分子和物体表面之间产生了微弱的电荷，使得它们与物体表面紧紧地吸在一起，因为正电与负电互相吸引。壁虎的脚趾不能弯曲的构造使得这种吸附能力变得更强。爬行时，这一构造使得它们能在 1 秒钟之内四脚交替运动 15 次。它们脚上的数百万的腺毛都能产生分子力，这种力量如此强大，以至于它们一只立在玻璃上的脚能负荷 40 千克的重量。

壁虎脚上的构造还包括一种自我清洁的成分：任何粘在刚毛上的污垢在走了几步路之后就会自动掉下来，这是因为污垢和刚毛之间的吸力不如物体表面与污垢之间的吸力大。壁虎的吸附能力给技术专家带来了灵感，从而研究出一种用于太空的有脚微型机器人的胶带，这种胶带能自我清洁，易于分离。但是蜘蛛几乎肯定能更早达到这一目的，因为用同样的分子结构，它们能负载起自身 170 倍的重量。

最艰难的孵卵

帝企鹅是 17 种企鹅当中最大的、也是唯一一种在南极的冬季孵卵的企鹅。其他诸如鸸鹋之类的鸟有更长的孵化期，但是它们雌雄之间会分担责任，而且会离开巢穴去觅食。然而雄性帝企鹅自始至终都会坐在一个蛋上，整个孵化过程需要 62～67 天。

它的孵化期是在 3 月下旬或 4 月初于南极海洋上的冰块上开始的，在经历了海上整个夏季的觅食活动后，这时好几万只企鹅会聚集在一起求爱、交配。到卵被产下的时候为止，大约 50 天过去了——在这期间企鹅什么也不吃。后来，由于海里的结冰面积不断增大，离原来所处的地方越来越远了，因此所有的雌性帝企鹅开始回到海里觅食，雄性帝企鹅则必须紧紧用脚掌握住它的卵，并且用像羽毛一样柔软的育儿袋覆盖住它。雄性帝企鹅会聚集在一起度过南极的隆冬。天气总是处于黑暗或半黑暗状态，暴风雪肆虐，温度会降到 –40℃ 以下。

两个月过去了，卵孵化出来了。刚孵出的小企鹅待在育儿袋里，几天后雌性帝企鹅开始出现，代替雄性企鹅照料小企鹅。在这之前，雄性帝企鹅除了吃点雪，已经大约 120 天没有进食了。

挑战最极端的海底生境

在 1995 年，科学家终于运用遥控的机器人探测到地球最深的地方，这种机器人能承受 100 兆帕压力。他们探测到了太平洋的马里亚纳海沟的深海区，其深度在海平面以下 1.1 万米，其深度超过了珠穆朗玛峰的高度。在那里，他们还发现了细菌。令人惊奇的是，他们还发现了一种乳白色的香肠形状的物种群，这种生物能在如此极端的条件下生存，同时消耗特殊的酶和蛋白质。它们给医学的突破带来了希望。

科学家还在那里发现了端足类动物，且数量还不少。端足类动物就是各种各样的甲壳纲动物，包括跳蚤，这种跳蚤生活在两极到赤道之间的海底里。可是有一种跳蚤，体长大约 4.5 厘米，一直在世界上最恶劣的环境下生存，那里一片漆黑，几乎没有食物，而且承受着别的动物承受不了的压力。

这种端足类动物仅仅在非常深的海底才能看到。它们新陈代谢的速率很慢，肠子很大，但是游泳速度却出奇的快。它们是食腐动物，吃"海里降的雪"——缓慢沉到海底的动物尸体，这些动物尸体不仅量大，而且气味也很独特，因此当这些饵料一下沉，它们总是会马上出现。随着技术手段的不断进步，人类可以探测到更深的海底，那么在更深的海底很可能还会发现更多的"极端的"动物群体。

沙漠蝗虫的可怕破坏力

一大群落基山脉的蝗虫曾经覆盖的最小面积相当于英格兰、苏格兰、威尔士和爱尔兰的总面积，它们曾给北美洲西部的开拓者带来过巨大灾难。1875年8月15～25日，当蝗群飞过内布拉斯加州时，估计总重量有250亿～500亿千克。不可思议的是，这一种蝗虫于1902年就已经灭绝了。

现在，沙漠蝗虫成了最大、最具有破坏性的昆虫群体。1954年，科研人员曾在肯尼亚用侦察机测量得知，一个蝗群就能覆盖200平方千米的面积。那还只是在同一个地区的几个蝗群中的一个而已，若所有蝗群合起来则会覆盖1000平方千米，厚达1.5千米，估计有5000亿只蝗虫，重量约10万吨。

这种动物最奇怪的一点是它基本上是独居的。大多数时候它是普通的、绿色的蚱蜢（蝗虫基本上就是蚱蜢的别称）。但是当沙漠条件改变时，昆虫的行为也发生改变。有时当天气较往常湿润时，更多的蚱蜢就会孵化出它们的卵。小蚱蜢互相撞击，互相摩擦，这种撞击和摩擦会促使个体释放出一种"群聚的信息素"（一种由动物，尤其是昆虫分泌的化学物质，会影响同族其他成员的行为或成长），因此它们开始聚集在一起。大量的蚱蜢朝一个方向行进，这一阶段会持续大约一周，然后它们长成成虫开始飞行，于是蝗灾就产生了。蝗群会在哪里出现并不很明确，但是如果它们在阿拉伯半岛繁殖的话，就会飞过非洲，沿途经过的农作物将遭到严重破坏。

骑在水母背上的龙虾幼仔

当你是自然界中的极小生物时，你就必须拥有独创性的能力才能到处活动。许多体形极小的节肢动物（节肢动物门无脊椎动物，包括昆虫、甲壳纲动物、蛛形纲动物和多足纲节肢动物）选择免费搭乘在别的生物身上的方式到处活动。加利福尼亚的多刺龙虾的幼虾开始只有3.8厘米大小，需要在开阔的海洋里旅行数月，大约要经历11次蜕皮才能长大为成虾。在此期间，为了避免被掠食者捕获，它白天会躲在较深的海底。但如果要到达数百或数千千米远的成虾觅食地的话，它就会搭乘在一种浮游的水母身上，利用这种水母的躯体作为航行的交通工具，这样一来，它就不需要借助于水流了。

还有些其他的搭乘者更加无礼。例如有一种螨类生物（蜱螨目的任何一种微小的蜘蛛纲动物），它喜欢悬挂在一种"保幼蚁"的头部下面，这种生物体形和蚂蚁一般大。当它饥饿时，它就会敲打蚂蚁的头，蚂蚁便会反刍出一种含糖的食物，这样一来，它不仅得到了一个寄居地，而且还可以获得免费的食物。藤壶（一种蔓足亚纲的海洋甲壳类动物）比它还要"厚颜无耻"。它寄居在雌水母身上，却会把雌水母卵巢的所有东西全部吃光。但是作为一名寄居的揩油者，它们也有烦恼的事，那就是要完全依赖所选择的寄居生物，如果太贪婪，就会造成两者都死亡。

"偷梁换柱"的杜鹃

杜鹃在抚育后代方面可以说是一无所知。它们既不会做窝孵蛋，也不会养育幼鸟，而把这些本该是义不容辞的天职偷偷地让别的鸟妈妈来代劳。

当雌杜鹃快要产蛋的时候，就开始在心里打自己的小算盘了。它们从不为即将出世的子女操心，而只是在丛林间飞来飞去。一旦发现云雀、画眉等鸟类孵蛋的巢窝，就趁它们外出觅食的时候，偷偷将自己的蛋产在巢窝里，然后把原来巢窝里的一枚蛋取走。

杜鹃蛋比云雀、画眉的蛋孵化得都要快，因此杜鹃幼鸟也是最先破壳而出的一个。奇怪的是直到此时"养母"还没有意识到鱼目混珠，依然将小杜鹃当做自己的亲生"儿女"，辛勤地喂养着。小杜鹃对此可是毫不领情，它一出世就继承了父母性情暴躁的特点，喜欢在窝里乱动瞎撞。这样一来它还未出世的"异类弟妹"们就要倒大霉了，有的被它撞得东倒西歪，影响了正常发育；有的甚至直接被撞出窝去，摔死在地上。但是，它的"养母"依然没有发觉这头"披着羊皮的小狼"的真面目。等到"异类弟妹"们也相继出世之后，小杜鹃又开始与它们争夺"养母"衔来的食物。

杜鹃每年平均产蛋 2~10 个，而且每借一个巢，只产一个蛋。也就是说每只产蛋的杜鹃一年将会使 2~10 "家"别的鸟类受害。

雌雄融为一体的琵琶鱼

在 19 世纪 30 年代，当科学家首次发现这种奇怪的鱼类时，他们就开始从深海里——在 300~4000 米之间——用拖网把这些待研究物种拖上来。似乎这一物种只有雌性，而没有雄性。后来有人发现，有的雌性琵琶鱼长着奇怪的肉团，令他们震惊的是，在雌鱼身上竟然发现了雄鱼。原来雄性琵琶鱼如果碰到雌鱼，便会爬到雌鱼身上，与对方的身体完全融为一体，并依靠雌鱼来维持活力，而自己却逐渐失去了独立生活的能力，甚至雌鱼的循环系统也会延伸到雄鱼的体内。

琵琶鱼

从那以后，人们了解到许多关于这种鱼类的一些极特别的事情。雄鱼一般不到雌鱼体形的十分之一。例如，它们当中最大的一种，雄鱼长 7.3 厘米，而雌鱼却比它大得多，长度有 77 厘米。

雄鱼开始时在海面上生活，之后逐渐长大变成成鱼，然后沉入黑暗、广袤的海底。它不得不找一条雌琵琶鱼结伴而行，而在 1 立方千米的海里可能只有少数几条，要找到可不容易，好在它有大鼻孔、大嘴巴、一副钢锯一样的牙齿、发达的嗅觉以及比例很大的眼睛，利用这些优势，来寻找雌鱼用来吸引猎物的发光的"渔竿"。如果它够幸运的话，它能找到一条雌鱼，然后就用颚部牢牢地固定在雌鱼的身上，再也不松开了。慢慢地，它的眼睛、鼻孔等——身体的所有器官除了睾丸以外——都会退化。它的生命当中只有一件事情要做了，那就是使卵受精。

□可怕的现象

犀牛甲虫的超级举力

犀牛甲虫属于金龟子科，这个科的许多动物都特别强壮，有的能滚动巨大的粪球，有的可以杀死别的昆虫。但是犀牛甲虫应该是最强壮的：有人做过实验，一只犀牛甲虫能把自身体重850倍的重量举到背上，远远超过了一只大象的相对力量。

即使这个记录有点夸张，但是我们对于犀牛甲虫的力量却不应怀疑。雄性犀牛甲虫以它们的叉形触角而出名：一只巨大的触角在头上拱起来，一只较小的触角朝上拱起与它相对应。当雌性犀牛甲虫准备交配时（它们长期待在地下，以植物为食，很可能见不到雄性犀牛甲虫），它们会散发出一阵迷人的信息素，吸引雄性犀牛甲虫飞进去。这时候它们就用触角互相碰撞。最大的、最重的以及最长的雄性犀牛甲虫——它们吃的食物是最好的，可能最有希望成为父亲，养育后代，然而它们必须向旁观的雌性犀牛甲虫证明自己。决斗中的雄性犀牛甲虫首先点头互相威胁，然后以头碰撞，举起对方并且投掷出去，胜利者最终会得到交配的权利。雄性犀牛甲虫身体越大，它的触角也就越大，肌肉和钳子越强壮，因此就越有可能获胜。但是越大不一定越好，如有种有触角的金龟子甲虫，其雄性甲虫的触角很大却只有很小的生殖器。

最奇异的鸟巢

据记录，树上最大的巢是由佛罗里达州的秃鹫所建造的，这些巢加起来可能有数年的历史，宽2.9米，深6米。一般的秃鹫的巢要小得多——与真正建造鸟巢的纪录保持者相比，简直不值一提。

然而，在澳大利亚发现的一种鸟，叫做冢雉，却能利用精心准备的土冢来孵卵。长得像鸡一样的橙脚冢雉建的土冢大约有3.5米宽、12米高。成对生活的雌鸟和雄鸟共同用土堆和有机物质来建造土冢。

建造土冢需要数百吨小石块、木头、土壤、树脂和树叶，要建这样的土冢需要付出巨大的努力，还需要大而有力的脚。一个土冢可能被许多代的冢雉使用，在不断的发展过程中，土冢建得越来越大——最大的纪录是一个宽50米的土冢，很可能被使用了数百年。太阳会给土冢加热，但更重要的是，腐烂的植物也产生热量，土冢里面的温度将会达到25～35℃。当雌鸟产卵时——要经历数月的时间——雄鸟会照看着土冢，给巢添加或者移动材料来调节巢内的温度。这非常像一个巨大的土堆，当雏鸟孵化出来以后会自行破土而出，并能够独立活动。

令人讨厌的"同居者"

蟑螂群中对人类有害的，只有较大的美国蟑螂、小一些的德国蟑螂和东方蟑螂，这几种就好比昆虫中的大耗子和小老鼠。像那些啮齿类动物一样，这几种蟑螂在与人类共处方面格外成功，在我们享有的温暖潮湿的庇护所里过着兴旺的日子。

得益于它们扁平的身体，蟑螂能够钻进极窄的缝隙中去。碗橱后面、地板下面、排水沟和下水道等，都是它们白天的藏身之处。到了晚上，蟑螂就变得活跃起来，四处闲逛着寻找食物。它们逮着什么吃什么，不怎么挑食。纸张、文件、书的粘胶，统统都是它们的食物。

问题在于，蟑螂们总是被自己的排泄物弄得浑身脏兮兮的，因为四处乱钻乱吃，它们的附肢也理所当然地很脏。从排水沟和下水道里溜出来的蟑螂，会满不在乎地在开敞的食物上流连，因此不可避免地传染疾病。人们已经发现蟑螂会携带小儿麻痹症病毒和污染食物的沙门氏菌，还会引起某些人如哮喘病人的过敏反应。

但是蟑螂极难根除。它们对环境的适应能力实在惊人，而且一旦有过一次虽然很不愉快却不致死的被毒杀经历后，它们会很聪明地避开那些放了毒药的区域。此外，它们也非常敏感，比如当它们趴在某个地方时，能感觉到身体底下任何轻微的振动，即使这个振动的幅度只有1毫米的百万分之一。轻微的空气运动也一样，它们能通过两根尾须上的纤毛感觉到。因此不等袭击到来，它们就已感觉到而早早地躲到附近不知哪个缝里去了。

啄木鸟不会脑震荡之谜

提到啄木鸟，人们立刻联想到它的一堆称号，例如"森林的医生""忠实的护林尖兵"等。黎明时分的森林里，不时传来啄木鸟敲击树木的"笃、笃、笃……"的声音，那是啄木鸟在给树木看病。

啄木鸟主要以天牛幼虫、蠹虫幼虫、象甲、伪步行甲、金龟甲、蚂蚁等为食物。啄木鸟能把潜藏在树干中的害虫掏出来除掉，这些害虫有时能把树活活地咬死。啄木鸟的长嘴就像医生的听诊器一样，它用这个又硬又尖的长嘴敲击树干时，发出笃笃的声音。这些声音能准确地反映出害虫躲藏的位置。啄木鸟用喙先啄开树皮，像凿子一样在树上凿个洞，然后插进害虫的巢内。啄木鸟的舌头又长又细，向外伸出，有14厘米长。嘴里容纳不下那么大的舌头，就只好穿出下腭，向上伸进右鼻室内。左鼻孔则留作呼吸之用。它有两根能伸缩的筋长在舌根，长着许多肉倒刺的舌尖则能分泌黏液，因此，它总是可以准确无误地钩出隐藏得很深的害虫，甚至是幼虫和虫卵。

啄木鸟拥有14厘米长的舌头，它用喙在树干上凿出一个洞后，便将舌头伸进去，将害虫钩出来。

一般的鸟儿都是站在树枝上，而啄木鸟却是攀援在直立的树干上。原来，啄木鸟的4趾是对称分布的，有2个向前，2个向后，趾尖上的钩爪非常锐利，能帮助啄木鸟牢牢地站在树干上。它的尾巴是支撑身子的支柱，羽轴硬而且有弹性。这样，啄木鸟不仅能抓住树干，还能够沿着树干快速移动，自由地上下跳跃，甚至是向两侧转圈爬行。

现在，全世界已发现的啄木鸟约有180种，如红头啄木鸟、橡树啄木鸟、绒啄木鸟、大斑啄木鸟、黑啄木鸟、北美黑啄木鸟、黑背三趾啄木鸟、绯红背啄木鸟、红腹啄木鸟鴷等，都属于䴕形目啄木鸟科。除澳大利亚和新几内亚岛外，啄木鸟的足迹几乎遍布全世界，其中南美洲和东南亚的数量最多。每天，1只大斑啄木鸟能除掉害虫1000多只。据估计，在成千亩的树林里，只要有4只啄木鸟，就可以控制害虫的蔓延。

繁殖季节，雄啄木鸟常用敲击空树干或发出短促的、尖锐的叫声来吸引雌啄木鸟前来婚配。一对啄木鸟

□ 可怕的现象

在树上凿3个以上的树洞当做自己的巢穴。其中一个巢洞专门用于产蛋育儿，平时，雌鸟和雄鸟各占据一个巢洞，每年更换一次巢洞。每年5月啄木鸟产5枚左右的蛋，经过10天的孵化后，只需一个多月，雏鸟就长大了。

利用特制的电影摄影机，美国科学家菲力普·梅依惊奇地发现，啄木鸟找虫吃的时候，每啄一次的速度非常快，达到每秒555米，是空气中的音速的1.4倍。头部摇动的速度约每秒580米，甚至高于子弹出膛的速度。照这样计算，啄木时，啄木鸟头部受到的冲击力是其体重的1000倍。如此快的速度，难怪树干很容易被凿穿。在这样强烈而长久的震动下，啄木鸟为什么不会脑震荡呢？

通过对啄木鸟的头部进行解剖，科学家发现它的头部有一套防震装置，能够保护啄木鸟。啄木鸟尽管有非常坚硬的头颅，但骨质却很疏松且充满气体，像海绵一样。颅壳内有一狭窄的空隙在外脑膜与脑髓间，这一空隙使震波的传导变弱了。它的脑组织从头部的横切面上可以看出是很细密的，再加上啄木鸟头部两侧还有起防震作用的肌肉系统。而且，啄木鸟啄树的时候，头部和喙都保持直线运动。这样，我们就可以理解为什么啄木鸟啄树时不会脑震荡了。科学家从中获得启示，制成了防震头盔。

然而，科学家的研究也同时表明，并非所有的啄木鸟都吃害虫，有的啄木鸟喜欢吃树木的果实；有的则喜欢在树干上啄一些小洞来吸食树的汁液，损害了树的健康。看来，我们还需要进一步评判啄木鸟的功过是非。

再生能力极强的海星

海星是生活在海里的一种五角形的小生物，它有许多奇怪的行为举止，例如它进食时，先把胃从口中吐出，将食物进行消化后，再把胃收回去。此外，海星还有一个非常显著的特性——再生能力很强。

海星是一种棘皮动物，具有高超的分身本领。它们是一种形似五角星的动物，只有巴掌大小。退潮后，我们能在海滨的沙滩上或礁石缝里看到它们。

海星的身体一般是由5个对称的腕足及体盘组成，有时腕足数也可能是5的倍数。腕足在行动时充当了脚的作用。若有石块或别的东西压住或咬住了它的腕足时，腕足会自行折断，海星则可以趁机逃生。一段时间后，它又会重新长出一个新的腕足。

海星有艳丽的颜色，它的身体呈浅黄色或橙红色，微微隆起，嘴长在平平的腹部上。海星是海洋中的肉食动物，尤其喜食贝类。海胆是海星的近亲，可是在食物短缺时，海星也会捕食海胆，有时甚至连自己的子孙也不放过。

海星以牡蛎等为食物，而且，它的食量奇大，一天之内一只海星就可吃掉20多只牡蛎。由于它们还会和鱼虾抢饲料吃，因而，渔民非常痛恨海星，只要一捉住海星，就会将其剁烂，再扔回大海。但结果却适得其反，海星的数量反而越来越多。

海星是怎样吃掉有坚硬外壳的贝类的呢？海星遇见贝类时会用5个腕足紧紧抓住贝类不放；接着，贝类的两壳由于体力不济而稍有放松，海星就会分泌能麻醉贝类的消化液，并从贝壳间的缝隙中伸进自己的胃，将贝类的软体包住，然后从容不迫地将其吃掉。

科学家们试图找出海星不死的原因，他们发现海星没有较为明显的头。留心观察之后，科学家发现海星的5个腕足当中，有一个格外忙碌，总是不停地转动。这个忙碌的腕足就相当于海星的头，整个身体的运动都是由这个腕足来支配的，而且这个头永远不会死去，它的再生能力非常强，即使被割掉了，很快就有一个新的长出来。

原来，海星的每一条腕足都可以自行运动、消化、繁殖，就像一个半独立的机体，只要带上一点中心圆盘上的东西，很快就会长成一个新海星。因此，即使不带相当于头的腕足，也没有关系。

科学家们试图研究海星的这种再生能力，他们发现，在海星细胞中都有一个拥有完整遗传基因的储备细胞。利用这种遗传基因，各种器官的新细胞都很容易被培养出来，形成下一代。其实，人的细胞里也有储备细胞，这些储备细胞里也有遗传基因，但是，人却没有像海星一样的再生能力。如果开发出了人的细胞的再生能力，那么，对于人类生物学将具有划时代的意义。

目前，相关的研究工作还在进一步展开。如果有一天，人类也具有这些再生能力，那么，世界上千千万万的残疾人就不会再生活在痛苦中了。

南极鳕鱼的抗冻本领

大千世界，无奇不有。在南极水域生活着一种鱼——鳕鱼，这种鱼极为耐寒。

在 $-1.9℃$ 的水中，如果是温带鱼，一放进去，马上就被冻成了冰块；而鳕鱼却能自由自在地游来游去。在 $-2℃$ 的水中，鳕鱼的代谢速度相当于热带鱼 $10\sim20℃$ 时的水平。如果温度上升到 $6℃$ 时，就会因受"热"而死。

原来在它的血液中含有一种肝糖蛋白质。这种肝糖蛋白质是一种生物大分子，由 2 个半乳糖和 3 个氨基酸组成一个单元，许多单元又通过化学键连成一根长长的链条，在血液中盘绕蜷曲成松散的线圈——无规线圈。由于表面张力的缘故，使得这种无规线圈的表面结冰，需要极低的温度。而一旦结了冰，表面的不规则性又会增大。这样反复几次，冰点就会大大降低，鳕鱼便因此具有了极强的抗冻能力。

生物抗冻素的发现，给了科学家极大的启发，假如冰冻确实可以保存生命，那么许多重要的器官（大脑、心脏等）的移植以及垂危病人的抢救等医学问题就可以迎刃而解了。如今，医学上已成功地用局部冰冻损伤的方法来治疗癌症和溃疡，有效利用低温来保存血液、精液等。除此之外，生物抗冻素和低温酶等活性物质的发现及其机理的阐明，使人类有可能通过基因工程的手段来人工控制基因。

"沙漠之舟"的生存奥秘

骆驼素有"沙漠之舟"的美称，它是常年穿行于沙漠地带的人的必备工具，也是他们的忠实伴侣。骆驼之所以在沙漠中受到如此"器重"，与它能耐干旱酷热的特性有关。那么，到底是什么使骆驼有如此能耐呢？

许多游牧民族能在沙漠中生存下来，靠的就是骆驼。骆驼早在几千年前就被驯服，并被用作重要的驮畜。骆驼可以在炎热和缺少水源的条件下，日行 30 千米以上。同时骆驼的奶、肉、皮对人类都很有用。

骆驼的身体结构非常适应干旱酷热的沙漠生活。骆驼的四肢长，两个脚趾岔开，脚柔软、宽大，脚底有宽厚的纤维质弹性脚垫，有利于在平坦松软的沙地或雪地上行走。它的肘部、膝盖和前胸长着 6 个角质垫，休息时，蹲伏在地上就不会被灼热的沙砾烫伤。骆驼两眼的长睫毛是双重的，能像帘子一样挡住沙子，不被风沙迷眼。它的耳朵外布满细毛，能阻挡风沙侵入。骆驼灵敏的视觉和嗅觉能让它轻而易举地发现距离很远的水源，带领在沙漠中迷路的人找到水草丰美的绿洲。寒冷的沙漠夜晚，骆驼依靠蓬松的皮毛保暖。炎热的白天，骆驼的体温可以随外界温度的升高而自动调节，避免自己被晒伤。

有的学者认为，骆驼抗旱的关键在于它的驼峰内贮存着大量胶质脂肪，驼峰可以随着气温而增大或缩小。天气炎热时，驼峰里的脂肪被消耗得差不多了，驼峰就变得又低又软；到了秋天天气转凉，驼峰又渐渐鼓起来。骆驼不吃不喝时就靠驼峰里的脂肪氧化分解来补充营养、能量和水分。据统计，贮存在驼峰中的 1 克脂肪经过氧化后，可产生 1.37 克水。因此，假定一只骆驼的驼峰中有大约 40 千克的脂肪，也就相当于骆驼贮存了 50 多千克的水。

还有学者认为是骆驼的肝脏在起作用，才使得它特别能耐干旱。骆驼的肝脏的作用可以使大部分尿素得到循环利用，这样，骆驼体内流失的水分大大减少，尿中毒的情况也不会发生。

另外，科学界还有一种"水囊"说，这是由意大利自然科学家蒲林尼提出的。他认为骆驼的胃有三个室，其中最大的一个叫瘤胃，瘤胃里有许多肌肉带将瘤胃分隔成几个部分，起到了"水囊"的作用。在取水方便时，骆驼能利用"水囊"贮存一些水；不方便时，则可以取出贮存的水用以解渴。

然而"水囊"说很快就被美国生理学家施密特·尼尔森推翻了。通过解剖，他发现"水囊"其实很小，根本起不到贮水器的作用，而且它并不能真正地与瘤胃的其他部分隔离开。他认为骆驼耐旱的秘密在于骆驼本身经得住脱水。在沙漠中，失去 12% 的水，人就会中暑死亡，而骆驼即便失去相当于体重 25% 的水时，也不会妨碍它的生存，只是体重略微下降。对此尼尔森是这样解释的：人失去的水来自血液，人一旦失水，血液浓度就会大大提高，心脏的负担就加重了。而骆驼失去的水却是来源于它的体液和组织，而不是血液，因此不会有什么危险。而且骆驼即使严重脱水，一旦补充水分，就会马上恢复。

尼尔森对骆驼为何耐旱的解释看起来很合理，但也有很多人不同意这种说法，并且似乎也不是没有道理。例如日本学者太田次郎曾写过一本名为《生命的奥秘》的书，他在书中表示，骆驼出色的保水能力才是它耐旱的主要原因。因为骆驼很少出汗，体温也很稳定，只有在最热的时候才稍微出点汗。

最近，科学家又有新的发现：骆驼呼出的空气的湿润度较低。据研究，骆驼独一无二的鼻子是这个系统的关键所在。一般动物在呼气时，由于排出的空气温度和体温相同，肺部的水分被大量带出。而骆驼呼出的空气温度比体温低。由于冷空气比热空气含水汽量少得多，因此，骆驼通过呼吸丧失的水分比一般动物少 45%。

尽管目前人类对骆驼为何抗旱已经提出了多种不同的解释，但似乎并没有人能够提出一种足以征服各家学说，彻底解释这一现象的理论。"沙漠之舟"的秘密对于我们而言仍是迷雾重重。

鸭子不怕寒冷的秘密

北风呼啸，天寒地冻，却依然有鸭子在湖面游动，满不在乎地寻觅着食物。正因为如此，古人有诗云："春江水暖鸭先知。"对此，人们不禁要问：为什么鸭子不怕寒冷？它的脚不怕冻吗？

在家禽中，鸭子是最耐寒的。曾有人做过一个低温实验，鸭子在 -100℃ 的低温中仍能正常生活。经过调查研究，科学家们发现鸭子有着奇妙的适应构造和特殊的生理功能。

首先，鸭子没有汗腺，皮肤中却有肥厚的脂肪层，而这正是理想的绝缘层。这样一来，它就有了天然的"保温设备"。

其次，鸭子遍体的羽毛也有很好的保温功能。在羽毛的保护下，挡住了外界冷气的侵入。鸭子还有一层保温性很好的贴身绒毛。绒羽像棉花一般松软，被人们视为防寒佳品，它的羽轴柔软，羽上的小枝纤弱，不结成羽片。鸭尾巴上的皮脂腺非常发达，能分泌出许多的油脂，也有助于鸭子防寒。羽毛上抹上这种油脂后，羽毛就非常干燥，而且不沾水、不变形。

鸭子即使在寒冷的冬天里也能自如地在湖面上游弋。

再次，鸭子的体温比人类的体温高出4～5℃，一般都有40℃左右。鸭子的心脏和血管系统发育良好，血液中含有较多的红细胞，红细胞内有相当丰富的血红素。鸭子的血红素不容易与氧发生反应，因此细胞组织中的氧含量很少。这样就加强了呼吸、循环系统的机能。此外，鸭子呼吸很快，每分钟高达20余次，心跳更频繁，比人的心率快4倍，每分钟达250次。鸭子的新陈代谢旺盛，这使得它能够产生大量体热，从而保证了鸭子不怕寒冷。这样，即使是在严冬，鸭子也不会觉得冷。

另外，科学家发现，许多禽类（例如鸭、雁、鹅等）的足部都有一套奇妙的动、静脉网。动脉血管和静脉血管在这种结构中紧紧地交织在一起，就像一张网。当这张网中有温度较高的动脉血流过时，就发生了热交换，一部分的热量从动脉血传到了静脉血，静脉将这部分热量带回体内，另一部分热量用来维持足部的温度。这套精巧的系统保持了鸭子的体内热量，它使鸭子的体温恒定，不致被低温冻伤。

在长期的进化过程中鸭子形成了它特有的耐寒特性。人类将野鸭驯化成了家鸭，也就是现在的鸭子。由于饲养条件非常好，骨骼增重了，脂肪变厚了，羽毛也丰满了，鸭子也不再会飞翔，耐寒性随之得到了极大的提高。

通过对鸭子的研究，许多原理也应用到了实际生活中，例如羽绒服、保暖内衣的发明等等。

有智慧的猩猩

人类常称自己为"万物之灵"，认为自己是地球上唯一具有智慧的生物，科技的发展更增加了这种自负。然而随着对生物界了解的加深，人逐渐认识到也有具有类似人的智慧的动物。其中，人类的近亲——猩猩就是十分聪明的动物。

猩猩属哺乳纲灵长目，是一种体格高大的猿，包括不少种类，如黑猩猩、大猩猩、红毛猩猩、长臂猿等。其中黑猩猩是最聪明的一种。

黑猩猩分布在非洲中部及西部高大茂密的落叶林中。常见的种类有西非黑猩猩（动物园中常能见到）、东非黑猩猩、中非黑猩猩（也叫倭黑猩猩）。

黑猩猩高1.2～1.5米，重45～75千克。它全身的皮肤呈浅灰褐色或黑色，除脸部之外，均覆盖有毛发。黑猩猩的脑袋较圆，眉骨比较高，眼睛深深地陷了下去，鼻子很小，嘴唇又

□ 可怕的现象

长又薄，没有颊囊。它的整个面部最突出的特点是一对特别大的、向两边直立起来的耳朵。黑猩猩的手脚粗大，腿比臂短，站立时臂可以垂到膝盖以下。

黑猩猩既吃野菜、果实、谷物等素食，也吃昆虫、小鸟等荤食，而且还捕食蜥蜴、小羚羊、小猴、非洲野猪等等，是哺乳动物中标准的杂食性动物。但是，黑猩猩一般只捕食个头小的动物。

黑猩猩在生活过程中，表现出超越其他动物，类似于人使用工具的智慧。比如，它们在使用树枝时，会先将树枝上的枝叶灵巧地剔除干净。为了品尝某些坚硬的果实，它们会用石头将果实砸开。最有趣的是，黑猩猩酷爱吃蚁类，但蚁类老是躲在洞口很小的蚁穴内，手根本就伸不进去。于是，聪明的黑猩猩会用一根小树枝伸进蚁穴去钓蚂蚁。当小树枝抽出来时，上面便沾上了一些蚂蚁。更绝的是，它们还会对小树枝进行加工改造，使它更方便实用。

科学家曾经对黑猩猩是否具有"智能"行为做了很多实验。有一次，某位科学家在一间空房子的天花板上吊了一串香蕉，屋里放了几个空木箱，然后将一只饥饿的黑猩猩关进这间屋子里。黑猩猩看到了那串香蕉，着急想吃，可又拿不到，急得团团转。它东瞧西看发现了木箱子，就连忙把箱子搬到香蕉的下方，站到木箱上去拿，可还是没能拿到。于是，它又将另一只木箱叠在上面，结果还是失败了。最后，它搬来第3只木箱，叠在前两只上面，终于拿到了那串香蕉。可见黑猩猩具有一定的"智能"思维，它可以通过推理和判断来克服一些难题。

还有一次，人们把一张断裂的四脚小凳和一些铁钉、铁锤、木板等放在黑猩猩的旁边。黑猩猩竟用铁锤把木板钉在小凳的断裂处，把断裂的小凳修好了。

黑猩猩使用简单工具的行为是天然形成的。当人类对黑猩猩进行有意识的"教育"后，黑猩猩表现出来的智慧更加惊人。黑猩猩不仅可以模仿人的动作，学会简单的语言，而且能理解人际关系，有很强的适应能力。

心理学家潘妮曾驯养了一只大猩猩，给它起名"可可"。潘妮在可可不到1岁时就教它学手语。没过多久，它竟然学会了"多谢"、"喝水"等手语，一年下来差不多能学会50～60个新词汇。7年以后，可可已经能够使用645个不同的手势词汇了，其中使用无误的手势词汇就有375个。正是通过手语，可可与潘妮能进行较为深入的交流。

有时可可吃完晚餐后，还会看一会儿书和杂志。当它看到自己认识的图片时，会用手语说出其名称。当它睡觉时，心理学家把它放在用毯子铺的窝里，可可会说："这个软。"玩洋娃娃时，它将娃娃的耳朵贴近自己的耳朵，说："这是耳朵。"潘妮给它一瓶牛奶，可可就高兴地说："可可喜欢。"

潘妮曾用人类的智力测验来对可可进行测试，她为可可出了这样一道选择题：下雨时该到什么地方避雨？有4个选择：帽子、汤匙、房屋、树。可可回答："树。"可可的窝是用白毛巾垫着的，潘妮问它毛巾的颜色，它回答："红的。"而且坚持说"那是红的、红的……"，最后它捡起毛巾上黏着的一丝红麻线，脸上露出了得意的笑。

除此之外，可可还有一定的"记忆力"。有一次，它咬了潘妮。过了3天后，潘妮问它："你对潘妮做了什么？"它回答："咬，抓！"潘妮说："你这样做好吗？"可可答："对不起，咬，抓。"潘妮又给可可看她手上的伤痕，它看了看说："错咬。"潘妮又问："你为什么这样？"它回答："发了疯。"潘妮再问："为什么发疯？"它回答："不知道。"

现在，可可变得更神了，竟然能够描述事物。它知道炉子是用来煮东西的。有一次，它偷吃了一盆葡萄,被潘妮骂了一顿,它还会生气呢。后来潘妮问它:"你做什么错事啦?"可可说:"偷吃。"可可不仅能分辨对错,而且还有自尊心呢。有一次潘妮问:"你是动物还是人?"可可立即回答:"高级动物大猩猩。"

与可可一样,莲娜也是一只聪明的黑猩猩。莲娜不但可以用机器回答人的问话,而且还能自己创造一些新句子,常常让人大吃一惊。有一天,有人拿了一个黄橙,莲娜想吃极了,可是电脑的键盘上没有代表橙的符号,但它懂得各种颜色的字,也明白苹果的代表符号,于是它打出这样的句子:"请给我黄色的苹果。"在场的人都惊奇万分。

在对黑猩猩的认识加深的基础上,人们发现它识别形状的能力非常强,从来不会弄错。科学家们还发现4岁之前的黑猩猩的学习能力极强,甚至比同年龄的小孩子还要快些。可是4岁以后的黑猩猩由于缺乏语言,其学习能力就停滞了。

最近,美国有两位科学家饲养了4只捕获不久的非洲黑猩猩。他们对这4只黑猩猩进行了一次"智力"测验:他们把这4只黑猩猩用铁丝网相互隔开,放进一间屋子里,并将两只一模一样的箱子放在屋子的另一角,参加测验的人分别扮演成"友好者"和"欺骗者"。测验一开始,几个"欺骗者"从箱子里取出香蕉津津有味地吃了起来,几个"友好者"却从箱子里取出香蕉给黑猩猩吃,然后让黑猩猩分别指给人们哪只箱子里有香蕉。黑猩猩指给那些"欺骗者"的全是空箱子,而对那些"友好者"指的却全是有香蕉的箱子。由此可以得出这样的结论:黑猩猩也是爱憎分明的。接着,人们又进行了另一个实验:让"欺骗者"指给黑猩猩空箱子,结果黑猩猩上当了;"友好者"则指给它们有香蕉的箱子,黑猩猩吃到了香蕉。有两只黑猩猩很快知道该信任谁了。当"欺骗者"再次指箱子时,它俩对"欺骗者"的指点先是不理不睬,过了一会儿,它俩就撇开"欺骗者"指的箱子,直奔向另一只箱子去取香蕉。看来,黑猩猩已经能辨别出信任和不信任的复杂关系,它们的"智力"水平还真是不低呢。

由此可见,智慧并非人类所独有,猩猩同样拥有很高的智慧。至于猩猩的智慧到底能达到什么程度,是否还有人类尚未发现的更多智慧行为,还是让我们拭目以待吧。

"筑坝高手"河狸

河狸是在水中活动的珍奇动物,它虽然身材矮小,筑坝的本领却堪称一绝。目前,河狸主要分布在美洲北部,亚洲和欧洲也有一些河狸,但数量很少。

河狸的天敌是狼、山猫、狐狸等动物,它们都不会游泳,更不用说潜水。因此,河狸把窝建在水边。它们的窝从岸上很难发现,其构造非常巧妙。它非常宽敞,能贮存过冬的食物;还有松软的床铺,而且一点儿都不闷,天花板上有透气孔;出入的洞口隐藏在水的下面,这就不怕敌害前来袭击了。河狸先造窝,它在河边选好地方,洞口则开在窝的下方,然后就开始修筑堤坝了。它把树干、石块和泥土堆在坝上,一层层地向上堆,堤坝慢慢地增高了,水位也慢慢地升高了,到了一定的时候,洞口就淹没在水中了。

通常,这样的堤坝有上百米长,1米高。有一条宽1米,深0.5米的运河位于加拿大马更些河的支流的小溪流边,长数百米,运河上有几座水坝都是用树枝和土筑成的。这运河和水坝就是河狸的杰作。美国福克斯山附近的哲斐逊河上的大坝据说是世界上最大的河狸大坝,这条长达652米的大坝高3.6米,基底宽4.5~6米。当然,如此浩大的工程,并不是一两代河狸所能完成的。如此大的坝,所用的木材也应该很多,这些木材从何而来呢?原来,河狸还是砍伐树木的能手。它是啮齿动物,有一副钢锯一般的牙齿,咬断一棵直径为10厘米的树干仅需15分钟。它也能咬断一棵20~30米高的大树。它先咬树干的一面,到一定程度时,再去咬另一面。树快要断裂的时候，它能判断出树会倒向哪一个方向，会迅速地跑到另一边，不至于被树压倒。它伐树不仅仅是为了修筑水坝，也是为了找食物。它以树皮为食物，特别是树干上半部分较嫩的树皮。通过伐树取皮的方法，它即使不爬树，也能吃到可口的食物。

伐好了树木，河狸又是怎样把树送到目的地的呢？聪明的河狸还有一套本领——开凿运河。它会利用水的浮力把木料送到目的地。运河的地势有高有低，它会筑几座水坝在运河上。这样，各段运河里尽管地势高低不同，也能保证都有水。木料被运到一座水坝时，河狸会把木料一端拖上水坝，投入另一段运河中，就这样，身长不到1米，体重不过20~30千克的河狸就能将大的木料顺利地送往目的地了。这种技术，真令人叹为观止。

河狸的外形有点像老鼠，身长头小，流线型的身体披着褐色的软毛。河狸的鼻孔和耳朵像阀门一样，在水中能自行封闭起来。它能在水面游动，强大的肺活量保证它能在水下潜伏很长的时间。它的后肢粗短，脚像鸭蹼一样，在水中划动时，像两支桨；扁平宽阔的尾巴，像舵一样帮助它控制方向。

河狸的家族世世代代对大坝进行维护，所以大坝能维持很多年。水位不断变化，河狸也能相应地做出调整。水位升高时，河狸就会降低坝顶，使水流出，避免水淹没自己的巢穴；如果水位太低了，洞口露出来，河狸就会筑高水坝，或者修复漏水的地方。

许多地方的人们都会借助河狸来控制溪水的水量。美国西部有些地方专门将河狸空运过去，在那里筑堤。这样，既能调节上游的水量，还能使山沟变成肥沃的小河谷。1954年，纽约州熊山公园由于天旱，土地龟裂，但是由于河狸在园内筑坝，使得公园内一片翠绿。鹿、獐、熊等动物也获益于水坝，生活得非常好。

"建筑师"白蚁

白蚁是昆虫纲等翅目昆虫，其前后翅的形状、大小几乎一样，而且翅长远远超过身体的长度。白蚁的样子和习性都很像普通的蚂蚁，可事实上二者并非近亲。白蚁是从2.5亿年前类似蟑螂的生物进化而来的，而蚂蚁则由蜜蜂和黄蜂等距现在较近的生物演化而来。多数蚂蚁像蜜蜂和黄蜂一样有腰部和长而对称的触角，它们全身都为黑色而且很坚硬。而白蚁没有腰，触角短且呈须状，身体灰白柔软。白蚁一般生活在热带和亚热带，而蚂蚁则遍布世界各个角落。

白蚁是一种社会性昆虫，过着集体营巢的穴居生活。白蚁王国的社群由很多等级组成，社会结构异常复杂。

蚁后是白蚁社会中的统治者，它养尊处优，终身担负着延续种族的产卵任务。通常，一只蚁后一生中可产卵达100万枚。蚁王比其他蚁大得多，但个头还是比巨大的蚁后逊色得多。群体中绝大多数是工蚁，它们负责建筑和维修蚁穴，侍奉蚁后、蚁王和兵蚁进食。兵蚁的责任是保护蚁穴，它们有的长着月牙刀形的颚，以便杀伤敌害；有的长着喷壶似的吻，用来喷射黏液，捕捉蚂蚁。工蚁和兵蚁都没有生殖能力。除了蚁后、蚁王外，也有次级蚁王、蚁后，它们在蚁后、蚁王生殖功能衰退或死亡时来"接位"。

非常有意思的是，在白蚁繁殖过程中，如果那时蚁后、蚁王和兵蚁都不短缺，若虫只能长成一只没有生殖能力的工蚁；反之，若虫在一两周内就可发育成一只有生殖能力的成虫或兵蚁。生物学家称，这是由白蚁身上的一种特殊的激素（荷尔蒙）所致。

对于白蚁来说，木头就是"面包"，它们的主要食物是充满纤维素的各类木材。这种怪癖对一般动物来说是难以想象的，然而对白蚁来说，咀嚼那些硬而无味的木头却是正常的生活习性。这是由于在白蚁的肠道里共生着一种白蚁共生原虫——超鞭毛虫。它们分泌的酶可以将木材分解成各种糖类,为白蚁提供能量。然而,这种超鞭毛虫只能寄生在工蚁和兵蚁的肠道中,蚁王、蚁后和幼蚁体内没有这种动物,因此它们只能依靠工蚁用自己肠内的一部分半消化食物来喂养。

白蚁还喜欢吃各种真菌。有些白蚁群体专门在巢内培育真菌。工蚁将木屑、草料、粪便和自己喷出的黏液混合在一起,然后搓成海绵般的小颗粒,将这些小颗粒筑成"育菌圃"。而伞菌的孢子或菌丝体就通过工蚁的唾液及粪便接种到"菌圃"上去,然后工蚁不断地施加肥料——粪便。用不了多久,白蚁们便可以吃到自产的美味食物了。

特别值得一提的是白蚁的建筑本领。它们的建筑"理念"竟然被我们人类用于建造摩天大楼上。

这些大土丘是白蚁塔。

白蚁会对摩天大楼的建造有启发,说来你可能不信,但确有其事。白蚁的巢穴通风极好,温度适中,许多高楼大厦的建造者正是从白蚁身上获得了灵感,建造了很多不用人工空调而使用天然风调节室内温度的摩天大楼。

首先看一下奇特的白蚁的巢穴,它是由生活区和奇特的泥塔两部分构成。横截面为楔形,并且尖头总是朝向北方。塔高3米左右,泥塔的侧壁面积很大,但皱巴巴的表面却能够在早晨和傍晚太阳光斜射的时候,最大程度地吸收太阳的热量。尖锥形的塔顶会在正午太阳直射时因受热面积过小而使吸收的热量减少一些。泥塔中布满空气通道,通道温度会随着太阳光的照射而升高,从而造成空气体积膨胀,并通过通道把空气抽到塔顶,于是新鲜空气便能进入地下生活区部分。白蚁中的一些工蚁还要更聪明一些。它们能够根据自身感受到的巢穴各处温度的不同,要么扩大通道,要么减少甚至堵断通道,从而达到调节气流进而调节穴内温度的目的。应用这些方法,尽管巢穴外面的温度千变万化,但是无论春夏秋冬,也无论黑夜白天,白蚁巢穴中的温度都始终保持不变。

生活在非洲和大洋洲的白蚁能建造比人体还高的蚁塔。这些建筑很像城堡,有各种各样的形状,有圆锥形、圆柱形、金字塔形等,最高的能达7米,占地100多平方米。蚁塔中有无数弯弯曲曲的隧道,长达数百米。

人们从白蚁巢穴的建造和温度调节的原理中受到了启发,并将它应用在摩天大楼的自动控温结构上。这种大楼的角上往往建有作用与白蚁巢穴的泥塔作用类似的圆柱形玻璃塔,通过它形成自然通风。由于玻璃塔的气流通道与各个房间是相通的,所以房间中的新鲜空气可以随时置换进来,而多余的热量也随着塔中的上升气流被带走了。大楼中还配套装有计算机控制系统,如同工蚁的工作,通过感知大楼里的温度高低不同随时进行温度调节。

人类在很多方面都得益于动物的启示,相信在动物们的"帮助"下,人类会生活得更加美好,与大自然相处得更加和谐。

□ 可怕的现象

猫有"九条命"之谜

一位纽约城的兽医在他的笔记中曾经记载过一只名叫塞布丽娜的猫,这只猫从32层楼上跌落到地面,却没有摔死,只是摔断了牙齿并受了些轻伤,然后喵喵叫着走开了。

塞布丽娜的故事听起来让人惊奇,却并不稀罕。如果人从这么高的地方跌落下来,后果一定很严重,不但颅骨和背骨会破裂,身体内脏也会出血。人从几层楼的高度跳下,生还的几率就不大了。

从人和其他的动物都会毙命的高度坠下,猫却有可能生还。也许它们被送去兽医院时浑身是血,牙齿摔掉了好几颗,甚至肋骨骨折,但它们仍然可以活下来。看起来,猫是在经历了生死考验之后戏剧般地活了过来。这种事情发生的多了,人们便慢慢开始怀疑,猫是不是真的有九条命。

当然,猫只有一条命,但是它们的确很耐摔,为什么呢?其一,它们比我们人类体重轻很多,所以它们掉在地上受到的冲击也小很多。但这并不是它们的唯一优势。猫与同等大小的动物相比,比如狗和兔子,也更不容易被摔死。

如果猫是四脚朝天从高处落下的,那么它会在最短的时间内扭转身体,以确保落地时四肢着地。它们内耳里的一个器官具有强大的平衡功能,它能够迅速地判断出身体的位置,并帮助身体及时调整姿态,就像是随身携带了陀螺仪。着落时,冲击力会由四条腿吸收。而且猫的四条腿在着陆时会弯曲,这样冲击力就不会直直地沿着骨骼传播,还会分散到肌肉和关节之间,这就更加降低了骨折的几率。

关于猫摔不死的现象还有更加离奇的事实:从高处跌落的猫比从低处跌落的猫更容易生还。在纽约,有些兽医发现,从2~6层跌落的猫的死亡率是10%,而从7~32层跌落的猫的死亡率却是5%。

这又是为什么呢?物体在下落的过程中会加速,所有下落物体(不考虑质量)降落速度每秒钟增加35千米/小时,也就是说,在几秒钟之内,猫的坠落速度就会从0增加至160千米/小时。

在真空中,两个从高处坠落的物体将同时落地——无论这两个物体质量差别多大。但是在有空气的环境中,由于物体在下落的过程中受到空气阻力,它的降落速度会达到一个终止速度,这个终止速度的大小取决于降落物体的质量和面积,也就是说要看这个物体的质量是不是分散在一块很大的面积上。

在实际情况下,一个平均身材的人从6层楼的高处坠落到地面时的速度大约是190千米/小时,而一只普通大小的猫从相同的高度落下,着陆时的速度仅为96千米/小时。

除此之外,猫还有一个令人意想不到的优势:下降的过程中,一旦达到终止速度,猫就会稍微放松。如果是短程的降落,可能在到达地面之前还不会达到终止速度。如果是从很高的地方坠落,猫就有足够的时间伸展四肢,直到达到终止速度。此时,猫的身体伸展开来,就像是降落伞。

我们都知道降落伞的功用。上升气体作用在猫身体上的面积更大了,阻力也就更大了,于是速度也就降低了,这正是塞布丽娜从32层楼上坠落却大难不死的原因。

最长寿的信天翁

通常人们把漂泊信天翁列为最长寿的野生鸟类,但是这种信天翁的寿命究竟有多长却无从得知。鸟佩戴的脚环反馈给鸟类学者的信息显示，皇家信天翁和漂泊信天翁这两种最长寿的鸟类至少都能活 40 年左右。

鸟类专家相信信天翁实际寿命比这还要长，野生的信天翁应该能活到 80 岁左右（当然许多家养的鸟类由于被关在笼子里远离天敌的威胁，某些个体的寿命可能不止 80 年）。问题在于信天翁的寿命比脚环的寿命还要长久，历经 40 年后才被回收的脚环已经完全变形、无法继续使用了。大部分的铝制脚环原本用来是装在鸣禽腿上的。野生鸣禽的平均期望寿命只有 8 个月左右。

由于信天翁的生活习惯，它才能享受如此之长的生命。信天翁的巢建在南极洲及其四周偏远海域的岛屿上，远远地避开了自己大部分的天敌。

信天翁的繁殖周期也很奇特。幼鸟要一直被喂养到它们体形变得非常巨大为止，此时幼鸟的体重实际上已经超过成年信天翁。这时成年信天翁乘着海风起飞、翱翔天空，在差不多整整 1 年的时间里沿着海岸线不断飞行。幼鸟则仍然待在巢穴中，靠着体内的脂肪储备生活，直到成鸟返回巢穴为止。

然后原来的幼鸟加入到成鸟的群体当中，准备开始求爱。信天翁的求爱过程也以一种特异的方式来完成，大部分鸟类用鸣叫声求爱，但是信天翁的求爱方式却是用彼此的鸟喙以极高的频率相互拍击，发出咔嗒咔嗒的声响，看上去就好像两个海盗在用刀子决斗似的。

水中安睡的海洋哺乳动物

有的海洋哺乳动物在水域之外睡，有的根本不用睡觉。

一些属于鳍足亚目（比如海豹等）的覆有毛皮和毛发的水生哺乳动物在水下能长时间地活动，有时甚至是在非常深的水域长时间活动。不过，它们依然需要频繁地从大洋深处浮上洋面换气，到附近的海滩、礁石、冰川或是雪洞等处放松、睡觉、换毛、交配和繁殖。它们基本上是为了觅食才会潜入水底。

人们对鲸类动物（比如鲸等）和海牛类动物（比如海象和海牛等）的生活状况知之甚少。鲸是由陆生动物进化而来，却在数百万年前重回海洋。鲸的一生都在水下度过，不会上岸。尽管鲸也需要浮出海面换气，但它们能够换一次气就待在水中很长的时间，有的鲸甚至能一次在水中待上 1 个小时。

不过，正因为鲸是如此善于屏住自己的呼吸，以至于它们都丧失了非自主呼吸机制，所以鲸必须清醒地控制呼吸过程。鲸不仅要有意识地控制自己的呼吸反射，还要靠自身的意志控制身体上浮到水面换气。不仅如此，由于鲸的喷气孔会自动关闭，因此它们还要有意识地自己张开喷气孔换气。如此说来，如果鲸睡着了或是被打昏的话，它还真有可能会被淹死。

鲸不得不注意自己每一次的呼吸。因而就我们所知，鲸不可能睡得很死。有人猜测鲸在睡觉的时候能够只让一半的大脑休息，另一半则保持清醒，控制呼吸——当然这也仅仅是猜测而已。

海象和海牛喜欢生活在温暖、平静、相对较浅而且水生植被丰富的水域。在那里，它们能浮在水面上或是靠近水面的区域打瞌睡。它们的新陈代谢率非常低，只将很小的一部分能量用于体温调节过程，而且对氧气的需求量极少。海象和海牛还可以沉到水底睡觉或是休息。当它们屏住呼吸的时候，体内大量堆积的油脂和自然的浮力会使它们浮上水面，在水面睡觉。当然，它们也不会睡得很死。

"网络高手"蜘蛛

蜘蛛大多都会织网,但也有不织网的蜘蛛,比如狼蛛。这些不织网的蜘蛛通常会在地上打洞,然后用蛛丝做洞穴的衬壁。它们也会在洞穴顶部布置陷阱,捕食过往昆虫。

所有的蜘蛛,无论织不织网,都有一些共同的特点:它们都有8条腿;昆虫是它们最喜欢的食物。目前,人类发现的蜘蛛至少有4万种。

会织网的蜘蛛会织出简单的网,也可能制作构造复杂的网。即使蛛网已经编制完成,蜘蛛也不会整天待在网上,蜘蛛可能会挂在屋顶上、窗框的某个角落里,或者藏在大石头底下。蜘蛛网是用来捕食昆虫的,而编制一张好用的蛛网大概要花去一只蜘蛛几个小时的时间。

比如说,圆蛛在织网时会使用许多种不同的蛛丝。它先用干燥的蛛丝搭好蛛网的框架,这就是它工作的脚手架。然后再在上面布满黏线,用来粘住误闯来的飞虫。

所有的蛛丝都是从蜘蛛腹部分泌出来的。蜘蛛腹腔不同的腺体会分泌不同的蛛丝。蜘蛛也可以将几种蛛丝混合在一起合成一种具有特殊功用的蛛丝。

起初,圆蛛迎风吐丝,蛛丝在风中飘荡,如果刚好搭上临近的物体如树枝上,圆蛛就可以沿着这根蛛丝向前进,并把黏液涂在上面。

织好了大体的轮廓之后,蜘蛛会继续吐丝将网的两端连接起来。然后它又跑到网的中央,吐出另一条蛛丝来将网的另一侧固定住。

从网中央,蜘蛛继续吐出更多干燥的蛛丝来,这些蛛丝从中央辐射出去,就像自行车轮上的辐条。然后,它又开始围绕这些辐条转圈圈,在圆周方向布下许多网线。最后,蜘蛛在干燥的螺旋形的网线顶上贴上一根粘线。然后去掉干燥的丝(吃掉),此时,一张网罗食物的陷阱就布好了。

有些蛛网的图案特别复杂,研究人员发现,其中的某些图案就是陷阱的一部分。对我们来说,这些图案看起来没什么特别,但这可能是因为我们不能在紫外线下看到。紫外线来自太阳,这种射线会伤害皮肤。它的频率很高,已经超出了人眼的视力范围,所以对我们人类来说是不可见光。

但许多昆虫可以看见紫外线,特别是那些以花蜜和花粉为食的昆虫。蜘蛛正是利用了这一点,编制一些特殊的蜘蛛网来吸引这些昆虫。

首先,蜘蛛用一些不太反射紫外光的蛛丝编成一个网,然后再用另外一种强烈反射紫外线的蛛丝编成一种特殊的图案。

这样做有什么作用呢?研究表明,这些图案在紫外线的照射下与许多花朵的形状极其类似。

所以,当饥饿的昆虫把蛛网误认为是食物时,便傻乎乎地冲了过来。当然,结果是它们落入了精心布置的陷阱中,成为同样饥饿的蜘蛛的晚餐。

神秘的斑马纹

斑马的外表在动物家族中很具神秘色彩。斑马属于马科,同科动物还有驴和普通的马。斑马生活在非洲,站立时身高1.2米左右。斑马的身高指的是斑马的肩部到地面的距离,马的身高也是这样测量的。

斑马通常以家族式群居的方式生活。一个家族中,有一匹公马、几匹母马以及马驹。许多这样的家庭通常又聚集在一起形成一个拥有上千匹斑马大群落。有时,斑马群喜欢与羚羊群凑在一起，与它们一起四处游荡，寻找可吃的草。

斑马有分3种，每一种都拥有自己独特的条纹图案：细纹斑马的肚皮为白色，条纹细，颜色深；山斑马身上的条纹比较粗，在腰背部有3条非常宽的条纹；普通斑马条纹之间的间距比较大，条纹从腹部中央开始，经过背部，再终止于腹部。有时在宽条纹之间的空隙中还有些非常细的"影条"。

斑马家族中曾经还有一位成员，叫做斑驴，斑驴的样子与现存的其他3种斑马非常不一样。斑驴的条纹只分布在头部、颈部和身体前部的1/4部分，而身体的后部分是纯棕色的。由于人类的过度捕杀，19世纪早期，斑驴从地球上彻底消失了。

斑马的条纹有什么作用呢？它能够帮助斑马逃脱猎食者的追捕。如果有狮子想把斑马当作晚餐的话，斑马的条纹可能会迷惑它。

在动物的世界，有些动物选择了与环境相同的颜色作为自己的肤色。比如绿色昆虫一生中大部分时间都待在树叶上或草地里，绿色的外表使它的身体与周围环境融为一体，很难被天敌发现。

另一些动物，比如树蛙和环斑蛇，采用了"混隐色"来保护自己。斑马也是其中一员。

可以想象一匹普通的黑马站在你的眼前，单一的颜色在背景的衬托下使得它的轮廓格外鲜明。当你清楚地辨认出马背的曲线和身体的形状时，毫无疑问，这就是一匹马。

但斑马的外表就比较迷惑人了，黑白相间的条纹打断了轮廓线，这也就隐藏了斑马的体形。当斑马奔跑起来之后，移动的图案更加具有欺骗性。如果狮子看不清眼前的东西是什么，它就不会认为这匹斑马可以成为自己的晚餐了。

条纹图案是如何形成的呢？科学家们认为，斑马的祖先与现在普通的马类似，身上没有条纹。关于斑马祖先外貌的猜想众说不一，但大多数都认为没有条纹的斑马应该是深色或是黑色的（起初，斑马很可能是黑底白纹，而不是现在的白底黑纹）。

斑马条纹的形成过程有可能是这样的：由于基因突变，一些小马驹生出了浅色的条纹。因为这些条纹起到了保护的作用，所以带条纹的马就更容易存活下来，进而生出更多带有条纹的小马驹。这又是一个自然选择的例子。

随着一代又一代的筛选和进化，带有条纹的马驹越来越多，最终进化成了今天的斑马。

令人震惊的超长脖子

人们曾经认为，长颈鹿的脖子之所以这么长是因为它们必须要伸长脖子才能够得着高处的树叶。年复一年，日复一日，它们把这种变化传给子孙后代，最终变成今天的样子。

我们现在知道，动植物数代的变化（也就是进化）并不是这样进行的。

18世纪，查尔斯·达尔文提出的进化论是目前学者们普遍接受的理论。进化论认为生物进化有两个步骤，首先是变异，其次是自然选择。

变异是指某个生物个体天生具有某种同物种中其他个体不具备的特征，这个特征可能是它的毛发比同伴们的多，也可能是它的腿与同伴们的不同，也因此比别人跑得快，或者因此跑得特别的慢。变异不一定是好还是坏，这只是一种自然现象。

自然选择是说，越能够适应自己生存环境的生物个体，就越有可能生存下来，并生儿育女。举个例子，假如你是一条鱼，不幸的是，你居住的池塘干涸了，你也没有挽救的办法，你很可能会失去生命，也就不会有孩子。但是，如果你有特殊的鳍，在你的小伙伴看来你的鳍实在是古怪的可笑，因为它们从来也没见过这么奇怪的鳍。不过池塘干枯的时候，你却可以拍打着这双鳍蹦蹦跳跳地移居到邻近的池塘。你活下来了，将来的某一天就可以有自己的孩子，它们继承了你的特征，拥有一双奇怪但实用的鳍，这样它们在那些有可能干涸的池塘里也具有更强的生存能力。经过几代传承之后，可能会有更多的鱼拥有这种特征。这就是变异和自然选择的共同作用。

或许长颈鹿的祖先们没有这么长的脖子，但在它们的进化过程中发生了变异和自然选择。那些幸运地生长了长脖子的个体可以吃到树梢上更鲜嫩的树叶，于是它们的身体就更健壮，这当然是一种生存优势，尤其是在食物稀缺的时期。经过一代又一代的进化，长颈鹿就取代了短脖子的鹿。

但是长脖子同样有很多缺点，长颈鹿的心脏必须努力的工作，才能把血液送到高高在上的大脑。长颈鹿的长脖子也不利于快速奔跑，在遇到危险时，长颈鹿逃跑的速度就比不上短脖子的动物。所以，最大的长处也可以同时成为不足。

"夜行高手"蝙蝠的生存技能

蝙蝠会在深夜出现在牛棚里，牛棚里伸手不见五指，但蝙蝠却可以避开所有的柱子、房梁和酣睡的牲畜。事实上，蝙蝠并没有特别的夜间视觉。在黑夜里，如果只凭双眼辨别环境的话，蝙蝠会和人一样到处乱撞。

蝙蝠有一种在黑暗中认路的方法，它们靠听辨别周围的环境。

蝙蝠通常会在日落之后外出觅食。白天里，它们大都待在自己的巢穴里，要么倒挂在岩洞里，要么树上，甚至是阁楼的屋顶。

蝙蝠会花很长时间来为夜晚的宴会做准备，它们"梳妆打扮"，用爪子梳理毛发，用舌头把翅膀舔干净。它们在梳妆的间隙打个盹，休息一下。

夜幕降临时，蝙蝠就开始拍着翅膀出门寻找食物了。有的蝙蝠专吃水果。热带的吸血蝙蝠靠吸食鸟类、牲畜和其他动物的血液为生。但是大多数蝙蝠以各种小虫子为食。蝙蝠喜欢在夜间捕食是因为黑暗能让它们避开天敌，并且能使它们宽大无毛的翅膀避免被阳光灼伤。

蝙蝠利用声音在黑暗中为自己导航，这与潜艇上发出声波用来测量水深的声呐相似。蝙蝠用嘴或鼻子发送超声波脉冲，这些脉冲遇到物体反射回来，传进蝙蝠的耳朵里，蝙蝠就知道障碍物体的轮廓了。这个过程叫做回声定位法，蝙蝠就是用这种方法来确定位置并捕获猎物的。蝙蝠的大耳朵形状古怪，但它却是接收回声、辨别方向的得力工具。

即使是在凌晨3点钟误闯进你家的客厅，蝙蝠也不会在黑暗中到处乱撞。超声波遇到沙发、椅子和电视都会发生反射。而对于开着的窗户，超声波就会传播到户外去，没有反射。这样，蝙蝠就知道如何离开了。

蝙蝠发出的超声波遇到小物体也会发生反射。一旦有晚餐（比如一只苍蝇）在屋子里转悠，蝙蝠一定会发现它。

在寻找食物时，通常蝙蝠会用超声波扫描整个屋子，发射稳定频率的声波脉冲，比如说每秒10次。如果超声波遇到苍蝇发生反射，回波中每秒内的脉冲数就会增加，达到每秒20多次。这些信息可以告诉蝙蝠苍蝇在什么位置，正在向着什么方向飞。然后蝙蝠会瞄准猎物，向其进攻。

蝙蝠越接近猎物，它发出超声波脉冲的频率就越高，每秒钟多达200次。如果没能一次捕获猎物的话，会在附近盘旋，准备下一次捕猎。

蝙蝠是捕猎能手，整个捕猎过程可以在半秒钟之内完成。蝙蝠可以在半个小时之内吃掉相当于自己体重 1/4 重量的食物。其中有些像蚂蚁这样的昆虫几乎没什么重量。所以,有些蝙蝠可以在一个小时内捕获 1200 多只昆虫,也就是说平均每 3 秒钟一只。

蝙蝠探测物体的能力极强,使用回声定位的方法,蝙蝠可以辨认出头发丝粗细的电线,然后敏捷地绕开。

蝙蝠是人类的好朋友,它们充当了人们家居生活中的清道夫,对创造美好的生活环境功不可没。

抹香鲸的惊人潜水能力

拥有"海上巨无霸"之称的抹香鲸是海洋中的潜水冠军,海里的其他动物都难以与之相媲美。抹香鲸屏气潜入水下的时间可以长达一个多小时之久,而且其潜水深度可达 2200 米。它的潜水时间之长,入水之深都令人惊叹不已。科学家们对抹香鲸充满了好奇,为什么它会有如此惊人的潜水能力呢?

据海洋生物学家考察,抹香鲸是一种生活在海洋

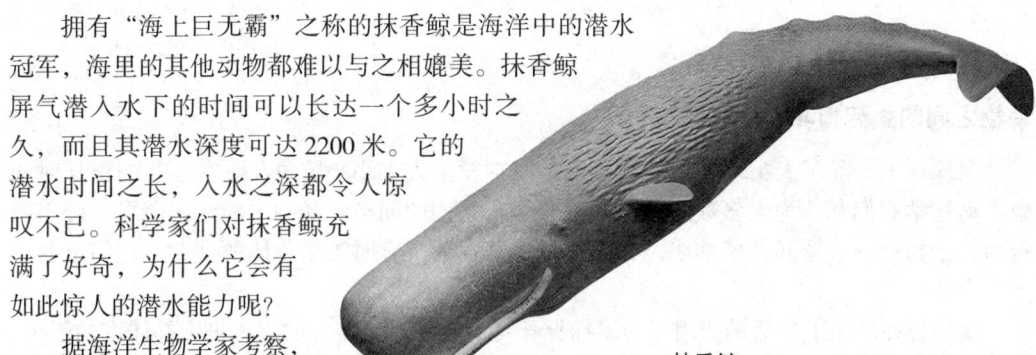

抹香鲸

中的肉食性哺乳动物,它的主要食物是生活在深海中的头足类动物,例如乌贼等。大王乌贼个头很大,已发现的长达 17 米的乌贼伸展开来的触角足有 6 层楼高。与这些庞然大物搏斗对于抹香鲸来说绝非易事。抹香鲸经常潜入深海来捕食这些动物,因此,时间一长,它练就了一身深潜的好本领。鲸的呼吸系统也随之发生了相应的变化,其右鼻孔通道的容量差不多与肺相等,演变成了一个空气贮藏室。因此,抹香鲸的肺容量可以说增加了一倍。

人类在潜水时不能像抹香鲸那样下潜到如此深处,在海中更不能逗留过久。潜水员上浮时也不能太快,否则就会使得压力骤降,导致组织遭到破坏或神经受压,引起血管闭塞或麻痹,甚至死亡。然而,令人感到不解的是,抹香鲸却能自由地下潜和上浮,它下潜、上浮的速度甚至达到每分钟 120 米,也毫无不适之感。那么,为什么抹香鲸能自由地下潜和上浮而人却不能呢?

原来,鲸类在潜水时,胸部会随着外部压力而进行调节。压力大时,肺部会随着胸部收缩而收缩,因而肺泡就不再进行气体交换,防止氮气自然溶解到血液中去。这就是一位名叫斯科兰德的科学家于 1940 年创立的"肺泡停止交换学说"。

我们期待着人类有一天也能像抹香鲸一样自由地上浮和下潜,希望科学家利用鲸鱼的"肺泡停止交换"原理,早日研究出适用于人体的肺泡停止交换器。

□ 可怕的现象

三、难以解读的奇异行为

动物之间的生死搏斗

在地球上，除了人类以外，动物界也是经常发生大大小小的争斗。在以往的很长时间内，动物学家们都认为大多数的动物并不会杀害它们的同类。动物之间经常会发生侵犯的行为，主要是一种耀武扬威的姿态，而不是残杀性的。有时为了集体的利益，它们也会相互合作的。

比如说在草原上生活的土狼，为了捕捉长耳兔经常采用接力的方法来弥补体力的不足。当第一条土狼追到体力不足的时候，就把长耳兔沿着对角线的方向追赶到一个隐蔽处，等在那里的另一条土狼会跳出来接着追赶，第一条土狼趁机抄近路跑到前边，等到充分的休息后，再接着追下去，就这样两条土狼轮番地追赶，直到兔子筋疲力尽成为土狼的口中美食。

还有一种长鼻浣熊，生活在中南美洲。喜欢吃栖息在树上的一种蜥蜴，可是对于浣熊来说，到树上捉蜥蜴是不容易的，它们就采取兵分两路的方法，一个在树下等，另一个则到树上把蜥蜴赶下树，彼此配合来捕捉蜥蜴。

几十年来，通过大量的观察，科学家们发现，在动物中间也存在着争斗的现象。而且在争斗的过程中还有着一定的规则，任何一方都是严格遵守决不违背。

蝙蝠的争斗方式是身体倒挂在石岩上，彼此通过鼻子的碰撞来发泄愤恨。

蛇类相斗时从不以毒牙加害对方，常常采取的方式是将尾部交缠在一起，挺起胸膛竭力将对方的头部按下，谁将对方牢牢按压住几秒钟，谁就是胜者。

雄旱龟在彼此相斗时，仅仅将对手翻个仰面朝天失去战斗力就算赢家。

鸟类之间的竞争准则很多。如鸽子之间仅仅是以发怒的一方羽毛横竖，挺着胸在另一方面前踱步的方式来进行对抗。谁的外貌显得雄壮威武谁就为胜利的一方。红眉雄黑禽鸡在争斗时要先发出一阵啾啾声，然后张

这两只棕熊是为了能在河道中占据一个有利的位置以便能捕到更多逆流而上的大马哈鱼而互不相让，直到一方受伤离去。

开翅膀像公鸡一样厮杀，胸脯碰撞，相互击打，看起来就像一大团羽毛在狂飞乱舞。

大型的动物中争斗方式比较奇特的要数棕熊了。雄性的棕熊在发情期间会变得格外的凶悍，不仅会因争夺配偶斗得头破血流，还会疯狂地袭击附近的民宅。

对于动物来说在争斗中总是以最强壮的器官作为理想的兵器。袋鼠的争斗很像是"拳击"，因为它们自信自己的前肢最有力。海狸争斗的武器是尾巴，而长颈鹿是用脖子来击打对方。有蹄类的动物常常将角作为自卫的武器。但是对于过于锋利的武器，动物之间也是要遵循一定的规则的，直角羚从不在同类的争斗中使用角。而鹿和驼鹿则在准备争斗的时候，目不转睛地盯着对手，直到弱小的一方认输为止。狼和狗在争斗中如果认输时，会把身体中最薄弱的咽喉暴露给对方，而胜者决不会再碰负者一下。

对于动物之间的这种争斗和残杀，有一些是可以找到原因的。比如为了争夺配偶、领地或者食物等。美国动物学家曾经亲眼目睹过象海豹为了争夺首领而撕打的场面。当两头雄性象海豹中的一头被打得晕倒在地的时候，一群雄性的象海豹扑到战败者的身上，把它折磨致死。在1990年的6月，澳大利亚曾发生过一起大群企鹅自相残杀的事件。这场残杀导致大约7000只企鹅丧生，其中有雏企鹅6000只。而科学家们对于事件的原因却是无法解释。

社会生物学家对于动物之间的争斗现象是这样解释的。他们说这完全是出于动物的一种自私的本性。所有的动物都想把自己的基因或者亲属的基因传到下一代去。所以，它们进行漫山遍野的厮杀，只是为了让自己的后代进行繁殖，并不是为了种族的利益去牺牲。因此在一个亲属关系比较稳定的群体里很少发生剧烈的厮杀。

而动物学家却认为，动物是不存在传宗接代的自觉意识的。它们所进行的争斗和残杀原因很可能是偶然的。随后发生的大规模的征战很可能是由于受到刺激而引起的。而且在缺乏信息交流和手段的动物中是很容易发生这种情况的。

动物学家们有着不同的观点，但是有一点意见是统一的，他们一致认为动物之间进行的不流血争斗有着积极的生态学意义。年轻而健康的动物虽然在争斗中败北，却为以后获得幸福准备了条件，而在争斗中以流血殒命的动物也是自然淘汰的一种途径，也就是说残杀的威胁可能有助于形成动物的行为，对于物种遗传是有利的。但是，真正引起动物们争斗的谜底是什么？人类至今不得而知。

动物冬眠的奥秘

冬眠是一些不耐寒动物度过不利季节的一种习性。许多动物都会冬眠，每年的霜降前后，气温逐渐降低，池塘里的蛙鸣消失了，刺猬、仓鼠等也进入了洞穴开始了它们的长睡。进入冬眠的动物在体温、呼吸以及心率等方面都要发生改变，新陈代谢会降到最低。而且热血动物和冷血动物的冬眠还不同，在冬眠的时候，冷血动物体温的升降是一种被动的形式，完全由外部的环境来决定。而热血动物则不同，它们是有目的地对体温加以控制，调节到冬眠时的最佳温度后才开始冬眠。而当它们苏醒的时候，制造热量的器官会充分地调动起来，在几小时内把温度恢复到原来的水平。

研究人员经过研究发现，刺猬在冬眠的时候会把身体蜷缩起来，不吃不喝。呼吸变得极其微弱，心跳缓慢，每分钟只跳10~20次，一只清醒的刺猬放到水里几分钟就会淹死，而冬眠的刺猬半小时也淹不死。黄鼠在冬眠的130多天中总共放出的热量才29焦耳，而在冬眠过后的13天中却放出2420焦耳的热量。

动物在冬眠的时候，白血球还会大大地减少。通过对土拨鼠的实验发现，平时土拨鼠1

□ 可怕的现象

立方毫米的血液中含有的白血球数是12180个,而冬眠时平均只有5950个。

科学家们对动物冬眠时制造热量、补偿体温消耗和保持恒温的复杂生理现象非常感兴趣,作了许多的研究,但迄今为止,有关动物冬眠诱因和生理机制还是众说纷纭,莫衷一是。

有的科学家认为,外界的刺激是导致动物冬眠的原因。外界的刺激主要有温度下降和食物不足两个方面。有人对蜜蜂做过这样的实验,当气温在7~9℃的时候,蜜蜂的翅膀和足就停止了活动,但轻轻的触动还是能微微抖动的;当气温降到4~6℃的时候,就完全进入了麻痹的状态;如果再降低温度,蜜蜂就会进入更深的睡眠状态。由此可见,动物的冬眠和温度的关系密切。实验中还发现,笼养的小囊鼠在供食充足的情况下,冬季的时候不会进入冬眠的状态。

但是有人提出,人工降温并不能保证所有的冬眠动物都能进入冬眠的状态;不少冬眠动物在进入冬季的时候就会自动地停止进食或拒绝进食,并不是由于食物不足的原因。以此来反对上述的观点。

还有的科学家提出了生物钟学说,认为是生物的节律控制了每年冬眠动物的代谢变化,恒温动物的冬眠变温现象是进化生态的一种次生性的退化,是和动物迁徙和冬季储藏食物相似的一种生态的适应,是在进化中已固定下来的一种生物节律。但是这种学说缺少事实性的根据。

科学家们发现在冬眠动物的体内存在一种诱发冬眠的物质。在对黄鼠进行的实验中,科学家在人工条件下冬眠的黄鼠身上抽取出血液,然后注射到活蹦乱跳的生活在夏季的黄鼠体内,这些黄鼠很快进入了冬眠状态。目前在冬眠动物的血液中还有3种颗粒无法鉴定。与正常的黄鼠相比,冬眠黄鼠的血液红细胞较结实,不容易分解,一种还呈褶皱状。而且进入冬眠时间长的动物的血液比刚进入冬眠的动物的血液诱发冬眠的作用更强烈。诱发动物冬眠的物质存在于血清中。我们知道,通常不同动物之间会发生物质的排异反应,但令人奇怪的是,将正在冬眠的旱獭的血清注射到清醒的黄鼠的体内,黄鼠不仅不会发生排异反应,反而会呼呼大睡。科学家们还发现,在冬眠动物的体内不仅存在诱发冬眠的物质,还存在和冬眠物质相对抗的另一种物质。这种物质可以维持动物的正常活动和清醒状态,它和冬眠物质相结合形成复合体,当冬眠物质超过抗冬眠物质的时候,动物才会冬眠。

由此看来,动物何时开始冬眠,不仅取决于诱发的物质,还取决于诱发物质和抗诱发物质的比例。科学家推断:冬眠动物可能全年都在"制造"诱发物质,而抗诱发物质是在进入冬眠之后才产生的。该物质产生之后就会不断地上升,直到春天开始的时候才会开始下降。当它在血清中的浓度高于诱发物质的浓度时,动物就会从冬眠的状态苏醒过来。但是,对于冬眠诱发物质和抗冬眠物质到底的性质如何,为什么会引起动物生理发生这么大的变化,科学家们还是不了解。

1983年,科学家从松鼠的脑中提取到了一种抗代谢的激素。把这种激素注射到没有冬眠习惯的小鼠的体内,发现小鼠的代谢率会明显地降低,体温也会降低到10℃左右,看来激素可能也是诱发动物冬眠的一个因素。最近,又有科学家想从细胞膜的角度来探讨动物冬眠的机理。但是细胞膜的变化和神经传导是如何联系,对于动物的冬眠是否具有关键性的作用还有待于研究。

到现在为止,人们还没有完全地揭开动物冬眠的秘密。科学家们还在继续探索。让我们踏着前人的足迹,透过历史的帷幕,在奇妙的大自然里去大胆地探索寻觅吧,谜底终究会有揭开的一天。

动物治病之谜

古书中早就有过类似记载：熊食菖蒲叶，可治胃病；龟食薄荷以解蛇蛊；野猪食荠，可治箭毒；野兔食马莲叶子，可治腹泻。春天来临时，生活在北美洲的一种熊冬眠醒后，为了迅速恢复长夜冬眠带来的疲倦，就会去寻找一种能引起轻微腹泻的植物果实。更有意思的是，当幼獾的皮肤生病后，母獾会带它们去洗温泉，以利于皮肤早日痊愈。许多动物都有自疗行为，这些行为都出于它们生存的本能。人类是从动物进化而来，所以，原始人类依然保留着动物自疗的本能，并且通过观察动物自我治疗，而获得许多启示，学会了应用某些天然药物的本领。

在乌干达的达基巴拉森林里生活着一群黑猩猩，它们有时候会吃一种茜草科植物的叶子，而当地人也常用这种植物来治疗胃病。动物学家还发现非洲热带雨林中的黑猩猩也会自疗。每当它们食欲不振，大便不畅时，它们就会去嚼一种苦扁树的枝叶，然后再吐掉残渣。这种植物中的苦汁是治疗胃肠不适的良药。在坦桑尼亚的贡贝国家自然公园，黑猩猩有时会吞食一种向日葵科植物的嫩叶，药物学家进一步研究发现，这种植物中有一种特殊的药物成分，能治疗寄生虫和细菌引起的疾病。

生活在南美洲亚马孙河两岸的一群吼猴，当雄性吼猴数量偏少，不能保持群猴雄雌性别平衡时，雌性吼猴就会去吞食一种草，此后生下的小猴中，雄性的比例就会占优势。科学家们检验了这种草，原来这种植物中含有某些药物成分，能使雌猴阴道的酸碱度发生改变，因此有可能影响后代的性别。

一位英国生态学家在野外考察时发现，怀孕的母象会吞食一种紫草树的叶子，母象吃了这种叶子后，没过几天便产下了一头活泼可爱的小象。原来这些叶子中含有催产的成分。

动物的自疗行为虽然只是一种本能，但是人类从动物的这些行为中受到了许多启发，从而把最原始的医疗活动发展为现今的医药学，这不能不说是人类的进步啊！

动物肢体再生的奥秘

动物世界是一个弱肉强食、适者生存的世界。大自然中的竞争如此激烈，使得动物在进化过程中逐渐具备了各自的防御本领。其中有一部分动物为了自卫，可以瞬间舍弃自己的一部分肢体，掩护自己逃生，过不了多久，它们的肢体又会重新长出来。这让人惊叹不已。

动物世界中的肢体再生之王当属海绵，它有着无与伦比的再生本领。若把海绵切成许许多多的碎块，非但不能损伤它们的生命，相反，在海中它们中的每一块都能逐渐长大形成一个新海绵，各自独立生活。即使把捣烂过筛的海绵混合起来，只要条件良好，它们重新组成小海绵的个体也只需要几天的时间即可成活。

海星也分身有术。海星是养殖业的大敌，因为它吃贻贝、牡蛎、杂色蛤等养殖场的饲养物。养殖工人把海星捉起来，碾成粉末后再投入大海，结果每一块海星碎块都繁殖出了新的海星。这令养殖工人大为光火。

还有海参，遇到敌人时，它倾肠倒肚，把内脏抛给"敌人"，过不了多久，只剩躯壳的它又再造出一副内脏。再生，成了海参逃命的重要工具。

章鱼也有利用腕手逃生的本领。章鱼的腕手在平时是很结实的，当有人抓住它的某只腕手时，这只腕手就像肌肉回缩被刀切一样地断落下来，掉下来的腕手还会用吸盘吸在某种物体上蠕动。当然这只是障目法，章鱼并不是整个肢都断了，而是在整个腕手的4/5处，腕手断掉后，它的血管自行闭合，极力收缩以避免伤口处流血。6小时后，闭合的血管开始流通，受伤的组织也有血液的流动，结实的凝血块将腕手皮肤伤口盖好。第二天伤口完全愈合后，新的腕手就开始慢慢长出。1.5个月后，就能恢复到原长的1/3了。

不仅海星等水中动物有肢体再生的能力，陆地上的动物也有这方面的高手，我们最熟悉的莫过于壁虎了。处于险境的壁虎，可以自行折断尾巴，当进攻者被断了的扭动的尾巴所迷惑的时候，壁虎已逃进了洞穴。夏天未过完，壁虎尾巴折断的地方就长出了新的尾巴。

兔子也有弃皮的本领，当兔子的肋部被别的动物咬住时，它会丢掉被咬住的皮，自己逃跑。兔皮跟羊皮纸一样薄，被扯掉皮的地方没有一点儿血，并且很快地，新的皮毛就在伤口处长出来了。还有山鼠，它毛茸茸的尾巴一旦被猛兽咬住，皮很容易脱落，山鼠则秃着尾巴逃跑了。据说黄鼠、金花鼠都具有再生的本领，遇到危险时，它们也会露上一手绝技。

动物的这种"丢卒保车"般的再生本领实在令人羡慕。那么能否使人的断肢重新长出来呢？研究动物的再生能力，无疑对人类有很大的启发。

在美国，贝克尔在研究中发现了一种生物电势：蝾螈的肢体被截断了，在未复原时，有一种生物电势产生了，残肢末端的细胞通过电流获得信息，开始分裂，形成新的组织，最后新的肢体长出来了。研究表明青蛙之所以不能再生失去的肢体就是因为没有这种电流产生。老鼠前腿的下部被切断，并让电流从此断裂处通过实验的结果让人震惊，老鼠失去的肢体开始复原了。

我们是否揭开了动物再生的秘密呢？答案是否定的，因为现在还没有充足的实验证据，而且并非所有的有再生能力的动物都遵从这一理论。但是，可以肯定地说，不久的将来，我们一定能揭开动物再生之谜，那时人类肢体的再生将再也不是梦想。

动物也有感情吗

动物有感情？它们也像人类一样懂得爱或悲伤吗？一些老派的科学家们否认动物具有情感，他们认为动物之间不存在爱。

其实，这些研究人员之所以会表示怀疑，部分原因是由于他们的职业习惯。他们认为给非人类生物的身上强加一些人类的特性是毫无科学证据的。

但是，科罗拉多大学生物学家马克·贝科夫则积极倡导动物情感论。他指出，现在越来越多的事实证明动物也有感情。

一名专门研究黑猩猩行为、习惯的灵长类动物学家在坦桑尼亚对一群黑猩猩研究时，记录了一件非常令人感动的事情。在黑猩猩的群落里，一个女首领弗洛到了50岁时去世了，弗洛的儿子弗林特非常伤心。第二天，它坐在母亲的尸体旁边，整整坐了一天。有时候，它甚至抓住母亲的手，呜咽几声。它的兄弟姐妹们试图让它回到群体中来，但它丝毫不为所动。它独自居住在群体外，并且停止进食，情绪也日渐低落。终于，原本年轻健康的弗林特在母亲去世3个星期后也死了。

在阿根廷海岸附近，一只露脊鲸在水中自由自在地游来游去，许多雄鲸在它身边绕来绕去。最终，它选中了其中一头雄鲸作为自己的配偶。两头鲸并排在水中游动，用鳍状的肢互相抚摸着，俨然一对恩爱的夫妻。它们一起在水中打滚，仿佛在互相拥抱，它们一会儿浮上水面，一会儿又潜入水中，动作完美，又非常协调，很快就消失在人们的视线之外。

俄亥俄州立博林格大学的神经科学家雅克·潘克谢普在《情感神经科学》一书中指出，感情很难用科学手段来进行研究，因为它是一种无形的东西。他认为，正是因为以上原因，导致许多研究人员不愿意谈论动物情感的问题。潘克谢普认为人类大脑与其他动物之间有非常相似的地方，因此，动物不仅拥有感情，而且还非常丰富。

但是，除了那些具有本能性质的感情以及可以预见的行为外，科学家们很难预测动物可能拥有的复杂的情感。贝科夫长期对丛林狼、狐狸及其他几类动物进行观察，30年后，贝科夫认为他可以准确地说出动物的感受。他同时认为，动物不会像人类那样对感情进行过滤，因此，动物的感情较人类的感情更容易理解。

玩耍的小狗

许多对动物情感论持怀疑态度的人，也承认动物有恐惧的感情。他们认为恐惧是比较初级的感情，而爱和悲伤是二级感情。恐惧不需要任何有意识的思考，是一种本能，好像许多动物与生俱来都具有这种本能。恐惧过后，就是一系列可以预见的行为，例如逃跑、搏斗、呆住或装死等反应，都是为了逃避敌害或危险所必需的。例如：小鹅虽然从未见过老鹰，但是有老鹰形状的黑影从头上飞过，它们会本能地寻找地方来把自己隐藏起来。

对动物感情论持怀疑态度的人仍然坚持否认除恐惧以外的动物的感情。神经科学家勒杜在他编撰的《情感大脑》一书中一针见血地指出：或许鲸会做出一些恋爱的举动，但是没有人能够证明它的这一心理活动。他认为动物有无感情问题归根到底是动物是否有意识的问题。

得克萨斯农业和机械大学生物学家贝恩德·伍尔西格对生活在阿根廷海域附近的露脊鲸的多情举动进行了观察，之后他说："露脊鲸的行为只能看做是动物交配策略的一个典型例子。"但是，他仍然无法否认露脊鲸的这种行为也可能是由于它们之间存在着感情。

现在越来越多的动物学家认为动物具有情感，之所以会出现这种新的局面，主要是越来越多的人愿意接受研究人员取得的观察结果。贝科夫编辑了一本名为《海豚的微笑》的书。在此书中，贝科夫收录了许多动物研究人员撰写的个人报告。这些动物研究人员几乎都是将整个职业生涯都倾注在研究一种或几种动物身上，包括猫、狗、黑猩猩、鱼、鬣蜥和鸟等动物。这本书出版以后，许多科学家都开始研究这方面的问题。

同时，动物情感论的研究获得了新的进展。行为神经科学家史蒂文·西维在宾夕法尼亚葛底斯堡学院对老鼠进行长期的研究后，发现老鼠在处于兴奋的状态时，大脑会释放出大量的多巴胺。而人类在处于快乐或兴奋的状态时，也能释放这种神经化学物质。西维还做了一个实验，他把老鼠分成一对对的，然后分别放在特殊的树脂玻璃制成的房子中。一会儿，老鼠们就尽情地玩耍起来。一个星期以后，西维将老鼠们分开，但是它们仍然表现得十分活跃，还不时地走来走去。随后，西维给老鼠喂了一种可以抑制多巴胺的药物后，所有的活动都停止了。潘克谢普认为这就证明老鼠的确能分泌一种与快乐情绪有关的多巴胺，因此老鼠也应该具有情感。

其实，快乐也是动物显而易见的一种情感。小猫、小狗等小动物在快乐的时候会发出欢快的叫声或摇摇尾巴，一看就是十分兴奋的样子。而且，动物在相互嬉戏的时候，也能表现出十分明显的兴奋之情。

目前，科学家们已经在寻找一些科学证据来证明动物有感情，并取得了一定的成效。致力于情感生物学研究的科学家们发现，动物的大脑与人的大脑有许多相似的地方。情感好像

□ 可怕的现象

是位于大脑皮层下的一些区域所产生的。目前，科学家们已经确定最重要的情感区域是一个位于大脑中央的杏仁状的结构。神经科学家在对老鼠的实验中发现，当刺激这个杏仁状结构的特殊部位时，老鼠会进入一种极度恐惧的状态。而且，这个结构一旦被破坏，老鼠在遇到危险时不会表现出正常的行为反应，也不会出现心跳加快等生理变化。

争论动物有无情感有什么重要性呢？科学家认为如果动物之间确实存在感情的话，那么，就会对今后人和动物将会存在的相互作用产生深远的影响，例如人类究竟应该怎样对待动物等一系列的问题。

动物为什么要经常玩游戏

人类喜欢玩游戏，而且能想出很多办法来玩，可是，你知道吗？动物也很会玩游戏，而且许多动物甚至是玩的专家。那么，动物为什么要玩游戏呢？

无论是水里游的动物，还是地上走的动物，都喜欢玩游戏。两只叶猴在热带丛林里玩耍，它们并排在10多米高的树顶上倒立着，不仅如此，两猴还相互推挤，拼命地要把对方推下去。一群北极渡鸦在北极冰雪上表演滑雪。它们飞上一个陡坡的坡顶，像坐滑梯一样顺着坡势滑下去，一只挨一只地滑到坡底后，又飞到坡顶准备下一轮的滑坡。

在对大量动物的游戏进行反复观察后，科学家们发现：大脑比较发达的动物玩的游戏也比较复杂。比如叶猴和渡鸦等，还有球鼻海豚、黑猩猩等。它们表现出的智商较高，玩的游戏也比较复杂。

还有一些必须群体生活、一起捕食的动物，如狮子、丛林狼等，它们个体间的联系在群体内相比较来说比较密切，它们玩的游戏也非常复杂。草原上，两头幼狮在阳光下搏斗，低沉的咆哮声不时传来。一头想要逃跑，另一头却猛扑了上去，把对手压倒在地后，张开大嘴，像要用利齿撕咬对方的喉咙。这其实也只是狮子间的游戏罢了。

近些年来，通过对动物的游戏进行观察和研究后，科学家们提出了许多不同的看法。

一些科学家认为，就像捕食、繁殖、躲避敌人等行为一样，玩游戏也只是动物天性的一种表现。在残酷的自然竞争中，动物通过游戏活动能得到某种调剂或补偿，从而保持自身在心理、生理上的平衡，这是一种自我保护的方法。

另外一些科学家认为，动物玩游戏则是对各种必备的技能的演习，有利于它们应付在未来生活中可能遇到的各种挫折，对于它们未来在动物社会中形成的各种关系也能提前熟悉一番。

还有别的科学家认为动物玩游戏是一种学习的行为。不管怎样，现在还没有圆满的答案解释动物游戏的行为。

蝉为什么要"引吭高歌"

炎炎夏日，树上的蝉总是"知了、知了……"地叫个不停，令人心烦意乱。细心的人会发现，蝉刚开始叫的时候是低沉的"咚咚"声，然后逐渐变成烦人的噪音，震耳欲聋。天气越热它们叫得越欢，而且时间还越长。可是只要一到傍晚，凉风一吹，蝉们就默不作声了。

有意思的是，古代文学家为了抒发自己的情怀，常常以蝉为诗，他们认为蝉只吃树上的露水，不沾俗尘，是一种十分高洁的动物，所以常用它喻指自己的品行高洁，从而来咏叹自己的怀才不遇。

尽管如此，人们对蝉的认识还是从它的噪声开始的。在动物世界中，蝉可算得上是一个出色的"鼓手"。在它的腹部两侧各有一片薄膜，叫做声鼓，一块盖片覆在其外。里面不仅有鼓膜，还有一个完整的扩音系统，由1个音响板、2片褶膜和1个通风管组成。蝉在高歌时，你不要以为它是用锤敲鼓，相反它是使肌肉徐徐颤动，拉动鼓膜，振动空气，又在褶膜里使发出的颤音扩大，然后从音响板上将颤音反弹回来，音量就变得更大。接着，只要一张开穴上的盖片，鼓声就传扬出来了。

蝉为什么要如此"引吭高歌"呢？原来，这嘹亮的歌声是求偶的表现，希望引起其他蝉们的注意，这标志着它就要举行"婚礼"了。一般成年雌蝉都不会发出声音，只有成年的雄蝉才会引吭高歌。

蝉可算得上是世界上最长寿的一种昆虫，然而它却要在地下度过大半生。幼虫一般要在地下生活2～3年，长的可能要5～6年。现在，科学家所了解的寿命最长的蝉是美洲的17年的蝉和13年的蝉，也就是说它们每隔17年或13年才孵化一次。蝉所遵循的生命循环是十分奇异的，所以科学家叫它周期蝉。

蝉的幼虫从地下钻出来的时候，会在地面上留下一个个小圆洞，像蜂巢一样。这时的蝉还没有翅膀，最为坚强有力的是前腿。它们爬上树梢或草丛，蜕掉一层浅黄色的蝉衣后，就变成了有翅膀的蝉。

成年后的雄蝉很快就会发出求偶的鸣声，这些声音对雌蝉来说，就像是一种美妙的爱情乐曲，从而使"婚礼"的进程加快了。受精后的雌蝉会把嫩枝劈开，把卵产在枝叶内。完成延续种族的任务后，雄蝉和雌蝉于几个星期后就死去了。

虽然成年的蝉死去了，但生命依然在循环不息。嫩枝内的受精卵不久便孵化出来，新一代的生命又开始了。

美国的科学家发现，蝉至少有20个不同的族群，各自根据自己的生命周期进行繁殖。因此，每年都有不同族的蝉出现，这样来看17年的周期似乎也就不长了。

也许很多人会问，蝉为什么要大半生都过着暗无天日的地下生活呢？蝉在地下度过漫长的幼虫时期，通过树根得到水分和营养，这样就可以几度寒暑。生物学家认为，蝉的这种繁殖方式有一定的自然保护意识。因为这样可以使蝉少受鸟类等捕食动物的攻击，从而保存了有生力量。

英国科学家于不久前证实了蝉和蟋蟀等能担任天气预报的工作。原来，蝉和蟋蟀频繁发出的特殊声音与气温有很大关系。科学家们据此绘制了一张图表，从而可以预报第2天早晨是冷还是热。

夏日，人们早已熟悉了蝉的聒噪，然而细细了解蝉之后，才发现居然有这么多的学问。看似很寻常的一件事，背后竟蕴藏着如此深奥的道理，看来大千世界还有无数的奥秘等待人类去发现。

几维鸟为何能产下巨蛋

几维鸟是新西兰的国鸟，是新西兰特有的动物。它属于鸟类，却不像鸟。它的大小与母鸡差不多，产下的蛋却比母鸡产的蛋大得多。这究竟是怎么回事呢？

几维鸟每年只产2～3枚蛋，虽然数量少，却个个是精品，每枚蛋重达400克，而它们自身的重量才不过1600克左右；几维鸟的蛋长约13厘米，而它们自身的长度一般也只有45厘米左右。小小的几维鸟居然能产下如此"巨大"的蛋，真是令人惊叹。有一些科学家认为这是自然进化的缘故：大蛋有利于几维鸟日后的成长。几维鸟蛋中的蛋黄是大鸟专为幼雏准备的食物，幼雏出壳后就靠蛋黄维持生命，蛋黄的重量占整个鸟蛋的61%。尽管如此，蛋黄仍然满足不了小鸟的营养需求，于是小鸟变瘦了。过了约18天，小鸟就开始出去自己找食

□ 可怕的现象

吃。科学家们认为几维鸟的雏鸟的营养需求非常大，只有富含营养的大蛋，才有可能使它们存活下来。

有些科学家却另有看法，他们认为，几维鸟蛋并不是真的大，而是显得大，实际上是在长期进化过程中鸟体本身缩小了。据研究，几维鸟的祖先是平胸鸟类，这种鸟体形巨大，和鸵形目、鹤鸵目、鸸鹋科等鸟类生活在一起。然而，自然条件的改变使它们的身体发生了改变，而鸟蛋的尺寸却保持原样，因此，几维鸟蛋显得巨大。

至今，仍没有找到确切的答案，然而几维鸟的许多奇异的特征却引起了人们的注意。

几维鸟的翅膀很小，几乎没有，所以又称无翼鸟。遇到危险时，它会借助其健壮的腿逃跑。几维鸟有一张长嘴，在休息时，这张嘴可以当做第三条腿来支持身体的平衡。它的鼻孔长在嘴前，不同于别的鸟类。它叫时发出"几维、几维……"的声音，所以取名几维鸟。

几维鸟的生活习性十分独特，它们白天休息，夜里出来觅食。它以蠕虫、蚯蚓、蜥蜴、老鼠和贝类等为食物。几维鸟的食量非常大，一次能吃几十条蚯蚓，一天能吃500~600条蠕虫。几维鸟还有一个十分独特的本领：它能从海水里捉鱼吃，甚至能从树洞里拖出兔子。几维鸟不怎么怕人，它常常冒冒失失地闯进屋子里，赶也赶不走，一不留神，它就把屋里的叉、匙等小物件拖走了。

据说，几维鸟曾经数量很多。欧洲移民来到澳洲之后，由于大量捕食，现在几维鸟已濒于灭绝的境地。现在，只有新西兰有几维鸟，且只有5个品种，数量很少。新西兰政府为了保护几维鸟，特地帮它建造了住处。这对保护几维鸟非常有好处。

雄鸳鸯竟是"薄情郎"

自古以来，鸳鸯就被看做是真挚爱情、白头偕老的象征。汉乐府有"中有双飞鸟，自命为鸳鸯"的诗句，《诗经·小雅》中也有"鸳鸯于飞"的记载。在人们的观念中，鸳鸯是生生世世在一起，它们的爱情是至死不渝的。

实际上，鸳鸯是一种小型野鸭。它们一般在树上栖息，居住在树洞里。平时，它们在水中玩耍，在陆地上寻找食物。

中国是鸳鸯的主要产地，每年3月底4月初，它们会向北飞到东北和内蒙古等地繁殖，过了5~6个月，它们又向南飞到华东、华南等地方过冬。也有少数鸳鸯是留鸟，并不来回迁徙，例如云南、贵州等省的鸳鸯。

它们一般将巢筑在天然树洞中，在洞中进行孵化，孵化期约1个月。夏季，幼雏孵化出来，它全身的绒羽呈黄褐色和乳黄色，大小像一只雏鸡。小鸳鸯长得很快，出生后不久就能随妈妈出去觅食。到了深秋，小鸳鸯就能跟随妈妈长途跋涉到南方过冬。

鸳鸯属杂食动物，小鱼、小虾和昆虫等动物和稻谷、野果、草子等植物都可以作为它的食物。

人们喜欢鸳鸯，一部分原因是由于它的美丽。其实，雄鸳鸯确实非常美丽，雌鸳鸯相比之下，则有点朴实无华。雄鸳鸯头上的羽冠呈红色或蓝绿色，眉纹呈白色，从喉部到颈部、胸部，颜色则由金黄变成紫色，再变成蓝色，两侧黑白交错，鲜红的嘴、鲜黄的脚、两片橙黄色的翅膀还带有黑边，翅膀向上一弯，就像一把打开的扇子，堪称一绝。而雌鸳鸯身上的羽毛则是深褐色。

吉林长白山麓的头道白河被称为鸳鸯河，那里是中国最著名的鸳鸯繁殖地。白天它们栖息在水中，到了晚上就睡在树丛下。天刚破晓，鸳鸯就在岸边的芦苇和灌木丛附近玩耍，形影相随，不时发出欢叫声。周围一有动静，它们就立刻逃走。在动物园中我们也可以看到一对对的鸳鸯亲亲昵昵地在一起。

正因为如此，在文学上，鸳鸯被比喻成夫妻，雄鸟叫鸳，雌鸟叫鸯。人们结婚时，许多生活用品都喜欢绣上鸳鸯，如鸳鸯罗帕、鸳鸯被等。许多东西也以鸳鸯为名，如鸳鸯瓦、鸳鸯菊、鸳鸯草、鸳鸯剑等。

鸳鸯真的是如此痴情吗？20世纪80年代初，经过多年的考察，长白山自然保护区的科学工作者发现，在交配期间，雌雄鸳鸯确实是情深意切的。可是，在交配以后，雄鸳鸯就抛弃雌鸳鸯，不再露面。雌鸳鸯从此就挑起了抱窝和抚育后代的担子。而且，鸳鸯也不是至死不渝的。他们多次将成对的鸳鸯拆散，可不久，它们就各觅新欢了。

离开雄鸳鸯后，雌鸳鸯独自在巢底铺上木屑，还拔下自己身上的绒毛铺在巢中，然后在上面产卵。小鸳鸯破壳而出只需1个月的时间，小鸳鸯生下来2小时后就能下地了。第二天，它们就会走进水中，在妈妈的带领下，在河湖中漫游。

不知揭穿了雄鸳鸯的"薄情"面目后，古往今来对鸳鸯的痴情进行赞颂的人有何感想。

"孕男"雄海马

海马和马并没有什么特别的联系，它并不是生活在海里的马，而是一种长相奇特的小型鱼类。它有一个像"龙"似的外形，与马相似的头，一条明显的向外突起的骨栉状脊椎，从头部和躯干相交的直角状顶端一直延伸到卷绕的尾尖。它在水中游动时，利用背鳍的扇动，将身子垂直着上下游；当它停下来休息时，则依靠蜷曲的尾部将水藻缠住以固定身体。

海马以小型甲壳动物为食，主要分布在北太平洋西部的浅海地区。我国的海域里也有这种小型鱼类，南海、东海分布最多。

海马生儿育女的方式非常特殊，就是由雄性海马代替雌海马怀孕和生产。这主要是由雄性海马独特的生理结构决定的。海马的生理结构具有明显的鱼类特点。在雄海马的臀鳍末端，有一个类似于袋鼠"育儿袋"的"孵卵袋"，由两层皮膜折叠而成。袋壁中有为"胎儿"提供足够营养的大量血管。

雄海马要完成"怀孕"和"分娩"两个过程。海马的繁殖期大约在每年谷雨过后。交配的时候，雌海马把突出的输卵管插进雄海马的育儿袋中，将成熟的卵一粒一粒地送进孵卵袋。与此同时，雄海马也排出精子，这样，精子和卵子在袋里相遇、受精，雄海马孕育下一代的重任就从此开始了。

蜷缩着身体的海马

大约二三十天后，海马宝宝渐渐地发育完全，雄海马的育儿袋也越来越大，"分娩"即将到来。在"分娩"之前，雄海马的呼吸开始变得急促，情绪紧张。一般在黎明时分开始生产。此时，雄海马的身体剧烈地前后伸屈，腹部强烈地收缩。经过几次抽搐、痉挛后，小海马终于一尾一尾地从育儿袋中出来了。刚刚出生的小海马非常小，通常只有几毫米长，但可以独自在海水中游泳。

"父亲生子"虽然是动物界非常奇特的现象，但我们可

□ 可怕的现象

以看到，生育过程不管由谁来完成，每一个小生命的诞生都凝聚了父母的心血。因此，所有的人都应该学会感恩，感谢赋予我们生命的父母。

蜻蜓"点水"的奥秘

雨后的池塘上，常常能看到许多蜻蜓在飞翔，纤细的身躯、透明的翅膀在阳光下摇曳生姿，真是美极了。偶尔，蜻蜓平展双翅停在一株草上休息，又立刻飞开了。仔细观察，我们会发现蜻蜓一次次地不断地把尾部插入水中。其实，对于蜻蜓这一行为，人们早就注意到了，古诗"点水蜻蜓款款飞"就是最好的证明。

在昆虫的世界中，蜻蜓堪称是最出色的飞行家。因为蜻蜓在作急速的冲刺飞行时，速度高达每秒钟40米。而且，即使连续飞上1个小时，它也不觉得累。

尽管身体很纤细，蜻蜓却有一颗滚圆的大脑袋，它的脑袋可以任意转动，头部的一半几乎被一对大复眼所占领。这对大复眼非常发达，每只复眼都由1万多只小眼组成。因此，疾飞中的蜻蜓能清晰地看到9米外的活动的昆虫的各个部分，甚至能看清千米之外的同类。

人们常常能看见蜻蜓点水，科学家们研究表明，这实际上是蜻蜓的产卵动作。蜻蜓为什么要把卵产在水中呢？这要从它的食物说起。蜻蜓专门捕食蝇、蚊、小型蛾类、稻虱等昆虫。1小时内，1只蜻蜓能消灭20只苍蝇或840只蚊子。而水中蚊子的幼虫——孑孓和蜉蝣的幼虫等可以成为蜻蜓的幼虫的食物。所以，蜻蜓把卵产在水中。

蜻蜓的卵是在水里孵化的，在变成成虫以前，一直都生活在水中。幼虫也有3对足，但不像我们平时所见的蜻蜓能飞翔的翅膀。它的下唇可以折曲，顶端是捕捉食饵的工具钳。休息的时候，口被折曲的下唇全部遮盖起来。它的主要食物是池塘中的蜉蝣或摇蚊等昆虫的幼虫。我们称这种蜻蜓的幼虫为水虿。经过一年半，它们蜕皮十多次，然后爬出水面，蜕最后一次皮而变成蜻蜓。

全世界大约有5000多种蜻蜓，中国约有300种。蜻蜓的飞行也预示着天气的变化。蜻蜓一般喜欢在下雨之前或雨后初晴时出来。俗话说："蜻蜓飞得低，出门带蓑衣。"就是说，蜻蜓在低空成群飞舞时，预示着阴雨天气。这是因为，此时的空气湿度大，小昆虫翅翼很湿，没有办法飞得高，而蜻蜓正以小昆虫为食物。此时，正是蜻蜓捕食的大好机会。

根据蜻蜓的这些特征，人们总结出一些规律：小暑前后，红蜻蜓在田野低空成群地飞行，预示着不久就是干旱高温天气。立秋前后，黄蜻蜓在田野低空盘旋，意味着很快就会有一段连绵阴雨天气了。

深海鱼类结群游动之谜

无论是在关于海底世界的纪录片中，还是在海洋馆中，我们都可以看到成群的鱼儿游来游去。它们排着整齐的队伍，仿佛训练有素的军队。它们这样游动有什么好处吗？

科学家在海洋中研究鱼群时发现，鱼群在游动中都遵循一定规律。首先是它们的个头大小都差不多，并且十分整齐地排列着，有前排、后排之分。有意思的是，在鱼群游动的过程中，前排和后排的鱼儿每隔一段时间还会自觉变换方向。

许多人都很奇怪，许多生活在陆地的群居动物中，总有一个是首领，然后大家在这个首领的指导下，相互协作，这样有利于群体御敌或捕食。但并没有鱼王存在于鱼群中，它们为什么一定要过集体生活呢？

经过研究，科学家们发现鱼群向前游动时，前排的鱼带动水流，后面的鱼在前排的鱼带动的水流之中，不需要消耗太多的能量，身体就能很容易地随着水流向前游动，并且游动的速度和前排的鱼保持相同。

由此可以看出，后几排的鱼都在前排的鱼产生的水流的冲击下，轻松地向前游。科学家说，庞大的鱼群中，至少有一半的鱼是在同伴的帮助下采用这种省力方法向前游的。像黄鱼、带鱼等很多需要进行长距离洄游的鱼类，都是以庞大的队伍向前游动的，在漫长的旅程中，通过这种方法，它们节约了许多能量。

由此可见，鱼类的结群并不像别的动物一样，是为了捕食或害怕孤独等。从它们的行为中，或许我们可以借鉴一些，应用在航天、航海中。

飞蛾投火为哪般

自古以来，飞蛾扑火的故事就使人浮想联翩。《梁书》中有佳句"如飞蛾之赴火，岂焚身之可吝"。飞蛾真的愿意送死吗？它为什么喜欢扑火呢？

夏天的晚上，点亮一盏灯，就有许多的小青虫、甲虫和蛾子等飞过来，绕着灯光转圈，直到最后死去。灯光熄了，这些小虫立刻就飞散了。重新点亮灯时，四面八方的昆虫又飞了回来。

以前，人们认为这是昆虫的喜光性，正是由于昆虫的趋光性，它们才会以身扑火。昆虫对紫外线的反应特别灵敏却看不见红色光线。利用这种特性，人们常将一盏紫外光灯挂在野外来诱杀飞蛾。他们在灯下放置一水盆，飞蛾飞过来时，最终死在水盆里。

现在，飞蛾扑火之谜已经解开了。原来，这是飞蛾辨认方向的一个方法。有些昆虫依靠食物、同类个体的气味、湿度的大小和温度高低来确定活动的方向。飞蛾则是利用光线在夜间辨认方向的。

经过长期观察和实验，科学家发现飞蛾在夜间飞行时，是依靠月亮的光线来确定方向的。月光总是从一个方向投射到飞蛾的眼里。在逃避敌手的追逐，或者绕过障碍物转弯以后，飞蛾只要再转一个弯，月光就仍从原先的方向射来，于是飞蛾就很容易找到方向。

飞蛾之所以绕灯光转，是因为它把灯光当成了月光，因此，它误用灯光来辨别方向。月亮距离地球很遥远，飞蛾只要同月亮成固定角度就可以确定自己的方向。可是，灯光离飞蛾很近，飞蛾本能地保持固定的角度，所以它只能绕着灯光转圈，直到最后死去。

从飞蛾扑火的故事中，科学家得到了启发。有一种远程导弹，导弹头部安装有类似飞蛾的眼睛，它以一定的角度对准一颗明亮的恒星，发射后，导弹的眼睛始终与恒星保持着一定的角度。导弹一旦偏离了航向，这个人造眼睛就会把这种偏差传到导弹的电脑装置，然后重新修正航向，以此保证导弹不偏离预定的飞行轨道。

鳄鱼"流泪"之谜

鳄鱼是我们所熟悉的凶猛的食肉动物。优越的身体条件使它成为一名出手迅速、果断而又残忍的猎手。在一般情况下，它总是潜伏在水中，只露出眼睛及鼻孔，静待猎物前来喝水。当猎物来到水边时，鳄鱼会悄悄靠近，然后突然袭击，用嘴咬住猎物的头部或脚，把它拖入水中淹死。

鳄鱼要得到一顿丰盛的美餐，通常并不是特别困难的事。可令人感到惊奇的是，鳄鱼似乎对自己这么轻而易举地捕获食物感到不好意思，它似乎在"同情"这些弱小的生命，每次进食的时候，居然会流下"眼泪"。

□ 可怕的现象

"鳄鱼的眼泪"经常被当做是"假慈悲"的代名词，这当然是加入了人类的主观想象和感情色彩的。但不管怎样，鳄鱼的眼里会流出一种液体却是千真万确的事实。只是这种液体是怎样形成的，为什么会从鳄鱼的眼里流出来，却是令人费解的问题。

近年来，生物学家研究发现，原来鳄鱼在吞食猎物时所流的"泪水"是它排泄出来的含有盐的液体。为了将自己体内的多余盐分排掉，鳄鱼形成了特殊腺体功能，这种功能主要是由肾脏完成的。在鳄鱼的眼睛附近，有一个盐腺，这就是它的"咸水淡化器"。

大家知道，占全球水量97%的海水由于含有大量的盐分而特别咸。而对这种人类不能直接饮用的咸水，海洋动物却能照饮不误，这是什么原因呢？其实，这是因为很多海洋动物也有一个与鳄鱼类似的"咸水淡化器"的缘故。比如海龟，它们在上岸后，会因为离开海洋而流淌出两行伤心的泪水。当然，海龟流出的也不是眼泪，也不带任何感情色彩，只是从体内排出的盐溶液。人们之所以常常将它排出的盐溶液误当做眼泪，是因为它的盐腺与鳄鱼一样，也是位于眼睛旁边。

还有一些海鸟，如海鸥、海燕和信天翁等，会出现把海水喝进去再吐出来的现象。同样，这也是因为它们的眼睛附近有盐腺。盐腺排出来的盐液从鼻孔流到鸟喙，又从喙尖上流出来，让人感觉像是喝了又吐一样。这些动物盐腺的构造基本大同小异。一般是中间有一根管子，管子上有几千根毛细血管像刷子一样向四周辐射。这些细管同众多血管交织在一起，将血液中多余的盐分分离出来，再通过中间的那根管子将它们排出体外。简单说来，盐腺的功能就是把体内的多余盐分排出。

目前，饮用水资源短缺问题正变得越来越突出。动物们的"咸水淡化器"也许可以给人类一些启发。如果地球上的海水能轻易地被变成可供人类饮用的淡水，那将是人类的一大福音。

鲸为什么要喷水

一望无际的大海波涛汹涌，人们却很容易发现活动在几千米范围内的鲸类。原来，鲸有一个缺点使自己很容易暴露，那就是鲸喷的水柱。

通过鲸喷出的水柱的高度、形状和大小，人们可以辨别鲸的种类和大小，例如9～12米高的水柱一定是蓝鲸喷的。从远处进行观察，就能发现鲸类并判别其种类。

现在有77种鲸生活在海洋里，主要可以分为须鲸、齿鲸两类。须鲸有11种，分布于全世界的海洋中，地鲸、鲸、露脊鲸等都属于须鲸。它们是一种以水中生物为食的大体积动物。它们的牙床上没有牙齿，只有刚毛，这可以帮助它们把小鱼和磷虾等从水中分离出来。它们利用脑袋上的两个呼吸孔进行呼吸。齿鲸包括66种，其中包括深受人们喜爱的海豚。与须鲸不同，齿鲸长着尖尖的牙齿，主要用来捕获鱼类和乌贼等食物，而不是用于咀嚼食物。齿鲸的呼吸孔合二为一。齿鲸除了分布于全世界的海洋中外，南北美洲、亚洲和非洲的某些河流、湖泊中也有分布。

从名字上看，很多人都以为鲸是鱼。其实，鲸是哺乳动物，而且还是地球上最大的哺乳动物。鲸在很久以前就是一种完全意义上的哺乳动物，而且是唯一生活在水中的哺乳动物。一开始，它们是生活在陆地上的四足哺乳动物，后来才到海中生活。它们在漫长的岁月中逐渐适应了水中的生活。为了适应海洋的生活环境，它们的身体成为光滑的流线型，而尾巴则变得非常有力，像桨一样，前肢进化为鳍，掌部和趾数都发生了变化，为了呼吸方便，鼻孔居然跑到了脑袋的顶端。

鲸的体长1.25～30米，体重23～150000千克。大鲸像一条巨型鱼，因为脖子短，头与身体好像直接连在一起。骨骼也是从头到尾逐渐变细，像鱼类一样。蓝鲸有30米长、150吨重，是到目前为止世界上发现的最大的动物。它的舌头能毫不费劲地支撑起一头小象，蓝鲸的庞大由此可窥一斑。像一般的哺乳动物一样，鲸是胎生动物。在出生时，幼鲸的头是朝前的。幼鲸一般是在水中被生下来的，刚出生的小幼鲸的鳍还不硬，但是它们一出生便能在水中游泳了。在繁殖地，鲸过着群体生活而且有着非常严格的规则，所有的鲸都会自觉遵守。幼鲸总是跟妈妈一起玩耍，有时还要骑在妈妈的背上，依靠妈妈的力量浮出水面。

那么，鲸为什么要喷水呢？原来，尽管生活在水中，鲸仍旧要呼吸大气中的氧气。鲸有一个很大的肺，如蓝鲸就有一个重约1500千克的大肺，如此大的肺，能容纳15000升空气。这样大的肺容量，对鲸来说大有好处，鲸只需过一段时间到海面上呼吸一下空气就可以了。但是这个时间不能太长，一般过了十几分钟后，鲸就要再次浮出水面，呼吸空气。

此外，鲸还有一个独特的鼻子。与别的哺乳动物不同，鲸的鼻子外面没有鼻壳，头顶两眼的中间就是鼻孔开口的位置。有的鲸有两个鼻孔，但是靠在一起，有的鲸干脆将两个鼻孔合并成一个鼻孔。

鲸在呼吸空气时，先要排出肺中大量的废气。由于压力非常强大，喷气时能发出像小火车的汽笛声那么大的声音。废气冲出鼻孔时，强大的气流把海水带到空中，就像有喷泉出现在蓝色的海面上一样。在寒冷的海洋里，肺内的空气较空气中的温度高，肺中呼出的热空气遇冷凝结成小水珠，也能形成喷泉。在深水里，鲸的肺中的空气在巨大的压力下强烈地压缩，压缩的蒸汽在扩散的时候，也能形成喷泉。

由此可见，鲸喷水是为了呼吸空气中的氧气，产生美丽的喷泉是由其奇特的身体构造所造成的。

"不孕不育"的骡子

大家都知道，小虎崽是老虎妈妈生的，小狗是狗妈妈生的，小猴子是猴妈妈生的，这在自然界中是再正常不过的事了。但是这个世界上也有一些事情是违反常规的，听了之后你会觉得很奇怪。就拿最常见的家畜骡子来说吧，它是无法繁殖后代的，也就是说骡子并不能生出小骡子。这是怎么回事呢？

我们人类以及一些哺乳类动物，都是由受精卵发育而来的。雄性动物的生殖器官会产生精子，而雌性动物的生殖器官则会产生卵子，受精卵是精子和卵子结合后的产物，这是繁殖后代应具备的最基本条件。而骡子的生殖能力却属于先天的不足：我们看到的公骡和母骡虽然具有构造较完善的生殖系统，但它们的生理机能却并不正常。据科学家研究分析，这是因为骡子的体内缺少一种激素而造成的。由于这种激素的先天缺乏，致使公骡的生殖器官无法产生成熟的精子；母骡虽然能产生卵子，但因为它的体内缺乏助孕激素，致使卵细胞不能健康发育，还没等到成熟就因衰弱而死。

那么，没有生育能力的骡子为什么不会绝种呢？

原来，骡子是一种名副其实的"混血儿"。一头公驴和一匹母马交配后生下的后代就是"马骡"，而一匹公马和一头母驴交配后生下的后代就是"驴骡"。所以你要是仔细观察就会发现，骡子身上有许多地方既像驴又像马。它的体形同马接近，但叫起来的声音却似驴；它的耳朵很长，颈上的毛、尾巴又同马、驴有所不同，介于两者之间；它的体形高大，肌肉筋骨强健，继承了其"父母"各自的优点。此外，它的耐力、抗病能力、适应性都强于马、驴，且寿命较长。因此，人类一般把骡子用于驮东西、拉车、耕地等，它是人类的好帮手。

□ 可怕的现象

吞食自己粪便的兔子

在许多故事中，兔子是善良的代表，深受儿童的喜爱。然而，这种大家所熟悉的动物，却有许多谜团，引起了动物学家们的兴趣。

几乎世界各地都有兔子，其中包括家兔和野兔。野兔们以自己洞穴口的粪球作为标志来划分界线。

兔子非常聪明，它们在掘洞造窝时，会留几个洞口。一个洞口被堵住了，就走别的洞口。万一被猛兽捉住了，它会舍弃一块皮毛，赶快逃命。在逃跑的时候，它还会一边跑一边回头看，根据敌手的速度来确定自己的速度，免得浪费精力。其实，兔子的跑是跳跃式的，速度高达每小时 50~60 千米。

兔子有敏锐的听觉，嗅觉也很敏感。突然有响动时，它们就会马上戒备或迅速逃跑。有时，它们看到陌生人或者狗、猫等，都会惊慌地发出响亮的声音或者跺脚甚至奔跑来躲避敌害。它们能通过嗅觉来准确地辨明自己亲生的小兔子。有时候，遇到不是亲生的小兔子，它们会将其咬死。

兔子的上唇很独特，有左右两片，因此，门齿容易露出，对于它们在地上吃食物和啃食树皮非常有利。它有 6 枚门齿，结构独特，上颌有两对，上门齿前后重叠，下颌也有一对门齿。上下门齿左右错磨，食物就很容易被磨碎。它们的盲肠非常发达，里面有大量的微生物，对粗纤维有很强的消化力。

兔子主要以草类、瓜菜等植物为食。由于这些植物缺乏盐类，野兔也经常吃一些含盐分的东西，例如鹿角、骨头以及其他动物撒过尿的土和雪。可是有人发现兔类竟然还吞吃自己的粪便。每天大约有 10~40 次，家兔猛地将头伸到尾巴下面，原来它是在吃刚刚排出来的粪球。经过调查研究，人们发现兔类排出的粪球可以分为两种：一种是普通的小硬粪球，里面含有很多草末；另一种是小软粪球，外面包着一层薄膜。

1963 年，有两位研究人员从兔肠内取出了后一种粪球，他们用显微镜对这一粪球进行检查时，发现里面有 56% 的菌类，这些菌类的主要作用是帮助消化。除了保护膜，软粪球中纯蛋白质占了 1/4，菌类本身也有许多营养物质。这种粪球在胃里停留 6 小时，对于兔子刚吃的植物纤维有帮助消化的作用。因此，食粪使兔子得以继续生存。

然而，仍有许多问题需要解决，兔子怎么知道排出的是营养粪球的呢？这种粪球又是怎样在体内形成的呢？现在，这种粪球已经引起了细菌学家们的极大的兴趣。相信用不了多久，这些疑问一定能得到解答。

用胃做子宫的蛙类

用胃孵育后代的胃育蛙目前很可能都已灭绝了。在澳大利亚南部发现的最后一只用胃孵育后代的蛙是在 1983 年，而在北部发现的最后一只此种蛙是在 1985 年。奇怪的是，北部的蛙在 1985 年 3 月时还没有什么异常，但是 3 个月后却消失了，从此人们再也没有见过。它们的消失是自然界的一大损失——不仅仅是两个特殊物种的灭绝，而是一种独一无二的孵育后代的方式的绝迹。

根据它们的名字，我们可以知道这种蛙产卵后是在母蛙的胃里孵育的。它们是人们所知的唯一一种这样孵育后代的动物。母蛙把受精卵吞下后，在它的胃里把卵孵化成蝌蚪，再变态生成小蛙。在长达 6~7 周的怀孕期里，母蛙不能进食，最后从它的嘴里生出小蛙，一次有1~2只完全成型的幼蛙跳到外面的世界来。在这段不寻常的过程中，母蛙用于消化的分泌物和盐酸的产生都完全停止了——胃实际上变成了暂时的子宫。

这两种蛙会孵育出20~25毫米大小的幼蛙，整个分娩过程需要大约一天半的时间。4天后，消化道又恢复到正常状态，母蛙可以继续进食了。这些蛙类为什么会灭绝？至今人们还是不太清楚，但部分原因是由于树木的砍伐。从那以后，人们加强了寻找的力度，但是却无功而返。

可怕的好奇心

鹦鹉素来极具好奇心，但是在所有的鹦鹉当中，食肉鹦鹉的好奇心是最强的。它们的栖息地在新西兰南部的岛屿上，那里寒冷、多雪，不适合鹦鹉居住，它们只得想方设法寻找食物。栖息在其他地方的鹦鹉在各种果树之间飞来飞去，而食肉鹦鹉则在岩石下、树皮下、灌木丛中、松果中以及壳状物中寻找食物。它们的食物包括树根、嫩芽、浆果或者昆虫等等。经历了250万年的进化，它们能在山地栖息，并且没有掠食者的威胁，这种情况使得它们对任何事物都充满着好奇。它们对那些从来没有见过的事物尤其感兴趣。因此当人类迁移到新西兰时，它们也开始分散到有新鲜事物的富矿带以探寻新的食物。

现在食肉鹦鹉对露营地和滑雪胜地很感兴趣。它们个头很大，有着强有力的鸟喙，能撕裂一个帆布的帐篷，而这一切仅仅是出于好奇的缘故。它们还对汽车的橡胶轮胎，尤其是汽车前挡风玻璃上的雨刮充满好奇。据说有一群食肉鹦鹉曾经把一辆游客租来的汽车挡风玻璃上的橡胶条撕掉，导致挡风玻璃掉到车内摔碎了。当游客们回来时，发现他们的衣服、食物以

食肉鹦鹉对处于它领地中的任何事物都充满好奇。这只食肉鹦鹉出于好奇，正停留在汽车的后视镜上以探个究竟。

及汽车零件散落在雪地中，而那些鹦鹉们却在用一只空的可乐罐子进行一场足球比赛。鹦鹉们看到了他们就迅速撤退并躲在一边观看，满怀着好奇，似乎想看看游客们的反应如何。

吃掉丈夫的黑寡妇蜘蛛

体形微小的黑寡妇蜘蛛可谓臭名昭著。它罪行累累：毒害昆虫，毒害人类；最残忍的是把自己的丈夫当大餐吃掉。不幸的是，这些罪名都是真的。

世界各地都可以找到黑寡妇蜘蛛踪迹，黑寡妇蜘蛛不太会在人类的居住环境里安家落户，但以防万一，你还是要在自己的房间里仔细排查一遍。黑寡妇蜘蛛是亮黑色的，腹部有一个沙漏形的花纹，通常是红色的，或者黄色或橙色的。

直到1900年，黑寡妇蜘蛛还没有一个固定的名字，它在不同国家的叫法各不相同，在有些国家它被叫做沙漏蜘蛛，有些地方叫它鞋扣蜘蛛，还有人叫它"毒女士"。一个世纪过去了，"黑寡妇蜘蛛"这个名字被大多数人接受了，于是就这样固定下来。

在黑寡妇蜘蛛中，雌性和雄性之间有着显著的区别，这也解释了黑寡妇蜘蛛为什么如此

声名狼藉。

雄性黑寡妇蜘蛛是深棕色，腹面有白色条纹。通常雄性黑寡妇蜘蛛体形特征不明显，颜色也不鲜艳。成年雄性黑寡妇蜘蛛几乎不分泌毒液，它们分泌出的"毒液"甚至还不能让小虫子晕厥。

相反，雌性黑寡妇蜘蛛腹部带有张扬的花纹，而且所有的毒腺都在不停地分泌毒液——这些毒液比响尾蛇的毒液更厉害。通常雌性黑寡妇蜘蛛比雄性大 2~3 倍。

黑寡妇蜘蛛有剧毒无比的毒螯，但它不会招摇过市。黑寡妇蜘蛛的毒液是用来捕食昆虫的，但这种液体对人体也是有毒的，所以我们要尽量避开黑寡妇蜘蛛。有很多资料也记载了人类被黑寡妇蜘蛛叮咬后的惨状。

1993 年，一位科学家的手指被黑寡妇蜘蛛咬了一口，他记录下了自己的痛苦经历。疼痛感迅速蔓延至整条胳膊，然后胸部开始隐隐作痛，接着感到困倦，并且头痛。他的心跳减慢。很快，他的助手便不得不接替他继续记录。疼痛又蔓延至腹部，腿开始发抖，他于是被送去医院，但在去医院的途中，他便失去了交谈能力，继而呼吸困难。幸运的是，他最终活了下来，但中毒的种种症状在他的身体上持续了 8 天之久。

在交配季节，雄性黑寡妇蜘蛛也时刻处于死亡的边缘。在找到雌性黑寡妇蜘蛛之后，雄性会用腹部晃动蛛网向雌性黑寡妇蜘蛛发出信息，这就像是在敲门。如果此时雌性黑寡妇蜘蛛同样晃动蛛网，就表示它欢迎雄性的到来，这时雄性蜘蛛就相对安全了。否则，如果雌性刚好没心情与雄性交配，那雄性蜘蛛可就惨了。雌性黑寡妇蜘蛛会扑向雄性，将它用蛛丝像包木乃伊一样裹起来，吊在一旁留作点心。

如果雌性黑寡妇蜘蛛准备交配，就万事大吉了——只有雌性在极度饥饿的情况下才会在交配之后吃掉雄性蜘蛛。通常，它会放走雄蜘蛛，然后悄无声息地完成了传宗接代的重任。

鲸鱼集体自杀之谜

1976 年的一天，突然有 250 条鲸鱼出现在佛罗里达州的海滩上。当潮水退下时，这些被搁浅在海滩上的鲸鱼无法动弹，很快就会死掉。美国海岸警卫队员们和数百名自愿救鲸者进入冰冷的海中，企图阻止那些鲸鱼自杀；有的人用消防水管在鲸鱼身上喷水，想以此延续它们的生命；有的人甚至开来起重机，试图把鲸鱼拖回大海，由于鲸鱼重量过大，反而把起重机拖翻了。

鲸鱼冲上海滩集体自杀的现象在许多地方都发生过，没有人驱赶，没有人捕捞，鲸鱼为什么要自杀呢？这真是令人费解。

对于鲸鱼集体自杀的原因，大多数人认为是由于某种原因干扰了鲸鱼对方向的判断，从而使其"误入歧途"。

鲸鱼并不是靠它的眼睛辨别方向的，这一点同海豚相似。鲸鱼的眼睛与它的身材是极不相称的，一头巨鲸的眼睛只有一个小西瓜那样大，而且一般只能看到 17 米以内的物体。一头巨大的鲸能看到的距离还没有自己的身体那么远。但鲸鱼具有一种天生的高灵敏度的回声测距本领。它们发射出的超声波频率范围极广，这种超声波遇到障碍后会立即反射回来，形成回声。鲸鱼就根据这种超声波的往返时间来准确地判断自己与障碍物的距离，定位非常准确，误差很小。

由于鲸鱼具有这个特点，如果非自然原因影响了鲸鱼的回声定位系统，就有可能使鲸鱼找不到方向。学者们对制造鲸鱼自杀惨案的"凶手"进行了追捕，并且找到了几个"嫌疑犯"。

1975年7月,在美国佛罗里达州发生了一群鲁莽的逆戟鲸在洛捷赫特基海滩集体搁浅的事件,动物学家发现鲸鱼的内耳中有许多圆形的昆虫。研究人员因此认为,耳内寄生虫破坏了鲸鱼的回声定位系统,可能是使一些鲸鱼搁浅、导致鲸鱼不能正确收听回声而犯致命错误的原因。

此外,那些污染海水的化学物质也有可能会扰乱鲸鱼的回声定位系统,所以环境污染也可能是致使鲸鱼搁浅的原因之一。另一些科学家通过解剖数头冲进海滩搁浅的自杀鲸鱼后发现,绝大多数死鲸的气腔两面红肿病变,因此科学家们认为,可能是由于鲸鱼定位系统发生病变使它丧失了定向、定位的能力,导致其搁浅海滩。鲸鱼的恋群性特征表明,只要有一只鲸鱼冲进海滩而搁浅,那么其余的就会奋不顾身地跟上去,造成接二连三的搁浅,最终形成集体自杀的惨剧。

伦敦大学生物系的西蒙德斯教授和美国拉斯帕尔马斯大学兽医系的胡德拉教授却认为军舰发动机的噪音以及水下爆炸等才是鲸鱼集体自杀的真正原因。因为他们在将一系列鲸鱼集体自杀事件进行分析之后,发现了其中的巧合。

这种观点认为,在海洋深处定向、定标的发达的定位系统是每头健康的鲸鱼都拥有的,而那些军舰声呐和回声探测仪所发出的声波及水下爆炸的噪音,把鲸鱼的回声定位系统破坏了,从而导致鲸鱼集体冲上海滩自杀。

美国海军两年前曾进行过一系列实验,实验中产生了巨大的海底噪音,结果24小时之内,有16头鲸在巴哈马群岛群体触礁。哈佛医学院和伍兹霍尔海洋研究所对在该事件中死亡的两只鲸部分取样后进行了研究分析。鲸类听觉及解剖学专家通过研究发现,鲸的一些对强烈压力都很敏感的部位出现了损伤,如内耳出血,并伴有大脑、听觉系统和喉部的损伤。在其中一具鲸尸中,甚至连接耳鼓鼓膜的韧带都断裂了,这显然是由于受到了强烈的肢体冲撞而造成的。触礁事件之前的10年里,该地区的鲸类科学研究报告中都没有发现有类似状况的鲸。

为此,国际爱护动物基金会的海洋生物学家表示:"我们希望通过不杀害或威胁海洋哺乳动物的其他方式进行研究,尽管我们很清楚海军所致力的研究对国家安全至关重要。"许多环保组织则对低频活动声呐表示关注。

对鲸鱼自杀之谜,科学家们做了种种推测后,普遍认为是人类社会的某种原因导致的悲剧。但联想到其他动物群体中一些难解的现象,鲸鱼的集体自杀也许是其"社会"中的一次集体行动。

不可思议的旅鼠投海行为

旅鼠在北欧斯堪的纳维亚半岛的挪威和瑞典一带生活。它们属于小型哺乳动物,最大的身长也不过15厘米。它们平时居住在高山深处,以树根、草茎、苔藓为主食。在食物极度缺乏的灾年里,它们就会几十万甚至几百万的大规模地迁移。可人们迷惑的是,是什么原因使它们偏偏要拼命地奔向大海,走向死亡呢?

据史料记载,早在1868年,这种奇怪现象就已经出现过。那是一个阳光灿烂、晴空万里的春日,一艘满载旅客的轮船正航行在碧波荡漾的海面上。突然,船上的人们发现一大片东西在远离挪威海岸线的大海中蠕动,后来知道这是一大批在海中游泳的旅鼠。它们从海岩边一群接一群地向大海深处游去,那些游在前面的旅鼠精疲力竭时,便溺死在大海里。但令人不解的是,跟随其后的旅鼠却仍奋不顾身、继续前进,直到溺死为止。数以万计的旅鼠就这

□ 可怕的现象

样溺死了，海面上漂浮着大片大片黑色的尸体。

1985年春季，一群旅鼠成群结队，浩浩荡荡地向挪威山区挺进，所到之处庄稼被吃得一塌糊涂，草木也被洗劫一空，它们甚至还把牲畜也咬伤了。一时间，成群的旅鼠使当地蒙受了极大的损失，人们日夜为此烦忧。但是，不知为什么，旅鼠大军在4月份的时候却突然每天前进50千米，直奔挪威西北海岸。一旦在行程中受到河流阻挡，那些走在前面的旅鼠便毫不犹豫地跳入水中，用身体为后来者架起一座"鼠桥"；一旦遇上了悬崖峭壁，自动抱成一团的旅鼠们就会形成一个个大肉球，勇敢地滚下去。一路下来，尽管伤亡惨重，但活着的仍会继续前行。就这样，它们遇水涉水，逢山过山，前仆后继，勇往直前，几乎沿着一条笔直的路线向大海挺进。来到海边后，它们纷纷跳下大海，毫无惧色，奋力往前游去，直到所有的旅鼠都在水中溺死。

旅鼠要集体"自杀"的原因到底是什么呢？至今还没有一个解释能够让人信服。

有一种解释是"生存压力说"。根据这种说法，由于旅鼠的繁殖力过强，导致数量太多，无法得到充裕的食物和生存空间，所以它们必须另找生路。但是它们为什么非得自杀呢？而且为何只有在北欧生活的旅鼠，才会有这样的举动？一些生物学家因此又进一步解释说，几万年前的挪威海和北海比现在要窄一些，因此旅鼠很容易便能游过大海，从此旅鼠迁徙的习性就作为一种本能遗传下来。可是如今的挪威海和北海比过去宽得多，而旅鼠仍在起作用的遗传本能下照样迁移，淹死在海中便也不足为怪了。可这也不是一种令人信服的解释，原因在于旅鼠一般以北寒带所有的植物为食，按理说，即使它的数目达到每公顷250只的密度，也不会有"吃饭"问题。再说在迁移过程中，旅鼠通常也会遇到食物丰富、地域宽广的地带，但是这并不能使它们停住不前。所以认为旅鼠集体自杀是因为缺少足够的食物和生存空间才向外迁徙的说法不是很可信。

有科学家对此又提出新的想法。他们认为，在1万年以前，地球正处在寒冷的冰期，北冰洋的洋面在这个时期形成一层厚厚的冰，由于风和飞鸟的原因，大量的沙土和植物的种子被带到冰面。所以，一到夏季，这里水草丰盛，旅鼠在此生存不成问题。但是后来气候变化，原有冰块不复存在，旅鼠之所以要向北方迁徙并且最后跳入巴伦支海，正是为了寻找当年居住的"乐土"。虽然这一解释听起来很有道理，但是也由于没有充足的证据而显得有些牵强。

还有观点认为，急剧增加的旅鼠的种群数量，使它们的神经变得高度紧张，社群生存压力也大为增加，旅鼠的肾上腺增大，因此变得急躁不安。与此同时，它们的运动欲望又非常强烈，所以便进行分散和迁移来运动。擅长游泳的旅鼠们妄图横渡江河湖泊甚至大海，可是最后还是因为体力不支而被淹死。

当然，这种说法也颇为牵强。一些科学家指出，旅鼠通常情况下不可能很快看见群体密度高的后果，这种影响要到下一代才会显现出来。早期时，一片葱郁的冰块完全适合旅鼠的生存，到了后来气候发生了变化，冰块消失了。为了寻找昔日的居住地，它们集体向北迁徙，并且义无反顾地跳入巴伦支海。这个解释不乏一定的合理性，但也因证据不足而不能使人信服。

除此之外，还有些科学家以旅鼠的生命周期为研究对象，他们的发现表明，在数量急剧增加的时候旅鼠体内的化学过程和内分泌系统会发生变化。有人认为，这些变化可能正是生物体内的"开关"，它们以此来控制其种群数量。当其数量多到一定程度时，该种群大量的"集体自杀"现象就会出现。但旅鼠到底是"集体自杀"，还是因为在迁移过程中"误入歧途"坠海而死，这一直是生物界中人们尚未搞清的难题，科学家至今仍然有许多种不同的看法。

总而言之，科学家认为，应该把旅鼠自身生理上、行为上和遗传上的因素，加上外部环境条件的影响作为研究其自杀之谜的基本着眼点。但是旅鼠真的是"集体自杀",还是在迁移过程中"不小心"坠海而死,至今仍是生物学界中解释不清的谜题。看来,人类要想最终破解这个谜,还需假以时日。

大象怎样"埋葬"自己的同伴

　　1978年12月,在调查非洲象的分布时,一位动物学家曾声称他无意中遇到一场大象的葬礼。据他说,在距离密林不到70米的一片草原上,一头雌象被几十头大象围着。那是一头患了重病连站都站不住了的老年雌象。过了一会儿,老象蹲了下来,低着头,不停地喘着粗气,偶尔扇动一下耳朵,发出一种低沉的声音。附近的草叶被围在四周的象用鼻子卷成一束,投在雌象的嘴边。可这只雌象已经任何东西都吃不下了,只是艰难地支撑着身体。最后,终于支持不住的雌象倒在地上死了。这时,一阵哀号从周围的象群发出,为首的雄象用自己的象牙掘松地上的泥土,并用鼻子把土块卷起投到死象身上。其他的大象纷纷仿照这只雄象,把石块、泥木、枯草、树枝用鼻子卷成团,投到死象身上。不大一会儿,死象就被完全掩埋了,一个土墩在地面上堆起。为首的雄象用鼻子在土墩上加土,同时用脚踩踏土墩。其他的象也跟着它去做,将那土墩踩成了一座坚固的"坟墓"。最后,只听雄象发出一声洪亮的叫声,听到"命令"的象群马上停止踩踏,开始绕着土墩慢慢走走。就这样一直走到太阳下山,象群才耷拉着头,甩着鼻子,扇着耳朵,恋恋不舍地离开土墩,往密林深处走去。

　　人们对这场罕见的"大象葬礼"议论纷纷。有的动物学家从生物进化的角度对大象这种神秘的"殡葬"行为进行解释。就像前述动物学家观察的那样,群居的大象可能会对死去的同伴表现出某种怜惜,它们可能掩埋伙伴,或者为其收尸。有时候,大象也许会用长长的鼻子,把象骨和象牙卷起来放到某一个集中的处所去,即它们的"公墓区"。但有的时候,可能因为象牙是大象生命的某种象征物,所以大象会将死去同伴的象牙拿走。但是,一些科学家仍然认为,目前还缺少足够确凿的资料证实大象有真正的"殡葬"行为。所以,人类还是持谨慎态度来看待"大象葬礼"为好。

　　布加莱夫斯基兄弟是苏联探险家,他们曾经追寻"大象墓园"这个传说,去非洲的肯尼亚寻找象牙。据说有一天,在一座高高的山顶上,他们看见有许多白花花的动物尸骨堆在对面的山上,一头大象正摇摇摆摆地走到骨堆旁边,哀叫了一声后便倒地而亡了。兄弟俩惊喜万分,确定那里就是大象的墓地,于是立刻向那里奔了过去。但他们却在途中遭到野兽的袭击,又遇到深不可测的沼泽,只好无功而返。

大象用脚踩踏土墩,以使它足够结实,以此号召众象也如此做,为死去的大象举行葬礼,表达哀悼之情。

　　既然已经看到了那块神奇的地方,布加莱夫斯基兄弟为什么又会功亏一篑?由于无法确证是否真的有人去过那里,所以人们对有关大象墓园的传说一直持怀疑态度。更多的学者则认为,自从被列入贵重商品的行列后,象牙在非洲的地位就显得日益重要,而且流传的那些有关动物生活习性的神秘说法,也日益变味走样。特别是当猎杀大象的行为被法律禁止后,一些偷猎者为了达到自己不可告人的目的，故意渲染所谓"大象墓园"的传说，以探险、科学考察为幌子，肆意捕杀大象、攫取象牙，事后却声称象牙是自己在"大象墓园"中找到的。

所以，要想更好地了解大象、保护大象，人类亟待进行一次真正意义上的科学考察。

魔鬼鲨的毁灭自爆

魔鬼鲨是一种极为特殊的鲨鱼。在人类现代战争中，一些像航天器或飞机之类的秘密武器都携带有自爆装置，只要落入敌人之手或出现重大故障，就会自行爆炸销毁。而魔鬼鲨天生就具有这种特性。直到今天，世界上还没有一个人看到过一条活的魔鬼鲨，也没有一个国家捉到过一条完整的魔鬼鲨。这是为什么呢？原来魔鬼鲨一旦落入渔网而又脱不了身时，它就会自行爆炸成大小不一的碎块，宁愿粉身碎骨也不愿被活捉。所以，一般情况下人们见到的只不过是魔鬼鲨的碎块而已。

科学家从魔鬼鲨自爆后留下的碎块中发现，几乎所有的断口都参差不齐，与瓷器或砖石破碎后的断口极为相似。这是因为魔鬼鲨的皮肉很厚，缺少弹性和韧性，特别是鱼皮，就跟陶器制品一样坚硬。平时，我们可以把不小心打碎的一件瓷器按断口完整地拼凑起来。爆炸后的魔鬼鲨也是如此，其碎片也可以拼接，甚至丝毫不差。

魔鬼鲨体内究竟有什么特殊的构造，致使它能在危难关头自爆身亡呢？这至今还是一个谜，希望这个谜团能早日被人类解开。

狐狸为何会给同类开"追悼会"

人都谓狐狸刁钻狡猾、诡计多端，可有谁知道狐狸同仇敌忾、兄弟情深的一面颇让人感动。一只狐狸的死会引发全体狐狸的震怒与愤恨。为纪念这只狐狸，它们还会举行一场隆重的"追悼会"。

那是20世纪50年代初期的一个冬天，广西某乡一个青年猎手在山间打得一只周身通红的狐狸。回家剥了狐皮之后，将狐肉煮熟招待全村人。饭后，黄昏将近，两个邻村的姑娘准备回家，刚走到村口，两个姑娘吓得面无血色，上气不接下气地跑回村里，大声叫喊："狐狸来了……"

青年猎手见两个姑娘如此狼狈，说了句"胆小如鼠"，就背了支猎枪走出家门，边走还边说："来了，再打两个，就够做一件全毛大衣了。"众人也都一起跟了出来。

行至村边，一看，全都不由自主地惊呆了，只见几百只狐狸把村子团团围住。村民们谁都没有见过这种阵势，一时都吓得心惊胆战，忙不迭地叫着："快把那张狐狸皮还给它们……"

青年猎手无奈地取下狐皮向远处扔去，顿时，所有的狐狸都围拢上来，形成一个内径五六米的圆圈，它们一个个站在那里垂头丧气，没有一点喧闹声。

人们从门缝和窗洞朝外张望，只当是大祸临头，个个吓得面如土色。不多时，这群狐狸又都一齐低下头，静静地站了约有一两分钟，然后伴随着一声尖厉的叫声，那张狐狸皮被一只花狐狸叼起，在这群狐狸的簇拥下离开了村庄。从此，这个村子附近再也看不见有狐狸出没的踪迹了，而村民们也不敢再想狐狸取皮做大衣了。

狐狸这一面还真是让人开了眼界。可见，在狐狸家族里，亲情也可谓是至高无上的。一旦有狐狸遭到不幸，全体狐狸将会倾巢而出。但有关追悼会一说，科学家们还需做进一步研究。

蝌蚪尾巴自动脱落的奥秘

相信大家都不会忘记《小蝌蚪找妈妈》这个童话故事。在这个童话的结尾，那群身体扁圆、屁股后面拖着一条长尾巴的小蝌蚪渐渐长大，后肢与前肢都慢慢长了出来，尾巴也悄悄地自动脱落，终于变成了青蛙的样子。对于青蛙来说，由蝌蚪到活蹦乱跳的"田园卫士"似乎只是个简单的生命现象，但细心的科学家们却一直在思考：蝌蚪尾巴为什么会自动脱落呢？思考的结果为"细胞凋亡学说"的诞生奠定了一个有力的理论基础。

科学家们经过研究发现，在生长过程中，细胞自身可能已经被编制好了一道"程序"。在这个"程序"的控制下，哪些细胞该自动死亡，都已经被精密地计算过了。由此看来，蝌蚪的尾巴细胞便在规定的时间自动死亡。大自然中还有一些类似的例子，例如在冬天到来之前，大树之所以会自动落叶是因为在发育的某个阶段，枝芽中间的某些细胞自动死亡了。人类胚胎时期的小拳头会逐渐分为五指，也是因为这个原因，否则不就变成鸭蹼了吗？

科学家们称这种细胞按照程序死亡的现象为"细胞凋亡"，或者"程序死亡"，认为这可能是受一种"自杀基因"的控制。"细胞凋亡学说"对于研究肿瘤的生长和消亡具有非常重要的理论意义和实际价值。肿瘤细胞本是应该自动死亡的，可是在这些细胞内的"程序"出现了问题的情况下，"自杀基因"不能行使自己的功能，以至于它们竟不听"指挥"，反而持续不断地扩充壮大，无序生长，越繁殖越多，从而无限制地繁殖下去。

科学家们设想，假如可以设计出某些有效药物，提醒那些应该"自杀"的细胞死亡的时候已经到了，或者诱导肿瘤细胞自我凋亡，使"自杀基因"清醒，到了那一天，人们也就不会"闻癌色变"了。

癌症的死亡率在现代社会中一直居高不下，虽然科技不断进步，医药事业发展迅猛，但目前人们对这个"黑色杀手"却依然无可奈何。如果上文中所提到的科学家们的设想可以成真，人类就可以彻底战胜可怕的癌症，那么我们在神秘莫测的自然界面前便又会增加一份自信和勇气。

鹦鹉为什么要学舌

鹦鹉第一次开口说话往往会让主人兴奋不已。有些鹦鹉甚至可以背诗。当我们看到鹦鹉说话时，都会忍不住想一想，鹦鹉知道自己在说什么吗？它仅仅是在模仿声音呢，还是比我们大多数人想象的更智慧？

亚西·派佩伯格博士发现，鹦鹉学舌不仅仅是模仿那么简单。鹦鹉（还有些同种的鸟类，比如长尾小鹦鹉）与许多其他动物不同，它们的声带很适合模仿人类的语言。派佩伯格博士还发现，成群的小鹦鹉会学着成年鹦鹉的样子进行交流。这也解释了鹦鹉学舌的动机，是为了得到主人的赏赐。

但是说话与交流完全是两码事。因此，派佩伯格博士在美国西北大学进行了一系列实验，试图弄清楚鹦鹉到底能够学会多少？1977年，她从宠物店买来一只非洲灰鹦鹉，取名埃利克斯（非洲灰鹦鹉是鹦鹉中的学舌能手）。起初，埃利克斯看起来与普通的鹦鹉没什么区别。可是后来，事实证明埃利克斯是一只非常聪明的鸟。

派佩伯格博士让埃利克斯待在笼子里，用托盘托着一把钥匙拿给它看。"钥匙！"埃利克斯说道，然后派佩伯格博士便把钥匙递给它。派佩伯格博士对待埃利克斯与普通的主人对待自己的宠物鹦鹉不太一样，只有当埃利克斯正确地叫出某个东西的名字时才会得到博士的奖赏。

派佩伯格博士说，过去没人相信鹦鹉能分辨物品，但现在，埃利克斯可以辨认出100多种物品，包括纸张、玉米和软木塞等等。

埃利克斯学会了辨认事物之后，下一步就是教它合成词：不仅是"钥匙"，还是"蓝色的钥匙"。埃利克斯很快就学会了各种颜色的名字。如果在它面前放一把红钥匙和一把绿钥匙，再问它："它们之间的区别是什么？"，它会立即回答："颜色！"。

当问到不同点时，埃利克斯还可以答出"形状"或者"材料"。不过它读不好"材料"这个词，派佩伯格博士说，它说"material"时，发音像是"matter"。

接受了多年的训练后，埃利克斯有点厌烦了。它先认出钥匙，把它叼在嘴里，然后又扔在地上。如果它实在玩腻了这些旧玩具，埃利克斯会要求换换花样。如果你给了它太多钥匙，它会说："我要软木塞！"——这可是它自学的。

如果你在它面前放些新玩意儿，这个好奇心十足的小伙子甚至还会喊着："快告诉我那是什么！"如果这时你让它说出这件物品的颜色，它通常会尝试着猜。派佩伯格博士觉得，这是因为埃利克斯想要得到这样物品。事实上，为了让埃利克斯愉快地练习辨认，派佩伯格博士的助手们逛遍了玩具店，到处搜罗各种各样的小玩意儿。

不过对埃利克斯来说，训练的过程也是艰苦的。有时它就像一个受了委屈的2岁小孩儿，大喊着："我不！"有时，它为了证明自己才是主角，会大声宣布："我要走啦！"然后就从研究人员眼前大步离开。

有些人认为派佩伯格博士的实验并不能证明鹦鹉可以掌握一门语言。他们的理由是，埃利克斯之所以说话是为了获得奖赏，它毕竟没有主动地与人类交谈。

对于这种观点，派佩伯格博士回答说，虽然埃利克斯不能像人类一样运用这门语言，但它至少在利用词和句子来表达自己的想法。这也就是说，在这个小家伙的大脑里，一定潜藏着某种复杂的思想。

还有件趣事：埃利克斯能叫得出香蕉、草莓和葡萄。一次，它看见了一只苹果，它大喊起来："我要香莓！"把香蕉和草莓合在一起，埃利克斯为这种它没见过的奇怪的水果造了一个新词。

四、潜伏的怪兽与神秘的野人

神秘的太平洋怪兽

1977年4月25日,日本大洋渔业公司的一艘名叫"瑞洋丸号"远洋拖网船,在新西兰克拉斯特彻奇市以东50多千米的海面上捕鱼。当船员们把沉到海下300米处的网拉上来时,竟然是一只庞然大物。网里是一具见所未见的怪兽尸体。为了看清楚它的全貌,船员们用起重机把它吊了起来。尸体散发出一股强烈的腐臭,一小部分肌肉和尸体上的脂肪,拉着长长的黏丝掉在甲板上。这下人们看清楚了:这是一个类似爬虫类动物的尸体。尽管尸体已经腐烂,但整个躯体却完整地保存着,可以清楚地看到它的脖子长长的,脑袋小小的,肚子很大(腹部已空,五脏俱无),而且长着4个很大的鳍……怪兽身长大约10米,颈长1.5米,尾部长2米,重量近2吨,估计死去已经月余。它肯定不是鱼类,也不像是海龟,在海上捕鱼多年的船员谁也不认识它。人们正在议论纷纷之际,船长闻讯赶来,见大家在欣赏一具腐臭的怪物,大发脾气,为了避免自己船舱里的鱼受到损失,他命令船员们把怪物立即丢到海里去!所幸的是,随船有位矢野道彦先生,觉得这是个不寻常的发现,在怪兽被抛下大海之前,拍摄了几张照片并做了相关记录。

消息传到日本之后,举国震动,尤其是动物学家、古生物学家们更是兴奋,他们在对照片进行了分析之后认为:"这不像是鱼类,一定是非常珍贵的动物。""非常惊人呀!这是不亚于发现矛尾鱼那样的世纪性的人发现。""本世纪最大的发现——活着的蛇颈龙"……消息随之传遍了全世界,各国报刊都很快转载了照片,发了消息。各国著名生物学家都对这件事给予了极大的关注。

但怪物已经被丢弃了,尽管大洋渔业公司立刻命令在新西兰海域的所有渔船,到现场去重新捕捞怪兽尸体,但由于消息发表之日(7月20日)与丢弃怪物之日已相隔3个月,人们只能徒劳而返。不过,这次发现总算给生物学家们保留下了3个线索:一是怪兽的4张彩色照片,二是四五十根怪兽的鳍须(鳍端部像纤维一样的须条),三是矢野道彦先生在现场画的怪兽骨骼草图。

(1)照片:从照片来看,它的头部甚小,与现存的所有鲸鱼类的头骨通然

1977年,日本拖网鱼船"瑞洋丸号"网到的已经腐烂了的不明生物的巨型骸骨,他们拍了照和做了速写后,由船长下令将这个神秘而令人厌恶的东西抛回海中。这个长颈生物的骸骨重约1.8吨。

不同，而且颈部奇长，特别是有 4 个对称的大鳍，这就没有其他海洋动物或鱼类可以与它相提并论了。

（2）鳍须：这是留下的唯一重要物证。它是怪兽鳍端的须状角质物，长 23.8 厘米，粗 0.2 厘米，呈米黄色的透明胶状，尖端分成更细的 3 股，很像人参的根须。

（3）骨骼草图：草图左上方写着"10 时 40 分吊起，尼西拍了照片"。怪兽骨骼长 10 米，头和颈部长约 2 米，其中头部 45 厘米，颈的骨骼粗 20 厘米，尾部长 2 米，根部粗 12 厘米，尾端部粗 3 厘米，身体部分长约 6.05 米。

虽然上述这些记录和证据是非常宝贵的，而且成为科学家们研究、鉴定、探讨的依据，但是要依靠它们来确定怪兽究竟属于哪一种动物，还缺少根本性的依据。因为没有实物，无法与已知的各种动物和古生物的化石骨骼做比较，也就无法对比鉴定。所以，科学家们至今还为这个怪物到底是什么的问题争论不休。

有人怀疑它是 7000 万年前便已绝灭了的蛇颈龙的子孙。其中一个主要的依据是它的长颈。许多学者据此认为它是"活着的蛇颈龙"。日本横滨国立大学的鹿间时夫教授认为："从照片上看，仅限于爬行类，然而可以考虑太古生息过的蛇颈龙，可以说是发现了名副其实的活着的化石。"这种说法曾经轰动一时，甚至有报纸认为："这是本世纪的最大的发现！"

但是不久，东京水产大学对怪物须条进行了蛋白质的分析后，发现它的成分酷似鲨鱼的鳍须，于是报纸、新闻又转向鲨鱼说，一时间"巨鲨"、"一种未见过的鲨鱼"的说法又充斥了报刊杂志。英国伦敦自然史博物馆的奥韦恩·惠勒说："这个猎获物大概是鲨鱼，以前在世界各海滨附近曾发现许多别的怪物，结果弄清楚后，都是死鲨鱼。鲨鱼是一类软骨鱼。它们没有硬骨架。当鲨鱼死后，尸体逐渐腐烂时，头部和鳃部先从躯体脱垂，这样就形成一个细长的'颈'，末端像个小小的头。许多日本渔民，甚至更为内行的人都被类似蛇颈龙的形状所愚弄……"这种说法似乎很有道理，而且一时间许多持有蛇颈龙说法的人也都放弃了自己原来的主张，认为怪兽就是鲨鱼。

但是，对怪物须条进行重复测试后，又不能肯定它是鲨鱼了。一些科学家和日本记者提出了种种否定它是鲨鱼的根据：

其一，鲨鱼的肉是白的，姥鲛的肉是粉红色的，而怪兽则是赤红的。

其二，鲨鱼没有排尿器，体内积蓄的尿是利用海水的浸透压力，从全身排出的；因此，鲨鱼的肉有一种尿特有的臭味，有经验的渔民都会闻出来。"瑞洋丸"的渔民们正是根据这一点而否定了它是鲨鱼。

其三，如果真是鲨鱼，那么具有软骨架的鲨鱼，在死了半年之后，是绝对不会被起重机吊起来的。因为尸体开始腐烂，软骨也开始腐烂，尸体的软骨架绝对经受不住大约 2 吨的自重。对此，许多鱼类学权威都认为这是否定鲨鱼说的一个重要论据。

其四，怪兽有较厚的脂肪层，包裹在全身的肌肉上，而鲨鱼只在肝脏里才有脂肪。

于是，从鲨鱼说又转回到爬行类动物说。证明怪兽可能是爬行类动物还有一个重要的论据，即怪兽的头部呈三角形，这是爬行类独具的特点。

到现在为止，围绕着这个奇怪的太平洋怪兽到底是什么的问题，科学家们仍然议论纷纷，人们都盼望有一天怪兽会再现踪影。

震惊世界的尼斯湖水怪

与许多令人不解的现象一样，尼斯湖水怪之谜多年来一直困扰着我们。那么，尼斯湖水怪到底是怎样一种动物呢？

尼斯湖位于苏格兰北部的苏格兰大峡谷之中，它深约213～293米，长约39千米，平均宽度为1.6千米。由于它是淡水湖，终年不结冰，适宜于生物饮用，因此湖边水鸟云集，湖中鱼虾众多。在苏格兰大峡谷中有3个细长而深的湖，从西向东依次

尼斯湖水怪想象图

是：尼斯湖、洛奇湖和奥斯湖。本来只有尼斯湖的水通过尼斯河向东北注入默里湾，而洛奇湖、奥斯湖都通向大海，这3个湖是互不相连的。但当地人利用在地理位置上这3个湖处于同一峡谷中的同一条线上这一特点，开凿了一条名叫喀里多尼亚的运河，将大西洋一侧的洛恩湾与北海一侧的默里湾沟通，把这3个湖联结了起来。

许多人都坚信尽管现在还没有查明，但是尼斯湖中确实存在着一种怪兽。有些著名科学家认为，由于在几亿年前尼斯湖一带原是一片茫茫的海洋，后来通过地壳运动的作用，经过多次海陆变迁，尼斯湖逐渐从海洋演变成今天的湖泊，因而尼斯湖里很可能存在一种远古动物，并且至今仍然活着，只是到目前为止人类还没有认识它罢了。虽然近100多年来，不断有人声称曾亲眼看到过这个怪兽，但至今还没有人抓住它。据那些人描述，它的头和脖子像蛇一样细长，伸出水面的部分有一米多长。而人们争论的焦点是怪兽巨大的背部，有人说它不止有一个背，而是有两三个背露出水面。在怪兽突出的肋腹部上，水像瀑布似地泻下来，瞬间湖面上就会掀起一阵恶浪。之后它又迅速潜到湖底，踪影全无。

1802年，有一个农民在尼斯湖边劳动，突然看见湖中有一只形状很奇特的巨大怪兽出现，距离他只有45米左右。怪兽用短而粗的鳍脚划着水，气势汹汹地向他猛游过来，吓得他慌忙逃跑。

1880年初秋，一只游艇正在湖上行驶，突然从湖底冲出一只巨大的怪兽。它全身黑色，脑袋呈三角形，脖子细长，在湖中像一条巨龙似地昂首掀浪前进，使湖面上卷起一阵巨浪，湖中的游艇也被击沉，艇上游客无一幸免于难。这一消息轰动了当时整个英国。同年，潜水员邓肯·莫卡唐拉为了检查一艘失事船只的残骸而潜入尼斯湖底。他潜入湖底后不久，急忙狂乱地发出信号。人们不知道发生了什么事，迅速把他从湖底拖上岸来。他说不出一句话，脸色发白，全身颤抖。平静下来之后，他才把他在湖底看到的奇迹讲述了出来：正当他检查沉船的残骸时，突然看到湖底的一块岩石上躲着一只怪兽，远远望去好像一只巨大无比的青蛙坐在那里，形状十分可怕，吓得他差一点昏过去。

英国有一个名叫歌尔德的海军少校对此感到十分好奇，他访问调查了50个曾经亲眼见到过怪兽的人，将得到的各种材料加以综合研究和推测后，描述出了怪兽的一个大概的模样：怪物呈灰黑色，背上有两三个驼峰，身长约15米，颈长约1.2米。然而他的推测并没有科学根据，只是一种假设。

到了1933年，尼斯湖岸上的一些修路工人宣称看到了这个怪兽，约翰·麦凯夫妇和兽医学者格兰特也宣称见到了这个怪兽。格兰特后来说，有一次他在经过尼斯湖边时，湖水突然翻腾，哗哗作响，然后他看见一只与别人所描述的非常相似的怪兽在湖面上游着。这只怪兽有很

大的背脊,还有一个细长的脖子,既像个恐龙,又像一头大象,粗糙的皮肤上布满了皱纹。

为此,英国政府专门组织了"尼斯湖现象调查协会",悬赏100万英镑,不管怪兽是死的还是活的,只要将其捉拿,都可以得到奖赏。很多人纷纷跑到尼斯湖畔,怀着碰运气的心情,日夜巡视,希望能幸运地捉住怪兽。可是怪兽却像有意戏弄人似的,消失得无影无踪,再也不露出湖面了。

1972年,以美国应用科学院专家赖恩斯为首的一个研究组,曾利用水下照相机,在对尼斯湖进行探险时,拍下了一个鳍脚,非常巨大。1975年6月19日,研究组设置在尼斯湖的水下照相机拍下了几百张照片,但照片上什么也没有。当天下午9点45分,水下照相机附近出现了一个动物,但很快就消失了。由于照片中只出现了动物的极小一部分,人们无法看清楚它是什么。大约一个小时后,这个动物又出现了,可能由于闪光灯无法同步,总是或快或慢几分之几秒钟,照片上拍摄到的只是一大片有黄色斑点的丑陋皮肤,同样无法弄清楚这个动物的种类。直到第二天凌晨4点32分,闪光灯及时地同步闪亮了一下,才抢拍了一个珍贵的镜头,一只活怪兽的轮廓(躯体和头部)出现在这张照片上:一个菱状躯体,一个细长的脖子成拱形地伸展着,脖子的一部分因阴影而模糊不清。最后是一个斑点,躯体上端伸出两个鳍脚,看上去似乎是一只怪兽吃惊地扑向照相机。据估计,这只怪兽大约长6.5米。不久,怪兽向水下照相机发起了一系列的攻击和碰撞,结果把水下照相机打翻了。有些学者根据这张水下照片来证明尼斯湖里确实存在着怪兽。但也有一些科学家认为赖恩斯等人错误地判断了照片,因而否定这些照片;有些学者甚至认为所谓"水下照片"是赖恩斯等人制造出来的一个骗局。

长期以来,有不少学者对"尼斯湖怪兽之谜"持怀疑甚至完全否定的态度。他们认为,尼斯湖根本就没有什么怪兽,只是一种光的折射现象造成人们视觉上的错觉。有的则认为很有可能是尼斯湖底的一些具有浮力的浆沫石,在一定条件下浮上水面,随波漂荡。由于视觉的错误,当人们站在湖岸边向远处望去,奇形怪状的浆沫石就往往被误认为是怪兽。

英国《新科学家》杂志1982年8月5日发表了罗伯特·克雷格(苏格兰一位退休电子工程师)撰写的《揭开尼斯湖怪物之谜》一文,他认为,根本不存在神秘的史前动物,只是漂浮在湖面上的古赤松树干。这种树干的形体以及它上下沉浮的现象,就使站在湖岸边的人们远远望去把它误认为是怪兽。其实,一浮一沉的古赤松树干就是人们所谓的怪兽。

但是,全世界许多著名的科学家仍坚信有一种至今尚未被人们查明的怪兽在尼斯湖中存在着。

天池中真的潜伏着水怪吗

矗立在我国吉林省东南部中朝两国交界处的长白山,是一座多次喷发的中心式复合火山。火山喷出的炽热岩浆冷却后堆积在火山口周围,形成一个圆锥状的高大火山锥体。锥体中央的喷火口,形如深盆,积水成湖,即闻名遐迩的火山口湖——长白山天池。

天池水面海拔2194米,面积9平方千米,湖内深达373米,平均水深204米。它的水温终年很低,夏季只有8~10℃。从科学的常规看,这里自然环境恶劣,地处高寒,水温较低,浮游生物很少,水中不可能有大型生物。

然而,1962年8月,有人用望远镜发现天池水面有两个怪物在互相追逐游动。

1980年8月21~23日,人们再次目睹了水怪。21日早晨,作家雷加等6人在火山锥体和天文峰中间的宽阔地带发现天池中间有喇叭形的阔大划水线,其尖端有时露出盆大的黑点,形似头部,有时又露出拖长的梭状形体,好似动物的背部。9点多钟,目击者们又一次见到三四条拖长的划水线,每条至少有 100 米长,这样的划水线,如果没有快艇的速度是不会形成的。翌日早晨,五六只"水怪"又突然出现在湖面上,约 40 分钟后才相继潜入水中。23 日,5 只怪兽又出现在距目击者 40 多米的水面,这回人们清楚地看到,怪兽头大如牛,1 米多长的脖子和部分前胸露出水面。水怪有黑褐色的毛,颈底有一白底环带,宽约 5～7 厘米,圆形眼睛,大小似乒乓球。惊慌的目击者边喊边开枪,可惜都未击中,怪兽潜水而逃。

然而,对天池水怪持否定态度的人认为:天池形成的时间并不长,最后一次喷发(1702年)距今只有 279 年,是不可能有中生代动物存活的,况且池中缺少大型动物赖以生存的必要的食物链,无法解释此类大动物的食物来源。还有一种观点认为:天池中常有时隐时现的礁石从水中浮现,也如动物一样有时露头伸出水面,有时沉入水中。还有火山喷出的大块浮石,它在水中漂浮,在风吹之下,远远看去,也如动物一样在水中游泳。

"海底人"真的存在吗

你听说过"海底人"吗?你认为"海底人"真的存在吗?近几十年来,在地球各大洋的水域都有不明潜水物出现过,或许,这为"海底人"的假想提供了某些线索。

据记载,1902 年最早发现不明潜水物。在非洲西岸的几内亚海域,一艘英国货船发现了一个巨大的浮动怪物,外形同现在的宇宙飞船十分相像,长 70 米,直径 10 米。当船员们试图向它靠近,以便看清它是什么样的时候,这一怪物无声无息地沉入水中消失了。

1959 年 2 月,一件怪事在波兰的格丁尼亚港发生。一些人在这里执行任务,他们忽然发现有一个人站在海边。这个人筋疲力尽,一步一挪地在沙滩上挪动。他被人们立即送进格丁尼亚大学的医院内。他穿的衣服很像"制服",脸部和头发好像被烧伤了。他被医生单独安排在一个病房内接受检查。人们立即发现此病人的衣服很难解开,因为它是用金属做的而不是一般棉布、呢子之类东西缝制的。衣服上没有任何开口可以解开衣服,必须用特殊工具,人们费很大的劲儿才能把衣服切开。此人的手指和脚趾数都异于常人,此外,他的器官和血液循环也极为特殊。正当人们要做深入研究时,他忽然无影无踪了。

有的科学家认为,那种超级潜水物体所显示的非凡能力,实在是地球人望尘莫及的。这也许是外来的文明在海底藏身,因为,存在于地球本土之外的某些文明力量必然会关注我们人类的海洋。

也有研究人员认为:不明潜水物的主人是地球人,只不过他们在水下生活,甚至在地下生活。

据说,1968 年 1 月,在土耳其西部 270 米的地下,美国 TG 石油公司的勘探队发现了深邃的地道。地道约 4～5 米高,洞壁如人工打磨一般非常光滑。地道向前不知延伸到何处,左右又有无数的地道互相连接,宛如一个地下迷宫。也许,真有一个我们所不知道的世界存在于地下。

美人鱼之谜

自古以来,有关海洋的神奇传说数不胜数,其中流传最广和最引人入胜的莫过于美人鱼的传说了。虽然人们与它保持着一定距离,小心翼翼地来赞美着它,但是它的迷人魅力仍使它流传于世,而且愈传愈真。

关于传说中的美人鱼,一直有着 3 种不同的说法:

1. "上半身是人,下半身是鱼"

1991 年 8 月,美国两名渔民发现人鱼事件。报道如下:最近美国两名职业捕鲨高手在加

□ 可怕的现象

这幅 19 世纪中期的绘画主题是一个经典的古老传说：妖娆淫逸的美人鱼在引诱一名年轻男子。传说美人鱼以美色和肉欲诱惑男人，然后吞食他们或将他们永远囚禁于海底。

勒比海海域捕到 11 条鲨鱼，其中有一条虎鲨长 18.3 米。当渔民解剖这条虎鲨时，在它的腹内胃里发现了一副异常奇怪的骸骨骨架，骸骨上身 1/3 像成年人的骨骼，但从骨盆开始却是一条大鱼的骨骼。当时渔民将之转交警方，警方立即通知验尸官进行检验，检验结果证实是一种半人半鱼的生物。对于这副奇特的骨骼，警方又请专家进一步研究，并将资料输入电脑，根据骨骼形状绘制出了美人鱼形状。参加这项工作的美国埃毁斯度博士说，从他们所掌握的证据来看，美人鱼并不是传说或虚构出来的生物，而是世界上确实存在的一种生物。

2."上半身是鱼，下半身是人"

科威特的《火炬报》在 1980 年 8 月 24 日报道：最近，在红海海岸发现了生物公园的一个奇迹——美人鱼。美人鱼的形状上半身如鱼，下半身像女人的形体——跟人一样长着两条腿和 10 个脚趾。可惜的是，它被发现时已经死了。

3. 来自海底的活人鱼

关于对活人鱼的发现也是有的。1962 年曾发生过一起科学家活捉小人鱼的事件。英国的《太阳报》及其他许多家报刊对此事进行了报道。苏联列宁科学院维诺葛雷德博士讲述了经过：1962 年，一艘载有科学家和军事专家的探测船，在古巴外海捕获一个能讲人语的小人鱼，皮肤呈鳞状，有鳃，头似人，尾似鱼。小人鱼称自己来自亚特兰蒂斯市，还告诉研究人员在几百万年前，亚特兰蒂斯大陆横跨非洲和南美，后来沉入海底……现在留存下来的人居于海底，寿命达 300 岁。后来小人鱼被送往黑海一处秘密研究机构里，供科学家们深入研究。

老普利尼是第一个详细记述美人鱼的自然科学家。在他不朽的著作《自然历史》中写道："至于美人鱼，也叫做尼厄丽德，并非难以置信……她们是真实的，只不过身体粗糙，遍体有鳞，甚至像女人的那些部位也有鳞片。"

那么美人鱼到底在世界上到底存在不存在呢？有些科学家持否定的态度，但 1991 年的考古学发现对这些人来说是一个不小的打击。1991 年春，考古学家发掘到世界首具完整的美人鱼化石，证实了这种以往只在童话中出现的动物，的确曾在真实世界里存在过。化石是在南斯拉夫海岸发现的，化石保存得很完整，能够清楚见到这种动物拥有锋利的牙齿，还有强壮的双颚，足以撕肉碎骨，将猎物杀死。"这只动物是雌性的，大概 1.2 万年前在附近海岸出现。"柏列·奥干尼博士说。奥干尼博士是一名来自美国加州的考古学家，在美人鱼出现的海域工作了 4 年。奥干尼博士说："它在一次水底山泥倾泻时被活埋，然后被周围的石灰石所保护，而慢慢转为化石。化石显示，美人鱼高 160 厘米，腰部以上像人类，头部发达，脑体积相当大，双手有利爪，眼睛跟其他鱼类一样，没有眼帘……"

追溯一下历史就会发现，在早期的海上探险中，也有人曾经看见过美人鱼，甚至在哥伦布 1492 年的航海日记中也提到过美人鱼。他写道："我看见 3 条美人鱼，它们从海上跃起很高，虽然在一定程度上有人样的面孔，但不像传说中的那样美丽。"在另一篇航海日记里，哥伦布还写道："在波尔内岛附近抓到了一条美人鱼般的怪物，它有 1.5 米长，在陆地上活了 4

天,又在装满水的大桶里活了 7 小时。从一开始,它就发出如老鼠般的轻微叫声。我们给它喂小鱼、贝类、蟹和虾等,但它都不吃。"

18 世纪挪威博物学家艾里克·彭特是个研究美人鱼的"专家"。他在《挪威博物志》中为了证明美人鱼确实存在,用了整整 8 页的篇幅来记叙美人鱼的真实历史。

那么,美人鱼是否像传说的那样真实地存在于海洋中呢?

有许多科学家认为,传说中的美人鱼实际上就是海中普普通通的海牛或海豹类动物,它们拥有与美人鱼相似的特征:海牛的身体虽说比妇女的体躯略大,但雌海牛的胸部乳房的位置与人类女性乳房的位置相似。至于在寒带或温带海洋看见的"美人鱼",则很可能就是海豹。海豹除了有肢状前鳍和逐渐缩小的身体外,还有一双温柔迷人的眼睛,而且它还会跳跃,这些特点都和传说中的美人鱼十分相似。

美国斯密森尼安博物馆脊椎动物部主任居格博士是位著名的隐匿动物学家。一次有人问他美人鱼究竟属于哺乳动物还是属于鱼类时,他说除非他看到美人鱼的标本,否则对这个问题任何一种回答都是臆测。

信疑难辨的野人传说

印度、尼泊尔把野人称做"雪人"。早在公元前 326 年就有了关于"雪人"的传说。100 多年前,俄国某些人声称,他们看到过一种动物,这种动物能直立行走,浑身披着白毛,行为举止与人类有点相似,这便是人们传说中的"雪人"。1920 年,"雪人"存在的确凿证据被苏联官方首次公布。

1986 年,意大利著名登山家梅斯纳在攀登喜马拉雅山的过程中,与"雪人"不期而遇。"雪人"身高 2 米多,头发浓密,腿稍短,胳膊长而有力。在月光下,梅斯纳还发现,"雪人"长了一双小而亮的眼睛,白色的牙齿与黑黑的皮肤形成了极为强烈的反差。随后 12 年的时间里,梅斯纳专心追踪、研究"雪人",但最终他所得出的结果令人惋惜。他认为:所谓的"雪人"只不过是喜马拉雅山的棕熊而已。

英国动物学家克罗宁却认为在世界上"雪人"是确实存在的,而且它的祖先是巨猿。巨猿于 700 万年前出现,200 万~100 万年前在喜马拉雅山地区达到空前繁荣,后来逐渐进化成现在的"雪人"。1992 年,法国科学考察团考察了中亚哈萨克斯坦境内高加索深山的巨型野人。他们将红外线录像机、摩托车驱动滑翔机、微型直升机、麻醉枪等先进设备作为随身配备。他们发现,这种被称做"阿尔玛"的巨型野人,会直立行走,身高 2 米多,浑身长满红色长毛,当头部转动时,整个身躯也随之转动,其面型属于巨猿和尼安德特人之间的过渡形态。"阿尔玛"一般栖息于 3000~4000 米的山上,喜欢在夜间出来活动。

建国后,我国也曾对野人进行过 3 次考察。1962 年,考察队在半年的时间内,考察了云南西双版纳密林中的野人,并获得了一些珍贵的动物标本。第 3 次是对神农架山区的考察,这是中国首次有计划、有组织、较大规模地对野人进行的科学考察活动,其中最为重要的是对神农架野人的一系列追踪。截止到目前,已有关于野人的 114 个目击记录,约 360 多人看到 138 个野人的活动情况或几个被打死的野人。目击者有工程师、医生、教师、农民、林业工人,还有生物学家王泽林、中央人民广播电台记者陈连生等。

目前,学术界在野人是否存在这个问题上,有两种相反的观点。一方是反对者,他们认为至今还没有活捉到行踪不定、行动迅速的野人,它们很难跟踪。那些找到的脚印、骨头、毛皮和头发,根本就不能将野人身体的真实情况反映出来。况且考察手段基本上是从生态环境入手来寻找奇异动物的踪迹，所以，这些"野人"到底是直立古猿的后代，还是巨猿的后代现在很难断定，或者是猩猩、熊等动物的后代也未可知。

赞成者却表示：这些能够直立行走，头部能灵活地转动，身上长满长毛，头发披在肩上的野人，脸型与现代人相似，小眼、宽嘴、白牙、没有犬齿，脚印有40厘米长。神农架野人行动迅速敏捷，足以证明它们具有一定的思维能力。况且通过多种高科技手段测定和分析，其毛发宽度、皮质细胞等都不同于已知动物，应属于高级灵长目动物。因此，这些科学家认为野人很可能是古代巨猿的后代。如果这个假设成立，野人就将填补从人猿到人类的进化链条上缺少的那一环节，这在动物学和人类学上都是一个飞跃。

喜马拉雅山的雪人之谜

尼泊尔和中国地区的居民长久以来一直认为有一种奇异的似人怪物——"雪人"，生活在渺无人烟的喜马拉雅山南坡的高山悬崖间和帕米尔高原上。科学家为解开雪人之谜，进行了科学考察。

对"雪人之谜"，科学家提出的看法有多种，总的来说基本上可分为"否定派"、"坚信派"、既不否定也不肯定的"中间派"这3种观点。

否定派完全否定雪人存在的可能性。否定派的某些代表人如下3条理由断然否定了雪人的存在：（1）雪人根本无法生存在冰天雪地那种恶劣的自然条件下。（2）尸体在高山严寒的自然环境中能长期保存下来，因此如果真的有雪人存在，那一定能发现它们的骸骼甚至它们的尸体。雪人的尸体或骸骼至今仍未曾发现，这说明根本不存在雪人。（3）由于在太阳光和风力的影响下任何一种大的动物的脚印都会形成奇怪的形状，因此雪地上的脚印不能成为雪人存在的例证。因此他们认为还没有任何确凿的事实能支持雪人的说法。一些学者也同意这一观点，他们不仅完全否定了雪人的存在，而且认为继续探索"雪人之谜"必定会徒劳无功，甚至会受到损失。

肯定派认为，现代化石证明，人类的前身是生活在树上的古猿。人类从古猿中分化出来是1000多万年前。有一个"缺失的环节"，即发生在距今一两千万年前发生的人猿分离过程。因此他们认为雪人很可能是介于人和猿之间的过渡体，它们比人低等一些，比猿高等一些，是科学界尚未知晓的一个高等灵长目。他们认为，喜马拉雅山以南曾经生存过很多种高级灵长类的生物学研究结果，可成为雪人是其中幸存下来的一支特殊后裔的旁证。雪人的寻找，对生物学，特别是动物学及动物解剖学方面的内容有重要作用，可开拓探讨人类起源问题的新研究领域。

中间派则根据对雪人特征和习性进行介绍的资料推测，雪人可能是一种熊。因熊具有极强的活动力，活动范围可能拓展到冰雪里，因而被误传为雪人。珠穆朗玛峰扎卡曲河谷海拔4950米的山坡上曾是棕熊觅食的范围；而过去传说目击到雪人和开枪射击雪人即是在此地。因是晚上，再加上熊能直立行走几步，因而可能被误认成雪人。雪人之谜，仍以其神秘吸引着人们对其进行探索。

神秘的大脚怪

几十年来，人们一直传说在北美的原始丛林中，生活着一种类似于亚洲野人的"大脚怪"。"大脚怪"大多是夜间出动。它们不仅聪明，而且极善于逃避敌害。为探索这种捉摸不透的"大脚怪"之谜，伊凡·马克斯凭着毅力和本领，从20世纪50年代起，通过访问印第安人和爱斯基摩人的知情者，一直对"大脚怪"进行追踪、考察。

1958年，伊凡·马克斯在内华达州的华尔特山狩猎美洲狮时，发现500米外的地方有一个黑色高大的可怕类人生物。他立即用长焦镜头拍了下来，他说："那东西古怪、陌生，可能很危险，所以我不想再靠近它。"

　　1970年，他和一个瑞士"大脚怪"考察团在华盛顿州的科尔维尔追踪"大脚怪"，他们还做出了这种脚印的石膏模型。

　　华盛顿州立大学人类学家格罗弗·克兰茨博士鉴定模型后评论说："脚印异乎寻常的弯曲、隆起和细致，从解剖的精密度来说，是真实可信的。"

　　同年10月份，有一个"大脚怪"在科尔维尔北边的公路上被汽车撞倒。马克斯闻讯马上赶到现场，他看见那个被撞但伤势不重的"大脚怪"浑身长着黑毛，正在仓皇地逃跑，而且很快消失在丛林中。马克斯仅仅抢拍了一个这个动物蹒跚而行的镜头。不久，马克斯在爱达荷州的普利斯特湖东边加里布湾附近考察时，突然发现一个红褐色的"大脚怪"正朝一片沼泽地跑去，它的身体在树干之间时而显露类似人的四脚与宽阔的背部。

　　1977年4月，在加利福尼亚州夏斯塔郡的雪山附近，马克斯发现一个雄性"大脚怪"站在沼泽中用手舀水，并用力抖动身体驱赶成群的蚊子。它的皮毛像水獭那样发亮，头上的毛发分成前后两半，这是一种胚胎发育的特征。同年12月的一天，马克斯与妻子佩吉正沿着一条猜测可能是"大脚怪"的脚印搜索前进时，忽然听到一种树枝断裂的声音正在向他们附近。马克斯以为遇见了熊，他从肩上将枪取下来，正在这时，一个"大脚怪"晃动着脑袋十分迅猛地朝他们扑来，马克斯出于自卫，将它一下击倒。"大脚怪"很快就一跛一拐地逃走了，不久就不再跛行，而是精力充沛地大步离开，马克斯和佩吉谨慎地跟在"大脚怪"后面。

　　走了一段路后，"大脚怪"登上一个熔岩石脊停了下来，摆动着长臂，回过头来威胁地看着马克斯他们。"大脚怪"额头顶部的顶毛直直地竖着，样子很可怕。为免遭它报复性的攻击，马克斯和佩吉急忙离开了。

　　人类学家认为，"大脚怪"很可能是类似于粗壮南猿的一种素食性的人科。他们喜欢居住在潮湿的森林中，雌体和雄体的两腿姿势、骨盆外状和阴部都酷似人类。

　　不过，多数猿类都不习水性，但"大脚怪"却极善游泳，甚至能潜水，并习惯以潮湿地带、溪流、湖泊和沼泽中的水生食物为生。人类学家猜测"大脚怪"可能是一种生活在寒冷地区的水猿。

被野兽养大的人

　　"生儿育女"是自然界中各种生物为维护其自身繁殖而进行的一种普遍的生理活动。然而却有许多动物"越轨"，不养育自己的孩子，却哺养另一类动物甚至是人类的幼子。

　　1988年，德国出现了一个狗孩。一对夫妇由于工作太忙，很少有时间照料自己的小孩，家里的母狗却为他们尽了"父母的义务"，后来这个小孩习性变得和狗差不多。

　　其实类似的事件很多，20世纪初，在印度发现的两个狼孩就曾引起过轰动。

　　1920年10月，人们在印度葛达莫里村附近的狼窝里发现两个女孩，一个约八九岁，另一个不足两岁。毕业于加尔各答大学的锡恩神父将这两个狼孩带回了密拿坡孤儿院，并开始对这对经历非凡的姐妹进行长期研究。

　　神父给这两个女孩取名为卡玛拉和亚玛拉。这对姐妹在很多方面表现出"狼"的特性，她们能利用四肢飞快奔跑，用舌头舔食牛奶和水，吃生肉，嗅觉也异常灵敏，能闻到距离很远的食物味道，视觉也很突出，两人能在伸手不见五指的深夜，在崎岖的山路上游玩。

□ 可怕的现象

狼孩用四肢代替双足行走,并能快速奔跑。

另外,比较有影响的还有法国探险家亚曼发现的羚童。1961年,亚曼孤身到撒哈拉沙漠探险,途中他迷路了,很快饮水和干粮都吃完。正在他苦苦挣扎的时候,一个羚童出现了,那个羚童头发乌黑,散乱地披到肩上,皮肤呈健壮的古铜色。亚曼的友好行为博得了生活在那里的瞪羚和羚童的好感。羚童和其他瞪羚一起友好地舔着亚曼的腿和手。亚曼发现男孩是开朗、天真的,看上去大约10岁左右。他的脚踝部粗壮而有力,直立着身体到处走动,吃东西时却四肢触地,脸部贴在地上,牙齿十分强劲有力,能咬断坚硬的沙漠灌木。他们渐渐成了"朋友",彼此非常亲近。一天亚曼点起一堆篝火,起初男孩有些害怕,到处躲闪,后来他也不再害怕火焰,慢慢靠过来,甚至摆弄起炭火来。他不会和亚曼交流感情,却能和瞪羚一样用抽动耳朵和挠头皮等方式彼此沟通。最后男孩将亚曼带出了沙漠,挽救了这位探险家的生命。两年以后,亚曼带着自己的两位朋友再次到沙漠中寻访他的这位不同寻常的朋友。当他们见到男孩和其他瞪羚时,彼此仍很亲近。亚曼还想试一下男孩在自然界中的生存能力,决定与他"赛跑"。他的朋友用吉普车追逐瞪羚,亚曼则开着另一辆车和男孩一起跟在后面,他惊奇地发现,男孩奔跑的速度竟达每小时52千米!男孩能像瞪羚一样,以4米多长的步伐连续跳跃。

亚曼的奇遇让他感慨万端,他不想让别人知道这个男孩,因为那样人们会将男孩关在笼子里研究,男孩也就失去了自由,那是十分可怕的。于是他和他的两位朋友将事实隐瞒起来,直到十几年后才在书中公布了他的发现。

其实,还有许多类似的奇怪事件,人们发现了许多熊孩、豹孩、羊孩、猿孩等,人们对此已经不再十分吃惊。与之相比,人们更关心动物为何会抚养人类的后代。

对此,人们有许多不同的看法,其中一种解释认为,野兽的母性本能非常强烈,特别是比较凶猛的母狼、母豹等,它们失去了幼兽后,在母性本能的驱使下,很可能对其他幼小的动物进行喂养,因而掠夺人类的小孩也是完全有可能的。还有一种观点是,人类的小孩被遗弃在荒野后,被狼或其他出来觅食的动物发现,便误以为是自己的幼仔而带回去抚养。该观点完全是一种猜测,没有任何事实依据。而前一种观点还能找到一些事实依据,例如1920年的一天,印度的芝兹·卡查尔村的猎人打死了两只雏豹,母豹竟然跟随猎人到了村子,叼走了一个两岁多的男孩。3年后,当地人打死了母豹,并救出了小孩,不过已经快6岁的小男孩已经完全习惯了豹的生活方式。

还有许多人认为凶猛的动物是不可能哺育人类的孩子的,但在众多的事实面前并没有更多的反驳证据,关于动物为何要抚养人类小孩的问题,至今仍没有科学的答案。

第2篇
诡异可怖的自然奥秘

诡异可怖的大自然中，存在着许多不为人知的奥秘。面对这些形形色色的奥秘，有时会让人感叹大自然鬼斧神工，而有时则让人感到恐怖吓人。大自然就这样不时地给人以"恶作剧"，给人以不可思议。

□ 可怕的现象

一、神奇的地球

地球是怎样诞生的

地球是目前人类所知道的唯一有生命存在的星球，也是目前人类生存的唯一家园。人类在自身不断发展和演化的过程中对其所生存的星球从来就没停止过探索。在浩渺的宇宙中，为何只有小小地球能适合人类居住？地球到底是如何形成的？人们一直在思索着这些问题。

早在远古时代，人类就对地球充满了好奇。那时的人们认为大自然里存在的一切都是由上天创造的，一切都是与生俱来的。西方的"上帝创世说"曾经在相当长一段时间内占据统治地位，人们都相信有一个超乎人力之上的上帝创造了一切。然而，随着人们认识水平的提高和科学技术的发展，人们已经远远不满足于"上帝创世说"那样荒谬的答案了。

历史在前进，人类探索的脚步也从来没有停止过。在关于地球起源的各种理论中，比较普遍被人接受且较早就产生的是星云说。科学家们认为在距今约50亿年前，太阳系星云收缩，形成了以太阳为中心的太阳系。约4亿年后，地球开始形成。

另外，法国生物学家布丰提出的"彗星碰撞说"曾一度引起人们的注意。布丰认为彗星落到太阳上，把太阳打下一块碎片，碎片冷却以后形成了地球，即地球是由彗星碰撞太阳所形成的。这一学说打破了神学的禁锢。

此后，其他科学家继承和发展了布丰的学说，将地球形成原因的研究又向前推进了一步。

然而，1920年，英国天文学家阿瑟·斯坦莱·爱丁顿却指出，从太阳或其他恒星上分离下来的物质都很热，以至于它们扩散到宇宙空间前还来不及冷却。美国天文学家莱曼·斯皮特泽在1936年证实了这一理论。

1944年，德国科学家卡尔·夫兰垂·克·冯·韦茨萨克对以往的"星云假说"进行了进一步发展，他认为，是旋转的星云逐渐收缩形成了行星。如果把星云中的电磁作用考虑进去可以解释角动量是以什么形式由太阳转移到行星上去的。

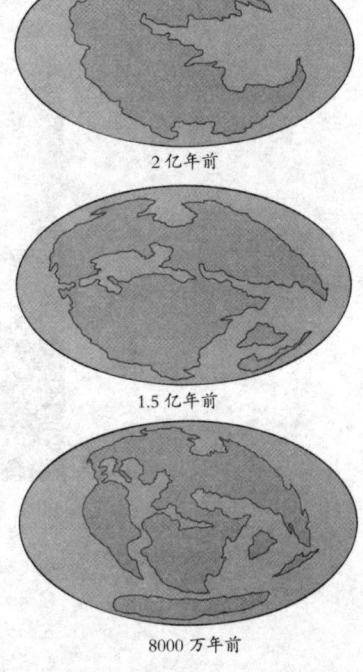

2亿年前

1.5亿年前

8000万年前

此3幅地图表明了昔日地球上的陆地和海洋的状况。那时，地球是一个和谐的整体，很长一段时间，所有的陆地被连成一个巨大的整体。数百万年前它分裂为许多小块，于是就成了今日的大洲。

随着人们在该领域研究的不断深入，目前科学家们提出的有关地球起源的学说已多达10余种。除以上2种外，主要还有以下一些学说：

（1）陨星说。1755年，康德在《宇宙发展史概论》中提出了该学说。他认为，陨星的积聚形成了太阳和行星。

（2）双星说。此学说认为行星都是由除太阳之外的另一颗恒星产生的。

（3）行星平面说。该学说认为所有的行星都在一个平面上绕太阳转，原始的星云盘产生了太阳系。

（4）卫星说。该学说认为可能存在着数百个同月球一样大的天体，如海王星、土星的卫星等，它们共同构成了太阳系。

随着人们认识水平的提高和科技水平的进步，人类对地球的形成的认识将越来越深入和趋向统一。我们有理由相信，揭开地球形成之谜并不是一件遥远的事情。

地球在空中不坠的奥秘

苹果熟了，会掉到地上；树叶枯了，也会掉到地上；就连被风扬起的尘埃，最终还是落向地面。可地球在宇宙中运行，为什么没有坠落呢？在古代，人们无法解释这个问题，就想象大地是一块巨大的圆盘，由大象和鲸鱼驮着。

后来，有人提出大地是一个球体的观点，但很多人对此表示怀疑。15世纪时，有人画了一张嘲笑主张大地是球体的人们的画，名为《脚底相对的人》，还怀疑地说，如果地是球体的话，那么居住在地球另一面的人为什么没有从地球上掉下来呢？

17世纪，开普勒提出行星沿椭圆形的轨道运行以后，就产生了一个问题：为什么行星不知疲倦地绕太阳做椭圆运动而没有在太空坠落？有什么力量驱使吗？

在前人研究的基础上，万有引力定律被英国物理学家、数学家牛顿提出来了：宇宙间的物体都有引力，它是物体本身所固有的性质，这就是引力的万有性。行星之所以保持在各自的轨道上，是由于太阳的引力。这是一项重大发现。

依据万有引力定律，地球上的万事万物都受到了地心引力的作用。因此，苹果、树叶、尘埃会落向地面。而我们通常所说的"向上"或"向下"也应该这样来解释：大地是球面，球的中心称为地心，指向着地心的方向称为"向下"，"反地心"的方向称为"向上"。这样一来，就不存在上下的问题，站在地表面各个不同地点，脚都指向地心引力的方向，头都朝反地心引力的方向。

同样，我们可以设想，地球之所以没有坠落而是围绕太阳运行，是受太阳引力的作用。但地球为什么没有落到太阳上去呢？为了搞清这个问题，牛顿以月球为对象，进行了一番测算：月球与地球的距离大约是地球直径的30倍。如果物体以每秒8千米的速度在靠近地球表面的地方绕转，那么在距离60倍远的地方，绕转速度将减少到1/8。这样在相当于月球的位置，绕转速度从理论上是每秒约1千米。

经过计算，月球环绕地球运动的那个圆周半径，相当于地球半径的60倍，地球的圆周长约4万千米。因此这个圆周的长度，也将是地球圆周的60倍，就是长约240万千米。

实际观察的结果是，月球环绕地球一周，约27.33天，一天等于86400秒，用它来除月球环绕地球运动的圆周半径，就得出月球每天运行87820千米，可以很快知道，答案与牛顿所求出的月球绕转速度相符，即运行速度每秒约1千米。

这个重要发现证明，一切天体所有的万有引力，包括地球的引力是同一种力。因此月球

□ 可怕的现象

运行时能保持平衡，高速运行产生的惯性和地球的引力使月球不会远离地球，也不会靠近地球。同样，地球和太阳间的距离大约是太阳半径的215倍，地球的绕转速度每秒约30千米，地球运动产生的惯性，使它没有越来越靠近太阳，也就不至于落到太阳上；太阳对地球的引力使地球不能脱离太阳。

我们做一个简单的实验就能很容易说明这个道理，将一根绳子一端系上小石子，一端拿在手上，以手为中心让石子在空中转圈。惯性离心力的作用使它远离手，紧拉着的绳子又不让它飞去，这样绳子就在固定的轨道上运动。同理，绕日而转的行星和它们的卫星，在离心力和万有引力的双重作用下，就使它们按照各自的轨道稳定的运行。

如何计算地球的年龄

地球的历史全部记载在它的岩石上。在像科罗拉多大峡谷这样的地方，岩壁已经被流水严重侵蚀，甚至可以看到几百万年来形成的岩石层。不同时期形成的岩石彼此分明，年老的总是在年轻的岩石层下面。于是，岩石层就成为地质学家研究地壳形成过程的依据。

但知道越深的岩石层越古老并不意味着人类知道这块岩石到底有多老。19世纪的科学家们试图通过观察现代岩石层形成的速度来推算古代岩石的年龄，从而确定地球的年龄。在他们的估算结果中，最短的是300万年，而最长的则为15亿年，是最短年龄的500倍。显然，在这项工作上，我们需要更科学可靠的方法。

科学家们非常渴望能够找到一只为地球生命计时的钟表——这只钟表从地球诞生的那一刻起就开始工作，直到今天。只要找到这只钟表，人类就可以轻而易举地读出地球的年龄。

事实证明，地球上确实存在这样的钟表，就在岩石和树木里，在海洋深处。地球上的天然时钟就是放射性元素——一种随着时间的推移会衰变成其他元素的特殊元素。使用放射性元素测定岩石或化石的形成年代的方法叫做"放射性同位素测年法"。

放射性元素是一只精准的时钟，因为它的衰变严格地依照时间表。以碳元素为例，所有生物都会从空气和水里同时获取普通的碳-12和具有放射性的碳-14，碳元素测定就是在此基础上进行的。实验假设空气和水中两种碳元素含量的比值保持恒定，也就是说几千年来，动植物吸收的含碳物质中，两种碳元素的比值始终不变。

生物体内，碳-12的量不会发生变化，而碳-14则会随着时间的推移发生衰变，每过5730年，碳-14的总量就衰减一半。通过计算生物标本中两种碳元素的相对含量，科学家们就可以确定该生物标本距今有多少年的历史。

但是没有任何一种年代测定法可以保证百分之百可靠，所以地质学家会同时检测几种放射性元素，除了碳-14之外，还有铀元素和钍元素等。对于同一样本，通常要进行两种不同的测试，而且往往两个测试给出的结果相差很远。

一次，地质学家从巴巴多斯的岛屿上取回了珊瑚礁的样本，他们同时测量了样本中碳元素、铀元素和钍元素的含量。对于"年轻"的样本（约9000年左右），两种方法得到的结果是一致的。但是越老的样本，两种方法的分歧就越明显：铀—钍元素检测结果是2万年；而通过检测碳-14元素，却得到了1.7万年的结果。

为什么存在这么大的差异呢？又是那种测试的方法才准确呢？在这个例子中，科学家们认为铀-钍元素测试结果更为准确，因为利用碳-14元素的测试在以往曾经得到过奇怪的结果。

近年来，大气中碳-14的含量出现了上升的趋势，这意味着历史上也可能有类似情况出现，这也许就是碳-14元素测试结果出现偏差的原因。

利用一棵死树，我们就可以判断碳-14测试法是否准确。首先测量碳元素含量，得到一个年龄。然后数年轮（一年一个圈），看看两个结果是否吻合。

通过测量铀-238（半衰期为45亿年）的衰变，科学家们发现地球上有些石头的年龄高达38亿岁。那么在此之前我们的行星又存在了多久呢？科学家们又利用宇航员从月球上带回的岩石标本进行了研究，显示这些标本的历史都在46亿年左右，这个结果也跟坠落在地球上的陨石标本的测试结果相同。这一切都说明，我们的太阳系，包括地球和月亮在内，形成于46亿年前。

地心非常热吗

如果我们可以像切水果一样把地球一分为二，我们就可以看见地球的内部是分圈层的。地壳是地球的最外层，类似水果的外皮。地壳的厚度约为24～48千米，庭院里、公园里的地面是地壳的最外层。如果从地面的土壤开始向下挖，最终会碰到岩石圈。陆地上，地壳的主要成分是花岗岩。在像美国科罗拉多大峡谷这样的地方，流水的冲刷已经把一部分地壳侵蚀掉，这里的花岗岩已经暴露在外了。而在海洋下面，地壳就薄了很多，从海底开始，地壳层向下延伸约4.8千米，主要成分是另一种岩石——玄武岩。

在地壳下面是深厚的地幔圈，它的厚度约为2880千米。目前科学家也并不十分了解藏在地下深处的地幔层，只知道地幔的最外层可能主要是由一种叫做橄榄岩的岩石组成的。科学家认为，地幔中至少有一部分是柔软的，因为在靠近地心一侧与地幔层相接的是液体熔岩。

最后，地幔下面是地球的中心，也就是地核。从地核最外层到地球最中心大约有3200千米的厚度。看起来，这里由于远离太阳这个热源，似乎应该比南、北极地区更加寒冷。可是事实刚好相反，地心附近温度极高，约为2200～3300℃，如此高的温度使地核的外层呈现液态，主要是熔融状态的金属。想象一个仓库，里面装满了熔化了的平底煎锅，这就与地心处的景象差不多了：混合了氧和硫的液态金属四处流淌。随着地球的自转，这个地下海洋也形成了自己的洋流。

地核的密度非常大。因为星球的大部分重量都压在地核上，所以这里的物质被紧紧地挤压在一起。科学家们认为，巨大的压力使地球的内核成为一个固态铁核（也含有少量氧和硫）。即使温度很高，但是巨大的压强使所有的铁分子都紧紧地压在一起，宏观上维持着固体的状态。地球中央的固态金属球大约是月球体积的3/4，被包裹在液态金属的海洋中，成为星球中的星球。

地球深处的热量是哪来的呢？大部分热量是46亿年前地球形成时产生的——体积较小的物体撞在一起形成地球就会放出热量。但有些地质学家却认为大部分热量来自于地球深处的天然的放射能。

地球内部的放射性元素会释放粒子，比如电子，这些粒子与岩石层中的原子碰撞，将部分能量传递给岩石中的原子，岩石的温度就升高了。地球形成初期，这些放射性元素使地球内部的岩石变得非常热，而岩石很容易保存热量（可以想想夏天太阳下的石头有多烫），所以这些热量就被保留在地球内部了。几百年之后，地球内部的高温已经足以熔化岩石中的金属物质。后来，重金属又从较轻的金属中分离出来，沉入地心，形成了地核。

地球生命来自何处

地球上有各种各样的自然现象，其中最美丽、最动人的要数生命现象了：小到昆虫，大到体形庞大的鲸鱼；从最简单的单细胞生物，到最复杂、进化程度最高的人类……无一不绽放着生命的艳丽之花。然而，生命是怎样产生的呢？

几千年来，人类一直渴望揭开这个秘密，并为此付出了努力，可直到今天，人们仍没有找到这个问题的答案。生命之谜太神奇了。

科学家们进行了许多艰苦的探索和实验，希望能科学地解释生命的起源，并提出了各种各样的假说和理论。其中"自然发生说"就是最古老的假说之一。

公元前4世纪，亚里士多德就认为从非生命的物质中，生命可以自然地产生出来。按照他的说法，蜜蜂、萤火虫或蠕虫这样的生物可能是由黏液和早晨的露水或粪土的混合物形成的。一直到13世纪，人们还相信亚里士多德的这种观点，认为从树上能长出小羊来。更有趣的是，17世纪的比利时医生范·赫尔蒙特还开了一个药方子，说是照方子中的办法就可以生出小老鼠来。方法很简单，就是把破衬衣用人体汗水浸透，然后和小麦放在一起，塞进一个瓶子里，等到它们发酵以后，小老鼠就会从发酵的破衬衣和小麦中长出来。这个荒谬的方子自然是不会成功的。

1864年，法国化学家巴斯德进行了著名的"曲颈瓶"实验：他把肉煮好捞起来扔掉，只留下煮沸的肉汤，再把肉汤倒入烧瓶里，然后把烧瓶的瓶颈弄成S形，以便通入新鲜空气，同时阻止任何细菌或微生物随空气飘入瓶子里。实验结果表明，即使在这样S形的长颈瓶子里，连最简单的生命——微生物都不会自然发生。这个实验说明了自然发生说的荒谬性，人们只能另寻解释生命产生的途径。

此外，还有一种观点是"宇宙发生说"。这种观点认为生命来源于太空，运载生命种子来到地球的"飞船"就是陨石，陨石通过撞击地球的方式，把生命种子播撒到地球上。由于地球的环境条件适宜生命活动，所以来自宇宙的生命就生存发展起来。

19世纪70年代，霍伊尔、维克拉玛辛等科学家在遥远的恒星周围的尘粒中发现了一些奇怪的物质，他们猜测这些物质是生命的遗痕。由此，他们做出以下推断：

一颗与太阳相仿的不知名的恒星，其轨道中运行着一颗体积极小的彗星。在这颗微小的彗星体内，有一个只能在显微镜下才能看到的孢子，它就是外星生命的"种子"。孢子正静静地躺着，处于休眠期。过了若干年，恒星的引力突然发生了变化，导致这颗彗星从原轨道上脱离出来，飞向太空。在后来长达1亿多年的时间中，它独自遨游在广漠、寂静而冰冷的宇宙空间里，直到它偶然闯进了太阳系。几颗巨大的气体状行星快速划过它身边，然后，一颗庞大的、夹杂着片片褐色的蓝色星球离它越来越近，这个蓝色的星球就是地球。这颗彗星与无数陨星碎片夹杂在一起，猛烈地撞击在地球上，彗星被撞得碎裂开来。在彗星体内休眠了几亿年的孢子被抛进了地球表面温暖的海洋中。这颗珍贵的生命种子，受到了某种催化作用，在经过了一系列化学反应和生物反应之后，形成了最原始的生命。从此，地球上有了生命。这种生命的原始起源大约发生在33亿年前，地球上从此开始了一个全新的、有生命的时代，从一个无生命的星球变成了有生命的行星，并且越来越美丽。

射电天文学和宇宙化学的迅速发展为人类研究生命起源提供了契机。20世纪60年代，科学家们发现在宇宙空间中有大量的有机分子，同时也在那些落入地球的陨石中发现了近20种氨基酸和10多种烃类物质。但是，宇宙发生说只解释了生命是从宇宙空间移居到地球上来的，并没有揭示出生命起源的真正原因。1953年，美国化学家做了一个关于生命起源的实验。从此，没有人再相信维克拉玛辛和霍伊尔等人的假说了。

斯坦利·米勒是美国圣迭戈大学的一位科学家，他于1953年进行了一个有趣的化学实验。他先把氨气、甲烷、氢气和水蒸气等气体，按照"地球原始状态"时的组成比例混合在一起，装入一个玻璃瓶中。然后，他用电流模拟闪电，轰击这些气体。闪电是今天常见的气候现象，同时它也很古老，它在地球最原始时期就存在了。一个星期后，米勒惊喜地发现，在玻璃瓶中出现了一种橘黄色气体，这是以前没有的。米勒对这种气体进行了测定，测出大量氨基酸等有机物质存在于这一气体中。此后，德国的科学家格罗茨和维森霍夫也进行了与米勒相类似的实验，他们先按照"地球原始状态"配置气体，然后用紫外线长时间照射这些气体，结果也得到了氨基酸。

在20世纪60年代，科学家奥罗利用氰化氢等物质，成功地合成了生命物质腺嘌呤，它是核酸的重要组成成分之一。1963年，波兰的佩鲁马等科学家利用紫外线照射，得到了一种在生命体中用于传输能量的重要物质ATP。这些实验有力地证明：在一定的能量条件和物质条件下，无机物转化为有机物、简单的有机物转化为复杂的生命物质的进化过程，即使没有生物酶的作用，也完全有可能在地球上实现。

就这样，一种新的学说——化学进化说，开始被越来越多的人接受。

这个学说认为，早期地球的大气中存在着大量有机分子，这些有机分子在漫长的时间里逐渐产生了一种相互关联的结构，这种结构能临时组合在一起。又过了许久，这种分子周围出现一层黏稠状的东西，它能随着外界环境的变化，排放出一部分有机分子，也能接受另一类有机分子。这种复合化的分子被看做是最初的生命形式，它已经具备了最简单的代谢和繁殖功能，形成了生命的基本特性。这种最低级的生命形式结构极其简单，连今天最简单的微生物都比它复杂许多，但它们已经具备了生命的基本特征，能靠自然选择来进化成各种各样的高级生物体。

但是地球生命诞生的奥秘仍没有解开。科学家们发现，在太阳系的8大行星中，木星、土星、海王星和天王星的大气成分主要是氨气、甲烷，而火星、金星等类地行星的大气，则主要是二氧化碳。于是，有人提出了这样的问题：为什么就可以断定"原始状态"时的地球大气中，一定含有甲烷而不是二氧化碳呢？

德国和法国的两位科学家在格陵兰38亿年前形成的古老的石英岩层中，发现了单细胞有机物的内含物。这种细胞外观上呈椭圆形或是丝状体，一般具有鞘。它的内含物由生命物质组成；它的细胞壁和鞘的结构以及繁殖方式，与现代的酵母菌几乎相同。这样的单细胞有机物大约需要5亿年时间才能形成。因此可以推测，生命应该在43亿年前才开始形成。

根据最新的考察结果，人们认识到生命的出现与行星的诞生几乎是在同一时期实现的。

美国科学家经研究发现，在其所含有的能量的作用下，普通的泥土也可以合成氨基酸等生命物质。科学家还发现，地球上凡是有深而大的断裂带的地方总会有许多大型油气藏。这表明在地球内部曾经发生过有机物的大规模合成。

虽然地球生命诞生的奥秘目前仍无法解开，但是我们有理由相信，终有一天人类将解开生命起源之谜。

地球上的水来自何处

从太空中看地球，它是一个大部分为蓝色的圆球，那些蓝色的部分便是水。在太阳系中，地球是唯一拥有液态水的天体。这让人们不禁想问：地球上的水来自何处？

地球其实名不副实，它表面积约5.1亿平方千米，其中陆地面积占地球表面积的29.2%，海洋的面积占70.8%，是一个实实在在的水球。

地球上有多少水？联合国统计资料显示，地球上总共有13.8亿立方千米的水。

□ 可怕的现象

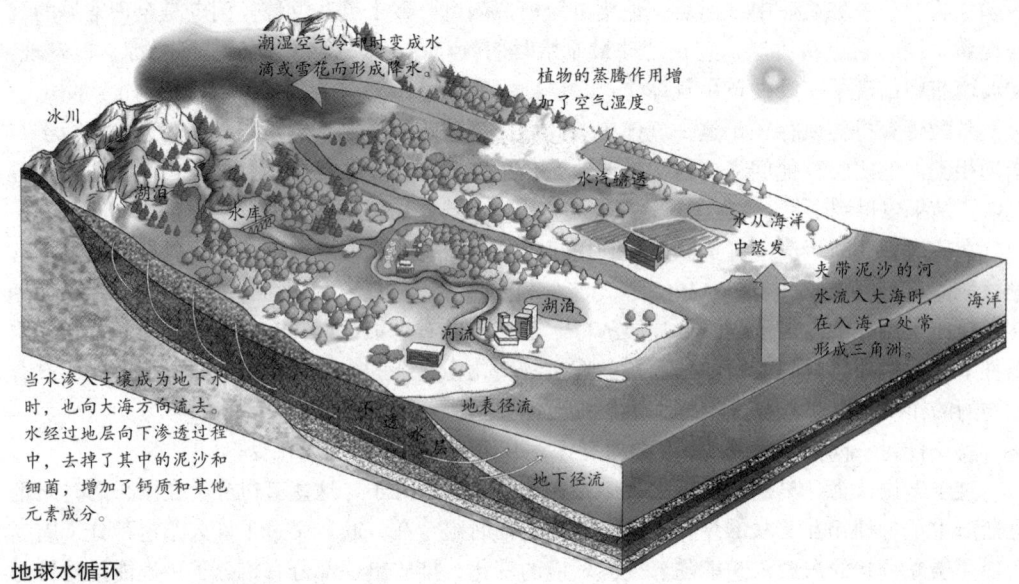

地球水循环

在自然界，水是以气态（水蒸气）、液态和固态（冰）这3种形态存在的。地球上各种水体通过蒸发（包括植物蒸腾）、水汽输送、降水、下渗、地表径流和地下径流等一系列过程和环节，把大气圈、水圈、岩石圈和生物圈有机地联系起来，构成一个庞大的水循环系统。水循环的特点是完全闭合的，无论是地表水还是地下水，一般都要流归大海，只是流归的方式、时间不同而已。

    长久以来，人们对地球上水的来源问题一直争论不休。对此，有两种完全相反的看法，一种观点认为水是从天上（雨雪）掉下来的；另一种观点认为，雨雪是地面上的水蒸发后才到了天上的。

    有些科学家说，太阳风导致了水的产生，地球水是太阳风带来的，是太阳风的杰作。首先提出这一观点的科学家是托维利，他认为太阳风是太阳外层大气向外逸散出来的粒子流，电子和氢原子核——质子是其主要成分。根据计算，托维利得出这样一个结论：从地球形成到今天，地球已从太阳风中吸收的氢的总量达 1.70×10^{23} 克。我们知道，氢和氧结合就会产生水，如果把这些氢全部和地球上的氧结合，就可产生 1.53×10^{24} 克的水，地球水现在的总量145亿吨与这个数字是十分接近的。更重要的是，地球水中的氢与氘含量之比为 6700∶1，这同太阳表面的氢氘比也是十分接近的。因此托维利认为，根据这些计算和成分对比，可以充分说明地球水来自太阳风。

    研究地球物质成分和内部构造的科学家认为，地球上的水其实是从地球内部挤压出来的，地球表面原本是没有水的。水最早是从星云物质中带来的，在地球形成时，通过地球的演化，后来不断从地球深处释放出来。几乎在每次火山喷发时总会喷出大量气体，水蒸气要占到75%以上。地下深处的岩浆中有水分，即使是由岩浆凝固结晶而成的火成岩，水也以结晶水的形式存在其中。

    但是，随着人们对火山现象研究的深入，上述观点被推翻。人们发现同火山活动有关的水，是地球现有水循环的一部分，并不是什么从深部释放出来的"新生水"。

    科学家克莱因分析了世界各火山活动区与火山有关的热水中的氘，证明它们与当地的地面水是相同的，从而确认它们是渗入地下的地面水，在火山热力的作用下重新变为水蒸气上升。

后来，科学家根据对某些地区火山热力所导致的氚进行分析，发现人工爆炸能够导致氚含量的升高，这就进一步说明其实是新近渗入地下的雨水变成了火山热水。这些研究成果使那些主张地球水来自"娘胎"的研究者修正了对火山水的看法。

水的来源并无定论，美国艾奥瓦大学的弗兰克等科学家还提出了一个引人注目的新理论：太空中由冰组成的彗星才是地球上水的来源。

原来，科学家发现，大气中水蒸气分子在太阳紫外线的作用下，会分解成氢原子和氧原子。氢原子向外飘扬，当它到达 80～100 千米气体稀薄的高热层中时，氢原子的运动速度会超过宇宙速度，能摆脱地球引力离开大气层从而进入太空。这样一来，地球表面的水就流失到了太空。人们经过计算发现，飞离地球表面的水量差不多等同于进入地球表面的水量。可是，有一个奇怪的现象似乎不符合这种说法，那就是地质学家发现，2 万年来，世界海洋的水位涨高了大约 100 米。地球表面水面为什么不断增高呢？这至今还是个谜。

自 1918 年以来，弗兰克等人通过对从人造卫星发回的几千幅地球大气紫外辐射图像仔细研究，发现总有一些小黑斑出现在圆盘形状的地球图像上。每个小黑斑面积约有 2000 平方千米，大约存在 2～3 分钟。经过仔细研究和检测分析后，弗兰克等人发现这些黑斑是由一些肉眼看不见的由冰块组成的小彗星，撞进地球大气层，融化成水蒸气造成的。这些小彗星频繁地坠入大气层，每 5 分钟大约有 20 颗平均直径为 10 米的这种冰球进入大气层，每颗融化后能变成 100 吨左右的水，地球因此每年可增加约 10 亿吨水。地球从形成到今天，大约有 46.5 亿年的历史，照此计算，这种冰球一共为地球提供了 460 亿吨水，比现在地球水体总量还多。

关于地球水的来源有许多各不相同的认识，各有各的道理，但真相究竟如何，还有待于科学家们收集更多的客观证据，以揭开这个谜。

恐怖的"天外来客"

尽管宇宙空间非常空旷，但在太阳系里，仍然有许多高速运行的天体四处乱撞，而且也没有办法控制它们的运动。常见的有冰质的彗星、石质的小行星和流星等，流星往往是从彗星和小行星上脱落下来的碎片。

这些天体有自己奇特的运行轨道。在绕日旋转的过程中，这些天体会穿越地球的轨道。如果这些高速运行的天体来到地球轨道附近时，恰逢地球也运动到这里，那么碰撞就在所难免了。

人们甚至可以目睹撞击的景象。1972 年，一颗重达 1000 吨的大陨石曾经掠过大气层，与地球擦肩而过，有人将整个过程用摄像机记录了下来。

1908 年 6 月 30 日，在西伯利亚的通古斯地区，一颗巨大的火球划破了宁静的晨空，然后在半空中爆炸，瞬间，一片方圆 1930 千米的杉树林被夷为平地。科学家认为，目击者所描述的就是一颗流星或者彗星，它的直径在 90 米以上，在穿过大气的过程中逐渐破碎。

万幸的是，西伯利亚人烟稀少，只有一位在距离爆炸中心 60 千米处的商人被烤焦了衣服，浑身黢黑。如果爆炸发生在城市，一场巨大的灾难就难免被载入史册了。不过爆炸带来的危害却不仅限于西伯利亚地区。大爆炸产生了大量尘埃，这些尘埃飘浮在大气层中，随着空气流动蔓延整个星球，影响了地球上的气候，破坏了臭氧层。

在日常的工作和学习中，我们也许不会多想在地球周围漆黑的宇宙空间里到底发生了什么。但是对于天文学家来说，这就是他们的工作。从 1990 年起，亚利桑那州的天文学家就开

□ 可怕的现象

始用天文望远镜寻找宇宙中在地球附近徘徊的小行星和流星。就在1991年1月18日，他们发现了一块小行星碎片静悄悄地从地球身边经过。这是一块巨大的岩石星体，它与地球之间的最短距离只有16.96万千米。

你可能觉得这个数字并不算小。不过要知道，地球和月亮之间的距离是38.4万千米，所以科学家们认为，这已经是流星与地球的真正的"亲密接触"了。如果它的轨道再稍微偏一点儿，撞在地球上，这块直径8米的岩石爆炸的威力将是轰炸广岛的原子弹的3倍。

据科学家估计，平均每100年就有一个直径约50米的天体坠落到地球上，但事故现场大都是海域或者其他无人居住的地区。每100万年，就有一颗直径约10千米的天体坠落，它的破坏力相当于100万个1.3万吨级的TNT炸弹。这样的爆炸即使发生在海域，也足以将大量的尘埃送上天空，遮住太阳，使地球上数月不见天日，随之而来的则是剧烈的气候变化。有人认为，这也许就是6500万年前导致恐龙灭绝的原因。

神秘天使——极光

那是在1950年的一个夜晚，淡红和淡绿色的光弧在北方的夜空上闪耀，所有在那晚见过北极光的人至今都能回想起当时的盛况。它时而像在空中舞动的彩带，时而像在空中燃烧的火焰，时而像悬在天边的巨伞。它绚丽多姿，不断变幻着自己的颜色，一会儿红，一会儿蓝，一会儿绿，一会儿紫，就这样轻盈地在夜空中飘荡了好几个小时。

而这一美丽的奇景也曾在中国的黑龙江漠河、呼玛一带出现过。1957年3月2日夜晚7点左右，忽然一团灿烂的红霞腾起，瞬间化为一条弧形光带，停留在夜空中长达45分钟之久。同年，中国北纬40°以北的广大地区也出现了同样的现象。其实，北极光是非常罕见的自然现象，中国历史上记载的极光现象，公元前30年~1975年只有53次。

1960年，在苏联的列宁格勒也出现过罕见的北极光。那晚，北极光异常强烈，光弧发出白、红、绿的光辉，升上高空，越来越耀眼，直上万里。

在极光刚开始出现在夜空时，人们先是看到一条中等亮度的均匀的光弧以直线或稍弯曲的形状横过天空伸展开去（长度几百千米，甚至几千千米，宽十多千米或几十千米）。光弧的上端一般离地950千米左右，而下端则是离地100千米左右。它往返扫动的速度达每秒几十千米，只需几分钟其高度就可以增加到1000倍。

1988年8月25日21时，在中国黑龙江省漠河县、呼中区、新林区又出现了极光。刚开始时，在地平线上出现了一个亮点。紧接着，它沿着W形的曲线以近似螺旋的轨迹上升。亮点在不断地升高、移动，面积也在不断地扩大，而亮点的尾部留下了像火烧云似的美丽光带。在这时亮点开始出现了一个淡蓝色的圆底盘，接着，圆底盘从淡蓝色变成了乳白色。亮点射下一束扇状的光面，闪了几下便消失了。西方低空中的光带向上扩展所形成的淡蓝色的云团正在这个时候，就像一个倒放着的烟斗。这条橙黄色带和淡蓝色的云团持续了40分钟左右才逐渐消失。

然而，这绚丽壮观的极光却有极强的破坏力。极光给通讯、交通都会带来严重的影响，它能干扰电离层，影响短波无线电信号的传播。在极光强烈活动的影响下，远在美国阿拉斯加的出租车司机竟然可以收到来自本土东部的新泽西州调度员的命令。极光的不断变化也可能会使电话线、输油管道和输电线等细长的导体中产生感应电流，使输油管道被严重腐蚀。1972年，在美国的缅因州至得克萨斯州的一条高压输电线跳闸，加拿大哥伦比亚的一台23万伏变压器被炸毁，这一切突发事件的"主谋罪犯"就是奇特而瑰丽的极光。千百年来，人们一直在研究、寻找极光形成的真正原因。很早以前就有人观察到了这一大奇景,可对于它的"横空出世",至今还是没有人能够用科学的说法给以完整的解释。

在古代,极光被爱斯基摩人误认为是火炬;而又有一些人把极光描绘成上帝神灵点的灯,鬼神用它引导死者的灵魂上天堂;而在罗马,极光被说成是黎明女神奥罗拉在夜空中翩翩飞舞,迎接黎明的到来。

前苏联科学家罗蒙诺索夫曾经做过这样一个实验:在一个接近真空的球内制造人工放电现象。结果在空气极其稀薄的玻璃球内,随着放电,不断发现闪光。他得出结论:极光是空气稀薄的高空大气层里的大气放电所造成的。后来,这个实验被不断地重复验证,结果是完全相同的。极光是一种放电现象的观点得到证实。但极光仍然有很多谜。比如,高空空气发光是怎样引起的?为什么极光就像万花筒一样可以变幻成千奇百怪的形状,并且在不断变化中从来都是不相同的?极光为什么多发生在两极?

后来科学研究证实,极光的产生来源于太阳的活动。太阳不断放出光和热,它的表面和内部都在不断地进行着各种各样的化学元素的核反应,产生出强大的含大量带电粒子的带电微粒流;这些带电微粒射向空间,会和地球外80~120千米高空的稀薄气体的分子发生碰撞,由于这个速度太快,因而就会发出光来。太阳活动高潮的周期性大约是11年1次。在高潮期,太阳黑子会呈旋涡状出现,且很大很多。这时的极光因为太阳异常也会比平时更瑰奇壮丽。由此可看出,太阳活动控制着极光活动的频率。有人发现,当一个"大黑子"出现在太阳中心的子午线时,在20~40小时后,极光就会在地球上露脸。因此,是太阳发出的电造就了极光。

极光现象为什么只出现在南北两极呢?因为地球就像是一个以南北两极为地磁两极的大磁石,而从太阳处来的粒子流就是指南针,它飞向两极的运动方式是螺旋形的。事实上,磁极不能控制所有的带电粒子流,在太阳非常强烈地喷发带电粒子流的年份里,人们也能在两极地区以外的一些地方观察到极光。不同气体可分成如氧、氮、氯、氖等,空气成分非常复杂,而这些成分在带电微粒流的作用下,产生不同色彩的光,所以极光才能如此美丽多姿。

有人从地球磁层的角度去研究极光。地球磁层把地球紧紧包住,就如同地球的"保护网",使地球不受很大的太阳风辐射粒子的侵袭。可是这张"保护网"在南北极上空就不如别的地方密实,这里有许多大的"间隙",因此一部分太阳风辐射粒子就乘机进入地球磁层。这一点从卫星上看得分外清楚:当太阳耀斑开始爆发时,有些电子就加速沿磁力线从极区进入地球大气层。这就在两极上空形成一个恒定的环形光晕,即极光椭圆环。极光都有圆环并不是一成不变的,其大、小、亮、暗都随着带电粒子的涌入量而变化。由于南北极上空有那些"间隙",所以极光只出现在两极地区的上空。

现在还有一个疑问是,太阳风进入星际空间的行动是连续的,太阳风会进入地球极区"通道",但为什么南、北极的极光并不是时刻可见呢?难道说太阳风所经过的那些"间隙"中还设有"关卡"吗?关于这一点,有一个很合理的假设:太阳风带电粒子进入这些"间隙"后,并不是一下子就爆发的。地球磁力线有一种能力,可以把这些带电粒子先藏起来,只有在一些特定因素如太阳黑子强烈活动的影响下,地球磁力线才把带电粒子放出来,于是就有了极光。

可是,这些假设都不能解释地面附近出现的极光现象。有人说这些地面极光是地面附近的静电放电所致,因此,极光会出现在离地面1.2~3米的地方。

又因为许多彗星明亮的尾巴与极光有很多相似的地方,这使人很自然地将这两种现象联

□ 可怕的现象

系起来。除此之外，还有很多观点，这里就不一一列举了。尽管极光之谜还没有完全揭开，但人类已初步了解了它的许多方面。科学家们对太阳风的研究监测还在紧张地进行，他们希望通过观察确定太阳风的各种参数是如何变化的。

破坏臭氧层的可怕后果

我们头上20～48千米处，是环绕着地球的臭氧层。空气里的大部分氧分子（O_2）由2个氧原子组成，而每个臭氧分子（O_3）内包含3个氧原子。

阳光对于臭氧的形成起到了重要的作用。阳光里的紫外线在穿过大气层的过程中使普通的氧分子分解。自由的氧气单原子与邻近的氧分子（O_2）结合，就形成了臭氧分子（O_3）。

臭氧层的臭氧浓度极低，如果将延伸30千米的臭氧分子集中到一起压缩为固体层的话，厚度仅为3毫米。

在地面附近也会存在臭氧。阳光会与汽车尾气或工厂排出的烟中的化学物质发生反应生成臭氧。地面附近的臭氧含量会在闷热的烟雾天里达到警戒水平。吸进臭氧分子对身体是有害的，因为臭氧分子会对肺部形成伤害。练习长跑的人如果过多地吸入含有臭氧分子的污染的空气，会感到肺部疼痛，呼吸困难。生长在公路两侧的树木和其他植物往往会因为臭氧污染而生长缓慢。

但是我们头上几十千米处的臭氧层不但不会对我们的健康构成威胁，相反还保卫了我们人类的健康。臭氧会吸收来自宇宙中的紫外线：紫外线会使我们的皮肤颜色变深；如果接受了过多的紫外线照射，我们的皮肤会被灼伤，甚至患上皮肤癌。

从20世纪70年代起，科学家们一直关注臭氧层的变化。他们发现含氯氟烃（CFCs）会破坏臭氧层，而含氯氟烃被广泛地应用于冰箱、空调和气溶胶罐中。每次使用发胶、摩丝、空气清新剂时，或者当冰箱和空调被送去维修或报废时，都会有含氯氟烃气体泄漏进入空气。

科学家认为，含氯氟烃气体在空气中会慢慢地向上飘，最终进入臭氧层。在太阳辐射的作用下，含氯氟烃会放出氯气。氯气会分解臭氧分子，生成普通的氧气分子（O_2）。如果这个反应不停地进行下去，臭氧层终究有一天会从地球上永远消失！

在1985年的时候，一位英国科学家公布了一个重大的发现：南极洲的上空出现了一个巨大的臭氧层空洞。这个臭氧层空洞的面积相当于整个美国的大小，每年春天都会出现。当季节改变，风向发生变化时，周围的臭氧分子会被吹过来填补这个臭氧层空洞，但与此同时周围地区的臭氧水平就会显著下降。1992年冬天，欧洲和加拿大部分地区上空的臭氧含量下降了20个百分点。

研究人员在南极洲的上空还同时发现了大量氯的一氧化物，这是一种在氯气分解臭氧反应过程中释放出的化学物质。由此可见，日常生活里广泛应用的含氯氟烃的确是一大隐患。

据估计，臭氧含量每下降1个百分点，到达地面的紫外线就会上升2个百分点，同时皮肤癌的发病率会上升3～6个百分点。紫外线对人体的免疫系统也会造成伤害，使人们更容易患上疟疾一类的疾病。此外，紫外线还会破坏植物细胞——从树木到庄稼。

科学家们还担心臭氧层变薄会导致全球范围内的气候变化，而此后的一系列结果将不堪设想。臭氧层有保温作用，而随着臭氧层逐渐变薄，臭氧层附近的空气温度下降，会导致全球风模式的变化，从而导致气候变化。随之而来的可能是长期干旱、庄稼歉收、粮食短缺，甚至大饥荒。

据科学家计算，即使全世界人民都行动起来，采取一切可行的措施阻止破坏臭氧层的活动，使臭氧水平恢复到从前的水平也需要 100 多年的努力。

温室效应的争议

近年来，全球气候逐渐变暖，科学家们根据长期观测得到的大量数据分析指出，全球气候在 20 世纪明显变暖，跟 20 世纪初相比，现在的平均气温上升了 0.5℃，这种温暖期是过去 600 年里从未有过的。

全球气候在整个 20 世纪确实一直在变暖，但气候变暖是不是因为"温室效应"呢？会不会持续变暖呢？对此，众说纷纭。

有些科学家认为 20 世纪气候变暖是"小冰期"气温回升的延续，是自然演变的结果，跟"温室效应"无关。在地球存在的 45 亿年中，气候始终在变化，并且是以不同尺度和周期冷暖交替变化的，也就是说，20 世纪气候变暖是正常的自然现象，人们不必恐慌，到了一定的时期气温自然会变冷。科学家经研究发现：第四纪也就是距今 250 万年前，地球上出现了多个不同尺度的冷暖变化。周期越长，气温变幅也越大。周期为 10 万年左右的冰期，气温变化了 10℃；周期为 2 万年的，气温仅变化了 5℃。在近 1 万年中，这个规律依然在起作用：10 年尺度气候变化的变幅是 0.3 ~ 0.5℃；100 年尺度气候变化的变幅为 1 ~ 1.5℃；1000 年尺度气候变化的变幅为 2 ~ 3℃。

但还有些人反对以上观点，他们认为，全球气候变暖是因为"温室效应"，而人类是造成"温室效应"的罪魁祸首。近几十年来，发展迅速的工业制造业以及日益增多的汽车等，导致燃烧矿物燃料越来越多，人类向空气中排放的二氧化碳大大增加。加上绿色植物尤其是森林遭到了极大破坏，无法大量吸收人类排出的二氧化碳，因此，大气层中的二氧化碳浓度大大增加，阻碍了大气和地面的热交换，引发"温室效应"。大量的二氧化碳既能吸收热量，又阻止了地球散热，地球热交换因此失去了平衡，导致全球气温不断升高。一个权威性的政府组织 IPCC 对全球气候变暖的问题进行了大量详尽的研究，他们明确指出了大气中二氧化碳含量的增加是全球变暖的主要原因。IPCC 的科学家们利用电脑收集了大量的技术发展预测、人口增长预测、经济增长预测等相关资料，再根据对未来 100 年里排放到大气中的二氧化碳数量的 35 种估计值，做出了 7 种不同模型来预测全球气候，最终的结论是气温在未来 100 年可能增加 1.4 ~ 5.8℃。如果这种预测变成现实，地球将会发生一场大灾难。农业将遭到毁灭性打击；海平面将上升，淹没更多陆地，并导致淡水危机；各种自然灾害将轮番发生，生态平衡将遭到破坏。据英国《观察家报》2004 年 1 月 11 日报道，由多国科学家组成的国际研究小组在最新一期英国《自然》杂志上发表研究报告称，全球变暖将导致世界上 1/4 的陆地动植物，即 100 多万个物种将在未来 50 年之内灭绝，这必将对人类的生存造成灾难性的影

湿地是野生生物，特别是昆虫、鱼类、鸟类最佳的生存环境，但是全球气候变暖已经严重威胁着湿地的生态环境。

响。为此,英国多位著名气候专家在剑桥大学召开会议,商讨防止地球继续变暖的办法。

尽管"温室效应"论十分盛行,但也有不同的声音。不少科学家认为目前地球正朝低温湿润化方向发展。他们认为,尽管20世纪的气温总体上呈上升趋势,但二氧化碳浓度变化与气温曲线变化并非完全一致,20世纪的40~80年代,有过降温的过程。这种看法也不无道理,他们从两个方面提出证据支持自己的观点。

首先,他们认为,气候变化受地球自身反馈机制的影响。一方面,由于大气与海水间存在着热交换,气温升高时,热交换增强,海水吸收热量升温后,对二氧化碳的溶解度也会增加。不仅如此,气温的升高还会增加地球上的生物总量,寒冷地带由于变热,生长在那里的植物生长期变长,植物带也在高温的作用下移向高纬度的地方,二氧化碳被森林吸收后,要经过更长的时间才能回到大气层。另一方面,由于空气极度湿润,植物残体在这种情况下不能充分分解,以泥炭的形式储存到地壳,这正是碳元素从生物圈到地圈的转化过程。

其次,气温上升过程中产生的水蒸气也能起到一定程度的缓解作用。气温升高导致蒸发加剧,大气含水量增加,形成一些云,大量的太阳辐射会被这些云反射、散射掉,从而缓解气温的上升。

气象系统是十分复杂的,无论地球变暖是否因为"温室效应",我们都应该加以关注。相信总有一天我们会弄明白地球变暖的来龙去脉,从而改善环境,造福人类。

大陆真的在漂移吗

趁我们还能看到海滨的时候,多去玩玩吧。据有的科学家预言,3亿年之后,大西洋将不复存在。美国东海岸将与5000千米外的海岸接合,成为第二个中亚地区。

大陆板块看似固定不动,实则不停地在漂移。大约每5亿年,就会发生一次板块碰撞,同时海岸线挤压形成山脉。如果板块碰撞接连发生,各大板块就会最终合成一块超级大陆,四周环绕着一片汪洋。到时候,你也许可以开着车从美国底特律去往法国巴黎,再开往中国北京。

对各大板块大团聚的展望是基于板块构造理论的。我们所谓的地壳其实是一块块大陆板块拼凑起来的,而大陆板块就漂浮在一层极热含半液化岩石的幔层上,就像木筏漂浮在水面上。

大陆——北美洲大陆、南美洲大陆、非洲大陆、亚欧大陆、澳洲大陆和南极洲大陆——就位于大陆板块之上,与其形成一体。所以当大陆板块漂移时,我们脚下的陆地也随之漂移。你可能会问:漂移了多少呢?仅仅1年,北美洲板块和欧亚大陆板块间的距离就会增大1.9厘米。相应的,大西洋面也会拓宽1.9厘米。

科学家认为,大陆漂移也是一种循环往复的过程。各大板块先彼此分开,约5亿年之后又重新合在一起。

拿起地球仪,你会发现各大陆板块就像是拼图块,这就不难让人想到这些小块可以拼成一整块。例如,南美洲的东北部海岸是向外突出的形状,而非洲的西海岸则是向内凹陷的,二者刚好可以拼在一起。

把各个板块拼起来,就可以得到一块超级大陆了。距今最近的一块超级大陆被称为"泛古陆",它在1.8亿年前发生了瓦解。人们认为泛古陆被覆盖了整个星球的广阔海域环绕,这片海域就是今天的太平洋的前身。

在泛古陆之前,历史上或许还出现过好几个超级大陆。科学家们认为,每块超级大陆在发生分裂之前大约都会维持 8000 万年。

他们还认为，可能引起大陆块分裂的原因有两点，一是来自地球内部的热量；二是地球的自转。

超级大陆的存在会阻碍地球深层的热量向外界扩散。可以想象把一本书放在电热毯上，过一会儿，书覆盖着的区域就会明显比周围区域的温度高。随着温度的升高，超级大陆板块的某些位置上会受热膨胀，随后裂开。

与此同时，由于某一边明显向外突出，超级大陆在随着地球自转的同时，承受着强大的应力。随后，在 1.8 亿年前，在这个强大应力和热断裂的共同作用下，超级大陆最终分解成了几个小块。

但是几百万年之后，大西洋洋底将会沉降，洋面将会逐渐缩小。各大陆板块会重新会聚在一起，变成名副其实的一个世界，持续至少 8000 万年。

如何估测古代火山爆发的时间

有好几种方法可用来估测火山爆发的年代。在对古人定居地的遗址进行考古发掘的过程中，如果该遗址的历史年代已知，那么根据遗址上火山灰覆盖的程度便可推断出古代火山爆发的年代。如果是在靠近地球南北两极的地区发生史前的火山爆发，那么会有部分的火山灰随着两极的冰雪而凝结，在冰层中形成一层火山灰层。之后，只要对这些冰层内的溶解氧进行氧同位素测定，就能得出冰层凝结的年代，史前火山爆发的年代也就能因此而知晓了。

当然，最常用的测年方法还是对火山爆发地点附近被烧焦的树木和植被进行的碳-14 测年法。碳-14 测年法是依靠测定碳-14 的放射性衰减率进行断代测年的。使用该方法可以对从距今 200 年前到距今 4 万年前这段时间内火山爆发的年代进行测定。

生物在活着的时候要呼吸二氧化碳，因而会不断地从大气中吸取碳，但当生物死亡之后，这种碳的交换就停止了。在应用碳-14 测年法时，人们假设大气中二氧化碳的含量保持不变，且放射性碳-14 以恒定的比率衰减，即半衰期大约为 5700 年左右。

树木在火山爆发中被烧焦，所形成的木炭几乎是由纯碳构成的，所以用碳-14 测年法来追踪其中极其微量的碳-14 的含量可说是再理想不过的了。这时候数树木的年轮方法并不能奏效，因为你很难在喷发区域附近找到一棵没有被烧焦的活树，而距喷发点更远处堆积的火山灰和树木很可能早就被时间的洪流冲刷殆尽了。

通常，用碳-14 测年法测定出来的结果误差范围在 100 年左右，当然有时候也可以非常精确地推断出确切的年代。比如，人们断定亚利桑那州的日落火山就曾经在 1066 年喷发过。通过碳-14 测年法，科学家们测定火山大致的喷发年份为 1065 年左右，在印第安人中口头流传的历史帮助下，人们最终将火山爆发的年份锁定在了 1066 年。此外，在一些陶器上同时出现的日食和火山爆发的图案也让人们进一步确认了这个年份的准确性。

□可怕的现象

二、令人惊奇的神秘之地

"魔鬼三角"百慕大

百慕大三角区位于北大西洋西部,是由7个大岛和大约150个小岛以及一些礁群组成的群岛。它在科技发达的今天仍然是神秘莫测的海域,在这里先进的仪器都会失灵,而人员一旦遇险则没有生还的可能。这里被称为"魔鬼三角",是令人恐怖的神秘之所。

在百慕大三角区船只遇险的可怕情况在500年前就已经出现了。哥伦布于1502年第四次去美洲时,在进入百慕大三角区后,巨大的风暴袭击了他的船队。那种可怕的情景给哥伦布留下了深刻的印象,他把当时的情况告诉了西班牙国王:"浪涛翻卷,连续八九天,我两眼见不到太阳和星辰……我这辈子见过各种风暴,可是从来没有遇到过时间这么长、这么狂烈的风暴。"

17世纪,海盗袭击曾一度成为船舶神秘失踪的原因,可是岸上从来没有发现过船员的尸体和船只的残片。到了19世纪,海盗几乎绝迹,可是船舶失踪的事件依然不断发生。

1925年4月18日,日本货船"来福丸号"从波士顿出港。不久,北面出现了低气压,为了进入平静的海区,船员把罗盘刻度向南回转,经过百慕大群岛海域。然而不久,这艘船就下落不明了,船与船员都消失得无影无踪。19000吨的大船——美国海军运输船"赛克鲁普号"同样经历了这样的灾难,它连同309名乘员一起消失在百慕大三角区……

到了现代,大量的飞机在飞经这一海域时,也经常发生仪器失灵、飞机及人员神秘失踪的事件。

1948年1月29日,百慕大机场的控制塔突然收到英国一架从伦敦飞往百慕大三角区的客机的紧急求救。这架飞机请求帮助指明航向,在控制塔做出指示之前,飞机上的26名乘客连同飞机全部消失得无影无踪。

1967年2月2日,美国一架从佛罗里达机场飞向波多黎各的飞机,在空中与机场的联络良好,机组人员预计下午3时到达波多黎各。但后来空中突然没有了电波,飞机再也没能降落。

……

令人百思不得其解的是,救援者在出事现场既没有看到舰船、飞机的残骸,也看不到遇难者的尸体。更神秘的是,一些失踪的船只在许久之后竟重新在此海域出现,可船上却没有一个人影。为了找出百慕大三角区的神秘事件的原因,专家们从不同角度加以探测。

一些人认为百慕大三角区的怪异现象是"虚幻之谜"。美国科学家拉里·库什利用大量可靠的原始资料进行了广泛深入的研究,他说早在16世纪哥伦布探险时期就有记载的这些奇异现象，大多是由于狂浪、飓风、海啸等自然灾害造成的。很多研究百慕大的学者在研究这些空难或海难时没有重视它，甚至有意或无意地删去这些情节，这完全出于猎奇心理，甚至有些人为了吸引别人注意还把发生在其他地方的空难、海难事故说成是在百慕大三角区发生的。最后，拉里·库什呼吁："再也没有比相信百慕大三角区之谜更为糟糕的了。百慕大三角区是最典型的伪科学、超科学、科学幻想和宣传上的胡作非为。"

海面上的海水因海底的强大吸力而形成巨大的旋涡，仿佛被一个无底洞穴在猛烈地抽吸着朝着海底涌去，航行经过这里的船只由于毫无准备，常常会被吸进去，从而消失，所以百慕大海域又称魔鬼海域，是举世闻名的"陷阱海域"。

但更多的人并不否认百慕大的神秘。苏联科学家最早提出海底水文地壳运动说。他们认为，由于百慕大海域的洋流因其极为复杂的海底地貌而纵横交叉、变幻莫测，多个巨大的漩涡流在这里形成，后来美国科学家又进一步证实了这种观点。他们认为，百慕大海域的巨大漩涡在阳光照耀下产生极高的温度，船舰沉没、飞机爆炸就是因此而造成的。次声波地磁引力说是第二种主要观点。苏联地球物理学家舒列金在20世纪30年代提出，海浪产生的次声波可以解释百慕大三角区的神秘现象。他认为，在发生地震、风暴、火山爆发等自然灾害的同时，次声波也随之震荡，这种次声波人耳无法听到，但是却具有十分巨大的破坏力。处在振荡频率约为6赫兹的环境中，人便会感觉极度疲劳，随后又出现本能的恐惧和焦躁不安；而处在频率为7赫兹的环境中时，人的心脏和神经系统陷入瘫痪。次声波在百慕大三角这个区域十分活跃，它可能就是导致种种惨剧发生的罪魁祸首。此外，一些人还把百慕大三角区同"时空隧道"、外星人基地等联系起来，这些无疑又给百慕大三角区蒙上了更加神秘的色彩。

令人恐惧的日本龙三角

1980年9月8日，相当于"泰坦尼克号"两倍大小的巨轮"德拜夏尔号"装载着15万吨铁矿石，来到了距日本冲绳海岸200海里的地方。这艘巨轮的设计堪称完美，已在海上航行了4年，正是机械状况最为理想的时期，因此，船上的任何人都感到非常安全。

这时，船遇上了飓风，但船长对此并不担心。在他眼里，像"德拜夏尔号"这样巨大并且设计精良的货轮，对付这种天气应该毫无问题。他通过广播告诉岸上的人们：他们将晚些时候到达港口，最多不过几天而已。

可是，岸上的人们在接到了船长发出的最后一条消息（"我们正在与每小时100千米的狂风和9米高的巨浪搏斗"）后，"德拜夏尔号"及全体船员便消失得无影无踪。

自20世纪40年代以来，无数巨轮在日本以南空旷清冷的海面上神秘失踪，它们中的大多数在失踪前没有发出求救讯号，也没有任何线索可以解答它们失踪后的相关命运。如果在地图上标出这片海域的范围，它恰恰是一个与百慕大极为相似的三角区域，这就是令人恐惧的日本龙三角。

连续不断的神秘失踪事件引发了人们的好奇，科学工作者们开始以不同的方式试图去揭开魔鬼海之谜。

□ 可怕的现象

一些科学家试图通过寻找失事巨轮"德拜夏尔号",以及对其失事原因的研究来揭示这片海域的秘密。

大卫·莫恩是一名失事船只搜寻专家,在确定沉船地点方面业绩辉煌。同时,他始终抱着实用主义的态度:从纯科学技术的角度进行研究,给出答案。

1994 年 7 月,由大卫·莫恩率领的海洋科技探险队向魔鬼海进发,他们坚信可以揭开事实的真相。

通过对探测器传输回来的图片资料的研究,人们终于找到了沉船的答案:

当年"德拜夏尔号"行驶到这片海域时就遇到了飓风,但像"德拜夏尔号"这样的巨轮应该可以抵御最大的飓风,所以船长也自信地认为他们最多也就是晚几天到达目的地。但这时又突然发生了海啸,海啸形成的两个涌浪将钢铁之躯"德拜夏尔号"架了起来,于是悬空的"德拜夏尔号"被自己的重力压成了 3 段。巨浪进舱,致使整艘巨轮快速下沉,下沉的速度之快使得船员们没有任何逃生的机会。此外,巨轮在下沉过程中随着海水压力的增大,被挤压变形,最后沉到海床上时已变为了一堆扭曲的钢铁。

这一建立在科学论证基础上的结论不仅为日本龙三角揭开了神秘的面纱,同时足以告慰那些碧渊深处的亡灵,也给了那些长久沉浸于痛苦之中的亡者亲人们一个圆满的答案。纵观历史,2000 年来共有 100 多万艘船只长眠在这片深蓝色的水下,平均每 14 海里便有一艘沉船,它说明海洋无愧是地球上最神秘莫测的生存地狱。迄今为止,人们依然无法知道在浩瀚的大洋之下,到底还隐藏着多少等待着去探索、发现的神秘。

神秘的南极"无雪干谷"

南极是人类最少涉足的大洲,在那里,还有许多现象人们无法解释,"无雪干谷"就是其中最神秘的一个。

总面积达 1400 万平方千米的南极大陆,大部分被冰雪覆盖,从高空俯瞰,南极大陆是一个中部高四周低、形状极像锅盖的高原。这个被形象地称为冰盖的冰层,平均厚度为 2000 米,最厚的地方可达 4800 米。大陆的冰盖与周围海洋中的海冰在冬季连为一体,形成一个总面积超过非洲大陆的白色冰原,这时它的面积要超过 3300 万平方千米。

在南极洲麦克默多湾的东北部,有 3 个相连的谷地:维多利亚谷、赖特谷、地拉谷。这段谷地周围是被冰雪覆盖的山岭,但奇怪的是谷地中却异常干燥,既无冰雪,也少有降水,到处都是裸露的岩石和一堆堆海豹等海兽的骨骸,这里便是"无雪干谷"。走进这里的人都感到一种死亡的气息,于是它又被称为"死亡之谷"。

当科学家探测至此,他们对于岩石边的兽骨百思不得其解。最近的海岸离这里也有数十千米,而远一点的海岸则要有上百千米。习惯于在海岸旁边生活的海豹一般情况下不会离开海岸跑这么远,可这些海豹偏偏违背了通常的生活习性来到这里。那么,海豹为什么要远离海岸爬到"无雪干谷"呢?

一些科学家认为,这些海豹来到这里是因为在海岸上迷失了方向。在这个没有冰雪的无雪干谷地区,海豹因为缺少可以饮用的水,力气耗尽而没能爬出谷地,最后干渴而死,变成了一堆堆白骨。

由于存在着鲸类自杀的现象,还有一些科学家认为这些海豹跑到无雪干谷地区就像鲸类一样是自杀。可是并没有充足的理由证明这是海豹自杀,因而有些科学家认为,这些海豹可能是受到了什么惊吓,在什么东西的驱赶下才到了这里。那么海豹在过去的年代里到底是惧怕什么而慌不择路呢？又是一种什么样的东西将它们驱赶到这里呢？这真令人费解。除了神秘的兽骨，无雪干谷还有许多让人无法解释的景观。

新西兰在这个无雪干谷的腹地建立起一座考察站，并根据考察站的名字，把考察站旁边的一个湖取名为"范达湖"。一些日本的科学家在1960年实地考察了无雪干谷的范达湖，奇异的水温现象使他们感到惊讶，水温在三四米厚的冰层下是0℃左右，在15米～16米深的地方升到了7.7℃，到了40米以下，水温竟然跟温带地区海水的温度相当，达到了25℃。科学家们对范达湖这种深度越大水温越高的奇怪现象兴奋不已，纷纷来到这里进行考察。

日本、美国、英国、新西兰等国的考察队从各个角度对这一疑团加以解释，争论不休。其中有两种学说颇为盛行，一种是地热说，一种是太阳辐射说。

坚持地热说的科学家们提出这样的观点：罗斯海与范达湖相距50千米，在罗斯海附近有默尔本灿和埃里伯斯两座活火山。前者是一座正处于休眠期的活火山，后者至今仍在喷发。这表明这一带的岩浆活动剧烈，因此会产生很高的地热。在地热的作用下，范达湖就会产生水温上冷下热的现象，然而有很多证据却表明，在无雪干谷地区并没有任何地热活动。这一观点并不足以解释上述现象。

坚持太阳辐射说的专家们则认为，在长期的太阳照射下，范达湖积蓄了大量的辐射能。当夏天到来时，强烈的阳光透过冰层和湖水，把湖底、湖壁烘暖了。湖底层的咸水吸收、积蓄了大量剩余阳光中的辐射能，而湖面的冰层则是很好的隔离屏障，阻止了湖内热量的散发，产生一种温室效应。南极热水湖含有丰富的能有效蓄积太阳能的盐溶液，这就是范达湖的温度上冷下热的原因。但有许多人并不同意此种说法。他们认为：南极夏季日照时间虽长，但很少有晴天，因此地面能够吸收到太阳的辐射能很少，再说又有90%以上的辐射能被冰面反射。另外，暖水下沉后必然使整个水层的水温升高，而不可能仅仅使底层的水温升高。这样一来，太阳辐射说的理论似乎又站不住脚了。

美国学者威尔逊和日本学者鸟居铁经过多年的研究，提出了新的论点：虽然南极的夏季少晴天，致使地表只能吸收很少的太阳辐射，但是透明的冰层对太阳光有一定的透射率。这样，靠近表层的冰层会或多或少获得太阳辐射的能量。此外，冬季凛冽的大风会将这一地区的积雪层吹得很薄，而每到夏季，裸露的岩石又使地表能够吸收充足的热量。日积月累，湖水表层及冰层下的温度便有所上升，最后到了融化的程度。由于底层盐度较高，密度较大，底层不会上升，结果就使高温的特性保留下来。同时，在冬天时表层水有失热现象，底层水则由于上层水层的保护，失热较少，因而可以保持特别高的水温。据一些科学家的观测记录显示，此说法还是有一定说服力的。

海上坟地——马尾藻海

马尾藻是一种普通的海藻，可是生长在大西洋的马尾藻却与众不同，它们连绵不断地漂满约450万平方千米的海区，以至于这个海区被称做马尾藻海。

马尾藻海位于北大西洋环流中心的美国东部海区，约有2000海里长、1000海里宽。海上大量漂浮的植物主要是由马尾藻组成，这种植物以大"木筏"的形式漂浮在大洋中，直接从海水中摄取养分，并通过分裂成片、再继续以独立生长的方式蔓延开来。厚厚的一层海藻铺在茫茫大海上，一派草原风光。

马尾藻海一年四季风平浪静，海流微弱，各个水层之间的海水几乎不发生混合，所以这里的浅水层的营养物质更新速度极慢，因而靠此为生的浮游生物也是少之又少，只有其他海

□可怕的现象

马尾藻海

区的1/3。这样一来，那些以浮游生物为食的大型鱼类和海兽几乎绝迹，即使有，也同其他海区的外形、颜色不同。

1492年9月16日，当哥伦布的探险船队正行驶在一望无际的大西洋上时，忽然，船上的人们看到在前方有一片绵延数千米的绿色"草原"。哥伦布欣喜若狂，以为印度就在眼前。于是，他们开足马力驶向那片"草原"。但当哥伦布一行人驶近草原时，不禁大失所望，原来那"草原"是一望无际的海藻。那片海域即今天的马尾藻海。

马尾藻海有"海上坟地"和"魔海"之称。这是因为许多经过这里的船只，不小心被海藻缠绕，无法脱身，致使船上的船员因没有食品和淡水，又得不到救助，最后饥饿而死。最先进入这片海域的哥伦布一行就在这里被围困了一个多月，最后在全体船员们的奋力拼搏下才得以死里逃生。

在第二次世界大战中，英国奥兹明少校曾亲自去了马尾藻海，海上无风，"绿野"发出令人作呕的奇臭，到处是毁坏了的船骸。到了晚上，海藻像蛇一样爬上船的甲板，将船裹住不放。为了航行，他只好把海藻扫掉，可是海藻反而越来越多，像潮水一样涌上甲板。经过一番搏斗，精疲力尽的他才侥幸得以逃生。

马尾藻海位于大西洋中部，强大的北大西洋环流像一堵旋转的坚固围墙，把马尾藻海从浩瀚的大西洋中隔离出来。因此，由于受海流和风的作用，较轻的海水向海区中部堆积，马尾藻海中部的海平面要比美国大西洋沿岸的海平面平均高出1米。

那么，马尾藻海究竟是怎样形成的呢？如果把大西洋比作一个硕大无比的盆子，北大西洋环流就在这盆中做圆周运动。而马尾藻海则非常平静，所以许多分散的悬浮物都聚集在这里，海上草原就是这样形成的。但是，马尾藻海里的马尾藻究竟是怎么来的，人们还没有找到一个肯定的答案。有的海洋学家认为，这些马尾藻类是从其他海域漂浮过来的。有的则认为，这些马尾藻类原来生长在这一海域的海底，后来在海浪作用下，漂浮出海面。

最令人称奇的是，这里的马尾藻并不是原地不动，而是像长了腿似的时隐时现，漂泊不定。一些经常来往于这一海区的科学家经常会遇到这样的怪事：他们有时会见到一大片绿色的马尾藻，然而过了一段时间，却不见它们的踪影了。在这片既无风浪又无海流的海区，究竟是何种原因使这片海上大草原漂泊不定呢？至今仍是个谜。

"中国的百慕大"之谜

传说，在四川西南部峨边县的黑竹沟前一个叫关门石的峡口，一声人语或犬吠，都会惊动山神摩朗吐出阵阵毒雾，把闯进峡谷的人畜卷走。

1955年6月，解放军测绘兵某部的两名战士取道黑竹沟运粮，结果神秘地失踪了。部队出动两个排搜索寻找，仍一无所获。

1977年7月，四川省林业厅森林勘探设计一大队来到黑竹沟勘测，宿营于关门石附近。技术员老陈和助手小李主动承担了闯关门石的任务。第二天，他俩背起测绘包，一人捏着两个馒头便朝关门石内走去。可是到深夜，依然不见他俩回归。从次日开始，寻找失踪者的队伍四处出动，川南林业局与邻近的峨边县联合组成100余人的队伍也赶来帮助寻找。人们踏遍青山，找遍幽谷，除两张包馒头用过的纸外，再也没有发现任何蛛丝马迹。

9年后的1986年7月，川南林业局和峨边县再次联合组成二类森林资源调查队进入黑竹沟。因有前车之鉴，调查队作了充分的物质和精神准备，除必需品之外还装备了武器和通信联络设备。由于森林面积大，调查队入沟后只好分组定点作业。副队长任怀带领的小组一行7人，一直推进到关门石前约2千米处。这次，他们请来了两名彝族猎手做向导。

当关门石出现在眼前时，两位猎手不想再往前走。经过耐心细致的说服，好容易才达成一个折中的协议：先将他俩带来的两只猎犬放进沟去试探试探。结果两只狗都神秘地消失在茫茫峡谷之中。两位彝族同胞急了，忘了沟中不能"打啊啊"（高声吆喝）的祖训，大声呼唤他们的爱犬。顿时，遮天盖地的茫茫大雾不知从何处神奇地涌出，9个人尽管近在咫尺，却根本无法看见彼此。副队长任怀只好一再传话："切勿乱走！"大约五六分钟过后，浓雾又奇迹般地消退了，队员们如同做了一场噩梦。为确保安全，队员们只好返回。

黑竹沟至今仍笼罩在神秘之中，或许只有消失在其间的人才知道它的谜底，但却永远不能告诉我们了。

踩在"火球"上的冰岛

冰岛意为"冰冻的陆地"，位于格陵兰岛和挪威中间，靠近北极圈，为欧洲第二大岛。这个岛国约有75%是海拔400米以上的高原，其余为平原低地。被冰雪覆盖的面积约占全国面积的13%，境内有许多冰川，其中东部的瓦特纳冰川是欧洲最大的冰川。冰岛不但寒冷多雪，还是世界上火山活动最活跃的地区。因此，冰岛又被人们称为"冰与火共存的海岛"。

7世纪时，爱尔兰僧侣最早抵达冰岛，他们视此为隐修之地，一直到9世纪初期。传统上，公元874年~930年之间被定义为冰岛的"垦殖期"，当时斯堪的纳维亚半岛上的政治动荡，迫使许多北欧人向西流亡。最先来此垦殖的是挪威人，他们于公元874年安身于一个有温泉热气的地方，他们给它起名为雷克雅未克，意为"烟笼湾"，就是现在冰岛的首府。

冰岛地形特殊，虽然国名为"冰"岛，岛上却有200多座火山，几乎整个国家都建立在火山岩石上，大部分土地不能开垦，是世界温泉最多的国家，所以被称为冰火之国。大自然的伟大力量在冰岛呈现出温柔、粗犷、奇特、怪异、虚幻、甚至残酷、无奈，在这个岛上可以领略到冰川、热泉、间歇泉、活火山、冰帽、苔原、冰原、雪峰、火山岩荒漠及瀑布。冰岛地质与洋底相似，其基岩以玄武岩和火山岩屑为主。大陆的基岩上还有一层花岗岩，但冰岛却基本没有。冰岛目前的岩石，大部分早在6000万~4000万年前凝固而成。由于冰岛长期有火山活动，化石极为稀少，所以鉴定地质年代差不多只限于利用岩石中所含的放射性同位素。

冰岛的200多座火山中，有30多座为活火山，史上曾记载的爆发次数就多达150多次。冰岛位于大西洋的海沟上，每次海沟扩张，都会引发火山爆发和地震。18世纪时，频繁的火山爆发毁坏了冰岛1/4的土地，让冰岛人多年看不到太阳。近年来，科学家通过红外线探测器已找出5个地温上升的地区，表示可能有火山爆发的危险。自从12世纪以来，冰岛最有名的火山——赫克拉峰每个世纪都约有两次大爆发。

□ 可怕的现象

1947年，赫克拉峰开始了最猛烈的一次爆发。整个地区的天色变为一片昏暗，风把一些火山渣和火山灰吹到冰岛以东1600千米外的斯堪的纳维亚半岛。熔岩一股一股地从峰顶的火山口流出，一直流了一年多。熔岩停止流出后，加上新喷出的岩层，赫克拉峰的火山锥加高了130多米。第二年春天，火山爆发停止后，深厚的火山气还继续沿山坡流下，凝聚在附近的山谷中，导致放牧的牲畜常被熏死。

位于冰岛南端的威斯特曼群岛，大约1万年前在火山喷发后，它们才从北大西洋海底升起成为今天的样子。威斯特曼群岛由16个小岛组成，其中最大的一个叫海姆依岛，在冰岛语里是"故乡的岛"的意思。海姆依岛碧波环绕，重峦叠嶂，绿草如茵。但海姆依岛上的两座活火山随时有爆发的危险，埋在冰层底下的火山，一旦苏醒，则掀开冰盖，将大量冰块喷发出来，造成奇特的喷冰现象。1973年火山突然爆发，四处蔓延的岩浆和直冲云霄的火山灰，毁了岛上1/3的村落，湮没了数百幢民宅。但面对随时可能爆发的活火山，当地人却并没有表现出恐惧和逃避，他们依然安居乐业，生活得悠闲自在。同时，火山也成为海姆依岛最吸引人的景观之一，游客们来此不仅是为了欣赏当地的美景，还盼望能探寻当地奇特的火山地貌，体会与火山为伴的感受。

为了降低火山喷发的危险，科学家们一直在对冰岛进行密切观测，哪一天火神会发威呢？

死海会"死"吗

在巴勒斯坦、以色列和约旦之间，有一片美丽而又神奇的水域。那里既没有水草，也没有鱼儿，甚至那片水域的四周也寸草不生，一片荒凉，人们叫它死海。死海南北狭长，面积1000多平方千米。湖水有146米深，最深的地方有395米，湖底最深的地方在海平面以下780多米了。死海的北面有约旦河流入，南面有哈萨河流入，但是，却没有水道和海洋通连，湖里的水只进不出。由于死海的含盐量很高，水的浮力很大，因此即使不会游泳的人也不会在死海中淹死，对于一些不会游泳的游客来说死海是十分理想的休闲好去处，同时游客们还发现死海里的水还有治病的功效。随着媒体的广泛宣传，死海已成为一个奇特的旅游胜地。不但前来旅游的游客络绎不绝，一些风湿和皮肤病的患者也经常光顾此地。

长期以来在死海的前途命运问题上科学家们一直是众说不一的。从各自的理论出发，科学家们得到两种截然相反的结论：一种观点认为，死海在日趋干涸，若干年后，死海将不复存在，死海的前途也就"死"定了，等待死海的只有厄运。

经过多年研究，约旦大学地质学教授萨拉迈赫表示，虽然许多地图上标明死海水面的高度是海平面以下392米，但那并不是死海现在的高度，而是20世纪60年代测量所得的数据，现在死海水面的实际高度经过测量为海平面以下412米。这一数据清楚地表明，在过去的40年里，死海的水面正以每年0.5米的速度（现在还有水位每年下降1米的说法）下降。萨拉迈赫教授警告，如果任凭死海水面不断下降而不采取任何措施的话，死海将从地球上永远消失。

据一些科学家说，60年代死海的面

死海是世界上最咸的湖泊，由于含盐量高，湖水的比重超过了人体的比重，所以在死海中游泳的人平躺在水面上也不会下沉，甚至可以躺在水面上静静地看书。

积大约为1000平方千米，照这样的速度减少下去的话，再过10年其面积将减少到650平方千米。如果不能有效地控制水位继续下降，死海有可能会变成一个小湖。

但是，还有一种截然相反的观点认为，死海并不是一潭绝望的死水。

这种从地质构造的角度来考虑的观点，认为死海位于叙利亚—非洲大断裂带的最低处，而这个大断裂带正处于幼年时期，终有一天会有裂缝在死海底部产生，从地壳深处会喷涌出大量海水，随着裂缝的不断扩大，一个新的海洋终将生成。由此看来，死海的前途还是充满光明的。

而且，死海并没有绝对的"死"。20世纪80年代初，科学家发现在死海中正迅速繁衍着一种红色的小生命——"盐菌"，而且数量十分庞大，大约每立方厘米的海水中含有2000亿个盐菌，正是由于这种物质的存在才使得死海中的水正不断变红。另外，人们还发现死海中生存着一种单细胞藻类动物。这些发现似乎说明死海仍是有生命的。

尽管如此，死海的前途却不容乐观，因为一个严酷的现实是海水在咸化，干涸的威胁还在扩大，死海主要的水源——约旦河中的河水已不再流入死海；此外，死海南部因为生态平衡遭到破坏，水位也在不断下降。如果人类再不注意保护生态环境的话，或许不久的将来，死海就真的"死"了。

神农架之谜

谜之一：动物白化现象

我国许多城市的动物园里都养有白熊。从外表看，它们实在没有什么区别，若注意到产地栏的记载，就会发现其中的大不同。原来多数白熊都属引进的北极熊，唯独武汉动物园里的白熊标记着"神农架"三个字，是地道的"国产货"。关于神农架白熊是否真是白熊的问题，科学界在20世纪50年代就有争议，至今余波未了。

20世纪50年代初期，人们在神农架山林里捕到的第一只白熊被送到武汉动物园，引起了科学界的震惊。依照常理，白熊只能生活在北极圈内、北冰洋地区，神农架属中纬度地区，是亚热带向温带气候的过渡地带，怎么可能出现白熊呢？

未过多久，人们在神农架又相继捕到4只白熊，而且雄雌老幼兼备。

20世纪70年代，在两次大规模的"鄂西北奇异动物科学考察"过程中，科学工作者竟陆续捕到了神奇的白蛇、白獐、白麂、白龟、白金丝猴、白苏门羚、白鹳、白皮鹭、白冠长尾雉……当地百姓还曾目睹过白"野人"、白蟾蜍等，几乎所有的动物物种都有白的。

在古代传说中，白色动物一直被视为修行千载、始悟仙道的精灵或神物。《史记·五帝本纪》中记述的曾帮助轩辕黄帝立下赫赫战功的"罴"即为白熊，《白蛇传》中的白娘子也是白蛇修成人身的。

神农架的白色动物同非白色的同种动物相比，在生活习性方面尚未发现有多大差异。

通体白色的动物在当今世界上已为数寥寥了，非洲白狮、白人猿，印度白鹿，中国台湾白猴等无不被人视为珍宝。在我国珍稀动物名录里，诸如白鹳、白冠长尾雉等占据了相当大的比重，神农架被称为"白色动物之乡"的确当之无愧，而神农架所有白色动物均享受国家一类保护动物的待遇也是理所当然的。不过人们至今还是不清楚，为什么唯独在神农架才会出现这么大规模的动物白化现象。

谜之二：山溪之间的潮汐

潮汐是由月球对地球的引力而产生的海水涨落现象。谁能相信，这海边特有的自然现象

□ 可怕的现象

神农架燕子垭

竟也能出现在神农架的山溪间呢？流经红花乡茅湖村境内林区的潮水河就可以看到这种现象。

观察潮水河奇观最理想的地方当数横卧于上游的一座小桥。桥不知建于何时，虽历经修补，却依然保留着原有的模样，桥墩用石头垒砌，桥身由树干架成，高丈余。平时看来，这座桥似乎架得多余。因为只有汩汩流水从桥下淌过，行人完全可以凭"石步子"安全过往。唯有到涨潮的时候才可以认识到桥的必要，那时候水位陡升，波涛翻腾，一下子便漫上桥头，需半个多钟头才会慢慢消退。溪水从观音岩上的一个岩洞中涌出，滚坡直下，最初为一挂瀑布，降至谷底才形成一条小溪。细观瀑流，时粗时细，一昼夜三变，因而引起溪水三起三落。涨潮时波澜翻滚，汹涌澎湃，落潮时水位锐减，露出岸边卵石。这与海边潮汐又不尽相同。

民间将潮水河潮汐的起因解释为犀牛翻身。据说潮水河的源头是一口深渊，有一头巨大的神犀终年睡在水里修炼。神犀有个习惯，每昼夜要翻3次身，每当它翻身时就会激起渊水外溢，因而造成了河水涨潮。此说是否可视为对间歇泉的神话解释呢？地质工作者曾探察过潮水河的源头，发现观音岩上的岩洞内通地下河，地下河的源头远在海拔2060米的"一碗水"，"一碗水"又是一处间歇泉，因此认为潮汐为间歇泉所致。但"一碗水"究竟有多大蓄水量？间歇泉是怎么形成的？间歇泉有能量使下游的溪水如潮水般定时暴起暴跌吗？潮水河还有许多令人费解的现象。譬如，它来潮时的水色因时节而不同。若逢干旱时节，水色混浊，像暴起的山洪；若逢淫雨时节，则碧波荡漾，如奔腾的清流。为什么如此泾渭分明呢？再譬如，它左右各有一条水溪，水色也因时节而异，不过恰与潮水河色相反，这是为什么呢？这些问题谁能解答呢？

谜之三：真假虚实的动物故事

神农架动物世界奇闻特别多。据说，新华乡农民发现3只巨型水怪，"栖息在深水潭中，皮肤呈灰白色，头部像大蟾蜍，两只圆眼比饭碗还大，嘴巴张开有四尺多长，两前肢生有五趾……浮出水面时嘴里喷出几丈高的水柱，接着冒青烟"。

与水怪传闻大致相似的还有关于棺材兽、独角兽和驴头狼等的传闻。《神农架报》称棺材兽是自然保护区科考队员黎国华最早在神农顶东南坡发现的，是一种"长方形怪兽，头大，颈短，尾巴细长能自由摆动，时而还能搭到背脊骨上，全身麻灰色毛……向山下疾奔，碰得树枝噼呖啪啦地脆断，四蹄带起的石头轰隆隆地滚动"。《神农架之野》里说独角兽"头跟马脑壳一样，体像大型苏门羚，四肢比苏门羚还长，后腿略长，尾巴又长又细，末梢有须……前额正中生着一只黑色的弯角，像牛角，长有40厘米，从前额弯向脑后，呈半回形弧弓。后颈部长有鬃毛，类似于马鬃"。

在谜一般的神农架，据说还生活着一种驴头狼身的怪兽，当地群众称其为"驴头狼"。据目击者说，驴头狼"四条腿比较细长，尾巴又粗又长，除了腹部有少量白毛外，全身是灰毛。

头部跟毛驴一样，而身子又跟大灰狼一样，好比是一头大灰狼被截去狼头换上了驴头，身躯比狼大得多。长着四只像狼那样的利爪，是一种凶猛的食肉动物"。当地不少人都见过它的踪迹，在20世纪60年代，有的猎手还打到过这种怪兽，可惜尸体没有保留。

这些传闻似乎荒诞可笑，但又是如此的言之凿凿，有鼻子有眼，我们能断定它是否存在吗？

谜之四：盛夏结冰川的洞穴

一般岩洞内都是冬暖夏凉，但这也仅是相对暖和而言，凉倒也罢了，可是隆冬热风扑面来，犹如置身于暖气房；盛夏冰川林立，好像钻进了广寒宫，这样的现象就很奇怪了。神农架就有这样一个奇洞，名叫"冰洞"。冰洞山高耸在宋洛河西侧，主峰海拔2400多米，顶部呈棱台状，正中内陷，形成一个倒扣的漏斗形天坑。天坑约10米深，7米宽，20米长，原来曾盛着半池清水，大概是周围林木被砍伐殆尽的原因，水位渐跌，以至于到今天完全枯竭了。冰洞口便显露在石体上，仅有一人多高，宽也不过4米左右。在洞口处站不到1分钟，就能强烈地感到这里气候与外界截然不同。冰洞的主洞道不长，支岔却很多，门洞稍微宽展些，越向前越狭窄，可容游人通行者不足1000米。洞内有一条暗河，基本沿主洞道而流，水量不大，却可闻潺潺之声。究竟洞深几许，尚属未解之谜。

冰洞内的景象因时而异：春来珠光宝气，夏至冰塔林立，秋季碧水轻流，冬时暖气融融。结冰一般在七八月开始溶化，有人做过测试，化冰时洞口温度为21℃，山麓温度为30℃。三伏盛夏，进入冰洞，犹如登上了嫦娥蟾宫。先前还是汗流浃背，马上就有了彻骨寒意，得赶紧加穿衣服，适应了才能慢慢观赏。只见头上悬着各式各样的冰灯，脚下踩着形状各异的冰球，四壁耸立着奇形怪状的冰柱，深处飘逸着时隐时现的冰流。那些冰灯无不灵巧生动，辉煌耀目；那些冰球无不通体透明，漫地滚动；那些冰柱无不攀龙附凤，熠熠生辉；那些冰流无不从天而降，气势逼人。在冰洞里，似乎一切全是白银打造而成，所有景观都是翡翠装点，满目是玉树琼花，遍地皆锦鳞秀甲。

以科学的观点来分析，冰洞的奇特现象极有可能与洞体结构和所处的环境有关。冰洞山高达2000多米，冰洞深藏在天坑底部，洞道又呈正东西走向，洞体全是坚实的岩石，石体具有吸热快、散热也快的特点。冬季，地心温度高于地表，寒风有天坑遮挡，难以吹进洞内，来自地底的暖气流同外界的冷气流在洞口处相遇，于是形成了水珠。夏季情况则相反，外界的暖气流从天坑底部涌入洞内，遇上了来自地心的冷空气，温度骤降，就可能结水成冰。但这尚不是最终结论，人们仍须继续探索。

谜之五：信疑难定的"野人"传说

神秘的神农架久为世人向往，而神农架"野人"之谜更是像磁石一般吸引着世人的目光。神农架"野人"被称为当今世界四大自然科学之谜中的一个（其他三个为尼斯湖水怪、百慕大三角和天外来客飞碟）。

神农架地区自古以来就有"野人"的传说。在鄂西北地区的历代地方志中都有"野人"出没的记载。据报载，至今有数百人声称他们见过"野人"。而且类似的报道现在仍时有耳闻。在传说中，"野人"有许多与人类相似的特征：体形似人，满身红毛，无尾巴，身材高大，能直立行走，能发出类似鸟类的鸣叫声。

如此众多的报道、如此言之凿凿的描述，不能不引起科学界的关注。1976年5月，中国科学院组织了"鄂西北奇异动物考察队"深入神农架林区，收集了大量"野人"脚印、毛发、粪便样本。经初步鉴定，认为"野人"是一种接近于人类的高级灵长类动物，推测其正处于从猿到人进化过程中的一个阶段，即"正在形成的人"。

其后又有数支考察队进驻神农架林区，得出了相似的结论。但是到目前为止，还没有捕获到一个活的"野人"，因此神架"野人"仍是一个谜。它们是尚处蒙昧阶段的原始人类？是人类的近亲灵长类动物？或者是人们虚构出来的不存在的东西？如果人类能捕捉到一个活的"野人"，也许这一切都将迎刃而解，我们拭目以待。

寻找伊甸园

《圣经》中描绘了一个令人神往的伊甸园，那里是人类的始祖亚当和夏娃居住的乐园。据《圣经》记载，上帝创造了人类的祖先亚当、夏娃，然后在伊甸（地名，希伯来语）为他们建造了一个乐园供他们居住。那里溪流淙淙，鸟语花香。亚当和夏娃在伊甸园无忧无虑地生活着，直到他们在蛇的引诱下偷尝了禁果，被震怒的上帝逐出伊甸园，从此开始经受各种痛苦和磨难。自从《圣经》问世以后，"伊甸园"就成了地球人类生命与文明起源的象征。人类无时无刻不在寻找这个美丽的真实存在。

古人类学家和宗教界人士认为，作为伊甸园应当具备3个条件：一是人类最早的发祥地，二是有温润的环境气候，三是有远古人类文明。总之，伊甸园是人类最为理想的发祥地和居住地的象征。那么，伊甸园在哪里呢？人们探寻的目光与搜寻的脚步布满了非洲、美洲、欧洲、亚洲的高山、峡谷、平原、大海，利用现代尖端的科技手段考证历史、文物，收集大量传说，但似乎都未能够真正触及到"伊甸园"的神秘踪影。

《圣经·创世记》中曾记述，从伊甸有河水流出，分为4条支流——幼发拉底河、底格里斯河、基训河和比逊河。一些学者根据这些线索，开始探寻。但是，学者们遇到的第一个难题是，《圣经》中所说的4条河如今只剩下2条，长期以来人们一直无法确定比逊河和基训河在何处。

美国密苏里大学的扎林斯教授经过长期的考证后，提出比逊河位于沙特阿拉伯境内，只不过由于地理气候的变迁，那里现在已成为浩瀚沙漠中一条干涸的河床；基训河则是现在发源于伊朗、最终注入波斯湾的库伦河。据此，扎林斯推断，伊甸园就位于波斯湾地区4条河流的交汇处，大约在最后一次冰川纪后，由于冰川融化导致海面升高，伊甸园遂沉入波斯湾海底。如果真有所谓的伊甸园，扎林斯之说应符合逻辑，也最为接近《圣经》中对伊甸园地理环境的描绘。被古希腊人称为"美索不达米亚"的两河流域，是人类早期文明的发祥地，是最早宜于人类生息的地方。

考古学家还发现，苏美尔神话与《圣经》故事颇有渊源，它们的造物神话都说人类是用黏土捏成的。楔形文字中也有"伊甸"和"亚当"等词，苏美尔神话中也有一片没有疾病和死亡的乐园，在那里生活着水神恩奇与地母女神宁胡尔萨格，他们是两夫妻，后来，恩奇偷吃了宁胡尔萨格造出的8种珍贵植物，宁胡尔萨格一气之下离开了丈夫。不久，恩奇身体的8个部位患病，宁胡尔萨格不忍，便造出8位痊愈女神为丈夫疗伤，其中有一个名叫"宁梯"的肋骨女神，又称"生命女神"。而众所周知，《圣经》中夏娃就是上帝用亚当身上的一根肋骨造的，夏娃也是人类之母，与"生命女神"有相通之处。

关于伊甸园的推测还有不少，有人说伊甸园在以色列，有人说在埃及，有人说在土耳其，还有人说在非洲、南美、印度洋等地。一些学者认为，如果4条大河是从伊甸园中流出的，那么伊甸园的位置肯定在幼发拉底河和底格里斯河文明的北面。因此，他们认定这块神秘的乐土是在土耳其北部的亚美尼亚。不过这一理论假设比逊河和基训河不是确切的地理河流，因此只是对遥远国度的一种含糊的描写。

还有一些学者则认为伊甸园是在以色列，约旦河流入伊甸园后又分为4条支流，基训河很可能就是尼罗河，而哈维拉就位于今阿拉伯半岛。这一理论的某些支持者宣称耶路撒冷的莫利亚山就是伊甸园的中心，伊甸园的范围包括整个耶路撒冷、巴斯利姆和奥利维特山。

而支持伊甸园位于埃及的学者宣称，只有尼罗河流域才符合《创世记》对伊甸园的描绘——这是一片水源丰富的乐土，但是水不是来自天上，而是从大地中冒出的水雾。事实上，尼罗河在到达第一处瀑布之前，确实是在地底下流淌的，然后才从泉眼里流出地面。

近些年来，学者们又几乎不约而同地把目光集中到地球东方的中国，因为中国是世界上保持了数千年文明历史而没有中断的古国。

对伊甸园的寻觅，是人类对自身从何而来充满好奇心的探究，反映了人类对始祖的一种认同感和亲和力。应该说，在崇尚科学的今天，"创世记"说早已让位于"生物进化论"。然而，有关伊甸园、亚当和夏娃等的话题仍频频被提起。伊甸园究竟有没有，到底在哪里都不重要。重要的是，伊甸园已成为人类心灵栖息地和精神图腾的代名词，可以肯定，对伊甸园的追寻还会继续进行下去，有关伊甸园的话题也将长久地与人类如影相随。

阿苏伊尔幽谷中的谜团

阿苏伊尔幽谷位于阿尔及利亚的朱尔朱拉山的峡谷中，是非洲最深的大峡谷。可是，该峡谷到底有多深，人们从来就没有探查清楚。至于该谷底到底是什么样，就更没有办法知道了。阿苏伊尔幽谷以其神秘和深邃吸引了无数勇敢的探险者来探寻它。

1947年，阿尔及利亚和一些外国专家试图探明阿苏伊尔幽谷的深度，他们组成了一支联合探险队，第一个勇敢者是一个身强力壮又有丰富经验的探险队员。他系好标有深度标记的保险绳，朝着幽谷下边看了一眼，就顺着陡峭的山崖一步一步地滑了下去。

时间一分一分地过去了，保险绳上的标记也在100米、300米、500米地往下移动着。探险队员一步一步下到505米的时候，他觉得身体有点不舒服，可仍然没有看到谷底，他怀着恐惧的心情拉了拉保险绳，上边的探险队员赶紧把他拉了上来。

这次探险活动就这样结束了，可是阿苏伊尔幽谷对人们来说还是一个谜。

此后，不同的考察队纷纷赴阿苏伊尔幽谷进行考察，但都没有什么结果。直到1982年，对阿苏伊尔幽谷的考察才有了新的进展。

1982年，阿苏伊尔幽谷又迎来了一支考察队。第一个队员下到810米深的时候，说什么也不敢再往下走了，只好爬了上来。这时候，另一个经常和山洞打交道的有经验的队员已经系好保险绳。

保险绳上的标志已经移到了800米、810米、820米，最后达到了821米。山顶上的人们不禁为这个队员捏了一把汗：现在，他的情况怎么样了？离谷底还有多远呀？他在干什么呢？

其实，那个洞穴专家沿着刀削斧凿般的峭壁一步一步下到821米深度的时候，突然出现了一种莫名其妙的恐惧。他深深地吸了一口气，稍微休息了一下，却发现自己连朝谷底深处看一眼的勇气也没有了。于是，这一次的探险活动也结束了。

阿苏伊尔幽谷探险家们所创下的最深纪录就是821米。至今无人知晓阿苏伊尔幽谷究竟有多深，那神秘的谷底到底有些什么东西。

□ 可怕的现象

尽管目前阿苏伊尔幽谷对人们来说还是一个未知领域，但它仍将继续吸引着探险家们，也许在不久的将来这个谜团就会被解开。

难识庐山真面目

庐山的形成只能是地质年代地壳构造运动的结果。在遥远的地质年代，这里原是一片汪洋，后经造山运动，才使庐山脱离了海洋环境。现今庐山上所裸露的岩山，如"大月山粗砂岩"，就是元古代震旦纪的古老岩石。那个时代的庐山并不高，在漫长的地质年代里，它经历了数次海侵和海退。庐山大幅度上升是在距今约六七千万年前的中生代白垩纪。当时，地球上又发生了强烈的燕山构造运动，位于淮阳弧形山系顶部的庐山，受向南挤压的强力和江南古陆的夹持而上升成山。山呈肾形，为东北—西南走向，形成了一座长25千米、宽10千米、周长约70千米，海拔1474米以上的山地。这就是千古名山庐山的形成过程。

庐山"奇秀甲天下"之说并非过誉。因为这里无论石、水、树无一不是绝佳的风景，五老绝峰，高可参天，经常云雾缭绕。说到庐山多雾，这与它处于江湖环抱的地理位置密不可分。由于雨量多、湿度大，水汽不易蒸发，因此山上经常被云雾所笼罩，一年之中，差不多有190天是雾天。大雾茫茫，云烟飞渡，给庐山平添了不少神秘色彩。凡到庐山者，必游香炉峰，因为香炉瀑布，银河倒挂，确实迷人。李白看见香炉瀑布后，万分赞叹，留下了千古不朽的诗句："日照香炉生紫烟，遥看瀑布挂前川；飞流直下三千尺，疑是银河落九天。"香炉瀑布飞泻轰鸣之美，至今令到此观光的游者倾倒。

庐山有没有出现过冰川的问题一直在我国地质界存在争议。

1931年，地质学家李四光带领北京大学学生去庐山考察时，发现那里的一些沉积物若不用第四纪冰川作用的结果来解释，则很难理解。以后的几次考察，人们从不同的角度再研究这些现象，确信是冰川作用的结果。于是，李四光在一次地质学年会上发表了题为《扬子江流域之第四纪冰期》的学术演讲，提出了庐山第四纪冰川说。其主要证据是平底谷、王家坡U形谷、悬谷、冰斗和冰窖、雪坡和粒雪盆地。在堆积方面，李四光指出：庐山上下都堆积了大量的泥砾，这些堆积显示了冰川作用的特征。

当时，国际地质学界有一种流行的观点，认为第三纪以来，中国气候过于干燥，缺乏足够的降水量，形成不了冰川。英籍学者巴尔博根据对山西太谷第四纪地层的研究，认为华北地区的第四纪只有暖寒、干湿的气候变化，没有发生过冰期。他认为：一些类似冰川的地形，既可能是流水侵蚀所成，也可能是山体原状，而王家坡U形谷的走向可

庐山龙首崖

能和基岩的构造有关。法籍学者德日进也排除了庐山冰川存在的可能性。

以后的几年里，李四光也在寻找更多的冰川证据，以说服持怀疑论者。1936 年，他在黄山又发现了冰川遗迹，更加证明庐山曾有冰川。他的论著《冰期之庐山》，总结了庐山的冰川遗迹，进一步肯定了庐山的冰川地形和冰碛泥砾，描述了在玉屏峰以南所发现的纹泥和白石嘴附近的羊背石。该书专门写了《冰碛物释疑》一章，对反对论者所提出的观点进行了分析与反驳。对于泥砾的成因问题，他否定了风化残砾、山麓坡积、山崩、泥流等成因的可能性，再次肯定泥砾的冰川成因。不久，他又著《中国地质学》一书，着重讨论了泥流和雪线问题。对于泥流，他认为既然承认如此巨大规模的泥砾是融冻泥流所形成的，那就完全有必要承认在高山上发生过冰川作用，因为如果山下平原区发生了反复的冰冻与融化，以致产生了泥流的低温条件，按升高 100 米降低温度 1℃计算，庐山上面的温度就要比周围平原低 10～15℃，这样就不可避免要产生冰川。据此，反对庐山冰川的泥流作用，反过来却成了庐山冰川说的有力证据。对雪线问题，他认为在更新世时期，雪线在东亚有所降低，因此，虽然庐山海拔较低，也能发生冰川。

20 世纪 60 年代初，黄培华再次对庐山存在第四纪冰川提出质疑。其依据是：所谓"冰碛物"不一定是冰川的堆积，其他地质作用如山洪、泥流都可以形成；地形方面，庐山没有粒雪盆地，王家谷等地都不是粒雪盆地，而且山北"冰川"遗迹遍布，何以在山南绝迹？庐山地区尚未发现喜寒动植物群，只有热带亚热带动植物。支持冰川说的曹照垣、吴锡浩，从庐山的堆积物、地貌、气候及古生物方面反驳了黄培华的观点。

20 世纪 80 年代初，持非冰川论观点的施雅风、黄培华等又进一步从冰川侵蚀形态、冰川堆积和气候条件等方面，对庐山第四纪冰川说加以否定。持冰川论观点的景才瑞、周慕林等人，则从地貌、堆积，特别是冰川时空上的共性与个性等方面进一步论证了庐山冰川的可能性。

在具最新论据的争论中，持非冰川论观点的谢又予、崔之久作了庐山第四纪沉积物化学全量分析，"泥砾"中砾石形状、组织的统计、分析，以及电镜扫描所采石英砂表面形态与沉积物微结构特征等，认为庐山的"冰川地貌"是受岩性、构造控制的产物，而不是真正的冰川地貌；所谓"冰川泥砾"也不是冰碛物，而是典型的水石流、泥石流和坡积的产物。

以上的争论并没有完结，面对庐山的地貌和沉积物这一共同事实，争论一方说是冰川作用的证据，而另一方却判定为非冰川作用的证据。庐山的真面目，至今仍是个谜。在庐山上是否存在过冰川，这对我国第四纪地层划分起着重要作用，因此有待于更深入的探讨。

来去无踪的"幽灵岛"

大自然的神秘莫测常常使人类感到惊奇。在茫茫的大洋深处，一座小岛会突然神秘失踪，不久又会在另外一片海域里出现，来去无踪。科学家们把这种岛称为"幽灵岛"。

1707 年，英国船长朱利叶斯在斯匹次培根群岛以北的地平线上发现了一块陆地。他当时想登上这块不为人知的陆地，但经过多次尝试都无法接近这块陆地。他完全相信，这块陆地不是光学错觉，于是他便将"陆地"标在了海图上。200 年后，乘"叶尔玛克号"破冰船到北极去考察的海军上将玛卡洛夫与他的考察队员们再次发现了朱利叶斯当年所见到的那块陆地。1925 年，航海家沃尔斯列依经过该地区时，也发现过这个岛屿。但 1928 年，科学家们前去考察时，在此地区却没有发现任何岛屿。

地中海也出现过"幽灵岛"现象。1831 年 7 月 10 日，一艘意大利船途经西西里岛附

□ 可怕的现象

神秘失踪了30多年的老式帆船，被"幽灵岛"托出水面。

近，船长突然发现在东经12°42′15″、北纬37°1′30″的海面上有一股20多米高的水柱喷涌而出，刹那间水柱变成一团烟雾弥漫的蒸气，升到近600米的高空。8天后，当这只船再次经过此海域时，发现这儿出现了一个冒烟的小岛，四周海水中漂浮着许多红褐色的浮石和大量的死鱼。在随后10多天里，这座在浓烟和沸水中诞生的小岛不断地伸展扩张，高度由原来的4米长到了60多米，面积也扩展到4.8平方千米。由于这个小岛诞生在航运繁忙、地理位置重要的突尼斯海峡里，临近各国纷纷派人前往考察，并为争夺其主权闹得不可开交。但奇怪的事情发生了，正当人们忙于绘制海图、测量、命名并多方确定其民用、军事价值时，小岛却突然开始缩小。在小岛生成后一个月，它已经缩小了87.5%；又过了两个月，该岛完全消失。但它并未真正消失，在以后的日子里，它又多次出现，人们最后一次看到它是在1950年。进入20世纪后，"幽灵岛"事件也时有发生。

1943年，设在南太平洋所罗门群岛拉包尔的日本联合舰队总部遭到美国空军猛烈轰炸。日本侦察机发现距拉包尔以南100多海里的海域有一个无人居住的海岛，于是对该岛进行了进一步考察，发现岛上植被覆盖良好，淡水丰富，且不在主航道上，非常适合疏散伤病员和隐藏战略物资。于是日军将1000多名伤病员和一些战略物资运到这座荒无人烟的海岛上。此后，日军总部一直和这里保持联系，并经常运来食品和医疗用品。谁知一个多月后，无线电联系突然中断。日军总部担心美军发现了该岛，并发动了袭击，马上派兵增援。但是他们再也没有找到该岛，1000多人和大量物资也不翼而飞。美国侦察机此前也发现过该岛，并拍了不少照片，但后来派出军舰前来搜索时，却没找到该岛的踪影。战后，美国和日本都试图找寻该岛，但都没有结果。

类似的事情也发生在大西洋北部。有一座盛产海豹的小岛，它是100多年前由英国探险家德克尔斯蒂发现的，因此也被称为德克尔斯蒂岛。大批的捕捉者来到了这个岛上，并建立了修船厂和营地。但此岛却在1954年夏季突然失踪了，大量的侦察机、军舰前来寻找，但均无结果。事隔8个月以后，一艘美国潜水艇在北大西洋巡逻时，突然发现在航道上出现一座岛屿，但航海图上从来没有这样一个岛屿。该潜水艇艇长罗克托尔上校通过潜望镜观察发现岛上原来有人居住，于是命令潜水艇靠岸登陆。经过询问岛上的居民才知道，这正是8个月前失踪的德克尔斯蒂岛。

那么，"幽灵岛"是怎样形成的呢？这种时隐时现的小岛究竟是从何而来，又因何而去呢？

法国的科学家对这类来去匆匆的"幽灵岛"的成因作了如下解释，由于撒哈拉沙漠之下有巨大的暗河流入大洋，巨量沙土在海底迅速堆积增高，直至升出海面，因此便形成了临时的沙岛。然而，暗河水在越堵越汹涌的情况下，不断冲击沙岛，使之迅速被冲垮，并最终被水流推到大洋的远处。

美国的海洋地质学家京利·高罗尔教授却提出了完全不同的观点。他认为海洋上的"幽灵岛"并非是由泥沙堆积而成的，其基础是花岗岩。它形成的年代久远，岛上有茂盛的植物和动物群，即使再汹涌的暗河流也冲击不垮的。那么"幽灵岛"为什么会突然消失呢？他认为"幽灵岛"多出现在地震频繁活动的海域，是海底强烈的海啸和地震使它葬身海底。高罗尔教授还认为，如果太平洋西北部的海底板块产生强烈的大地震使之大分裂的话，日本本岛、九州也同样会遭到和"幽灵岛"同样的命运，将沉没在碧波万顷的大海之中。

另有学者认为，这所谓的"幽灵岛"不过是聚集在浅滩和暗礁的积冰，还有人推测这些"幽灵岛"是由古生的冰构成，后来最终被大海所"消灭"。多数地质学家则认为此类小岛是在海底火山喷发作用下形成的。他们认为，在海洋的底部有许多活火山，当这些火山喷发时，喷出来的熔岩和碎屑物质在海底冷却、堆积、凝固起来；随着喷发物质不断增多，堆积物多得高出海面的时候，新的岛屿便形成了。有的学者认为，小岛的消失是因为火山岩浆在喷出熔岩后，基底与海底基岩的连接不够坚固，在海流的不断冲刷下，新岛屿自根部折断，最后消失了。有的学者认为，可能在海底又发生了一次猛烈的爆炸，使形成不久的岛屿被摧毁。

以上观点虽然各有各的道理，但都不能说明，为什么有些小岛会一而再、再而三地"耍把戏"，为什么它们在同一地点突现、消失、再突现、再消失，而与其邻近的海域却没有异常现象发生。人们除了慨叹大自然的鬼斧神工之外，也在加快研究的步伐。

贝加尔湖为什么会有海洋生物

贝加尔湖位于俄罗斯东西伯利亚南部，中国古代称"北海"，那里曾是中国古代北方民族主要的活动地区，汉代苏武牧羊即在此地。"贝加尔"一词源于布里亚特语，意为"天然之海"。该湖湖面狭长弯曲，好像一轮弯弯的月亮镶嵌在崇山峻岭中，它长636千米，平均宽48千米，最宽处79.4千米；面积约31500平方千米，是世界上第七大湖泊。贝加尔湖是全世界最深也是蓄水量最大的淡水湖，容纳了地球全部淡水的1/5，相当于北美洲五大湖的总水量。

贝加尔湖是由地壳的深裂谷或积水而形成的。2000万年前，这里曾发生过强烈的地震，地壳岩层发生大断裂，大块土地塌落下去，形成了巨大的盆地，急流的河川向着盆地飞奔而来，形成了瀑布，不断地注入湖中。至今，仍有色楞格河等300多条河流注入该湖泊，但只有一条河——安加拉河从湖泊向北流去，奔向叶尼塞河，年均流量仅为1870立方米/秒。在湖水向北流入安加拉河的出口处有一块巨大的圆石，人称"圣石"。当湖水上涨时，圆石宛如滚动之状。相传很久以前，湖边居住着一位名叫贝加尔的勇士，他有一个美貌的女儿安加拉。有一天，海鸥飞来告诉安加拉，有位勤劳勇敢的青年叶尼塞非常爱慕她，安加拉听了怦然心动。但贝加尔断然不许，安加拉只好乘父亲熟睡时悄悄出走。贝加尔猛醒后，追之不及，便投下巨石，以挡住女儿的去路，可女儿早已离去。从此，那块巨石就屹立在湖中间。贝加尔湖中还散落着27个岛屿，最大的是奥利洪岛，面积约730平方千米。湖滨夏季气温比周围地区约低6℃；冬季约高11℃，相对湿度较高，具有海洋性气候特征。在冬季，湖水冻结至1米以上的深度，历时4～5个月。但是，湖底深处的温度一直保持3.5℃左右。

贝加尔湖蕴藏着丰富的生物资源，是俄罗斯的主要渔场之一。湖中生活着600多种植物和1200多种动物，其中3/4是世界其他地方寻觅不到的。奇怪的是贝加尔湖是淡水湖，但湖里却生活着许许多多海洋生物，如海螺、海绵、龙虾等。在贝加尔湖里还生活着世界上唯一的淡水海豹，它们喜欢成群结队活动，冬季时常在冰中咬开洞口来呼吸。由于海豹一般是生活在海水中的，人们曾认为贝加尔湖由一条地下隧道与大西洋相连。在欧洲的典型湖泊中，通常只有几种端足类动物（虾状甲壳动物）和扁虫，而贝加尔湖却有200多种端足动物和80多种扁虫。而且有些种类还十分奇特，有一些端足类动物呈杂色斑驳，与环境色彩混为一体。

□ 可怕的现象

贝加尔湖底还有1～15米高像丛林似的海绵，这在其他湖泊里是找不到的，奇形怪状的龙虾就藏在这个"丛林"里。

贝加尔湖形成的年代不过几千万年，而5亿多年来西伯利亚中部从未被海洋淹没过。这里的地层曾经发生过剧烈的断裂，有的下降为狭长的洼地，有的上升为高山。洼地积水成了湖泊，从而形成了狭长而深邃的断层湖。那么，海洋生物又从何而来呢？有一种观点认为，这些生物是从海洋通过河流迁移过来的；也有人认为，这些海洋生物就产生于本地。

在苏联时期，贝尔格院士等人在对贝加尔湖的奇特生物现象进行研究后认为，贝加尔湖中真正的海洋生物只有海豹和奥木尔鱼，它们可能是沿着江河从北冰洋旅居到贝加尔湖的。那么，海豹和奥木尔鱼又是在谁的驱使下，从北冰洋跨越2000多千米来到贝加尔湖这样一个淡水湖来生活的呢？而且更令人不可思议的是，这些动物如何知道有贝加尔湖的存在，又如何知道这个湖会适合它们生存呢？还有，海螺、海绵、鲨鱼、龙虾等生物又是通过什么样的方式来到贝加尔湖，并长期在此湖生存的呢？

关于贝加尔湖的生物来源问题，至今科学家们尚未给出明确的答案。但我们相信，随着科学研究的进一步深入，这一问题终究会水落石出的。

神奇的尼亚加拉瀑布

尼亚加拉瀑布是驰名世界的大瀑布，坐落在美国纽约州西北部美加边境处，位于尼亚加拉河的中段。这条河流发源于伊利湖，向北流入安大略湖，仅长58千米，但是因为伊利湖与安大略湖地势相差100多米，当河水流经陡峭的断岩带时，便形成了气势磅礴的大瀑布。

尼亚加拉瀑布以山羊岛为界，分为加拿大瀑布和美国瀑布两部分，由3股飞瀑组成。两处瀑布的水源虽来自同一处，可是只有6%的水从美国瀑布流下，其他94%的水是从加拿大瀑布流下。其中，在河东美国一侧的两条瀑布，有着"彩虹瀑"和"月神瀑"的美称，后者因其极为宽广细致，很像一层新娘的婚纱，又称婚纱瀑布，两瀑布中间隔着兰那岛。在河西加拿大一侧的飞瀑最为壮观，形状有如马蹄，故称马蹄瀑。马蹄瀑与前两瀑相距约二三百米，但看上去基本是"三位一体"的半弧形。

历史上的尼亚加拉瀑布，曾是美国和加拿大两国争执不休，甚至兵戎相见的必争之地。1812～1814年间，两国曾多次为此发动战争。后来，双方签订了《根特条约》，规定尼亚加拉河为两国所有，以中心线为界。从那时起近200年来，加美两国享有一条和平的边界，双方都在各自的一边设立了尼亚加拉瀑布城。150多年前，拿破仑的弟弟耶洛姆·波拿巴曾携新娘到瀑布度蜜月，开创了到此旅行结婚风俗之先河。据统计，每年来尼亚加拉瀑布旅游的游客约400多万人，其中，情侣、恋人数不胜数。

"尼亚加拉"一词来自印第安语，意即"如雷贯耳"。关于这个瀑布有一则动人的传说：从前，有一位美貌的印第安姑娘被部落的酋长相中。酋长想娶她为妻，但姑娘不愿意，于是，在新婚之夜，她独自划着独木舟沿尼亚加拉河而上。在河水中，姑娘变成了美丽的仙女，后来经常出现在大瀑布的彩虹中。

尼亚加拉瀑布原本是人迹罕至、鲜为人知之地，几千年来，只有当地的印第安人知道这一自然奇观。在他们实际上见到瀑布之前，就听到如同打雷般的声音，因此他们把它称为"Onguiaahra"（后称Niagara），意即"巨大的水雷"。据传，欧洲人布鲁勒于1615年领略到尼亚加拉瀑布奇观。1625年，欧洲探险者雷勒门特第一个写下了这条大河与瀑布的名字，简称为"Niagara"（尼亚加拉）。

据说尼亚加拉瀑布已存在约 1 万年了，它的形成在于不寻常的地质构造。在尼亚加拉峡谷中岩石层是接近水平的。岩石的顶层由坚硬的大理石构成，下面则是易被水力侵蚀的松软的地质层。激流能够从瀑布顶部的悬崖边缘笔直地飞泻而下，正是由松软地层上的那层坚硬的大理石地质层所起的作用。更新世时期，巨大的大陆冰川后撤，大理石层暴露出来，被从伊利湖流来的洪流淹没，形成了如今的尼亚加拉大瀑布。通过推算冰川后撤的速度，瀑布至少在 7000 年前就形成了，最早则有可能是在 2.5 万年前形成的。但具体形成于何时还有待考证。

撒哈拉绿洲是如何变成沙漠的

撒哈拉沙漠位于非洲北部，西自大西洋，东达尼罗河，北起阿特拉斯山麓，南至苏丹，从大西洋到红海，撒哈拉沙漠横贯整个北非，东西绵延近 5000 千米，南北纵深近 2000 千米，横跨阿尔及利亚、摩洛哥、埃及等 11 国国境，是地球上最大的沙漠。撒哈拉地表起伏平缓，一般海拔在 250～500 米之间，地面主要是戈壁、流沙或沙丘，沙漠中还分布着一些间歇性河谷。整个环境异常干热，植物贫乏，动物也很稀少。自从人类有文字以来，撒哈拉这个词就意味着干旱、饥渴和死亡。但有谁会相信，它过去的名字应该叫撒哈拉绿洲。从绿洲到沙漠，如此巨大的变化是如何发生的呢？

位于撒哈拉大沙漠中部的两座山脉——恩阿哲尔和提贝提斯，由于常常受到暴风的袭击，加上昼夜温差很大，山上的石头有不少成了岌岌可危的石桥和迷宫似的石窟。起初，人们并未注意这些石窟有什么特别之处。后来在一次科学考察中，考古学家在这些石窟山洞里发现了原始人类的岩画。这些岩画早期的和后期的有很大区别，早期的是石刻的，后期的则是用黄褐色的泥土画上去的。

那些岩画反映的当时人们的生活情景，使发现者吃惊，人们居然在岩画中发现有很多的马。一些学者由此推测撒哈拉在几千年前是大草原，因为在大批马生存的自然环境中，草和水是不可缺少的。此外，岩画中还包括很多形象生动、神态逼真的水牛、鸵鸟、大象、羚羊、长颈鹿等动物。于是，人们认为大约在 6000 多年前，撒哈拉曾处于高温和多雨期，以塔西里台地为起点，南到基多湖畔，北到突尼斯洼地，构成了庞大的西北水陆网。台地在多雨期出现了许多积水池，沿着这些积水池，便繁殖起来了各种各样的动植物，撒哈拉文化也因此得到了高度的发展，并曾昌盛一时。

通过对岩画的研究，人们还发现只有在极少数的地区有有关骆驼的岩画。从碳-14 的测定中可以看出，在前期岩画中还没出现骆驼的形象，都是后期的作品中才有骆驼的形象的。据此，一些学者认为，在公元前 5000～前 3500 年左右，撒哈拉居住着许多狩猎或游牧

自古以来，撒哈拉这个枯寂的大自然，便拒绝人们生存于其中。风声、沙动，支配着这个壮观的世界。绿洲的出现，往往是沙漠旅行者最渴望的乐园。

部落。随着气候的变化,撒哈拉成为沙漠后,约在公元前400~前300年左右,骆驼才从西亚来到这里。

有地理学家认为,曾经的绿洲变成沙漠是自然条件变化的结果。因为这一地带气候极其干燥,日照时间特别长,最热的几个月中平均温度超过30℃,地表温度更是高达70℃。此外,这里还受到一股叫"哈马丹"的东北风的影响。这种风终年不停,一吹整个地区就天昏地暗、飞沙走石,再好的植被也会被扫荡一空,无法留存。

生态学家则认为,这片土地自古以来自然条件就很恶劣,一直经受着太阳的暴晒和季风的侵扰。之所以会有绿洲变沙漠的结果,是因为人类自身的活动所致。据分析,这里的人们犯了一个难以挽回的错误:在当时的农牧社会里,为了发展经济和战胜敌人,人口的增加越来越必要。随着人口的增多,田地变广了,牲畜也变多了,渐渐地绿色原野就无法负荷了。土地—植物—动物—人类这根生命的链条一旦断裂,便会完全崩溃于自然灾害的肆虐中。

撒哈拉沙漠形成的过程给我们这样一个启示:在自然—社会—文化生态系统中,人类的发展必须适应环境的变化,必须用生态的理念去帮助它朝积极的方向发展。

沙漠中的"魔鬼城"

这是一个杳无人烟却又热闹非凡的"城市"。当晴空万里、微风吹拂时,人们在城堡漫步,耳边能听到一阵阵从远处飘来的美妙乐曲,仿佛千万只风铃在随风摇动,又宛如千万根琴弦在轻弹。可是旋风一起,飞沙走石,天昏地暗,那美妙的乐曲顿时变成了各种怪叫:像驴叫、马嘶、虎啸……又像是身边婴儿的啼哭、女人的尖笑;继而又像处在闹市中:叫卖声、吆喝声、吵架声不绝于耳;接着狂风骤起,黑云压顶,鬼哭狼嚎,四处迷离……城堡被笼罩在一片蒙蒙的昏暗中。这里,就是新疆著名的"魔鬼城",究竟是谁建造了它?那无数奇异的声音又是从哪儿来的呢?

科学家在经过实地考察后,提出了一个新观点——"风成说"实际上魔鬼城就是一个"风都城",并没有什么鬼怪在兴风作浪,而是肆虐的风在中间发挥着作用。魔鬼城的种种现象都可以由地球科学的"风蚀地貌"来进行解释。在气流的作用下,狂风将地面上的沙粒吹起,不断冲击、磨擦着岩石,于是各种软硬不同的岩石在风的作用下便被雕琢成各种各样奇怪的形状。

魔鬼城的地层是古生代的沉积岩,经过漫长岁月的积累,一层又一层相叠而成,厚薄不一,松实结合的岩层,再加上这里地处干燥少雨的沙漠气候,经过太阳的烧烤,大地在白天时一片灼热。而气温又会在晚上骤然下降,冷热变化十分剧烈。在热胀冷缩的作用下,岩石会碎裂成许多裂缝和孔道。沙漠地区的风面对着准噶尔盆地老风口,再加上常年受到从中亚沙漠地区而来的西北风的吹打,这些风最大的风

魔鬼城景色

力可达 10~12 级，风力极强。夹带着大量砂粒的狂风扑打在岩石上，长年累月地对那些有软有硬的岩壁进行侵蚀，这样那些岩石也就被雕琢得十分精致而且神奇。

但是，经过实地考察，雕琢魔鬼城的伟大工程师绝不只有"风"，还有"雨"，即流水的侵蚀、切割。是不是"风吹雨打"就足够了呢？不！这还不够。因为"风"和"雨"只是条件，是外因；还缺少物质基础即内因。这个内因就是岩石，而魔鬼城里恰好分布着形态各异的山岩，且大多裸露在地面上。有的像飞檐斗拱的亭台楼榭；有的像纪念塔、金字塔；而那些好似耸立的"城垛"和起伏不平的"雉堞"更像历史久远的城堡，虽久经风化，还可依稀辨认。坍塌的断壁，巍峨的石柱，错落的街巷，曲折幽深，仿佛是一座深不见底的迷宫。那些涂着淡红褐色的房屋、碑石、暗堡更是给城堡增添了一种神秘莫测、扑朔迷离的色彩。岩壁中间是蜿蜒盘绕、坎坷不平的通道，其迂回曲折的形态如同现实中的马路一样。许多岩石久经风化，如同人像，又如珍禽异兽一般，栩栩如生。而且这些岩石都水平叠置，保证了岩层虽经风吹雨淋而没有土崩瓦解。

看来，魔鬼城的建造者不是风、雨、石等个别的因素，当然更不可能是魔鬼，而是多种因素共同作用的结果。魔鬼城里的"魔鬼"终于被科学家们找了出来，人们再也不必为此担惊受怕了。

东非大裂谷的未来

从北面的叙利亚到南面的莫桑比克，东非大裂谷穿越 20 个国家，延绵 6700 多千米，差不多是地球圆周的 1/5。这道裂口宽达 100 多千米，从周围高原到谷底的峭壁高达 450~800 米。东非大裂谷气势宏伟，景色壮观，是世界上最大的裂谷带，有人形象地将其称为"地球表皮上的一条大伤痕"。

东非大裂谷其实并不是谷，因为在整条裂谷中，既有崇山，也有高原，而且在埃塞俄比亚南部更分成两支，直到坦桑尼亚与乌干达边界的维多利亚湖地区才重合起来。在这个地球上最长而不间断的裂口内，可以找到地球的最低点、世界最高的火山、地球上最大的湖泊。

东非大裂谷起自叙利亚，形成约旦河谷与死海。死海海面比平均海平面低 400 米，是各大洲中的最低点。这个地区气温很高，水分迅速蒸发，含盐量约为 30%，是海水的 10 倍，就是不会游泳的人也能轻易浮在水面上。

距东非大裂谷起始点约 800 千米处，海水侵入，这道口子沿着亚喀巴湾和红海延伸，到伊索比亚宽阔的扇形达纳基勒洼地才转入非洲大陆。这片平原曾被盐度与死海相当的盐水淹没过，有些部分在海平面 150 多米以下。所有水蒸发后，留下了一层盐层，有些地方的盐层有 5000 米厚。

在沿东非大裂谷形成的湖泊中，坦噶尼喀湖、马拉维湖和维多利亚等淡水湖泊由于四周有干旱荒漠阻隔，湖水里生活着数百种其他地方没有的鱼。

3 个湖中最浅的维多利亚深 100 米，这个湖也是形成最晚的，只有近 75 万年的历史。此湖形成时，西面的土地隆起，把数条河流的河道截断，结果河道加深加宽，成为小湖。维多利亚湖本身也经历变迁，在泛滥时会把原来与外界隔绝水体中的生物接收过来，在干旱期，湖中生物又会回到与世隔绝的生活。

形成裂谷的地方都位于地壳的"热点"上，温差与密度的差别令熔岩升向地壳表面，沿着裂谷的轴线火山活动频繁。非洲大陆上的最高峰——乞力马扎罗山与肯亚山就在裂谷的轴线上，第三大火山坦桑尼亚北部的恩戈罗山已坍塌的火山口成为非洲最佳野生动物保护区，

□可怕的现象

火山口内有一个天然灌溉系统,全年水分充足。西面的塞伦盖蒂平原可容下比恩戈罗多100倍的动物。

古往今来,东非大裂谷一直引人注目;当今世界,东非大裂谷的未来命运,更是举世关注。

美国地理学家约翰·乔治,曾在1893年对裂谷进行了5个星期的实地调查。他推测:东非裂谷不是由河流冲刷而成,而是因为地壳下沉,形成了一个两边峭壁相夹的沟谷凹地。现在,越来越多的科学家试图通过勘测东非大裂谷,寻找板块分离的答案。大陆漂移说和板块构造说的拥护者在研究肯尼亚裂谷带时注意到,两侧断层和火山岩的年龄,随着离开裂谷轴部的距离的增加而不断增大,因此他们认为这里是一起大陆扩张的中心。2003年1月,来自美国、欧洲国家和埃塞俄比亚的72位科学家协作完成非洲历史上最大的地震勘测。科学家们推测,火山活动频繁的东非大裂谷的"伤口"将越来越大,最终将变成海洋。但是,反对板块理论的人则认为这些都是危言耸听。他们认为大陆和大洋的相对位置无论过去和将来都不会有重大改变,地壳活动主要是作上下的垂直运动,裂谷不过是目前的沉降区而已,将来它也可能转向上升运动,隆起成高山而不是沉降为大洋。

东非大裂谷未来的命运究竟如何,人类只有拭目以待。

三、不可泄露的自然"天机"

海啸是怎么产生的

人们都说"无风不起浪",但为什么有时没有风的时候也会波涛汹涌,形成几十米高的巨浪呢?这种现象叫做"海啸",海啸发生时会造成严重的破坏。那么,海啸是怎么产生的呢?

海底地壳的断裂是造成海啸的最主要原因,地壳断裂时有的地方下陷,有的地方抬升,震动剧烈,在这种震动中就会有波长特别长的巨大波浪产生,这种巨大的波浪传至港湾或岸边时,水位就会因此而暴涨,向陆地冲击,产生的破坏作用极其巨大。有时海啸是由海底的火山喷发造成的。像1883年,爪哇附近喀拉喀托岛上的火山喷发时,在海底裂开了一个深坑,深达300米,激起高达30米以上的海浪,巨浪把3万多人卷到海里。火山在水下喷发,海水还会因此沸腾,涌起水柱,难以计数的鱼类和海洋生物死亡,在海面上漂浮。

此外,有时海啸还是海底斜坡上的物质失去平衡而产生海底滑坡造成的。

也有些海啸是由风造成的。当强大的台风从海面通过时,岸边水位会因此而暴涨,波涛汹涌,甚至使海水泛滥成灾,由此造成的损失是巨大的。这种现象被人们称为"风暴海啸"或者"气象海啸"。

但是,海啸也并不是所有的海底地震的必然后果,一般而言,海啸是否会出现,与沿岸的地貌形态也有很大的关系。

极具破坏力的龙卷风

在美国俄克拉何马州阿得莫尔市曾经发生过这样一件怪事:两匹马拉着一辆大车在路上行走,车夫坐在车上,由于天气闷热,他打起了瞌睡,突然一声巨响把他惊醒。睁眼一看,两匹马和一根车辕都已经无影无踪了,而自己和车子却是安然无恙。

俄克拉何马州的一对夫妇也遭到了这种厄运。在1950年的一个晴朗的夏日,

这是发生在美国佛罗里达州的龙卷风暴,当雷暴云形成并迅速释放出巨大的能量时,就会产生破坏力巨大的龙卷风,将海水抛向高空,同时伴随着强烈的闪电。

□ 可怕的现象

他们躺在床上休息。一声刺耳的巨响赶走了睡神。他们起来看一看，以为这声音是梦中听到的，于是重新又躺了下来。但是，他们忽然发现他们的床已被弄到荒无人烟的旷野，周围没有房子，没有任何建筑物，也没有牲畜。只有一只椅子还留在他们的旁边，折叠好的衣服仍好端端地摆在上面！据说这件怪事的罪魁祸首是龙卷风。

龙卷风是云层底部下垂的漏斗状的云柱及其伴随的非常强烈的旋风。文献上记载的下降银币雨、青蛙雨、黄豆雨、铁雨、虾雨，还有血淋淋的牛头从天而降等现象，都是龙卷风把地面或水中的物体吸上天空，带到远处，随雨降落造成的。龙卷风中心气压极低，中心附近气压梯度极大，产生强大的吮吸作用。当漏斗伸到陆地表面时，把大量沙尘等物质吸到空中，形成尘柱，称陆龙卷；当漏斗伸到海面时，便吸起高大的水柱，称水龙卷或海龙卷。龙卷的袭击突然而猛烈，产生的风是地面上最强的。

在强烈龙卷风的袭击下，房子屋顶会像滑翔翼般飞起来。一旦屋顶被卷走后，房子的其他部分也会跟着崩解。龙卷风的强大气流还能把上万吨的整节大车厢卷入空中，把上千吨的轮船由海面抛到岸上。在美国，龙卷风每年造成的死亡人数仅次于雷电。它对建筑的破坏也相当严重，经常是毁灭性的。1925 年 3 月 18 日，一次有名的"三州旋风"遍及密苏里、伊利诺伊和印第安纳 3 个州，损失达 4000 万美元，死亡 695 人，重伤 2027 人。1967 年 3 月 26 日，上海地区出现的一次强龙卷，毁坏房屋 1 万多间，拔起或扭折 22 座抗风力为 12 级大风两倍的高压电线铁塔。龙卷风平均每年夺走数万人的生命。1970 年 5 月 27 日一个龙卷风在湖南形成后经过沣水，在沣水的江心卷起的水柱有 30 米高、几十平方米大，河底的水都被吸干了。

龙卷风在世界各地都曾出现过，我国龙卷风不多见，而在美国、英国、新西兰、澳大利亚、意大利、日本出现的次数却很多。龙卷风在美国又叫旋风，是常见的自然现象。1879 年 5 月 30 日下午 4 时，在堪萨斯州北方的上空有两块又黑又浓的乌云合并在一起。15 分钟后在云层下端产生了旋涡。旋涡迅速增长，变成一根顶天立地的巨大风柱，在 3 个小时内像一条孽龙似的在整个州内胡作非为，所到之处无一幸免。最奇怪的是在开始的时候，龙卷风旋涡竟然将一座新造的 75 米长的铁路桥从石桥墩上"拔"起，把它扭了几扭然后抛到水中。事后专家们认为，这次龙卷风旋涡壁气流的速度已高于音速，其威力巨大。

把高于音速的龙卷风比喻为一个魔术师一点也不为过。1896 年，美国圣路易市发生过一次旋风，使一根松树棍竟轻易穿透了一块一厘米左右的钢板。在美国明尼苏达州，1919 年也发生了一次旋风，使一根细草茎刺穿一块厚木板，而一片三叶草的叶子竟像模子一样，被深深嵌入了泥墙中。但是十分使人不解的是关于麦蒂希布农妇谢莱茹涅娃和她儿子的事情。龙卷风将她、她的大儿子和婴儿吹到一条沟里，而她的次子彼佳被刮走不见影踪，直到第二天才在索加尔尼基市找到了他。尽管他吓得魂不附体，但丝毫未受损伤。令人奇怪的是，不是顺着风向吹，而是逆着风被吹到索加尔尼基市的。

尽管人们早就知道龙卷风是在很强的热力不稳定的大气中形成的，但对它形成的物理机制，至今仍没有确切的了解。有的学者提出了内引力——热过程的龙卷成因新理论，但是用它也无法解说冬季和夜间没有强对流或雷电云时发生的龙卷风。龙卷风有时席卷一切，而有时在它的中心范围内的东西却完好无损；有时它可将一匹骏马吹到数千米以外，而有时却只吹断一棵树干；有时把一只鸡的一侧鸡毛拔完，而另一侧鸡毛却完好无缺，产生龙卷风这些奇怪现象的原因更是令人莫测。

龙卷风的风速究竟有多大？没有人真正知道，因为龙卷风发生至消散的时间短，只有几分钟，最多几个小时。作用面积很小，一般直径只有 25～100 米，在极少数的情况下直径才达到1千米以上,以至于现有的探测仪器没有足够的灵敏度来对龙卷风进行准确的观测。相对来说,多普勒雷达是比较有效和常用的一种观测仪器。多普勒雷达对准龙卷风发出微波束,微波信号被龙卷风中的碎屑和雨点反射后重被雷达接收。如果龙卷风远离雷达而去,反射回的微波信号频率将向低频方向移动;反之,如果龙卷风越来越接近雷达,则反射回的信号将向高频方向移动。这种现象被称为多普勒频移。接收到信号后,雷达操作人员就可以通过分析频移数据,计算出龙卷风的速度和移动方向。为了制伏龙卷风、预测龙卷风,人们正努力探索龙卷风形成的规律,以解开这个自然之谜。

可怕的球形闪电

夏天,雷电交加的晚上雷声隆隆,火花在天空中闪亮,一道道明亮刺眼的闪电划破寂静的夜空。闪电是人们司空见惯的一种自然现象。专家计算过,全世界平均每秒钟就要发生100次闪电。人们常常见到的闪电大多是分岔的枝条状而非平直的线条状,科学家对此有着不同的解释。

荷兰科学家曼努埃尔·艾里亚斯解释说,大气放电过程中存在两种媒介,即中性气体和一个充斥着电离气体的"通道","通道"在一定的时机会成为一个导体,放电时电流进行自由的流动,而电离气体和中性气体由于界限的不稳定就会出现交融,因而出现了分岔的枝条状现象。

科学家还解释说,分枝现象是否出现取决于电场的强度。如果电场强度大,也有可能使阴极和阳极气体迅速形成"枝繁叶茂"的闪电现象。

除了树枝状的闪电以外,还有一种球形闪电也是多年来科学家研究探索的现象之一。几乎所有的报道都表明,球状闪电出现在雷暴天气下,且尾随于一次普通闪电之后。它出现时常飘浮在离地面不远的空中,接触地面后常反弹起来,而被接触的物质通常会被烧焦,目前,国内外有很多关于球形闪电的报道。

10多年前,出现在德国的球状闪电却很奇特。人们看到一个大火球自天而降,击在一棵大树顶上,当即分散成10多个小火球,纷纷落地,消失了,犹如天女散花一样。

在苏联的一个农庄,两个孩子在牛棚的屋檐下躲雨。突然,屋前的白杨树上滚落下一个橙黄色的火球,直向他们逼来。慌乱中一个孩子踢了它一脚,轰隆一声,奇怪的火球爆炸了,两个孩子被震倒在地,但没有受伤。事后,人们才知道那个火球是罕见的球状闪电。

在美国一个叫龙尼昂威尔的小城里曾发生过一件怪事:一位主妇清楚地记得,她放进冰箱的食品是生的,可是在她从市场回到家里,打开电冰箱一看,发现所有的食品都成了熟食。后来,经过科学家的研究才明白,这是球状闪电开的玩笑。不知怎么搞的,它钻到电冰箱里把冰箱变成了电炉,奇怪的是,冰箱竟没有损坏!

一位名叫德莱金格的奥地利医生,在钱包被盗的当天晚上,被请去为一个遭雷击的人看病。他发现那个人的脚上印着两个"b"字,同自己丢失的钱包上的"b"字大小相同,结果钱包就在这个人的口袋里。

1962年7月22日傍晚,我国科学工作者在泰山顶上对雷暴进行研究时,亲眼目睹了一次奇怪的球状闪电。随着一声巨响,在窗外冒雨工作的科学工作者发现一个直径约15厘米的红色火球从西边窗户的缝中窜入室内,大约几秒钟后,又从烟囱里飘出。在离开烟囱口的瞬间,发生了爆炸,火球也消失了。桌子上的热水瓶、油灯都被震碎,烟囱也被震坏。火球所经过的床单上,留下了10厘米长的焦痕。

□ 可怕的现象

1979年1月6日，在我国吉林市，有人曾经看到一个落地球状闪电在气象站办公室转了数圈，然后又腾空而起，往东方飞去。它像个大探照灯，一路照得通亮，最后落入松花江里消失了。

1981年7月9日，随着一声惊雷，人们看到两个橘红色的大火球，带着刺耳的呼啸声，从乌云中滚滚而下，坠落在上海浦东高桥汽车站。两个火球在地面相撞，发生一声巨响，消失了。

1993年9月16日晚大约19时45分，江苏省滨海县城天气异常闷热，气压很低，突然一条红火龙从该县东坎镇东村东园组的村东向西飞来，飞到杨某家周围上空时，变为一只火球窜进屋内，紧接着一声巨响，一人遭雷击身亡，身上衣服头发均被烧光，还有二人被击昏在地，身上多处烧伤，后经抢救脱险。

球状闪电这种罕见的自然现象给充满好奇心的人类带来了无尽的遐想。古人在很长一段时间只能借想象来解释它。把它描绘成骑着火团的矮精灵，或者是口吐火焰、兴风作浪的怪物。

在19世纪初，科学家们开始了对球状闪电的漫长的探索。球状闪电虽然罕见，但两个世纪来，人们还是得到了大量的直观资料，其中包括一些科学家的目击纪录。球状闪电是一种奇特的闪电，但它的形成原因至今尚未弄清。有人认为它是一团涡旋状的高温等离子体；有人认为它本身就是一种特殊形式的大气放电等。

最新的科学进展导致了一些科学家将分形理论引入球状闪电的研究，提出分形球状闪电模型：在普通闪电的一次放电瞬间产生的颗粒极小的高温微尘与周围介质碰撞并黏结成一种错综复杂的网状结构———一种分子形结构。它有相对稳定的形状，但密度极小，绝大部分体积是空隙。正是这些空隙储存了球形闪电的能量，它是一种化学能，能量的释放可能是一个链式的化学反应。

从人类已掌握的自然规律出发，科学家们已提出了几十种模型，他们都能不同程度的解释球状闪电的一部分性质。然而，因为不能在实验室中对球状闪电直接研究，无法获得充分的数据，而目击报告中许多现象又似乎矛盾重重，所以，能得到普遍认可的模型至今还没出现。200年已经过去，自然界仍在炫耀它天才的创造，它里面究竟隐藏着什么奥秘？相信总有一天人类能够解开这其中的谜团。

闪电中的电从哪儿来

我们会认为电都是从发电厂来的，水滴组成的乌云中怎么会放出电来呢？不过乌云中的确有电，这页纸里也有，甚至连你的身体里都有。

无论是乌云还是树木，或者是人体，一切物体都是由原子组成的。每个原子的中心都存在一个由若干个带正电荷的质子和若干个不带电的中子组成的原子核（除了一种最简单的氢原子，它的内部没有中子）。在原子核的周围，是绕核运动的带负电的电子。正负电荷相互吸引，所以围绕在原子核周围的电子就像围绕在蜂窝周围的蜜蜂。

质子和电子之间的引力是一种电磁力。我们视力可及的范围内处处有电，只不过它藏在了原子里面。通常情况下，一个原子内的正负电荷数相等，所以由原子组成的物体，比如说你的身体，整体上不会带有正电或负电。这样，你走来走去碰到别人时也不会触电。

但有时，原子内的正负电荷也会失去平衡，你或许也有过这样的体验。比如说寒冷的冬天，你待在自己的温暖小屋里。我们假设房间里的空气非常干燥，你拖着鞋在羊毛地毯上蹭来蹭去，不知不觉中，地毯上和鞋上的一些原子就会失去部分电子。

此时，你身上的电子数和质子数不相等，正负电荷不能互相抵消，所以整体上看你就成了带电体。这时如果用手去碰金属门把手，就会在你的手掌和门把手之间形成一个微弱的电流，于是你就产生了电击的感觉。

正负电荷之间相互吸引的力就是电力。电力使电子在你的手掌和门把手之间流动，使你自身的电荷重新恢复平衡。如果房间里很暗，你还可以看见火花，这是因为电子在跳跃时会放出光子。要是房间里还很安静的话，你甚至可以听到噼啪声。

我们周围时时处处都有电存在，云朵里也不例外。在阳光明媚的晴天，云彩安静地飘在空中，一点也看不出它具有什么威力。不过云朵也会聚集起电荷，所以当天空中乌云密布时，千万要小心。如果云层中的电子发生流动使原子恢复电荷平衡，就会出现闪电，还有轰隆隆的雷声。

当黑压压的乌云里有气流吹过时，云中的颗粒相互碰撞——包括从海洋里蒸发出的盐、灰尘等。就像鞋在地毯上摩擦会释放出电子，这些颗粒在碰撞之后也会释放电子。颗粒如果失去了电子，就带上正电荷；如果得到了多余的电子，就带负电。

从实际情况来看，较重的物质颗粒比较容易带上负电荷，而重量轻的颗粒则容易带上正电荷。不过具体原因是什么，科学家至今还不是很清楚。云层的下半部分是质量较大的颗粒集中的区域，所以这里通常带有负电荷。

聚集在云层底部的负电荷会吸引带正电的质子，同时排斥游离在地表之上的电子。很快，在云层与地面之间就聚集起了正电荷。然后，就像手与门把手之间的电流一样，一道刺眼的闪电划过天际，这就是乌云与地面之间的电流。电流在乌云与地面之间曲折前进，与来自地面的带正电荷质子相遇，这时你听到的就不是轻轻的噼啪声了，而是震耳欲聋的巨响。

如果我们能通过慢动作来观察整个过程，我们会看到：一个微微发光的雷电（叫做"先导"），出现在云层的底部，然后，先导开始跌跌撞撞地向地面前进，它先向右下方跳50米，然后又向左下方跳50米——这就是我们看到的天空中曲曲折折的闪电。

先导从云层到地面的运动过程只持续1秒钟，而产生的电流相当于200安培（家用电器通常使用15～20安培的电流）。如果雷电距地面在20米之内，地面会有束火花跃起与雷电相遇，然后这股电流跃回云层，这时，其中的电流高达1万安培。

云层中瞬间又激发出另一个先导，它沿着刚才上行闪电的路径通向地面。随后，另一束火花又跃回云层。闪电内部的温度可达3万摄氏度。电流沿着这条路径在云层与地面之间往返几次，但由于这一系列过程只发生在短短1秒钟之内，所以我们肉眼只能看到一束闪电的亮光。

那么一束闪电有多大的能量呢？高达2万兆瓦。这么大的功率足以点亮美国一个州的所有电灯，包括居民住宅和办公大楼在内——不过只能点亮1秒钟。

令人谈之色变的"厄尔尼诺"

厄尔尼诺在20世纪频频光顾地球，给人类造成了极大的危害。每次发生厄尔尼诺现象时，都会造成或大或小的灾难。为了解厄尔尼诺的形成，气象学家进行了细致而广泛的研究，但是，至今仍众说纷纭，尚无定论。

1982～1983年，在全球范围内发生了严重的厄尔尼诺事件。在这次厄尔尼诺事件中，许多地方都遭受了灾难。特大飓风袭击了夏威夷群岛，多处房倒屋塌；印度尼西亚、澳大利亚出现严重干旱和森林火灾；巴西北旱南涝；北美洲大陆热浪与暴雨交替出现，当地居民处于"水深火热"之中；欧洲酷暑难熬；非洲由于干旱发生了灾荒；中国北旱南涝，冬

可怕的现象

1987年，当厄尔尼诺再次横行全球时，孟加拉国暴雨成灾。20世纪90年代以后，厄尔尼诺现象越来越频繁，严重地威胁着人类的生产、生活。

天到来时，以严寒著称的东北地区气候温暖，一向温暖的华南、西南地区却奇冷无比。

1986~1987年，厄尔尼诺再次横行全球。巴西东北部、美国、南亚及非洲北部发生了严重干旱；秘鲁、苏丹、孟加拉国暴雨成灾；时速高达320千米的强烈飓风袭击了加勒比海。

20世纪90年代，厄尔尼诺像常客一样频频光顾地球，几乎一年一次。这一时期，全世界连续发生4次厄尔尼诺事件，分别是1991年5月至1992年8月、1993年4月至1994年1月、1994年10月至1995年6月、1997年4月至1998年7月。这种情况是前所未有的。其中，1997年的厄尔尼诺现象最为强烈，危害也最大。厄尔尼诺导致澳大利亚发生了山林火灾，相当于2个英格兰面积的地区被烧得一干二净；非洲暴发洪水，淹死牛群，毁坏庄稼；美国南部遭到了龙卷风的猛烈袭击，海浪侵蚀了整个西海岸。这些灾害导致超过7000人死亡，并造成超过100亿美元的经济损失。

厄尔尼诺现象最早是被南美洲秘鲁和厄瓜多尔沿岸的居民发现的。当时，每到圣诞节前后，世界著名的秘鲁渔场鱼产量就会锐减。这种奇怪的现象引起了人们的注意，经过长期观察，人们发现，原来南美西海岸附近海域的海水温度，每到圣诞节前后就会升高。生活在这一带的浮游生物和鱼类适应了冷水环境，水温升高会导致鱼类大量死亡，渔场因此而减产。由于科技的落后，当时的人不明白海面水温为什么会升高，以为是"圣婴"降临了，"圣婴"在西班牙语中的发音刚好是"厄尔尼诺"。厄尔尼诺最初仅仅是指秘鲁沿岸海水温度异常变化的现象，而不像现在这样是灾难的代名词。

世界各国的科学家联合起来为厄尔尼诺做出了一个基本一致的定义：如果赤道东段和中段一带太平洋大范围的海水水温异常升高，持续时间超过3个月，月平均海表温度上升0.5℃，就称为一次"厄尔尼诺事件"。

厄尔尼诺究竟是怎样发生的呢？毫无疑问，海水异常升温即便不是引发厄尔尼诺的关键因素，也会加剧厄尔尼诺现象。这样一来，弄清海水异常升温的原因就变得非常必要了。科学家们对此进行了广泛的研究，较为成熟的有以下3种观点。

第一，地球内部因子论。科学家认为，既然海底火山爆发、海底地震等都可能引发厄尔尼诺现象，那就应从地球内部找原因，是地球内部的变化导致了厄尔尼诺的发生。

第二，天文因子论。附着在地表的海水和大气随地球快速向东旋转，有时，地球自转会突然减慢，出现"刹车效应"，在惯性力的作用下，赤道地区自东向西的海水和气流减弱，于是便发生了一次厄尔尼诺事件。

第三，大气因子论。目前大多数人都持这种观点。由于信风的影响，赤道太平洋形成了海温和水位东低西高的形势，与此同时，在赤道太平洋东侧的下沉气流和西侧的上升气流的影响下，信风会加强，一旦信风减弱，太平洋西侧的海水就会向东回流，太平洋位于赤道东段和中段的水温会异常升高，这也就导致了厄尔尼诺事件的发生。

除此之外，人们不禁会发出这样的疑问：厄尔尼诺现象是孤立的吗？其他地球自然灾害和它有没有关系呢？我们已经知道，它本身会对海洋渔业造成危害。而事实则更为严重，自20世纪60年代以来，全球范围内的厄尔尼诺现象已发生了11次，而且每一次都伴随着其他或大或小的自然灾害。人们由此受到启发，尽力寻找各种看似毫不相干的自然灾害与厄尔尼诺之间的联系。

为了解答上述问题，科学家们对厄尔尼诺现象进行了跟踪研究。气象学家已证实，世界上一些地区气候异常及气象灾害，如洪涝、干旱、森林大火、沙尘暴等，确实是由厄尔尼诺引起的。因为厄尔尼诺发生时，海洋表面温度大大升高，热带太平洋因此而海表热力异常，干扰了地球大气的正常环流，导致全球气候异常，自然灾害频繁，地球陆地生态系统因此受到破坏。人们最初以为厄尔尼诺只是个"小捣蛋"，但随着研究的深入，人们不得不遗憾地承认它其实是个"大元凶"，许多灾难都由它引发。因此，海洋学家和气象学家非常关注这样一个问题，那就是能否利用海洋中各种要素的变化规律，来预测厄尔尼诺的发生。

在过去的几十年中，随着科技的发展和科学家经验的积累，厄尔尼诺研究的进展十分迅速。美国国家大气和海洋管理局的科学家麦克法丹说过这么一句话："厄尔尼诺现象自从1982～1983年以后有了彻底的改变。1997～1998年的厄尔尼诺规模极大，远远超过了1982～1983年那次，可是前一次直到接近尾声时，我们才知道发生了厄尔尼诺。而在1997～1998年的厄尔尼诺现象中，每天都发生了些什么，我们一清二楚。"科学家们利用了两件新武器——装有仪器的卫星和浮标，才做到了这一点。有了这些仪器，科学家便能对海洋的"风吹草动"了如指掌。

1997年9月，科学家们依据气象监测卫星收集到的大量数据做出了图像，发现了一项异常情况：一片广阔水域的水面竟然比正常情况高出33厘米。温暖的热带海水在肆虐的贸易风的推动下剧烈运动造就了这一奇景。它是一次正在进行中的剧烈的厄尔尼诺现象的反映。果然，在随后的几个月中，全球地区几乎全都受到了厄尔尼诺的袭击。这次预测也表明，在短短10多年里，人类分析预测厄尔尼诺现象的能力已大大提高。

随着对厄尔尼诺研究的加深，科学家们力图找出过去几十年内厄尔尼诺频繁发生和破坏力加大的原因。

在20世纪的百年中，厄尔尼诺经常发生，其中有两个厄尔尼诺多发时代。第一次是在20世纪20～30年代，美国南部地区出现周期性干旱，俄克拉何马和北得克萨斯的数百家农场毁于这场灾难。20世纪80～90年代是第二个厄尔尼诺多发期，其影响比以前更广泛，也更恶劣。

有人认为，自然界气候变化的规律性重复，导致了20世纪最后20年中厄尔尼诺现象频繁发生。但由于20世纪70年代之前一直没有关于厄尔尼诺现象的记录数据，所以无法确定这种观点是否正确，同时也无法确定厄尔尼诺的发生周期。

也有人认为，厄尔尼诺之所以频繁发生，是因为太平洋变暖的缘故。这种看法也有一定的道理。

科学家们为了更好地搜集厄尔尼诺的资料，以记录和预测它的发生，部署了一些强有力的新工具。1998年，美国航天局戈达德空间飞行中心将一台十分先进的加强型克雷超级计算机用于处理有关厄尔尼诺的资料。克雷机最大的优点是可以尽可能多地利用资料，改进预报模型，全面处理有关厄尔尼诺的浮标和卫星数据。在上海天文台，中国科学院也利用前所未有的先进空间天文学手段，预测到了即将发生的厄尔尼诺现象。

□ 可怕的现象

今天，人类利用先进的科技，越来越多地了解了厄尔尼诺现象，但大自然依然不愿对我们坦露所有真相，许多疑团还是没有解开。我们已经清楚，大洋暖水流大范围运动是厄尔尼诺现象和反厄尔尼诺现象的主因。南太平洋中有逆时针大洋环流，北太平洋则有顺时针大洋环流，这些与暖水流运动有什么联系？厄尔尼诺带来的暖水来自何方？其热源又在哪里？

大自然给我们留下了一个又一个谜团，要解开它，只能依靠人类的聪明才智和刻苦努力。厄尔尼诺之谜总有一天会被解开，到时候，人们不再只是被动地接受，而是能反客为主，利用各种方式控制它，引导它向有利于人类的方向发展。

南极冰盖下的秘密

南极是一个广袤无垠的冰雪世界。几十年前，人类就已征服南极，并了解到南极是一块被冰雪严严实实地覆盖着的广阔大陆。但是，那厚厚的冰盖下究竟埋藏着什么呢？地球的温室效应是否会使那些冰层融化并消失呢？

地球上最冷的地方非南极莫属，这里的平均气温为 $-79℃$。地球上有记录的最低温度就是在这里产生。苏联科学考察队员曾测到一个令人吃惊的低温：$-88.3℃$ ！

如此低的气温是南极终年为冰雪所覆盖的主要原因。南极大陆总面积约为 1400 万平方千米，裸露山岩的地方还不到整个南极大陆的 7%，其余超过 93% 的地方全都覆盖厚厚的冰雪。从高空俯瞰，南极大陆是一个高原，它中部隆起，向四周逐渐倾斜，巨大而深厚的冰层就像一个银铸的大锅盖，将南极罩得严严实实。因此，南极大陆上的冰层又被人们形象地称为冰盖。南极冰盖最厚的地方甚至达到了 4800 米，平均厚度也有 2000 米。当南极处于冬季时，海洋中的海水全部都冻成了海冰，大陆冰盖与海冰连为一体，形成一个巨大的白色水源，面积超过了非洲大陆，达 3300 万平方千米。

由于南极大陆的真面目被严严实实地掩藏在冰盖之下，人类想要了解它就更加困难了。但人类的探索欲望是非常强烈的，许多国家都投入了大量的人力和物力组织实施南极科考活动，并取得了一些具有重要科学意义的成果。

经过考察，人们发现南极大陆蕴藏着很多宝贵的资源。科学家们认为，既然南极有如此丰富的资源，那么南极大陆在地球早期肯定不会如此寒冷，那时的气候肯定非常温暖。对于此种推测，科学家们是这样解释的：在 1 亿年前，地球上存在着一块更大的陆地——冈瓦纳大陆，这块大陆包括现在的南极洲等许多地方。这里气候温暖，成片茂密的热带雨林随处可见。后来，海底扩张，大陆漂移，一部分大陆变成了今日的非洲、南美洲、澳洲、塔斯马尼亚岛、印度次大陆和马达加斯加岛；而另一部分则继续向南漂移，成为现在的冰雪世界——南极大陆。

人们发现，在南极冰层中还隐藏着无数的秘密。各国的科学家们每次到南极考察都有不少的收获。他们曾在冰层里发现了来自宇宙的类似于宇宙尘埃的宇宙空间物质、实验原子弹时的人工反射性降落物、陨石以及各个时期人类留下的垃圾等。为了弄清楚这些物质的分布状态，人们

南极终年被冰雪覆盖着，气候寒冷、恶劣。即使在夏季，也只达到凝固温度。尽管如此，许多动物，如企鹅还生活在这个地区。

对冰层的各部分进行垂直取样。通过分析，发现了许多极具研究价值的信息，为人类研究地球和宇宙的关系，以及近年来地球的污染程度提供了科学依据。此外，科学家们还可以通过分析冰层中所含的气体成分，了解地球古代和现代空气的成分及其变化等情况。

我们常常可以看到媒体对科学家赴南极考察的报道会用到这么一个词——"钻取冰核"。为什么要在南极冰原上钻取冰核呢？原来，各个"冰期"以及火山喷发、风雨变化都会在冰原中留下痕迹。科学家认为，如果能充分地了解这些信息，那么人类就可以预测以后的命运了。南极冰盖是在低温环境下经过千万年的日积月累形成的。因此，人们在这里可以发现大量的地球演变信息，这里就像是一个珍贵的地球档案馆，成为各国科学家向往的"天然研究室"。他们通过对从南极冰盖2083米深处取出的冰芯进行分析，得出了其中的氧同位素、二氧化碳、尘埃以及微量元素等信息，揭示了最近16万年中地球气候变化的情况。

更为神奇的是，科学家在冰层中居然找到了细菌的影踪。美国科学家宣布，他们在南极腹地很深的冰层下找到了细菌生存和繁衍的证据。这种类似于放线菌的菌种是在南极孚斯多克湖上面的冰层里被发现的，这里也是前苏联科考人员测量到地球上最低气温的地方。科学家认为，这种细菌通常生活在土壤里，可能是随着小块土壤被风刮到湖泊里并被埋在了那里，或者它们原本就长在湖里，后来被冰冻结在那里，永远也出不来了。据介绍，这些细菌可能已在湖里待了50万年以上了。

冰雪的覆盖给人类了解南极造成了很大的困难，那么，如果冰减少或消失是否就会改变这种情况呢？如果真的发生了这种情况，那对人类来说将是一场巨大灾难。根据科学家的计算，如果南极冰盖完全融化，那么海平面将平均升高50～60米。如此一来，地球上许多沿海的低海拔地区将会成为一片泽国。

近年来，地球变暖的问题引起了人们的关注。人们对此进行了各方面的探讨，南极——地球的冰库自然也在人们的考虑范围之内。人们担心南极冰层是否会因大气变暖而融化消失。科学研究表明，现在南极大陆与2万年前的冰川活动极大期相比，西部的冰层减少了约2/3，全球海平面因此升高了11米；而在南极大陆的东部冰层厚度则没有多大变化，既没增多，也没减少。

尽管导致冰层减少的因素很多，但有一个重要因素几乎已经为全世界所公认，那就是全球变暖。在整个20世纪，地球的平均气温上升了0.6～1.2℃。南极大部分地区的温度升高得更快，变暖情况更为严重。其中，温度升高最快的是与南美洲毗邻的南极半岛。这片向南美洲方向延伸、长度超过1500千米的狭长陆地，气温竟然上升了约10℃，是地球平均水平的10倍！南极变暖的情况在过去的50年里尤为严重，南极半岛上至少有7个大冰架已消失了，其中包括一个存在了2000多年的冰架。对此，一些科学家发出了严正警告：南极洲一些地区的冰层正在飞快地消失，人类从事的过度的工业活动违背了自然规律，导致地球气候变暖的情况越来越严重，这样下去后果将不堪设想。

目前，全世界的海平面每年都以2毫米的速度上升，各国科学家纷纷对此进行了研究。美国哥伦比亚大学拉蒙特多然蒂地球观测站的斯坦·雅各布认为，导致海平面上升的一个重要原因就是南极冰层的融化。如果真像这些科学家所推断的那样，气候变暖造成了海平面的大幅度上升，那么，南极西部冰原终将受此影响而坍塌。

冰原坍塌的过程早已开始的观点也得到很多研究人员的认同。美国科罗拉多州博尔德国家冰雪研究中心的研究人员泰勒·斯坎姆分析了卫星图像后说："我看到一个冰原正在坍塌。"不过，他认为造成冰原坍塌的还有许多未知因素，各种变化只有经历数千年的时间才会显现出来。以上各种论断孰是孰非，目前科学界尚无权威定论。

在研究了过去150年的气候之后，科学家说："气候是头愤怒的野兽，我们正在惹它发火。"这绝对不是危言耸听。虽然探索冰层下的秘密很重要，但是，假如南极冰层真的因大气变暖而完全融化，那么全球海平面至少要上升50米，世界将会变成一片汪洋，从而淹没地球上的绝大部分耕地，后果真是不堪设想。因此，人类不仅要开发南极，更要致力于保护南极。

巨雹是怎样形成的

从春末到夏季，是冰雹经常出现的季节。但是按常理来说，只有在冬天那种寒冷的天气里才会结冰，可为什么在炎热的夏天也能形成冰？这实在令人费解。

中国面积辽阔，各地的气候条件各具特点，有些地方就常常发生冰雹灾害。冰雹的分布有这样一个特点：西部多，东部少；山区多，平原少。冰雹在中国东南部地区很少见，常常几年、几十年也遇不到一次；而青藏高原则是冰雹常光顾的地区，局部地区每年下冰雹的次数超过20次，个别年份达50次以上。唐古拉山的黑河一带是中国冰雹最多的地方，平均每年下冰雹34次之多。

世界上冰雹最多的地方则是肯尼亚的克里省和南蒂地区，那里一年365天中有130天左右下冰雹。

1928年7月6日，在美国内布拉斯加州的博达，下了一次规模较大的冰雹，冰雹堆积有3～4.6米高，其中最大的一个冰雹周长431.8毫米，重680克，是当时世界上最重的冰雹块。

1968年3月，在印度比哈尔邦降下的冰雹中，有一块重1000克，一头小牛被当场砸死。这是人类历史上一次严重的冰雹灾害，十分罕见。

那冰雹是怎么产生的呢？它为什么会在夏天出现呢？

原来，在夏天，大量水汽在强烈的阳光照射下，急剧上升，到高空遇冷迅速凝结成小冰晶往下落，一路上碰上小水滴，掺合在一起变成雪珠。雪珠在下降过程中被新的不断上升的热气流带回高空。就这样，雪珠在云层内上下翻滚，裹上了层层冰外衣，越变越大，也越来越重，终于从空中落下，成为冰雹。冰雹小如黄豆，大如鸡蛋，最大的像砖块那么大。冰雹形状并不规则，多数呈球状，有时呈块状或圆锥状。冰雹内部构造很不均匀，中间有一个核，叫雹核，主要是由霰粒或软雹构成，也有由大水滴冻结而成透明冰核的。雹核的外面交替地包裹着几层透明和不透明的冰层，有的冰雹多达十几层甚至30层，在冰层中还夹杂着大小不同的气泡。

1894年5月11日下午，在美国的博文纳一带下了一场大冰雹。人们发现其中有一块冰雹直径竟然长达15.2～20.3厘米。仔细观察后发现，冰雹里居然有一只乌龟，外面才是层层厚冰。原来，在博文纳，那天正刮着旋风，这只不幸的乌龟被旋风卷上天空，直上云霄，在云海里被当做核，被冰晶层层包裹，等到超过上升气流的承托力时，才坠落到了地面。

有趣的是，有时一场冰雹过后，人们会发现一些特大的冰雹，有的重几十千克，足有面盆大；有的竟有汽车那么大。如1957年，中国内蒙古伊克昭盟金霍洛旋下了一场冰雹，人们在山谷中发现了一块像一辆吉普车那么大的巨雹。更令人惊奇的是，1973年6月13日，在中国甘肃华池县山庄桥发现的一块巨雹比房屋还高。

这些巨雹真是从天上降落下来的吗？但上升空气是托不住一个重10千克的巨雹的，所以巨雹来自天空的可能性微乎其微。那它又来自何方呢？

由于没有足够的证据，科学家只能对巨雹之谜进行推测。他们认为，在降雹过程中，冰雹云后部受到干冷空气的侵袭，结果降落到地面的雨滴仍保持着冷却性，随风飘下的雨滴聚集在某一冷的物体侧面上，边冻结，边增厚，形成棱形的巨雹。因此，它的原料来自于天上，成品却是在地面上加工形成的。这种推测有一定的道理，但目前也只是推测。

巨雹究竟是怎么回事？我们只能寄希望于气象学家的研究。终有一天，这个谜会被解开。

渤海古陆大平原能否再现

渤海是中国的一个内海，位于辽宁、河北、山东、天津之间，是个半封闭的大陆架浅海。面积7.7万平方千米，平均水深约18米，最深处也不到百米。渤海古称沧海，又因地处中国北方，也有北海之称。渤海海峡口宽59海里，有30多个岛屿，其中较大的有南长山岛、砣矶岛、钦岛和皇城岛等，总称庙岛群岛或庙岛列岛。

据说渤海曾是一个地势坦荡、一马平川的大平原。当渤海尚未形成时，庙岛群岛曾是平原上拔地而起的丘陵地带，山丘高度约200米。当时气候寒冷，由于强劲的西北风和冷风寒流互相作用，致使渤海古陆平原上飘来了大量的黄土物质。风沙不仅填平了古陆上的沟壑，而且还堆起了山丘，如今庙岛上独具特色的黄土地貌仍依稀可辨。现今，在黄土中有许多适宜寒冷气候的猛犸象、披毛犀和鹿等动植物化石，这些动植物化石表明，当时渤海古陆平原生机勃勃。1万年前的大平原上草地茫茫，人们可以想象，当时猛犸象漫步河畔，披毛犀出没其间，鹿群相互追逐，古人类尾随其后伺机捕杀的景象。

20世纪70年代初，一块从渤海海底捞起的骨头引起了考古学家的注意。经过仔细研究，这块毫不起眼的骨头被确认为披毛犀的牙齿。披毛犀是一种浑身披着长毛的犀类动物，是远古时期生活在比较寒冷的北半球的大型食草类动物，距今约1万~4万年之间，早已灭绝，在中国主要分布在东北平原、华北平原等地。渤海海底发现的披毛犀牙齿，使学术界对渤海的过去有了新的认识，并且开始了对渤海地形地貌的历史研究。人们认为，渤海在遥远的过去曾是一块裸露的大陆，因为陆生的披毛犀是无法在海水中生存的。古生物学家认为，可能在晚更新世末期，也就是距今1万年前，由于冰川范围的扩大，原先最深处也不过80米的古渤平面一下子下降了100~150米。渤海地区因此一度完全裸露成陆地，形成一片平坦的大平原，成为许多动物的家园。后来，由于全球气候变暖，冰川融化，海平面大幅度上升，

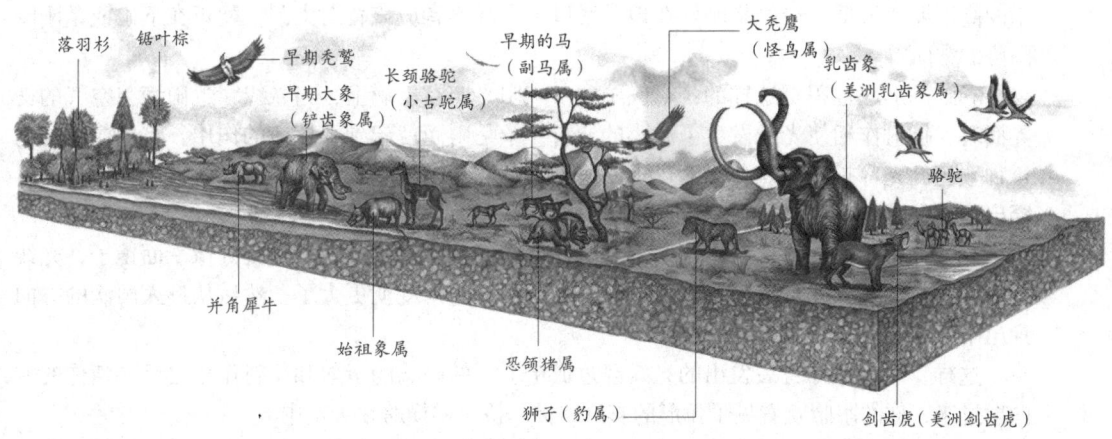

大约2万多年前，当时的渤海湾是一片酷似现代沼泽的海滩，生长着众多的棕树和日桂树，许多大型哺乳动物已形成。随着全球气候变暖，冰川融化，海平面上升，渤海平原逐渐消失，加上古人类的大量猎杀，致使一些物种灭绝。

□ 可怕的现象

渤海平原逐渐被水淹没。

近年来，海平面变化的问题又引起了人们的关注。有人认为，海平面会上升，部分陆地会被淹没。然而也有人则认为海平面会下降，渤海平原会再次出现。彼此都有支持各自观点的理由。

据《滦州志》记载，1820年渤海西部有一个较有名的小岛——曹妃甸，其面积约8平方千米。到1925年之后，潮水和海浪不断地冲击小岛，大片土地坍入海中。如今，曹妃甸已基本沦入海内，找不到踪影了。然而，黄河口的情形却截然相反。从1855年以来，岸滩不断拓宽和淤高，潮间带的宽度，每年拓宽数十米，久而久之就形成了1300多亩新土地。在渤海湾及莱州湾，由于许多泥沙来自黄河并不断沉积，岸线也不断向海中淤涨。

如今的渤海，由于各方面的条件错综复杂，变化也因此十分复杂。岸线有进有退，变化完全相反，并且这种变化还将继续下去。

那么，曾一度繁荣的渤海古陆大平原，会重新露出海面吗？这是大自然留给我们的一个谜，随着时间的推移，总有一天会被解开的。

彩虹是怎么形成的

看到彩虹会让人激动不已，一条从空中斜插下来的彩带总能显现出与众不同的魅力。

人们曾经一度认为彩虹是上帝传达给人类的信息。这种现象并不奇怪，因为彩虹出现在天空中时并没有明显的源头，用不了一会儿工夫，又消失得无影无踪。

现在，人类已经知道了彩虹是如何形成的，但却丝毫不减对彩虹的喜爱。科学家们现在可以用数学方法解开彩虹的谜团，他们说用来解释彩虹现象的数学方法虽然复杂，却很有趣。

组成彩虹的各种颜色的彩带总是以一种固定的顺序排列，先是红色，然后是橙、黄、绿、蓝、靛、紫。一般来说，红色带最宽，颜色也最为明亮，位置是最顶层。接下来的每一种颜色都比前一种颜色暗一些，紫色带是彩带最里面的一层，也是亮度最低，最不明显的一条颜色带。

彩虹是由什么组成的呢？其实形成彩虹的条件也很简单：适宜的光线、空气中存在雨滴和恰当的观察角度。

但是，单是雨过天晴还不足以形成彩虹，这些条件还要有合适的空间位置排列才行。太阳的高度要比较低，最好是刚好在地平线以下。观察者应该背对太阳，朝正在下雨或是刚刚雨停的方向看。

彩虹的形成过程是这样的：空气中的一束阳光照在雨滴上，当光线穿过雨滴与空气的交界面时，折射作用使光线发生了微小的弯折，于是雨滴就起到了棱镜的作用，将形成白光的每种颜色的光都折弯一点儿，而弯折的角度又各不相同，于是各种颜色光就彼此分开，最终穿出雨滴，形成一列彩光。

光线在雨滴里前行，在雨滴内部与另一侧内壁接触，这边的内壁就好像一面镜子，光线不能穿过它的表面，被反射回来。这时，光线弯折的角度就更大了，然后从进入雨滴的方向穿出雨滴。

这样，本来从你身后发出的光线经过成千上万的雨滴的折射和反射作用之后又朝你的方向射过来，你的眼睛就看见了弧形的彩虹，像彩桥一样横跨在天空中。

有时候还可以同时看到两条彩虹，这种景观可不多见，够幸运才能看得到呢。第二条彩虹往往大一些，但是颜色很淡，淡到只能勉强辨认得出，而且颜色排列是倒过来的，最外层是紫色，最内层是红色。双彩虹实际上是由于光线在水滴内部发生了两次反射，颜色的顺序被倒置过来。

与小鸟和云彩不同的是，天上的彩虹并不是真实的物体，只不过是光的伎俩。实际上每个人由于观察的角度和位置不同，看到的彩虹都是不一样的，所以每次你看到的美景只能供你自己享用呢！

神秘的海市蜃楼

19世纪时，欧洲的许多探险队进入非洲撒哈拉大沙漠进行探险。探险队进入沙漠后，所携带的饮用水一天比一天少。有一天，他们忽然发现在前方不远的地方有一个很大的湖泊，湖水在刺眼的烈日照耀下波光粼粼，湖边还映着大树的倒影。探险队员看到这一幅景象，喜出望外，欢呼雀跃地拿着水桶兴奋地向湖边跑去。但跑了很久，也未能靠近那片湖泊。

英国探险家李温士敦在非洲卡拉哈里沙漠旅行时也曾被这种现象欺骗过。当时，他正在沙漠中行走，忽然发现前面出现一个湖泊，干渴难忍的他于是朝湖的方向奔去，结果可想而知，他根本无法接近那片湖泊。

20世纪80年代，人们在叙利亚沙漠地区还见到更奇怪的景观。当时，雨季刚过，夏季即将来临。火红的太阳还悬在天空中，乌云飘过后，天空洒下一阵急雨。这时在天际突然出现一弯彩虹，与虹影相辉映的是，在它下面隐现出一座市镇，蓝色的湖水、绿色的树木、白色的房屋。这些奇景是怎么回事呢？

古代人将这些奇异的现象称为"海市蜃楼"。传说蜃是一种会吐一股股气柱的蛟龙，它吐出的气柱仿佛海上"城市"中的幢幢楼台亭阁，远远看去，若有若无。

其实，海市蜃楼是光在密度分布不均匀的空气中传播时发生全反射而产生的。在沙漠中，由于强烈的太阳光照射在沙地上，接近地面的空气被迅速加热，因此其密度比上层空气的密度小，折射率也就小。从远处物体射向地面的光线，进入折射率小的热空气层时被折射，入射角逐渐增大，也可能发生全反射，人们逆着反射光线看去，就会看到远处物体的倒影，仿佛是从水面反射出来一样。沙漠中的行者就常常被这种景象所迷惑。

在海面上也会出现这样的奇景。夏季，海上的上层空气在阳光的强烈照射下，空气密度小，而贴近海面的空气受较冷的海水影响变得较冷，空气密度大，就出现下层空气凉而密、上层空气暖而稀的差异。从两层密度悬殊的空气穿越而过的光线由于短距离内温度相差7～8℃时，在平直的海面上或海岸，就会出现风景、岛屿、人群和帆船等平时难得一见的奇景。这是为什么呢？其实，岛屿等虽然位于地平线下，但岛屿等反射出来的光线会在密度大的气层射向密度稀的气层时发生全反射，又折射到下层密度大的空气层中来。上层密度小的空气层会使远处的物体形象经过折射后投进人们的眼中，而人的视觉总是感到物像是来自直线方向的，从而出现"海市蜃楼"的奇景。

蜃景与地理位置、地球物理条件以及那些地方在特定时间的气象特点有密切联系，不仅能在海上、沙漠中产生，柏油马路上偶尔也会看到。柏油马路因路面颜色深，夏天在灼热阳光下吸收能力强，同样会在路面上空形成上层的空气冷、密度大，而下层空气热、密度小的分布特征，所以也会形成蜃景。

对于这种奇异的景象，长久以来，人们迷惑不解，以致闹出了不少笑话。

1798年，拿破仑率领大军攻打埃及，军队在沙漠中行进时，茫茫沙漠中突然出现一个大湖，顷刻间又消失了。不久又出现一片棕榈树林，转眼间又变成荒草的叶子。士兵们被弄糊涂了，以为世界末日来临，纷纷跪下祈求上帝来拯救自己。

第一次世界大战时，在一次会战中，德军潜艇已达美国东海岸之外，从潜望镜内向海上窥探的艇长却惊讶地发现纽约市就在自己头上，他以为自己指挥的潜艇跑错航线，进入美国海域，赶紧下令撤退。

极地冰盖完全融化会淹没多少陆地

科学家曾对这种情况下海平面的上升高度做过估算，但是要确切地知道被淹没的陆地面积则必须对全球海岸进行极为复杂的调查。能掌握这些数据的恐怕也只有军方了。

如果南极东部冰盖融化的话，全球海平面将会上升60米，而南极西部冰盖融化的话，全球海平面将会上升6米。

虽然一般认为格陵兰岛的冰盖要比南极的稳定，但是一旦格陵兰岛上的冰盖融化的话还是会对全球海平面高度产生一定的影响。比较正式的估计结果是格陵兰岛完全融化后，海平面上升范围在7.1～7.4米之间。

综上所述，南极和格陵兰的冰盖融化后，海平面总的上升高度大致为73.4米左右。

北极冰层融化的话不会对海平面高度产生什么太大的影响，因为北极冰盖本身就是由海水结冰而形成，是一块只有一小部分冰层浮出水面的巨大冰块。人们所关心的其实是冰层融化后随之而来的海水淡化问题，极地冰层是陆地上的淡水，如果冰层融化，大量涌入的淡水将对现有的海水造成一定的冲击。

对冰层融化后被淹没的陆地面积的估算，即便是随意猜测，也要基于全球永远变动的海岸线（假设坡度为千分之一）可能会被新的海平面淹没的状况来进行。

同时，科学家还要考虑当南极大陆所负载的冰盖重量消去后随之而来的地壳反弹现象。冰盖巨大的压力使得南极大陆处于海平面以下，如果消去冰盖的重量，地幔就会相应的向上抬升。今天斯堪的纳维亚半岛之所以仍在不断地上升，便是由于大约1万年以前半岛上所负载的冰层被消除的缘故。

神秘的"多个太阳"

在"后羿射日"的古老神话中，天空曾出现过10个太阳。虽然这只是一个美丽的传说，但天空中出现多个"太阳"，却是有史书记载的。

相传赵匡胤陈桥兵变时，天上就出现了两个太阳。赵匡胤借此天体异象发动兵变，黄袍加身，创下了宋朝百年基业。

1933年8月24日上午9时45分，在中国四川省峨眉山的上空，太阳的左面和右面，分别有一个太阳，人们对此惊奇不已。

1934年1月22日和23日，上午11时至下午4时，古城西安也出现了3个太阳并排在天空的奇景。

1965年5月7日下午16时25分和6月2日晨6时，在南京浦口盘诚集的上空，连续两次出现了3个太阳并排在空中的景观。

太阳系中只有一个太阳，这是不容置疑的，那这种现象到底是怎么回事呢？

原来，这是由大气变化所引起的。

在离地面6～8千米的高空中，一年四季气温都非常低，这里有大量不同形状的冰晶体，随着大气上下翻滚。当阳光照到这些小冰晶上，它们就如玻璃三棱镜一般折射太阳光，或者如镜面般把太阳光反射回去。由于阳光被折射后光就从不同角度发出去,这样就在太阳周围绕成美丽的光环——晕。

彼得堡的学者洛维茨在1970年夏季曾见到这样的奇观:"有两个虹彩的光圈在太阳的周围。一个大,一个小。在它们的上面和下面各有一个发出亮光的半弧,就像两个宽大的牛角与光圈上下相连。一条与地平线平行的白色光带从太阳和虹彩光圈中间穿过,在蓝天上环绕。有两个光彩夺目的幻日出现在白色光带与小光圈交叉的地方。幻日面向太阳的一侧为红色,而背离太阳的一侧则拉着一条很长的发光的尾部。在白色光带上能看见3个同样的光斑正对着太阳。在太阳上面的小圆环上第6个耀眼的斑点在不停地闪烁着。这一复杂的光晕现象在天空中持续了5个小时之久。"

光学原理造成了这一让世人惊奇不已的自然现象,其实真正的太阳只有一个,其余的都是虚幻的影子罢了。

大自然的震怒——火山爆发

火山自古以来就是人类生活的巨大威胁。它不仅威力强大,足以摧毁城市,而且它的无规律性更让人防不胜防。

意大利的维苏威火山在公元79年的一天下午突然爆发,附近的两座小城全部埋葬在火山爆发出的火山灰底下。这座被火山灰湮没了的城市直到1600年后才又被人们发现。

1980年,美国圣海伦斯火山连续发生过4次大爆发。火山第一次大爆发时就喷出10亿立方米的火山灰和熔岩物。火山灰随气流一直扩散到4000千米以外的地方。当时,火山灰同气体在空中摩擦,冲击波穿透云层,产生了雷鸣、闪电和强烈的暴风雨,并有大规模的山崩发生,使原火山的顶部降低了200米。据估计,这次火山爆发释放了相当于第二次世界大战中美国在日本广岛投放的原子弹能量的2500倍!

人们对火山的破坏力很早就有深刻的认识,一直在想方设法地减少它的危害。其实在许多情况下,如果居民及时疏散就不会造成很大的损失,但火山喷发的无规律性、突然性给人们的预测防范带来了很大困难。

在加勒比海东部的马提尼克岛上,有座培雷火山在酣睡了50年后,于1902年5月8日又一次爆发。火山仿佛是一个开动着的巨大的火焰喷射器,大量的气体和火山灰变成了一团团的700℃高温的黑烟。它向水平方向推进时,正好经过距火山8千米的圣皮埃尔城,整个城市在猛烈的火焰横扫下被夷为废墟。约有2.8万人在火焰的侵袭下窒息而死,整个城市除了一个关在地牢里的囚犯侥幸逃了出来外,其他人全部丧生。这名囚犯也成了这场灾难的唯一见证人。在海港的船舶中,除了一艘船外,其余的船舶全部在火海中化为乌有。

1943年2月20日下午,一个墨西哥青年农民正在南部乌鲁阿潘城近郊的田野里干活。突然,他身旁的玉米地的土壤被掀起了2米多高,同时伴有嘶嘶的响声。紧接着一

火山爆发

□ 可怕的现象

个裂口出现在地面上,并从裂口中不断冒出有硫磺味的黑烟,而且裂口在不断扩大。惊慌的青年农民撒腿就往家跑。当他跑到半路时,突然想起马还在地里,于是他转身又跑回地里。当他回去牵马时,浓烟已升向高空。他立刻骑马奔回村庄,将此事告知村民,并让大家赶快逃离。不久从裂口处喷射出了大量的灰尘、石块,紧接着流出炽热的岩浆,在隆隆的巨响声中,一座新的火山就在这块玉米地里诞生了。

1978年12月,一支考察队趁罗斯岛上的埃里伯斯火山宁静时,为采集高温气体样品深入到火山口70米深处。不料火山突然发生小规模喷发,火山灰溅到一名队员身上,因抢救及时,这名队员才免遭不测。一架美国客机1979年11月28日想让游客饱览火山奇景,在绕着埃里伯斯火山飞行时,不幸栽了下来,260多人全部遇难。

为了减少火山对人类生产生活的破坏,科学家们对火山进行了深入的考察研究。在此基础上,他们提出火山喷发并非无迹可寻。

位于苏联东部堪察加半岛一带的克留赤夫火山于1944～1945年开始了大规模的喷发。这次持续了很长时间的喷发相当猛烈。一支探险队在喷发停止后来到直径600米、深200多米的火山口里,对这次火山喷发进行了长期的系统研究。他们在这个地方进行了近30年的调查工作。经过辛苦的劳动,终于发现了一些关于火山活动的规律。这大大地将人类预测火山爆发的步伐推进了一步。苏联科学院的火山研究站在1955年综合许多前人研究的成果以及他们自己的经验,在对堪察加半岛进行一番实地考察后,成功地预测出了另一座位于该岛的火山即将喷发的事实。果然,预报发布后仅10多天,这座火山就爆发了。附近的居民因为事先收到预报,采取了许多安全的防护措施,所以并没有任何人在此次火山爆发中出现伤亡情况。

有一座位于加勒比海东部的小岛名叫瓜德罗普岛,岛上景色宜人,和平宁静。这个岛上的苏弗里埃尔火山于1976年夏天开始接连不断地喷发,使得岛上7.5万名居民无法正常的生活。这个消息传出后,世界各地的火山专家前来对苏弗里埃尔火山进行实地考察。在经过了全面的分析研究后,火山专家们提出了截然不同的观点。其中持乐观态度的以比利时火山专家哈伦·塔齐耶夫为首的专家小组认为,与亚洲的菲律宾、印度尼西亚一带的火山相似,苏弗里埃尔火山的喷发也是由于地下水被加热后,水蒸气从火山口喷发而造成的,这是火山每10分钟发生一次小规模喷发的真正原因。因为大规模喷发的可能性几乎没有,因此岛上的居民不用逃离家园,他们应该是十分安全的。

事实证明塔齐耶夫的判断是正确的。人们没有盲目地逃离家园,生活与工作也没有受到很大影响。这里的人们对塔齐耶夫的杰出贡献十分感激,赠他以"无所畏惧的火神"的称号。

在认识火山的基础上,人们又进行了改造火山的尝试。埃特纳火山巍然耸立在意大利的西西里岛上,它是欧洲最高的火山。这座火山的几次爆发都给当地居民造成了巨大的伤亡和财产损失。意大利政府为了避免日后该火山再次威胁到人们的安全,果断地采取了相应措施,改变熔岩的流向,把它引入到附近的一个死火山口里。1983年5月14日凌晨4时,人类开始进行第一次尝试用人工爆破的方法改变火山熔岩的流向。几道炫目的亮光伴随着震耳欲聋的巨响,一股火山熔岩顷刻间如同一条被驯服的火龙,在人类为它已安排好的道路上蠕动。这是人类征服自然的伟大壮举。火山爆发到底有没有规律,倘若有,人类又能在多大程度上认识、利用这些规律,造福于人,这是摆在所有科研工作者面前的重大课题。

神秘莫测的间歇泉

在中国西藏雅鲁藏布江上游的搭各加地,有一种神奇的泉水——间歇泉。间歇泉的泉水涓涓流淌,在一系列短促的停歇和喷发之后,随着一阵震人心魄的巨大响声,高温水汽突然冲出泉口,即刻扩展成直径2米以上、高达20米左右的水柱,柱顶的蒸汽团继续翻滚腾跃,直冲蓝天。它的喷发周期是喷了几分钟、几十分钟之后就自动停止,隔一段时间才再次喷发。

除了中国的间歇泉外,在冰岛首都雷克雅未克附近,还有一眼举世闻名的间歇泉——"盖策"

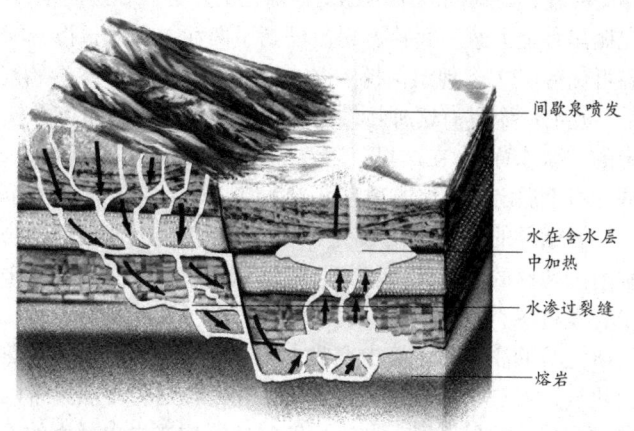

间歇泉喷发原理图

间歇泉与温泉不同,温泉不仅水温高,而且少含硫;间歇泉水温一般比较低,且含大量硫和碳酸气。间歇泉的通道上层狭窄,并且上层的冷水像个盖子,使下层沸水受压力越来越大,终于冲开盖子喷发出来。

泉。这个泉在间歇时是一个直径20米、被热水灌得满满的圆池,热水缓缓流出。不久,池口清水翻滚怒恕,池下传出类似开锅时的呼噜声,随之有一条水柱冲天而起,在蔚蓝色的天幕上飘洒着滚热的细雨,这条水柱最高竟可达70米。

科学家经过考察指出,适宜的地质构造和充足的地下水源是形成间歇泉最根本的因素,此外,还要有一些特殊的条件:首先,间歇泉必须具有能源,地壳运动比较活跃地区的炽热的岩浆活动是间歇泉的能源,因而它只能位于地表稍浅的地区。其次,要形成间歇性的喷发,还要有一套复杂的供水系统来连接一条深泉水通道。在通道最下部,地下水被炽热的岩浆烤热,但在通道上部,泉水在高压水柱的压力下又不能自由翻滚沸腾。同时,由于通道狭窄,泉水也不能进行随意的上下对流。这样,通道下面的水在不断地加热中积蓄能量,当水道上部水压的压力小于水柱底部的蒸汽压力时,通道中的水被地下高压、高温的热气和热水顶出地表,造成强大的喷发。喷发后,压力减低,水温下降,喷发因而暂停,为下一次新的喷发积蓄能量。

"冷热颠倒"的中国地温异常带

每当数九寒冬和酷热的盛夏来临之际,爱幻想的人们总渴望能有一个冬暖夏凉的地方。虽然春夏秋冬的变换是一种规律,但世界如此之大,无奇不有,在这个地球上竟有一部分幸运的人居住在冬暖夏凉的"地方",这就是辽宁省东部山区桓仁县境内被人们称为"地温异常带"的地方。这条"地温异常带"一头开始于浑江左岸满族镇政府驻地南1.5千米处的船营沟里,另一端结束于浑江右岸宽甸县境内的牛蹄山麓。整个"地温异常带"长约15千米,面积约10.6万平方米。

夏天到来时,"地温异常带"的地下温度开始逐渐下降。在气温高达30℃的盛夏,这里地下一米深处,温度竟为 –12℃,达到了滴水成冰的程度。

入秋后,这里的气温开始逐渐上升。在隆冬降临、朔风凛冽的时候,"地温异常带"却是热气腾腾。人们在山后的山冈可以看到，虽然大地已经封冻，但是种在这里的农作物却依然是蔓叶壮肥，周围的小草也还是绿色的。有人在这个地方平整了一块地，在上面盖上塑料棚，在棚里种上大葱、大蒜，蒜苗已割了两茬，大葱长得翠绿。经过测定，发现在这个棚里的气温可保持17℃，地温保持15℃。在这小冈上整个冬春始终存不住雪。

还有一个具有这种特性的地方，位于河南林州市石板岩乡西北部的太行山半腰海拔1500米的"冰冰背"。在这里，阳春三月开始结冰，冰期长达5个月；寒冬腊月，却又热浪滚滚，从乱石下溢出的泉水温暖宜人，小溪两岸奇花异草，鲜艳嫩绿。

自然界的气温变化取决于太阳的光热，随着地球的公转，当它和太阳距离缩短时，太阳辐射给地球的热能就会增加，使地球变热、变暖。反过来，地球就变凉、变冷。这样就形成了春夏秋冬。而这些奇异的土地却打破了这一自然规律，出现了神奇的现象，这引起了很多科研人员的注意。他们中有些人认为，这里的地下有寒热两条储气带同时释放气流，遇寒则出热气，遇热则出冷气。他们还认为，在这种冷热异常的地带，它的地下可能有庞大的储气结构和特殊的保温层，在这特殊的地质构造之中产生的大气对流导致了这一奇异现象。还有人认为，这个地下庞大的储气带的上面带有一个特殊的阀门，冬春自动开闭，从而导致这种现象的、产生。但这些分析都只是推论而已，地温异常带到底是如何形成的、这里的地质结构有什么与众不同，还需要科学工作者经过进一步考证。

"游移"的罗布泊

罗布泊位于新疆塔里木盆地东部，面积约3000平方千米，湖面海拔768米，是我国仅次于青海湖的第二大咸水湖，由于河流改道和入湖水量变化，湖面逐渐缩小。沿岸盐滩、荒漠广布，人们虽然经多次考察，但还是没有找到罗布泊的确切位置，于是科学家们就罗布泊是否是游移湖产生了争论。

酷热、干旱、风沙、陡崖、盐滩，使得人们不能接近罗布泊，多少年来一直被称为"死亡之路"。历史上曾有许多中外学者试图冲破层层阻碍穿越大沙漠，完成对罗布泊的考察，然而许多人都是壮志未酬甚或是魂断沙漠。仅有的几次成功考察，却又在罗布泊确切位置上产生了分歧。

最先认为罗布泊是游移湖的人是俄国探险家普热瓦尔斯基。他在1876年曾到的罗布泊位于塔里木河口的喀拉和顺境内，比我国地图所记的位置还要往南，纬度大约有1°之差，而且，他所见到的湖泊是一片淡水湖，芦苇丛生的大沼泽地，聚集着成千上万的鸟类。而北罗布泊的水都已干涸，变成盐滩，十分荒凉。

普热瓦尔斯基认为，罗布泊从形成时期起，它的位置和形态就随着充水量的变化而南北变动着，有时偏北，有时偏南，有时水量很多，有时则很少，甚至干涸。

瑞典的斯文·赫定到罗布泊地区考察，也认为罗布泊游移到喀拉和顺去了。斯文·赫定还推测了罗布泊游移的原因，他认为罗布泊游移是由于进入湖中的河水（塔里木河）夹带着大量泥沙，泥沙沉积在湖盆，使湖盆抬高，导致湖水往较低的方向移动。过一段时期后，被泥沙抬高露出的湖底又遭受风的吹蚀而降低，这时湖水又回到原来的湖盆中。罗布泊像钟摆一样，南北游移不定，而且游移周期可能为1500年。

但也有人认为罗布泊从来就不是个游移湖。卢支亭先生认为，罗布泊由于受湖盆内部新构造运动和入湖水量变化的影响，在历史上常出现积水轮廓的大小变动，此种变动本来是一种自然的历史演变过程，而不能称之为游移湖或交替湖。

中国科学院新疆综合考察队地貌组通过对罗布泊进行实地调查和卫星照片分析，证明罗布泊从第四纪以来始终没有离开过罗布泊洼地，虽然由于各个历史时期的气候变化、古代水文条件的改变以及最新断块运动而导致其水量的涨缩，但它始终是在湖盆内变动，湖水从未超越湖盆范围以外的湖面。

罗布泊在水面涨缩变化过程中，除了最重要的结构因素、古代水文因素，还有人为因素。一些河道的改道总是以人为因素为主，特别是干旱少雨的塔里木河、孔雀河下游的改道，如果不与社会联系起来，从人与自然的相处上面寻找原因，是难以找到正确答案的。

从目前看，以上两种说法似乎都有道理，势均力敌，不管这个谜底究竟是什么，我们都应该好好思考，怎样做才是对自己、对自然、对子孙负责的行为。

扑朔迷离的太湖成因

太湖的水域形态就像佛手，作为江南的水网中心，太湖蕴藏了丰富的资源并孕育了流域内人们的繁衍生息，自古就被誉为"包孕吴越"；历代文人墨客更是为之陶醉，留下了许多脍炙人口的诗句。太湖风光秀丽，物产富饶，附近的长江三角洲河网纵横，湖荡星罗棋布，向来是中国的鱼米之乡。太湖四周群峰罗列，出产的碧螺春名茶与太湖红橘，在古代就是朝廷的贡品。太湖里还富有各种各样的水产品，其中的太湖银鱼，身体晶莹剔透，肉质细嫩，是筵席上的美味佳肴。

然而，就是这样一个兼具秀丽风景和浩渺壮阔气派的饮誉中外的太湖，关于它的成因，直到今天还争论不休。

早在20世纪初，中国地理学家丁文江与外国学者海登施姆就认为，是大江淤积导致了太湖的形成。他们指出，在5000年前江阴为海岸，江阴以东、如皋以南、海宁以北，包括太湖地区在内都是长江淤积的范围，这是最初对太湖成因所作的理论上的描述。

到20世纪30年代，由于在湖区地下发现有湖相、海相沉积物等，所以学术界对太湖的形成有了较成熟和系统的看法。著名的地理学家竺可桢与汪湖桢等提出了潟湖成因论，潟湖论在以后又不断被充实进新的内容。德国人费师孟在1941年提出，经太仓、嘉定外

太湖鸟瞰

冈、上海马桥、金山漕泾，直至杭州湾中的王盘山附近，是 1～3 世纪的海岸线。后经对位于冈身的马桥文化遗址下的贝壳碎屑进行碳-14 测定，研究者基本上公认冈身是 6000 年前的古海岸线。

华东师范大学海口地理研究所的陈吉余教授等，在总结前人研究的基础上，发展和完善了潟湖论。该论点主要依据太湖平原存在着海相沉积来推断，认为因长江带来的大量泥沙逐渐在下游堆积，使当时的长江三角洲不断向大海伸展，从而形成了沙嘴。以后沙嘴又逐渐环绕着古太湖的东北岸延伸并转向东南，与钱塘江北岸的沙嘴相接，将古太湖围成一个潟湖。后来又因为泥沙的不断淤积，这个潟湖逐渐成为与海洋完全隔离的大小湖泊，太湖则是这些分散杂陈的湖群的主体，又经以后的不断淡化而成为今日的太湖。

近年来，随着对太湖地区地质、地貌、水文、考古和文献资料等方面的不断研究，尤其是几十处距今 5000～6000 年前的新石器时代遗址，以至汉、唐、宋文化遗物的发现，许多研究者对潟湖论中所存的问题提出了质疑。他们认为，在海水深入古陆地的过程中，虽然是一边冲蚀，一边沉积，但这种情况对于整个古陆地来说是不平衡的，有的地方虽有潟湖地貌的沉积，但它不具整体意义。因此，潟湖论虽然可以解释太湖平原的地形和地质上的海湖沉积，但难以解释何以在太湖平原腹地泥炭层之下以及今日湖底普遍有新石器遗址与古生物化石的存在，同时这也与全新世陆相层的分布范围不符。许多人因此提出，太湖平原大部原为陆地，所以古代居民能够在上面聚居生存。

人们推测，大约在 6000～1 万年前，太湖地区是一片低平的平原，人们曾经在这里生活和居住过。由于地势较低，终于积水成湖，人们还没有来得及搬走他们的家当，就被洪水淹没了。

至于太湖这片洼地的形成，人们认为这和地壳运动有关。太湖地区可能一直是一个地壳不断下沉的地带，由于地势低洼，从四面八方汇来的流水不能及时排出去，自然就形成了湖泊。

太湖的"平原淹没说"还没有得到更多的传播和响应，又一种成因说突然出现了。最近，一批年轻的地质工作者用全新的观点来解释了太湖的形成。

他们大胆地假设，可能是在遥远的古代，曾有一颗巨大无比的陨石，从天外飞来，正好落在太湖的位置上。也就是说，偌大的太湖竟然是陨石砸出来的！他们估计，这颗陨石对地壳造成了强大冲击力，其能量可能达到几十亿吨的黄色炸药爆炸产生的能量，或者等于 1000 万颗在日本广岛上空爆炸的原子弹的能量。

提出"陨石冲击"假说的年轻人，列出了如下几个方面的证据：

第一，从太湖外部轮廓看，它的东北部向内凹进，湖岸破碎得非常严重；而西南部则向外凸出，湖岩非常整齐，大约像一个平滑的圆弧，与国外一些大陆上遗留下来的陨石坑外形十分相似。

第二，研究者在调查中发现，太湖周围的岩石岩层断裂有惊人的规律性。在太湖的东北部，岩层有不少被拉开的断裂，而西南部岩层的断裂多为挤压形成。这种地层断裂异常情况只有在受到一种来自东北方向的巨大冲击时才会出现。

第三，研究者还发现，成分十分复杂的角砾存在于太湖四周，在显微镜下观察这些岩石，其中还可以看到被冲击力作用产生的变质现象。另外，他们还在太湖附近找到了不少宇宙尘和熔融玻璃，这些物质只有在陨石冲击下才会产生。

由以上的证据，他们推断，这颗陨石是从东北方向俯冲下来的。由于太湖西南部正好对着陨石前下方，冲击力最大，所以产生放射性断裂，而东北部受到拉张力的作用，形成与撞击方向垂直的张性断裂。由于陨石巨大的冲击力，造成岩石破碎，形成成分混杂的角砾岩和岩石的冲击变质现象。

对太湖的成因，目前还没有形成统一的认识，但所有这些不同的观点，都有助于推动人们作进一步的调查和研究。随着探究的不断深入，相信人们最终一定能揭开扑朔迷离的太湖成因之谜。

会"唱歌"的沙子

你听过沙子"唱歌"吗？鸣沙山的沙子就会"唱歌"。

世界上已发现了100多处会"唱歌"的沙丘，这些沙丘大多集中在美洲，如美国的马萨诸塞湾、长岛、威尔斯西岸，巴西里约热内卢附近的索西哥，智利的科帕坡谷，此外还有丹麦的波恩贺尔姆岛、苏格兰的爱格岛、阿拉伯半岛、波兰的科尔堡等。人在这些地方的沙漠或沙滩上行走，都能听到奇妙的"歌声"。

不仅沙漠里的沙丘会"唱歌"，而且有些海边和湖边的沙滩也会"唱歌"。例如，在日本京都府北面丹后半岛海滨浴场上，就有两个分别名为"琴引滨"和"击鼓滨"的沙滩。琴引滨因人们脚踏沙滩时，会发出悦耳的琴声而得名；而击鼓滨则因当人脚踏沙滩时，会发出"咚咚"的鼓声而得名。这两个会唱歌的沙滩有一个共同的特点，即春天歌声悦耳，夏天则变成微弱的低音。

早在2000多年前，《史记》、《天方夜谭》中就已经有关于鸣沙的记载。意大利探险家马可·波罗在著作中也曾提到过中国西部和中亚地区沙漠中的轰鸣沙，他在路过此处时就"时常听到空中回荡着各种乐器奏出的音乐，击鼓声和臂膊撞击声"。1859年，查尔斯·达尔文在他的经典著作《物种起源》中，提到31处沙丘中有轰鸣沙，它们分布在南北美洲、非洲、亚洲和夏威夷列岛。

鸣沙是一些特别的沙子，在许多有沙子的河滩、湖畔、海滩、沙漠上都曾发现过。一般按发声不同而将鸣沙分为两大类：一类是声音较小的"哨沙"，也称"音乐沙"、"犬吠沙"或"歌唱沙"。哨沙在剪切移动或压缩时会发出短促和高频的声音，持续时间一般不到1/4秒钟；另一类则发生在规模较大沙漠地带的沙丘上，叫做"轰鸣沙"，声音大而低沉，持续时间也较长。有人研究发现，与无声的同类相比，鸣沙有着不同寻常的、规则的表面，它的凹陷和凸起的部分相差仅在千分之几毫米，但是它的表面也不是完全光滑的。鸣沙的湿度通常很低，超过这个湿度，沙粒就会结得紧密，沙丘奏鸣曲也就会变成寂静音乐会了。

有的科学家提出，沙丘会"唱歌"与天然的"共鸣箱"有关，在响沙的背风坡脚下，一般分布有地下水，在地下会由于气候干燥，蒸发旺盛而形成一堵无形的蒸气墙冷气流；而在背风坡向阳的山脊线上却形成一个热气层，两者共同组成了"共鸣箱"。沙丘被风吹动或被人畜搅动后产生各种不同的声音频率，这种频率在"共鸣箱"引起共鸣后，使得沙丘的声音变大，同时在"共鸣箱"的作用下，这个声音的音量互相递加，及至发出轰响。现在，宁夏中卫响沙周围绿化造林改变了大气环境，从而影响到沙粒声的频率，破坏了"共鸣箱"的结构，因此，那儿的鸣沙已经很久不唱歌了。

还有人提出静电发声说，鸣沙山沙粒在人力或风力的推动下向下流泻，含有石英晶体的沙粒互相摩擦产生静电，静电放电即发出声响，响声汇集，声大如雷。

□ 可怕的现象

此外，沙子唱歌还可能与空气的湿度有关。例如夏威夷群岛考爱岛南岸有一座高 18 米、长 800 米的大沙丘，一旦人在沙丘上走动，或把沙子放在手掌中猛搓，都能听到沙丘发出"汪汪"声。人在沙丘顶跑步，则能听到沙丘发出闷雷般的声音，天气越干燥，雷声越大。科学家认为这声音大多形成于雨后，因为沙丘表层干燥，下部湿沙在蒸发过程中形成一层薄薄的空气膜，空气膜因受到震动，从而发出声音。

第3篇
神秘莫测的可怕宇宙

　　眺望星空,人类的梦想与好奇由此而生。千百年来,人类一直在探索宇宙的秘密,对于这个未知的世界,了解的越多,疑问也随之增多。对于宇宙的浩瀚,人类显得那么渺小,那么的无助。但梦想依然存在,探索永不停止,人类行走在求知的路上。

□可怕的现象

一、千奇百怪的宇宙

宇宙的诞生

21世纪来临了，世纪更替，千年狂欢，但人们并没有忘记那些长期困扰人类的疑问。人们渴望通过找寻这些问题的答案，并以此来更多地了解大自然。

宇宙是永恒不变的吗？宇宙有多大？宇宙是什么时候诞生的？宇宙中的物质是怎么来的？关于宇宙的疑问太多了，人们从远古时代就提出了许多诸如此类的问题。

当人类第一次仰望苍穹，看到了广阔无垠的天空和闪闪发光的星星，不禁想知道这一切究竟是怎样产生的。各个民族、各个时代都有种种关于宇宙形成的传说。不过那都是建立在想象和幻想基础上的优美的神话故事。在今天，科学技术的日益发展，使人类有了强大的认识自然的工具，但关于宇宙的成因却一直没有定论，都还处在假说阶段。人们总结了一下，大致有以下几种假说。

第一种假说是"宇宙永恒论"。这种假说认为，宇宙并不是动荡不定的，宇宙中的星体、星体的数目和分布以及它们的空间运动从开天辟地时开始，就一直处于一种稳定状态，宇宙是永恒的。持这种假说的天文学者把宇宙中的物质分成了恒星、小行星、陨石、宇宙尘埃、星云、射电源、脉冲星、类星体、星际介质等几大类，认为在大尺度范围内，这些物质处于一种力和物质的平衡状态。也就是说，一些星体在某处消逝了，另一些新的星体一定会在另一处产生。宇宙在整体范围内是稳定的，即使发生了变化，也只是局部的变化。

第二种假说是"宇宙分层论"，这一观点认为宇宙的结构是分层次的，恒星是一个层次，恒星集合组成星系是一个层次，若干个星系结合在一起组成的星系团是一个层次，一些星系团再组成超星系，成为一个更高的层次。

第三种假说就是到目前为止许多科学家都比较赞同的"宇宙大爆炸"理论。这一观

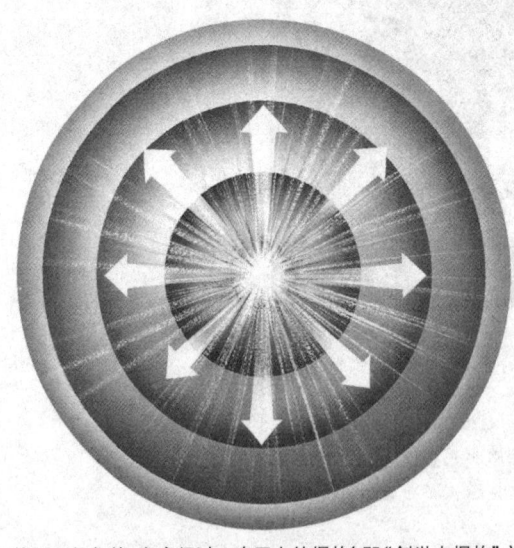

约150亿年前，宇宙经过一次巨大的爆炸（即"创世大爆炸"），开始了它膨胀和变化的过程，而这种膨胀和变化至今仍在继续进行着。经过千百万年之久的变化，星系、恒星以及我们今天所知道的宇宙逐渐形成。

点是由美国著名天体物理学家加莫夫和弗里德曼提出来的。他们认为，大约在200亿年以前，我们今天所看到的天体物质都集中在一起，构成一个密度极大、温度高达100亿度的原始火球。这个时期的天空中，到处充满了辐射，恒星和星系并不存在。后来因为某种未知的原因，这个原始火球发生了大爆炸，组成火球的物质被喷发到四面八方，并逐渐冷却下来，密度也开始降低。爆炸发生2秒钟之后，质子和中子在100亿度的高温下产生了，随后的11分钟之内，自由中子衰变，进而形成了重元素的原子核。大约1万年以后，氢原子和氦原子产生。在这1万年的时间里，散落在空间中的物质开始在局部联合，这些物质凝聚成了星云、星系的恒星。大部分气体在星云的发展中变成了星体，因受星体引力的作用，其中一部分物质变成了星际介质。

  此后，科学家建造了太空望远镜，并以"哈勃"命名，希望能够借它来确定哈勃常数。哈勃常数是以"哈勃"命名的宇宙膨胀率，多年以来成为宇宙中最为重要的数字。哈勃常数的物理意义就是星体互相抛离的速度和距离之比。常数数值越大，表示宇宙扩张到今天的大小所需的时间就越短，宇宙就越年轻。哈勃常数与宇宙现在的年龄有关，涉及宇宙的过去，还将决定宇宙的未来。宇宙有一个开始，是否一定会有一个结束？宇宙产生于"无"，是否最后的归宿也是"无"呢？

  从一开始，人们就围绕哈勃常数展开了激烈的争论。按照哈勃本人测得的数值可以推算出，宇宙的年龄约为20亿岁，但是地球就有40亿岁，这显然是不可能的。很显然，宇宙应该比在它其中的星球诞生得更早。科学家们自20世纪70年代开始，不断地采用各种手段测算哈勃常数，并得出了不同的结果。但是人们从这些数值出发，推算出的宇宙年龄却是大相径庭的。

  科学家们一方面围绕着哈勃常数展开喋喋不休的争论，而另一方面，科学家们对某些星体年龄的测定却更为准确。现阶段，天文学家们已经测知，银河系中一些最古老的星系的年龄约为160亿岁。如果是这样的话，大爆炸只能在160亿年以前发生，而根据科学家们最近用哈勃望远镜得到的一些观测结果分析，宇宙的年龄约为120亿岁。这个结论证明：宇宙确实比存在于它之中的古老星系更年轻。

  如果测算结果是正确的，那么只能说明原先的假设出现了错误，宇宙可能不是从爆炸中诞生的。

  宇宙的年纪这么"小"，再度让自己的身世在人们眼中变得神秘起来。

  1999年9月，印度著名天文学家纳尔利卡尔等人对大爆炸理论发起挑战，并提出了一种新的宇宙起源理论。他们把自己的研究成果命名为"亚稳状态宇宙论"，这是纳尔利卡尔和另外3名科学家共同提出的新概念中最重要的观点。

  他们认为，宇宙不是由一次大爆炸形成的，而是由若干次小规模爆炸共同形成的。这种新理论认为，宇宙在最初的时候是一个巨大的能量库，被称为"创物场"，而大爆炸理论所描述的是没有时间和空间的起点。在这个能量场中，接二连三的爆炸逐渐形成了宇宙的雏形。此后小规模的爆炸还在不断地发生，导致局部空间的膨胀。局部膨胀时快时慢，综合在一起便形成了整个宇宙范围的膨胀。

  以前，人们认为宇宙在时间上是无始无终的，在空间上是无穷无尽的，是无限的。但是在观测中人们发现，宇宙一直在膨胀，只不过是速度慢了下来，这就形成了一个全新的宇宙有限观，这一观点几乎将宇宙无限的旧观念完全代替了。宇宙学家根据观测，推算宇宙在超空期中的一个小点上爆炸，先膨胀再收缩，到最后死亡消散，大约要经过800亿年。现在大

□ 可怕的现象

约只过了 160 亿年，宇宙间的一切在以后的 600 亿年中将逐渐向中心一点集拢，当时空都到了尽头，宇宙也就不复存在了。就像超巨星在热核燃烧净尽，引力崩溃，所有物质瞬间向中心收缩，形成我们至今仍不可见的黑洞一样，成为存在而不可见的超物质，这也许就是宇宙死亡的模型。

宇宙到底有几个

一次大爆炸已经使我们很迷糊了，有一些科学家还要给我们宇宙的诞生"增加"一次大震荡，并且给我们的宇宙找到了一位孪生兄弟，使它免于孤独。

英国剑桥大学和美国太空望远镜协会的科学家有了一种宇宙形成的新理论，他们正在努力完善这种理论。这一理论认为，大爆炸是发生在另外一次大震荡之后，这就是说，可能还有一个看不见的宇宙与现有的宇宙共存。

由美国普林斯顿大学的保尔·斯坦哈特教授提出的这一理论被称为"M 论"，它主要研究宇宙大爆炸发生前的事件和时间。在该理论所提供的模型中，宇宙共有十一维空间，其中六维因绕成微小丝状而可忽略不计。宇宙在大爆炸之前的"和平年代"里是由两个四维平面构成的，其中一个平面是我们今天的宇宙，另外一个是"隐藏"的宇宙。这一"隐藏"宇宙随机波动，渐渐发生形变并接近我们的宇宙。它"溅"入我们的宇宙时，撞击引起了大爆炸，那些能量在大爆炸中转化为现在宇宙的物质和能量。我们的宇宙和一个"隐藏"的宇宙共同"镶嵌"在"五维空间"中。我们的宇宙早期发生的大爆炸，是源自这两个宇宙发生的一次相撞事故，我们宇宙中的物质和能量就来自相撞产生的能量。

中国科学院北京天文台原台长李启斌教授的看法是，这一学说将开创一个宇宙起源研究的新局面。在物质世界各种规律中，宇宙的起源起着决定性的和纲领性的作用。在越来越多的实际天文观察证据的支持下，"宇宙大爆炸"这一种关于宇宙起源的理论如今已被科学界普遍接受。

李教授说，新理论开创性地运用了物理学的新理论"超弦"。此前"宇宙大爆炸"理论运用的是爱因斯坦的广义相对论。李教授说，在他给中小学生作报告的时候，对宇宙的起源问题的提问，仅次于"外星人"。这一难题的最终破解不仅是科学界的一件大事，也是一个很大的哲学新发现。

人们相信这一理论能解释宇宙为什么膨胀及如何膨胀等有关宇宙的重要细节，其研究结果将可能告诉人们 150 亿年前大爆炸发生前宇宙是个什么样子。目前，这一仍处于研究阶段的理论已引起了天文学家的广泛关注。

寻找宇宙的中心

从古至今，人们每天都能看见太阳东升西落，好像太阳在围绕地球运转，这自然会让人们产生地球位于宇宙中心的想法。后来，这种观点被日心说推翻，它认为太阳才是宇宙的中心。那么宇宙的中心到底是什么？地球、太阳、银河系还是河外星系，更或者宇宙根本就没有中心？其实很久以前就有人思考过这个问题，人们通过大量的观测工作记录了许多测量数据，并根据这些数据形成了一些观点和看法，但到目前为止还未形成一个系统的具有说服力的学说。

早在公元 90～168 年，古希腊学者托勒密就建立起了世界上第一个完整的地心宇宙体系。他在总结前人的观点和测量数据的基础上，特别是针对那时关于行星的观测结果，提出地球处在宇宙的中心静止不动这一说法。恒星均位于被称做"恒星天"的固体球壳上，其他的天体如太阳、月亮、五大行星等都沿各自的轨道绕行在地球周围,每颗行星都在一个小圆轨道上做匀速转动,人们将这些小圆轨道称为"本轮"。"本轮"的中心又在一个被称为"均轮"的大圆轨道上围绕地球匀速转动。这样,在以地球为中心的轨道上,"恒星天"和太阳、月亮、五大行星等各自做匀速运动。

就当时的科学状况而言,托勒密的地心说中许多内容是比较科学的。例如,托勒密在研究天体运动时,建立了新的几何学模型和坐标参考系。另外,他把恒星固定在被他称为"恒星天"的固体球壳上,俗称"水晶球",至今人们还将这种假想的"天球"概念保留在天文观测上。但是,托勒密的理论是错误的。

表现哥白尼《天体运行论》理论的图绘

中世纪期间,欧洲教会就是利用这个错误来维持统治的,使西方认为地球是宇宙中心的错误历史延续了1400多年。在这段时期,教会总是宣传上帝居住的极乐天堂是最高天堂,"上帝选定的宇宙中心是地球"。教会把地心宇宙观奉为神圣不可侵犯的真理。

但是,教会的统治并不能阻止人们探寻真理的脚步。

从14世纪中期开始,随着人类不断扩大生产活动、发展经济,社会需求提高了,一种新的文化潮流在欧洲兴起。15世纪,航海事业的发展促进了天文学的进步,为了正确导航,天文学家需要精确地观测和预报天体的位置。这时人们发现,采用托勒密理论计算出来的行星位置与实际偏差很大,因此他的理论显得非常不实用。

即使是这样,仍有一些人坚决地维护地心说理论,他们采取在"本轮"上再加"本轮"的方法来处理出现的偏差,若计算出来的行星位置仍与实际位置存在偏差,就再加上一个本轮,以此类推进行下去,直到不再有偏差存在为止。有时几颗行星的"本轮"数多达八十几个,而且某颗行星究竟应该被加上多少个"本轮"才合理,谁也无法确认。天文学由此陷入了尴尬的局面。

1543年,波兰天文学家哥白尼在《天体运行论》一书中向传统的地心说提出了挑战,认为地球是一颗不断转动的普通行星,太阳才是宇宙的中心,其他的天体都围绕太阳运转。那么哥白尼是一个什么样的人,他的宇宙观又是如何形成的呢?

伟大的哥白尼于1473年2月19日诞生在波兰西部维斯杜拉河畔的托伦城。21岁时,哥白尼求学于欧洲最文明的国家,也就是当时文艺复兴的中心——意大利。

在意大利生活的10年当中,哥白尼深受当时文艺复兴思想地影响,例如他曾拜访过达·芬奇这位文艺复兴的代表人物。年长他20岁的画家兼科学家十分蔑视宗教神学,认为教会利用天堂来做买卖,而天堂全是虚构出来的。达·芬奇企图恢复一些古典哲学家的天文学说,主张宇宙的中心不是地球。和达·芬奇一样,意大利天文和数学家诺瓦拉也反对地心说,哥白尼经常和他在一起观测天象,探讨怎样改进"地心说"。当时,哥伦布发现新大陆的消息

□ 可怕的现象

也将哥白尼创立新的天文学说的热情和勇气激发出来了。

哥白尼仔细阅读了各种古罗马和古希腊的哲学著作后,初步提出了"地动"的思想。这个在今天看来十分古老的科学见解在当时却显得很新鲜。

回到波兰后,哥白尼将全部的精力投入到天文学研究工作上。经过数十年的辛勤工作,他终于创立了新的宇宙结构理论。哥白尼认为,巨大的天球并没有动,人们看到的天球的运动只是一种表面现象。只是因为地球在自转,所以人们产生了错觉,认为天球在动。他大胆指出,地球不是宇宙的中心,地球只是绕着太阳在转,太阳才是宇宙的真正中心。

随着科学技术的发展,有人又提出一种新的观点,认为太阳仅是太阳系的中心,银河系也有中心,它周围所有的恒星也都绕着银河系的中心旋转,但是宇宙是没有中心的,即不存在一个中心,让所有的星系围着它转。这种观点可用宇宙不断膨胀的理论加以解释。因为在三维空间内,宇宙的膨胀一般不发生,只有在四维空间内宇宙才有可能膨胀。四维空间不仅包括普通三维空间的长度、宽度和高度,还包括时间。尽管描述四维空间的膨胀困难重重,但也许我们可以通过气球的膨胀来解释它。

假设宇宙是一个不断膨胀的气球,而星系遍布在气球表面的各个点上,我们人类就住在某个点上。此外还需要假设星系只能沿着表面移动而不能进入气球内部,或向外运动而不会离开气球的表面,在某种意义上我们被描述为一个存在于二维空间的人。假如宇宙不断膨胀,即气球的表面不断地变大,那么表面上的每个点的距离就会越来越大。其中,若以某个人所在的某一点为定点,这个人将会看到其他所有的点都在后退,而且距离他越远的点,其退行速度越快。

现在,倘若我们要寻找气球表面上的点的退行起点,那么我们就会发现它其实已经不在气球表面上的二维空间内了。由于气球的膨胀实际上是在三维空间内从内部的中心开始的,而我们所处的位置在二维空间上,所以我们无法将三维空间内的事物探测清楚。

同样的道理,三维空间内部不是宇宙膨胀的起点,而我们却只能在宇宙的三维空间内运动。在过去的某个时间,即宇宙开始膨胀的时候,或许是亿万年以前,虽然我们可以看到,可以从中获得有关的信息,而回到那个时候却是不可能的。所以说宇宙没有中心。

但这种观点同样无法解释所有的现象,宇宙到底有没有中心仍有待证明。

宇宙为什么在不断地膨胀

中国古代有盘古开天的神话故事,古代西方国家有上帝创造世界的传说,这些都是人们关于宇宙诞生的想象。在科学界,科学家们把观测所及的宇宙称为"我们的宇宙"。科学家们通过观测发现了一个惊人的情况:我们的宇宙正在不断地膨胀。

美国天文学家斯莱弗早在1912~1917年期间用口径60厘米的望远镜在洛韦尔天文台观测天体时,出乎意料地发现,除了仙女座大星云和另一个星系正奔向我们之外,在他研究的15个星系中有13个星系都在离开我们,因为这13个星系的光谱中都发现了红移。这些星系退行的速度平均每秒达600多千米。

哈勃在几年后用2.5米口径的望远镜观测天体,证明了许多星云属于银河系以外的天体系统。在这之后,哈勃在1929年又发现了"哈勃定律",这一定律的提出震惊了世界,并迅速为世人所熟知。

作为验证宇宙膨胀工作的开始阶段,"哈勃定律"所涉及的星系的数目、视向速度和距离都很有限,还必须做更多的观测工作来进一步核实"哈勃定律"。哈勃与他的同事哈马逊密切合作,开始了研究观测工作。哈勃和哈马逊于1931年联名发表了一篇文章,这篇文章扩充了观测资料,并进一步肯定了"哈勃定律"。

对于"哈勃定律"的含义以及星系都在退行的问题,人们一直都迷惑不解。星系愈远退行速度愈快这一奇怪现象也让科学家们难以理解。宇宙学家们回顾了历史,并对自爱因斯坦相对论问世以来的这段时期进行了认真分析,终于找到了问题的答案。

人们注意到,荷兰天文学家德西特早在 1917 年就证明了一项由爱因斯坦在 1915 年发表的广义相对论得出的推论,即宇宙的某种基本结构可能正在膨胀,其膨胀速率恒定。

在弗里德曼宇宙模型的基础上,比利时天体物理学家勒梅特对哈勃观测到的河外星系红移作了解释,认为红移是宇宙爆炸的结果,因而得出了宇宙膨胀的结论。勒梅特对宇宙膨胀进行了详细的研究,认为膨胀总是从一个特殊的端点开始的。于是,他进一步提出宇宙起源的设想,认为宇宙起源于一个"原初原子"。后来人们常常称其为"宇宙蛋"。由于这个宇宙蛋很不稳定,结果在一场大爆炸中,宇宙蛋碎裂成无数碎片,逐渐演变成为千千万万个星系;最初这场宇宙大爆炸在 100 多亿年后,就留下了现在的星系退行现象。

那时,勒梅特的这种宇宙膨胀理论还没有经观测证实,科学家们都非常吃惊和怀疑,并对他的理论不屑一顾。后来,英国著名的天文学家爱丁顿提请科学家们注意勒梅特的宇宙膨胀理论,并为此专门写了一篇文章。直到这时,人们才开始关注勒梅特的理论。

1930 年,根据勒梅特的"宇宙蛋"理论,爱丁顿开始对河外星系普遍退行进行解释。他认为星系的退行是由于宇宙的膨胀效应,而"哈勃定律"的发现恰好揭示了宇宙正在膨胀,为人们理解宇宙膨胀效应提供了理论基础。

宇宙膨胀现象的发现可以帮助我们弄清许多问题,比如"夜晚天空为什么是黑的"。我们的宇宙和它所具有的恒星星系等都是有限的,由于这些有限的天体距离地球十分遥远,它们发出的光线十分微弱,所以夜晚的天空是黑的。简单地说,夜黑是宇宙膨胀造成的结果。

宇宙中真的存在反物质吗

从中学时代我们就知道,世界是由物质组成的。但是,如今科学家提出了"反物质"的概念,对传统观点提出了挑战。那么,反物质是什么?宇宙中是否真的存在反物质呢?

反物质和物质是相对立的。它们是两个不同的概念。众所周知,物质构成了世界,而原子构成了物质,原子核位于原子的中心。原子核由质子和中子组成,带负电荷的电子围绕原子核旋转。原子核里的质子带正电荷,电子与质子所携带的电量相等,但一正一负。质子的质量是电子质量的 1840 倍,它们在质量上形成了强烈的不对称性。这引起了科学家的关注。因此,有一些科学家在 20 世纪初就认为二者相差十分悬殊,因而应该存在另外一种电量相等而符号相反的粒子。如:存在一个同质子质量相等但携带负电荷的粒子和另一个同电子质量相等但携带正电荷的粒子。这就是"反物质"概念的最初观点。

狄拉克是英国青年物理学家,他根据狭义相对论和量子力学原理,于 1928 年提出了这样一个设想:在自然界中,存在着带负电的电子,同时还存在着一种与电子一样但能量与电荷都为正的正电子。这种电子可以称为电子的"反粒子"。狄拉克认为,物质和反物质一旦相遇,就会互相吸引,并发生碰撞而"湮灭",各自的质量也消失了,并释放出大量能量,这些能量以伽玛射线的形式出现。在我们周围的物质世界中不可能有天然的反物质存在的原因就在于此。

狄拉克的这一设想,对科学界震动很大,科学家们认为这种设想极有道理,因而,他们极力寻找和制造反物质。

□ 可怕的现象

自然界喜欢对称性，在宇宙中完全有可能有反物质构成的恒星存在于宇宙中，甚至在银河系中，也存在由反物质构成的星体。

1932年，美国物理学家安德森研究了一种来自遥远太空的宇宙射线。在研究过程中，他意外地发现了一种粒子，这种粒子的质量和电量都与电子完全相同，唯一不同的是在磁场中弯曲时，其方向与电子相反，也就是说它是正电子。这一发现论证了狄拉克的设想，并大大激励了人们的研究热情，他们纷纷投入到寻找反物质粒子的工作中。1955年，在美国的伯克利，钱伯林和西格雷两位科学家利用高能质子同步加速器发现了反质子。西格雷等人于1957年又观察到了反中子。

欧洲一些物理学家于1978年8月，成功地分离了300个反质子达85小时，并成功地储存了这些反质子。1979年，美国新墨西哥州立大学的科学家进行了一个实验，把一个有60层楼高的巨大氦气球放到高空。气球在离地面35千米的高度上飞行了8个小时，捕获了28个反质子。关于反质子的发现层出不穷，这些发现激发了人们的兴趣。反中子和中子一样都不带电，但它们在磁性上存在差别。中子具有磁性且不断旋转，反中子也不断旋转，但其旋转方向与中子恰恰相反。顺着这个线索，物理学家们继续寻找下去，结果，发现了一大群新奇的粒子。到目前为止，已经发现了300多种基本粒子，这些基本粒子都是正反成对存在的，也就是说，任何粒子都可能存在着反粒子。

这样，用人工的方法把反质子、反中子和正电子组成反物质原子这一设想在理论上是成立的。在实践中人们利用粒子加速器人工制造出由一个反质子和一个反中子组成的反氘核，这个反氘核是人工制造出的第一类反原子核，它是美国布鲁克海文实验室研制成功的。由两个反质子和一个反中子组成的反氦–3核是第二类反原子核。苏联在塞普霍夫加速器上曾获得5个反氦–3核。而反原子是由正电子与这些反原子核相结合而得到的。1996年1月，欧洲核研究中心宣告德国物理学家奥勒特等利用该中心的设备合成得到第一类人工制造的反原子，即11个反氢原子。由于这一科研成果意义重大，欧洲核研究中心专门开会庆祝反原子的人工合成。物理学家们预言，技术上进一步的改进将会使大量生产反物质原子的设想成为可能。

对于反物质在自然界中究竟有没有的问题，人们观点各异。以往的一些理论认为，在宇宙中，正物质和反物质是对称的、同样多的。虽然，反物质在地球上只能出现在实验室里，且时间短暂，但是在茫茫宇宙中的某些部分却有可能存在一些星系，这些星系由反物质构成。在那些星体上反物质的存在是极其"正常"的，而正物质却很少在那些星体上存在。物质与反物质在电磁性质上相反而其他方面均相同，那么，在宇宙总磁场影响下，它们各自向宇宙的相反方向集中，分别形成星系与反星系。根据这种观点，宇宙应该一分为二，由正物质和反物质两部分构成。可以想象，由反物质构成的星系应该距离我们极其遥远。但是，至今我们也无法获得关于反星系分布的直接证据，因为由反物质组成的星系与正物质组成的星系发出的光谱完全相同，而我们今天的天文观测手段还较落后，没法将它们区分开来。

宇宙中应该存在一个反物质世界，这从理论上讲是行得通的，可事实上并不这么简单。自然的反粒子和反物质在地球上是不存在的。科学家们研究发现，核反应中产生的反粒子被大量正常粒子包围着，所以产生出来没多久就会和相应的正常粒子结合，两者结合后，反粒子便不存在了，它转化成了高能量的光子辐射。可人们至今还没有发现这种光子辐射。在我们地球上很难找到反物质，因为普通物质无处不在，而反物质一旦遇到它就会湮灭。事实上，反物质仍能以自然形态存在于地球以外的宇宙中。由于反物质发出的光与物质发出的光一样，所以人们无法从恒星发出的光来判断它是物质还是反物质。因此人们推断，完全可能有反物质构成的恒星存在于宇宙中，或者在距别的星球足够远的孤立空间中，甚至在银河系中。自然界是有对称性的，所以，其中必同时存在着由物质组成的星体和由反物质组成的星体。当然，物质和反物质不可能同处在一个星体中，因为二者碰到一起就要湮灭。

到底在宇宙中有没有自然存在的反物质，还有待于科学技术的进一步发展去证实。物理学家们努力搜寻反物质，希望能在宇宙中寻找到它们。

能不能直接观测太阳系以外宇宙中的反物质呢？可以，但目前只有一个办法，那就是研究宇宙射线。

在地面实验室中很难探测到宇宙射线中的反物质，因为有一个稠密的大气层在地球上空。穿越大气层时，宇宙射线会与大气碰撞而产生次级粒子，这些次级粒子又会与大气粒子碰撞产生更次级的粒子，这样几经反复，地面上测不到原始的宇宙射线，因此也无法确定宇宙射线中反物质存在的情况。为此，人们想方设法把探测器送上大气的最高层，并一直希望能将探测器送到太空。过去，人们多次用高空气球把高能反物质望远镜等探测器送到高空，探测宇宙射线中的正电子与反质子，但收获不大，从未发现过比反质子更重的反原子核。现在，随着航天技术的发展，到太空中去寻找反物质的愿望终于可以实现了。

1998年6月3日6时10分（北京时间），美国"发现号"航天飞机载着阿尔法磁谱仪，从肯尼迪航天中心发射升空。"发现号"航天飞机的成功发射，标志着探索宇宙反物质的重大科学实验的开始。值得一提的是阿尔法磁谱仪主要由中国科学家参与研制。

阿尔法磁谱仪简称AMS，它主要由上下各2层的闪烁体、永磁体、紧贴永磁体内壁的反符合计数器、内层的6层硅微条探测器以及契伦科夫探测器等各种探测器组成。在AMS中，由钕铁硼材料制成的永磁体是其主体结构，其重量约2千克，高1米、直径1.2米、长0.8米，是一个空心圆柱体，其中的磁场强度为1400高斯，能长期在太空中稳定工作。根据磁场反应的粒子电荷以及粒子的速度、轨迹、质量等信息，AMS可以推断粒子的正与反。可以说，当今最先进的粒子物理传感器就是AMS。

航天实验证明，AMS经受住了发射升空时的剧烈震动和严酷的太空工作环境的考验，运行状况良好，捕捉到许多带电粒子的踪迹，这些粒子是由次宇宙射线发出的。按照预定的计划，2001年2月，AMS被装载到阿尔法国际空间站上，进行长达3年的反物质空间探测。

人们如此热切地探求反物质，其目的不仅在于要证实理论的正确与否，而更实际的则是在于获取巨大的能量。

任意半吨物质与半吨反物质相遇，则发生"湮灭"，并且会放出能量，这种能量将是燃烧1吨煤所放出的能量的30亿倍。只要用正、反物质各1吨发生"湮灭"，"湮灭"所产生的能量就可以解决全世界1年所需的能量。而且"湮灭"后不留残渣和任何有害气体。因此，反物质是极干净的超级能源，同时更是最理想的宇宙航行能源。据计算，10毫克的反质子只有一粒盐那么大，却可以产生相当于200吨化学液体燃料的推进能量。通过这些能量，可以轻而易举地将巨型航天器送入太空。科学家们设想造一艘头部装一面巨大的凹面反射镜的光子巨船，要使飞船开动时，就将燃料库中的物质和反物质分别有控制地输送到凹面镜前，让它们在凹面镜前适当位置接触、"湮灭"，再转化为极其强烈的伽马射线，即光子流。这种光子流被凹面镜反射出去，产生巨大的反作用力，就像气体从火箭喷口喷出一样，推动飞船前进，实现星际航行。

尽管至今我们仍不能确定宇宙中有反物质，但我们也不能过早予以否定。因为距离我们100多亿光年的天体是人类已观测到的最遥远的天体，但这并不是宇宙的边缘，也许在更遥远的太空中会有反物质存在。也可能确实有反物质存在于我们已经观测到的宇宙中，只是由于某种原因使我们无法看到这些反物质。

相互残杀的星星

一般人都知道，宇宙中星体之间的距离非常遥远，彼此接近的机会很少。但经过天文学家的观测和研究，发现星球之间也存在彼此吞食、互相残杀的现象。科学家们把这类星球称为宇宙中的"杀星"。

前不久，美国天文学家就发现了这种互相吞食的现象。主角是两颗恒星，并且是一对双星，都已进入衰亡期，均属白矮星。这两个星球体积很小，可质量要比太阳大得多。经观测发现，这两颗星体靠得很近，彼此围绕着对方旋转运动。其中一颗大的恒星，在不停地吞吃比它小的那一颗。大恒星把小恒星的外层物质剥下来吸到自己身上来，自己变得越来越胖，质量和体积不断增大。而那颗被吞食的恒星，变得越来越小，最后只剩下一个光秃秃的星核了。

不只是星球之间存在着彼此吞食的现象，星系之间也在互相吞食和残杀。现在有一种理论认为，宇宙中的椭圆星系就是两个旋涡扁平星系互相碰撞、混合、吞食而形成的。有人曾经用计算机做过模拟实验：用两组质点代表星系内的恒星，分布在两个平面里，由于引力作用，星系内的恒星在一定的规律作用下相向而行，逐渐融合成一个整体。

加拿大天文学家科门迪通过观测还发现，某些巨大的椭圆形星系，其亮度分布异常，仿佛中心部位还有一个小核。他认为，这是一个质量较小的椭圆星系被巨椭圆星系吞食的结果。

但由于星系之间、天体之间距离都极为遥远，碰撞和吞食的机会很少，所以，要想证实以上说法是不是成立，还需要一段时间。

宇宙的最终归宿在何处

任何事物都有其发生、发展和消亡的过程，这是事物存在的基本规律。宇宙也会以某种方式走向死亡吗？宇宙的最终归宿将是何方？

现代科学家们关于宇宙如何发展提出两种可能：一种是宇宙会继续膨胀下去，另一种是膨胀总会达到一定的极限，然后停止，最后逐渐收缩。

如果宇宙无限制地膨胀下去，在这个过程中，各个星球将燃烧完内部的核燃料，最后变成白矮星、中子星和黑洞。随后，整个宇宙将成为无比巨大的一个黑洞，宇宙内的所有物质将被黑洞吞噬，整个宇宙将一团漆黑，沦为一个黑暗的世界。最后，黑洞也会消失，组成物质的基本粒子也会衰变，宇宙又回到原先的混沌状态。

那么，如果宇宙膨胀到一定程度后开始萎缩，又将是怎样一种情形呢？首先，科学家们并不能确定宇宙到何时才由膨胀转为收缩。其次，也只能从理论上去推测收缩以后的情况。

理论推测的结果可能是这样：

宇宙一旦开始收缩，将会使宇宙空间的物质密度逐渐增大，从而使星球之间的距离缩短，这当然会对星球造成不同程度的影响。不过，温度的变化对星球造成的影响可能最大。在宇宙逐渐收缩的过程中，它的温度将逐渐升高。首先，由于温度的升高，地球上的生物将有可能不能存在下去。接着，地球也将灭亡。随后，当整个宇宙的温度升高到超过太阳的最高温度时，恒星也将化成气体，消失在茫茫宇宙中。而黑洞则可以大肆侵吞宇宙中的物质，使自己逐渐变"胖"、变重。同时，它们还不断地吞并，最后一个大黑洞形成了。宇宙又沿着大爆炸后不断膨胀的逆反过程，回归到原来的状态。

到那时，宇宙是否会再一次爆炸，产生新的宇宙体，再膨胀，然后收缩变成黑洞，如此周而复始不断循环下去呢？以我们目前的科技水平还不能回答，但那肯定是一个非常遥远的时间问题，这是确信无疑的。

黑洞之谜

为了研究太空中看不见的光线，美国宇航局研制发射了高能的天文观察系统。在其发回的 X 射线宇宙照片中，天文学家发现了最惊人的一幕：那些人们认为已经湮灭了的星体，依然能放射出比太阳这样的恒星体更为强烈的宇宙射线。这证明了长久以来人们的一个大胆设想：宇宙中确实存在着看不见的"黑洞"。

什么是黑洞呢？要解释这个问题，我们要先从万有引力谈起。

牛顿的万有引力定律认为，地球和宇宙间的一切天体，都具有强大的相互吸引力，它们能牢牢地吸引住附近的一切物体。比如地球的引力吸引着地表的物质使之不能随意地飞离地球；人们想要把人造卫星送上围绕地球运行的轨道，至少要使发射的火箭有每秒钟 8 千米的速度。如若不然，因为地球的引力，人造卫星就会被拉回地面，我们称这个速度为第一宇宙速度；如果我们要把一只飞船送到火星上去，也就是说要让飞船摆脱地球引力的控制，那么发射的火箭就要把速度提到每秒 11 千米，这个速度叫做第二宇宙速度，又被称为天体的表面脱离速度。不同天体的表面脱离速度也不同，这与质量关系密切。比如说，月球的质量比地球小，表面脱离速度就比地球的表面脱离速度小很多；而太阳的质量比地球大许多倍，表面

所有的黑洞基本结构相同，中心的奇点部分被一个不可见的边界围着，我们称它为"视界"，没有东西可以从里面逃出来。视界的尺码叫史瓦西半径，它的名字得自于一个认识到它重要性的物理学家。旋转的黑洞就更复杂了，它有一个能层（一个像宇宙旋涡的区域），里面还有一个内部视界，它奇点的形状像个戒指。

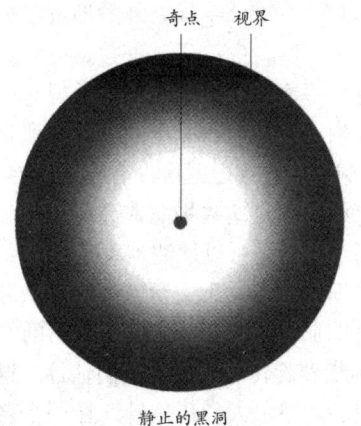

静止的黑洞

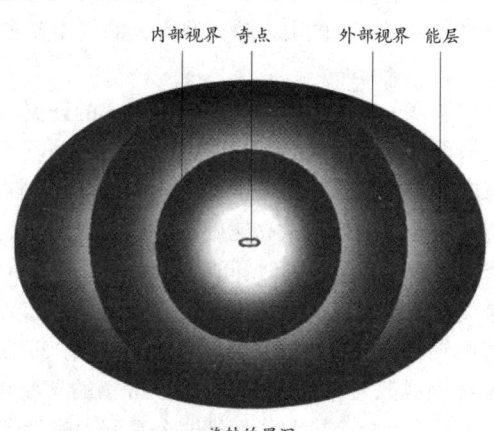

旋转的黑洞

□ 可怕的现象

脱离速度就会相应大许多。

那么，人们不禁又要问：有没有可能在宇宙中有这样一些天体，它们的表面脱离速度能超过每秒30万千米，比光速还要大？它自己的引力如此之大，以至于连它所发射的光都跑不出来？

1798年，法国天文学家拉普拉斯从牛顿力学出发，预言了宇宙中可能存在引力如此之大的大天体。他认为"宇宙中最明亮的天体，很可能我们根本就看不到它"。他大胆地假设说，如果有一个天体的密度或质量很大，达到了一个限度，这时它很可能是不可见的。因为光速也低于它的表面脱离速度，也就是说光无法离开它而最终到达我们这里。他的预测其实就是一种早期的黑洞理论。

近代以来，爱因斯坦发表了广义相对论，越来越多的自然科学家从牛顿力学和广义相对论出发，得出了类似结论，纷纷预言黑洞的存在。依据牛顿的万有引力理论，科学家得出，一个球形的天体，一旦它的质量超过太阳质量的2倍，就可能引发"引力崩溃"。也就是说，它可能会向自己的中心引力坍缩，成为一个体积无限小、质量无限大的质点。依据爱因斯坦的广义相对论，德国科学家史瓦西计算出了一个可能具备无穷大引力的天体半径。他进一步阐述说，一个天体一旦半径达到了这个大小，就很可能有无限大的引力，任何物质都不能从它那儿逃脱出来，只能被它吸引进去。即便光线速度极快，也"难逃噩运"。这个有能力把一切吸引住的地方，人们无法看到它，因而称之为黑洞。

当今科学家们更加确切地定义了黑洞，他们认为黑洞是广义相对论能够预言的一种特殊天体。这种天体具有一个封闭的边界称为"视界"，这是它最基本的特征。视界的封闭也是相对而言的，外界的物质和辐射可以进入视界，而视界内的一切都无法逃逸到外面去。更简单地说，黑洞不向外界发射和反射任何光线，人们根本没办法看到它，这就是黑洞之所以"黑"的原因；同时任何东西一旦进入其中，就再也出不来了。黑洞似乎永远都处于饥饿的状态，是个填不饱的"无底洞"，有人形象地把它叫做"星坟"。

人们已不再置疑是否有黑洞，那么黑洞里面的情况又是如何呢？由于目前对黑洞还没有直接的观测依据，科学家们只能从理论上推测。假如有一位无畏的科学家驾驶飞船向黑洞飞去，他最先感到的是巨大的吸引力。他要是从窗口望出去，就会看到一个平底锅似的圆盘在周围星光衬托下很显眼。走得更近，远方似乎有"地平线"，发出X射线，那似乎深不见底的黑洞便是被这"地平线"包围着。光线在黑洞附近变形，成为一个光环。宇航员这时要返航已是不可能的了，双脚受到的巨大引力使得他向黑洞中心飞去。他如同坐在刑具台上，头和脚之间出现巨大的引力差，这巨大的引力差早在距"地平线"5000千米之外的地方就把他撕碎了。

科学家一直在寻找能说明黑洞存在的证据。黑洞本身是不能被直接观测到的，但它有相当大的引力场，这就会影响附近天体的运动。于是人们找到了间接观测黑洞的方法，那就是由附近天体的运动来推测黑洞的存在。如果有物质落向黑洞，当它接近但还没有到达视界时，就会围绕着黑洞外围做高速旋转，运动轨迹呈盘状或喇叭状，而且这些物质在高速旋转时会因摩擦而产生高温，同时释放出强大的高能X射线。人们用仪器是可以探测到X射线的，所以这类高能辐射也成为科学家们寻找黑洞的重要线索。根据这一点，天文学家开始在浩瀚的宇宙中细细搜寻。终于，人们发现在天鹅座附近有奇特的强X射线源，这就是著名的"天鹅X-1射线源"，有一颗比太阳大20倍的亮星和它相互围绕着旋转。天文学家们估计，这个X射线源便是一个黑洞，而且这个黑洞大概拥有8倍太阳的质量。人们还估计，在一个名叫

M87的椭圆星系的核心,存在着一个质量巨大的黑洞,而它甚至有90亿倍太阳的质量。

从这些结果出发,科学家们大胆地做了更深一步的设想。他们认为,在整个宇宙中,普遍存在着黑洞,而且组成宇宙的主要天体很有可能就是黑洞。他们还进一步预言,在银河系中心,很可能也存在着一个质量相当于500万个太阳质量的巨大黑洞。正是由于它巨大的引力,才将成千上万颗恒星吸引住,这些恒星和气体的运行速度极快,而且都围绕着银河系中心旋转,成为一个十分巨大的集合体,银河系由此而成。

那么,是什么原因导致宇宙中黑洞的形成呢?有人认为,恒星到了晚年,耗尽全部的核燃料,由于自身引力会发生坍缩。如果坍缩物质的质量比太阳质量大3倍,那么最终的坍缩产物就是黑洞。此类黑洞的质量一般不会很大,不超过太阳质量的50倍。另外还有人认为,由于在星系或球状星团的中心部分密集分布了很多恒星,以致于星与星之间极易发生大规模的碰撞,导致超大质量天体的坍缩,质量超过太阳1亿倍的黑洞就这样形成了。还有一种说法认为,也许是在宇宙大爆炸时,产生了极为强大的力量,一些物质被如此强的力量挤压得非常紧密,于是产生了"原生黑洞"。

一旦证实了黑洞的普遍存在,宇宙的神秘甚至超乎我们的想象。我们知道宇宙仍处于不断的扩张中,这是宇宙大爆炸的结果,爆炸中心的宇宙核仍是一切物质的来源。宇宙是否会在宇宙核的物质变得很稀薄时停止扩张?是否会因为各天体的自身引力而导致收缩?相对论的回答是肯定的,黑洞的存在部分地证实了相对论的判断。也许宇宙不会消失在一个黑洞中,却很可能会消失在几百万个黑洞中。因此,彻底地揭开黑洞之谜,还关系着人类对于宇宙归宿的追问。

暗物质之谜

宇宙大爆炸理论认为:宇宙诞生之前,没有时间,没有空间,没有物质,也没有能量。约150亿年前,一个很小的点爆炸了,逐渐膨胀,形成了空间和时间,宇宙随之诞生,并经过膨胀、冷却演化至今,星系、地球、空气、水和生命便在这个不断膨胀的时空里逐渐形成。

最近的天文观测和膨胀宇宙论研究表明,宇宙的密度可能由约70%的暗能,5%的发光和不发光物体,5%的热暗物质和20%的冷暗物质组成。也就是说,宇宙中竟有九成物质是看不见的暗物质,其中可能包含有宇宙早期遗留至今的一种看不见的弱相互作用的重粒子——冷暗物质正是支持膨胀宇宙论的关键。

宇宙中的暗能、暗物质至今尚未被发现,这就给我们留下了一系列关于宇宙中的暗物质问题的谜团。人类共同关心的问题是:宇宙中的暗物质究竟有多少?它们在宇宙中占有多大的比例?目前天文学家还无法确知。只是给出了一些估计的数字:在宇宙的

科研人员在意大利检修"克雷斯特"弱相互作用的重粒子探测器。

□ 可怕的现象

总质量中，重子物质约占 2%，也就是说，宇宙中可观测到的各种星际物质、星体、恒星、星团、星云、类星体、星系等的总和只占宇宙总质量的 2%，98% 的物质还没有直接观测到。在宇宙中非重子物质的暗物质当中，冷暗物质约占 70%，热暗物质约占 30%。

紧接着，下一个问题又来了：宇宙中存在的大量非重子物质的暗物质组成成分究竟是些什么粒子？它们的形成及运动规律又是怎样的呢？于是寻找暗物质，探求暗物质的性质就成了世界高能物理研究的热点之一，寻找的途径包括在超大型加速器上的实验，还包括在地下、地面和宇宙空间对宇宙线粒子的测量。中国科学院高能物理研究所在寻找暗物质的研究方面在国际上一直处于领先地位。1972 年，高能所云南高山宇宙线观测站曾观测到：一个从宇宙射线中来的能量大于 3000 亿电子伏特的粒子碰撞石墨中的粒子后，产生了 3 个带电粒子。分析表明，其中一个是负介子，一个是质子，还有一个是能量大于 430 亿电子伏特、寿命长于 0.046 纳秒的带电粒子。许多科学家认为若此事能被证实，它将肯定是超出标准模型的新粒子，而这个新粒子就可能是暗物质的粒子。

1979 年，科学家发现，在仙女座背景方向的温度比天空其他方向的要高，那里存在着巨大的未知质量。"失踪"的物质哪里去了呢？按照牛顿物理万有引力定律，星系中越往外的行星绕该星系中心的转动速度越慢。太阳系中的行星运转正是这样的。但已观测到有许多星系，其外边缘行星比中心附近行星绕转得更快。这说明除看得见的星系或星系团外，还有大量暗物隐藏在其中，它们像晕一样包围着星系和星系团。那么这些像晕一样的东西是由什么物质构成的呢？有人认为是 X 射线和星系际云，但它们远没有估算的暗物质那么多；也不是年老的恒星，如体积很小的中子星和白矮星，它们行将死亡时会抛出大量物质，但人类并未观测到。英国剑桥大学的物理学家霍金认为有可能是黑洞。还有不少科学家认为是"中微子"。并提出了暗物质的"中微子"模型。但研究这个模型还存在一定的困难，例如，按此模型只有在超星系团周围才有晕，但实际上在星系周围也观测到晕；而且中微子是否有质量，科学实验也未最终确证。

20 世纪 80 年代，美国和苏联的一些科学家提出了暗物质的"轴子"模型。按照这个模型，混沌伊始（宇宙爆炸后不久有一个混沌不分的时期），宇宙就如一坛重子和轴子混合交融的浓汤。后来重子由于辐射能量，慢慢地转移到团块中心去了，结果普通发光物质的核被冷子晕包围，形成了星系似的天体。这个模型简洁美妙，有人用计算机对这种模型进行了模拟演算，最终得到的宇宙演化图像与我们今天观测到的宇宙十分吻合。但这个模型毕竟是假想的产物，它能否成立，还需要更多的实验来验证。

从理论上说，冷暗物质粒子应该具有一种质量很重的中性稳定粒子，它不直接参与电磁相互作用，但可以参与弱相互作用和引力相互作用。这种粒子肯定是超出标准模型的粒子，如果能在实验中直接观测到这种粒子，将是探讨物质微观世界结构和基本规律方面的重大突破。目前中科院高能所参加了由意大利罗马大学牵头的意中 DAMA 合作组的冷暗物质粒子研究。为了避免各种信号干扰，意大利国家格朗萨索实验室建在一个高速公路穿过的山洞下，岩石厚度有 1000 米。中意科学家研制的 100 千克低本底碘化钠晶体阵列安装在意大利格朗萨索国家地下实验室，经过 8 年的实验，科学家们已经探测到这种物质粒子偶尔碰撞碘化钠晶体中的原子核时发出的微弱光线，并获得了这种信息的 3 个年调制变化周期，还据此推算出这种粒子的质量至少是质子的 50 倍。实验的初步结果提供了宇宙中可能存在一种重粒子，即冷暗物质粒子的初步证据。

科学家们认为，这种粒子的存在将非常有力地支持膨胀宇宙论和超对称粒子模型，困扰天文学家 70 多年的谜团就能澄清，粒子物理、天体物理、宇宙学将会有突破性发展。但实验中要确认冷暗物质的存在及特性，尚需进一步的观测数据和可靠证据，我们期待着关于暗物质的一系列谜团早日揭开。

太空为什么是黑的

地球上，白天的天空是亮的，这是因为空气分子能够反射阳光，就像一面面小镜子。但是在月球上没有大气层，所以天空一片漆黑，连星光也消失了。同样的道理，宇宙空间本身也是空荡的，几乎没有能够将光线反射进我们眼睛里的物质，所以我们看到的空间就是黑暗的——即使太阳周围也是漆黑一片。

但是关于宇宙的黑暗仍然存在着疑团：宇宙中所有的天体发出的光为什么不能合在一起形成明亮的光？天空为什么会在晚上变黑？

托玛斯·迪奇斯是 16 世纪的天文学家，他当时也研究了这些问题。他认为宇宙是无限的，宇宙在各个方向上拓展，在这个无尽的空间里，有无数颗恒星。但是按照他的推理，如果宇宙里充满了恒星，天空被星光笼罩，那么夜空将和白天一样明亮。然而事实并不是这样。迪奇斯终其一生都没能解开这个难题。

威尔海姆·奥伯斯是 19 世纪的天文学家，他也花了许多年来思考同样的问题，并且关于天空为什么是黑暗的问题被称为"奥伯斯佯缪"。奥伯斯考虑了很多种可能，最后认为原因是宇宙空间里的尘埃：或许我们看不见远处恒星发出的光，是因为宇宙中的尘埃吸收了这些光。

但奥伯斯死后，天文学家们计算了所有恒星发光的总和，结果发现，这个能量足以让挡在半路的所有尘埃升温发光。也就是说，夜空在闪亮的尘埃的照耀下也变得一片光明。于是，问题又回到了起点。

显然，事实是夜晚被黑暗笼罩。一定是这个理论有问题。关键是，问题出在哪里？迪奇斯、奥伯斯和其他天文学家都认为在无限大的宇宙中有无数颗恒星。但事实上，他们错了。

美国马萨诸塞大学的爱德华·哈里森在他《夜的黑：宇宙之谜》一书中写道：宇宙中的恒星数量并不足以覆盖整个天空，所以夜空是黑的，其实宇宙本身也不是无限大的。

借助于强大的太空望远镜，我们几乎可以看到最远的恒星。光从遥远的恒星传播到地球上需要几百万年，所以当我们遥望夜空深处时，就是在回顾历史。最强大的天文望远能帮助我们看到某颗在 100 亿年前发出的光的恒星。

宇宙的历史只有 150 亿年，天文望远镜越发达，我们就能看见越远的恒星，也就是越远古时期的景象。爱伦·坡受到这个理论的启发，写下了许多带有恐怖和超自然色彩的小说、诗歌，其中有《渡鸦》、《告密的心脏》等。1848 年，爱伦·坡在《我得之矣：一首散文诗》中写道：在漆黑的夜空深处，我们看到了宇宙诞生前的虚无。

按照哈里森的理论，爱伦·坡的诗刻画了一个真实的宇宙，就像他诗中写的"穿过群星，我们看到了宇宙的源头"。

星星为什么掉不下来

抬头仰望，天空就像屋顶；低头俯视，脚下是大地。我们都不假思索地用"上"、"下"这样的词汇来表示方位。

我们通常会认为向上运动的东西总会落下来，这简直是显而易见的：把球抛向空中，它很快就会掉下来。但是我们看见星星也高挂在夜空，但为什么它们不会掉下来呢？

等一下，我们先来看看我们说的"上"、"下"是不是看起来的那样。如果你身处北半球，头朝上脚朝下，但如果你来到南极，你依然头朝上脚朝下。也就是说，无论我们走到地球上的哪处，天空仍在头顶之上，大地在脚下。

物体落到地面上，我们认为是向下，因为它们受到的地球重力的方向是向下的，所以总会被拉回到地面上。但是如果我们远离地球进入浩瀚的宇宙空间，"上"、"下"就失去了意义。飘在太空里，根本没法说清哪是上哪是下，只有行星和恒星间巨大空荡的空间为参照。

在宇宙飞船的宇航员失去了重力作用，可以在飞船里随意行走，比如飞船舱内的顶上。向上或向下只适用于对某一个重力场的描述，而对于太空中的飞行员来说，这里不受重力影响，向上或向下没有任何意义。但是当宇宙飞船准备着陆时情况就完全不一样了，飞船被拉回重力场，当飞船将着陆时，宇航员将深刻体会"下"的感觉。

每个行星都有引力场，恒星也是。太阳系就是靠着这种引力维持了八大行星的正常运转，包括地球围绕太阳运转。

夜空中的恒星距离地球太远了，以至于它们与地球之间的万有引力非常微弱。但如果它们靠近地球，地球就会飞向恒星，因为恒星的质量一般都比地球大得多。

恒星不会坠落在地球上，但是有时陨石会——这些石质或冰质物体被地球引力拉入地球，与大气摩擦产生火焰，划过天际的一瞬间形成一条亮线，被人们形象地称为"流星"。

天空中的星星组成图案之谜

你有没有过躺在草地上看云彩的经历？天上的云彩像白花花的棉花糖，缓慢地向着一个方向飘过去。有时你会突然发现云团中有奇特的图案，可能是人脸，或是某种动物。其实，星座是人们在看到天上的星星之后，根据它们之间的位置关系想象出的图案。这就像是把点用线连接起来，最后围成某个图案的游戏。

人类从远古时期就开始寻找天空中的图画了，苏美尔人至少在4000年前就在画星座的图案了。毫不奇怪，人们会画看到的各种有趣的图案。比如说，在游牧民族对星象的记载中经常出现动物形状的星座，而经常在海上漂泊的船员则会在天空中找到指南针的图案。天文学家认为，人们可以通过发现熟悉的星空图案获得一些有用的信息，而其中最重要的一点就是确定方向和位置。

观察恒星组成的图案也有助于人们探究天空的奥秘。古时候的天文学家将天空分成不同区域，每个区域由一组恒星组成，叫做星座。人们会给每个星座命名，再编出一些关于它们的故事。

不同的文化有不同的星座图案，关于星座的故事自然也就不一样了。有些民族的对星座的描述很奇怪。我们现在知道，大熊座周围有一组恒星，当古埃及人看到这组恒星的时候，他们想到了这样的情景：有一头公牛，牛后面是一个躺倒的人，这只牛同时还被一只河马追逐，而这只河马是用两条腿走路的，河马背上还背了一只鳄鱼！

许多关于星座的故事来源于希腊神话。那么我们就来说说大熊座和小熊座的来历吧：女神赫拉非常妒忌她的侍从卡里斯托公主的容貌，所以赫拉的丈夫宙斯十分担心卡里斯托的安危。为了保护她，宙斯把美丽的卡里斯托变成了一只熊。

但是故事并没有就此结束。一天，卡里斯托的儿子出外打猎，见到一只大熊。他向这只熊瞄准，却不知道这只大熊就是他的亲生母亲。这时，宙斯又突然出现挽救了卡里斯托的生命，他把她的儿子也变成了一只小熊。这就是故事的经过，所以天空中有一个大熊和一个小熊，今天我们又把这两个星座分别叫做大熊座和小熊座。

你可能听说过猎人奥里恩和猎户座的星光带，还有刀枪不入的巨狮里奥（狮子座）。可是天空中的图案可远不止这些：凿子（雕具座）、打气筒（唧筒座）、画架（绘架座）、望远镜（望远镜座）、变色龙（蚓座）、鲸（鲸鱼座）、长颈鹿（鹿豹座），还有横扫天堂的王后的秀发（后发座），应有尽有。

在现代星图中，人们将南、北半球天空中的恒星划分入88个星座，而这其中大多数星座的历史可以追溯至公元前2600年。

同一个星座中的恒星看起来相距都不远，但事实并非如此，随意两颗恒星之间的距离都可能有数万亿千米。但很远的恒星可能非常亮，所以看起来与另一些距离我们近的但是暗淡的恒星很近。

星座并不是不变的，因为总是有恒星出生或死亡，并且是不断运动的。100万年前，北斗七星（大熊座的7颗星组）的形状不像是一个勺子，而是更像一支长矛。可想而知，100万年以后天空中的星宿会完全变成另一般模样，那么未来的人们也很可能会重新为各个星座取名字。

最后，让我们想象一下其他星球上的夜空。在另一个遥远的太阳系里，可能也有一个类似地球的星球，我们的太阳就成为他们眼中群星中的一颗，在某个星座图案中扮演重要角色，或许正是某种奇怪动物的尾巴呢！

宇宙中究竟有多少个星系

宇宙中无数的恒星不是均匀分布在宇宙中，而总是聚集成星系——就像是人们总是聚集在城镇，而且星系之间空旷辽远。

我们所在的星系叫做银河系，它是一个由气体、尘埃和约2000亿颗恒星组成的巨大的旋转中的"转轮"。每颗恒星之间的距离大约有几十万亿千米，我们熟悉的太阳位于银河系的边缘。

当我们观察宇宙时，其实是透过银河系里的恒星往外看，就像是雨天里透过雨幕看风景。我们在夜空中看到的单颗星星都是银河系里的恒星。银河系是一个旋转星系，俯看就像是一个由恒星组成的巨大旋风。太阳和它的八大行星就位于从"旋风"中心伸出的一条旋臂上。太阳在旋臂里的运动速度是94万千米/小时，按照这样的速度，太阳需要大约2亿年的时间才能绕星系一周。

从侧面看去，银河系是中间厚边缘薄的碟子形状。如果天气晴好，我们可以看见夜空里有亮带延伸，那其实就是银河系的一部分。

如果能够走出银河系，我们就可以看到它的真面目：漆黑的背景上面布满了星系，就像漆黑的海面上，小岛都被点亮了。银河系再大，也只不过是宇宙中约1000亿个星系之一。虽然每个星系都由至少上百万颗恒星组成，但它们距离地球太遥远，以至于我们看到它们的光都很微弱。

一个普通的望远镜就可以让我们看到数十个星系；一架更好的天文望远镜能够让我们看到更多星系，甚至可以看到几个遥远星系中的恒星。

仙女座星系是距离银河系最近的星系，天气晴好时，我们甚至不需要望远镜就能看到它。仙女座星系跟银河系一样，也是螺旋星系。所有的星系中，有一半都是螺旋星系，像一个自旋的转轮。这些星系里有数不清的恒星，包括年轻的、年老的和中年的。

还有椭圆形的星系——数十亿颗恒星组成的大球。有些星系是正球形的，有些是扁球形。椭圆形星系中所有的恒星都围绕着中心旋转，像一群飞舞的蜜蜂。这些星系中的恒星年纪都比较大，许多是红巨星，所以椭圆形星系往往都发出橙色的光。

还有其他形状的星系，有些像没有旋臂的漩涡（或者像照相机镜头），还有些没有特定的形状，所以叫做不规则星系。

星系看似平静，实际上充满了剧烈的自燃事件，强度绝不次于地球上的火山爆发和地震。例如，一次仍在持续的能量大释放中，从M87星系中心喷出的蓝白色高温气体喷流足有5000光年长。天文学家们认为，位于星系中心的黑洞能够吞噬气体、尘埃甚至整个恒星，它很可能就是星系上剧烈事件的根源。

星系之间也会发生碰撞，但因为每颗恒星之间的距离实在是太远了，所以当星系相遇时，恒星之间并不会相撞，它们通常会从彼此身旁飞驰而过。由于星系的体积太庞大，这种"碰撞"需要持续几百万年，而不是几分钟。但是专家们可以在电脑上模拟出星系相遇的情景，模拟的过程是可以迅速完成的，这样天文学家们就可以预言当两个星系相遇的时候是怎么样的，相遇之后又会发生什么事情。由于星系中恒星的运动就像夜晚天空中的航船，万有引力使它们彼此吸引。有些恒星离开原来的位置，从而使交织的星系的形状都发生扭曲。比如，当一个椭圆形星系接近一个螺旋星系的时候，后者充满恒星的旋臂就有可能受到前者的影响而偏离原来的位置。

目前，有些天文学家猜想，今天的大型星系很可能是由很多小星系融合而成的。例如，两个螺旋星系合并起来就可能形成一个椭圆形星系。因为在宇宙深处20亿光年附近（也就是那里20亿年前），天文学家们发现越来越多的小型星系和越来越多的大型星系。而且这些小星系大都没有规则的形状，既不是螺旋形也不是椭圆形。天文学家们认为，10～100个这样的小星系融合在一起才能演变成像银河系这样的螺旋星系。

星系都有自己名字吗

星系是由恒星组成的旋转城市，宇宙中的星系至少有1000亿个，它们中间隔着广阔的宇宙空间。如果不用望远镜，除了我们自己的星系——银河系，我们最多还可以看到3个星系。

其中两个是以葡萄牙航海家费迪南德·麦哲伦的名字命名的，叫做麦哲伦星云。1519年，当麦哲伦的舰队行使至南半球的海域时，船员们发现了两个闪着黯淡光芒的星系，并把这个消息带回欧洲。

麦哲伦星云看起来柔软、松散，的确像是云。这两个小星系围绕着银河系旋转，所以它们是银河系最近的邻居。那么它们究竟有多小呢？其中一个有150亿颗恒星，另一个"只有"50亿颗，而我们的银河系有约2000亿颗恒星。

另外一个不需要望远镜就能看见的星系是仙女座星系，这也是一个螺旋星系。仙女座星系距离我们220万光年，这也就是说，仙女座星系距离地球约2.1×10^{20}千米。

用肉眼观察仙女座星系和麦哲伦星云时，我们看不见单颗的恒星，只能看到由上百万颗恒星发出的光共同组成的形状。

除了这3个星系之外，在夜空中我们还可以看见银河系的一部分。我们可以看见夜空里有一道亮带，就像是散落在天空中的面粉。古希腊人把这条光带想象成女神赫拉乳房里喷射出的乳汁。在希腊语中，乳汁就是"gala"，这就是"星系"（galaxy）这个词的来源。

有些需要借助于望远镜才能看到的星系同样有奇特有趣的名字：玉夫座、天龙座、天炉座、狮子座Ⅰ、狮子座Ⅱ、六分仪座、飞马座、车轮星系、宽边帽星系……

但是，因为宇宙中的星系数不胜数，所以不能一一取名。有些星系没有真正的名字，却有自己的编号。17世纪，一位法国的天文学家查尔斯·梅西耶列了一张表，表里包括了100多个天空中的发光天体，其中就有很多星系。他为表单中的每一个天体编号，如M1、M2、等等。所以很多星系有多种叫法，比如仙女座星系又叫做M13。

后来，天文学家又在前人的基础上扩充了星系和其他天体的编目，比如增加了星团和星云，所以又出现了新的编码表——《新总星表》。在这些编码表中，仙女座星系又叫做NGC224。

恒星的颜色从哪儿来

淡黄色的太阳是离我们最近的恒星。宇宙中的恒星可不都是淡黄色的，它们的颜色五彩斑斓，一簇恒星就可以成为珠宝盒了。在宇宙里，一颗颗恒星就像蓝宝石镶嵌在上面一样，而当中一颗橘黄色的则发出耀眼的光芒。

恒星的颜色取决于它们自身的温度。光是以波的形式传播的辐射，相邻波峰之间的距离就叫做光的波长。光波很短，短到什么程度呢？如果将1厘米分成10万份，那么一个光波的长度仅相当于其中的几份加起来那么长。

但无论光波多么短，它的变化却足以引起人们视觉上的很大差异，因为波长的变化反映在人眼里就是颜色的变化。比如，红光的波长是蓝光的约1.5倍。而各种波长（也就是各种颜色）的光混合在一起就是白光。

日常生活中我们可以发现，当物体的温度改变的时候，它的颜色也会变化。比如，一块冷的烙铁是黑色的，把它放进火炉里，一会儿工夫，它的表面就慢慢变成暗红色——加热时间越长就越红。如果继续加热，在熔化之前，它会依次由红变成橘红、黄、白，最后变成蓝白色。

科学家已经发现了物体颜色与温度之间的关系，即温度越高的物体，来自它的辐射的能量越大，波长越短。我们知道蓝光的波长比红光短，所以加热能发出蓝光的物体就一定比发红光的物体热。

恒星中的热气体原子发射出光粒子——光子。气体温度越高，光子的能量越强，波长越短。所以，最热、最年轻的恒星会发出蓝白色的光。随着恒星上的核燃料慢慢消耗掉，它们的温度也慢慢降下来，所以年迈的恒星温度都比较低，通常会发出红色的光。而介于两者之间的中年恒星就会发黄光，比如太阳。

太阳距离地球只有1.5亿千米，我们可以轻而易举地看出太阳的颜色。但是有些恒星距离地球上万亿千米，比太阳远得多，即使用目前最大倍数的望远镜也很难分辨出它们的颜色。因此，科学家们让来自恒星的光通过一种特殊的过滤器，或者通过一种叫做滤光镜的光学仪器，这些仪器能够显示出来自某个恒星的光里每种波长的光各有多少。

天文学家们可以通过标出什么光的波长强度最高来确定恒星的整体颜色。只要知道了恒星颜色，就可以利用简单的数学换算公式来推断恒星的表面温度，还可以进一步估计恒星的年龄。

为什么天体都是球形的

天体并不都是标准的球形，它们只是看上去像是球形，或者说几乎是球形的罢了。地球就是一个两极稍扁的扁球形；木星和土星由于其极高密度的大气，因而它们的两极看上去更扁。

□ 可怕的现象

　　恒星、行星和其他天体之所以都是球形，而不是正方形或是别的什么奇形怪状的样子，完全是万有引力作用的结果。

　　任何物体都会对其他物体产生吸引力。依据牛顿定律，万有引力的大小与两个物体间距离的平方成反比，而与物体相互间的位置无关。因而，有限多个不均匀分布的、一样的粒子总是倾向于聚在一起形成球状的团。在行星和恒星形成的过程中，同时还有许多其他力的作用。

　　假设在宇宙大爆炸后一段时间里，有大量不同的粒子不均匀地分布于宇宙空间中，由此形成了一大片分布不均的物质云，在这片物质云中，粒子彼此吸引，但整体的万有引力却没有达到平衡，就仍有某种扰动力使其旋转。特别地，可能因此而得到一颗伴星，那么两个天体间就有引力相互作用。当然，这其中还涉及电磁学、摩擦和热学等等各方面的复杂问题。

　　这时，分散的物质云在引力的作用下逐渐聚合在了一起，同时由于其本身的非均一性和某些外力的作用而开始自转，于是便形成了一个大致的（不是完美球形的）旋转天体。它的形状将取决于其自转速度的大小，自转速度越快，其形状就越趋近于扁圆形。此外，这个天体的形状也与其组成物质的密度相关。

　　如果假设有一个呈标准球形的台球，在旋转中它会保持自己的外形近乎为球形；但若是一个旋转着的充水气球，则会呈两头扁、中间凸出的扁球形。事实上，天体大都有很大的质量和很高的自转速度，赤道附近的物质很可能会因此被甩离该天体，给它来一次"瘦身运动"。被甩脱的"赘肉"可能会四处分散开来，在某些情况下也可能会通过类似的过程形成一颗球状的卫星。

脉冲星是如何形成的

　　脉冲星是一种体积小、密度大、高速旋转的恒星，它在旋转的同时发出窄束无线电波，就像旋转的灯塔，只有它朝向我们的时候才能够检测到这些无线电波。所以从地球上看，这种奇怪的恒星发出的好像是脉冲信号。

　　脉冲星是一种中子星：有时，巨大的恒星会在激变爆炸中结束生命，而中子星就是这种爆炸的产物。

　　一个中等大小的恒星（如太阳）有上百万个地球那么大。而一个巨星或超巨星的直径是太阳的 10～1000 倍，中子星就是一个如此巨大的恒星塌陷为一个城市的大小之后形成的。这就是中子星的不同之处，它具有普通恒星的质量，但体积却小到难以想象的程度——一汤匙大小的中子星物质足有 10 亿吨重。

　　恒星爆炸后的残留物质会发生塌陷，塌陷时，它的重力越来越强，原子则被挤得越来越靠近。在一般情况下，原子之间会保持一定距离，因为原子中绕原子核运动的电子使原子间相互排斥。但在中子星中，电子受到强大的挤压离开原来的轨道，进入原子中心。原子的中心是原子核，由质子和中子组成，进入原子核的电子与质子发生反应，形成更多中子。最终，该恒星充满了中子，于是中子星就形成了。

　　科学家认为，中子星在人类发现它之前已经存在很长时间了。1967 年 11 月，人类第一次发现它存在的迹象：英国的一个射电望远镜阵列发现了宇宙中一个新的无线电波源。

　　宇宙中有许多种无线电波源，比如说，在恒星间漂移的水分子和氨分子就会发出无线电波，这些无线电波可以被射电望远镜的碟形天线接收。

脉冲星发出的无线电波与其他无线电波都不相同。乔瑟琳·贝尔是一位研究生,当她偶然发现这些奇怪的信号时,她仔细研究了这些电波的特点,她惊奇地发现,这个无线电波源规律地发出无线电波——每次间隔时间是1.337秒。

贝尔的发现公之于众后,很多人以为她发现了地外文明建造的无线电信标机,但是几个月之后,另一个脉冲射电源被发现了。于是,科学家不再认为贝尔发现的是人造物体发出的无线电波。天文学家最终认定,这些无线电波源是恒星塌陷的产物,并将其命名为脉冲星。事实证明,脉冲星是中子星的一种。从此之后,成百上千的脉冲星陆续揭开了它们神秘的面纱。

不过脉冲星为什么会产生脉冲呢?科学家认为是因为其高速自转的缘故。所有的恒星都会自转,太阳自转一周需要近1个月。所有旋转的物体,当其缩小时旋转速度都会加快。想一想花样滑冰运动员,当他们做旋转动作时,慢慢地把手臂缩向胸前会让他们转得越来越快。对于塌陷的恒星也是同样的道理。一个城市大小的脉冲星可以每秒自转一周,还有转得更快的。

再来看看脉冲是如何形成的。脉冲星有强磁场,南北极附近的自由质子和电子沿着磁场线被扫射出来,当这些粒子加速时,就会放出能量光子——从X射线到无线电波。因此,脉冲星旋转时,窄束辐射闪出,就好像旋转的灯塔发出的光忽明忽暗。

银河系的中心到底是什么

在科学技术不发达的古代,无论是中国人还是西方人,都毫无例外地把人类居住的地球看成是宇宙的中心,这就是有名的"地心说"。直到16世纪,哥白尼才提出了"日心说"向"地心说"挑战。经过长时间艰苦的努力,哥白尼的"日心说"逐渐占了上风,取得了这场争论的胜利。"日心说"的主要贡献是把地球降为一颗普通行星,而把太阳作为宇宙中心天体。到18世纪,赫歇尔又进一步指出,太阳是银河系中心。到20世纪,卡普利批驳了太阳是银河系的中心的说法,他把太阳流放到银河系的悬臂上,认为太阳离银河系中心有几万光年之遥。

当太阳"离开银心"之后,谁坐镇银河系的中心就成了天文学家特别关注的大问题。因为,银心距离人类并不算太遥远,理应把它的"主人"搞清楚。但是,由于银心处充满了尘埃,要想透过这层厚厚的面纱,看清银心的真相,实在不容易。

随着科学技术的进步,观测银河系的手段也在不断改进,人们对银心的了解也在不断增加。这种方法主要是接收尘埃无法遮挡的红外线和射电源,然后再对之进行分析研究。就像医生测人体心电图一样,天文学家们从红外线和射电波送来的大量有用信息来观测银河系的内部结构。

最先接收到银心射电波的科学家是美国贝尔实验室的工程师詹斯基。

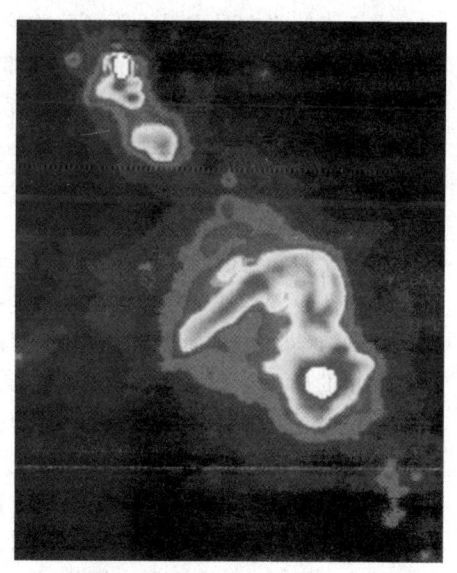

银心射电图片
这一射电望远镜所呈现的银心的射电,覆盖了一个跨幅约450光年的区域。在图片中心的下方就是人马座A复合体(白色的明亮块),而弯曲的特征区就是弧弦,在左上端是人马座B2的巨型分子云。

由于银心核球的红外线和射电波信号很强，詹斯基认为，它似乎不是一个简单的恒星密集核心，而很可能是质量极大的矮星群。1971年，英国天文学家提出了这样的假设：核球中心部有一个大质量的致密核，或许还是一个黑洞，其质量约为太阳质量的100万倍。这种假设有一个前提，那就是如果核球中心真有一个黑洞，那么银心应有一个强大的射电源。于是，天文学家们开始了对银心射电源的探测。

20世纪80年代，美国天文学家探测到以每秒200千米的速度围绕银心运动的气体流，这种气体流离中心越远速度越慢，他们估计这是银心黑洞射电源的影响造成的。另一些美国天文学家也宣布探测到银心的射电源，这说明银心可能是一个黑洞。

但这种说法遭到了苏联天文学家的质疑，他们认为证明银心是黑洞的证据不足，并提出了另外一种假设：银心可能是恒星的诞生地，因为其中心有大量的分子云，总质量为太阳质量的10万倍，温度为200～300K。

由于天文学家对于银心是否为黑洞的问题争论不休。为了解决这个问题，美国天文学家海尔斯提出了一个假设，即一对质量与太阳相当的双星从黑洞旁掠过时，其中一颗被黑洞吸进后，另一颗则以极高速度被抛射出去。这个假设得到了天文学家们的认同。但经过计算，根据掠过黑洞表面的距离，这样的机会并不大。海尔斯的判据虽不能最终解决问题，但不失为一条探测的路子。然而，要最终搞清楚银心的构成，仍有许多工作要做。

彗星解密

古时迷信的人们认为彗星是"灾难之星"，会给人间带来灾祸。它出现时拖着一条奇特的长尾，有时甚至会拖着两条尾巴，即"双尾彗星"，在一些原本就很迷信的人看来，这预示着双重的灾难。

由于人们将它看成是上天要降临瘟疫、战争、灾害的征兆，所以历来便有许多相关的迷信和恐怖传说在各民族中流传。例如，1066年著名的哈雷彗星出现时，法国诺曼底公爵威廉正准备率兵入侵英国，后来取得了胜利，成功地建立了诺曼底王朝，威廉公爵夫人将当时的情景编织在一幅挂毯上以纪念这次伟大的胜利。图中一方是一群诺曼底人指着彗星，脸上流露出胜利的笑容；另一方则是英国的哈罗德国王坐在王位上，惊恐万状地看着头上彗星的情景。

随着实践和知识的发展，人们知道它与灾难无关，已不再以恐惧的眼光来看待它。科学家通过观测发现，彗星是在太阳系中的一种云雾状的小天体，一般分为彗核、彗发、彗尾3部分。彗核是中央比较明亮的部分，彗核周围则是云雾状的彗发。随着与太阳之间距离的不同，彗星的形状会不断地变化，当它接近太阳的时候，彗星便会在很短的时间内出现彗尾。彗尾一般总是朝着背离太阳的方向延伸，中国古代的科学家早已认识到了这一点，古史记载"夕现则东指，晨现则西指"，描述的就是彗尾的方向。

并不是所有的彗星都会完全具有彗核、彗发、彗尾等结构，如有些只能用望远镜才能看到的彗星被称为"望远镜彗星"，这些小彗星大多没有彗尾，有些甚至连彗发也很小。彗星一直保持为云雾状，绕太阳转一圈的时间一般都很长，而且彗星出现的时候不是在早晨就是在傍晚。这时黎明仍有曙光，傍晚也有落日的余晖，而彗星原本就不亮，因此不易被人发现。

彗星的轨道并非只有一条，也不像行星轨道那样近似圆形。彗星的轨道一般都是椭圆形的，而且拉得又扁又长，这种彗星被称为周期彗星，其中我们熟知的哈雷彗星的轨道就是椭圆形的。还有一种是非周期彗星，它们的轨道呈抛物线形或双曲线形。对于我们来说，这种彗星只是"匆匆过客",它围绕太阳转了一个弯,就有去无回了。由于彗星的运行轨道极不稳定,当它运行经过大行星附近,受大行星的引力影响,彗星运动的速度和方向便会改变,其轨道形状也会发生变化。而本来需要用200年以上的时间才绕太阳一圈的长周期彗星很可能会因此变为绕太阳一圈只需200年以下的短周期彗星,这种变化还可能会使短周期彗星变为非周期彗星。正是因为彗星轨道的这些特点,人们才形象地把彗星称为太阳系里的"独行侠"或"流浪汉"。

1976年划过地球上空的韦斯特彗星,是20世纪最明亮的彗星之一。

　　天文学家逐渐观测到,彗星实际上是由石块、尘埃、甲烷、氨所组成的冰块,也叫彗核。它的外表与深色的长形土豆极为相似,仿佛是一个脏兮兮的雪球。它的体积一般与地球上的小山差不多,如果在上面进行"环星旅行",大约用半天就走完了。它的体积如此之小,远离太阳时在地球上是难以看清的。当这个"脏雪球"飞向太阳时,由于太阳的加热作用,彗星的表面冰蒸发成气体,与尘埃粒子一起围绕彗核形成云雾状的彗发,与彗核合称彗头。彗发又散射阳光,便形成星云般闪烁着淡光的长长的彗尾。此时,彗头直径可达几十万千米,而彗尾可达好几千万千米。彗星身形虽然庞大无比,但质量却很小,它的绝大部分质量都集中在彗核,还不到地球质量的10亿分之一。

　　为了揭开"脏雪球"的重重迷雾,弄清彗星的真实面目,同时为了迎接哈雷彗星在20世纪的第二次回归,50个国家的900名天文学家组成了国际哈雷彗星联测组织,第一次进行了空间现场考察,先后发射5颗太空探测器,在非常近的距离内观测这颗彗星。由英法等国共同研制的"乔托号"探测器能深入观测彗星,到达离彗核约500千米的地方,让人类第一次看清了彗核的真相。它的回照率只有4%,比煤炭还黑;并有上千千米高的喷流,喷泉核像煤块般极黑,表面粗糙,核外部分是由非挥发性物质组成的多孔表面层。喷流接近太阳时外表温度有30～130℃,里面温度却只有–70℃,有多处裂纹和凹坑,气体尘埃流从里向外喷射。

　　中国是最早和最完整地观测和研究彗星的国度,公元前613年,《春秋》一书中有最早的记载:"鲁文公十四年秋四月,有星孛于北斗。"这一认识成果比外国早几百年。在长沙马王堆汉墓发掘的帛书还绘有世界上最早、最珍贵的彗星图案,据考证绘于公元前168年,比公元66年绘制的耶路撒冷上空的彗星早得多。

　　如同宇宙其他星体一样,彗星也逃不过衰老的命运,它的风采每况愈下,亮丽程度与日俱减,最后因物质被耗尽而崩溃。彗星不会整体消亡,每隔一段日子,便会出现一颗新的彗星,成为人类已发现彗星名单上的"新生力量"。如在上个世纪末人们发现了百武彗星及海尔·波普彗星。

　　自从"苏梅克–利维9号"彗星撞击木星之后,有人就开始担心,有一天会不会也有彗星与地球相撞?其实在广漠的宇宙空间里,彗星与地球相遇的机会几乎为零。即使相撞,也

□可怕的现象

必定是彗星遭受"灭顶之灾"。因为尽管彗星的体积非常庞大，但质量实在小得可怜，密度也很小，只相当于空气密度的 10 亿亿分之一，比人类可以得到的真空还要稀薄。这种看得见的"虚空"和地球相撞，又怎么能有力量伤害地球呢？

关于彗星的起源，荷兰天文学家奥尔特提出了"原云假说"。该说法认为太阳系边缘地区存在着原云，这是原始彗星的形成地，受到其他恒星的作用力，原始彗星脱离原云，进入太阳系内层形成彗星。也有人认为是由小行星相互碰撞的碎片形成了彗星。或者是由行星爆炸抛出的物质所形成。

二、太阳系发生的神秘现象

太阳的末日

太阳是我们这个星系赖以生存的能量源泉。如果没有太阳，地球上的人类、动物和植物都无从生长，我们美丽的地球将会一片死寂。太阳，带给人类温暖和光明，从古至今都被视为至高无上的象征。太阳会有衰老死亡的一天吗？它的未来将会如何？

宇宙中，太阳是离地球最近的恒星。其核心温度高达1500万~2000万K，每秒都有6亿多吨的氢聚变为氦，每4个氢原子核在这一过程中聚变为1个氦原子核，太阳也就因此向外辐射出能量。地球植物的生长和光合作用，煤、石油等矿藏的形成，大气循环、海水蒸发、云雨生成等等，均源于太阳的活动。10亿年来，地球的温度变化很小，不超过20℃。这是太阳稳定活动的证据，这也为生命的孕育、演化打下良好基础。

太阳上的氢聚变反应至今为止已经历了几十亿年，从不间断。氢持续减少，氦不断产生，太阳的未来是怎样的呢？

恒星演化理论诠释了"主星序阶段"，即从恒星中心核内的氢开始燃烧直至全部生成氦。恒星在主星序阶段上称为"主序星"。各恒星体根据各自质量在主星序中存在的时间是不同的。天文学家爱丁顿发现，恒星体的质量与它为抗衡万有引力而产生的热量成正比；星体膨胀速度与产生热量成正比。产生的热量越多，星体膨胀速度越快，相应地留在主星序中的时间越短。太阳现在就处于主星序阶段，科学家计算，太阳最多有100亿年左右的时间停留在主星序阶段，至今为止它已有46亿年处于这一阶段了。大于太阳15倍质量的恒星只能在主星序阶段停留1000万年，相当于1/5太阳质量的恒星则可以存在长达1万年之久。

恒星漫长的青壮年期——主星序阶段一旦度过，进入老年期就会成为"红巨星"。在这个阶段，恒星将膨胀到大于本来10亿多倍的体积，因此被称为"巨星"。之所以被加上"红"，是由于随着恒星迅速膨胀，其外表面越来越远离中心，温度也随之降低，发出的光也愈发偏红。红巨星尽管温度降低，光度

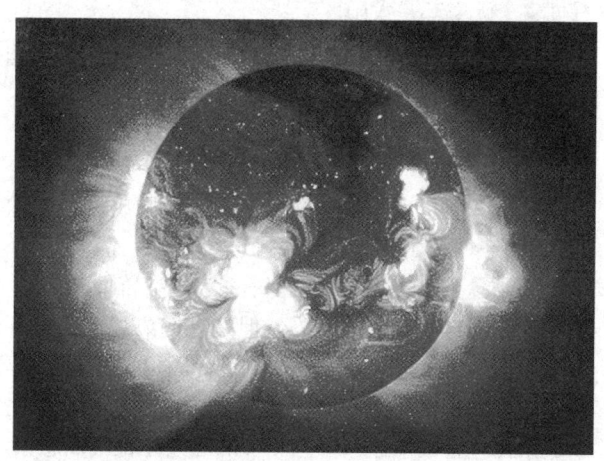

高倍太空望远镜下的太阳

却增大，变得极其明亮。人类肉眼能看到的亮星，就有许多是红巨星。我们最为熟悉的就是猎户星座的参宿四，其直径为太阳直径的800倍，达11亿千米。若参宿四在太阳的位置发光，红光会遍及整个太阳系。"主序星"到"红巨星"的衰变过程，变化不仅是外在的，内核也发生了巨大的转变——从"氢核"成为"氦核"。氦核逐渐增大，氢燃烧层也不断向外扩展。

一旦形成红巨星，它便会发展到恒星演化的下一阶段——"白矮星"。外部区域迅速膨胀，氦核受反作用力向内收缩，其中的物质温度增高，内核温度最终将超过1亿度，引发氦聚变。氦核经过几百万年燃烧殆尽，而恒星的外壳混合物仍然以氢为主。这时恒星结构复杂了许多：氢混合物外壳下隐藏着一个氦层，还有一个碳球埋藏在内。这样，恒星体的核反应更加复杂，其内部温度上升，最终使其变为其他元素。红巨星外部与此同时也开始急剧地脉动振荡：恒星半径大小不定，稳定的主星序恒星变为多变的大火球。火球内部的核反应更加动荡，忽强忽弱。恒星内部核心的密度增大到每立方厘米10吨左右，此刻，一颗白矮星便在红巨星内部诞生。

白矮星的特征是体积小、亮度低、质量大、密度高。例如天狼星伴星，体积类似地球，却差不多和太阳一样重！它的密度为每立方米1000万吨左右。由白矮星的半径和质量，算出其表面重力差不多是地球表面重力的1000万～10亿倍。任何物体在这样高的压力下都将毁灭，即使是原子也会被压碎；电子也将脱离原子轨道而自由运动。

由于没有热核反应来为单星系统提供能量，白矮星一边发光，温度一边降低。100亿年的漫长岁月过去后，白矮星将停止辐射而死亡，躯体会变成硬过钻石的巨大晶体——"黑矮星"，在宇宙中孤单地飘浮。

一些科学家们认为，几十亿年后，太阳会在快要灭亡时迅速膨胀，所有太阳系内的星体和星际物质都会被"吞噬"掉。到那时，太阳会剧烈地抖动，大量物质在脉动过程中被抛入星际空间，而太阳会失掉大部分的质量，其余部分则缩为白矮星。银河系中发现的大量变星表明，恒星死亡过程中脉动和质量的抛失极为普遍，一些变星每年能够抛出等于地球质量的大量物质。想要更好地了解包括太阳在内的恒星如何灭亡，可以研究这种质量的抛失。

一些科学家认为，虽然目前还不太清楚恒星的演化过程，但50亿年后，可以基本肯定太阳会成为红巨星。那时地球上的一切生命都会灭亡，地面温度将高于现在2～3倍，北温带夏季最高温度会达到100℃；而地球上的海洋也会蒸发成为一片沙漠。太阳大概会在红巨星阶段停留10亿年，光度会提高到今天的几十倍；体积也将会极大地膨胀，若从地面观察，会看见整个天空都是太阳。

当然，"世界末日"距现在还很遥远，但因为提前几十亿年了解这样的"大结局"，人们不禁会疑惑："生命的进化必将是一场悲剧，那其意义究竟为何呢？"

还存在其他"太阳系"吗

行星、卫星、小行星和彗星围着太阳旋转，就像围着篝火狂欢的人群。太阳和绕它旋转的各种天体一起组成了太阳系。

太阳是个中等大小的恒星，这对于我们人类的生存是很有利的。夜空里有成千上万的恒星和太阳一样大，一样明亮，但是它们离我们太远了，看起来就是一个亮点。遥远的恒星还远不止这些，在银河系里，数以亿计的恒星需要借助于天文望远镜才能看得见。

但是我们的星系也并不是唯一的星系。在漆黑空旷的宇宙里，可能有上千亿个星系，每个星系都包含数十亿颗恒星。宇宙之大让人难以想象。

宇宙中有数不清的恒星，那么为什么我们的太阳是唯一一颗有行星绕行的恒星呢？天文学家一直在研究这个问题。看起来，即使不是所有的恒星都有行星环绕，至少有一些其他恒星有，这简直是显而易见的。

据天文学家估计，宇宙中大约有1兆兆亿颗行星。关键是，如何找到它们，而这项工作虽然是一件困难的事。因为同恒星相比，行星又小又暗。虽然有时可以反射其邻近恒星的光，它们自己并不发光。所以，即使使用最强大的天文望远镜，在地球上可能也无法看到遥远恒星的行星。一个普通大小的行星将消失在它的恒星的光芒中。可以想象一下这样的情景：在你前方3.2千米处有一只1000瓦灯泡，你所要做的是寻找这只灯泡附近的一粒灰尘。在地球上寻找其他恒星的行星就是这么艰难，所以天文学家试图尝试其他方法。他们认为最好的方法就是找出它们对自己恒星的万有引力作用。

万有引力是由质量引起的，所有天体之间都存在相互吸引的力。恒星吸引行星，于是行星绕恒星旋转。同样的，行星也会反作用在恒星上一个相同大小的拉力。而且，我们知道恒星在自转的同时也会在宇宙穿行，而它的行星也跟着它运动。

天文学家们试图寻找恒星在穿过宇宙时微小的摇摆。因为这些摇摆很可能是我们看不见的行星在绕恒星旋转过程中施加给恒星的力的方向不断改变而形成的。

1991年，英国天文学家们曾经宣布，他们发现了行星大小的绕脉冲星旋转的天体。脉冲星是一种高速旋转的、体积小、密度大的恒星，它在旋转的过程中，还会发出无线电波。天文学家之所以认为有行星绕它旋转，是因为他们发现无线电信号发生了波动——就像该脉冲星在摆动。几个月后，美国科学家在第一颗脉冲星上也发现了类似的波动，看起来绕脉冲星旋转的是两三颗行星。

但是1992年1月，英国天文学家又宣布了一个出人意料结果：他们之前的发现是错误的。科研小组没有把我们自己星球的绕日运动考虑进去，这也会影响对数据的分析。

但是美国科研小组的研究成果似乎没有问题。他们的发现和其他科研小组的类似发现几乎可以肯定我们生活的太阳系不是宇宙里唯一的"太阳系"。

太阳如何使行星按轨道运行

科学家认为，万有引力是世界上最神秘的力，也是最奇妙的力。没有它，八大行星早已像弹珠一样，跑到离太阳老远的地方去了。

其实，如果没有万有引力，世界也上根本不会出现行星。是万有引力使物质之间彼此相吸，才形成了今天的星球。

太阳的万有引力很大，足以"牵"住八大行星、几十颗卫星、上千颗小行星和彗星绕它旋转，就像飞蛾绕着手电筒的光柱打转一样。要不是太阳的引力，这些天体会沿着直线运动。它们之所以沿着圆形轨道运转，是因为太阳的引力是持续的，这个力时刻改变着它们的运动方向。拴在树干上的小马只能围着大树打转，周围跟着小马。同样，行星绕着太阳打转，就好像太阳在它们身上拴上了看不见的绳子。

但随着距离的增大，两个物体间的万有引力会迅速减小。

万有引力随距离的变化是显著的。如果地球处在距离太阳3亿千米处，也就是目前距离的2倍，那么太阳对地球的引力将减小为原来的1/4；如果远3倍，那么太阳对地球的引力就减少为原来的1/9，依此类推。如果地球距离太阳足够远，就可以使地球脱离太阳的束缚。照此推理，如果宇宙足够大，超过了星体之间万有引力的作用范围，那么宇宙将不再是一个整体：星体之间不受约束，彼此远远地分开。

□可怕的现象

除了距离因素，物体的质量也会影响万有引力的大小。两个物体之间的万有引力与这两个物体的质量都有关。比如说，太阳和地球互相吸引，太阳受到地球的引力作用的同时，地球也受到太阳的引力作用，而且这两个力的大小相等。

有人认为，万有引力塑造了宇宙的形状。物体周围的空间由于物体的质量而发生扭曲，而且物体质量越大，扭曲越明显。为了形象地说明这一理论，我们可以想象两个人拉床单的情景：床单被拉紧，拉平，这时，如果向床单上放一个铁球，那么床单就会被压弯。如果再往上放东西，物体就会沿着斜坡向铁球滚去。同样，恒星周围的宇宙空间被恒星的巨大质量扭曲，这样才使附近的行星绕着它打转。

太阳能照亮八大行星吗

太阳发出的光在宇宙中各个方向传播，八大行星都能照到。但是八颗行星距离太阳远近不一，所以接收到的光线多少不一样。

我们可以看看远处的星星，它们其中有很多跟太阳一样大、一样亮，甚至比太阳更大、更亮，但是它们距离地球太远了，所以它们发出的光不能照亮地球。

水星是距离太阳最近的行星。在水星上看到的太阳的大小是地球上看到的3倍。白天，水星表面非常明亮，但天空却始终是黑的，因为水星表面没有大气层，也就没有能够反射阳光的东西，这与月亮上的情形是相同的。

水星上日落时温度最高，可以达到430℃。而到了夜晚，由于没有大气层保温，热量可以肆意地辐散到宇宙空间中，温度随之骤降至 –160℃。

金星是距离太阳第二近的行星，金星大气层主要是二氧化碳气体。在大气层中飘浮着黑压压的硫酸云，气味刺鼻难闻。硫酸云挡住了阳光，所以金星上几乎长年阴云密布。

虽然金星距离太阳比水星远，但它的表面温度却比水星高，这是为什么呢？这就要从温室效应说起：大气层中的二氧化碳可以帮助行星保存热量，这与温室大棚可以为里面的植物保温是同样的道理。这样，金星上的温度可以维持在470℃左右。

越过地球，我们再来看看距离太阳第四近的火星。在火星上看到的太阳的大小是地球上看到的2/3，能够到达火星表面的太阳光线只有地球的1/3。暴风把尘土扬起来，所以天空几乎是红色的。夏天，火星上的白昼温度和地球很接近，大约17℃，但是晚上却很明亮。

火星之后的星球体积都比较大，它们的主要由气体组成，包括木星、土星、天王星和海王星。这4个星球都被厚厚的云层包裹，而且到达这些星球上的阳光更加微弱。

比如，从木星上看，太阳只有地球上看到的1/5大，到达木星上的光和热也只有地球上的1/25。或许在云层上面，我们还能看到一个小小的、微微发光的太阳。在厚厚的云层之下，火星的表面其实是液态金属氢的汪洋。在液面下，我们将失去光明，在一片黑暗中游来游去，只有极强的闪电才能偶尔照亮这里。

尽管到达土星的阳光比木星少，但这些光却足以照亮巨大的土星环。土星周围的环平面内有数千条环，这些环大部分由冰组成。太阳光照在土星环上，将它变成闪烁的光环。随着土星与太阳之间位置关系的变化，土星环会在土星表面投下巨大的阴影，于是土星的南半部分就更黑暗了。

为什么会出现日食和月食

我们知道，地球绕着太阳转，月亮绕着地球转。当日、地、月3个星球在运动过程中恰巧排成一线时就会出现的奇特现象，这便是日食和月食。月亮运行到地球和太阳之间时，部分或全部挡住了太阳射向地球的光，此时出现的现象叫做日食；而地球运行到月亮与太阳之间时，就会挡住太阳射向月亮的光，此时便会出现月食。日食和月食的现象只持续几分钟，其中日全食最为罕见，也最具戏剧性。

发生日全食时，起初仿佛什么东西正在慢慢地吞噬太阳。随着太阳慢慢变小，天空也一点点变暗，星星逐渐显现出来，气温迅速下降。用不了一会儿功夫，太阳就全部被挡住了，只剩下一个光环，挂在漆黑的天空中。这个环其实是太阳周围发光的气体——日冕。

古代中国人将日食的情景想象成是天狗在吃太阳。实际上，几分钟之后太阳便从阴影里走出来，随后世界又恢复了光明。传说中的"天狗"其实就是我们的月亮，它偷偷地溜到地球和太阳之间，上演了这场天狗吃太阳的恶作剧。

我们可以做一个简单的实验来体验一下日食的情景。准备一个灯泡和一张卡片，点亮灯泡，把卡片放在眼前。移动卡片，使它挡住灯泡的一部分，你可以看到眼前变暗了。当卡片完全挡住灯泡的时候，你就看不到灯泡直接射过来的光。移走卡片，刺眼的灯泡又出现在你面前。

在日食的过程中，月亮就充当了这张遮光卡片。月亮在白天运动到太阳与地球中间，遮住了太阳，就出现了日食现象。如果月亮只遮住太阳的一部分，就叫做日偏食，此时天空变暗，但不会完全变黑。如果月亮恰巧遮住了整个太阳，就出现了日全食，这的确是很罕见的现象。日食的发生要求月亮的运行轨迹必须在太阳与地球连线附近的一定范围内，也就是说，这种位置上的精确排列只能每年或者每两年出现一次。

为了看到日全食，必须选择合适的时间和地点。如果只是等日食出现的话，那么在美国底特律市，差不多每两年可以看到一次日偏食，但要是想看日全食就要等上几百年。可是在加拿大新斯科舍省，活页港的居民就有幸分别在1970年和1972年目睹了两次日全食。英国伦敦最近一次看到日全食是在1715年，下一次日全食将在2700年之后才能上演。但如果你是一位有心追逐日食的天文爱好者，你就会经常有机会目睹到正午的黑暗。1990年7月22日，你可以在芬兰目睹日全食，1991年在夏威夷的海滩上，1992年6月30日在南大西洋的油轮上，1994年11月3日在智利或者巴西，你都可以观看到日全食的壮观景象。

木星上为何会有红斑

木星是太阳系八大行星中最大的一个，赤道长度约为44.56万千米。这是一个寒冷的星球，大气中弥漫着氢气，还掺杂着氨和水的冰晶云。在气态物质下面，液态金属氢覆盖整个星球表面。

在木星赤道南侧有一个大红斑。这不是行星得了"麻疹"，而应该是一个巨大猛烈的风暴，这个风暴跨越约5万多千米，宽约1.1万千米，足以包下整个地球。同地球上普通的气旋相似的是，它也旋转，但由于尺寸实在太大，它转一周需要花去地球上6天的时间。

木星上这阵红色的风暴已经刮了很久了。1664年，英国天文学家罗伯特·胡克首次发现了它，后来人们称之为"大红斑"。很难说它在被发现之前已经持续了多久，但人们清楚的是，300年后它将依然强劲。

随着它沿逆时针旋转，强大的上升气流吹过上部和下部。随之而来的一个问题就是这个大红斑为什么没有逐渐分解？

为了找到问题的答案，加州大学伯克利分校的菲利普·马库斯专门在计算机上为红斑建立了模型。一时间，许多相关学者都对这个模型产生了兴趣。如何才能在实验室环境下制造

□ 可怕的现象

木星上的大红斑

模拟气旋？得克萨斯大学奥斯汀分校的科研小组将大桶盛满水，用它来模拟木星上的气旋。

从木星内部发出的热量使气流形成并以乳白、褐、红色的云的形式旋转，样子就像大锅里即将沸腾的水。

为了模仿这种气流，他们将大桶旋转起来，再用水泵将大桶里的水抽出又灌入。同时，水里加入了红色颜料，以便观察水的运动情况。

一种运动模式终于从混乱中显现出来，桶里的水逐渐形成了涡旋。然后，许多小的涡旋慢慢汇集在一起，形成一个大的椭圆形水涡。事实证明，他们成功地塑造了一个微型大红斑。

这个实验告诉我们，是无数小气旋汇集在一起才形成了火星上的大红斑。虽然它时刻有被分解的趋势，但它同时也在不断吸收周围新生成的小气旋。就像大鱼吃小鱼，大气旋靠吞噬小气旋来维系自己的生命。

那么红色从何而来呢？克拉克·查普曼（美国亚利桑那州的图森行星科学研究所的一位研究员）认为是磷或硫等化学物染红了斑点，但却没有确凿的证据，所以仍不能确定。

为什么冥王星会从行星降格为矮行星

冥王星是太阳系中距离太阳最远的天体，曾一度被认为是太阳系的第九大行星。它的体积很小，距离我们又很远，所以我们对冥王星的了解并不是很多。冥王星的表面可能主要由氮冰构成，绕日公转周期约为248个地球年。在冥王星上永恒的暮色中，太阳看起来就像是一颗比较明亮的普通恒星。站在冥王星上，你绝对不会感觉到太阳与其他普通的恒星有什么差别。

不过，有时冥王星与太阳之间的距离比它的近邻海王星要近，也就是说，有些时候海王星才是距离太阳最远的行星。1979年，冥王星穿越了海王星的轨道，这就好像一辆车从另一辆车眼前斜插过去。

其实，早在几十年前，科学家就发现，冥王星的轨道与太阳系中其他行星的轨道不同，其余8个行星的轨道几乎在同一平面内，类似于以太阳为中心的一系列同心圆（事实上没有任何一条轨道是正圆）。而冥王星的轨道平面则明显与其他8个行星的不重合，于是在绕日旋转的同时就免不了跨越海王星的轨道，所以它时而在八大行星的头上，时而又沉到它们的脚下。

后来，越来越多的天文学家开始重新思考冥王星的身份问题，它们觉得将冥王星划分为行星似乎有些不妥。原因是冥王星的体积太小。我们知道太阳系的前4个行星——水星、金星、火星和地球——都是体积较小的石质星球，接下来的4颗行星——木星、土星、天王星和海王星——是体积庞大的气体星球。冥王星的体积与月球差不多大，与外太阳系的大个头的邻居们相比，这个尺寸小得离谱。冥王星的卫星卡戎的体积大约是冥王星的一半，从这个尺寸来看，卡戎更像是冥王星的姊妹星，而不是卫星。

所以质疑的观点认为，冥王星和卡戎不属于九大行星体系。冥王星是类似于行星的星体，

160

但却不是行星。冥王星和卡戎都是外太阳系边缘许许多多的准行星中的成员。还有些天文学家认为在冥王星和卡戎之外还有成千上万的"冥王星"。

2006年8月24日，国际天文学联合会大会通过决议，冥王星被降格为"矮行星"，而其他许多同类的星体也被命名为"矮行星"。这些星体距离我们非常遥远，而且是黑暗的，所以很难被发现，它们都将在外太阳系很远的地方绕日旋转。

除地球外的其他星球上会下雨吗

地球上下雨不是什么稀罕事，我们经常会看到乌云密布，暴雨倾盆。在太阳系的其他行星上也有云团和风暴，但是这些云团却不是由水蒸气组成的，而是其他的化学物质或混合物。每颗行星都有其独特的大气和天气。

水星是距离太阳最近的行星，是一个火山密布、干旱荒凉的世界，白昼温度可以高达400℃，这里的大气很稀薄，甚至难以察觉。水星上没有云，也没有雨。

金星是我们的近邻，有厚厚的云层，还有穿过云层的闪电。由于厚厚的云层包裹了整个星球，挡住了我们的视线，科学家们曾经猜想云层之下的金星或许是一个潮湿、多沼泽、丛林密布的世界。不过现在我们知道，我们的姐妹行星是一个岩石质的星球，正午温度高达480℃。

金星上有真正的"酸雨"。黄色的云团不是水分组成的，而是硫酸。下"雨"的时候，酸液滴从云层中掉下来，但是在480℃的环境中，液滴还没有落到地面上就蒸发掉了。

火星，离太阳第四远的行星，是人类迄今为止发现的与地球最相似的行星。今天的火星上覆盖着稀薄的大气层。从"海盗号"火星宇宙飞船送回的照片上看，火星的表面与美国西南部的沙漠地区很相似。在火星上的冬季，二氧化碳组成的云团飘在红色的平原上，岩石上有霜层覆盖。早上，山谷里会漂浮着薄雾。雾是火星上与雨最接近的天气现象。

在火星上可以找到类似于河床的痕迹。科学家们猜测，这里曾经有河流，但现在干枯了。他们认为，几十亿年前火星上有很厚的大气层，雨水可能很充足。今天，这些水储存在了火星极地地区的冰盖里，或是岩石和土壤里。

离太阳第五远的行星——木星，与金星截然不同。木星是一个不停旋转的气体球，主要由氢气和氦气组成。在木星的中心，也许存在一个固体核，淹没在氢气海洋之中。木星的周围环绕着彩云带。有些云团可能是由水气组成的，但大部分云团不是，它们很可能是由带有刺激性气味的氨冰组成的。有些行星专家认为木星上会有风暴，而且有时很猛烈。木星上的雨滴（或雪花）可能是由氨晶体形成的，但是在落到木星表面的氢气海洋上之前，这些冰晶就会液化，然后蒸发到空气中。

土星是太阳系中另一个巨大的气体星球。土星上的环境与木星的很相似。"旅行者号"行星探测器曾在土星赤道附近发现一次绵延5.6万千米的雷暴天气。

天王星也是一个气体星球，它的表面也覆盖着厚厚的云层。有些云团的主要成分是甲烷（天然气），看起来很像是地球上雷雨云的放大版本。这些云团耸立在天王星的上空，形状像铁匠使用的铁砧。天文学家说，液态甲烷滴会从云层中掉落下来，但在降落的过程中就蒸发了。

遥远而神秘的海王星也是由气体组成的。海王星的云层由甲烷冰组成，但科学家们对这里的天气状况却几乎一无所知。

然而人类寻找天气现象的目光并不只不限于这八大行星。土卫六是土星的最大一颗卫星，

□ 可怕的现象

有时，甲烷雪花会从红色的云层中飘下来，落在由甲烷或氮气组成的海洋里。这里有时甚至会下冰冻汽油。

水星的真面目

水星是八大行星中距离太阳最近的一颗行星。人类从很早的时期就对它进行观测了，随着科学技术的发展，人们对水星的了解也越来越多。

平常，人们很难看到水星，这主要跟水星与太阳之间的角度有关。水星距太阳最远时达6900万千米，最近时约4500万千米。从地球上看去，它距太阳的角距离最大不超过28°，水星仿佛总在太阳两边摆动。因此，水星几乎经常在黄昏或黎明的太阳光辉里被"淹没"，只有在28°附近时才能见到它。

水星在中国古代被称为"辰星"。水星绕太阳运行的速度的确很快，每秒约48千米，它只需要88天就能绕太阳公转一周。在很长一段时期里，天文学家一直认为它的自转周期也是88天，跟公转周期一样长。

尽管也有人怀疑过水星的自转周期，但由于仪器、技术等方面的原因，人们对水星精确的自转周期仍不知晓。随着天文学观测水平和仪器精密程度的提高，水星自转周期终于被测出来了。1965年，美国天文学家用阿雷西博天文台射电望远镜，向水星发射了雷达波进行探测。这是一架世界上最大的射电望远镜（口径305米），它测出了水星的精确的自转周期为58.646天。原来，水星绕太阳公转2圈的同时，绕其轴自转3周，因此，水星的自转周期刚好是公转周期的2/3。

此后，科学家对水星进行了更深入的探测和研究，但即使是当时地球上最好的望远镜也很难让人们看清水星表面的情况。于是，科学家们采用了行星探测器这种高精端的工具。美国于1973年11月3日发射了"水手10号"行星探测器，它是至今为止地球人的唯一"访问"过水星的宇宙飞船。这次发射的主要任务是探测水星，顺便考察一下金星。它的总重量约528千克，从磁强计杆顶端到抛物面天线外缘的宽度达9.8米。宇宙飞船经过3个多月的飞行，于1974年2月5日飞越金星，离金星最近时有5000千米。飞船在对金星考察的同时，借助金星的引力"支援"，使其运动的速度和方向发生改变，进入了一条飞向水星的轨道，终于在3月29日到达水星上空。

航天科学家精心设计了这艘飞船的轨道。当它到达水星上空并进行观测之后，就成为一颗绕太阳运行的人造行星了，绕太阳公转的周期设计为水星公转周期的两倍，也就是176天。这样，当水星刚好绕过两周时，飞船就遇到水星一次。"水手10号"飞船先后3次遇见水星，并获得了一批高质量的照片，其摄影镜头能把水星表面一二百米大的地面结构细节分辨清楚。

科学家们通过分析飞船的反馈资料发现，水星表面上布满了无数大小不一的环形山和凹凸不平的盆地和坑穴等。一些坑穴显示出陨星曾多次撞击过同一地点，这与月球表面很像。水星表面与月面的不同之处是，直径在20～50千米的环形山不多，而月面上的直径超过了100千米的环形山很多。水星表面上到处都有一些被称为"舌状悬崖"的不深的扇形峭壁，其高度为1～2千米，长约数百千米。科学家们认为，它们实际上是早期水星的巨大内核变冷和收缩时，在其外壳中形成的巨大的褶皱。水星上有一条大峡谷，长达100多千米、宽约7千米，科学家将其命名为"阿雷西博峡谷"，以纪念美国阿雷西博天文台测出水星自转周期一事。

科学家们还发现水星阳面和背面的温差很大。水星由于没有大气而直接受到太阳辐射的

162

侵袭，在太阳的烘烤下，其向阳面温度高达 427℃，而背阳面温度却冷到 –170℃。水星表面一丁点儿水都没有。水星质量小于地球，它的地心引力只及地球的 3/8，所以其表面上的物体，只要速度达到 4.2 千米/秒就可以逃逸。

"水手 10 号"飞船探测到水星不仅有磁场，而且是一个强度约为地磁场 1/100 的全球性的磁场。水星磁场的发现说明，在其内部很可能有一个高温液态的金属核。科学家根据水星的质量和密度数值，推算其应有一个直径约为水星直径 2/3 的既重又大的铁镍内核。

随着世界航空航天技术的发展，科学家们对水星的探测力度将会继续加大，终有一天，水星的真实面目会呈现在地球人的面前。

土星与神奇的土星光环

大家知道，土星有一个美丽的光环。早在 300 多年前，意大利科学家伽利略首次用望远镜观测土星，他发现土星两边好像"长着"什么附着物，可是用那架简陋的小望远镜无法看清楚。伽利略所发现的东西其实就是土星的光环。环绕土星的稀薄的美丽光环，不仅使土星本身变得漂亮，也把整个太阳系装饰得更美观了。当一个人第一次用眼睛接近望远镜的时候，对他来说，除了月亮，土星光环也许就是最奇妙的景色了。人类对土星及其光环的探索，是一个漫长而又艰辛的过程。

随着世界航空航天技术的发展，人类对土星的了解逐步深入。

太空船"先驱者 11 号"、"旅行者 1 号"和"旅行者 2 号"自 1979 年以来先后探测了土星。飞船从太空深处向地球发回了大量有关土星本体、光环、卫星的彩色照片和多种信息。飞船拍摄的照片显示，土星本体呈淡黄色，彩色的带状云环绕着赤道部，云上有一些美丽的斑点及漩涡状动态结构，北极区呈浅蓝色。

另外，"先驱者 11 号"还探测出土星高层大气存在着主要由电离氢组成的电离层。土星上存在很强的跨度达 6 万千米的雷暴闪电（木星上也发现过这种情况）。在距土星 128 万千米处，飞船发现土星有磁场以及磁层结构。土星磁场强度比木星磁场强度弱得多，其强度只有木星磁场的 1/20，但比地磁场要大上千倍。从整体上看，土星磁层像一头头部圆钝、尾部粗壮的"巨鲸"。位于磁层内的土星辐射带强度弱于地球，但其辐射带范围却是地球辐射带的 10 倍。空间探测还证实，土星所发出的能量是从太阳得到能量的 2.5 倍，这一点与木星一样，表明其也有内在能源。

天文学家经过研究发现，土星的光环不是地面看到的 3 个、5 个或 7 个，而是成千上万个。从飞船发回的照片看上去，土星光环与一张密纹唱片很相似，可谓"环中有环"。让人更为眼花缭乱的是，光环呈现螺旋转动的波浪状，还有的环呈不对称的锯齿状、辐射状，有的光环甚至像辫子一样互相绞缠着。科学家对此现象十分惊异。土星光环在土星表面上空伸展 13.7 万千米远，其厚度仅有 1.6 ~ 3.2 千米。事实上，无数大小不等的物质颗粒组成了土星光环，所有的物质颗粒都是直径几米到几微米的石块、冰块或尘埃。构成土星光环的这些物质快速围绕土星运动，在太阳光的映照下，绚丽多姿，土星因此被装扮得异常漂亮。

众多科学家不仅对美丽的土星本身有极大的兴趣，而且也很重视土星的庞大家族。后来，太空船在以前的基础上又发现了 13 颗土星的卫星，由此使土星卫星的数目达到 23 颗。土星卫星体积大多很小，有的卫星直径仅二三十米，直径超过 100 千米的卫星只有 5 颗。

土卫六是土星的卫星中最大的一颗，仅次于太阳系最大的卫星——木卫三（半径为 2634 千米）。土卫六的半径为 2414 千米，土卫六上存有浓密的大气层，氮（约占 98% ~ 99%）为

□ 可怕的现象

其主要成分，其余是甲烷（即天然气）以及微量的丙烷、乙烷和其他碳氢化合物，厚度约2700千米。一些科学家认为，可能有原始生命在土卫六上存在过。由于它和太阳相距遥远，高层大气的温度在 -100℃左右，低层大气温度约 -180℃。

1997年10月15日格林尼治时间8点43分，美国的"大力神4B"运载着"卡西尼号"宇宙飞船，从肯尼迪宇航中心顺利升空，开始了为期7年的奔向土星的航行。根据计划，"卡西尼号"飞船抵达目标后，对土星和土星的卫星——土卫六进行探测是其主要任务。这次航行的目的是为了探寻土卫六是否有生命以及获取地球生命进化的线索。

这个项目由欧洲航天局、美国航天局和意大利航天局携手合作开发。由"大力神"火箭运载的"卡西尼号"宇宙飞船被送往土星轨道，2004年7月1日两层楼高的探险机器人在土卫六登陆。"卡西尼号"完成了有史以来的首次环绕土星轨道运行，从 2004~2008 年绕行了74圈。"卡西尼号"45次扫过土星最大的卫星土卫六，它与火星的大小相近，比水星和冥王星都大。2005年11月6日，它在轨道上向土卫六分离释放出"惠更斯号"子探测器（由欧洲空间局制造）。它通过降落伞降落在土卫六上，从而成为在另外一个星球的卫星表面着陆的第一个外空探测器。人类能够依据其反馈的资料更好地了解土星。

"旅行者1号"飞船在飞越土星时，对土卫一、土卫四和土卫五的探测取得了很大的成功。在卫星运动方向的半个球面上，发现有很多由撞击形成的环形山，而另外半个球面上却很少有这样的环形山。土卫一的直径约390千米，而其最大的环形山直径竟达128千米，在环形山的底部有一座高达9000米的山峰。

土卫三的直径超过1000千米，在其表面，也有许多几十亿年前因陨星撞击而留下的陨石坑，其中一个坑的直径达400千米，底深约16千米，在它的另一侧有一条长达800千米的

土星漂亮的环由多层结构形成，中间有缝。土星环的平均厚度只有10米。同土星的直径相比，它简直比纸还薄。土星的环由厚厚的冰块和岩石组成。

164

既深又宽的大峡谷。土卫二直径约 500 千米，它有十分"光滑"的表面，即"星疤"很少，这实在是一个奇怪的现象。土星卫星可能由一半水冰一半岩石构成，其密度都在每立方厘米 1.1 ～ 1.4 克之间，且有厚厚的冰层覆盖在岩石核的周围。

目前，土星在很多方面仍存在着许多未彻底揭开的谜。科学家们正以严肃认真的态度，努力深入探索和研究这个谜。我们相信，随着现代科学技术的突飞猛进，这些谜总有一天会水落石出的。

流星雨是怎样形成的

在太阳系中，除了行星、小行星、彗星之外，还有一些像小谷粒或比小谷粒更小的天体。它们比小行星还小，也围绕着太阳运行，平时，我们是无法看到它们的。一旦这些小天体遇上地球，就以每秒十几千米到 70 千米的高速度闯入地球的大气层，与大气发生摩擦，在大气层里化为灼热的蒸气。如果正好在夜晚，我们就可以看到突然有一线亮光，迅速地在空中飞逝，这就是流星。引人入胜的流星雨，其特征是不仅数量众多，而且都是从一个方向落向地球。因此，从地面上看起来，流星雨是从空中一点向外辐射的，如同火花一般。那么流星雨是怎样形成的呢？

让我们先从流星谈起。在中国古代，有关流星雨的记载很多，它有很多有趣的名字，例如"奔星"、"飞星"、"枉矢"等等。你如果想观察它，最好在子夜到凌晨之前，并且秋季比春季易观测到。流星的成分主要是行星际空间的固体块和尘埃粒等，当它闯入地球大气层时，与大气摩擦，就会产生"流星雨"。偶然出现的零星流星一般被天文学家们称为"偶发流星"。偶发流星完全随机出现，平时一个夜晚，人们可以看到的偶发流星大约有一二十颗。一个 1 克重的流星体闯入地球大气燃烧发光，它那美丽的姿态可以与织女星相媲美。

人们在 1827 年观测到一颗名为"比拉"的彗星，这是一颗"偶发流星"。6 年零 9 个月后，人们发现这颗流星又准时沿地球轨道经过。在 1846 年，当这颗彗星再一次如期而至时，人们发现它已经变成了一对孪生彗星。这是为什么呢？科学家们经过分析研究，认为这颗彗星曾经和太阳相距很近，它被太阳的引力拉成两半；后来，巨大的引力又将这颗两半的彗星扯成碎片；再后来，这对孪生彗星神秘地消失了，不知是飘向宇宙的其他地方，还是变成流星陨落了。

在宇宙中有许多像"比拉"那样的彗星，随着时间的推移，或许在某一时刻，这颗彗星便被瓦解成碎片了。但是彗星瓦解后形成的数不清的彗星尘粒构成了流星体，并且仍然运行在原来的轨道上。无数流星体物质和尘埃在浩瀚无边的太阳系中，围绕着太阳公转，这就是流星群。当这些流星群在地球引力的作用下冲入大气层时，便出现了壮观的流星雨现象。

流星雨每次出现的规模大小不一，这主要取决于每小时出现的流星的数量。"流星暴"是指在 1 小时内有 1000 颗以上的流星坠落。

流星像箭一样从一个地方向四面八方射出去，这个地方的中心点被称为辐射点。辐射点在英仙座的流星群，被称为英仙座流星群；辐射点在天琴座的流星群，则被称为天琴座流星群。依此类推，各个流星群就都有了各自的名字。

可以想象，天文学家曾不得不绞尽脑汁思考流星的起源，其中难免提出某些可能是荒诞无稽的推测。我们可以看到，科学上的成就就是有计划的长时间劳动所结出的硕果，它有时也有赖于各种条件的机缘巧合。然而，不应忘记的是，机会是很少的，必须善于利用它，并为之作好准备。使我们感到满意的是，我们已经发现了许多流星雨的奥秘。

□ 可怕的现象

陨石来自何处

我们经常会看到有关某地又发现新的陨石的报道，这些神秘的外来客曾经让地球人恐慌不已。现在随着人类的研究领域已跨向星际空间，陨石的神秘面纱也渐渐被人类揭开了。

科学家在对陨石的不断研究中发现，陨石是坠落地面的流星体残余。在对其物质成分进行分析后，科学家们认为可以把它们分为3大类：

陨铁，或称铁陨石，其主要成分为铁和镍等金属元素，如铁占90%左右，镍占5%～8%，或更多些。已知世界最大的陨铁质量约60吨，现仍位于非洲纳米比亚南部的原降落地。中国的"新疆大陨铁"，质量约30吨，在世界上名列第三。

陨石是各类陨石的统称，有时为了加以区别，将其称为石陨石。多数石陨石中到处可见的是直径一般从零点几毫米到几毫米的很小的球状颗粒。由于它们形成于特殊的条件下，其结构也是前所未见的，在地球上的岩石内还没有见到过这种球状颗粒结构。含球状颗粒结构的石陨石中，球粒陨石约占84%。1976年3月8日，世界最大的石陨石降落在中国吉林省，在已收集到的100多块陨石碎片中，一块约1770千克的陨石碎片最为重要。

陨铁石，或称石铁陨石，一般比较少见，基本上由铁、镍等金属和硅酸盐各一半组成，是介于陨石和陨铁之间的一种陨石。

据估计，每年降落到地球上来的陨石大约有几千万颗，其中只有很少一部分被人们找到，其余的大部分都落到了荒无人烟的地方或江河湖海里去了。人们在接待这些"宇宙来客"之时，常常想弄清楚：这些神秘的天外来客究竟来自何处？科学界对此意见不一。

有人认为，陨石来自彗星。因为有些彗星没有彗发和彗尾，只有彗核，这就与小行星难以分别了。日本东京大学的古在山秀博士就认为，最早发现的小行星伊卡鲁斯，很可能就是由彗星转变而来的。有人还分析了小行星和陨石的结构，发现它们具有相同的物质构成。

但更多的人认为，太阳系的小行星带是陨石的故乡。小行星沿着椭圆形的轨道围绕太阳运行，当它们接近地球时，有些便离开了家乡，到地球上安家落户。

1947年2月12日上午10点左右，在符拉迪沃斯托克北面的锡霍特·阿林山脉，一块巨大的陨石坠落了。根据陨石坠落的方向和角度，考察队员推测出了这颗陨石进入地球大气层时的轨道是细长的椭圆形，远日点在地球内侧，近日点在火星和木星的轨道之间。所有这一切都说明这颗陨石与小行星具有一致的轨道。由此可知，这颗陨石的前身是小行星。1959年4月7日晚，科学家根据落在捷克斯洛伐克布拉格市附近菲拉拉姆镇的那颗陨石的方向和速度，也推测出它的前身是小行星。1970年，科学家根据降落在美国俄克拉何马州北部的罗斯特西底的一颗陨石的运行轨道，也证明它曾是一颗小行星。

就在人们寻找陨石的故乡的同时，在陨石当中又发现了金刚石。作为一种比较坚硬的矿物，金刚石若没有高气压是难以形成的。那么，为什么金刚石会出现于陨石里呢？

前苏联地质学家尤里·波尔卡诺夫认为，陨石的母体要达到月亮那么大才可能形成金刚石。因为碳元素是构成金刚石的重要物质，至少需要2×10^6～3×10^6千帕，才能使碳元素变成金刚石。月亮的半径是1700千米，它的中心部位的压力可达4×10^6～5×10^6千帕。所以，陨石母体如果比月亮的一半还小，金刚石是难以形成的。

另一种说法谈到陨石中金刚石的成因时，认为金刚石是在陨石与地球相撞时形成的。在美国西部亚利桑那州科科尼诺县，有个世界闻名的巴林杰陨石坑，在这个陨石坑的边缘人们找到了含金刚石的陨石。有人认为，可能是在陨石与地球相撞时所产生的冲击力的压力下形成了这种含金刚石的陨石。只要有足够大的冲击力，就可能形成金刚石。在这种情况下，陨石母体可以不必像月亮那么大。

此外，还有一种观点认为，陨石在空间飘荡的时候，撞到了其他陨石。在足够的冲击力下，金刚石才得以产生。

尽管观点不一，但科学家们仍在寻找着新的证据，相信人类终有一天会寻找到陨石的真正的家园。

小行星会撞击地球吗

近年来，关于地球的命运有一个很敏感的话题，即小行星会撞击地球。的确，在茫茫宇宙之中，地球只是一个很不起眼的星球。既然宇宙中每时每刻都在发生星体碰撞，那么地球也就存在被撞击的可能。但是这里是人类的家园，就目前而言，我们舍此别无居所。因此人们自然会想到一个很令人担忧但不容回避的问题：地球的命运如何？小行星会撞击地球吗？

实际上，这并非杞人忧天。尽管各种星体在茫茫太空的运行都井然有序，大家"井水不犯河水"，按各自的轨道来回穿梭运行。但是，偌大的宇宙太空，天体运行中的"交通事故"经常发生。经研究，彗星和小行星对地球的威胁最大。太阳系的外部边缘是彗星的活动范围，这种活动范围时时急剧地倾向地球的轨道。这种情形就像一辆车在双向高速公路上行驶，不断有车辆迎面而过，也不断有人从旁边的快车道超车。不过与彗星相比，太阳系小行星对地球的威胁要大得多，毕竟彗星的物质构成还很稀薄。

1807年，灶神星被发现以后，一直到1815年，8年间再没有人发现过小行星，直到1845年发现了第5颗之后，每年都有新的发现，小行星的数量急剧增加。23年后，小行星的数目突破100颗，数量达到200颗时只用了29年。又过33年，小行星的数量已经达到449颗。截止到1999年1月初，已有1万多颗小行星被人类正式编号记录下来。据估计，约有50多万颗的小行星能通过天文望远镜用照相的方法记录下来。

小行星与大行星一样，都紧紧地围绕着太阳旋转，但它们大小不同，形状各异。小行星一般都不大，最大的谷神星直径只有700多千米。据统计，只有100多颗小行星直径大于100千米。约有一两万颗小行星的直径都不到1000米，大多数小行星的直径仅有几米、几十米。此外，已发现有小卫星绕着部分行星运转。

1991年10月，"伽利略号"探测器（其主要任务是探测木星）拍摄到大小约为

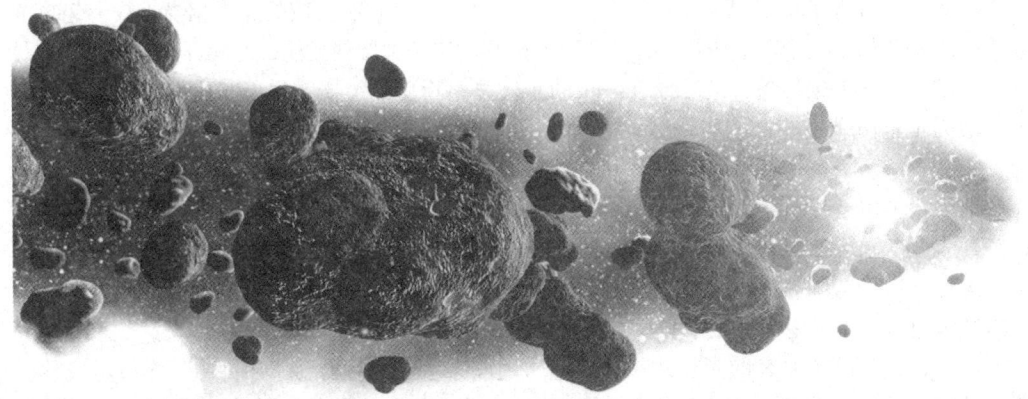

太阳系中的几十亿颗小行星大多都在小行星带上活动。由于小行星主要由岩石、金属以及岩石和金属的混合体构成，所以一些小行星在运行中会相互碰撞，致使很多物体脱落出来。残留的小行星碎片又相互碰撞，于是形成小行星带。

□ 可怕的现象

19×12×11 立方千米，自转周期约 2.3 小时的第 951 号小行星加斯帕拉。其表面有几百个较小的陨击坑，这可能是当它在碰撞时，大陨击坑被强烈的大星震夷为平地。

"伽利略号"探测器还拍摄到一颗具有磁场的叫"艾达"的小行星，同时还发现了艾达的卫星也具有磁场。小行星艾达呈不规则的长条形状，大小约为 56×24×21 千米 3，自转周期是 4.6 小时，其表面有许多撞击坑。距离艾达 1000 千米的小卫星直径为 1.5 千米。据分析，可能是一颗直径达 250 千米的母体分裂而形成的艾达小行星和卫星，迄今它们仍保持着磁场。有趣的是，一年后"伽利略号"宇宙飞船观测到的 4179 号小行星，也是一对形状很不规则的小行星，其中最大的直径为 6.5 千米，其上均有许多陨石坑。

1997 年 6 月 27 日，美国"近地小行星会合号"空间探测器拍摄了一张距离小行星 2400 千米的照片，这颗小行星就是 253 号行星"玛蒂尔达"。它属于碳质小行星，大小为 57×53×50 立方千米，其自转周期为 17.4 小时，表面反射率很低，有 4% 的入射阳光能被反射回去。玛蒂尔达表面上布满了陨石坑，陨石坑比小行星艾达上的陨石坑要大，有一个陨石坑的直径至少在 19～20 千米以上，相当于它本体直径的 2/5。

小行星通常是由下列物质构成的：石头、碳、金属、石与金属的结合。按它们所在的空间区域分，主要有以下 3 类：（1）位于火星与木星之间的小行星带。在该区域中，小行星围绕太阳运行，轨迹近似圆形。多数小行星，尤其是较大的小行星都位于这一区域。（2）特洛伊小行星群包括两个小行星群，它们与木星在同一轨道上运行，其中一个小行星群在木星之前。（3）绕太阳运行时穿过地球轨道且自身轨道明显伸长的一群小行星，它们的轨道不规则。这类小行星以古希腊与古罗马神话中的太阳神阿波罗命名。

在上述小行星中，只有阿波罗型的小行星对地球有危险。这些小行星通常每隔若干年穿越地球轨道一次，它们穿过地球运行轨道时，虽说它们距离地球相对比较远，但少数的近地小行星仍有可能与地球碰撞。它们主要是平均直径略超过 0.8 千米的石质小行星，直径从 6～39 千米不等。迄今已发现近 200 颗阿波罗型小行星，而且这个数字还在继续增长。

天文学家认为，可以排除直径小于数十米的近地小行星对地球构成威胁的可能，因为它们往往在与大气摩擦时产生巨大热量，在未到达地面前就已经被燃烧殆尽。直径大约 100～1000 米以上的小行星对地球构成了较大的威胁。直径 1000 米以上的中等小行星对地球的威胁最大，这是因为它们撞击地球的机会相对比较大，而且它们数量众多。撞击如果发生，会释放出极其巨大的能量，而且会使世界上 1/4 的人口死亡。假定一颗小行星撞上地球，它的密度为 3 克/立方厘米、平均速度为 20 千米/秒、直径为 1000 米，那么它所造成的冲击相当于数十亿吨黄色炸药的爆炸力，其能量为 1945 年在广岛上空爆炸的原子弹所释放能量的几百万倍。

事实上，从诞生伊始，地球便在漫长的年代里不断受到撞击。说起来人类应感谢这些撞击，因为正是由于这些撞击，地球才会有水或其他生命所需的有机物质出现。大约 45 亿年前，天文学家认为在一团旋转的气体和尘埃云中诞生了太阳系。岩石等物质凝聚为包括地球在内的行星。由于岩石在互相碰撞中释放出巨大的能量，地球最初像一个熔融的球体，热度很高，表面的水、二氧化碳、氨、甲烷等挥发性的物质都沸腾逸散了。随岩石逐渐减弱了撞击，地球慢慢冷却下来，地壳凝结成固体。这时太阳系边缘的寒冷的彗星，携带着水等有机物质撞击地球，于是生命开始了漫长的进化过程。

然而，这些不速之客的光临并非总给地球带来好运。古生物学家认为由于小行星或彗星撞击地球，地球进化史上曾发生了几次 50% 以上的物种灭绝事件。如 5.05 亿年前和 4.38 亿年前，海洋生物被灭绝；3.6 亿年前，海洋和陆地有机体被灭绝；6500 万年前，统治地球 1 亿多年的恐龙被灭绝。特别是恐龙的灭绝,由于距我们时间最近,一直最为人们关注。近来有越来越多的研究人员认为,小行星的撞击造成了这种庞然大物的灭绝。

如果说只能推测和想象上述撞击事件,那么发生在20世纪的险情则让我们有了真切的感受。100年间,天文学家发现过许多次近地小行星与地球近距离"照面"的情形,真是"险象环生"。令天文学家们大吃一惊的是,1932年首次发现阿莫尔型小行星离地球最近时只有2200万千米。1989年,在"1989FC"小行星远离地球半年之后,曾引起一场轰动世界的风波,人人都以为小行星可能撞击地球,后来证实这只不过是新闻报道的失误,让人虚惊一场。1991年1月18日,人们发现"1991BA"小行星离地球的距离只是月球到地球距离的一半,仅17万千米,当时堪称"近地之冠"。"1997BR"小行星是中国天文学家发现的第一颗距地球距离小于7.5万千米的近地小行星,其运行轨道与地球轨道相切。像这样与地球轨道相切的近地小行星,是已知的对地球潜在威胁最大的小行星。2000年12月底,一颗小行星从伦敦上空"飞过",吓得不少人直冒冷汗,当时这颗直径为46米的小行星距地球仅仅80万千米,如果它撞上地球,将会撞出一个1200米宽的大坑,后果不堪设想。

相对于这些有惊无险的事件,20世纪初的那次撞击更让我们感到了它的威力和可怕。1908年6月30日凌晨,一个来自太空的火球拖着长达800千米的尾巴在通古斯河谷上空爆炸,通古斯河谷位于贝加尔湖西北800千米处。大片森林被强烈的冲击波击倒,燃起一场冲天大火,浓烟积聚成的黑云许久不散。遥远的伦敦甚至也听到了爆炸声,约有1500只驯鹿葬身火海,所幸没有人死亡。后来人们发现在爆炸中心出现了一个巨大的"坑",200多个直径1～50米的洞穴遍布在周围3000米的范围内,30～60千米范围内的树木全部倒下,树根齐刷刷地冲着爆炸中心。这一事件被称为"通古斯事件"。由于科学家们在现场没有找到陨石碎片,因此他们几十年来仍一直在苦苦探索。最近有一种为越来越多的人所能接受的解释是:一颗石质小行星从东北方向以30°角进入大气层,这颗直径30米的小行星的速度是15千米/秒,它的冲击波的震荡和压力化解了自己,当辐射能达到临界值时,发生的威力相当于1000多万吨TNT炸药的爆炸。让人庆幸的是,它发生在荒凉的西伯利亚地区,虽然当时它没有直接造成人员死亡,但却使周围牧民受到了辐射的损伤。在他们及其后代身上,出现了许多像广岛原子弹事件的受害者一样的怪病。

据科学家预测,21世纪里小行星与地球"照面"的机会将有7次,这7次都发生在距离小于300万千米的情况下。近来,英国天文学家已计算出一个位置,在这里,小行星带有可能接近地球。这个小行星带可能会增加碰撞地球的机会,而且都是灾难性的。报告说,在适当的条件下,这些天体可以在非常接近地球的轨道上运行。虽说并不能确定地球与小行星是否会发生大碰撞,但这种危险的确存在。也就是说,那些数百万年或数千万年才会有一次的碰撞事件的确可能存在,尽管概率很低,但不能排除这种可能性。

我们只有提前探测到潜在的有巨大杀伤力的小行星,才能避免悲剧的发生。为此世界各国制定了观测计划,都是针对近地小行星的。比如美国的"太空监测计划"、"近地小行星追踪计划",中国的"施密特CCD小行星计划"等。再者,就是考虑如何拦截小行星或使其偏离原来的轨道而远离地球。形形色色的方案随之被提出来了。方案之一为"打击",有人提出可用一系列的钨弹排列起来打击小行星,或将数万发至数十万发钨弹用轻质纤维串在一起形成一个打击自投罗网的小行星的三维网络;方案之二是"蒸发",即在小行星轨道上引发使其汽化的核爆炸;方案之三称"转向",即通过发射火箭或利用核爆炸拦截或改变小行星运动方向。但以上3个方案产生的碎片会对地球造成更大的伤害。因此,方案之四是:利用太阳能让小行星"光荣妥协"。具体方案是：在小行星活动区域附近安置一面巨大的由超薄片制成的凹面镜，来搜集太阳能；然后利用第二面镜子将能量聚集到小行星上的某个区域，使其发热；在受热不均匀的情况下，小行星会自动转向。甚至有人提出，干脆利用地球上发射的超高能激光，直接推动小行星偏离其轨道。

另外，科学家们设想，或许有一天，人们可能要到小行星上去采集稀有金属，小行星自然就成了天然的航天中转站。

神秘的"太白"金星

金星是全天空最明亮的一颗星星。晚间在西方天空出现时，被叫做"长庚星"。早晨在东方天空出现时，被叫做"启明星"。它距太阳的平均距离为1.08亿千米，距时间太阳的角距离为47°～48°，人们之所以能时常看到它，主要是因为其大部分时间同太阳的角距离较大。夜空中除了月亮以外，其他所有的星星在亮度上都比不上它。由于常有银白色的、像金刚石的闪光从金星发出，所以，它在中国素有"太白"的别称。

科学家们后来知道，金星非常明亮的原因与其周围有浓密的大气层有关，大气反射了照在它上面的75%左右的太阳光。金星离地球最近时，平均为4000多万千米。人们常将金星视为地球的孪生姊妹，因其大小、质量和密度与地球差不多。金星的公转周期约为225天。20世纪60年代初，通过用雷达反复测量，天文学家得知金星的自转周期为243天——竟然长于它的公转周期。另外，金星的自转方向是逆向的，确切地说，它的自转方向是自东向西的，在金星上太阳西升东落，昼和夜（一天）的时间远远长于地球，在那里看到的太阳约是我们所见到太阳大小的1.5倍。

金星有厚厚的大气层，这一点天文学家很早就知道了。用望远镜观看，金星只是一个模糊不清的淡黄色圆面，在金星大气的笼罩下，根本无法看清其"庐山真面目"。人们现在所掌握的金星表面及其大气等知识，主要来自空间飞行探测。

自1961年以来，苏联和美国先后向金星发射的探测器有30多个（虽然有几个发射失败），获得了大量的研究成果。1970年8月17日，苏联的"金星7号"无人探测器成功地实现了在金星表面上着陆探测，曾测得金星温度高达480℃，表面为100个大气压。此后还有多个苏联的探测器都在金星表面实现了成功着陆。美国于1989年5月发射了"麦哲伦号"探测器对金星进行空间探测，为期5年，取得了大量的研究成果。

人类根据对金星的探测结果得知，它那厚厚的大气层几乎全部由二氧化碳组成，因此，它具有巨大的温室效应。其高层大气中的二氧化碳达97%，而低层处可达到99%。从许多宇宙飞船发回的照片来看，金星的天空呈橙色，大气中有激烈的湍流存在，还有强烈的雷电现象，有人推算金星上的风速约达100米/秒。更让人惊讶不已的是，厚厚的浓云笼罩在金星表面上30～70千米左右的高空，云中有具有强腐蚀作用、浓度很大的硫酸雾滴。

总体上看，金星大气层好似一个巨大的温室或蒸笼。尽管金星大气将约3/4的入射太阳光反射掉了，但其余那部分阳光到达金星表面并进行加热。大气中的二氧化碳、水汽和臭氧好似温室玻璃，阻止了红外辐射，结果金星蓄积了大量所接受到的太阳能，因而使那里的温度高达465～485℃。

与水星不同的是，金星上面环形山很少，表面比较平坦，但也有高山、悬崖、陨石坑和火山口。金星上的凹地与月面上的"海"（平原）相似，"海"上有火山。金星有十分活跃的地质活动，其表面有众多的火山、巨大的环形山、许多地层断裂的痕迹以及涌流的熔岩。

金星表面最高的麦克斯韦山位于北半球，远远高于地球上的珠穆朗玛峰；在南半球赤道附近并与赤道平行的地方，是阿芙洛德高原。金星上一处横跨赤道的大高原有近1万千米长、3200多千米宽。有些探测器成功地完成了在金星上的自动钻探、取样和分析任务，人们因此知道了金星表面最多的是玄武岩。

随着科学技术的发展和进步，人类有关金星的探索和研究将会取得更大的成就，金星也将不再神秘。

揭开火星的秘密

1877年，意大利天文学家斯基阿帕雷利用米兰天文台24厘米口径的天文望远镜对火星进行观测，发现火星表面上分布着有规则的暗线条。当时，正是火星的"大冲"时期（即在它轨道的近日点附近与地球会合，此时距地球最近）。这些宽120千米，有的长4800千米的暗线纵横交错，成网络之状。他猜测它们是天然的分割大陆、连接海湾的水道。因此，他把它们命名为"沟渠"。但是，这一结果译成英文时，却被误译成"运河"。

到了19世纪80年代，由于有人把这些"暗线"与火星上由"智慧生物"构筑的运河联系起来，这一话题才引起人们极大的关注。美国的天文学家洛韦尔最早提出这个具有"轰动效应"的观点。

他认为火星的极冠由冰雪构成，夏季融化的冰雪成为生物的水源；智慧生物构筑的灌溉系统密布于火星表面，各暗线向中央地区交汇，明确显示了要将极地的水引向干旱的赤道地区的意图，而且他把许多暗线交错处的暗斑看成是绿洲，这些绿洲构成了火星文明的中心。

但是随着天文观测手段的发展，望远镜越来越精细。人们用望远镜观察，发现被当做"运河"的一条条连续的暗线，实则是由许多孤立的、形状不规则的暗斑组成的。

1971年11月，美国的"水手9号"探测器对火星的全部表面进行了高分辨率的照相。这些照片显示，火星表面有许多类似河床的地质构造。这种火星表面冲刷形成的"河床"，是由像水等易流动的液体所造成的。它们的具体位置和形状与洛韦尔所描绘的大相径庭，毫无疑问，它们只是一些天然河床。

20世纪90年代以后，科学家们对火星的认识进一步加深，"火星探测者"和环火星探测器拍摄了大量的照片，科学家们对这些珍贵的资料进行分析研究，发现在一些峡谷底部有干涸的"水塘"痕迹和巨型卵石。这些痕迹明显是被洪水冲刷过，因此，科学家们认为在38亿年前，火星上确实曾经有过汹涌的洪水。

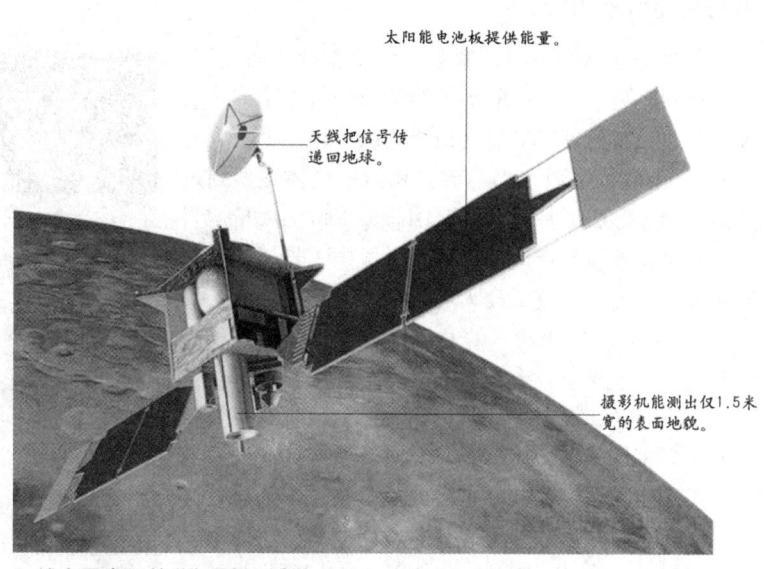

飞越火星表面的"火星探测者"

像地球一样，火星的表面也是起伏不平的；其自转一周的时间与地球几乎相同；也有四季的交替和气候的变化。不同的是火星的公转周期长达 687 天。而且火星体积较小，它的直径只有地球直径的 53%，体积是地球体积的 15%，质量是地球质量的 10.8%。从天空中观察火星，有稀薄的大气层以及火卫一、火卫二两个"月亮"围绕着它运行。其大气的成分主要是二氧化碳，占 95%，此外还有 2%～3% 的氮，1%～2% 的氩，氧的含量很少。火星表面气温和气压变化都很快，一天里，最高温度为 -13℃，最低温度为 -73℃。这些都让我们备受鼓舞，如果可能的话，火星也许将是人类的第二个家园。

太阳黑子产生的原因

早在上千年前的古代，人们就观测到太阳表面有时会出现黑斑，这被称为"太阳黑子"。太阳的表面温度是炽热的，太阳黑子为什么又是黑的呢？它究竟是怎样产生的呢？

现代天文学家证实太阳通体都是炽热的。事实上，太阳上最冷的区域，即太阳光球才能被人们看到。辐射和温度的相关性使科学家开始研究辐射。德国物理学家维恩于 1894 年就做了相关的实验，其结论是：物体的辐射与物体本身的化学组成无关，在理想的情况中，每个特定的温度下，物体辐射出的光都在特定的波长范围内。物体峰值辐射的波长会随温度的升高变得越来越短。物体在 600℃ 左右会呈暗红色，这是由于相当多的辐射进入了可见光的频率范围。物体的颜色随温度的升高逐渐变为鲜红色、橙红色、白色和蓝白色。当辐射频率大部分位于紫外区时，说明温度已经很高了。通过测量太阳峰值辐射的位于黄色光区域内的波长，科学家计算得出太阳表面的温度大约是 6000℃。太阳黑子中心部分的温度只有 4500℃，比太阳表面的温度要低不少。

但是，为什么在 4500℃ 的高温下，太阳黑子仍给人"黑"的感觉？这是因为太阳表面上那些温度较高的正常区域的亮度很高，在人眼中，中心低温区域低四五倍的黑子就显得"黑"了。这种光学上的错觉使我们能明确地区分出太阳黑子。黑子出现表明太阳具有较强的活动，它并没有因此而减弱太阳的亮度。日珥、耀斑等太阳活动的在阳黑子增多时，也大大地增加了。

月亮是撞出来的吗

月亮是地球的卫星，紧紧地围绕着地球而旋转，但月亮到底是怎样形成的呢？科学家们提出了许多假说。目前，有关月亮形成的最重要的学说认为，大约是 46 亿年前，一颗大小与火星相似的星体强烈划过并碰撞地球形成了月亮。当时因碰撞形成的大量熔岩碎片和尘埃被撞落在地球周围轨道之内，长时间相互碰撞和聚集后形成了今天的月亮。

"阿波罗登月计划"的发现有力地支持了这种碰撞学说。宇航员们从月亮上采集了大量的土壤标本，这些土壤标本里所含有的矿物质和地球上的非常相近，因此科学家们确信，地球和月亮有着共同的起源。通过对美国"阿波罗号"宇宙飞船从月亮带回的岩石进行了大量的研究后，瑞士联邦科技研究所的科学家发现的最新证据表明，月亮和地球曾经真的相撞过。

"阿波罗号"登月后，在月亮上拍摄到的照片。

此外，瑞士科学家们这次还发现，月亮岩石里面氧气的同位素含量和地球的完全一致。另外，科学家通过计算机进行碰撞模拟试验，试验显示月亮主要构成物质来源于忒伊亚行星的材料。为此，他们断定，月亮和地球同位素的含量既然是一致的，那足以证明忒伊亚行星曾经同地球发生过碰撞。

　　一个新的计算机仿真模型，为月亮起源的大冲撞假说提供了新的证据。大冲撞假说认为月亮是地球与一个路过它附近的天体相互撞击而产生的，月亮的某些特征能用此理论来解释。

　　在一期英国《自然》杂志上，美国科罗拉多州西南研究所的罗宾·卡内普及其合作者说，在研究中他们把地球和与之相撞的天体划分为两万多个部分，分析相撞时产生的各种现象如各部分之间的压力、引力等相互作用以及温度升高，然后用计算机模拟不同初始速度和角度下的相撞过程并生成三维图像。结果显示，尺寸类似于今天的地球与一个火星大小的天体斜斜地相撞，足可以形成现在的月亮。

　　现在还没有哪一个假说能完满地解释月亮到底是来自何方，天文学界对此也没有确切的解释。也许随着科学技术的发展，有关月亮的来源能得到明确的解释。

月亮正在远离地球吗

　　1978年10月，英国《自然》杂志声称，美国普林斯顿大学的地理学家卡姆和科罗拉多州立大学的地理学家普姆庇对鹦鹉螺进行了研究。他们发现鹦鹉螺是一种奇妙的"时钟"，月亮在地质年代中的变化历程默默地记载在其外壁的生长纹上。

　　原来，这种生活在太平洋南部水域里的鹦鹉螺，是地球上的"活化石"。这种奇异的软体动物身上背着一个大贝壳，外貌有点类似于蜗牛。鹦鹉螺在吸取氧气的时候，通常分泌出一种碳酸钙，并把它储存在它的贝壳出口处。白天，在厌氧呼吸过程中，碳酸钙慢慢地溶解后留下一条条小槽，也就是生长纹。有趣的是，鹦鹉螺的壳很大，许多个小室由许多弧形隔板分开，每个气室之间的生长纹大约有30条左右，十分接近于朔望月。生长纹每天长一圈，气室一个月长一隔。

　　在考察、研究了新生代、中生代和古生代的鹦鹉螺化石后，两位美国学者发现同一地质年代化石长有相同的生长纹，不同地质年代化石的生长纹就不同。如新生代渐新世的螺壳上有26条；中生代白垩纪的螺壳上有22条；侏罗纪的螺壳上有18条；古生代石炭纪的螺壳上有15条；奥陶纪的螺壳上有9条。由此，人们就假设，在4亿多年前，月亮用9天就能绕地球一周，而随着时间的变迁，月亮的公转周期，逐渐变成15天、18天、22天、26天，而到今天则为29天多。

　　他们根据引力等法则做进一步推算后所得的结果为：4亿年前，月亮和地球之间的距离相当于现在的43%左右，7000多年来，月亮正在渐渐离地球而去，其离去的速度为每年94.5厘米。通过对日食的观察以及根据对3000年间的天文记录的计算，另一些科学家发现月亮远离地球的平均速度为每年5.8厘米。

　　虽然科学家们得出的月亮远离地球的速度不同，但得出一致的结论，即月亮正在缓慢地离地球而去。长此以往，月亮总有一天会飞离地球，逃得无影无踪。

难窥其实的月亮背面

　　自古以来，人们就喜欢仰望月亮，然而无论何时何地，人们看到的总是月亮的同一面。为什么人们无法观察到月亮的另一面呢？原因在于月亮绕轴自转的周期与绕地球公转的周期刚好相同，因此人们用肉眼始终只能观察到月球的半个球面。

□ 可怕的现象

地球的公转轨道面和月亮的公转轨道面存在一个交角，这就使月亮自转轴的南端和北端，每月轮流朝向地球，因而在地球上有时也能看到月亮两极以外的一小部分，占月亮表面的59%。那么其余的41%的月面（月亮的背面）呢？有人说，月亮的背面，也许有空气和水的存在，重力可能要比正面大一些；也有些人预言那里有一片既广阔、又明亮的环形山；还有一部分人认为月亮正面的中央部分是最高地，而背面的中央部分则是一片"大海"——呈暗色的平原。

1959年，苏联发射的"月球1号"探测器在1月4日飞抵离月亮6000米的上空，并拍摄了一些照片传回地球。1959年10月4日，苏联又发射了"月球3号"。它于10月6日开始进入月球轨道飞行，7日6时30分，转到月亮背面大约7000米的高空。当时在地球上的人们看到的是"新月"景象，而在月亮上正是太阳照射其背面的白天，是照相的大好时机。就这样，有史以来拍摄到的第一批月亮背面的照片公之于众。

月亮的背面也像正面一样，中央部分没有"海"，绝大部分是山区，其他地方虽有一些"海"，也都比较小。背面的颜色相较于正面稍红一些。

1966年，美国"月球太空船"所拍摄的照片，使人们能够仔细地看清同美国西北部的圆丘相似的月面上那些大量错落、形状不一的圆丘。科学家认为，是月亮内部熔岩向月面鼓涌形成了这一月貌。

科学家对现代科学仪器观测的结果和宇航员带回的月亮岩石进行分析，做出了这样的假设：在月貌的形成过程中，火山活动和陨星撞击这两种自然力量都起了作用。在火山活动中，形成了许多圆丘和较小的环形山，而那些大环形山则是陨星撞击月亮时造成的。

而随着科学家观测的深入，产生的有关月背的疑团却愈发复杂。第一件怪事是月亮的最长半径和最短半径都在月背。月亮半径最大处比平均半径长4000米，最小处比平均半径短5000米，而月亮半径的平均值是我们通常所说的1738千米。

第二件怪事则是月亮的正面集中了所有的月瘤。月瘤也叫月质量瘤，是月亮表面重力比较大的地方。科学家们估计，在这些地方的月面以下有许多高密度物质。此外，月亮上还有些地方重力分布小于平均值。令人不解的是，月瘤所在的正异常区和重力偏小的反异常区都在正面，而月背上却没有一处。

另外，月亮"海洋"、"湖"、"沼"、"湾"等凹陷结构占了月亮正半球面积的一半，共有30余处这样的凹陷分布在月亮上，但90%以上都集中在正面，完整的"海"只有两个是在月背上，不足背半球面积的10%，月背其余90%的面积都是由起伏不平的山地所组成，山地的分布结构呈现出几个巨大的同心圆，地形凹凸悬殊，剧起剧伏，而这种地势是正面所没有的。

人们不禁要问，月亮正面与背面的这些差异是怎样形成的？自从看到了月亮背面的"本来面目"，科学家便对这一问题从各种角度展开了研究。经过长期的努力，科学界形成了几种不同的见解。

有人认为，在地球引力的作用下月球发生了"固体潮"，即月亮地层也出现类似地球上的潮汐现象，结果就导致了正背面的差别。也有人认为，月亮正背面的差异是由巨大的温差所造成的。当地球运到太阳与月亮之间，月亮上便会发生日全食，此时月亮正面的温度会急剧降低，因而形成巨大温差，反复的温度骤变引起了正背面的差别。

行星会聚的现象是如何产生的

地球和人类会因为大行星的会聚而招致灾难吗？答案是：肯定不会的。这是因为，行星运动规律决定着行星会聚，并非是上天的旨意。由于八大行星绕太阳公转的轨道参数都不一样，因此它们在运行中肯定有聚有散，它们的"会聚"就像它们的"分离"一样合情合理，并没有什么特别之处。要说行星会聚有什么"特别"，那就是它极少出现。据计算，八大行星同时位于太阳一侧180°以内的机会是极少的，大约平均需要178.9年出现一次。

有人认为，引发地震的一个重要原因就是由于大行星的会聚。其理由是，行星会聚使地球受到的引潮力增大，因而触发地震的可能性很大。而事实并不是这样的。地球所受到太阳系天体的引潮力主要来自月球和太阳。由于距离的关系，月球对地球的引潮力要大于太阳对地球的引潮力，前者是后者的2.25倍。即使八大行星都和地球处在一条直线上，而且它们都处在和地球最近的距离处，它们对地球总的引潮力也只等于太阳平均引潮力的1/6400。可见，行星会聚时的潮汐引力对地球的影响几乎可以忽略不计，当然也就不可能引发地震。

大行星的会聚会给地球的气候带来影响吗？多数科学家认为不会有影响。但是，也有人看法不一样，他们认为，地球的温度与行星和太阳的相对位置有一定联系。通过计算，太阳和八大行星都处于地球的同一侧，靠最外边的两颗行星的地心黄径相差最小的年份，他们发现九星也具有一个会聚周期，周期近似于179年。他们把九星如此相聚的年份与历史上气温变化相对照发现，近千年来在行星相聚的年份，中国都会出现低温期。

行星会聚会给地球和人类带来灾难的说法显然没有根据，但是月球、行星、太阳位置的排列和变化到底是不是影响地球，值得科学家们进行深入研究。

海王星的发现与探索

自从牛顿发现万有引力定律之后，天文学家就能更加准确地计算行星的运动。不过，当人们用万有引力定律来预报天王星的位置时却总不成功，它出现的位置常常与星历表有很大的误差。

当时许多天文工作者为天王星的这种怪现象伤透了脑筋。到底是万有引力定律失灵了，还是观测出错呢？人们反复核校天王星的观测数据，并没有发现什么不对的地方。后来，有人猜想，可能有一颗未被发现的大行星在天王星轨道之外，天王星的运行由于受到这颗行星的强大引力，所以出现了偏差。可是，怎样找到这颗未知的行星呢？

19世纪，这个难题被欧洲两位年轻的天文学家几乎同时攻下了。这两个年轻人是法国的勒维耶和英国的亚当斯。

海王星在天文学史上被喻为"笔尖上的发现"。海王星的轨道和位置于1845年10月就被英国剑桥大学的学生亚当斯计算出。遗憾的是，剑桥天文台和格林尼治天文台收到他的报告后并未给予足够的重视。

1846年8月底，法国天文学家勒维耶也独立计算出了"未知行星"的质量、轨道和位置数据。1846年8月31日，勒维耶将他的计算结果整理出来，并宣告了那颗未知行星的位置。勒维耶一方面向科学院写研究报告；另外一方面，他还写信给欧洲一些国家的天文台，请求他们用天文望远镜帮助寻找新行星。

当年的9月23日，勒维耶的信引起了柏林天文台加勒先生的注意，他于收到信的当天晚上就按信中指出的位置，用望远镜作了认真的搜寻。加勒第二天晚上，发现这颗小星星在恒星背景上的位置有了稍微的变化。这个现象表明，这颗小星星确实是一颗行星。以后其他天文学家经过进一步的观测研究，终于证明这颗行星是太阳系的第八颗大行星——海王星。

近半个多世纪以来，随着人类登上月球，人类的航空航天技术水平得到了迅猛发展。借

□ 可怕的现象

着日新月异的科技发展，人们对海王星的了解也逐渐增多。在世界航空航天发展史上，美国一直走在世界各国的前列。1977年，它发射了"旅行者2号"探测器对海王星进行探测。

1989年8月24日，"旅行者2号"飞行了12年之后终于飞近海王星，飞船离海王星表面最近时只有4827千米。从发回的照片上看，它是一个乱云翻滚、狂风肆虐的世界，有湍急的气旋不断地在其大气中涌动，有一些引人注目的亮斑和暗斑，还有一个"大黑斑"。

一直以来，对海王星卫星的研究也一直是天文学家们关注的焦点。在已知的海王星的8颗卫星中，海卫一和海卫二是用地面望远镜发现的，它们在已知的海王星的8颗卫星中体积较大；其余6颗的编号分别为1989N1～1989N6，这6颗卫星都是新发现的，其中最小的是1989N6，其直径仅50千米。它们当中最大的是海卫一，距海王星中心35.4万千米，直径2720千米，有3座火山、大量的洼地（陨石坑很少）、长长的棒状结构。

让人惊讶的是，海卫一是逆行的，即它自东向西绕海王星公转。这种运动的结果是公转速度逐渐减慢，最终可能会陨落在海王星上。著名的"旅行者2号"飞船在探测完海王星后，便飞离太阳系，在茫茫的太空中消失了。

三、地外生命探奇

神秘的 UFO

　　长久以来，人们都自以为人类才是宇宙中唯一的生命，可是 UFO 的出现使人类开始重新考虑并关注其他星球是否存在生命的问题，以及这些生命是否与地球、人类之间存在着某种联系。一直以来，关于神秘的 UFO 的故事不断充斥在各种杂志、报刊和影视中，那么 UFO 是不是外星人的交通工具呢？它真的是天外来客吗？

　　UFO 是英文 Unidentified Flying Object 的缩写，中文意思为"不明飞行物"，它主要是指出现在地面附近或天空中的一种奇异的光或物体，也称"飞碟"。这个缩写最早是在美国 1947 年 6 月 24 日出现飞碟时由一名记者在报纸上使用的，一直沿用至今。

　　最早记载不明飞行物出现的时间是在 1878 年 1 月，美国得克萨斯州的天空中突然出现了一个圆形物体，当地农民马丁发现了它，这条新闻同时登载在 150 家美国报纸上。1947 年 6 月 24 日，美国爱达荷州的企业家肯尼斯·阿诺德驾驶私人飞机飞经华盛顿时，发现雷尼尔山附近出现了 9 个以一种奇特的跳跃方式在空中高速前进的圆形物体。它们就像一种类似弯形的闪光物，更像是碟盘一类的器具。这些物体以大约 2000 千米/小时的速度疾飞而过，转眼就在天空中消失了……美国几乎所有的报纸都报道了这一事件，世界性的飞碟热被引发。

飞碟想象图

　　随着 UFO 目击事件的日益增多，人类也尝试着想与之较量一番，但是在几次的较量都是以人类的失败而结束。1956 年 10 月 8 日，一个 UFO 出现在日本冲绳岛附近，适逢附近正在实弹演习的一架西方盟国的战斗机飞过，机警的战斗机炮手马上向它开炮。结果炮弹爆炸后，先下手的战斗机碎成残片，机毁人亡，而被攻击的 UFO 却安然无恙。1996 年 8 月的一天，美国西部某导弹基地附近也出现了一架长期滞留的 UFO。自作聪明的人类在对它拍完录像之后，立即启动基地几乎所有的导弹发射装置来攻击它。奇怪的现象又一次发生了，基地所有的装置在同一时刻瘫痪，而 UFO 依然安然无恙。更为特别的是一束神奇的射线击中了一套最先进的导弹发射装置，使它在顷刻间"熔为一堆废铁"！科学家们闻讯赶来，一致认为可能是一种类似于高脉冲的东西把这套先进的装置"化"为废铁的。

几次"以卵击石"的事件造成了巨大损失之后,专门研究 UFO 的科学家们开始对"妄自尊大"的人们提出忠告:"与 UFO 相遇时,'先下手为强'是绝对不可取的;因为与 UFO 相比,人类的飞机与炮弹就像一个与坦克较量的弹弓。除了无谓的牺牲外,我们别无选择,只能静观其变。"

然而,人类并没有停止对 UFO 的研究。1967 年,由美国政府授权、美国空军协助,以哥诺兰大学著名物理学家爱德华·U.康顿博士为首,组成了歌诺兰大学调查委员会。他们全面分析鉴别了 1948 年以来美国空军搜集到的 12618 起 UFO 报告。18 个月以后,他们的研究结果被整理成了一份名为《不明飞行物体的科学研究》(亦称《蓝皮书计划》)。这份共有 2400 页、重达 4 千克的报告认为,由于 UFO 对国家安全并无具体威胁,所以不应再重视 UFO 的研究了。英国国防部在同时也开展了同样性质的研究,他们调查研究了 1967 ~ 1972 年间"闯入"英国境内的 1631 起 UFO 事件,认为除了极少数"未能查实"的不明飞行物以外,绝大部分只是高空气球、飞行器碎片、大气现象和飞机等物质。

罗勃·D.巴利先生是美国"20 世纪 UFO 研究会"的主席,也是研究 UFO 的权威人士。据他所知,美国军方目前掌握着一架 1962 年坠毁在美国墨西哥州某空军基地的 UFO 的最详尽的资料。这个 UFO 的直径有 15 米,它的主要原料是一种地球上找不到的金属,外形是典型的碟状飞船。飞碟的飞行速度在着陆时达到 150 千米/小时,但它的着陆装置未放下来。各种专家对写有文字内容的飞碟碎片进行了分析鉴定,但仍破解不了其中的奥秘。

按照巴利先生的说法,UFO 显然真实存在,但事情却另有蹊跷。2001 年 3 月 10 日,美国中情局首次大规模解密了 859 份秘密情报文件。这批在时间上从 1947 ~ 1991 年,内容五花八门的秘密文件,包括了美国中情局从 20 世纪 40 年代末一直到现在对 UFO 现象展开的研究。这 50 年来的研究结果让人瞠目结舌,UFO 的存在并没有确凿证据,换句话说,也许根本就没有 UFO!

以美国侦察部为研究对象的历史学家海恩斯将 20 世纪 90 年代美国中情局所有关于 UFO 的秘密内参全部翻阅后,得出的结论是:在 1950 ~ 1960 年间,所谓的 UFO 超过半数都是美军人员驾驶的侦察飞机。

他认为美国一直在撒一个弥天大谎。海恩斯主要由两个方面确定和推测美国政府的行为:一是当时苏联对美国领空的入侵造成了美国民众的恐慌,美政府假借 UFO 可以安抚民众;二是因为美国当时的 SR-71 和 A-12 是最机密的情报收集机,但它们总是在飞临敌方上空时受到致命的威胁。所以中情局就以 UFO 这枚"烟雾弹"来为其护航,这样就会麻痹被侦察国的防空警报系统,从而改变原来的被动状况,同时达到浑水摸鱼的效果。

无论 UFO 是否存在,全世界仍有约 1/3 的国家还在对不明飞行物进行持续的研究工作。希望有一天,科学能够破解这一神秘现象。

中国古代真的出现过飞碟吗

一提到飞碟,人们总是要把它与高科技联系在一起,然而飞碟并不是今天的新事物,它可能不止一次地在 2000 多年前访问过中国。曾有过许多不明飞行物的记载出现在浩瀚的中国古代文献中,这种飞行物光芒四射,来去神速,从记载看,很像现在所说的飞碟。

《晋阳秋》这本古书是最早记载飞碟的书。其中写道:"有星赤而芒角,自东北西南投入亮(诸葛亮)营。三投,再还,往大,还小。俄而亮卒。"在裴松之注《三国志》、郑樵的《通志略》、马瑞临的《文献通考》中都有类似的记载。这件事发生在公元 234 年秋天,一天晚上，西北五丈原地区的天空中出现一颗星，它发射红光，来去自由，它三来三往，从东北到西南，以后便消失了。如果是星的话，它不可能"三投，再还"，也不可能"往大，还小"。从记载看，只有飞碟能自由飞行。

宋朝的著名科学家沈括曾记载了这样一件事："嘉中扬州有一蚌甚大，天晦多见。初见于天长县陂泽中，后转入甓社湖，又后在新开湖中，凡十余年，居民行人常常见之。余友人书斋在湖上，一夜忽见其蚌甚近，初微开其房，光自吻中出，如横一金线。俄顷忽张壳，其大如半席，壳中白光如银，珠大如拳，烂然不可正视，十余里间林木皆有影，如初日所照，远处但见天赤如野火，倏然远去，其行如飞，浮于波中，杳杳如日。古有明月之珠，此珠色不类月，荧荧有芒焰，殆类日光。崔伯勋曾为明珠赋，伯勋高邮人，盖常见之，近岁不复出，不知所往。樊良镇正当珠往来处，行人至此往往维船数屑以待观，名其亭为玩珠。"此事见于《梦溪笔谈》。记载此事的沈括是一位科学家，给他提供情况的是他的好友，好友就在蚌所在的湖边，应该不是杜撰。从记载看，这颗能发光、能飞行的珠已像一轮飞碟。

身形矮小、穿宇航服的外星人登陆地球。

在镇江金山，宋朝大诗人苏轼也曾见到过来历不明的飞行物。有一天他游金山，被仰慕他的寺僧留宿寺中。这一夜二更天，苏轼尚未入睡，只见一个光亮的物体在江心降落，并发出光。他用一首诗记录了这个奇观："是时江月初生魄，二更月落天深黑。江心似有炬火明，飞焰照天栖鸟惊。怅然归卧心莫识，非鬼非人竟何物？"写到这里时，作者又加了个注："是夜所见如此。"说明不是虚构，而是实见，这就是《游金山寺》。

上述记载表明，中国古代确实有一种来历不明的飞行物多次光临过。这种飞行物有的发红光，有的发白光，有的则缓缓而行，有的快如星火，它们各有不同的外形。但是发出光亮、来去自由是这些飞行物的一个共同的特点。

有些研究者认为，这些记载中的飞行物就是飞碟。一次飞碟坠毁事件被《竹溪县志》记载了下来，从记载看，飞行物能倏忽而过，而"欲坠则止"，说明这个高速物体有很高的灵敏度，出了故障后，变得摇摇晃晃，终于坠毁。

有些研究者认为，《松滋县志》记载了覃某被不明飞行物带到贵州的事件，这就是飞碟被人发现以后的报复行为或保密行为，这很像近代一些接触飞碟的人们遭劫持的情况。

还有些学者认为，中国古籍中只是记载辗转传闻的故事，叙述又十分简单，不足为信。可能是一些经过夸张而编造的、道听途说的奇闻逸事。有些研究者则认为，这可能是连现代人也不清楚的古代的一些自然现象，它们能发光，会飞行，因而被误认为是飞碟。

这些古籍记载的飞行物究竟是什么？只有在现代的飞碟之谜揭开以后，这个问题才能得出可信的答案。

外星人谜团

外星人在驾驶飞碟飞行于地球上空或者到地球上时，免不了发生事故，因而有些飞碟的残骸以及外星人的尸体，甚至是活外星人就落到了地球上。

□ 可怕的现象

1950年，美国在新墨西哥州回收了几具外星人尸体。这是地球上的人类首次有记载的发现外星人尸体的事件。这年年底，在该州的一个空军基地，曾降落了一个不明飞行物。两三辆吉普车迅速朝那个不明飞行物驶去，那是一个非常典型的圆状飞碟。飞碟里走出一个乘员，上了一个军官的吉普车，接着就开往了该基地的指挥部。这个乘员在指挥部待了约一个小时就回到了飞碟上，不久飞碟垂直起飞离开了地球。这显然是一次面对面的直接接触，但是没有人出来证实这件事。直到40余年后，即1989年11月末，才有一位科学家出来承认此事。这位科学家曾参与外星人的尸体处理工作。他说，有4具外星人的尸体一直保存在俄亥俄州的空军基地里。当时在任的杜鲁门总统曾下令所有相关人员严守这一机密，并同意对外星人的尸体进行研究。

透露这条消息的科学家是斯通·弗里德曼，当年他直接参加了对外星宇宙飞船残骸及外星人尸体的处理工作。据他讲，这4个外星人个头很小，呈深灰色的皮肤满是皱纹，但头和眼睛都很大。他们的耳朵和鼻子深陷于脸内部，从手肘到手腕的那截手臂特别短。很明显，外星人与人类长得很不一样，看起来也很恐怖。

此后，美国又发现和收到了数具外星人尸体。1953年夏，在美国亚利桑那上空，一个飞碟发生了故障，其中一部分碟体甚至陷在沙子里。美国军方派人赶到时，发现里面有5个外星人。这几个人和地球人长得比较像，只是胳膊特长，而且每只手只有4个手指，指间还有蹼，看起来像青蛙的蹼。其中一个还活着，但伤得很重，不久就死了。

另一艘坠毁于1962年的飞碟直径有17米，由一种在地球上找不到的金属制成。在飞碟残骸里发现两个类人的生命体，身体比地球人矮，只有1米左右，但头比地球人的头大，鼻

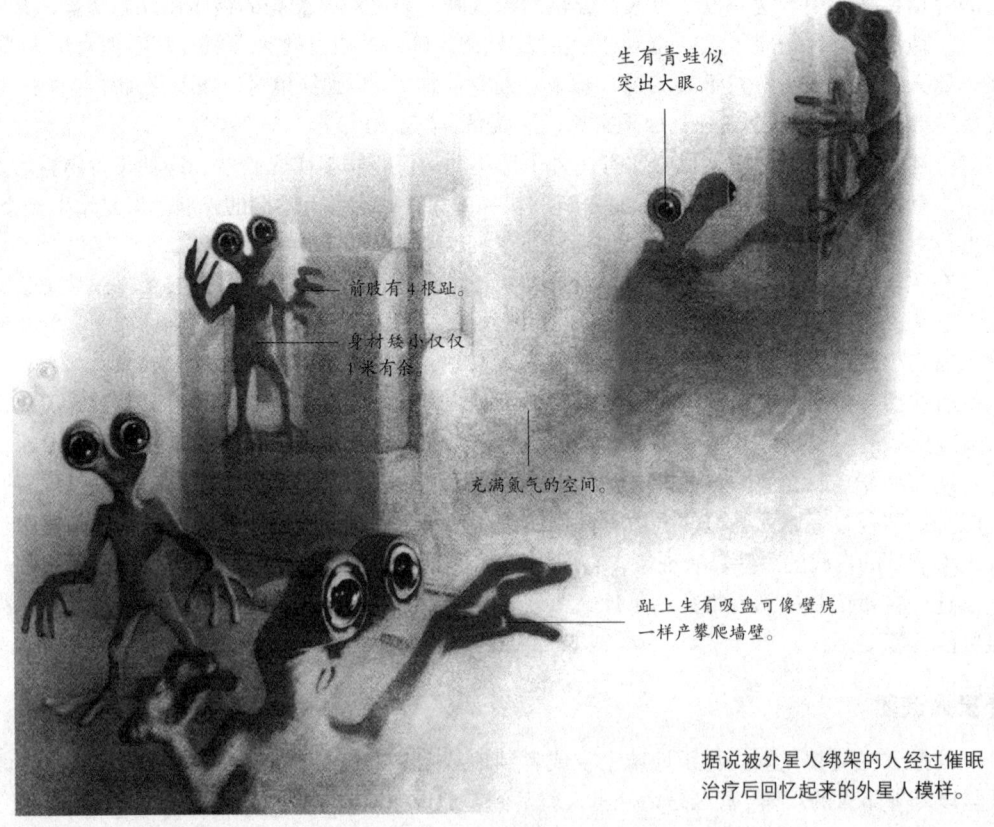

据说被外星人绑架的人经过催眠治疗后回忆起来的外星人模样。

子只有小小的突起，嘴唇很薄，还有一对没有耳郭的小耳朵。

据美国"20世纪不明飞行物研究会"主席巴利先生透露，目前，美国回收的外星人尸体并被冷藏处理的至少有30具，分别放在几个秘密的地方。

设在法国巴黎的"UFO报告真实性科学协会"主席狄盖瓦曾经在喜马拉雅山峰的冰雪中发现一个飞碟残骸和6个外星人的遗体。当时法国政府大力支持他们回收外星人遗体和飞碟残骸的工作，回收工作持续了数月才结束。从回收的外星人遗体看，它们身材矮小，只有1米左右，四肢瘦弱，但头和眼睛都比地球人大很多。他们还收集到许多金属残片，大的有2~3平方米，而这些金属在地球上仍没有找到。

回收飞碟和外星人尸体数量最多的首推美国，但由于这涉及科技和军事机密，美国政府总是千方百计地掩盖事情的真相。日本著名作家矢追纯一曾经付出了很大的精力拜访一些回收过外星人尸体的人员，从而掌握了大量相关资料，写成了《外星人尸体之谜》一书。该书受到世界飞碟研究界的高度重视。在这本书中，他详细叙述了自己在美国调查访问的情况。他认为这些年来美国回收飞碟和外星人尸体的事件有46起之多，现在存放在美国的外星人尸体仍有数十具，他们被冷冻在地下室的秘密器皿中，美国对外星人的尸体进行过解剖，等等。

由此似乎可以判断，外星人的存在是确定无疑的，然而他们到底来自何方呢？据参加解剖的人说，外星人的肺与地球人是一样的，由此断定，他们的"家乡"也是一个氮气多于氧气的地方。哪个星球有这种条件呢？目前尚未找到答案。

太阳系地外生命探疑

地球是拥有生命的唯一天体吗？人类是孤独的吗？在广袤无垠的宇宙中，是否还有同样具有生命的天体？

自从人们知道了地球不是宇宙的中心，就开始猜测有地外文明的存在，也创造出了关于外星生命的神话传说。

随着现代天文学、生物学、无线电技术和航天技术的日益发展，更多的人开始接受这样的观点：宇宙中的天体数目如此庞大，其中不可能没有适合生命生存的另一个天体，不可能没有与我们地球人相似的、有智慧的、能创造自己文明的生物存在；甚至很有可能有些球外生物创造出的文明比我们地球上的人类文明更为先进，更为优秀。对地球外文明的研究早已不是人们所传说的神话故事，而成为一门严肃的科学。

人类对地外生命的研究由来已久，离地球较近的月球首先进入了人类的视野。早年有人猜想月球很可能是一个空心体，里面居住着外星人。其主要理论依据是因为当年"阿波罗"登月飞船在月球上登陆的时候，指令舱中的记录仪记录到的持续震荡波长达15分钟，这一结果使科学家感到极为惊异。有学者认为，如果月球是实心体，那么在碰击后产生的震荡波至多维持5分钟。由此，便出现了月球可能是空心体的设想。但在仔细研究月岩标本后，科学家发现其中金属含量较高，而且其中的亲氧金属如铁等并没有被氧化。据此有人得出了一个大胆的假设：月球很可能是一个空心体，而且是外星人人工制造的。也有了诸如月球的内部可能是一个奇特的生态系统，也许居住着一些比人类更文明的"月球人"，那里可能是外星生命为了监视地球而设置的一个巨大的航天站等各种奇思妙想。但是这种种设想都被无情的事实推翻了，一切不过是人类依据科学观测所做出的主观猜想，也可以认为是半真半假的神话故事。

而在19世纪30年代，曾出现过一个"月亮骗局"的故事，影响极大，轰动一时。事情的经过是这样的：1835年8月，美国新创办了《纽约太阳报》，该报为吸引读者和打开销路、

□ 可怕的现象

通过登月探测，基本排除了月球存在生命的可能。

扩大销量，便诚邀英国作家洛克为自己撰稿。当时英国天文学家约翰·赫歇耳正前往非洲南部的开普敦去观测研究南天星空。洛克便选中了这件事，用自己的生花妙笔杜撰出了一个神奇而又引人入胜的月亮的理性生物的故事。他在故事中说，赫歇耳的望远镜在不久以前已能分辨出月球表面有约18英寸，即大小约45厘米的物体。用这样高分辨率的望远镜，他看见了月亮上有鲜花和紫松等树木，也有一个碧波千里的湖泊，还有一些类似野牛、齿鲸等动物的大型动物。他还惊讶地看到了一种长有翅膀并且外貌有些像人的动物。文章这样写道："他们的姿势看上去充满了热情而且很有力量，因此我们推论这种生物是有理性的。"结果许多人对这一重大新闻深信不疑，人们奔走相告，该报一度成为当时最畅销的报纸。

天文学家们很快把这个骗局拆穿了。科学证明，如果要把月面上45厘米大小的物体分辨出来，光学望远镜的口径至少需要570米那么大，这么大的望远镜到今天人们仍没有能力造出来。同时，当时虽然还没有一位天文学家登上月球亲眼目睹月球的样子，但由地面天文观测分析也能推知，月球上没有水，也没有大气，是一个死气沉沉的荒凉世界。

随着科学技术的发展，人类对地外生命的研究也变得更加科学。为了寻找地外生命，科学家们首先研究了地球人的进化过程。他们认为：地球人虽是"万物之灵"，具有很高智慧，但起源也和地球上的动植物一样，是从地球上进化出来的。换言之，地球上的碳、氢、氧、氮等元素，先是发生了长期的化学变化和物理变化，后来又经历了复杂而漫长的生物演化过程，最后才演化出了人类。科学实验也已经证明，人类生命的化学基础是蛋白质和核酸，而蛋白质又是由各种氨基酸构成的，氨基酸则是由复杂的有机分子组成的。在宇宙中，不仅碳、氢、氧、氮等元素广泛存在，而且在温度极低的星际空间也发现了几十种复杂的有机分子，在许多陨石中甚至还找到了十几种重要的氨基酸的存在。这就可以认定，只要地球外的星球环境适于生命体的存在，那么就很可能会发生大量的有机体演化。

当然，如果以我们地球生命的形成、演化历史作为标准，还需要很多条件才能从氨基酸逐渐演化成生命。如合适的温度、足够厚的大气层的保护、水的存在、液态的氨或甲烷的存在、足够长时间而且较为稳定的光和热。

在宇宙中，地球只是一个再平凡不过的行星，但对于人类来说，它是我们生命的摇篮，是最重要也是最熟悉的天体。地球是如此适合我们人类生活，有充足的水，空气中富含氧气，温度不冷不热，这与它距离太阳的位置等条件有关系。譬如水星和金星是离太阳最近的两颗行星，水星的白天热得如火，夜晚却冷得比冰还凉；厚厚的金星大气成分以二氧化碳为主，温室效应很明显，导致环境极为恶劣，任何生物根本就生存不下去。火星在地球轨道以外，虽说距离太阳并不是很远，但比起地球来，不但气候极其寒冷，而且根本没有水，生物在这种情况下也不可能生存下去。土星和木星上没有任何生命存在，这一点十几年前就被宇宙飞船的空间探测所证实了。位于太阳系边远空域的是天王星和海王星，科学家们通过空间探测以及各种地面观测知道，它们同样不具备适宜智慧生命生存的环境。到目前为止，所有的太阳系探测结果都表明，太阳系中的行星中只有地球是适于像人类这种智慧生命生存繁衍的星球。

不过一些科学家，尤其是化学家认为，生命可能不需要以碳和水为基础。在高温情况下，生命的化学基础有可能是硅。另一种有理性的生命不一定有物质外壳，其存在形式可能是以能的形式。

由此看来，太阳系中是否存在有生命的星球，至今仍无定论。不过，随着科学技术日新月异的发展，人类探索太空的足迹将会出现在更多的星球上，到那时这个问题一定会大白于天下。

金星上的神秘城墟

据人类目前所知，相对于火星来说，金星的自然环境要严酷得多。其表面温度近500℃，大气中的二氧化碳占到90%以上，时常降落狂暴的具有腐蚀性的酸雨，还经常刮比地球上12级台风还要猛烈的特大热风暴。金星的周围是浓厚的云层，以致于20余年（1960～1981年）间从地球上发射的近20个探测器仍未能认清其真实面目。

20世纪80年代，美国发射的探测器发回的照片显示，金星上有大量城墟。经分析，金星上共有城墟2万座，这些城墟建筑呈金字塔状。每座城市实际上只是一座巨型金字塔，门窗皆无，可能在地下开设有出入口。这2万座巨型金字塔摆成一个很大的马车轮形状，其圆心处为大城市，呈辐射状的大道连着周围的小城市。

研究者认为，这些金字塔式的城市可以有效地避免白天的高温、夜晚的严寒以及狂风暴雨。

苏联科学家尼古拉·里宾契诃夫在比利时布鲁塞尔的一个科学研讨会上首次披露了在金星上发现城墟的消息。1989年1月，苏联发射了一个探测器。该探测器带有能穿透浓密大气的雷达扫描装备，也发现了金星有2万座城墟这一重大秘密。

刚开始的时候，人们还不敢断定这就是城墟，认为可能是探测器出了问题，也可能是大气层干扰造成的海市蜃楼的幻象。但经过深入研究，人们确信这些是城市的遗迹，并推测是智能生物留下来的。不过，这些智能生物早已绝迹了。

里宾契诃夫博士在会上指出，我们渴望弄清分布在金星表面的城市是谁造的，这些城市是一个伟大的文化遗迹。这位苏联科学家详细地介绍说："在那些以马车轮的形状建成的城市的中间轮轴部分就是大都会。根据我们推测，那里有一个庞大的呈辐射状的公路网将其周围的一切城市连接起来。"他说："那些城市大多都倒下或即将倒塌，这说明历史已经很悠久了。现在金星上不存在任何生物，这说明那里的生物已绝迹很久了。"

由于金星表面的环境极差，因此不具备派宇航员到那里实地调查的条件。但里宾契诃夫博士强调说，苏联将努力用无人探险飞船去看清楚那些城市的面貌，无论代价多大，都在所不惜。

而在1988年，苏联宇宙物理学家阿列克塞·普斯卡夫则宣布：金星上也存在"人面石"，这一点与火星一样。联系到金星上发现的作为警告标志的垂泪的巨型人面建筑"人面石"，科学家推测，金星与火星是一对难兄难弟，都经历过文明毁灭的悲惨命运。科学家还说，800万年的金星经历过地球现今的演化阶段，应该有智能生物的存在。后来，金星中的大气成分中二氧化碳越来越多，以至于温室效应越来越强烈，进而使得水蒸气散失，最终使得金星的环境不再适合生物的生存。

□ 可怕的现象

迄今为止,人们在月球、金星、火星上都找到了文明活动的遗迹和疑踪,甚至在距离太阳最近的水星表面也发现了一些断壁残垣。地球、月球、火星、金星上都存在金字塔式的建筑。人们将这些联系起来后认为,地球并不是太阳系文明的起点,而是其终点。

倒塌的金星城市中,究竟隐藏着什么秘密呢?那个垂泪的人面塑像到底是否经历了金星文明的毁灭呢?由于这实在太令人捉摸不透了,所以只有等待人类未来的实地探测,但愿这一天能尽早到来。

寻找火星生命

1890年,美国天文学家珀西瓦尔·罗威尔利用大型望远镜观测火星,偶然发现在火星表面存在着一些沟壑,这些东西看起来和地球上人工开凿的运河极为相似。人们开始怀疑有"火星生命"的存在,大量关于"火星人"的科幻故事也广为流传。科学家们一直相信火星上有水资源的存在,而且可能是在火星两极或大气高层中以冰雪及水蒸气的形式存在。甚至有许多科学家相信,火星上也可能曾分布有河流和冰川。因为从目前观测到的照片来看,火星上有许多峡谷和沟壑看起来应该是水流冲击而成的。为了证明火星上的确有生命之源——水的存在,美国和苏联两个超级大国从20世纪60年代起就开始了大量的火星探测工程。

1960年10月,苏联先后两次发射了火星探测器,不幸的是都没有进入火星的轨道就失事了。

1962年11月1日,苏联又发射了3个火星探测器,其中一个在飞往火星的途中与地球失去了联系,而另外2个只飞到火星的轨道上便停留在那里了。

1964年11月28日,美国发射了"水手4号"探测器。在1965年7月14日飞至距火星9280千米的地方,"水手4号"成功地在近距离拍到了22张关于这颗红色星球的照片。

1971年5月19日和5月28日,苏联连续发射了"火星2号"和"火星3号"探测器。同年的12月15日,苏联的"火星3号"首次在火星上着陆,并从火星表面向地球发送数据达20秒。

1971年5月30日,美国又成功发射了"水手9号"探测器。同年11月14日,"水手9

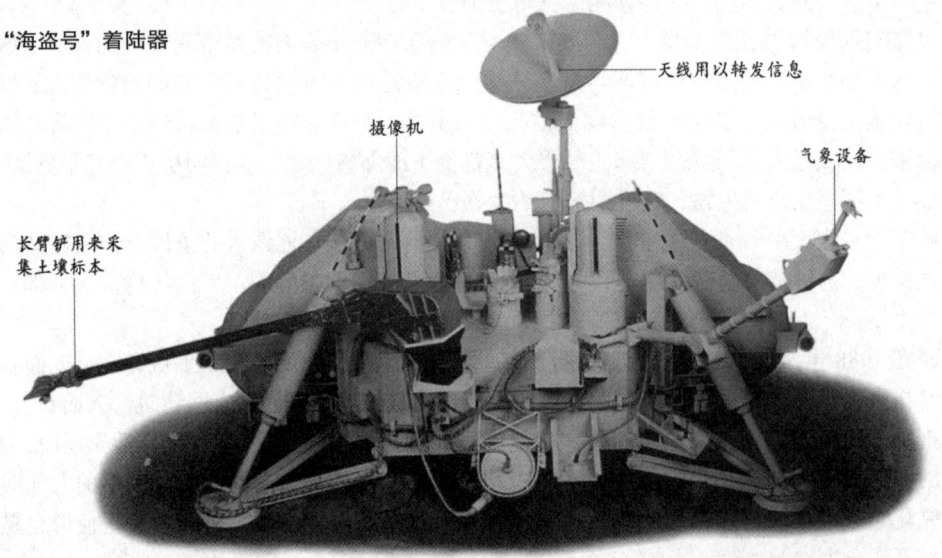

"海盗号"着陆器
摄像机
天线用以转发信息
气象设备
长臂铲用来采集土壤标本

号"驶入距火星 1280 千米的轨道,并在该轨道上运行将近 1 年时间,拍摄照片 7328 张。依据这些照片资料,美国第一次为火星上的高地、火山、洼地和峡谷等地形命名。

1975 年 8 月 20 日和 9 月 9 日,美国又分别发射了"海盗 1 号"和"海盗 2 号"探测器。1976 年 7 月 20 日和 9 月 3 日,这两个探测器依次在火星上成功着陆,大量新的宝贵数据和图像被发回到地球。其中的"海盗 1 号"在火星上工作了 6 年,两次登陆都没有在火星上找到任何有生命的特征或痕迹。

由上述事实可看出,在这些早期的火星探测中,最成功的应该是美国的"海盗 1 号"和"海盗 2 号"探测器。美国航天局于 1975 年发射了这两艘"海盗号"火星探测器。探测器经过为期一年的星际旅行,终于成功进入了火星大气层,并分别在火星着陆。科学家们在这两个着陆器上装备了大量的精密仪器,这些仪器能分析火星的土壤,同时也能对火星上的气压、风速、温度等指标进行测量,并确定了组成火星大气的元素构成。为了探测火星上是否存在生命的迹象,科学家们还专门设计了一些实验。在这些实验中,探测器先是用机械手臂挖掘采集了火星的土壤样本,再通过实验来对土壤样本进行分析研究,结果发现,火星土壤中能够释放出气体。然而那时的科学家却将之归因于化学反应。

在 1999 年,曾为美国航天局工作过的南加利福尼亚大学的神经生物学家约瑟夫·米勒要求美国航天局重新研究 20 多年前的实验结果。因为米勒坚信,美国航天局在 1975 年发射的"海盗号"火星探测器探测收集到的资料中,有可以证实火星上存在生命的证据。但由于后来有关的资料丢失了,到目前为止,美国航天局的研究还只能证明火星表面发生过化学反应。米勒进一步指出,是美国航天局把实验的数据弄丢了。美国航天局考虑了米勒的意见,彻底查找了档案里的资料,终于有一份被忽视已久的电脑记录被找了出来。由于这份记录所用的是极为陈旧的编码格式,已经没有能识别这种编码程序的设计师在世。因此米勒只能靠美国航天局人员保留下来的数据备份进行自己的研究工作。那些数据很少,只是原来的 1/3 而已。米勒把资料集中起来进行分析,终于得出结论,认为在火星上很可能有过生命。2001 年 11 月 28 日,他在圣迭戈召开的科学研讨会上,米勒将他的研究成果公布于世。

进入 20 世纪 90 年代以后,由于苏联的解体,火星探测几乎成了美国人的"专利"。美国在这期间先后进行了多次火星探测。

1992 年 9 月 24 日,为了考察火星的地理和气候状况,美国发射了"火星观察者号"探测器,为载人飞船飞往火星探测道路。

1996 年,美国将"火星探路者号"探测器发射到太空中,并把相当多的火星照片发回地球。3 个月后,美国"火星环球勘探者号"探测器进入火星轨道,开始绘制火星地图。

2001 年 10 月 29 日,美国火星探测器"2001 火星奥德赛"又在火星上取得了大量的探测结果。

2001 年 11 月底,美国科学家对火星探测器发回的新照片进行了研究,提出了火星表面部分地区很可能存在水的固态形式(即冰)的设想。这项研究结果认为,火星表面在早期分布着广阔的海洋,火星上每平方公里拥有的水量甚至比地球还多。

美国布朗大学的科学家在英国《自然》杂志上发表文章说,"火星环球勘探者号"探测器仍在围绕火星飞行,并向地球发回了 8000 多张高清晰度照片。在对这些照片进行研究后,发现有一种地形较为光滑。科学家认为,这种地形表明该区域的土层是多孔的土壤里面渗入了水后结冰、凝固而成的,或者是水混合了冰、尘土和岩石等,在火星表面形成了一层厚度达 90 厘米的覆盖层。在庞大的火星表面,从火星寒冷的南极直到大约南纬 60° 的很大一片区域里都是这样的含水区。

虽然目前只找到了水分解反应的产物之一——氢原子，但是这一发现对于推测火星曾经有过的含水量大有帮助。

研究还表明，早期的火星上有一个海洋，其深度最深可达1.6千米。由于发生了化学反应，加上小行星和彗星的撞击，致使火星在过去几百万年中逐渐失去了所有的水分。

研究人员认为，水仍然存在于火星土壤深处，或者是处于冰冻状态。

假如将来可以证实这一发现，连同其他火星上有水的证据，便会使火星上曾经存在液态水甚至简单生命的可信度大大提高。假如人类可以进一步探测出充足的水资源，那么，人类进行更进一步的火星考察乃至移居火星都将变得更加容易。

火星人脸形状图之谜

2001年2月9日，两名美国的科学家（弗兰登和奥尼尔）发布了一条令科学界非常震惊的消息，他们称已经在火星上发现了一种构图，这种构图类似于人脸的形状，并认为这进一步证明高级生命有可能在火星上存在过。根据《纽约邮报》报道，这两名科学家在曼哈顿专门举行了一个新闻发布会。在这次会上他们宣布，经过长时间非常仔细的研究后，他们发现在火星地表上有一幅类似于人类脸庞的构图。这幅构图面积巨大，宽度近5千米，而"脸孔"上则有着和人类相似的鼻梁、眼睛和嘴唇的轮廓。

奥尼尔表示，他们的发现堪称"人类文明史上最重要的发现"。但美国航天局则对这一发现不怎么相信，航天局的发言人当天表示，奥尼尔和弗兰登不应该忘记这样一个事实：从来没有高级生命在火星上出现过。但奥尼尔和弗兰登都表示：美国航天局的"火星环球勘探者号"最近从太空发回来了65000张照片，他们是对这些照片进行了认真细致的研究后才得出这一结论。多年来，有关火星上存在高级生命的说法很多，有的科学家甚至怀疑火星是生命的起源地。

2001年2月26日，美国航天局宣布，在南极发现了一块火星陨石。在对其进行研究后，人们发现此块陨石中含有呈长缝状排列的磁晶体，而只有在微生物的作用下才会形成这样的排列形状。这是到目前为止人类提出的火星上可能存在原始生命最新的有力证据。是否真的如这两名美国科学家所说，火星上存在人脸构图，相信随着科学技术的进步，科学家们终能解开这个难题。

神奇的麦田怪圈

20世纪70年代末，英国威尔特郡的农民在成熟的玉米和小麦地里收割庄稼的时候，发现许多庄稼遭到了破坏。从高处看，很多庄稼倒伏，并呈现出有规则的和对称的圆圈现象。

经新闻媒体报道后，英国麦田的怪圈引起了很多人的兴趣，到威尔特郡考察观光的游人络绎不绝。但是，因为这种奇观仅仅在收获季节前的几周内出现，而且是在尚未收获的田地里，所以并不是每一个到威尔特郡的人都能看到这种奇观。

科学家根据观察到的现象猜测，可能是一股小的台风导致了这一奇观。但后来却出现了包括三角形在内的其他几何图案，而小旋风的涡旋只能形成圆圈，因此，这个谜团又笼罩上了一层迷雾。这个据说容易出现外星人削平庄稼的地方竟然成了旅游热点，农田主也趁机向来参观的游客收取费用，发了一笔小财。但是这种奇异的现象到底是怎么发生的呢？热衷于此的人对此仍然好奇不已。此后不久，在英国汉普郡的奇尔波顿天文台附近的麦田里，人们

1980年，英格兰西部出现的倒伏的麦田怪圈，在这之前经常有人说在空中看见不明飞行物。

再次发现了两个图案。其中之一是一个如同电影里常常虚拟的外星人形象的脸形，另一个是人类1974年11月向M13球状星云发射的信息修改后的图案。

自此以后，每年都有麦田怪圈在世界各地被发现，并且地域逐年扩大，形状逐年复杂，数量也逐年增多。

2000年6月24日，一家名为"公众"的俄罗斯电视台插放了一组画面，显示发生在俄罗斯南部斯塔夫洛波尔地区的一块成熟的大麦田里的4个有规则的对称的圆圈，似乎有人以顺时针的方向把圆圈中的庄稼削平。这块农田的主人在发现这些圆圈之后，把情况向斯塔夫洛波尔地区安全部门报告，并请他们来调查是哪个"流氓"破坏了他的庄稼。这4个圆圈中最大的直径长达20米，其余3个的直径分别为3～5米。另外，人们发现一个深20厘米的土洞，位于最大的圆圈的中心处，洞面光滑。

安全官员排除了是人力所为的可能，但是在现场也没有发现任何化学物质和辐射现象。这样，他们就猜测这个麦田怪圈是外星人造成的，而且推测"他们可能使用了与人类不同的起飞和着陆原理"。而当地的一些居民也声称，他们曾经看见了所谓的外星人降落。据说这些外星人从降落到重新起飞离去只用了几秒钟时间，那么，外星人制造的那个深20厘米的土洞又是干什么用的呢？"公众"电视台将此解释为这是外星人用来"土壤取样"的。可是那个农田主对这种解释没有兴趣，他不明白外星人为什么偏偏对他的这块田地的土壤感兴趣，在这里取样，使他白白损失了好多庄稼。

这些麦田怪圈究竟是怎样形成的呢？这成了世界各国科学家和相关媒体关注的话题，并提出了各种推断和假说。大致可以分为两类：一种认为是大自然的杰作，一种则说是外星人所为。

支持前种说法的大都是考古学家、气象学家、物理学家、地质学家、动物学家和农学家等等。

一些考古学家认为：可能在怪圈生成的地下埋藏有石器时代的圆形巨石建筑，或是青铜器时代的埋葬品呈圆形分布。这些地下的埋葬品和建筑可能影响到土壤结构，因而农作物也作出特定的反应。气象学家则提出：大量尘埃包含在陆地上生成的小型龙卷风中，在风的作用下，尘埃与空气剧烈摩擦产生静电荷。神秘的怪圈就是在带有静电荷的小型龙卷风的作用

□ 可怕的现象

下产生的。一些地质学家提出了"球形闪电说"：球形闪电和其他因素即"等离子体旋流"共同形成了怪圈，此外，太阳表面黑子活动增强亦与怪圈有一定关系。日本科学家声称，根据"球形闪电说"，他们在实验室里利用球形闪电设备已成功地模拟了怪圈现象。还有一些地质学家认为由地球核心发出的大地射线导致了怪圈这一奇怪现象。植物会因这种射线发生有规则的倒伏，动物和人也会因此而得病。动物学家则提出：动物发情求偶的季节一般在 5～7 月，雄性动物围绕雌性动物打圈，从而制造出怪圈。那些有在田间做窝习性的动物如刺猬和一些鸟类也可能有类似的创作。农学家则称：之所以出现怪圈的田地，是因为其土壤成分不一。霉菌病变及施肥分布的不均都有可能使农作物发生呈某种形状的倒伏，让人们误以为是一种奇异的现象。

除以上说法外，仍有许多人坚持认为：这些出现在各地的麦田怪圈是天外来客——外星人留下的。当他们乘坐飞碟光临地球时，飞碟刚好降落在麦田，旋转的强烈气流造成了一个个怪圈。

正当持这两种不同论调的人们争论不休时，1990 年，8 名法国青年向世界宣布：怪圈之谜根本不是谜！所谓的怪圈不是什么大自然的创作，而纯属某些人的恶作剧行为。

这一年的夏天，8 名法国青年出于对自然之谜的热衷慕名来到英国，对麦田怪圈进行科学考察。在多次出现怪圈的麦田附近的山丘上，他们架设了高清晰度的夜视仪及敏感度很高的红外摄像机。7 月 24 日，在发现麦田里出现了 10 个怪圈、3 条直线之后，他们随即观看录像带，结果发现其中有一些模糊的影像。经分析，确认这些模糊的痕迹是人体物质的热辐射留下的。第二天夜里，摄像机里又出现了 6 个不太清晰的影像。

1991 年 9 月，英国名叫多格·鲍尔和戴维·柯莱的两名男子向公众宣布，是他们制造了麦田怪圈。利用一根弹簧、两块木板以及一个将其固定在棒球罩上的古怪器具，就可以制造这样的怪圈。研究怪圈的英国专家德尔加多闻讯后承认自己上当受骗，并指责这是十分肮脏的把戏。

麦田怪圈真的是某些人的恶作剧吗？但为什么所有怪圈的周围都没有留下任何人的足迹？一些人也曾守候在麦田边，希望当场捉住这些恶作剧者，但至今却什么也没有发现，而怪圈却不断地出现。由此看来，这个问题似乎并没有我们想象的那么简单。怪圈的神秘恶作剧者到底是谁呢？

外星人是否阻止了核爆炸

1986 年 4 月 26 日，乌克兰切尔诺贝利核电站发生大爆炸，造成欧洲 30 多万人受放射性伤害死去。但是，那次爆炸中在引起热能爆炸的第四核反应堆里，共有 180 多吨浓缩铀存在，在那种极端的环境中，不发生核爆炸的几率微乎其微，到底是什么因素挽救了人类，阻止了核爆炸发生呢？

调查显示，发生这起核事故的根本原因是核电站工作人员在进行一项实验时，相互之间没有沟通好造成的。

切尔诺贝利核电站位于乌克兰基辅市北 130 千米的地方，是 1973 年开始修建、1977 年启动的最大的核电站。1986 年 4 月 25 日，核工厂管理部门决定做一个实验，研究当反应堆关闭、蒸汽不再向涡轮发电机传送能量时，涡轮的惯性旋转能否产生新的电能。于是，能量公司官员命令反应堆工作组立刻启动第四核反应堆。但是那天正好也是切尔诺贝利核电站第四核反应堆开始按计划进行定期维修的日子，涡轮发电机工作组工作人员关闭了涡轮机，而反应堆产生的蒸汽是供给涡轮机的，自动保护系统的作用是在涡轮机不能正常工作的时候自动关掉反应堆，现在连自动保护系统也被关掉了。于是，反应堆不断工作产生蒸汽，却没有宣泄的出口，引发了热能爆炸。

据《真理报》经过对当年爆炸目击者的大量采访显示，在切尔诺贝利核电站大爆炸期间，许多人目睹一个飞碟悬浮在核电站的上空。这样的采访结果让人不得不联想：难道是外星人阻止了切尔诺贝利核电站的核爆炸？

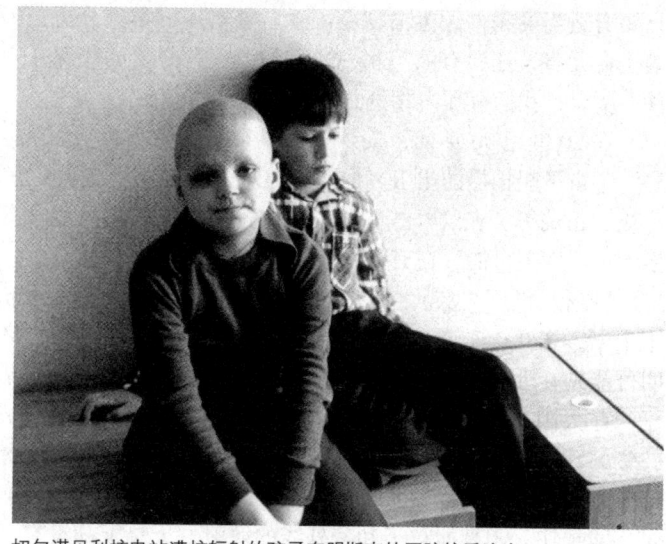

切尔诺贝利核电站遭核辐射的孩子在明斯克的医院接受治疗。

通过对当年切尔诺贝利核电站大爆炸现场幸存者和附近居民的采访，《真理报》记者了解到了另一个让人瞠目结舌、不为专家们所知的说法——在当年的爆炸现场，看到了一艘类似飞碟的太空船盘旋的目击者多达数百人，它在第四核反应堆的上空达6小时之久。

更加离奇的叙述来自救援人员之一米克海·瓦里斯基，他说："爆炸发生后，我们赶到切尔诺贝利核电站时还是凌晨，一个直径有6～8米宽的巨大的红色火球状的东西慢慢地悬浮在核电站上空，它飞到离切尔诺贝利核电站上空300米的地方停住，接着两道深红色的光从该物体中垂直射向第四反应堆，过了大约两三分钟，深红色光芒突然消失，那个飞行物快速向西北方向飞走，消失了。"专家分析认为，如果真的有飞碟阻止了核爆炸，那它就是通过一种不为人类所知的方法减弱了浓缩铀当时极其不稳定的状态，从而阻止了核爆炸的发生。

1989年9月16日，第四核反应堆再次泄漏，携带着高放射性物质的水蒸气和尘埃随着浓烟升腾弥漫，遮天蔽日。不明飞行物再次出现在切尔诺贝利核电站上空几小时后，医生格斯皮娜作为目击者对记者说，琥珀色的飞行物在顶部和底部都有窗口，清晰可辨。1990年10月，《切尔诺贝利回声报》刊登了一位名叫那夫兰的摄影师在切尔诺贝利核电站的建筑里拍到的一幅照片，照片上除了巨大的机器还有第四反应堆所在建筑的屋顶上的一个巨大的洞。

目前欧洲科学家尚未对《真理报》的报道有任何评论。究竟是不是外星人阻止了核爆炸？外星人为什么要拯救人类？这些疑问依然悬在人们心中。

寻找外星人

世上真有外星人吗？对此，人们众说纷纭，并有各种各样的猜测。有人说外星人是一群海陆两栖的"海豚人"，他们生活在海洋面积广阔的星球上；有人说外星人是一群"章鱼人"，他们生活的星球没有陆地，完全被海洋覆盖；有人说外星人是一种由爬行动物演化而来的"蹲踞人"，他们身材短粗、骨骼强壮、心脏特大，全身长满了厚皮。

但想象毕竟是想象，是没有科学根据的。为了彻底揭开这个谜团，从20世纪70年代，世界各国的科学家开始了"寻找外星人"的探索研究工作。

科学家首先把寻访的目标对准了太阳系。很多科学家认为，生命是宇宙演化的自然产物，

□ 可怕的现象

只要有适当的条件，生命就会产生、繁衍。科学家分析：生命存在需要具备氧、氢、碳、氮等生命元素，还要有液态水、适宜的温度、必要的能源、一定的大气。宇宙中就具有这些条件，所以，我们有理由相信，宇宙中有生命存在。

在20世纪70年代，美国先后发射了"先驱者号"和"旅行者号"宇宙飞船。"先驱者号"宇宙飞船拍摄的土卫六的照片显示，土卫六呈现桃红色，表明它的大气中确实含有甲烷、乙炔、乙烷等。在红外线探测资料中得知它的云端可能含有跟生命有关的氢氰酸分子。由此推测土卫六上可能存在有机物。

"旅行者号"飞越木卫二上空时，探测出它的表面分布着许多纵横交叉的裂纹，长约上千千米，宽几十千米，深100米～200米。这些在冰壳上呈现褐色的裂缝，经光谱分析，表明可能是有机聚合物。

在太阳系里，火星上也很可能存在生命。但是火星的引力太小，表面引力只有地球的38%，不足以保持它表面的大气和水分。火星上的水蒸气含量比地球最干燥的沙漠地区还要干燥得多。火星表面非常寒冷，中午最高温度才22℃，最低有-93℃。地球上有磁场和辐射带，能挡住太阳高能粒子和紫外线的照射，火星上却没有。尽管这些条件都不利于生命的存在，但是人们并没有结束对火星上有没有生命的探索和争论。

根据目前的资料显示，"寻找外星人"的计划在太阳系中不可能实现，即使有生命，也是低级的。但是，大约有1500亿颗恒星存在于银河系里。同地球类似的行星肯定大量存在，所以，从整个宇宙的范畴来看，很可能不是地球上才有生命。如果能飞出太阳系，到别的恒星去寻找"外星人"的话，也许找到的几率会大一些。

1960年，美国开始通过倾听外星智慧生命发出的电波来寻找人类的同伴，这次行动被称为"奥兹玛计划"。美国康奈尔大学的天文学家弗兰克·德雷克用射电望远镜观测波江座和鲸鱼座，企图搜寻21厘米波长的氢原子辐射的电磁波，这种电磁波能在星际传播。

20世纪70年代，美国"先驱者10号"和"先驱者11号"在考察了土星、木星、天王星、海王星后，就直奔银河系。飞船上有一架特殊的电唱机和一套精心挑选的"唱片"。这些唱片记录了地球上各种有典型代表意义的信息，包括27种世界名曲、35种地球自然音响、大约60种语言的问候语，它被称为"地球之音"。为了让"地球之音"能在漫长的宇宙航行中得以完好保存，它被镀上了金，还在外面加了金属防护罩。据估计，它们可以在宇宙中保存10亿年。

一旦有一天，"外星人"真的收到了这些地球人的礼物，他们会有怎样的反应，将会给地球人类的命运带来怎样的影响，这些我们都无法预知。

第 4 篇
令人恐惧的奇异人体

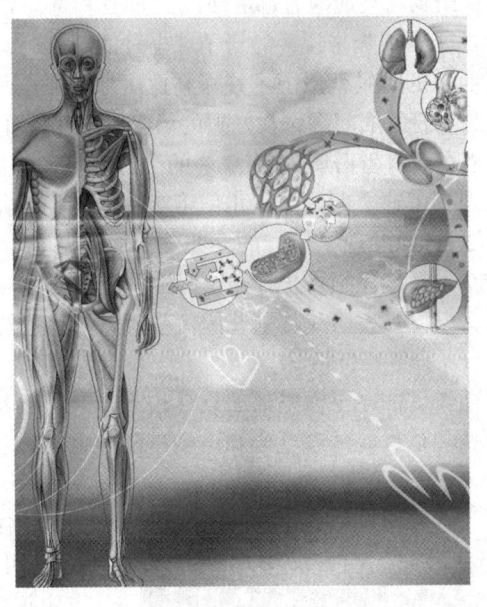

　　大千世界，芸芸众生，生命体呈现出各种各样的姿态。而对这种种异于常人的奇人逸事、非凡现象，不是三言两语就能解释清楚的，有些甚至目前根本就无法解释。对于这种情况，人们只能感叹生命的无比神奇。

□ 可怕的现象

一、不同寻常的婴儿

战胜流产的胎儿

诺勒·史密斯得了严重的妊娠高血压综合征,足以致命,医生告诉她如果不在胎儿26周大之前做流产她就会死。她不得已同意了结束妊娠,并用药物流产。大家都以为几个小时之后胎儿就会死去,万万没有想到的是,她的孩子娜塔莎竟然活了下来。这个小巧而健康的孩子只在妈妈的子宫里发育了22周,出生的时候仅有567克重,但她几个月之后就能出院了。在苏格兰奥本市的家中,诺勒高兴地抱着娜塔莎说:"她真神奇,简直是个医学奇迹。"

对诺勒和她爱人山迪·卡梅隆来说,经历了8个月的磨难后,结局既出乎意料又令人高兴。诺勒怀第1个孩子西恩的时候就患上了妊娠高血压综合征,西恩早产了5周。妊娠高血压综合征会引起孕妇肝脏和肾脏的问题,在妊娠的后半段出现高血压(血压偏高)、水肿(组织积水)和蛋白尿(尿液中含有蛋白质)。有7%的孕妇患此病,而第1次怀孕的人最容易患病。诺勒第1胎的时候遇到了这个问题,她相信第2胎不会再得病了。但是,怀上娜塔莎之后,在2003年的12月26日她发现了流产的先兆。2004年2月,医生告诉诺勒她怀的孩子患脊柱裂的概率将是85%,并建议她终止妊娠,但她决定继续怀孕。诺勒说:"妊娠高血压综合征是4月4日发现的,但检查表明我从刚开始怀孕就患病了,与流产的先兆和胎儿患脊柱裂相比,还是妊娠高血压综合征更可怕。"

妊娠高血压综合征使娜塔莎在子宫里缺乏氧气和营养,也让诺勒自身的健康处于危险境地。4月26日,格拉斯哥皇后医院的医生告知诺勒,孩子生下来之后要么是死婴,要么只能存活几个小时。由于诺勒健康情况恶化,她住进了重症监护室。

"我可以正常地生下娜塔莎,但是医生说那样的话她活不下来。别的选择只有剖腹产,可是那样会毁了子宫,让我再也不能生育,而且还会使我的孩子夭折。4月27日的一项检查之后,我不知所措。我的肝脏和肾脏极度危险,医生说我必须终止怀孕。我处在生死之间,但是特别想要这个孩子,所以犹豫不决。"

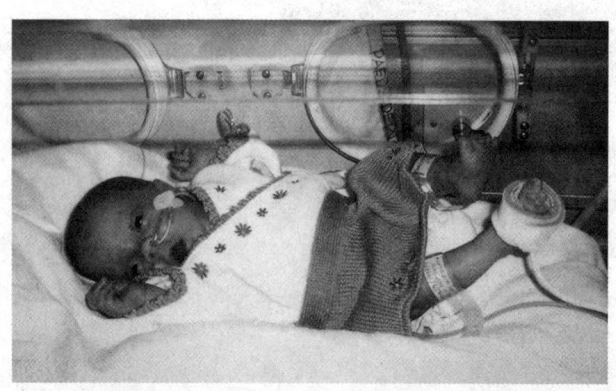

娜塔莎·史密斯在子宫里只发育了22周,她刚出生的时候非常小,祖父的结婚戒指可以松松地套在她胳膊上。

那时诺勒被说服了，但是发现病情没有恶化之后她又有了更大的信心。尽管一再被告知孩子不可能存活，诺勒还是不相信，因为她的腹部深处感觉到孩子在动。"从第22周开始，所有的检查都显示她变小了，"诺勒说，"但我不相信将失去她。"

诺勒感到宫缩的时候正和丈夫山迪以及母亲在一起。母亲立刻去找助产士，助产士到的时候娜塔莎已降生到桌子上，被一层完好的薄膜包裹着。这个生命的"气球"包裹着胎胞和胎盘，是它保住了婴儿的命。助产士看到娜塔莎活着，立即把她送去进行特殊护理。儿科医生们把婴儿从薄膜中取出来，并给她通上氧气。

娜塔莎身长只有15.2厘米，非常弱小，她祖父的结婚戒指套在她胳膊上都还绰绰有余。她只发育了22周，早产14周。医生把保育器中的娜塔莎放在诺勒的床边的时候，再次提醒她说，孩子很可能夭折。

诺勒回忆说："在保育器中我只看到那双又大又漂亮的眼睛。医生给了我一些她的照片，告诉我们她只能活几个小时。但是后来几小时延长到了几天，又到了几星期。我们得知她发育得不好，因为低氧，大脑也受到了损伤，但是她没有任何缺陷。她出生得很顺利，虽然长得小，但她是个健全的孩子，长着睫毛、指甲和头发。她睁开了眼睛，会哭，也能自己呼吸。"

8个月大的时候，娜塔莎健康地长到了3.889千克。尽管她还穿着极小的婴儿服，但医生说她发育得很好。她能吃固体食物，而且会做的事情比同龄的孩子还多。诺勒说："她令人惊奇，总是哈哈大笑或者微笑，还喜欢发出各种声音。她去格拉斯哥做常规检查的时候，他们给她吹泡泡，她不仅看着，而且会伸手去抓，把泡泡弄破。医生给娜塔莎听嘎嘎响的东西来测试她的听觉，但我们都知道，她的听觉没有问题。"

顾问医师詹尼斯·吉伯森说："娜塔莎给我们带来了惊喜。她那么小，我们都没想到她能活下来。但是她在子宫里的紧张，意味着她已经为出生做好了防御准备。她真是个奇迹。"

发育22周的婴儿存活下来，这自然引发了关于流产的争论——现在英国制定的流产时间限制是怀孕24周以内。有人发出呼吁要求进一步限制流产时间，而诺勒说："我其实并不赞同流产。从医学上讲也许人们是有理由这样做的，但从怀孕的第1天开始，就应该把它看做孩子。娜塔莎使我们意识到，怀孕那么久还允许流产是多么错误的事。"她的丈夫山迪·卡梅隆接着说："医生说她们两个人至少有一个将发生不幸，而那肯定会是娜塔莎。谢天谢地她们都活下来了，我真的无法接受同时失去她们俩。"

最意外的分娩

在陷入昏睡之前，乔安妮·罗伯茨记得的最后一件事是失明。当她从昏睡中醒来，却发现自己已经是一个男婴的妈妈了，而她此前连自己怀孕了都不知道。更奇特的是，早在十几岁的时候乔安妮遇到过一场车祸，那时她就被确定不能怀孕了。

乔安妮身体不适已经有一段时间了。她开始说嗓子痛，以为得了扁桃体炎，但是后来发作了，病倒在马其赛特郡圣海伦斯的家中。她被送进威斯顿医院，医生给她注射了止痛药，为了避免病情恶化，还用冬眠疗法使她进入昏睡状态。医生对她进行全面检查时发现她怀孕了，而且患有妊娠高血压综合征，有生命危险。她被送上手术台，接受了紧急的剖腹产。路加出生的时候没有心跳，医生帮他恢复心跳之前的几分钟，从医学上来讲，他处于死亡状态。路加早产了2个月，体重只有1.871千克，必须进行特殊护理。

过了一段时间，乔安妮醒了过来，当医生把一个小婴儿放入她的怀抱时，她迷惑不已。

后来她说："有人推了推我的腿，把孩子递给我。直到从昏迷中醒来，我也不知道自己有了身孕还生了孩子。除了脚踝有些肿胀，我没觉察到任何迹象。因为知道自己不会怀孕，所以我根本没有生孩子的念头，做梦也没想过怀孕会成为现实。"

路加生于 2004 年 7 月，生日比乔安妮早一天，直到 9 月份，家人才对他惊人的诞生适应过来。

乔安妮的妈妈说："我们得知她有生命危险，十分担心。送她入院之后医生就让我们在一个小房间里等着。他们在给她做手术，而我的确想到了最坏的结果。过了一阵，护士出来告诉我们说，乔安妮的病正在发作，他们也没办法阻止，还说她可能中风或丧命。我们能做的只有为乔安妮祈祷。后来，她在特殊护理下醒过来，说她父亲一定担心死了，我就知道她的大脑没有受伤，她没事了。乔安妮和路加都非常幸运。我们万分感激医院所做的一切。"

乔安妮把路加称作她的"小奇迹"，对轮流照顾她并支持她的朋友和家人非常感激。"显然我们家里还没准备好婴儿穿的衣服，可是大家给路加带来了很多衣服和其他我没想到的必需品。毕竟，我没有 9 个月的时间像其他妈妈那样为小孩做准备。"

载入医学史册的七胞胎

1997 年 11 月 19 日，麦考伊太太在美国艾奥瓦州的迪斯莫尼斯成功产下世界首例活体七胞胎，她早产了 9 个星期。她服用促孕药之后怀上了七胞胎，经过 6 分钟的剖腹产，7 个孩子顺利出生，而且其健康情况令医生惊讶。刚为麦考伊太太做完手术的波拉·马洪医生说："每个孩子都发育得非常好，我觉得这是个奇迹。"

艾奥瓦州卡莱尔市的鲍比·麦考伊在药物的作用下怀上了七胞胎。此前，她和丈夫肯尼在生育方面遇到了困难，所以她吃了医生开的促孕药，并于 1995 年生下了第 1 个孩子米凯拉。后来她怀上了七胞胎，刚听到这个消息的时候，她承认感到"非常恐惧"。医生说可以通过流产减少胎儿的数量，好给其他的胎儿让出空间来生长，但是从圣经学院毕业的麦考伊拒绝了这种办法。她说："任何一个孩子都是上帝赐予的礼物，不论一次来 1 个还是一次来 7 个。"

夫妇俩说，是对基督教的信仰支撑他们度过了怀孕的艰难时期。曾有 1 周的时间，医生只能听到 6 个胎儿的心跳；还有一次，一个胎儿没有足够的羊水，而羊水可以避免由内脏压力和母体运动造成的伤害。值得庆幸的是，两次危机都顺利地度过了。

1997 年 10 月，麦考伊被艾奥瓦州教会医疗中心接纳，这样医生就能一直关注胎儿的情况，同时保证她得到充足的休息和营养。超声波检查表明，胎儿在子宫里面呈金字塔形排列，因为靠近子宫颈的胎儿托着其他 6 个，所以外号海克力斯，又被称为"A 宝宝"。

在怀孕 31 周的时候麦考伊就决定分娩，这比正常的 40 周的孕期短。虽然多胞胎一般不能足月出生，但是医生考虑到早产儿很容易出现呼吸问题和进食并发症，所以建议她尽可能延长孕期。她的腰围达到了 140 厘米，她无法再坚持下去了，急切地想让孩子出生。她曾经对丈夫说："肯尼，再多一天我也撑不住了。"所以当她在 11 月 18 日晚上开始宫缩的时候，医生决定第 2 天就让她分娩。

在她怀孕期间，中心的医疗人员严阵以待，开了无数次会议，探讨分娩的方式并预测产后的并发症。这是可以理解的：美国上一例七胞胎诞生在加利福尼亚的一个家庭，1 个胎儿死产，还有 3 个后来夭折；1997 年 1 月，在墨西哥也有一例七胞胎降生，1 个死产，其他 6 个夭折。

麦考伊的手术经过了精心组织，40 位专家参与其中，操刀的是马洪医生和卡伦·德拉克医生。12 点 48 分，A 宝宝第 1 个出生。家人早就给每个孩子取好了名字，肯尼手拿名单等待着宣布孩子的降生，因为他希望每个宝宝在生命中听到的第1个声音是父亲念出来的名字。所以，第1个孩子一出生，肯尼就向全屋的人宣布"肯尼斯·罗伯特"。马洪医生每取出一个孩子，德拉克医生就切断脐带，小婴儿立即被送出产房，在第2个手术室里连接上辅助呼吸的管子。

尽管第1个孩子看起来很健康，但是医生来不及歇息，手术刻不容缓。马洪医生说："第1个孩子出生后我们必须快速行动，因为一旦切断了通向子宫的血，就可能切断了给其他孩子的供血。"此时，麦考伊非常担心，因为前2个孩子出生的时候都没有声音，她害怕出现最坏的结果。第3个孩子娜特莉·苏出生的时候哭了，这让她长出了一口气。"至少我知道，有一个孩子是没问题的，"她详细讲述着当时的经历，"实际上我比她哭得还多！"

7个孩子中有4个男孩，3个女孩，他们在短短6分钟内全部出生。最后出生的约耳·史蒂芬由于内出血而情况危急。但是医生给他输血之后，他就好多了。马洪医生对记者说："手术后看到孩子们长得又大又健康，我们太高兴了。"

肯尼斯·罗伯特最重，体重1.871千克；阿历克斯·梅，1.219千克；娜特莉·苏，1.191千克；凯尔茜·安，1.49千克；布兰登·詹姆斯，1.446千克；内森·罗伊，1.304千克；约耳·史蒂芬，1.332千克。

全美国都在关注这件事。有人答应给麦考伊夫妇提供3万片免费尿布和够1年用的日用品；肯尼的老板在当地经营一家雪佛兰车行，说会捐赠一辆新货车；他们的邻居保证在卡莱尔市帮麦考伊家盖一栋新房子；孩子们回家之后还有很多志愿者提供全天候的服务。

尽管麦考伊一家被载入了医学史册，但他们面对的并非坦途。阿历克斯和内森两个孩子的大脑皮质出现麻痹，导致行走困难。内森不拄拐杖只能走12.19米，2004年，医生给他的脊柱进行手术，希望能获得一定程度的行走能力。麦考伊七胞胎不可避免地引发了对受孕疗法的道德标准的争论，尤其是它可能造成多胞胎的后果。卡尔·威尔纳是马里兰医科大学胎儿高级护理中心的主任，他告诫道："一胎多子并非促孕药的目的。不论父母们是否出于道德观念而反对选择性流产，我们都应该想办法避免多胞胎。"

震惊医生的奇异三胞胎

大约百分之一的胎儿会出现异位现象，即胚胎在子宫外面发育，不过经常是在输卵管里面。异位怀孕中，胚胎会从输卵管中脱出，这常常会导致流产和大量内出血，给产妇带来生命危险。由于存在这种危险性，医生一旦确认异位怀孕就会建议流产——实际上胎儿往往已经死了。但是在极偶然的情况下，就像纳塞斯·奎塔的孩子那样，异位怀孕的结果也会和医学教科书相矛盾。简·恩格伦和她的孩子罗南就是一例。

32岁的恩格伦太太住在英国萨福克郡的爱尔姆斯维尔地区，她没有服用过促孕药，却发现已经怀上三胞胎18周了。10周后，检查结果显示其中一个胚胎在子宫外面的输卵管中发育，所以医生以为这等同于普通的双胞胎。后来，他们却发现第3个胚胎已经附着在子宫上，并在恩格伦太太的腹腔里利用供血系统形成了自己的"子宫"。

对这个异常的情况，伦敦国王学院医院的医疗组面临着严峻的考验：要保证母子平安、健康。1999年9月，3个孩子提前11个星期降生，负责接生的是由23个人组成的强大的医疗组，包括3名外科医生，3名麻醉师，3名儿科专家，3名助产士和11名手术助手。医生们进入手术室，开始了称为"军事行动"的复杂手术。他们通过剖腹产从子宫里取出两个女婴后，必须决定如何将第3个孩子取出来。那是个男孩，在母亲肚子里处于不正常的位置。由于他所在的位置，直接剖腹产是不可能的，所以医生将恩格伦太太的肠子移到一边，腾出

□ 可怕的现象

地方接近胎儿，切开了在他周围生长的囊膜。

3个孩子不仅安全地出生了，体重也很理想——奥莉维亚1.191千克，玛丽1.021千克，罗南1.446千克，这在仅发育了29周的三胞胎中属于正常的情况。医生直接将他们送去特殊护理，放进保育器，并用咖啡因刺激他们呼吸。因为罗南（第3个孩子）的发育方式与众不同，医生曾担心情况特殊的他会遇到呼吸困难，但他的肺却是3个孩子中最有力的。

儿科顾问医师珍妮特·兰妮说："我担心罗南由于他所在的位置而受到重压，而且因为没有子宫提供空间和营养环境，他的呼吸可能出现问题。但是我高兴地发现，原来担心的事情没有发生，他比两个姐姐都健康。他比她们更早做到自然呼吸，这也许是因为他的肺不得不发育，并经受了必要的锻炼。"

戴福·朱可维克是为三胞胎接生的妇产科顾问医师，他估计这种情况下胎儿存活的概率是6000万分之一，所以他说三胞胎和他们的母亲能活下来是个奇迹。

戴福医生对恩格伦太太大加赞赏，说她的勇敢对成功分娩起到很大的作用。他对BBC的记者这样说道："这件事真是不可思议。在这种情况下，病人的态度很重要，而她总是那么积极。她完全了解手术的危险性，但是一直能微笑面对，即使是在麻醉前的最后1分钟。分娩之前，她对我说，'我信任你'。"

世界上在子宫外面发育的胎儿中，只有不到100例成活，但是在同时有另两个胎儿正常发育的情况下，还没有一个异位发育的胎儿活下来。因此，罗南·恩格伦被载入了医学史册。

不能吞咽的婴儿

2001年8月末，爱伯尼·马丁生于苏格兰利文斯顿镇的圣约翰医院，早产了3个星期，体重2.238千克。她出生20分钟后就停止了呼吸，在母亲的怀抱里皮肤开始变成青色。医疗组急忙对婴儿进行了一系列的检查，终于找到她停止呼吸的原因。因为她有先天性的食管畸形，即食管没有连接好。爱伯尼的食管不是从嗓子一直通向胃，而是上半部分在颈部终止，下半部分将气管和胃连在一起。所以，她不能吞咽东西，而且空气能通到胃里面。如果不做手术，她会饿死。这是一种相对少见的缺陷，平均5000个新生儿中才会出现1例，一般只有常规的手术才能治好。然而，那样伤口很大，会留下大面积的瘢痕。爱伯尼转院到专为病童开办的爱丁堡皇家医院。那里的儿科顾问医师戈登·麦金雷为了缩小瘢痕并加速复原的过程，决定在小患者喉部实施先进的锁孔手术。

这种能够挽救生命的手术在英国尚无先例，而且仅出生两天的爱伯尼是世界上做这种手术年纪最小的患者。在锁孔手术中，需要把3根直径只有5毫米的细管子插入人体。一根管子载着微型摄像机，另两根管子装着只有针那么大的微缩外科手术仪器。摄像机把爱伯尼胸腔里的影像传送到手术台的屏幕上，麦金雷医生一边看着屏幕上自己的动作，一边操纵仪器。他把食管从气管上断开，再用细密的针脚缝回到食管上半部。普通的手术要打开胸腔必须做出很长的切口，但这个手术只留下了3个直径5毫米的小洞有待愈合。

麦金雷医生回忆道："如果说成人的胸部像鞋盒子一样大，那么在这么小的孩子身上做锁孔手术就像在火柴盒里操作。我们使用像缝纫针一样的狭长装置，让它穿过细管子到达胸腔内部。在里面缝合食管的难度极大，因为活动空间太小了，而且心脏和肺就在旁边。我们使用的是普通的针和缝合材料，但手术空间极小，针不容易回转，把针从一个装置移动到另一个装置也很困难。那是最艰难的一刻，要保证缝合十分精准，手术结束后我们才发现肩膀紧张得酸痛。"

手术5天之后，X射线检查结果显示孩子的食管愈合得很好，爱伯尼已经能喝奶了。术后两周，食管完全愈合，她可以出院了。

爱伯尼继续好转，据她母亲阿拉娜说，她的胃口没有任何问题。幸亏有先进的手术技术，她才有机会获得新生。

成功怀孕并分娩的癌症患者

比利时的一名癌症患者由于接受化学疗法导致不育，然而在7年后的2004年，她成为历史上第1个进行自体卵巢移植之后成功分娩的女人。布鲁塞尔的医生说，通过从母亲自体卵巢组织再移植，塔玛拉·图尔拉特才得以出生。这给那些接受了癌症治疗而担心不能生育的女人带来了新的希望。

由于在治疗癌症过程中使用的药物副作用较大，接受化学治疗的女人往往会失去生育能力。即使是年轻女性，不育的比例也在50%以上。与此相比，放射线疗法对卵巢的影响更大，能直接导致不育。几年来医学工作者们一直在探索，想让因此而绝育的癌症患者能够怀孕。美国和欧洲的医疗机构将卵巢组织冷冻起来，目的是将它们再移植回生育能力受到影响的女患者身上。她们可以恢复正常的卵巢功能和月经，但是没有人怀孕，直到这名比利时患者的出现。

1997年，25岁的欧雅达·图尔拉特因为长了霍吉金氏淋巴瘤而接受治疗。在化疗之前，医生从她左侧的卵巢中取出一层1毫米厚的组织，切成几块，放在-200℃的液氮中冷冻保存。

接受癌症治疗后她停止了排卵，但是2003年4月，她刚刚痊愈就把卵巢组织植回体内，放入右侧卵巢底部。4个月之后，她开始了正常的月经和排卵。

卵子可以从体内取出，用于体外受精。这种方法是通过外科手术将卵子从卵巢中取出，在实验室里进行受精，再把生成的胚胎植回她的子宫，发育成胎儿。

但是为了让图尔拉特自然怀孕，医生们采用了将卵巢组织放在输卵管端部的方法，而不是体外受精。自然怀孕后，她于2004年9月在布鲁塞尔的科里尼克医院成功产下了3.714千克的塔玛拉。

图尔拉特做梦也没想到自己能当母亲。1997年，她刚结婚1年就发现自己罹患癌症。就算能死里逃生，化学治疗也可能让她提前闭经，无法生育，她生孩子的愿望由此破灭了。所以，当她得知有这种新技术的时候，尽管只是有可能使她自然怀孕而且尚无成功的先例，但她还是不肯放过这一机会。癌症痊愈之后，医生发现她已经闭经了，所以将卵巢组织放在尚未完全失去功能的卵巢的底部。

鲁汶天主教大学的杰奎斯·唐奈兹教授开创了这种新疗法，他预言这一成功的病例会为面临卵巢提前衰竭的年轻癌症患者打开希望之门。对许多身患癌症的女性来说，不能生育和得了癌症一样痛苦。每年都有2000多名只有十几岁的女性被诊断出癌症。"这给所有必须接受化学治疗的癌症女病患带来了极大的希望，"唐奈兹教授说，"这种技术一定要普及。冷冻卵巢组织其实是非常容易的，但必须按部就班，耐心等待。而且这种方法比体外受精便宜得多。每个接受化学治疗的癌症女患者都应该有权选择是否要保留生育能力，而这个技术就是一种途径。凭借医学的进步，越来越多的女性战胜了癌症。"

比利时的研究人员在《柳叶刀》杂志上说，所有迹象都说明：图尔拉特夫人的卵泡来自移植的组织，并在怀孕之前的月经周期中发育成卵子。检查结果也证明，卵泡的确是在

□ 可怕的现象

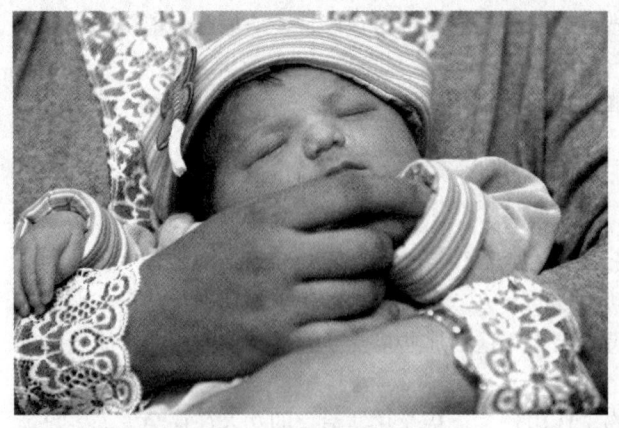

母亲进行卵巢移植组织之后，塔玛拉·图尔拉特出生了。这给担心经过癌症治疗后无法生育的女性带来新的希望。

移植的地方发育的，但是在月经周期中，卵巢里缺少可以帮助形成妊娠的条件。

孩子出生的消息引起了广泛的关注，然而某些科学家对这一病例提出质疑，指出卵巢功能由自身恢复并不罕见，所以这次怀孕不一定是移植的结果。纽约康奈尔大学的库特鲁克·奥柯泰博士从一块卵巢植皮上培育出了胚胎，他认为图尔拉特夫人在进行移植之前的两年中已经有3次排卵，说明她的卵巢并没有完全失去功能。像她这种年龄的女性接受癌症治疗之后，不孕的危险性只有12%～47%。他说："我持谨慎的乐观态度，但是在我百分之百确信之前，这个研究的某些地方还需要进一步的解释。我们认为这种疗法从理论上讲肯定会成功，它也很有可能起到了作用，但是还需要更多的证据来证明图尔拉特夫人怀孕是它的功劳。"

后来，唐奈兹教授宣布第2例卵巢组织移植成功，这使图尔拉特的病例更说明问题。这个患者28岁，得了镰状细胞血症，在放射线治疗之前于1999年取出了部分卵巢组织。后来她把组织植回失去功能的卵巢，5个月之后即2005年1月，她怀孕了。

欧雅达·图尔拉特并不十分关心怀孕的具体细节。"我非常、非常高兴，"她慈爱地注视着小婴儿塔玛拉，露出微笑，"我一直想要个宝宝。"

尽管这方面的研究迄今为止仅关注于癌症患者，但其他希望延长生殖期的女性也可以利用这个技术。女性生来就可以产生卵子，一生大约排出100万个，而绝经之后就丧失了排卵能力，怀孕的可能性极小。医生们可以利用这项新技术取出她们的卵巢组织，冷冻，保存，等她们绝经的时候把保存下来的组织植回体内，给予她们再次做母亲的机会。然而，以此为目的冷冻卵巢组织的行为引起了激烈的争论，一部分原因是有的人说这样做不道德（认为它违反了自然规律），还有一部分原因是健康的女性应该慎重考虑是否希望将一个卵巢作废。每一种开刀手术都存在风险，因此，即便几年之后手术推广了，也不能轻易决定把卵巢组织取出来冷冻，留做以后之用。

66岁的产妇

2005年1月，在罗马尼亚首都布加勒斯特，阿德里亚娜·爱丽斯库刚刚生下一个女婴后说："我感觉自己就像一个普通的女人，任何一个生过孩子的女人。"然而，阿德里亚娜·爱丽斯库和任何母亲都不一样——她生孩子的时候已经66岁了，是世界上年龄最大的母亲。这次分娩是借用捐献的卵子和精子通过体外受精实现的，这引起了全球范围的争议。一些人视她为不放弃生育希望的杰出例子；而另一些人认为这是自私的行为，在道德上无法接受。

阿德里亚娜是退休的大学教授兼儿童文学作家，一直想有个自己的孩子。她20岁结婚，但是当时的生活条件不好，她觉得不是生孩子的时候。4年后她和丈夫分居，并开始从事理论研究工作。她说："我有做母亲的天性。自打还是个小女孩的时候，我就梦想有自己的孩子。我一直打算等生活好了就生孩子。"但是她明确地决定生孩子之后，想要自然怀孕却为时已晚。1995年，她听说体外受精技术取得成功。同年，阿德里亚娜就赶到意大利做检查，但因为耗尽旅费而不得不回到罗马尼亚。回家之后，她联系到当时实施了罗马尼亚第1例体外受精的艾恩·蒙泰努教授。推迟了绝经期之后，她接受了生育治疗，并在2001年首次怀孕。然而，4个月之后，胎儿夭折了。

到了她这样的年龄，多数女性已经当上了祖母，但阿德里亚娜对此并不气馁，她用积蓄进行了9年的怀孕治疗。在她的恳求下，帕内特瑟布妇产病房的院长波格坦·马里内斯库用匿名捐献者提供的卵子和精子培育成3个胚胎，植入她的子宫。但是10个星期之后，其中一个胚胎停止了发育，阿德里亚娜只剩下一对双胞胎女孩了。在怀孕第33周的时候，双胞胎中又有一个遭遇了同样的厄运，医生不得不将手术计划提前。2005年1月16日，阿德里亚娜·爱丽斯库在布加勒斯特的久莱斯蒂妇产医院通过剖腹产下了一名女婴——伊莱莎·玛利亚，婴儿体重1.446千克，比40个星期的正常妊娠时间提前了6个星期出生。新任母亲以66岁的高龄超过了一个印度女人65岁生孩子的纪录，那个妇女叫赛亚巴玛·马哈帕特拉，由她26岁的侄女提供卵子，侄女的丈夫提供精子，受精后她于2003年生下一名男婴。

一石击起千层浪，人们由此对超过生育年龄的女人生孩子的道德标准展开了激烈的争论。有人称这件事是"恐怖的"、"骇人听闻的"、"怪异的"，是"最自私的行为"，指出孩子18岁的时候爱丽斯库太太已经84岁了。女性机会平等基金会也表示担忧，警告说因为自己的母亲和其他孩子的母亲不一样，小女孩在以后的岁月中可能感到失望，也可能会因为母亲的年龄而痛苦、烦恼。

阿德里亚娜没有料到会出现这么强烈的反对。"我想有个传统的家庭，"她说，"我认为一个女人不论通过什么方法都必须建立家庭。用科学的方法去做既简单又道德。我觉得自己的做法比通过与别人好而得到孩子更有道德。这样我可以告诉伊莱莎，我是用体外受精怀上她的，这比给她讲一些糟糕的故事来得更简单，比如被有家室的情人抛弃之类的。这样做符合现代精神——女人可以用另一种方式做事。"她对将来持乐观态度，还说她家有长寿史。

马里内斯库医生支持她的这种做法，说他深深感受到阿德里亚娜对上帝的信仰和对生孩子的决心。他还说，尽管她的年纪已经很大了，但身体状况良好，足以承担怀孕的重任。内科医生们却没那么肯定，他们说，不论从医学上还是道德上讲，这样做都是很危险的，不仅对产妇的身体产生威胁，也对本应由双亲抚养的孩子不利。罗马尼亚的卫生部长强调了这一做法的难度，而且不鼓励对高龄的绝经妇女进行人工授精。尽管伊莱莎出生的时候罗马尼亚没有规定人工授精的最大年龄，但是有一个禁止对绝经妇女实行人工授精的法律正在等待通过国会的批准。

然而，出现的并不全是反对的声音。一些女权主义团体为她的行为拍手叫好，街头巷尾的女人们也想和她接触，因为她们觉得她显然备受上帝的眷顾。阿德里亚娜宣称："我感觉自己改变了一些东西，年轻的女性朋友会认为我是勇敢的。无论如何，有一件事是确定的：每个人的一生中都有一项使命，而我的使命也许就是这个。这就是为什么我证明了如果女人想生孩子就一定会成功。"

5岁生子的女孩

5岁的小女孩莉娜·麦迪纳腹部出现了巨大的肿块，父母怀疑她长了肿瘤。她家住在秘鲁安第斯山上一个偏远的小村庄里，当地人迷信地认为，她体内有条蛇，蛇长大了会把她杀死。可是巫师们对她的病无计可施，父亲只好带她去了附近皮斯科镇的医院。那里的医生宣

□ 可怕的现象

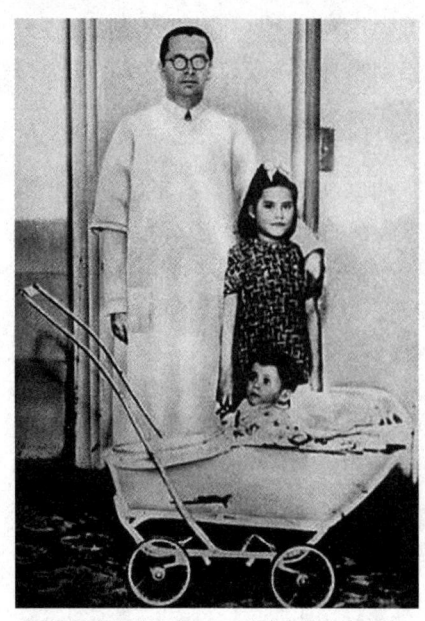

世界上最年轻的母亲——5岁的莉娜·麦迪纳，摄于1940年。站在她后面的是吉拉德·罗札达医生。坐在婴儿车里的是她的儿子，为了感谢医生，她给孩子取名叫吉拉德。

布了一个惊人的消息：莉娜腹部隆起是因为她怀孕了。她转院到利马的一家医院，一个多月之后，在1939年5月14日——那一年的母亲节，莉娜通过剖腹产顺利分娩了。她以5岁7个月零21天的年龄，成为世界医学史上最年轻的母亲，这一令人惊异的纪录保持至今。

她的儿子出生时体重2.665千克，为了感谢实施剖腹产的医生吉拉德·罗札达，男婴取名叫吉拉德。婴儿很健康，几天之后母子俩就出院了。专家无法确定吉拉德的父亲究竟是谁，因为年幼的母亲给不出准确的答案。而小男孩从小一直以为莉娜是他姐姐，他10岁的时候受到同学的嘲笑才发现，"姐姐"竟然是他的生母。

罗札达是皮斯科医院的内科主治医师，1939年4月初，莉娜的父母怀疑女儿长了肿瘤，所以送女儿去他那里看病。罗札达查看了莉娜的病历，发现她两岁半就出现了月经初潮，4岁的时候发育出乳房和阴毛。这种情况是典型的青春期提前。女孩的青春期应该在8～13岁之间，男孩是9～14岁，一些研究表明，高加索女孩的青春期可能提前到7岁，黑人女孩可能提前到6岁。但是一般认为，女孩在8岁之前发育乳房、腋毛或阴毛，或者来月经就属于青春期提前。导致这种病症的原因还不完全确定，但普遍认为这是基因造成的，对女孩来说，体脂增加也可能是一部分原因。

罗札达医生对莉娜做了进一步的检查，发现了胎儿的心跳，X射线的结果也证实她怀孕了。剖腹产的时候，医生从莉娜的卵巢中取出一块组织，对组织的解剖结果表明，她的卵巢已经完全成熟了。当时秘鲁著名的内科医生爱德蒙多·埃斯克默认为，小女孩的早熟不仅是由卵巢引起的，一定也和脑垂体分泌的荷尔蒙异常紊乱有关系。

莉娜分娩所在医院的院长称这件事"令人惊异"。消息传到美国，一名芝加哥的医生回想起另一个女孩青春期提前的例子，那个俄罗斯女孩在6岁半的时候就生了孩子，她的身体当时发育到10岁或12岁的程度。莉娜奇特的经历被诸如美国妇产科医师大学这样的机构确认是真实的。世界性的展览会在纽约举行，她的家人为了收取1000美金同意让她和婴儿参展。她家生活在秘鲁最贫困的省份，还有其他8个孩子要养，所以这笔钱对他们来说很诱人。

但是秘鲁政府介入此事，声称莉娜和她的孩子"有伤风化"。政府向他们保证会提供经济援助，却从未兑现过，因此莉娜陷入窘迫与贫困之中。妇产科医生约瑟·桑多瓦尔对莉娜做了研究，据他所说，她是个心理正常的孩子，没有任何异常的迹象。她宁可玩布娃娃也不愿意搭理自己的儿子，这对于5岁的小孩子来讲毫不奇怪。

莉娜于1972年结婚，并在首次分娩之后的第33年生下第2个儿子。1979年，40岁的吉拉德死于骨髓疾病，但他的死和他母亲的年龄没有明显的关系。莉娜和丈夫现在住在利马一个称作"小墨西哥"的贫民区，她在那里保持低调，拒绝谈及往事。桑多瓦尔新近出版的书再次激起了人们对这件奇闻的兴趣，同时引起秘鲁政府对此事的关注。莉娜的丈夫罗尔·朱拉多说妻子一直心情沉重，"据我所知，在1939年莉娜非常无助，政府从来没有伸出过援助之手"。

在肝脏里发育的孩子

20岁的纳塞斯·奎塔曾正常地产下第1胎,她根本没想到第2胎会出现异常。怀孕几个月之后,她在南非开普镇的诊所里接受了检查,结果是一切正常。但是2003年5月,她由于高血压被送到索美塞得医院,检查的结果令全院震惊:离预产期只有1周了,纳塞斯的子宫居然还是空的——胎儿是在母亲的肝脏里发育的。全世界的报纸都争相报道这条新闻。

16岁的实习生琳塞·贝可那天晚上在索美塞得医院的产房当班。"她看起来是个正常的孕妇。"琳塞回忆道。胎儿已经发育了39周,其头部在骨盆里应该很容易发现,但是检查的时候,琳塞却找不到胎儿的头部。腹腔中,胎儿的臀部位置偏高。她迷惑不已,报告了医生。医生给孕妇做了超声波扫描,也更加疑惑。他没有发现胎儿的头部,而且子宫是空的。

纳塞斯转院到格鲁特·舒尔医院,在那里的检查结果证实她属于宫外孕,而且胎盘位于腹腔上部。妇产科医师布鲁斯·霍华德是妇科癌症专家,并擅长实施高难度的外科手术,这种情况比较少见,他寄希望于用手术来解决。然而,手术遇到了麻烦。

在进行剖腹产手术的时候,他发现了更大的谜团:纳塞斯所有的器官位置正常(包括空空的子宫),但就是不见胎儿。30名医生和实习生聚集在病人周围,想看个究竟。霍华德医生找到的不是胎儿,而是"巨大的、扩大了的"肝脏和胎盘。

在正常情况下,卵子受精之后应该通过输卵管到达子宫,并在子宫内发育,但是有时候胚胎停留在输卵管中,形成典型的异位怀孕。胚胎还可能游移到输卵管外面,随机在腹腔中的某处发育,这种情况发生的概率约为10万分之一。纳塞斯就属于这种罕见的情况,胚胎固定在血液丰富的肝脏表面,然后长到肝脏内部,把母体的肝脏细胞挤到边上。尽管胎盘可以保护其中的胎儿,但保护作用还是没有子宫那样强大。所以,胎儿在腹腔中的危险性较高,幸存下来的机会很小。

霍华德医生发现纳塞斯的孩子长在肝脏里后,叫来了肝脏外科教授杰克·克里奇。纳塞斯的肝脏有橄榄球那样大,上面血管丰富,极易出血,所以手术起来相当危险。胎盘包裹在羊膜囊里面,连着肝脏。如果直接摘掉胎盘会导致大出血,所以克里奇教授只能靠手术的临场发挥找到拿出胎儿的方法。凑巧的是,他和霍华德医生在肝脏基部发现了一个直径5厘米的"缺口",在这个狭小的区域胎盘和羊膜囊没有连在一起。这是唯一的突破口。切入之后,孩子的脚先出来了。克里奇教授说:"这真是不同寻常,婴儿是从肝脏后面生出来的。"

孩子的左脚先出来,然后是右脚、躯干、胳膊,最后是头。但还有很多工作要做。婴儿受到了损伤,需要让他苏醒;胎盘也开始流血了,所幸专家能够止住血。下面的问题就是该如何处理胎盘和羊膜囊。最后医生决定把它们留在肝脏上不作处理,因为切除它们会给产妇带来太大的危险,一两个月之后它们就会被人体吸收掉。

婴儿纳拉拉(祖鲁语中"幸运"的意思)体重正常,3.91千克,尽管出生后必须依靠吸氧,但是两天之后她就能自己呼吸了。此前只有14例在母亲肝脏里发育的婴儿,但是由于流血的并发症,只有包括纳拉拉在内的4个孩子成活。正如克里奇教授所说:"她确实是个神奇的孩子。"

霍华德医生指出了发生这件事的部分原因:"如果纳塞斯从一开始就像发达国家的孕妇那样接受超声波检查,就会选择流产。然而,现在却是母子平安。"

二、难以置信的奇人逸事

"起死回生"的人

1984年6月,在美国阿肯色州,19岁的特里·沃利斯和两个朋友驾驶着一辆敞篷小货车行驶在偏僻的山路上,忽然车子失去控制,跌落在7.6米下干涸的河床上。开车的朋友当场死亡,另一个毫发未损,而特里受了重伤。他第2天才获救,但医生告诉他母亲安吉丽,鉴于脑干的受伤程度,她的儿子也许活不了几小时了。他从颈部以下都无法动弹,四肢瘫痪,处于昏迷之中。几星期、几个月、几年过去了,他仍旧毫无生气。尽管他的父母每隔一周就从疗养院接他回家一次,并一直同他讲话,但他们也不知道他是否能听懂。19年中,除了偶然地咕哝几声和眨眨眼,一切还是原样。直到2003年6月,安吉丽看望他的时候,他忽然叫了一声"妈妈"。这是自从车祸以来他说出的第1个词。毫不奇怪,安吉丽·沃利斯把她儿子的苏醒称做"一个奇迹"。

接着特里会说其他的词了——"百事可乐",然后是"牛奶",再然后是"爸爸"——不久以后,单词变成了词组和短句。很快,他能够说出想要的任何东西,尽管说得还比较缓慢而且吃力。他女儿安姆波尔在车祸之前刚出生,而现今已经19岁了,他的首要任务之一就是接受这个女儿。然而,他还处于时间断层中,想要和他几年前就过世的祖母讲话。他能够清楚地背出她的电话号码,家里其他的事情却早已忘记了,问他总统是谁时,他回答"罗纳德·里根"。但他的家人已经很高兴了,并不介意这个情况。毕竟,他们从未指望他能再度睁开眼睛,更不用说能够讲话了。

那是一段漫长而痛苦的经历。安吉丽回忆起当她第1次见到特里躺在医院的时候,注意到他的手在动。她曾认为这是个好兆头,却得知那只是大脑损伤的迹象。尽管医生让她准备葬礼,她却从未放弃希望。1985年,当特里的情况稳定下来,她就把他转移到一所疗养院里,每周两次开车往返80多千米,从家里去疗养院看望儿子,年复一年。领他回家的时候,她推着轮椅带他去熟悉的地方,和家人见面,还不断地和他讲话、给他读书,企盼着得到回应。"我希望继续和他讲话,聊家里的事情,"她说,"这只是一种习惯。这就是我们所做的,但我没有真的认为他能好转。"

后来,在安吉丽的一次探望中,疗养院的工作人员陪着她去特里的房间,并像往常一样问病人来探望他的人是谁。"他就说了一声'妈妈',"安吉丽自豪地回忆说,"我跌坐在地上了!"不仅是她和护士,特里本人也感到十分惊讶。安吉丽说:"你能从他脸上的表情看出来,他瞪大了眼睛。"

要解释特里从1984年以来的思维状态,必须了解大脑本身的一些知识。大脑是非常脆弱的器官，任何震动都会使它压缩或膨胀。在像特里遭遇的车祸那样剧烈震动的情况下，几十亿个组成大脑的神经细胞被拉紧、扭转甚至断裂。钢轨之类的外界物体刺穿头颅看上去很严重，但这种伤害一般仅限于大脑局部。与之相比，车祸虽然没有使皮肤受损，但是对大脑的冲击更具扩散性，也因此更具破坏性。大脑前后晃动，与头颅基部碰撞，在各个冲击点引起大面积的损伤。头部损伤经常伴随意识缺失，在不严重的情况下会造成脑震荡，但仅仅持续几分钟。脑震荡由神经细胞的暂时瘫痪引起，但对大脑没有实质的伤害。而昏迷比较难以定义，这个术语一般用来形容人一直闭着眼睛，无法交流，对指令没有反应。脑干位于大脑基部，如果脑干受损，损伤中断了意识，就会引起昏迷。但是，没有人能够完全解释为什么长时间昏迷的人会忽然间醒来。特里的医生说，母亲持续不断地和他讲话对保持他的思维继续活动有所帮助，但是由于脑干受损，他无法控制身体的反应程度，或者是因为脑干与其他感官的连接出了问题，特里在昏迷

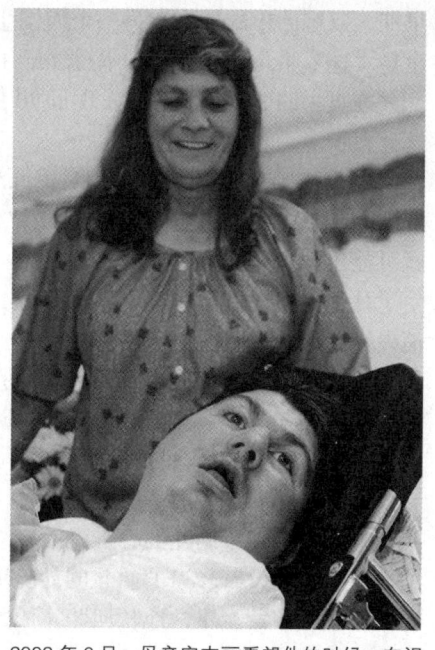

2003年6月，母亲安吉丽看望他的时候，车祸幸存者特里说出19年来的第1个词——"妈妈"。

中不能做出反应。而他身体的其他部分没有受到影响，功能正常，他没有意识也能呼吸、分泌唾液、消化并排泄食物，因为在丘脑的影响下，所有的这些功能都由神经系统自发控制。事实上，许多从昏迷中苏醒的人都说，他们完全清楚发生在身边的事，但就是不能交流。

特里的康复时间令人惊奇。"真是不可思议"，他父亲杰瑞若有所思地说，"他是在13号的星期五出的车祸，19年后，也是在13号的星期五，他开口讲话。"

但是特里有一种不好的变化，他有时候说脏话。当语言矫正师问可以为他做些什么的时候，他说："和我上床吧。"还有一次，问他有什么感觉时，特里回答"好色"。他父亲说："这很奇怪，因为车祸之前他从来不讲脏话。"但是和获得新生相比，这是很小的代价。尽管特里·沃利斯从颈部以下还瘫痪着，而且短期记忆也有问题，但是他已经从死亡线上回来了，这是不争的事实。

"怀孕"的男孩

阿拉木詹·奈莫提莱福7岁之前腹部一直胀鼓鼓的。他的父母以为他得了佝偻病，因为在哈萨克，这是一种常见的儿童疾病。阿拉木詹看起来像个孕妇，在学校受到嘲笑，而他只能无助地看着自己的肚子越长越大。2003年的一天，他上完体育课之后感觉到身体里有什么东西在动。校医给男孩做了检查，被他的大肚子吓坏了，坚持让他直接去医院。后来外科医生描述说这个孩子就像怀孕6个月的孕妇。在医院里，医生检查了他的腹部，认为里面有个巨大的囊肿。第2天进行手术，发现有一大块圆东西挤压着阿拉木詹的胃和肺。医生小心地把它取出来，切开包裹在外面的囊皮，看到了黑头发、胳膊、手指、指甲、腿、脚趾、生殖器、一个头和近似成形的脸，但他们还是不能确定这到底是什么东西。

曾有报道说，在成人切除的囊肿里发现了头发和牙齿。维琴妮亚·鲍德温博士是温哥华的儿科病理学家，她对阿拉木詹做出诊断，说他属于重复畸胎。这种畸形十分罕见，在发育

早期，双胞胎中的一个在另一个周围生长，未发育完全的胎儿成了另一个健康胎儿体内的寄生物。这个胎儿长20厘米，附着在阿拉木詹的血管上，一直生存在哥哥肚子里。

在过去的200年中，只发现了70例重复畸胎，但鲍德温博士相信实际的畸胎人数比这个统计数字多。

"出现双胞胎的时候，他们对资源产生竞争，也许只有一个胎儿能存活。根据身体结构和双胞胎共有的胎盘的生理状况，环境发展可能对其中的一个胎儿有利。如果血液流动不平衡，就可能出现危险。对身体信号敏感的女人会告诉你，她们发现有什么事不对劲，但不知道发生了什么，但也许任何迹象都没有留下。如果异常双胞胎中的一个在发育早期夭折，它常常消失得无影无踪。"

医生不知道是什么导致了重复畸胎。一种理论说这只是在双胞胎的胚胎发育中出现的一种危险情况。双胞胎可能由两个卵子分别受精而来，也可能是由一个受精卵分裂成两个而来。前者是异卵双生的双胞胎，后者就是同卵双生的双胞胎。胚种细胞是最后长成生殖器的细胞，它最早在与胚胎连接的卵黄囊中发育。在少数情况下，同卵双生双胞胎的两个卵黄囊是连在一起的。如果一个胎儿的心脏先发育，健康胎儿的血液就会传送到卵黄囊，再通过连在一起的卵黄囊传给发育较迟的胎儿的动脉里。这会使第2个胎儿的心脏停止生长。胚胎进一步发育的时候，卵黄囊正常地长回胎儿体内。在重复畸胎的情况下，健康胎儿会把另一个胎儿连同它的卵黄囊一同收回到体内。如果作为寄生物的胎儿得到大量的血液供应，像阿拉木詹的弟弟一样，它就能活下去并长出可以辨别的特征，例如腿和手指。

范伦蒂娜·弗斯瑞柯娃是负责给阿拉木詹做手术的医疗组的组长，她说："这个病例非常奇怪。我们给他做扫描的时候简直不敢相信自己的眼睛。我们在他体内看到一个轮廓清晰的胎儿，还不小。他寄生在男孩的身体里将近7年。胚胎明显是男性的，就这样躺着靠哥哥生存。从技术上讲，胎儿虽然从哥哥身上分离出来之后失去了供给，但它还活着。我们从未听说过这种事。感谢上帝，校医坚持让他来医院。如果继续拖延下去，我们也救不了他了。"

阿拉木詹终于脱离了苦海，他的父母为了让孩子免受心理伤害，没有告诉他"怀孕"的事，骗他说是因为吃了没洗的水果生病了。他母亲格尔娜拉说，孩子问她是不是有什么东西从他肚子里拿走了，她只好让孩子先出去，好编造故事。她啜泣着说："我没听完就让他不要问了。医生告诉我这个消息的时候我险些晕过去。我当时惊呆了，真的不想听到这种事。我们知道他有点超重，但是怀孕……？"

奇异的"电人"

这是个让科学家们困惑了150多年的谜：一些人能通过触碰让别人触电，或者像人体磁场一样把金属物体吸引到自己身上，或者神奇地使电器停止运转，这些是如何做到的呢？

加拿大多伦多的一名女子宣称自己有让路灯依次熄灭的超能力；佛罗里达州坦帕的一名女子说她妹妹能中断电路，尤其是她难过的时候，会让汽车引擎熄火；加利福尼亚一个女子说她能使灯泡爆炸、电脑陷入混乱；俄亥俄州的一名男子说他会让电器运转失常，10年中，他毁掉了5台烤面包机、几辆汽车和无数的电子表收音机。

加利福尼亚的一名女子说在一次大型圣诞表演中，她只是在装饰一新的房子外面停留了一下，就熄灭了上千只灯泡，电动的圣诞老人、雪人和驯鹿也不动了。多数读者认为这纯属偶然，但这个人还说她总是让电脑系统崩溃（技术人员也找不出哪里有毛病），碰到金属物体就严重触电，而且经常在和别人握手的时候让对方触电。这些怪事的原因还不得而知。会不会发生更神秘的事情呢?

19世纪中叶,"电女孩"使所谓"电人"的概念被广为报道。14岁的女孩安吉莉克·考汀住在法国的诺曼底,1846年1月的一天晚上,她和其他几个姑娘在橡木架子上用丝线织手套,架子忽然开始扭摆、振动。大家很快发现,只有安吉莉克在的时候架子颤动,只要她不在旁边,架子就保持静止。随后,她又遇到许多怪事。她要坐下的时候椅子会转到一边,这种力量非常强大,凭一个人的力气都没法压住椅子。她触摸一张桌子的时候,沉重的桌子就升到半空中。她想在床上睡觉的时候,床会猛烈地震动,所以唯一能让她休息的地方是一块铺着软木的石头。只要她一接近物体,即使没有实际接触,物体也会移开。与之类似,站在她身边的人即使没有碰到她也有触电的感觉。她这种能力最强的时候,她的心跳加快到每分钟120次。

19世纪著名物理学家弗兰高斯·阿拉果,他对拥有超常电磁力量的法国女孩安吉莉克·考汀进行了一系列的测试。

她父母十分焦急,请医生给她做检查。医生发现,她站在裸露地面上的时候能量增强,而在地毯或蜡布上,或者感到疲倦的时候能量减弱。医生甚至还感觉到她身上吹来的冷风。有时候她的能力消失了,但几天之后又会毫无预兆地恢复。

安吉莉克最后被送往巴黎的科学研究院,在那里,由著名物理学家弗兰高斯·阿拉果带领一组研究人员,对"电女孩"进行了一系列的测试。阿拉果发现安吉莉克的力量在傍晚的时候最强,而且看上去是从左手腕、左肘内侧和骨盆发出的。无法预测地移动和忽然地震动会对她自身产生影响,也会传递到触碰她的人身上。阿拉果注意到,小姑娘对磁铁表现出奇特的感受。她靠近磁铁北极的时候会剧烈地颤抖,而靠近南极的时候什么反应也没有。即使在她不知道的情况下变换磁铁两极位置,她也总是能通过不同的感觉分辨出北极。此外,她还和磁铁一样交替地吸引和排斥轻小物体。阿拉果得出结论,说安吉莉克拥有一种电磁性,而这可能是由某种神经疾病引起的。他写道:"在特殊情况下,人体器官产生一种物理能量,不需要可见的工具就能举起重物、吸引或排斥物体、按照极性规律翻转物体、还能产生声音现象。"

12个星期之后,安吉莉克·考汀的特异功能永久地消失了。但是她贫穷的父母不听医生的劝告,执意让她参加巴黎的收费演出,用骗人的手段表演曾经真实发生的神秘现象。

安妮·梅·艾博特是另一个以自己的带电能力维生的人,绰号"乔治亚州小磁铁"。她在全世界巡回演出,展示自己惊人的超能力。椅子上坐着一个胖男人,她仅凭手的触摸就能让椅子升起来。实际上,她的功力在很大程度上靠的是纯粹的欺骗手段,但观众信以为真。

1869年1月,一个婴孩在法国的圣尤贝恩诞生,他备受瞩目,因为别人碰到他就会触电,而且从他手指上发出明亮的光线。可惜电婴9个月大的时候就夭折了。此后不到10年,加拿大安大略的卡洛琳·克莱尔在体重急剧下降之后拥有了带电能力。金属物体会吸到她手上,如果没人帮忙拔下来就一直粘在上面。谁碰到她都会触电,在一次试验中,她把电传给了20个手拉手的人。像安吉莉克·考汀一样,她的能力只维持了几个月就消失了,再也没有恢复。同时期的另一个例子是马里兰州16岁的学生路易士·汉博格。指尖干燥的时候,他仅凭触碰就能轻易地吸引起重物。大头针在他张开的手掌下晃来晃去,仿佛由磁铁吸引着。

□ 可怕的现象

《美国科学杂志》报道了在奥福德新汉普郡的一位女士身上发生的怪事。她患有慢性风湿和神经痛，有一天她忽然开始放电。那天晚上，她把手放在弟弟脸上的时候，从她手指上莫名其妙地发出火花。她站在厚地毯上的时候，手的四周都产生火花。这种现象持续了大约6个星期，火花消失之后她的病也神奇地好了。

人类的神经系统确实可以产生电。我们走过厚地毯的时候，身上就可以积累起1万伏左右的电压，但是由于只能产生很少的电量，所以放出的电流也相应很小。由于某种原因，至少有的"电人"看上去能够提高自己的这种电位。

医生对新汉普郡的特异女子做了研究，注意到她在热浪袭来的时候放出的火花最多，而且确定了天气对她有一定程度的影响。另一个理论说人体带电是疾病引起的反应，受身体健康状况影响。但是，除非给出全面并有说服力的解释，否则怀疑论者还是继续把"电人"与"弯曲勺子的人"和"巫师"归为一类。

卢尔德的奇闻逸事

每年有600万人前往法国比利牛斯山脉的卢尔德朝圣，据说那里的泉水拥有神奇的力量，在其中浸泡能够治病。相传圣母玛利亚在1858年向农家女孩伯纳黛特·苏毕罗显灵，小镇从此成为宗教圣地，在后来的若干年中，罗马天主教教会正式确认了60多个神奇事件。许多朝圣者坚信，卢尔德的泉水能治好医生治不了的疾病。

51岁的杰皮尔·比利住在法国西部，有两个孩子，他患有严重的多发性硬化症达15年之久。因为只能在轮椅上活动，法国的社会保障部确认他丧失了工作能力。1987年，他去卢尔德朝圣。他躺在病房里，忽然体内产生了强烈的自由感和安宁感，他听到一个声音说："起来，走吧。"他回忆道，"越来越强烈的寒冷袭来。然后又感到热，开始是有点热，后来热到难以忍受。"他坐起来，把腿搭在床边，迈出了15年来的第1步。"我觉得自己就像学走路的小孩儿。"

朝圣结束的时候，比利又坐回到轮椅上，因为他不想在"病友"中显得与众不同。但是他不需要帮助就能上火车了，而且回到家乡昂古莱姆的时候，他的身体已经可以活动自如了。随后的医学报告表明，他身上根本没有得病的痕迹，这使研究多发性硬化症的专家也承认说："这样的康复不仅罕见，而且是不可思议的。"

另一件体现卢尔德神奇力量的奇闻也被教会证实，它发生在年轻的巴黎姑娘璐易丝·佳梅身上。璐易丝22岁，因患肺结核生命垂危，此前肺结核已经夺走了她母亲和5个兄弟的生命。1937年春天，7年的住院治疗之后，她的病情发展到吐血并高烧40℃，她撑不了几天了。她决定去卢尔德，但亲朋好友都怕她不能活着回来，坚决反对。旅途的劳顿印证了他们的预言，她昏死了过去。人们连临终祷告都帮她做了，没人想到她能活下来。然而过了两天，她忽然在凌晨3点醒来，从床上坐起身，说她饿了。"我只想着吃扁豆，"她回忆说，"我想要的就是一大盘子扁豆。护士让我起来走走，但开始我很犹豫，在她的一再鼓励下才行动起来，竟然发现自己能站起来了。"医学检查结果显示，当时还属于绝症的肺结核竟然消失了。她的体重迅速增加，2个月后，她在巴黎的一家印刷厂找到第1份工作。后来，她结婚并有了两个孩子。1951年，教会宣布她的病愈是个奇迹。她一直保持健康，活到80多岁，病再也没有复发。

20世纪70年代，3岁的弗朗西丝·伯尼斯被诊断出癌症，医生说她只能活几个星期。抱着最后一丝希望，她的母亲狄德莉带她飞往卢尔德。弗朗西丝在那里的泉水中沐浴，几天后回到格拉斯哥的家中。她的病情开始明显好转，这让医生十分惊讶。不到3个星期，医生已经找不到任何癌症肿瘤的痕迹了。癌症曾让她备受痛苦，但是1个月之后她就又能上托儿所了。一位专家承认说："从医学角度，我们只能称之为奇迹。"

莉迪亚·布罗西得了严重的骨骼疾病和脓肿，身体疲惫而衰弱，而且肠道和鼻子出血导致她贫血。在这么虚弱的状况下，41岁的她于1930年前往卢尔德，希望得到治愈。她在卢尔德并没有感到明显的好转，然而，在回圣-拉斐尔的火车上莉迪亚忽然间获得力量，站了起来，这是一个医生亲眼所见的。她的瘘管进而闭合。几天后，医生证实她"健康状况良好，所有伤口都愈合了"。3个月之后她也没再发生内出血，体重上升，生气勃勃。她于1984年去世，享年95岁。

1940年，17岁的凡妮·弗尼尔在一次工作事故中身负重伤。她的左上臂和机器的传动带缠在一起。她受到严重的创伤，导致手臂残废。在接下来的5年里，这一领域有名的专家给她做了9次手术，但效果微乎其微，只是暂时地缓解。当时，弗尼尔小姐享受了和截肢的残疾人同等的补助。1945年8月，第二次世界大战结束以后，她第1次去卢尔德朝圣。泡在泉水里，她感到左臂复原了。令人惊奇的是，她的手臂真的恢复了力量，能活动了。1959年，世界医学委员会确认她的伤愈是"瞬间而明显的。而且，是医学无法解释的。"同年，教会也认定这是奇迹般的康复。

利物浦市民杰克·特里诺在第一次世界大战中受重伤，完全残废。他挨了两颗子弹，一颗在他颅骨打了个洞，另一颗使他右臂瘫痪。他的身体每况愈下，1923年时他已经不能行走。那一年，他前往卢尔德朝圣，小心翼翼地把身体浸入公共浴池。4天之后，他从床上跳起来，梳洗刮脸，不用别人搀扶就走出了疗养院。回到英国，他做起煤炭生意，结婚并有了两个孩子，生活十分顺利，直到1943年死于肺炎。福利部坚持继续给他发放残疾补助，因为他们不相信残废的人能完全恢复。

法国小男孩弗朗西斯·帕斯卡3岁的时候得了脑膜炎。他虽然保住了性命，但是下肢瘫痪，上肢活动不便，而且双目失明。10多位医生都认为他没有康复的可能，但是第2年（1938年），他去了卢尔德，视力立即恢复，也不瘫痪了。弗朗西斯回家之后，几个之前给他看过病的医生又对他做了检查，虽然感到不可思议，但他们终于在1946年确认弗朗西斯已经痊愈了。

1962年，意大利士兵维托利奥·米开利由于左髋出了问题而入院治疗。医生进行了活体组织检查和其他多项检查之后，发现了恶性肿瘤。在住院的1年中，他的病情不断恶化，最后髋关节完全坏死。1963年夏，他去了卢尔德，尽管从骨盆到脚都裹着石膏模，他还是坚持洗了泉水浴。没过几个星期，他的髋部就重新生长起来，他不但可以走路，疼痛也消失了。直到13年后，病情一直没有复发，他的痊愈被称做非凡的奇迹。

黛丽兹·希罗莉1964年生于西西里岛，在家里的4个孩子中排行老大。11岁的时候，她感到右膝持续疼痛，后来诊断出了恶性肿瘤。外科医生提出把她的腿整个截掉，但是在她父母的反对下，改成了放射线治疗。然而，可怜的小姑娘惊吓过度，只好被送回家，没有进行任何治疗。她的老师记挂着学生的病痛，建议送她去卢尔德。1976年8月，小姑娘和她妈妈去朝圣了。那是一次痛苦的旅行，黛丽兹回家的时候并没有好转，事实上，X射线显示她的病情加重了。但是，家人继续为她的康复祈祷，她也一直在用从卢尔德带回来的圣水。12月中旬，黛丽兹停止进食，心神不安的母亲开始做丧服，因为按照西西里的习俗，人死后要换上丧服。圣诞节前夕，就在大家绝望的时候，黛丽兹忽然感觉好一些了，能够不用帮助就起床走动。后来她食欲大增，完全康复。1989年，教会确认了这件事，卡塔尼亚市的大主教称黛丽兹的康复"从科学上无法解释，是一个奇迹"。

在卢尔德发生的事也许是上帝所为，当然，这也可能体现了心理暗示的实质——如果对

□可怕的现象

好转充满信心,奇迹就可能发生。实际上,调查发现6万个癌症患者中就有一个人莫名其妙地好转,不管他是否有信仰。无论卢尔德神奇力量的真相是什么,虔诚的人都愿意相信奇迹。为什么不信呢?

具有透视功能的女孩

一名17岁的女孩自称拥有X射线般的视力,震惊了她的家乡俄罗斯和英国、日本的观察家。来自萨兰斯克的娜特莉亚·黛姆季娜自称能看到人体内部,因此可以辨认出一个人内部器官的状况。她说自己有双重视力,盯着一个人看2分钟就能从正常视力转变为"医学"视力。但是,她显然不能透视自己的身体。

10岁那年,娜特莉亚切除了阑尾。很不幸,医生把消毒棉忘在她肠子里,所以她不得不进行第2次手术。手术1个月之后,她忽然相当详细地描述出她母亲的内脏情况,虽然她还不知道各个器官准确的名字。她父母相信女儿的特异功能是由那次拙劣的手术引起的。

娜特莉亚的母亲忧心忡忡地带她去精神病医生那里看病,女孩却看出了医生有胃溃疡,而医生的确患有此病。娜特莉亚有超能力的消息传开了,她在萨兰斯克医院接受了严格的测试。在一次测试中,医生让她观察一个病得很严重的女孩。娜特莉亚事先不知道患者的病情,却辨认出了所有的疾病。超声波检查证实了她的判断。还有一次,医生让她观察一位患癌症的女士。娜特莉亚说:"我看着她,没发现哪里不正常,只是有一个小囊肿。"后来的检查证明娜特莉亚是对的。虽然很多医生很自然地对此表示怀疑,但医院的主治顾问医师艾莉娜·卡什说:"她判断的正确率非常高。"

2004年1月,娜特莉亚前往英格兰接受电视节目"早间新闻"的采访。她在那里准确地判断出4个陌生人的身体状况———一个没有左肾,一个脊柱受损,一个脾脏做过手术,还有一个肩部有旧伤。节目的住院医生克里斯·史蒂尔确认了此事。

对人体最黑暗角落中最细微的病症,常规超声波检查往往发现不了,她却能辨认出来。她说:"我可以看到人体的整个器官。很难解释我是如何发现具体疾病的,但我能感觉到从受损器官发出的信号。我的第二视力只在白天工作,晚上它就休息了。"

娜特莉亚能够透视人体并生动而详细地描述出来,对此俄罗斯科学家至今也无法解释。虽然在美国她的表现不佳,在7个人里只看出4个人的病症,但她通过护照上的照片就能判断出此人得了什么病,这引起了日本科学家的兴趣。从一张小照片上,娜特莉亚立即发现那个人患有肝癌。对面前接受检查的7个人,她还准确地给他们做出诊断。东京大学的木村昌郎教授专门研究有特异功能的人,他说:"我们做了全面的测试,发现最奇怪的是她能够对照片运用超能力,即使是护照上的小照片也可以。她观察照片,就能清楚地看到疾病所在。她无疑具有某种我们还不能解释的天赋。"

尽管怀疑者还不完全相信,但俄罗斯的人们却盼望着向她咨询。她每天会接到20多个电话,她家外面也经常有人

超声波往往发现不了人体黑暗角落里的病症,而娜特莉亚·黛姆季娜却能看得很清楚,对此她自己也迷惑不解。

排着长队。她从不拒绝任何人,也不收取任何报酬。她希望接受进一步的实验来找到一些答案。她说:"我没什么好隐藏的,让他们尽管对我做实验吧。也许他们能够找到我第二视力的根本原因。"同时她在莫斯科学院学习医学。"会使用医学术语的话,我最终的判断就能更精确。我必须了解所看到的东西。"

皮肤脱落的女子

一位年轻的美国女子对抗生素药物产生了严重的变态反应,全身皮肤大片大片地脱落。医生都认为她生存的希望十分渺茫,但是令人惊讶的是,仅仅3个星期之后她就出院了,而且几乎完全康复。

29岁的赛拉·耶根来自加利福尼亚的圣迭戈市,2003年12月初,她因鼻窦感染而接受了为期10天的抗生素常规治疗,服用了复方增效磺胺。治疗刚结束,她的脸上就开始出现轻微水肿并变色。然后,她嘴唇上起了水疱,眼睛水肿,再后来水疱遍及面部、胸部和手臂。她去看病,医生草率地给她开了扑热息痛来缓解疼痛,并建议她静养,等待恢复。但是第2天,她脚上所有的皮肤开始脱落,出现了大水疱,水疱破掉并渗出脓水。她无法行走,只好由母亲凯瑟琳抱出房间。凯瑟琳把她送上汽车赶往医院的时候,眼看着女儿的皮肤正在往下掉。

一天之后,赛拉全身的皮肤都开始脱落,包括内部器官的表皮和口腔、咽喉、眼球表面的黏膜。圣迭戈市加利福尼亚地区烧伤中心的医生告诉凯瑟琳·耶根说,她女儿能活下来的机会很小。耶根夫人说:"一般来讲,百分之百的皮肤脱落意味着百分之百的死亡率,我们只有为她祈祷。看着她躺在医院里,身上一寸皮肤都没有,真是太可怕了。"

赛拉遭受的是罕见而严重的变态反应,称做中毒性表皮坏死症,即在复方增效磺胺的作用下免疫系统丧失功能。由于患者全身都产生反应,所以皮肤全部都脱落了。更严重的是,皮肤的缺失导致液体和盐分从破损的地方流出,很容易引起感染。烧伤中心的丹尼尔·劳泽诺医生说:"皮肤一旦开始脱落,就没办法阻止。看到皮肤一片片地脱落真让人揪心。"劳泽诺医生和他的同事在赛拉的全身覆盖上一层特制的皮肤代替品。用这种人工皮肤包裹了48小时之后,赛拉的体表形成了密封层,这避免了感染,并有利于皮肤的愈合。

她的祖母玛乔丽·耶根提到赛拉的状况时说:"我只能用起水疱来形容。如果你起了个水疱,底下的皮肤就会粗糙,变得鲜红。赛拉就是这个样子,但她全身都被水疱覆盖了。我想象不出那有多痛苦。好在大夫担心她忍受不了折磨而犯心脏病,给她注射了镇静剂,所以她的疼痛得到缓解并陷入昏睡。医生还给她吃了让一部分记忆丧失的药,因为失去皮肤对赛拉的打击太大了,但药只是微量的,药效也是暂时的。"

医生还给赛拉服用了防止内出血的药物,不到1个星期,她自己的皮肤就长了出来。几个星期之后,开始逐渐去掉人工皮肤,好让新皮肤代替它。医生预计她很快就能痊愈,而且新长出来的皮肤会和原来的一样结实耐用。估计不会留下瘢痕,因为和烧伤不同,她只有皮肤最外面的一层受到损伤。

赛拉·耶根被公认为是第1个幸存的中毒性表皮坏死症患者,她的所有家人和医生都称其为奇迹。

匪夷所思的意念疗法

几个世纪以来不少人一直在使用意念疗法,总希望能通过神奇之手使疾病得到治愈。可想而知,正规的医生认为这些治病的人是骗子和庸医。在许多情况下,医生也许是对的,但

□ 可怕的现象

1951年，在伦敦的皇家艾博特大厅，英国著名意念治疗师爱德华兹正在给一个4岁的男孩治病。

是由于安慰效应，一些疾病和不适的好转既是心理方面的，也是身体方面的。如果物理疗法没有奏效，也许就只能靠意念疗法了。毕竟，人体如此复杂，对大脑的运转和它与感情的关系还有太多东西需要了解。所以，在正统医学无效的情况下意念治疗师却成功了，这也许只是因为他们使用了不同的方法，更多的从心理方面着手治疗，而非针对身体。意念治疗师非常清楚该说什么来激发患者的信心，如果患者坚信能够康复，那么他们的治疗会更加奏效。

爱德华兹是英国著名的意念治疗师，20世纪90年代是他当红的时候，他吸引来的热心观众挤满了容纳8000人的伦敦皇家艾博特大厅，人们都想一睹他强大的力量。在爱德华兹身上看不到神秘的动作：他通常只是卷起袖子，把手放在病人的患处。他本来是个商业插画师，被许多媒体报道说拥有治病的潜能之后，才在40多岁的时候改做这个行当。在最早接受他治疗的病人中，有一个得肺结核的小女孩。爱德华兹说，把手放在小女孩头上的时候，他整个身体忽然充满能量，然后能量冲到手臂，从他的手出去，传到了患者身上。这个奇怪的感觉消失之后，他听到自己对女孩的母亲说孩子3天内就能下床。这个预言不仅成真了，而且接下来的医学检查也发现女孩完全康复了。

"亲手"疗法相对容易理解，而远距离疗法，即意念治疗师在看不见病人的情况下治病，就很难弄明白了。远距离疗法最著名的代表是美国的爱德格·凯斯，一个颇具争议的人物。他1877年生于肯塔基州霍普金斯维尔附近的一个农村家庭，本来是一名销售员，但21岁那年他不能说话了，只好放弃工作。他的喉炎反复发作，因此向催眠师艾尔·雷恩求助，希望得到治愈。雷恩使他精神恍惚，让他自己确定病因和适当的治疗方法。凯斯说他的失声是由于心理上的麻痹，可以通过促进发音器官的血液流动来治疗。他红光满面地醒过来，发现自己能说话了。

凯斯确定治病是自己的使命，并开始宣传他的服务并收到来自各地的信件。他知道了病人的名字和住址，就让自己入境。他的助手（一般是凯斯的妻子）会念出名字和住址，并告诉他："你将仔细查看这个身体，注意它的情况和任何生病的地方。你要找出病因并提出治疗方法。"凯斯就按照助手所说的去做。他先确定地点，有时候只是街道的名字，然后在精神恍惚的状态中检查病人的身体，描述出各个器官的功能如何，确定患处并指出病因。凯斯自称能看到患者的每根神经、每个腺体、每条血管和每个器官，他坚持认为患者的细胞可以与精神恍惚的他进行内心交流，告诉他细胞的状况。最后，他会提出治疗方法，既包括正统的药物和手术，也包括按摩、深奥的草药治疗、尚未成熟的矿泉水疗法和整骨疗法。由于大部分的病人都把写信向他求助当做最后的救命稻草，所以治疗难度很大，在所有的正统疗法都失败之后，他也强调说病人的精神状态对康复有很大帮助。他认为饮食和压力能导致疾病，这在当时是一种革命性的理念。然而很不幸，他还做了一些对自己不利的事：他自称是某个天使的转世，生活在地球上比亚当和夏娃还早。

讽刺的是，爱德格·凯斯给别人治病反而影响到自己的健康。他一生中给9000多人看过病，能量的消耗使他精疲力竭。尽管有人警告过他，一天接待的病人超过两个就会致命，但当时美国卷入了第二次世界大战，他平均每天要给6个人看病。1944年8月，他因身体衰竭而病倒了，5个月之后去世。

当代最著名的意念治疗师之一是英国巫师马修·曼宁，他声称只需触摸并集中意念就能改变人体皮肤的电阻，加速某些癌细胞的死亡。1981年，在联邦德国的一次旅行中，曼宁为病人治病，医生检查了病人在治疗前和治疗后的情况，发现病情好转了95%。在弗莱堡市，曼宁接待了医学顾问奥托·里皮里克的妻子。里皮里克夫人在一次事故中神经和肌肉受伤，几个月以来一直无法伸直右臂，而曼宁给她治疗了5分钟之后，她就能完全伸直手臂了，这令她丈夫感到十分惊讶。其他病人也说曼宁给他们治好了所有的疾病，不论是声带赘瘤、癌症还是视力下降和枯草热。

在某些国家，尤其是巴西和菲律宾，意念治疗师常常由精神外科医生来充当，他们既不用麻醉剂也不用普通的手术器械，自称仅凭双手就能基本达到现代医学的手术水平。菲律宾最杰出的精神外科医生是阿历克谢·奥比托，包括女星雪莉·麦克莱恩，他治疗过上百万人。他早期曾给一名腹痛的妇女治病。据奥比托本人所讲，他当时正把手放在病人的胃部做祈祷，一边轻轻地按摩一边试图把能量传递过去，驱除他手指下面的病气。忽然，他的指尖感到温暖而潮湿。他睁开眼睛，恐惧地发现自己的手指把病人的腹部戳破了，出现了一个小血坑。他怕那位女士有生命危险，保证接下来会加倍小心，但是他把手收回来之后伤口居然消失了，只留下一道很窄的红道子和几滴血，用手帕很容易就擦得一干二净了。病人没事，而且腹痛也意外地好了。

虽然调查记者揭露了一些行骗的菲律宾"外科医生"，但是对其他治疗师乃至整个意念医疗领域，目前还不能确定他们能否提供实质的疗效。

能接收广播的牙齿

在都市奇谈中，最常听到的就是人们有时候能通过牙齿听到广播。虽然这种故事常常被认为是异想天开虚构出来的，但是自从马可尼那个时代以来，此类传闻就接连不断，屡次出现。

芝加哥的一名男子说，他小时候掉了一颗牙齿，大约在1960年，牙医用金属丝将一个套子拴在他的牙床上。从那以后，他开始明显地听到脑袋里有音乐声，尤其是在户外的时候。他说音乐轻柔而清晰，但他分辨不出是哪个电台。一两年之后，新牙医解下了金属丝套子，音乐也停止了。另一个美国人在1947年也曾有过类似的经历，当时她乘火车从家乡克利夫兰去罗德岛上学。她说自己的头部接收到了某个广播电台，并持续了大概10分钟，她记得听到的是商业节目，还有一个广播员的声音。她曾有几个牙齿里面填充过银，但她记不清楚是不是在这件事之前填充的。

最有名的例子发生在喜剧女演员露西·鲍尔身上。她说在1942年，自己临时用铅填充了几颗牙齿，过了几天，她晚上在加利弗尼亚开车的时候忽然听到了音乐。她写道："我弯下腰去关收音机，但它本来就关着。音乐声越来越大，我才发现声音是从嘴里发出来的。我甚至听出了是哪首曲子。我的牙齿嗡嗡作响，被鼓点敲击着，我以为自己昏头了。我想，这是见什么鬼啦？然后声音开始平息。"第2天，她在摄影棚里满腹狐疑地把这件事讲给演员巴斯特·基顿听，基顿笑着告诉她说，那是因为她牙齿里的填充物收到了广播，他有个朋友也遇到过这种事。当然，这个故事可能被好莱坞夸大了，但是在20世纪30年代和40年代，当美国

□ 可怕的现象

各地安装了功能强大的 AM 发报机之后，的确有许多当地居民说从栅栏的铁丝、浴缸和牙齿填充物上发出了音乐。这完全是民间传说，还是具有科学依据的事实呢？

一些科学家说，只要有合适的条件，人的嘴完全可以像收音机电路一样工作。收音机电路最基本的构成只需要 3 部分：天线，用来接收广播电磁信号；检波器，一把把无线电波转换成人耳可以听到的声音信号的电子元件；转送器，即任何能实现喇叭功能的东西。他们说，在极少数情况下，人的嘴能够达到这种构造。人体具有导电性，可以充当天线。牙齿里的金属填充物和唾液反应，能像半导体一样检验波音频信号。转送器可以是嘴里任何能振动并产生声音的东西，例如松动的填充物。

其他人不认同这种想法，说听起来像无线电波的东西，其实只是一种化学反应，由嘴里的填充物和唾液中酸的奇特作用引起。当然，这只是理想化的情况。

不管怎样，虽然通过牙齿听到音乐的报道偶然还会出现，但此类事件的多发时期已经过去 40 多年了。这是否与收音机的过时或与牙齿填充物类型的变化有关呢？我们也许永远都不会知道。

奇怪的外国腔调综合征

1941 年，一位挪威的年轻女子在空袭中被榴霰弹碎片伤到了大脑。开始她遇到一些严重的语言障碍，但她克服这些问题之后，却面临着更加令人苦恼的情况——她忽然只能用浓重的德国口音讲话，并因此遭到挪威同伴的排斥。这是"外国腔调综合征"（FAS）第 1 个记录在案的病例，这种病出现在极少数中风或遭遇其他头部伤害的病人身上，他们忽然不能再用本地口音讲话了。此种情况非常少见，自从这个战乱年代的病例出现之后，据报道只出现了大约 20 例。多数病例不经意地变成了德国、瑞典或挪威口音。

神经生理学家迪恩·提皮特医生在美国巴尔的摩的马里兰医学院工作，他在 1990 年公布了一个病例：一名 32 岁的本地男子在中风几天之后，讲话莫其妙地变成了斯堪的那维亚腔调。虽然这个人以前对外语一无所知，但他忽然听起来像个斯堪的那维亚人，而且对英语变得生疏。他讲话的时候改变了元音的发音，而且说得比较夸张，比如把"that"说成"dat"，句尾处的音调也上升了。开始他很喜欢自己的新口音，希望能吸引异性，但是 4 个月后他口音恢复正常的时候，他还是非常高兴又能像个美国人一样说话了。

1999 年 11 月之前，47 岁的英国妇女温迪·哈斯妮普一直是约克郡口音，但是自从轻度中风之后，她就成了法国口音。哈斯妮普太太在法国唯一的经历就是曾在巴黎过了个周末，她说："前两个星期都没有什么异样，然后我开始结巴，声音忽高忽低。第 3 个星期之后我讲话就变成法国腔。但我说的不是法语，我对法语一无所知，跟法国也根本没有关系。"和巴尔的摩的那个男子一样，她发现这种现象十分滑稽。她说："我从一开始就觉得自己的声音很好笑。不过还有很多事情比用法国口音说话还糟糕。"

非常奇怪，就在温迪·哈斯妮普中风后得上怪病的那个月，在大西洋的另一端也发生了类似的事情。蒂芙妮·罗伯特 57 岁，中风之后右侧身体瘫痪，而且不能讲话。经过几个月的物理治疗，她的瘫痪好了，尽管还有点困难，但也可以说出话来。第 2 年她的语言能力逐渐提高，直到和中风前一样流利。但她现在讲话不是原来熟悉的鼻音较重的印第安纳口音，而是英国腔。虽然她从来没有去过英国，但她的腔调成了伦敦音和西方国家的混合口音，而且开始使用一些英式英语。过去她声音低沉，现在的声调却高了很多。她都认不出自己的声音了，亲友也摸不着头脑，陌生人总是问她从哪里来的。有个医生说她对恢复口音做的努力还不够。

她尝试过听自己瘫痪前录过的磁带，希望恢复到以前的发音。"开始的两年里，我每天跟着磁带说话，模仿里面自己的声音，可是做不到。我躺在床上哭，醒来还是哭。有时候我觉得失去了意识。当一开始人们问我从英国的哪个地方来的时候，还有一个亲戚问我为什么那样说话的时候，我尤其感到自己的一部分已经在中风的时候死了。"在美国，她说自己是在印第安纳土生土长的，大家都指责她说谎，所以她开始躲避社会交往，最后患上了旷野恐惧症，害怕开阔的地方。她非常绝望，甚至想移居到英国。

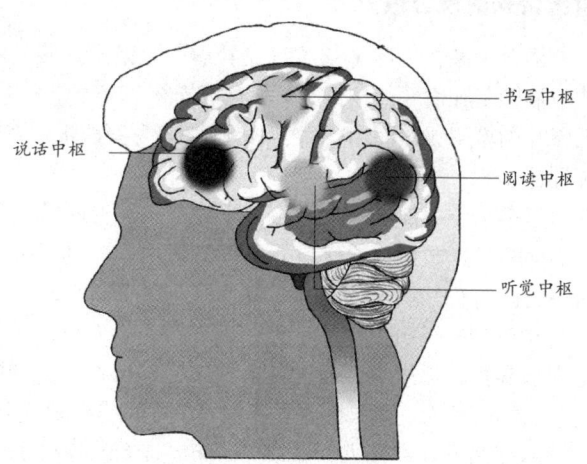

大脑左半球的某些部位有语言处理功能，科学家认为是这些地方受损致使温迪·哈斯妮普等人患上了外国腔调综合征。

后来到了2003年，即她中风后的第4年，罗伯特太太的朋友发给她一封电子邮件，附有一篇《纽约时报》的文章，内容是珍妮弗·格德博士进行的语言测试。格德博士是牛津大学的教授，研究外国腔调综合征已经15年了。很多医生认为这种病是精神错乱所致，而格德博士和她的科学家小组确定这属于身体疾病，并在FAS研究方面取得了重大突破。

他们不明白为什么中风痊愈者中只有一小部分人患了FAS，结果发现FAS患者有一个共同的特点——即大脑左半球某些区域受到了小范围损伤，而那里有处理语言的功能。那些部位受损可以引起音调改变，使音节拉长或读音错误。患者事先不需要在新口音所在的地区生活过，因为他们并不真的是那种口音；简而言之就是大脑受损引起语言方式的改变，使他们讲话听起来就像是外国腔调。损伤的具体位置和严重程度也会决定这种病持续几个星期还是几年。

格德博士说："在口音的改变中我们发现一件有趣的事，就是在人类的意识中，也许对口音和语言有各自不同的评判标准。讲话方式是我们个性的重要部分，也影响着别人对我们的看法。可以理解，口音发生变化给患者带来了伤害。"

罗伯特太太得知自己患的不是心理疾病而是神经疾病，感到很宽慰。她联系到佛罗里达中央大学的杰克·莱斯博士。莱斯博士是研究神经性讲话和语言错乱的专家，他给罗伯特太太做了一系列的测验。他测试了她改变单词重音的能力，还让她用错误的音节重复单词。通过这些测验，他分析了罗伯特太太运用重读音节和升降音调的能力，而这些读法在英语和美语中是不同的。莱斯博士希望确定她是否将错误的音节作为口音的一部分。他发现罗伯特太太用特别的方式应对自己的新口音。每当别人问她从英国哪个地方来的，她就反问道："你猜我是哪里的？"不论对方说的是哪个城市，罗伯特太太都说猜对了。莱斯博士说："从某种角度来讲，她的回答反映出她开始接受了这种口音。这是一种巧妙的应对方法，但也显示出她开始让自己顺从于口音的变化。"

蒂芙妮·罗伯特说她想让人们增加对FAS的了解，希望这样能使别的患者免遭她所遇到的精神问题。"如果我能引起大家，尤其是医疗团体，对这种病的注意，医生也许就能帮助其他和我一样的人了。"

□ 可怕的现象

撞击带来的视力恢复

丽莎·莱德的脑部长了癌症肿瘤，阻断了向眼睛的供血，导致她失明。虽然通过手术成功地摘除了肿瘤，保住性命，她的视神经却遭到永久性的伤害。她14岁的时候完全失明，毫无康复的希望。然而10年之后，她头部受到撞击，奇迹般地重见光明。她的这种经历让医生感到迷惑。

丽莎11岁的时候就被诊断患了癌症。医生发现她脑部的肿瘤之后，估计她存活的概率不到5%。对癌症的放射线治疗和手术都取得了成功，但是肿瘤一度中断了眼部供血，并压迫视神经，对眼睛造成了伤害。3年之后，医生从理论上断定她永久失明，她的眼睛只能判断出明暗。

在苦难的经历中她从不放弃恢复视力的希望。她教授其他人关于眼盲的知识，还捐助为她训练导盲犬的组织。通过做这些事，她保持了充沛的活力。她的导盲犬是一条拉布拉多猎狗，名字叫阿米。正是阿米在不经意间给丽莎的命运带来了意外的转机。

丽莎的家住在新西兰的奥克兰市，2000年11月16日晚上，24岁的她弯下腰想亲吻阿米，道个晚安，她的头却重重地撞在咖啡桌上。"我有点失去平衡，"她说，"我的头磕到咖啡桌上，又撞到地板。"她第2天醒来的时候，惊讶地发现，10年来她第1次能够看见东西了。"我先是看见白色的天花板。环顾房间……明亮的光线穿过窗帘……窗框……哦，还有颜色……我看到了阿米，它真漂亮。"

丽莎决定暂时保守这个秘密，在后院和阿米玩了几个小时。那天下午她才和家人联系，在电话里她给母亲念了一段烟盒上的健康警告。她母亲璐易丝回忆道："丽莎打来电话，说'我有变化啦。听着。'然后就开始给我念。我惊喜得喘不过气来。"

丽莎还不确定她的视力能不能持续下去。第2天，好消息传来，她马上扔掉导盲棍，告诉了更多的人。亲友来到她家向她祝贺的时候，丽莎都认不出他们了。她弟弟已经从12岁的孩子长成小伙子了，她也第1次看到了相处2个月的男朋友是什么样子。

医生无法解释丽莎为什么重新获得视力。人体中不能再生的组织不多，视神经就是其中一种。接下来的检查也显示，她眼睛的损伤情况还和原来一样。奥克兰医院的眼科医师罗斯·麦基透露，尽管丽莎还不能完全辨别颜色，但她左眼已经恢复了80%的视力。

丽莎想到了视力可能像忽然恢复那样再忽然消失，但她并不忧虑。"那个医生曾告诉我再也看不见东西了，但同样是他，说现在我的视力恢复了80%。能够眼看着他告诉我这个消息，感觉太棒了。如果我的视力像原来那样忽然消失，我还是会感到幸运和幸福，因为我已经体验到了奇迹，这是上帝的神迹，而且我可以将这个特殊的经历同每个人分享。"

她的男朋友说："她如此坚强，如此热情，我相信那双眼睛总有一天会看见的。你可以感受到，它们能行。"

虽然丽莎·莱德惊人的康复让医学界困惑，但她自己和与她密切接触的人却没那么惊讶。

之前也曾有少数经过磕碰或震动后恢复视力的先例。84岁的老太太艾伦·海德住在澳大利亚的纽卡斯尔，丧失90%的视力已经3年了。1989年，她在公寓里遭遇到5秒钟的地震，震动之后，她发现眼睛又能看见了。

失明43年重获光明

麦克·枚3岁的时候，一瓶矿灯油在他脸上爆炸，他的左眼被毁，右眼角膜上也留下了伤痕。在以后43年的岁月中，他看不见东西却过得充实而积极。他参加多种体育活动，在大学里取得了国际事务专业的硕士学位，在CIA找到工作，还成为了一家公司的董事长，专门为盲人制造语音全球定位系统。这期间他抽空录制了第1张唱片，结婚并有了两个孩子，在加利福尼亚购置了一套房子。那时候，他能够感受到一些亮光，但不能辨认出形状和明暗对比。他曾经写道："有人问我，如果可以恢复视力或是飞到月球上去，我会选择哪一个。毫无疑问，我选择登上月球。因为许多人都拥有视力，而去过月球的人很少。"

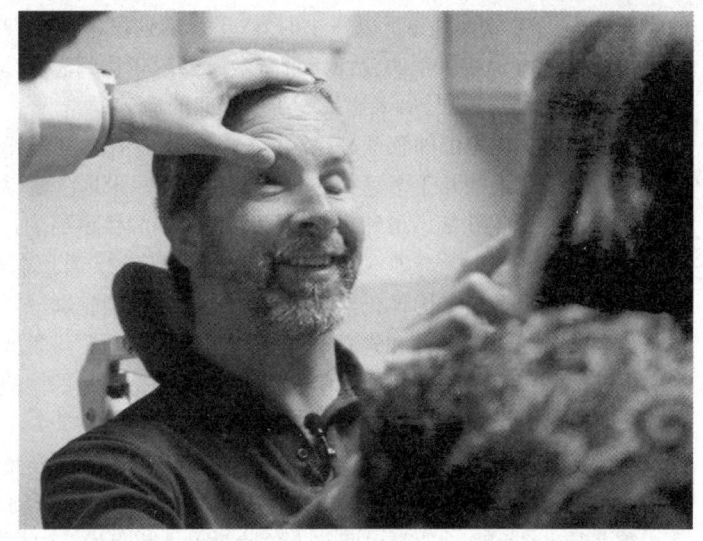

麦克·枚3岁开始失明，眼睛手术之后他取下绷带，第1次看见了妻子和孩子。

麦克·枚在1999年11月开始接受恢复视力的治疗。在旧金山的圣玛丽医院，外科医师丹尼尔·古德曼将一块油炸圈形状的角膜干细胞植入枚的右眼（左眼损坏得太严重，无法修复）。角膜是眼球外层的透明部分，覆盖着虹膜和瞳孔。角膜让光线进入并使其折射，辅助晶状体将光线聚焦到视网膜上，简而言之，角膜就是眼睛的窗户。干细胞可以代替伤瘢组织，修复眼球表面，为角膜移植打好基础，而且会在新角膜上形成保护层，防止视线变得模糊。

2000年4月7日，他解开绷带，第1次看到了妻子和孩子的模样。过了一会，他对妻子说："我知道你在微笑，因为你的嘴角是向上的，一个人嘴角向上就代表微笑。"

然而，恢复视力的手术对患者的心理可能带来不良影响，尤其是对长期失明的人。一些患者希望自己仍旧是盲人。他们说，视力使他们对世界有了新的认识，发现自己每天生活在可怕的简单行为中，比如下楼梯和过马路。一些人沮丧地再次回到盲人世界，他们更喜欢黑暗的房间和闭着眼睛走路。1959年，米兰的鞋匠西德尼·布拉福特恢复了视力，他本以为世界是个天堂，但是当他能看见的时候，却为生活中的一点小缺点而烦恼，就像一幅画溅上了污点。他不喜欢妻子的相貌，也看不懂人们的面部表情。事物的真实形象和他想象的不一样，比如大象原来是种"两边都长尾巴的动物"。是盲人的时候，他成功又有竞争力，而现在他获得了视力，反倒感到不适应，精神压抑。心理学家奥丽弗·塞克斯说："恢复视力是个危险的馈赠。这件事左右为难，有的人面对这个世界宁愿再度闭上双眼。"

在最近的200年中，只有大约20个从小就失明的人恢复了视力，他们多数人在角膜术后还有轻微的缺陷。在正常情况下，角膜应该是清澈透明的。移植之后，古德曼医生仔细观察了麦克·枚的眼睛，发现晶状体状态非常好。麦克·枚对拿掉绷带之后会发生什么事没有任何期望，所以当他发现视力恢复得相当好的时候十分高兴。但是，还是出现了问题。尽管视力的硬件相当标准，但他的大脑还不知道如何处理接收到的视觉信息。术后他召开了第1次商务会议，事后写道："我发现讲话的时候，看着别人的脸容易让自己精神分散。我看到他们的嘴唇在动，睫毛颤动，摇头晃脑，手也摆着各种姿势。开始我还试着往下面看，但是如果有个短头发的女人在场就更让我心烦意乱了。"

麦克·枚保持着盲人下山滑雪最快的世界纪录。那时他经常练习障碍滑雪，由教练在前面喊着"左"、"右"引导，以每小时65千米的速度滑下山坡。取下绷带6个星期之后，麦克·枚得到了古德曼医生的允许，带着全家去内华达州思雅乐的科克坞山滑雪。那里是他第1次学滑雪的地方，也是后来遇到妻子珍尼弗的地方。

阳光明媚，树木郁郁葱葱（深绿色，比他想象的高很多），山坡四周是美丽的峭壁，他不知道峭壁是逻辑上的几千米远，还是看上去的几百米远。他说："第1次在晴天看到雪，那是最让人兴奋的视觉欣赏。虽然山很美，但是树木的伟岸更加迷人。看着它们长得那么高，好像快要倒下去了，真是奇妙。这个世界是不可思议的，那么新奇又那么熟悉。"他只有一只眼睛能用，分不清远近，但他仍然有一点从阴影和景物轮廓分辨出距离的经验。滑下山坡的时候，他竭力辨认人、标杆和岩石的影子。开始他试图用科学的办法判断地形：如果一片山坡有一面是亮的而且投下了阴影，那么这片地一定是凸起的。但他摔了第1个跟头以后，就禁不住闭上眼睛，用他最熟悉的方式滑起来。

手术后第5个月，检查表明麦克·枚能够看出小棒的轻微移动，识别简单的形状。18个月后，他基本能正常分辨出形状、颜色和物体的移动，但是只能辨别出1/4的日常物体。辨认相貌尤其是个问题。他觉得所有人的脸看上去都很像，包括他的家人。2002年，他说："我分不出长相，也分不清男人和女人的脸有什么不同。本来可以利用一些特征，比如长头发和耳环，但是这些特征现在过时了，所以我暂时把是否修了眉毛当做最佳标准。"他大脑的视觉能力仅仅相当于蹒跚学步的孩子。"我基本上和3岁小孩一样。"麦克·枚还把自己当做盲人，一边继续使用拐棍，一边学习如何看东西。"当信息太多又要专心致志的时候，我就闭上眼睛，中断干扰。"

他对移动的概念在各项视觉能力中是最强的。虽然他辨认不出静止的球，但他适应了捕捉移动的球，而且和小儿子玩球是他最大的乐趣之一。然而，他刚获得的低水平视觉却在走下坡路，而不只在滑雪的时候。"忽然间，所有的信息充斥而来，使我注意力涣散，精神紧张。滑雪的时候我不想这样……我到处摔跤。"过马路的时候他也紧张，而失明的时候他是大胆走过去的。

在麦克·枚的奇异经历中，经常有平常的东西使他着迷。他回忆说："有一天我看见前面的空中有美丽的闪光，它们又明亮跑得又快。我问那是什么，原来是尘埃。我对尘埃有了全新的概念。"每天看见新奇的东西使他兴奋，这表明即使困难重重，他也从内心认可了干细胞移植手术。"这种手术也许只适用于一小部分盲人。即使看不见东西生活也是充实的，但如果机会来了，就要抓住它。"

听觉的离奇丧失和恢复

2004年4月，21岁的埃玛·哈塞尔去浴室洗澡，忽然听到"嘭"的一声，随后她的世界一片寂静。从那开始，她耳聋了7个月。直到有一天她得知自己怀孕的时候，她的听觉又意外地恢复了，和消失时一样地突然。

埃玛在南安普敦当保姆，她的苦恼经历开始于本应该快乐的一天——那天她和男朋友凯文·拉夫计划晚上出去庆祝他俩的订婚。准备出门之前，她上楼洗澡，但是20分钟后，她发现自己站在浴室里，什么都听不到。而且，她不知道中断的那段时间里发生了什么。

她说："我刚要冲澡，周围的声音都低沉下去，变得非常微弱，后来完全消失。刚开始感觉耳朵里面有模糊的声响，响了一下之后就完全没声了。我搞不清楚这是怎么回事。我记得向楼下的母亲求助，说自己听不见了，可是我不知道发生了什么。有20分钟时间是中断的。我猜测是头撞到什么东西了,但是并没有磕碰的迹象。"

在南安普敦综合医院,医生给她做了检查,确认她已经完全失去了听力。医生也不知道她为什么忽然耳聋,但表示这可能是心理问题。所以埃玛去找催眠师,接受精神自由疗法(EFT),这是一种类似针疗法的精神治疗,用指尖而不是针来刺激全身的穴位。她进行了 8 个疗程的 EFT。

后来,11 月 1 日的早晨,她在家里做了孕检,结果呈阳性。这对埃玛来讲是个天大的好消息,因为她曾在 2002 年做过流产,医生说她也许再也不能怀孕了。几个小时过去了,她的情绪一直比较激动,开始坐下来看电视。

"我坐在沙发上看《威尔与格蕾丝》。当时我开了字幕,盯着他们的嘴读唇语,但是后来我感觉能听到他们讲话。我担心是心理作用在捣鬼。我试着敲打手指,看能不能听到,然后给凯文打电话,看能不能听见电话里的声音。我确实听得见,但在惊讶中慌乱地挂断了电话。

埃玛·哈塞尔和她的未婚夫凯文·拉夫。耳聋 7 个月之后,她得知自己怀孕的消息,立刻惊人地恢复了听觉。

"我还是担心,祈祷着'但愿这是真的'。我又给凯文打过去,他没说话。我告诉他这不是沉默的时候!我希望他一直说,好让我相信这是真的。

"尽管希望康复,但这还是太出人意料了。我没有绝望过,但感觉好转的可能性很小。这件事真是太奇怪了。"

尽管埃玛和专家一样对听觉的忽然丧失又忽然恢复感到迷惑,但她坚信是心理使然。目前对她的耳聋还没有明确的解释,但她恢复听觉会不会和得知怀孕时的欣喜有关依然不能确定?

植物人的神奇苏醒

16 年来,帕特丽夏·怀特·布尔对外界没有任何反应,她不会说话,不会吞咽,也基本不会动。她生第 4 个孩子的时候成了植物人,从那以后没有任何迹象显示她会醒过来。但是在 1999 年的圣诞前夕,新墨西哥州阿布奎基市疗养院的护士像往常一样给她整理床单,她突然坐起来说:"不要动!"

1983 年,27 岁的怀特·布尔太太在剖腹产的时候陷入昏迷。一个血块堵在她的肺里,使她停止了呼吸。虽然医生最终救了她的命,但是她的大脑缺氧达几分钟,受到了伤害。医生告诉她的家人,她基本没有恢复的希望。

怀特·布尔一家在新墨西哥州埃基伍德拥有一片约 13 万平方米的牧场,那里离蒂贺拉斯峡谷不远,他们全家就住在一部拖车里。帕特丽夏的丈夫马克是计算机程序员,在离家 17.5 千米的阿布奎基市工作。1983 年 6 月一个阳光明媚的日子里,帕特丽夏离家前往医院去生第 4 个孩子,她给家里的留言是"明天见"。那天晚上,杰西、辛迪和弗劳里斯 3 个孩子

□可怕的现象

陪着父亲值夜班。第2天早晨，他们在去医院的路上路过家里，看到门上贴着一张通知。大事不妙了。

马克·朱尼尔健康地出生了，但是帕特丽夏的情况很糟糕。她躺在病床上，连在身上的各种管子交织在一起。她的眼睛睁得大大的，却不会眨。她活着，却毫无活力。

接下来的3年里，帕特丽夏的丈夫一直把孩子带在身边。但是后来医生告诉他，妻子的余生将在昏迷中度过，他把孩子们寄放到南达科他，让亲戚帮他抚养。在绝望中，他离婚了。

就像医生担心的那样，她的病在16年中始终没有起色，但是后来，一场不相关的传染病给她家带来了期盼已久的奇迹。帕特丽夏一直住在阿布奎基市拉斯帕劳玛丝护理康复中心，1999年12月，那里流感病毒横行。为此，伊里亚德·马库斯医生给她开了能预防感冒的金刚烷胺。这种药有时也用来刺激帕金森病或脑组织受损的患者。一个多星期之后，帕特丽夏意外地醒过来。尽管医生还不确定，但他们相信她的忽然苏醒和服用刺激性药物有直接关系。

帕特丽夏16年没说过话了，可想而知她一开始说的话不多，但她的口齿惊人的清晰。而且，她松开了紧握多年的手，能够从轮椅上爬起来，还可以摇摇晃晃地走上几步。她在轮椅上进行了醒来后的第1次短途旅行，在购物中心，她指着一双跑鞋宣布："我要跑。"

她必须接受的新事物不仅限于家庭方面。她陷入昏迷的时候，总统是罗纳德·里根，苏联也还未解体，因特网尚未出现，而16年中，世界已经发生了翻天覆地的变化。她妹妹去疗养院看望她的时候，掏出手机打了个电话，帕特丽夏瞪大了眼睛，惊讶地盯着那个小玩意。

她每天要接受3个小时的治疗，学习如何走路、讲话、梳头、洗手等等。但她还是不怎么说话，与家人的交流情况比昏迷的时候好不了多少。医生担心帕特丽夏离开药物就会回到植物人状态，另外，临床医学家警告说她的下半生可能还是需要人照顾。然而对她的家人来说，经过16年的艰辛，她能醒过来就已经足够了。

致命肿瘤忽然消失

布兰登·考诺出生的时候脊柱上就长了肿瘤，医生说不论做什么样的手术都会有相当大的风险。他父母不知如何是好，两年中时刻观察肿瘤是否有恶化的迹象。孩子每次感冒、发热或胃痛的时候，他们都担心是不是肿瘤扩散了，担心肿瘤细胞在摧毁儿子幼小的身体。最后，布兰登病了3个星期，不明原因的发热和腹痛，考诺夫妇终于决定做出行动，给儿子在旧金山联系了手术。但是谁都没有料到的是，手术前的一次检查显示，肿瘤完全消失了。对此，医生也无法解释清楚。

布兰登的家在美国佐治亚州的亚特兰大市。克丽斯汀怀孕8个月的时候，医生给她做超声波检查，第1次发现了拳头那么大的肿瘤。她在整个怀孕期间一直生病。她说："怀孕这么久了，我不相信他会出什么毛病。我们惊呆了。"他们当然不知道那到底是什么病，因为布兰登出生5个星期之后，医生才诊断出来那是神经母细胞瘤，一种最危险的儿童癌症。神经母细胞瘤源于神经细胞，多在肾上腺附近出现，非常靠近背部。少数情况下，神经母细胞瘤会在胸部和颈部的交感神经上生长，偶尔长在大脑中。80%的病例在10岁之前，其中多数在4岁前发病。神经母细胞瘤从相对无害到严重恶性有不同的程度，在肿瘤已经蔓延到器官才被诊断出来的孩子中，只有不到40%能再活两年以上。在所有死于儿童癌症的孩子中，有15%是因为得了神经母细胞瘤。

做手术摘除长在脊柱上的肿瘤是很危险的，可能引起瘫痪；而另一方面，置之不理会导致死亡。这让布兰登的医生左右为难。最后他们决定，暂时的最佳办法就是通过核磁共振成像（MRI）扫描监测肿瘤的生长情况，因为不满1周岁的小孩易患神经母细胞瘤并发症。考诺夫妇还是找不到最好的治疗方法，每当布兰登身体出了点小毛病或胃痛，或者其他任何可能是癌症的症状，夫妻俩的心情就特别沉重。所有的检查都显示，肿瘤还在那里。

夫妻俩对这种癌症知之甚少，在搜集这方面信息的过程中，他们遇到了神经母细胞瘤专家凯瑟琳·马塞医生，她是旧金山加利福尼亚大学儿童肿瘤系的主任。凯瑟琳转而咨询了她的同事，神经外科的主治医师纳林·格普塔。格普塔对考诺夫妇说，他可以摘除肿瘤而且不会让布兰登瘫痪。但是风险很大，考诺家还是犹豫不决。

到了2003年8月，离布兰登第2个生日还有几个星期的时候，他们经历了一场恐慌。克丽斯汀回忆说："他浑身发热，开始是37.2℃，后来烧到39.4℃。他在浴盆里站起来，哭了45分钟，说'妈妈，疼，疼！'医生认为肿瘤开始全面扩散了。"虽然克丽斯汀和丈夫麦克知道还存在着风险，但他们决定动手术。所以他们把另一个儿子、5岁的罗恩留在爷爷奶奶身边，然后带布兰登去了旧金山。在手术计划日期的前两天，布兰登接受了最后一次对脊柱的扫描。那天晚上，医生盯着核磁共振成像仪，不敢相信自己的眼睛：肿瘤消失了，只剩下脂肪组织。

克丽斯汀说："格普塔医生问我，'先听好消息还是坏消息？'我当然想先听好消息。他说，'好消息是肿瘤不见了。坏消息就是，你们来旧金山只是做了个核磁共振成像。'我欣喜若狂。过了12个小时，他们还在说那是不可能的事。真是个奇迹。"

2年之后医生还是不知道肿瘤忽然消失的原因，但承认他们对神经母细胞瘤知之甚少。布兰登的私人医生布莱德利·乔治说："在我们遇到的在脊柱附近长肿瘤的孩子中，布兰登是唯一一个康复的小家伙。而且在其他儿童癌症患者中，再也没有过神经母细胞瘤这样忽然消失的例子。我们被难住了，根本不知道应该如何治疗。"

马塞医生说，如果运气好，布兰登的肿瘤就不会再出现了。麦克对儿子意外的暂时康复感到庆幸。他说："我们不想问为什么，只要接受这个礼物就好。"

三、神奇的感应与怪异的过敏症

奇怪的感应怀孕

自古以来，世界上许多地区都有相似的习俗，让丈夫同怀孕的妻子一样躺在床上，并在妻子生孩子的时候假装宫缩和产痛来模仿分娩。在巴布亚新几内亚，丈夫如果发现妻子怀孕就会搬到村子外面，建起一座棚屋，在里面准备好食物和衣服。产期临近的时候，他就躺在里面，假装在痛苦地分娩，直到他妻子走进棚屋，把新生儿递给他。类似地，西班牙北部的巴斯克男人也模仿临产的妻子，躺在床上，装作疼痛和宫缩的样子，大呼小叫，让护士给他与产妇相同的关照。对这样的行为有很多种解释——男人的叫喊有助于缓解母子的痛苦；这样能强化父亲和孩子之间的感情；模仿分娩可以强调男人的父权地位；这是一种消除自身不安情绪的方式。

人们一般只是把这些习俗看做骗人的模仿。17世纪，出现了这种行为的变体，作家弗朗西斯·培根写到一个新的现象——丈夫也受到妻子的感染，出现了害喜的症状。这个现象十分古怪，多数人认为是杜撰出来的。培根猜测这是由于丈夫太深爱妻子，以至于渴望同病相怜，此外他也不知道确切的原因。尽管缺乏医学原理的解释，这种症状仍然继续存在。1878年，《柳叶刀》杂志报道了一件丈夫和妻子同时害喜的事情。10年后，《纽约医学报》称，一名女子在即将确认怀孕的时候流产，两周后她的丈夫竟然开始害喜，而且，以前妻子怀孕的时候他也曾害喜。

如今，感应怀孕已经被看做真正的疾病，并有了自己的学名——产翁综合征，这个词由法语的"孵育"而来。它能够解释男人在妻子怀孕期间的诸多症状，包括体重上升、恶心、失眠、消化不良、胃灼热、疲劳、腰酸背痛、牙痛、食欲改变、头痛、腹泻或便秘、皮肤瘙痒、情绪波动和食欲大增。80%以上的准爸爸出现过不同形式的产翁综合征，尽管只有少数人表现出明显的症状，比如妻子分娩的时候丈夫感到胃痉挛。研究表明，怀孕3~4个月和临产的时候症状最突出，而一旦孩子出生，症状就完全消失。

有人认为产翁综合征是遗传病，而且小时候被收养或没有生育能力的男子更容易患此病。最近加拿大的研究说明，初为人父的男子可能体内的荷尔蒙发生与孕妇相似的变化。心理分析学者也提出许多理论，从对孕妇妊娠能力的嫉妒到使妻子怀孕的内疚等等，说法不一。有人还说这属于受心理影响的疾病，是对胎儿认同的表现，或者只是为了向配偶表达感情，并对其经历的痛苦表示同情。感应怀孕至今仍是未解之谜，但在西方国家中这种现象越来越多，因为社会变化使男人在怀孕这件事上正在发挥更积极的作用。

神奇的幻肢感觉

在伤口痊愈后的很长一段时间内,80%以上的截肢者仍然可以感觉到失去的肢体。这种感觉可能在刚截肢之后出现,也可能几个月甚至几年之后才出现。1866年,美国神经学家韦尔·米切尔经过对内战伤员的观察,第1次将这种感觉称为"幻肢"。

幻肢常常表现为刺痛感,并幻觉到与截肢前的胳膊、手或腿形状类似的肢体。残肢被触摸的时候,截肢者经常感到失去的手臂或腿正在受到压力。他们在走路、坐下或伸展四肢的时候会觉得肢体还在正常运动。刚开始,幻觉中肢体的大小和形状与正常肢体一样,截肢者甚至想伸出幻肢拿东西,或者试图用虚幻的腿站起来。但是,一些体验过这种感觉的人说,幻肢的形状会随着时间的推移而发生变化,感觉越来越模糊,有时完全消失,只剩下半截手脚在半空中摇晃。而另一些人说感到幻肢逐渐缩进残肢里,直到完全缩进去。

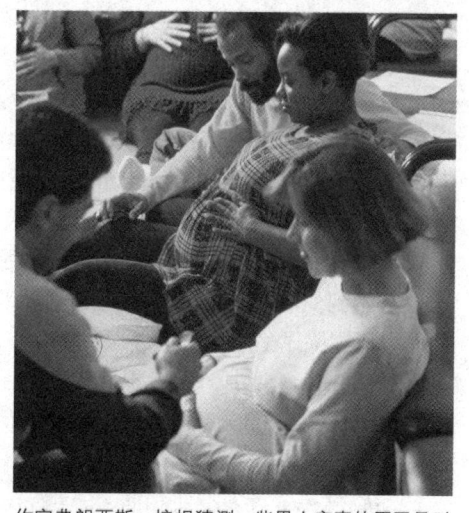
作家弗朗西斯·培根猜测一些男人害喜的原因是对妻子的关心。

许多幻肢感发生在截肢断口处受伤之后。因此,一些生来就缺少肢体和从未有过肢体感的人在断口受伤的时候也可能感觉到幻肢。一名18岁的姑娘就是一例。她生来就没有左前臂,某一天她骑马的时候从马背上摔下来,左臂前端着地。此后她产生了幻觉,感到前臂、手掌和手指都还在。她说这种感觉令人愉快而且没有痛苦,持续了1年之后才消失。

另一个病例是一名15岁的女孩,她因癌症失去一条腿,之后她详细地记录下幻肢的体验。手术刚结束的第1天,她在原来脚趾的地方感到痒和刺痛。第2天,给另一只脚按摩的时候,那种感觉减轻了,幻觉中的脚好像睡着了。每次幻肢的感觉都能持续10分钟。10天之后幻肢感开始减轻,并在1个月之内完全消失。然而有些人的幻肢感能持续好几年。

是什么导致了幻肢?有研究显示,我们对肢体的知觉是"硬连线"到大脑中的。肢体的感觉与大脑网络具有对应关系,人们往往从小就把对肢体的印象记在大脑里,肢体被截掉或者失去功能的时候这种印象还继续存在着。幻觉过一段时间后就会消失,因为患者纠正了对肢体的印象。但是如我们所见,一些生来就缺少肢体或4岁之前就截肢的人仍然会产生幻肢感。因为他们对完整身体的印象没来得及印在大脑中,所以幻肢感一般只发生在残肢端部受伤的时候。

伦敦大学学院的科学家最近对这一现象进行了实验,并在实验中对受试者的大脑活动进行监测。受试者把右手藏在桌子下面,一只橡胶假手摆在他们面前,看上去很像是身体的一部分。然后实验者用笔杆同时敲击假手和藏起来的真手,并用核磁共振成像仪器扫描受试者的大脑。仅仅11秒之后,受试者就开始将假手看做是自己的,而且稍后让他们指出右手在哪儿,多数人指向假手而不是真手,这说明大脑已经做出了调整。

科学家们发现,大脑中一个特殊的区域——前运动皮质,能通过视觉、触觉和本体感受(位置感)3种知觉识别身体。但是,当得到的各种信息不一致的时候,大脑更相信视觉信息,因为它是3种知觉中最强的一种。研究主任亨利克·埃森说:"此项研究表明,大脑通过比较对外界的不同知觉来分辨自己的身体。可以说,身体本身就是大脑形成的幻想。"

严重的幻肢表现为剧痛、灼痛、痉挛痛或刺痛等。一般认为,幻肢痛由神经末梢受损引起。这些受损神经继续扭曲地再生长，引起残肢异常的神经痛，有时也会改变断肢神经与脊髓神经元的连接方式。有一种理论说，断肢失去的感觉使大脑的神经活动发生改变，有实验结果证实了这种说法。幻肢痛的治疗方法之一是反复触摸断口皮肤，增强那里的感觉和判断力。事实证明此法十分有效，这可能是因为触感代替了断肢以前传递到大脑中的感觉。

虽然断肢痛属于物理疾病，但是在 1996 年，加利福尼亚大学的维拉亚诺·罗摩占罗博士利用心理测试进行了一系列的实验。他让断臂的幻肢痛患者把手臂放进一个镜盒，这样他们就能看到残肢在镜子中的映像，看起来就像是截下去的断肢又回来了。然后再把完好的那只手臂放进镜盒，一边运动手臂一边假想那就是断肢，此时疼痛减轻了。10 个受试患者中有 6 个立即感到幻肢在动，少数人感到幻肢变得灵活。有一名患者甚至通过改变大脑对身体的印象而彻底消除了幻肢。

在另一个实验中，患者想象失去的手臂正在随着面前屏幕上的手臂一起运动。这次实验也获得了成功，并改变了治疗幻肢痛的侧重点，即不再注重受损的肢体本身，而是关注产生痛觉的中心——大脑。

幻肢引起了诸多不便和痛苦，但它也有一个好处：由于患者对断肢的感觉增强了，所以他们可以通过幻肢感更快地学会使用假肢。

细胞的记忆力

有的人相信"接受移植的病人会继承捐献者的性格特点"，长期以来，许多文学作品利用这种想法渲染恐怖气氛。例如小说家毛利斯·雷纳德的《疯狂之爱》就讲述了这样一个故事，一名钢琴家在事故中失去双手，移植了一名杀人犯的手，所以钢琴家忽然有了杀人的冲动。绝大多数科学家一直认为"记忆可以移植"的说法是荒谬的，但现在越来越多的专家开始相信这种可能性，因为有不少例子证明，接受了器官移植的病人在口味、音乐爱好甚至性倾向等方面发生了明显的变化。

美国心理学家保罗·皮尔萨本人就接受过脊髓移植手术，他对心脏或心肺移植患者、患者亲友和捐献者的亲友做了许多访问，以下是他公布的部分病例：

* 一名 29 岁的女同性恋者吃快餐成瘾，她从素食的异性恋女子身上移植了心脏。手术之后，她说一吃到肉就恶心，而且不再对女性感兴趣，最后与一名男子相爱。

* 7 个月大的男婴接受了心脏移植手术。捐献者是一名溺水而死的 16 个月大的男婴，其大脑左半球患有轻微的脑性麻痹。接受者在移植之前脑部很健康，但手术之后左脑出现了相同的震颤和僵硬症状。

* 一名心脏移植接受者惊奇地发现自己忽然对古典音乐产生了兴趣。他后来得知捐献者生前是一位有造诣的小提琴家，死于一场驾车枪战。

* 47 岁的男子从患有厌食症的 14 岁女孩那里移植了心脏。移植之后，他表现出孩子一样的朝气，像小女孩一样咯咯地笑，而且吃饭之后感到恶心。

人们一般认为只有大脑才有记忆功能，但是皮尔萨根据自己的发现提出：活体组织的细胞也有记忆能力。坎蒂丝·佩特教授是华盛顿乔治敦大学的药理学家，她也认为思维不仅存在于大脑中，而是遍布整个身体，她说："思维和身体通过肽这种化学物质相互交流，大脑中有肽，胃、肌肉和其他所有主要器官中也有肽。受心理影响的网络分布于全身，从内脏到皮肤表面都包括在内。"她相信记忆能传输到网络的任意一个地方。"有关食物的记忆可能在胰腺或肝脏里，它可以通过移植转移到别人体内。"

还有一个特别的例子可以证明细胞的记忆力。一名 8 岁的小女孩移植了被谋杀的 10 岁女孩的心脏,然后她开始做噩梦,梦到凶手正在杀害捐献者。她向警察讲述了梦中清晰的景象,一位精神病专家对此记忆犹新,他说:"警察根据小女孩的描述抓到了杀人凶手。犯人证实了小女孩所讲的犯罪时间、地点、凶手的穿着和凶器都完全正确。"

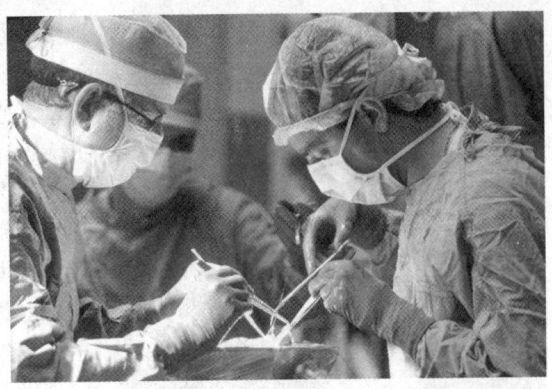

医生正在进行肾移植手术。一些专家认为,接受器官移植的病人会继承到捐献者的性格特点。

一名年轻男子也遇到了类似的怪事,他接受移植手术之后对母亲说:"一切都棒极了。"他母亲说他手术前从来没有用过"棒极了"这个词,现在这个词却成为他的口头语。后来他们得知,这个词是捐献者与妻子吵架之后用来表示和好的暗号。捐献者的妻子说,就在丈夫遭遇事故不幸去世之前,他们刚刚吵了一架,可是现在永远没有和好的机会了。

克莱尔·西尔维亚就是一个最典型的例子,她 40 多岁的时候得了严重的肺病,反复发作。为了挽救她的生命,医生从一名死于摩托车事故的 18 岁男孩那里移植了心脏和肺给克莱尔。手术康复之后,她开始喜欢喝啤酒、吃炸鸡块,而这两样东西她原来都不感兴趣,她还常常做奇怪而清楚的梦,梦中有一个陌生的年轻人。几年之后,她意识到这个年轻人就是器官捐献者,啤酒和炸鸡块是他的喜好。她甚至发现,那个年轻人遭遇车祸的时候衣服口袋里还装着炸鸡块。她对衣服的品味也变了,原来喜欢鲜红和亮橙色,而现在喜欢冷色调的衣服。她还变得异常好斗、容易冲动。

虽然这些事例支持了细胞存在记忆的观点,但仅凭这些还无法说服另一些科学家,他们仍然认为这是术后情绪紧张的结果,或者是为了防止排异反应而服用的抑制免疫药物的作用。怀疑者说,药物会改变饮食口味,而且能够拥有第 2 次生命的复杂感受使一些患者的习惯和爱好发生了变化。美国首席心脏病专家约翰·施罗德说:"多数科学家都确信人的心理经验储存在大脑里。器官移植会转移记忆的说法是不可思议的。"那么,究竟谁是对的呢?只有靠时间来证明了。

不可或缺的本体感受

2000 多年以前,亚里士多德总结出人类有 5 种主要感觉:视觉、听觉、味觉、触觉和嗅觉。不过,人们有时候会忘记自己还有一种感觉,它被称做本体感受,字面意思是"对自己的感觉"。这个术语是英国生理学家查尔斯·谢林顿爵士发明的,他称之为"神秘的感觉、第六感"。本体感受由神经系统产生,目的是保持方位感并控制身体不同部位的运动。知道自己在哪里,知道自己的手臂、腿和身体其他部位的相对位置,这非常重要。正是本体感受使我们闭着眼睛也能摸到鼻子,并能准确无误地给头部抓痒。

大脑每天接收到大量的感觉信息,为了防止负担过重,必须区分出优先次序。它学会了忽略一些预料之中的信号,并用无意识的部分对这些信号作出反应,比如大脑不去理会走路时部分皮肤受到的伸展。只有新的、没有预料到的信息可以到达大脑有意识的部分。我们的每个动作都是由大脑的指令而来。我们决定做某个动作的时候,大脑的运动皮质发出命令,让相关肌肉做出这个动作,不到 60 毫秒,感觉系统就把实际运动情况报告回大脑。大脑不停

□ 可怕的现象

照片中的美国舞蹈家、舞蹈指导阿妮莎·迪米欧正处于事业的巅峰,而 30 年后,她失去了本体感受,不得不再次学习如何运动。

地接收从身体发来的信号,以便及时发现任何身体位置和动作协调方面的错误。例如,即使我们站着不动,也会一直轻微地左右晃动。如果晃动的幅度太大,本体感受信号就给大脑发出警报,使它立即命令肌肉做出必要的调整。

特殊的本体感受器遍布在身体各处,与前庭系统(在内耳中由液体构成的网络,能察觉头部位置、保持身体平衡)协同工作。例如,从本体感受器发出的反馈信号使大脑计算出需要运动的角度,然后精确地命令肢体移动相应的距离。在关节、肌肉和肌腱中的本体感受器能察觉出细微的位置变化。它们从眼睛、耳朵和其他感觉器官得到新信息并传递给大脑,使身体平衡,动作协调。这样就保证了身体各个部位不会孤立地运动。

多数人都不知道我们有这种"第六感",但它对人体的运动至关重要。如果没有本体感受,我们就无法行走、托举、伸展肢体或舞蹈。尽管大脑最重视从眼睛反馈来的信息,但视觉信号的处理速度远远低于本体感受信号。所以当舞蹈者对着镜子练习的时候,与其依靠镜子中的形象判断动作,还不如自己来感受身体。

幸运的是,虽然我们有时候失去嗅觉或味觉,但很少失去本体感受。然而一旦失去它,将产生严重后果。全世界至今只发现 10 个人不能无意识地协调动作,英国南安普敦的伊恩·沃特曼就是其中一例。1971 年 5 月,他割伤了手指并引起感染,很快连手臂也红肿、发炎了。他开始感到忽冷忽热,全身无力,只好停止了屠夫的工作。当他攒足了力气去修剪草坪的时候,发现自己无法控制剪草机,只能任由它乱跑。一个星期之后,他起床的时候摔倒了,被送往医院。当时他不能正常行动,手脚能感知温度和疼痛,却察觉不到触感和压力。

病毒感染损坏了他控制本体感受和触觉的神经,使他从脖子以下失去所有的触觉。控制肌肉运动的神经还完好无损,但是大脑命令肌肉运动的时候接收不到反馈信号,所以他不知道动作是否执行完毕,只能靠眼睛判断四肢的位置。因此他可以做出动作,却没办法控制它们。他瘫痪了,而更糟糕的是,医生不知道病因。一开始医生将他诊断为末梢神经紊乱,说他很快就能康复,但 7 个月过去了,他还是行动困难。最后医生说他没救了,下半生只能在轮椅中度过。

感觉系统正常的人可以轻松地前后移动手指,但失去本体感受之后,大脑感觉不出手指在做什么,所以正常人轻松的动作却需要患者大量地思考和计划。沃特曼发现,用视觉来弥补缺失的反馈信号是唯一的解决办法。通过观察自己的身体,同时专注地移动相关部位,他终于可以费力地坐起来了。"我先看看腿、胳膊和身体都在哪里,然后一点点地坐起来。第 1 次自己坐起来的时候我太高兴了,可是一没留神就险些跌下床。"

对我们认为很简单的基本动作,沃特曼却需要花费很多心思,所以他把每天的努力比作跑马拉松。他必须训练自己看出物体的重量和长度。他试图举起一件东西的时候,感觉不出有多重,只凭眼睛来判断应该用多大力气。他花了整整 1 年学习站立,并以此为基础学会了行走,成为这种罕见疾病的患者中第 1 个能够走路的人。通过一步一步地分解每个动作,他还学会了其他动作。

"我先分别练习一些动作，比如抬腿、移动胳膊，然后再同时做，一点点取得进步。熟练掌握这些基本动作之后，就可以在这个基础上学会更多的动作，实际上我能够很安全地到处走动。虽然练习的过程中摔了很多跤，但这是必要的。"

仅凭视觉的缺点是如果忽然没有了光亮，他就会瘫倒在地，直到有了光线才能动弹。

尽管伊恩·沃特曼一直没有恢复本体感受，但他通过几年的练习之后出院，开始了新的生活。他利用视觉训练出了准确估计身体运动速度和方向的独特能力，不仅能走路，还会照顾自己，甚至开车。最后他找到工作并成了家。他成功地克服了看似不可逾越的障碍，除非发生意外状况使他失去平衡，否则见过他的人只是觉得他的动作有一点机械，很少有人怀疑他身体有毛病。但他最近承认说："运动还是要耗费大量的心思，花太多力气。"

伊恩·沃特曼的例子让科学家对本体感受有了更多的了解。沃特曼举起物体的时候对重量的估计相当精确，这使科学家们感到惊讶。一般认为，人们要依靠肌腱和肌肉拉伸程度的反馈信号才能判断出物体的重量和长度。而沃特曼没有这些反馈信号，拿起东西的时候只能用眼睛观察身体对运动的反应。肢体动得越快、越高则说明物体越轻。其实他的眼睛已经锻炼得极为敏锐，能够根据身体反应辨别出不同物体之间 1/10 的重量区别，而闭上眼睛的时候只能分辨出一半的区别。

美国著名舞蹈指导阿妮莎·迪米欧也失去了本体感受，必须努力训练自己再次学会运动。1975 年 5 月的一天，她想签署一项合约的时候忽然发现手不好使了。她此前曾患中风，虽然没有任何疼痛，但右侧身体失去了感觉和控制能力。扫描显示，中风影响到了丘脑，而丘脑是大脑中负责接收、处理并传递感觉信号的区域。她失去了本体感受。

然而，尽管她已将近 70 岁高龄，并经历了一次心脏病和若干次轻微中风，却能鼓起勇气与瘫痪作战。像伊恩·沃特曼一样，她用视觉弥补了失去本体感受带来的不便。虽然她没想到能平安度过最后一次中风，但她又顽强地活了 18 年，甚至重返舞台，在轮椅上指挥舞蹈。1988 年，观众对她长时间起立鼓掌，向她的艺术才能和勇气致敬。

灵魂出窍的真实体验

医药的进步意味着更多的人能够从死亡的边缘生还。随之而来，越来越多的生还者说，他们手术的时候失去意识，体验到了"濒死经历"。"濒死经历"有多种形式——看到上帝发光的轮廓、沿着隧道移动、所有的束缚忽然被剪断的感觉或快速回顾一生经历等等，而最普遍的是"离体经历"，即感到自己离开了肉体，但在身体外面仍然存在感觉。

第一次世界大战期间，美国作家欧内斯特·海明威在意大利当志愿救护员，被榴霰弹打伤。他倒下去，处于半昏迷状态，就在等待医疗救援的时候，他经历了奇怪的事情。事后他描述说："我的灵魂或者其他什么东西从身体里出去了，就像拎着丝手帕的一角将它从口袋里面抽出来一样。它在四周流动，然后回到体内，我又活过来了。"

1937 年，奥克兰·格迪斯给爱丁堡的皇家医学会写信，说自己食物中毒之后躺在床上，经历了奇异的事情。

"我忽然觉得自己的意识正在从另一种意识中分离出来，但那仍旧是我。忽然，我不仅看到了自己的身体和床，还看到房间和花园里的每样东西，后来连整个伦敦市都能看到，实际上，我想到什么地方就能看见什么地方。我处在一个自由的时空里。"他后来回忆起灵魂是如何回到身体的。"我见到医生离开其他病人，匆忙赶往我家，然后听到他说：'他快要死了。'

□ 可怕的现象

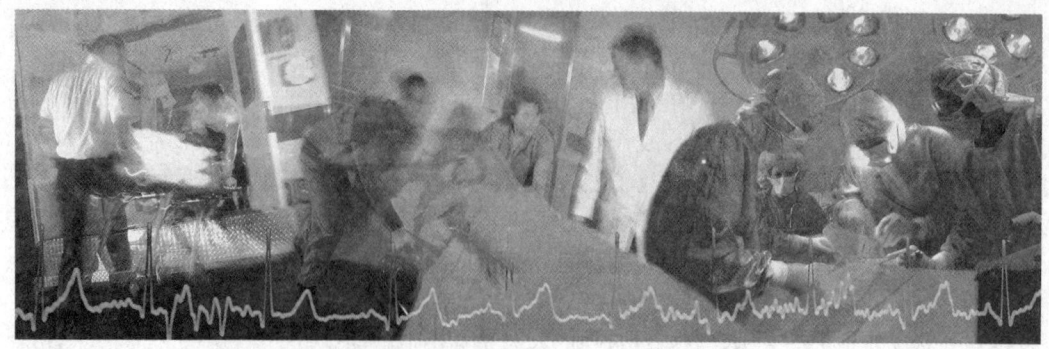

有过"离体经历"的病人当时往往有离开身体的感觉,并可以从高处向下看。

我在床上听得一清二楚,但是动弹不得,也说不出话来回答他。"

虽然并非所有的离体经历都有相同的特点,但还是能找出许多共性。事发的时候患者一般处于睡着、将要睡着或失去意识的状态。或许由于生病、心理压力或疲劳,睡眠往往比较浅。然后他们"醒来",多数人感到身体麻痹。在离体经历中,人们试图运动肢体,但是动不了,似乎只有眼睛功能正常。当时正在接受抢救手术的人多数会从高处看到下面自己的身体,还有正在实施抢救的医生。离体经历的持续时间一般不超过1分钟,有时候因为害怕离开身体太远而终止。最后忽然感觉被拉回身体,离体经历就此结束。

离体经历常常与摆脱极度疼痛和严重创伤有关。美国战俘埃德·莫雷尔曾在亚利桑那州监狱遭到拷打,他在《第二十五个人》一书中描述了当时他为了脱离痛苦是如何从身体里飘出来的。残忍的警卫经常给囚犯穿上特制的紧身衣,往他们身上泼水,紧身衣就会收缩。莫雷尔写道:"时间久了没几个人能活下来。只有曾被大蟒蛇渐渐缠紧、险些丧命的幸存者才能理解那种感觉,明白这种酷刑的痛苦。"莫雷尔说他被折磨了半个小时之后,忽然感到出奇的平静。他看到眼前有亮光在闪烁,发现自己从身体中脱离出来。然后他飘过高墙,来到外面的乡村。

随后他越飘越远,飘到遥远的异国他乡,飘到太空,飘到海上,在那里他还目睹了船只失事,而且后来证明确有此事。他还看到了一些此后在生命中即将遇到的人,包括未来的妻子。他从国外的城市带回一些信息,而这些信息当时是通过任何渠道也无法获得的。发生这一切的时候,他看起来像在安静地熟睡,警卫用更恶毒的方法也不能让他醒过来。最后警卫停了手,他也发现回到了身体——也许是因为离体经历已经达到了目的。美国作家杰克·伦敦对这件事很感兴趣,并以莫雷尔的故事为基础创作了小说《星游人》。

并非所有的离体经历都伴随着睡眠。20世纪70年代,研究离体经历的权威人物苏珊·布莱克莫在牛津大学学习的时候也体验了一次。她说当时的意识状态"十分奇怪",感到在树丛围成的隧道中朝着亮光前进,后来发觉自己飘浮在房间里,并看到自己的身体在下面。接下来,她飞出房间,越过大西洋来到纽约。在纽约上空盘旋之后,她又回到牛津的房间,这时候她缩小了,钻到自己的脚趾里。

有些人渴望体验到离体经历,就想方设法地引导自己——尝试清醒地进入睡眠,吃药,或刺激大脑。2002年,瑞士日内瓦大学医院的神经学家在为一名女病人治疗癫痫症的时候,使用电极刺激她的大脑。他们发现,大脑右皮质的脑回受到刺激的时候会多次引起离体经历。最初,病人受到刺激之后感到下沉到床里面,或者从高处坠落,当电流增大的时候,她说自己离开了身体。她告诉医生说,她飘到天花板上,看到自己躺在下面的床上。连在头部的电极还在放电的时候，医生让她看自己的腿，她发现腿越来越短了。弯腿的时候，腿就很快地向脸上甩过来，她不得不躲闪了一下。医生又让她观察伸展的手臂，她说左臂缩短了，而右臂不变。弯曲肘部的时候，左前臂和左手又向脸打过来。瑞士医生总结说，脑回在协调视觉信息与大脑对身体的感觉方面发挥着重要的作用。当二者失去联系，就可能发生离体经历。研究人员还指出，人们在试图检查自己的身体或某个部位的时候，离体经历比较容易结束。

瑞士医生提出这种说法的证据是，一些离体经历者是在身体感觉和对现实的意识发生改变的时候经历的。对离体经历者的故事，我们应该相信多少呢？不能否认它们的存在，同时也没有确凿的证据证明他们真的离开过身体。埃德·莫雷尔故事里的船只失事听起来很可信，然而和其他故事一样，它的可信度还不能通过科学界的检验。除非拿出证据，否则许多科学家仍然认为离体经历只是生动的梦境、幻觉或是由特殊创伤引起的癔病的结果。

神奇的安慰剂效应

2004年，密歇根大学和普林斯顿大学的研究人员做了一个实验，他们电击或击打若干名志愿受试者的手臂，同时用核磁共振成像装置对受试者进行扫描，结果显示出痛感刺激到了某些神经。然后研究人员给他们涂上乳霜，说涂上它就不会感到疼痛。其实那只不过是普通的护肤霜，没有任何镇痛作用。但是受试者再次被击打的时候，都说明显没那么疼了——大脑中的痛觉回路扫描结果证实了这一点，而一般受到止痛药作用的正是这部分大脑回路，这说明他们的疼痛真的减轻了。最后研究人员再次给受试者涂抹乳霜，并告诉他们真相，他们的痛感就没有减轻。

这是一个安慰剂效应的典型例子。安慰剂是一种药物或治疗手段，看起来可以治病，却没有实际的治疗成分。常用的安慰剂包括糖药片和淀粉药片。开药的医生知道这些东西里面没有有效成分，但病人相信它的疗效，并说服用之后感到身体好些了。这就是安慰剂效应——病人没有经过有效的治疗，症状就减轻了，这是因为人的期望和信心起到了作用。

加拿大不列颠哥伦比亚大学的研究人员对一组帕金森病患者做了类似的实验。患者接受治疗的时候，他们用正子放射断层摄影术研究患者的大脑。一些人注射了有效药物，其余的人在不知情的情况下注射了对人体无害的安慰剂。他们测量了大脑受损部位释放多巴胺的数量，因为这个指标能反映出药物的疗效。他们发现，注射了安慰剂的患者也分泌了相当数量的多巴胺。事实上，安慰剂效应产生了和药物相同的效果。

在另一个实验中，有10名关节炎患者要接受膝盖手术来缓解疼痛，但医生对其中的5名患者进行的是安慰疗法，即没有实施任何手术。医生用手术刀在患者膝盖上划了3下，假冒手术的刀口。直到6个月后，他们谁也没有发现自己被骗了，而且所有患者都说膝盖的疼痛明显减轻了。

安慰剂效应在医学界是一个讨论了许多年的话题。哈佛大学的麻醉学家亨利·比彻博士于1955年首次提出"安慰剂"这个叫法，他经过实验统计出结论，安慰剂对1/3左右的患者产生了明显的作用。对于某些疾病，比如疼痛、忧郁症、心脏病和胃溃疡等，安慰剂能减轻60%以上患者的病情。欧文·基尔士是美国康涅狄格大学的心理学家，他进一步指出，氟西汀和其他同类抗抑郁药物的疗效基本上来自于安慰剂效应。他分析了19项抗抑郁药物的实验结果，得出结论说，病人对康复的期望使大脑中的化学物质产生调整，病情好转，这一效果占药物疗效的75%。

信念是首位的，但安慰剂效应经常是在"双盲"的方式下发生的——不仅患者不知道他们服用的是安慰剂，就连医生自己也不知道。当然，一些患者不太容易接受这个事实，不相信明显缓解了症状的药其实是假药，因为这意味着他们的身体根本没有出毛病，病都是由意识引起的。

实验多次表明，即使患者服用的是假药，通过想象药物的疗效也的确能起到作用。这就是为什么医生开药的时候经常称赞药物非常有效的原因。密歇根大学的肯尼思·凯西教授认为，安慰剂实验的结果应该让医生有所启发。"在治疗的时候，医生应该让病人觉得治疗一定会取得成效，这样就会真的收到好的疗效。"

人们研究哮喘症的时候发现，如果医生骗患者说使用了气管扩张器，患者的呼吸就会变得顺畅一些。也曾有人拔牙之后感到疼痛，用超声波镇痛，但医生忘了打开开关，结果患者的疼痛却仍然得到了缓解。

1960年，西雅图的心脏病专家莱纳德·考伯对心绞痛的治疗方法做了一项实验。当时对心绞痛比较普遍的治疗方法是，在患者胸腔开一条小切口，将两个动脉打成结，使更多的血液流向心脏。经过治疗，90%的患者表示病情得到改善。但是，考伯对一些病人实施了安慰疗法，只切开皮肤但没有结扎动脉，结果假手术也取得了成功。

然而，安慰剂效应不仅仅是心理方面的。美国密歇根和加拿大不列颠哥伦比亚的研究都说明，患者对治疗的期望能引起生物化学的明显变化。人的感觉和思想能够影响到神经化学，因此，患者乐观的态度和信念对康复起到很大的作用。有一种理论说，安慰剂效应能促进人体分泌内啡肽，而内啡肽有减轻疼痛的作用。

一些人还认为，治疗过程中病人受到的同情、照顾和关心等等都会引起身体的反应，从而促进康复。美国精神病学家沃尔特·A. 布朗对《纽约时报》的记者说："有确切的数据证明，只要处于治疗状态就能产生效果。服用了安慰剂的抑郁症患者有了好转，而正在等待治疗的患者就没有起色。"

安慰剂对焦虑症和抑郁症有显著的疗效。1965年，研究人员给美国精神病诊所的15名门诊病人服用了安慰剂。但他们明确地告诉病人说那只是糖片，不包括有效成分。一个星期之后，有14名患者说病情好转了（一名患者因为丈夫嘲笑这个实验而把药片扔掉了）。

对此持怀疑态度的人却认为所谓的安慰剂效应纯属巧合，患者的好转只是属于伤病的自然变化。即使是长期的疾病，尤其是疼痛，不经过任何治疗也可能一夜之间忽然消失。但是，许多研究证明，服用安慰剂比不接受任何治疗更容易使人康复。

在道德方面，安慰剂效应使医生进退两难：即使对病人有好处，医生究竟该不该欺骗病人呢？一些心理治疗师的答案是肯定的，他们认为只要有疗效，人们不会在乎吃下去的是不是安慰剂。

科学家们对安慰剂效应的解释一直似是而非。它可能是物理方面的，可能是心理方面的，也可能是二者的结合。根据他们的说法，安慰剂效应也许还是个谜。不论事实如何，围绕这个话题的讨论还在进行之中。

无法自控的手

这件事听起来像恐怖电影中的情节：一个女人半夜忽然惊醒，发现有一只手正紧紧掐住自己的脖子。她用右手拼命地想把那只手拉开，却意识到那只手原来是自己的左手！这不是编剧虚构出来的，虽然有些极端，但这是一个真实的例子。这属于罕见而令人苦恼的手失控综合征，顾名思义，就是一只手不知道另一只手在做什么。

手失控综合征又称为异质手综合征或核战争狂博士综合征（由 20 世纪 60 年代彼得·塞勒斯在电影中饰演的德国科学家而得名），人得了这种病就无法支配手的活动。虽然患者对手还有各种感觉，但他们觉得完全失去控制，好像手已经不属于自己身体的一部分了。失控的手也能做出复杂的动作，比如解开纽扣或脱衣服。有时候患者不知道自己的手在干什么，直到它引起他们的注意，这时候患者往往很生气，试图用惩罚来控制它，他们觉得有一种邪恶的灵魂在支配失控的手。就像核战争狂博士总是竭力阻止自己的手臂敬纳粹举手礼一样，手失控综合征患者经常拍打或抓住到处乱动的手，想阻止它不当的举止。这个时候，患者看起来就像拥有两种意识或两种不同的思想，而且二者在互相较量。

彼得·塞勒斯扮演的德国科学家"核战争狂博士"是出名的手失控综合征患者。

瑟吉欧·达拉·撒拉教授是一名意大利籍神经心理学家，在苏格兰阿伯丁大学工作，他对这种病做过特别研究。他说："曾经有个患者不由自主地把鱼刺从鱼肉里面挑出来，放进嘴里。她非常尴尬，想把鱼刺拿出来，自己的两只手就打了起来。我还见过一些患者一直抓住滚烫的杯子不放。他们说'不要，不要，太烫了'，可是那只手还是握着杯子。"

还有更严重的例子，一名患者正在开车，失控的手突然抓住方向盘，险些酿成车祸。还有一次，一名患者没办法写下自己的名字，因为写字的手总是被另一只手推开。

世界上有记载的手失控综合征患者只有 40 例左右。此病一般在脑外伤、脑部手术、脑中风或大脑感染之后发生。不同的脑损伤引起不同类型的手失控综合征。胼胝体是人脑中连接两个大脑半球的部分，对于习惯使用右手的人来说，胼胝体受伤可能引起左手运动失控，但是如果大脑额叶受伤，就会使右手产生抓取和其他一些不受控制的动作。大脑皮质控制着思维、感觉和运动，这里受到破坏的话可能引起两只手不自觉的动作。而像解扣子、脱衣服这样的复杂动作一般和脑部肿瘤、动脉瘤或中风有关。

人们认为手失控综合征是由于大脑中控制身体运动的不同部位之间没有连接好。例如，有时候为了减轻严重的癫痫症，医生通过手术将大脑两个半球分开。这样，大脑的不同部位就能各自指挥身体运动而不会察觉到大脑的其他部位在做什么。实质上就是思维被分割了。

达拉·撒拉教授认为此病解释了自由意志的基础。神经学家相信人能够用意志控制大脑中的一些部位来规范动作，由此根据各种场合抑制自己的行为。当这些部位受损之后，人的行为完全受环境支配，而不受意志的控制。

"这就引出了一个问题：我们的自由意志有多自由？这种病似乎说明，对动作的自我控制能力可以与感觉分开。手失控综合征患者能感觉到失控的手在做什么，但无法指挥它。患者明知道手的动作古怪而具有潜在的危险性，可是还是难以约束这些动作。他们经常说，手就像有自己的意识一样。但是他们从不否认那只反复无常的手属于自己的身体。"

很遗憾，现在对手失控综合征还没有任何治疗方法。患者们要想控制症状，只能让那只手一直握着东西，不让它闲着。

□ 可怕的现象

令人烦恼的过敏症

对这种病有许多种叫法：复合化学物质过敏症；自发性环境过敏症；整体过敏综合征；环境过敏症；生态病；整体免疫紊乱综合征；化学免疫缺乏综合征；20世纪病。从每个名字都能看出这种病的原因、病理或症状。但是对这种病的定义和名字难以统一，阻碍了人们对它进行科学的认识。

然而专家们普遍赞同的一点是，这种疾病是近代才出现的。这种广为接受的理论说，第二次世界大战之后，新的化学产品得到了广泛使用，包括杀虫剂、香水、涂料、胶、溶剂、塑料、地毯、香波、清洁剂、药物、肥皂、咖啡因和食品添加剂等等，不计其数。这些产品已经融入了日常生活，在我们吃的食物里、穿的衣服上和呼吸的空气中，它们无所不在。许多化学产品的潜在毒性没有得到充分的测试，导致人体产生不良反应。20世纪50年代，芝加哥的过敏症医师赛隆·伦道夫就发现了一些人因为环境而生病，此后不到10年，环境污染成为严重的健康问题。70年代，建筑业的发展提高了房屋建造的效率，这使新式建筑中的通风方式发生变化。通风方式的改变和材料中化学物质的挥发导致了我们现在所说的病态建筑综合征，所以在办公室工作的人们经常会产生头痛、恶心和其他变态反应。

复合化学物质过敏症（MCS）的症状与传统的过敏症相似，但是由于不同的人对不同的产品发生反应，所以人们对此病的表现多种多样。MCS的症状包括呼吸困难、偏头痛、皮疹、头晕、恶心、疲乏、失眠、疼痛、注意力不集中和健忘等。女性比男性更容易患上MCS。科学家认为，虽然女性容易患病可能是因为比男性接触更多的化学产品，例如化妆品和清洁剂，但是男性分泌的睾丸激素掩盖了他们初期的症状和身体的预警信号，直到病情严重了才会发现。希拉·罗素就是一个著名的例子，她是20世纪70年代流行乐组合的歌手，忽然间她对人造纤维、塑料和经过加工的食品产生过敏，导致水肿和呕吐。因为她似乎对身边所有的东西都过敏，所以她只能住在英国布里斯托尔一所黑暗的房间里，里面的空气是经过过滤的。但是她的体重还是下降到39.9千克，一度连抬头的力气都没有了。

是什么使人体产生如此强烈的反应？临床生态学家认为，人体长时间暴露在某些化学物质中会导致身体失去解毒能力。有一名MCS患者无法去除体内的化学物质，因为这些物质进入他身体的速度比被排出去的速度还快。化学物质储存在人体一些含有脂肪的组织中，例如心脏、肝脏和大脑。人们刚开始对某些物质没有变态反应，但是一旦体内处理毒素的功能受到破坏，就抵挡不住化学物质了。这说明患者的免疫系统失灵了，因此对其他人没有影响的东西却可以对他们造成伤害。一位科学家试图给MCS下定义，他描述说"它是由多种化学物质引起的多种器官的慢性疾病，表现出多种症状，影响到多种感觉"。

让事情变得更加复杂的是，有证据表明，MCS及其相关的病症不仅仅由化学物质引起，还和病毒、情绪过激、创伤（尤其是儿童时期受到的创伤）、肝脏损伤和代谢紊乱有关。一些专家

包含小剂量激素的鼻喷雾剂可以用来预防过敏症状。这些药物应经常使用。

还确定地说，MCS 的一部分病因是心理方面的，多数患者同时还患有抑郁症或焦虑症。最近，多伦多大学的研究人员发现 MCS 也与恐惧症有关。

虽然 MCS 常常与过敏症联系在一起，但它与过敏症在一个重要的方面表现出很大的差异。研究人员做了一项实验，他们事先掩盖了过敏原的特征，比如溶剂的气味，然后让不知情的 MCS 患者密切接触过敏源，结果一部分患者没有出现症状。作为对比，他们也对花粉或坚果过敏者做了类似的实验，这些过敏者接触过敏源的时候都出现了症状。由此，多伦多的研究人员意识到 MCS 的病理有认知的成分，并观察到 MCS 的症状和恐惧症相似，所以他们决定研究一下这两种病是否有联系。此前曾有研究显示，恐惧症患者对一种称为缩胆囊肽的化学物质很敏感。缩胆囊肽是在人的内脏和大脑中产生的。在内脏中，它有助于消化；在大脑中，它与忧虑和愤怒的情绪有关。它被看作恐惧基因的媒介，意思就是它会使恐惧症患者发病。但是，对于没有恐惧症的人，缩胆囊肽不会引起发病。实际上，用它可以判断出一个人是否患有恐惧症。MCS 和恐惧症有许多相似之处，所以研究人员想看看它们在基因方面有没有联系。

我们每个人都有两种缩胆囊肽的感受器——A 和 B。B 类有 15 种不同的变种，称作等位基因。遗传密码决定了我们携带的是哪种等位基因。在恐惧症患者中，携带 7 号等位基因的人所占比例比正常人高。因此，克伦·宾科勒博士领导的多伦多研究小组对 11 名 MCS 患者进行了测试，并与 11 名正常人进行比较。MCS 患者中有 41% 的人携带 7 号等位基因；而正常人中，这个数字只有 9%。

显然实验的测试对象数量有限，要想给 MCS 在心理方面的因素下定论还需要做大量的工作。但是，宾科勒博士认为她的研究方向是正确的，她有信心找出这个令人烦恼的疾病的病因。"我觉得心理和身体的差别是人为提出的。它们其实是一个整体，不能单独看待。"

危险的吻

最近美国科学家发现了一件人们普遍认同的事：亲吻也许很危险。他们说，亲错了人可能会进医院，但不是因为被对方愤怒的配偶殴打，而是对方那天吃了某些食物的缘故。

《新英格兰医学杂志》上发表了一篇论文，说如果一个人吃了坚果之后 6 小时之内亲吻对坚果过敏的人，往往会使对方感到刺痒。在 17 名受试者中，绝大多数的人不到 1 分钟就产生了变态反应，但反应比较轻微，只是被亲吻的部位肿胀并感到刺痒。然而，有 5 个人开始气喘、发热并轻度头痛。最严重的是一名 3 岁的男童，他被亲吻脸颊之后出现了呼吸困难，被送往急救室。坚果在亲吻者口中停留的时间使研究人员感到惊奇。一些夫妇对此做了防范措施，比如刷牙或使用漱口水，但是这些都不能有效地防止变态反应。

在美国，每年有 3 万人因为严重的食物过敏而去医院就诊，其中有 200 多人死亡——比死于蚊虫叮咬的人还多两倍。食物过敏症患者中有一半的人对花生、核桃、腰果和杏仁等坚果类食品过敏。对花生严重过敏的人在乘飞机的时候，甚至对旁边吃东西的人也会产生轻微的变态反应。医生也遇到过此类患者，对同一间病房里的人吃花生过敏。

贝类也能引起同样严重的反应。有一名 20 岁的美国女孩对贝类过敏，她和男朋友亲吻之后立即产生强烈的变态反应，因为她男友不到一个小时之前吃过虾。他们都在一家海鲜饭馆工作，她有时给客人上菜的时候得戴手套。她工作的时候反复接触到贝类，曾出现过一系列轻微的变态反应。也许这些轻微的反应使她的免疫系统对甲壳动物蛋白产生了更多的抗体，这与花粉过敏等季节性过敏症相似。她说那天晚上在亲吻之前没有任何症状，但他们拥吻之后她的嘴唇和皮肤立刻出现反应，嗓子也肿了起来，腹部绞痛、恶心并难以呼吸。血液专家

□ 可怕的现象

接吻可能引起变态反应——尤其是一方刚刚吃过坚果或贝类食物的时候。

大卫·斯丁玛说："应该告诫容易食物过敏的人，不仅吃东西会引起过敏，触摸过敏原、亲吻或抚摸食用了过敏食物的人都可能引起强烈的变态反应。"

意大利那不勒斯市的医生接诊了一名女患者，认为她肿胀的嘴唇也是丈夫亲吻的结果。但是她丈夫没有吃令她过敏的东西，而是服用了抗生素药物治疗感染。医生为了证实他们的观点，又让他吃了相同的药并再次亲吻妻子。20分钟后，她出现了皮疹。她是第1个因为伴侣服用药物而过敏的病例。

那么，这些过敏的事例会使传统的接吻终止吗？专家的回答是：当然不会。美国过敏症专家斯科特·塞彻勒保证说"轻吻脸颊不太可能引起严重的问题"。但是他告诫说，热烈的亲吻会增加过敏的可能性并延长与对方唾液的接触时间，可能导致"非常危险"的后果。最好的办法是一直提醒爱人自己有过敏症，并在接吻之前检查对方吃过什么东西。

奇怪的蜜月鼻炎

喷嚏是由鼻腔或上呼吸道受到刺激引起的。这种刺激可能是呼吸道发炎所致，发炎的原因多种多样——普通的感冒、流行性感冒和枯草热；吸入灰尘或胡椒粉之类的刺激物；也可能是黏液造成的。这些情况很常见，但是有一种罕见的情况也能引起喷嚏——"蜜月鼻炎"，一种和性有关的过敏症。

医学杂志屡次刊登过这样的事情：一些人在性行为之前忽然开始剧烈地打喷嚏。他们多数是男性，有时甚至不用性交，只进行性幻象就能导致打喷嚏和持续流涕。一些专家说，这是由于鼻腔内壁属于勃起组织。性刺激使鼻腔内壁充血，引起流涕。所以，人一旦性兴奋就可能流鼻涕或打喷嚏。

在更严重的情况下，性刺激会引发哮喘。这种仅由性兴奋引起的哮喘称为"性交后哮喘"或"性行为诱发哮喘"，人在情绪紧张或焦虑的时候最容易发病。"性交后哮喘"这个词可能让人误会，因为在性行为之前的亲密接触也可以引起"性交后哮喘"，这一点与蜜月鼻炎类似。实际上，性交后哮喘经常阻碍人们正常的性交过程，因此使人更加焦虑，病情加重。为了证明这种症状不是由运动引起的，研究人员做了一项实验。他们让患者们爬两层楼梯，这个运动消耗的能量与性交相当。患者并未出现哮喘症状，说明哮喘的原因是情绪激动，而不是身体的运动。

伦敦圣乔治医院的医生在《皇家医学杂志》上发表了一篇文章，详细讲述了一个例子，说明性行为和鼻炎有关。一名男子吃了伟哥想改善性生活，结果鼻子流血不止，住院将近1周。这名男子年近花甲，他告诉医生说，在第1次流鼻血之前的几个小时，他有过激烈的性行为。为了增强自己的性能力，他曾服用了50毫克剂量的伟哥。医生此前也遇到过一个类似的病人，那人吃了伟哥之后流了两天鼻血。这两名患者都有高血压，显然这是导致严重流鼻血的危险因素。医生们提出，伟哥不仅对阴茎产生作用，还对鼻子有影响。与蜜月鼻炎比较之后，他们认为伟哥可能使鼻子的静脉扩张，增大了严重出血的危险性。

四、神奇的医术

移植死人的手

1985年,新泽西州的马修·斯科特在一次鞭炮事故中失去了左手,他承认说:"那完全是我的愚蠢造成的。"他在23岁那年装上了假肢,他本来是左撇子,所以必须训练自己用右手写字。虽然假肢给他的生活带来很大帮助,但也有很多明显的缺点,总是让他觉得不舒服。可是没有别的办法,斯科特只好认命,忍受行动上的诸多不便。后来,他在英国度假的时候,妻子道恩指给他看报纸上的一条新闻,讲的是正在进行的手部移植研究。他们得知在肯塔基州路易斯维尔的犹太医院,医生已经准备好了实施手部移植手术,这尚属美国首例,也是世界上的第2例。300多名患者提出申请,想成为幸运的受捐者,斯科特就是其中的一员。

他说:"请不要误会我。用假肢生活是完全能够接受的生活方式,但我只是想要更好一些——使用皮肤、骨头、肌肉和肌腱,而不是塑料、橡胶和电池。"在被选中之前,他必须通过许多测试,以确保他达到身体上的要求,并在心理上能接受使用死人的手。最后,在1999年1月24日下午,17名医生为他进行了长达14.5小时的移植手术,在捐献者的手和斯科特的左臂之间把动脉、静脉、神经和骨头连在一起。

手部移植是一个有争议的问题。在任何外科移植中,最大的问题就是排异反应。人体的免疫系统对"外来肢体"会自动产生强烈地排斥,这本来是抵御感染和疾病的重要保护机制,却给移植患者带来很大危险。虽然可以利用特效药来抑制免疫系统,但是这会产生严重的副作用,比如引起癌症、糖尿病和高血压。尽管在手部移植之后所使用的抑制免疫药物的剂量不会超过器官移植(诸如心脏、肺、肾脏、胰和肝脏),但是,抑制免疫药物可能会直接导致1/10的手部移植者在术后10年内死亡。医生和医学伦理学家都对此表示关注,认为患者为了用人手代替假肢,应该承担手术的风险和抑制免疫药物带来的不确定后果。这些风险对器官移植来说是可以接受的,比如心脏或肾脏等维持生命的器官,但手不属于这一类。值得为一只手冒生命危险吗?因此对这个手术持反对态度的人说,把尚不成熟的研究应用于实践将会带来恶果。

尽管心存疑惧,马修·斯科特还是做出决定,并在后来成为世界首例成功的手部移植者。最初他每周进行6次强化治疗,并伴有恶心和消化不良,还经历了3个轻微的排异期,但是,随着时间的推移,这些不适逐渐减轻了。排异反应是通过药物治疗的,5年内唯一的并发症就是拇指患上了关节炎。这是手术之前医生就预料到的。他们说,这实际上是由于他的手指弹性太大了。

手术6年之后,他能用移植的手扔球、接球、开门、转门把手、踢足球、搬家具、端起杯子喝水、拨打手机、写名字、系鞋带等等。每年的检查结果也显示,他的病痛在好转,力气越来越大,感觉不同物体的能力也大大提高了。他的左手能感觉出冷热,也能分辨出粗糙

□ 可怕的现象

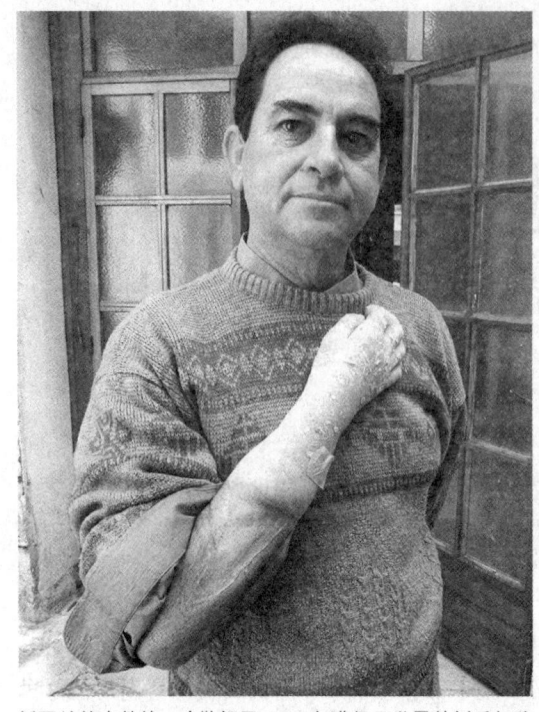

新西兰的克林特·哈勒姆于1998年进行了世界首例手部移植手术，但新的肢体难以和他的身体相容。

和光滑的质地。

"手部移植消除了我不能做某些事的恼怒和挫败感，"他说，"现在我相信，如果不能做某件事情，通过一些治疗就可以了！我又能完成很多日常工作了，而以前用假肢是办不到的。"移植给他带来的最大方便是能够为孩子鼓掌。"能为孩子鼓掌是件重要而高兴的事。能一边用右手拿东西一边用左手开门也很不错。"

但他注定不能达到常人的水平，而且，尽管抑制免疫药物的剂量越来越小，但他后半生必须一直吃药。然而，他仍然很高兴能有一只新的手，认为不论是心理上还是身体上都值得这样做。他说："手也许是仅次于声音的最富于表现力的东西。手的触摸和我们使用手的方式都能表达出很多信息。"他妻子说："他非常喜欢敲鼓，现在终于能尽兴地敲了。他的心情好转很多，对自己也更加平和，情绪安定下来。"

实施移植手术的医疗组组长沃伦·C.布雷登巴克说，斯科特的"手部功能得到了很大程度的加强，拇指也更有力了"。他还补充道："这是手部移植手术这么久以来最成功的一例，感谢马修和道恩。如果没有他们做的努力，就不会成功。他的左手和正常的手比起来还有差距，但是比假肢强很多。"

斯科特没有患上严重的疾病或感染，这为支持移植手术的人提供了证据，证明药物治疗的发展已经显著减轻了患者对植入的肢体产生的排异反应。

布雷登巴克说："这告诉我们，认为皮肤具有很强的排异性而不能移植的旧观念是错误的。皮肤的反应确实比肌肉和肾脏强烈，但是如今的抑制免疫药物药效很好，在手部移植中可以使用和肾移植相同的剂量。所以，药物的发展保证了皮肤和其他软组织的存活概率和肾移植一样高。6年来马修的状况告诉我们，经过移植的手可以保持这么久，而且对于马修，还能继续保持相当长的一段时间。"

但是，许多医学专家还是对手部移植持怀疑态度。人们希望马修·斯科特的手术能为进一步的手部移植手术开启大门，而至今全世界只有不到30例此类手术，手部移植显得缺乏支持。这种怀疑的部分原因是世界首例手部移植的结果不理想。新西兰的克林特·哈勒姆于1998年移植了一只陌生人的手，但是新的肢体难以和身体相容。手的样子让人厌恶，因此他遭到一些朋友的躲避，没能得到大家的接受。他声明自己感觉比原来仅有一只半手的时候残疾程度更大，后来在2001年，他要求把新的手截去，因为他"在内心无法接受它"。

对马修·斯科特来说却没有这些问题。他还能想起手术后那个奇妙的时刻，他醒过来，发现左手上又有手指了。"那里不是一堆空空的带血的绷带，而是包裹着手指、形状突起的绷带。我永远也忘不了那一刻。"

给大脑植入芯片

马修·纳格尔是一名精力充沛的运动员，但是2001年7月，美国马萨诸塞州韦马斯附近的一场焰火表演之后发生了冲突事件，马修为了保护同伴而遭到恶意攻击，颈部被刺伤。匕首切断了他的脊髓，他从脖子以下都瘫痪了，只能在轮椅上生活。直到现在，20.3厘米长的刀片还残留在脊柱中。

22岁的马修只能靠呼吸器喘息，医生说他的身体不可能恢复运动了，他的前途一片渺茫。然而，科技总是帮助残疾人找到改善生活的途径。约翰·唐诺胡教授是罗德岛州布朗大学的神经技术学专家，从20世纪80年代以来一直在研究大脑如何把思维转换成动作。了解了神经"兴奋"的过程之后，他的下一个任务是把电脉冲翻译成计算机或机器能够识别的指令。在最初的实验中，他在猴子大脑中植入电极，让猴子学会了使用操纵杆玩电脑游戏。从猴子大脑中发出的电脉冲使它能够移动屏幕上的光标。在成功的鼓励之下，唐诺胡教授准备在人体上进行大脑之门的测试，希望通过把脑电波输入计算机帮助残疾人独立生活。

2004年6月，马修·纳格尔在马萨诸塞州的新英格兰西奈医院接受了3个小时的手术，成为第1个安装大脑之门的人。他头上钻了一个孔，将阿司匹林药片大小的芯片植入到大脑1毫米深的地方，位于感觉运动皮质的上面，人脑在那里产生控制手臂运动的神经信号。芯片上固定着100个极薄的电极，可以接收思维活动产生的电信号，然后通过导线输入计算机，对大脑信号进行分析。这些信号再经过解读，转换成光标的移动，使他仅凭思维就能实现对计算机的控制。

在3周的手术恢复期之后，马修接受了第1次试验。他面对着一台屏幕，上面的光标一直在移动，他随着光标移动方向想象手臂的运动。与他大脑芯片相连的计算机分别记录下光标上、下、左、右移动时他发出的脉冲信号，每个方向都对应着他大脑中一种特有的信号，然后给计算机编写程序，让它能识别出每一种信号，并由此移动光标。例如，他想"向下"，光标就向下移动。虽然马修不能移动肢体，但他学会了通过想象手臂动作来移动计算机屏幕上的光标。计算机屏幕与电视机遥控器面板相似，他只需把光标移动到某个图标上就能选中那个选项。他把光标放在图标上，等效于敲击鼠标。因此，他能够做一些打开电子邮件之类的事情，而这在以前是无法做到的。提姆·苏根诺在制造大脑之门的网络动力学公司工作，他说："我们实际上是把他的大脑和外部世界连在了一起。"

通过连接到房间各个装置上的软件，马修现在能够开关电视、转换频道并调整音量。他能利用思维控制人造手张开或握紧，还能让机器手臂传递糖果。他甚至能用计算机画画，玩弹球和俄罗斯方块之类的电脑游戏。

有时候，大脑植入手术可以代替药物。神经外科医生在人脑中植入电极，用电信号来减轻长期的疼痛，消除帕金森病、癫痫症和抑郁症的症状。

唐诺胡教授希望大脑之门让重症患者能够通过思维移动轮椅、使用互联网，控制灯光、电话和其他装置，从而大大提高他们的生活质量，最终实现他们对自己肢体的控制。"如果我们知道如何把他的肌肉也装配上，他就能使用自己的手臂了。马修给我们带来了信心，但我们还是要保持谨慎，毕竟，这个技术目前只在他一个人身上得到应用。前面的路还很长，但我们正在前进。"

马修·纳格尔还有更长远的目标，他希望下地行走。他说："我的生活已经发生了改变。我只想走路，用不用拐杖无所谓。我知道，过不了几年就能实现。"

□ 可怕的现象

鲨口脱险后的手臂再植

　　2001年7月一个炎热的夏日傍晚，在佛罗里达西北的朗登海水浴场，正是日落时分。来自密西西比州欧申斯普林斯的8岁男童杰西·阿伯格斯特在距离岸边10米、齐膝深的水里玩得正欢。他是和姐姐、哥哥们、堂姐妹和婶婶黛安娜、叔叔温斯·弗劳森吉尔一起去度假的。虽然姐姐大着胆子游出去很远，但杰西和其他孩子还是更喜欢蹲在浅浪中玩耍。突然，哥哥感觉到什么东西从他腿边擦过，与此同时，杰西看到了可怕的一幕：一只鲨鱼的鳍从水里冒出来。还没等他反应过来，鲨鱼刀子般锋利的牙齿已经咬住了杰西的右臂。岸边的温斯·弗劳森吉尔听到尖叫声，立即向他女儿和杰西玩耍的地方望去，看到鲜血染红了海面。他发现一条重约91千克、长2.13米的雄性鲨鱼正用巨大的嘴巴紧紧咬住杰西的手臂，想要游走。弗劳森吉尔不顾一切地冲到海里，抓住鲨鱼的尾巴，用力摇动并向后拉。第2次拖拽的时候，杰西挣脱了，被人抱了救上来。他的右臂被鲨鱼从肘关节与肩膀之间咬断了，右腿也被撕下来一大块肉。

　　失去意识的杰西很快被带上岸，即使时间很短，他也已经失血太多，连伤口上都流不出血来了。一个目击者说他的腿就像被咬了一大口的鸡腿似的。他婶婶把浴巾当做止血带，紧紧勒住他的胳膊和腿，又用T恤衫把从残破的胳膊中露出来的骨头包好，从而确保他所剩无几的血液不再快速流失。然后，在其他度假者的帮助下，她给孩子实施了长时间的心肺复苏术。她丈夫用手机向急救单位求助，很快，从附近的彭沙科拉浸信会医院赶来了直升机。急救人员对杰西的初步预测很不乐观。他没有脉搏，从临床上讲已经死亡。失血过多是创伤中最危险的情况，一般只有不到1%的人能幸存。一名急救人员说："他失血太多了，跟鬼一样白，看上去像个布娃娃。"杰西的眼睛睁开着，但翻着白眼。尽管急救人员当时认为他死了，但还是快速行动，连飞机的引擎都没有关，准备把孩子救起就马上送走。在杰西叔叔的帮助下，他们把他抬进飞机，插入呼吸管，在飞机里继续进行心肺复苏术。他们仅在陆地上停留了6分钟，临关上机舱的时候，他们问起被咬断的手臂，但谁都不知道它在哪儿。

　　为了保护海里其他的孩子，温斯·弗劳森吉尔早已把鲨鱼拖上了岸。急救人员问起手臂的时候，一名海滩救护队员想到可能还在鲨鱼嘴里。所以他朝着还在沙滩上挣扎的鲨鱼头部连开4枪，让它松开了嘴。然后他用警棍撬开鲨鱼的嘴巴，一名志愿消防员用钳子在食管里找回了杰西的手臂。他们马上将断肢用湿毛巾缠好，外面包上冰块，赶紧用救护车把断肢送到医院，只比直升机晚到了一点。

　　杰西躺在医院里的时候，已经失血将近30分钟了。血液中红细胞的主要功能是携带血红蛋白，为全身供氧，因此失血导致他缺少了维持生命的氧气供应。他被直接送到急救室，已经奄奄一息，医疗人员一直对他进行着心肺复苏术。当务之急是输入大量血液。不到15分钟，护士就向他体内输入了1.5升血浆。一段紧张地抢救之后，在救护车送来断肢的那一刻，杰西终于恢复了脉搏。此时，给杰西输入的血浆总量已经超过了14升。

　　伤情稳定之后，下一步考虑的就是如何接上手臂。"奇怪的是，伤口很干净，"整形医生阿兰·罗格斯说，"想不到鲨鱼咬过的伤口会是干净的，尤其是这个从鲨鱼食管里拿出来的断肢，伤口居然出奇的齐整，出奇的干净。"然而，手术还是非常复杂，需要仔细地接好1根骨头、3条神经、1根动脉、2根静脉和3组肌肉，杰西的手臂才能恢复功能。罗格斯医生用缝线在断肢上分别给静脉、动脉和神经做标记，同时，另一名整形医生朱丽叶·迪·卡姆波斯把断肢的骨头截下去2.54厘米，以便使臂骨能够固定在金属板上，保证手臂的正确位置。然后她在上臂骨、断肢和连接处3个地方分别打入2只螺钉,把两边的骨头固定在一起。接下来,罗格斯医生开始连接睫毛般粗细的主神经。连接静脉的时候,他不得不从杰西的腿上取出一根来代替断肢上受损的静脉。松开夹子,血液开始流回罗格斯医生称之为"惨白、冰凉"的手臂。对手臂进行了半个小时的按摩之后,医疗组观察到了反应:前臂上所有的小伤口开始流血。医生说,最难的部分是缝合皮肤。迪·卡姆波斯医生向《时代》杂志形容说:"就像在做拼图游戏。"最终,经过12个小时的手术,杰西被用轮椅送到恢复室。

虽然手臂的恢复充满希望,但杰西在受伤和得到医治之间的很长一段时间里严重缺血,这可能对包括大脑在内的器官造成危害。当时医生还不能确定这种危害究竟有多大。

第2天,随着身体状况的好转,杰西被转移到宗教心脏医院,那里有当地唯一的儿科重症监护室。他仍然没有脱离危险,在肾衰竭之后进行了透析。儿科主任坦言道:"以他的情况,想渡过难关相当困难。人在心肺完全停止活动30~45分钟之后还能存活下来,是非常罕见的。"

杰西受伤之后的第4天再次进行手术,修复受损的腿部。手术需要去除坏死的皮肤,并用猪皮植皮。由始至终,医生都在关注大脑可能受到的损伤。治疗过程中器官会发生肿胀,但是如果大脑肿起来,使颅内压高于血压的话,血液就不能到达大脑,他就会性命不保。所幸的是,X光电脑断层扫描显示大脑没有肿胀的迹象,虽然其他器官的功能还没有完全恢复,但每天都有所好转。受伤后不到1周,杰西已经从深度昏迷转为轻度昏迷,并对疼痛、刺激和指令有所反应,这说明神经方面有了好转。而且,他已经能够不依靠人工呼吸器,自己呼吸了。

接下来的几个星期中,杰西继续缓慢而稳定地好转。他从昏迷中醒来,虽然清醒的程度还不确定,但他开始注意身边的物体。他的父母大卫和克莱尔开始用轮椅推着他在重症监护室周围散步。杰西刚入院的时候,专家们基本对他的生存不抱希望,更不用说出院了,但是在经历了重重险境之后,他于2001年8月12日顺利出院,回到了家乡欧申斯普林斯。

谁都想象不出前方的道路将会怎样坎坷,但是在家庭的关爱下,杰西对战胜伤病充满信心和决心。探望杰西的人说他能不时地说出单个的词,不管谁对他说话,他都报以微笑,这说明他对周围事物的意识逐渐变得清醒。到了2004年夏天,他虽然还不能说出整句的话,但发音更清晰了。他吃某些食物的时候不再需要导管,还会用大笑或微笑回应兄弟姐妹。用黛安娜婶婶的话来讲,他"像草一样"疯长,只有他父亲才能抱得动了。现在他还不能自己坐起来,但可以使用特殊的垫子翻身和爬行。

自体干细胞移植

在现代医学的各种移植手术中,干细胞移植颇具争议。实际上,许多人错误地认为所有干细胞都取自胎儿,所以一听到"干细胞学"就联想到不道德、难以接受的行为。反堕胎团体坚决反对为了收集干细胞而培养胎儿的行为,由此科学家们开始探索如何从成人组织中培养神经干细胞。

在人出生之前,胚胎干细胞产生出构成人体的其他200多种细胞。出生后,成人干细胞可以修复体内受损的细胞。人体的再生机理利用自身能力治愈伤口和疾病,保障各种细胞正常工作并应对可能发生的状况——但是对很多疾病它们无能为力。

目前,干细胞学还处于初级阶段。胚胎干细胞有产生200种细胞的能力,其功能远远大于成人干细胞,但是人们除了有道德上的顾虑,还担心使用起来可能遇到麻烦。例如,在老

□ 可怕的现象

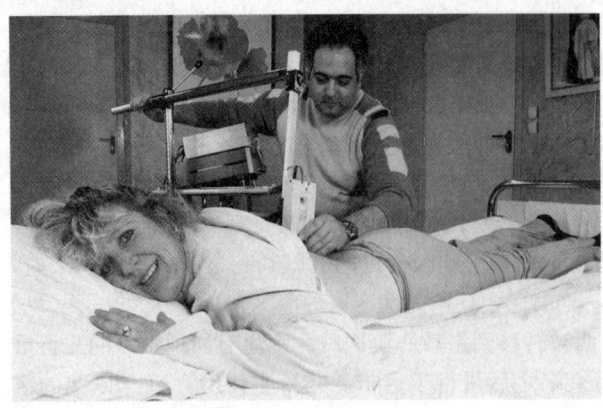

金姆·古尔德因坠马受伤而瘫痪，她接受了实验性的手术，从鼻腔中提取干细胞移植到脊柱里面。

鼠身上使用胚胎干细胞，有时会导致大块的肿瘤。而使用成人干细胞危险性较低，因为当患者需要的时候，可以从自己身上收集，不会发生排异反应。科学家现在的目标是找出人体哪个部位能最有效地收集到干细胞。

事实上，在一些手术中已经在使用成人干细胞了。医院里常规的骨髓移植手术，从本质上讲就是干细胞移植，因为手术使用的细胞符合干细胞的定义，即它们能在人的一生中持续生长并产生神经组织。在探索成人干细胞移植手术的道路上，英国妇女金姆·古尔德是著名的一例。1998年5月，她骑的马在越野的最后一跳中跌倒，她被甩向空中，从此瘫痪。

"我摔在地上，脊柱一下子就折断了，"她说，"医生说我再也不能走路了，我就想：'不会的，出院之后就没事了。'事实证明我错了。事故发生后的几年中，我整天待在屋里，闷闷不乐。行动受到限制，不能出去，那真是太难受了。我的整个生活面目全非。"

古尔德太太尝试了无数的治疗方法都不见效，最后，她在里斯本接受了实验性的手术，从鼻腔取出干细胞移植到脊柱里。2003年10月，手术在埃加斯莫尼斯医院进行，持续了9个小时，由加洛斯·利马医生主刀。20世纪70年代末，佛罗里达州立大学的帕斯奎尔和阿里拉·古拉加德在干细胞研究方面取得了一些成果，利马医生以这些作为手术的基础。

他们发现，鼻腔里有一部分神经系统负责嗅觉，那里的神经元在人的一生中能够持续生长。这一点很重要，因为我们感冒的时候闻不到气味，但并没有永远失去嗅觉，病好之后又能复原。由此可以推断出，这些神经细胞属于干细胞。它是神经系统的一部分，终身具有自我更新能力。由于鼻腔组织里存在干细胞，能持续生长并产生神经组织，所以，它或许能用来修复受损的脊髓。

利马医生说："我反对使用胚胎干细胞，但并不全是由于道德原因。大自然让胚胎干细胞增殖，让成人细胞更替、修复，违反大自然的法则是危险的。在这里，是大自然在起作用，而不是我们。我让患者自己恢复，因为一旦把细胞植入你的脊柱，它就属于你了。很自然，只要有良好的环境细胞就会生长。一个干细胞在几个月，甚至几年内都能产生效果，所以我们希望在手术几年之后还能看到作用。所有患者的感觉神经和运动神经都有不同程度的恢复。他们在受伤以后还从来没有这样运动过，感觉过。有的人甚至恢复了膀胱及排便功能。"

手术之后，金姆·古尔德的右下半身、后腰和腹部肌肉开始恢复知觉。不到1年她就能爬行了。

她说："我现在能很好地保持平衡，还能举起腿向前伸。我已经有6年无法行动了，而这一年的恢复非常显著。如果从别人或胎儿那里移植过来细胞总是会有危险性的，可能发生排异。但再生治疗是用病人自己的细胞更新、修复自己。只要有办法摆脱瘫痪，不用坐在轮椅上，我想任何病人都会尝试的。"

金姆·古尔德的情况比较特殊，因为移植使用的嗅觉组织会随着时间逐渐缩小，这样就需要考虑病人的年龄。而她当时已经43岁了，是接受这项手术的病人中年纪最大的。

乔伊·维伦也是利马医生的病人，原本在德克萨斯州教书。1999年10月，在科罗拉多落基山脉附近的峡谷发生了一起可怕的事故，她为了保护家人而受伤。

她回忆道："我的孩子们坐在车的前排，我妈妈坐在后面。前排座位上一共有3个人。车开始倾斜，向前冲去，他们眼睁睁地看着我，我立刻跑出去。车就要冲向峡谷了。我跑的时候眼前浮现出孩子们随着车跌落的样子。到了车子前面，我试图用手臂让它停下来，这当然做不到。我记得当时感到车子朝我撞过来。我向后摔下去，脚被车压到了。我在车子下面翻滚，第3次挤压的时候我感觉到后背被压坏了。然后我仰卧着，身体被车子的后轮纵向碾过。他们说幸亏我的头歪着躲过了车轮，才没有丧命。当时我30岁，我想我这辈子算完了。"

虽然她父亲拉起手闸，保住了孙子们的性命，但乔伊·维伦不幸瘫痪，左半身从腰部以下不能动弹。

手术9个月之后她就有了好转，尽管进步并不像她想象的那样大。"我左腿恢复得最好。过去左腿总是冰凉的，而右腿又温暖又有劲；但现在左腿甚至比右腿还强壮，效果显著。我还感到更加疼痛，但是痛觉是最先恢复的感觉，所以这是好事。"她知道还需要长时间的恢复。"我当然希望手术之后能自由行走，像没发生事故一样，但我跟利马医生说，我从来没有任何奢求。"

杰弗里·雷斯曼教授是伦敦大学脊柱修复组主任，他对利马医生取得的成果非常感兴趣。他也研究过能否从患者鼻腔里提取干细胞，并安全有效地治疗脊柱损伤。雷斯曼的研究小组在老鼠身上做过实验。他们切断了老鼠控制前爪的神经，因此它不能用爪子正常爬行，也不能抓取食物。然后从老鼠鼻腔提取了干细胞，植入到受损神经周围。没过几个星期，手术就产生了明显的效果。

雷斯曼教授说："我们使老鼠恢复了爬行能力，还能控制前爪的运动，抓取东西——这正是那些手不能动的患者需要的功能。"后来雷斯曼教授把干细胞植入老鼠脊柱，也得到了同样满意的结果。他们发现干细胞有一种特殊的能力，可以与受损组织很好的结合，在断开的神经纤维之间搭建桥梁。

雷斯曼教授补充道："我们把干细胞移植到受伤部位，那里就恢复了功能。我们第1次将这扇大门拨开了一道缝。瘫痪者离开轮椅，中风病人好转，盲人恢复视力，失聪者重获听觉，这些将不再是梦想。如果我们能敞开这扇门，就能发现后面广阔的天地。如果成功，这将是一场革命。"

但他强调病人可能不会完全康复："如果一个人根本不能移动手臂，无法按开关、操作机器、开车，那么手术可以给他的生活带来很大变化，但是可能不会完全治愈。"

同时，韩国科学家公布说，他们用取自脐带血的干细胞为一名瘫痪20年的韩国妇女修复了脊柱，病人已经能下地行走了。20年前，黄美顺在一场事故中腰部和髋部受伤，此后一直卧床不起，但是在2004年11月召开的记者招待会上，她当场用助行架行走，并对记者说："这对我来说是个奇迹，我做梦也没有想到能够再次走路。"

据称这是世界上第1例此类移植手术。他们在婴儿出生的时候采集到脐带血，将干细胞分离出来并立即冷冻，经过一段时间的培养之后直接注射到受伤的脊髓处。不到两个星期，病人的髋关节就能动了，一个月之后，她的脚对刺激产生了反应，她还能利用助行架小步行走。医生对她的恢复之快感到惊喜，但同时承认还需要进一步的研究。韩国政府资助的脐带血银行的总裁韩勋说："在从冷冻的脐带血中分离出干细胞、寻找与病人基因配对的干细胞等方面还存在技术问题。"与使用胚胎干细胞不同，这种疗法不会引发道德方面的争议，而且脐带干细胞在病人体内基本不会产生排异反应。尽管还需要进行进一步的研究和实验,但鼻腔和脐带干细胞移植也许能为成千上万绝望的病人带来曙光。

世界首例人类舌头移植

2003年7月,奥地利医生经过14个小时的手术,成功实施了世界上首例人类舌头移植。患者是一名42岁的男子,身份保密,在他舌头右侧、腺体、下颚右侧和舌头下面出现了恶性肿瘤。他在维也纳综合医院接受手术前甚至不能张开嘴,他的癌症太严重了,医生只能选择切除术。

过去对失去舌头的患者,医生会从小肠截取出一小块组织,移植到舌基上。虽然小肠柔软并有分泌黏液的功能,让患者嘴里感到舒服,但是它尺寸太小,口腔里还是空荡荡的。因此,患者的发音比较模糊,也无法吞咽,只能靠管子进食。奥地利医生希望能通过舌头移植消除这些障碍。他们面临的主要问题是如何有效地抑制免疫系统,防止移植组织发生排异反应。这是个特殊的问题,因为进食导致口腔环境无法保证消毒。但是嘴也可以自然而有效地保持自身清洁。

此前,舌头移植仅仅在动物身上进行过,但是很久之前,由9名医师组成的医疗组就开始准备把这项技术应用于人类了。科里斯坦·克尔默担任组长,他说:"我们计划实施这个手术已经两年了,但我们同时需要患者和合适的捐献者。这种手术与以往的治疗方法相比,一个最大的优点就是使患者又拥有了舌头,并能移动甚至感觉到它。"

舌头来自于一位不愿透露姓名的捐献者,因为血型和舌头大小适合患者而被选中。另一个医疗组从脑死亡的捐献者体内取出舌头,马上提供给正在隔壁进行的移植手术,随即对捐献者停止生命维持措施。同时,克尔默的医疗小组在患者两耳之间做了一个切口,切除了舌头。然后他们将捐献者舌头上的肌肉组织、神经末端、动脉和静脉连接到患者嘴里。克尔默医生表示,他们已经把2条负责舌头运动的神经连接好了,还连上了2条感觉神经中的1条。

罗尔夫·尤斯医生是小组中的另一名主要成员,他宣布手术成功时说:"舌头现在看起来就像是他自己的——它色泽红润,血液循环很好。舌头只是稍微有点肿胀。这也是一个好征兆,意味着可能还没有发生移植排异反应。我们希望患者最终能正常进食和讲话。他不太可能恢复味觉,但是会有一些其他感觉,而最主要的,能够运动才是理想的效果。患者还年轻,在这个年纪就失去舌头是很残酷的,但是必须切除舌头,因为他的癌症已经到了晚期——他抽烟抽得太厉害了。"

虽然患者以后必须一直吃药来预防排异反应,但手术后还不到1个月,他就能学着说话并做出吞咽动作了,他能咽下自己的一部分唾液,还可以依靠气管里的一根管子让别人听懂自己的话。为了配合手术,他还进行了讲话治疗。

根据这个成功的病例,医院计划只要能提高口腔癌症患者存活概率,就进行舌头移植手术,而现在晚期癌症患者中只有50%的人实施手术。每年在移植手术中受益的患者将超过15名。在英国,人们必须积极参加器官捐献计划,而奥地利法律规定,医生有权使用任何死亡患者的器官,除非患者特别提出不捐献的要求。

然而,英国移植学会道德委员会主席彼得·罗提醒考虑做这种手术的人说:"对许多需要抑制免疫力的疗法必须三思而行。抑制免疫力可能导致感染,从长远角度来讲有产生恶性肿瘤的危险,必须对移植带来的益处和多种危险认真衡量。"

"断头人"获救

马科斯·帕拉能活下来是个奇迹。2002年，18岁的他开车行驶在亚利桑那州的公路上，与一辆醉酒者的车相撞，受到重伤，头部与身体分离，只有皮肤和脊髓还连着。他被紧急送进菲尼克斯市圣约瑟夫医院的急救室，连医生也从未见过这么严重的伤。他的锁骨、骨盆、尾骨和肋骨多处骨折，而让医生不知所措的是颈伤。正常情况下，从头骨基部到脊柱第1节有一条粗韧带，将头骨连接在脖子上。在事故中，他的头部受到猛烈地冲击，这条韧带被扯断，头部和颈部之间拉开了一段空隙。头骨和脊椎分开很远，使头部脱离了颈部。

受到这种重伤的人一般会死亡，少数人终生残废，但马科斯有幸遇到了柯蒂斯·迪克曼医生。迪克曼医生在圣约瑟夫医院的巴勒神经学协会工作，他当时正好在研究一种治疗马科斯这种创伤的技术，但是只在尸体上进行过实验。结果，马科斯成为世界上第1个通过这种实验性的手术保住生命的人。

由于脊髓和动脉没有严重受损，马科斯成为迪克曼医生手术的理想对象。手术中使用了两颗外科用的螺钉，从颈部后面将螺钉的一端固定在脊椎的第1节上，另一端固定在头骨基部。这时骨头回到了原位。然后医生从病人骨盆上取出一块骨头，修复了脖子和头部的连接。

迪克曼医生后来说："受了这种伤的人多数当场就死亡了，因为只有强大而猛烈的力量才会造成这种类型的伤口。我的手术与其他手术的不同之处在于，它能使病人做出大部分的颈部动作。因为一旦不能活动，病人就残废了。"

手术之后，马科斯带了4个月的固定架，架子罩着他的头，保持头部和颈部相对固定，有助于脖子恢复。他经历了几百个小时的漫长的康复期。结果手术大获成功，正如迪克曼医生保证的那样，他的脖子只丧失了5%的活动范围，这对于受伤如此严重的病人来讲是惊人的。事实上，几个月之后马科斯就能打篮球，享受生活了。他对事故没有什么印象，只是很高兴能活下来，还可以自由行走而不是瘫在轮椅上。他的确是个幸运的人。

"仿生学"女子

英国一名中风患者为了恢复手臂运动能力而植入了"仿生学"装置，这在世界上尚属首次。46岁的弗兰·里德来自多西特的普尔市，2005年5月，她在南安普敦综合医院接受了这个开创性的治疗方法，希望能通过电刺激产生运动。

里德太太于1996年和2002年经历了两次中风，左半身瘫痪。后来她基本恢复了运动能力，但是三头肌和手指还不能动。南安普敦大学和美国的一家医疗研究机构——阿尔佛雷德曼恩医院合作，经过长期研究才实施了这项手术。他们希望探索射频微型刺激器这种电子装置的可行性，看它能否促进中风患者恢复运动，并通过训练恢复胳膊和手的功能。局部麻醉之后，医生切开很小的切口，将5个圆柱形的微型刺激器植入左臂，放在她自从中风以后就没有使用过的神经和肌肉附近。装置植入半个月之后，她戴上了射频护腕，这个护腕能把信号从特制的计算机传送到微型刺激器上。按下计算机上的某个按钮，她就可以向"仿生神经元"发出指令，这与大脑向肌肉发出指令的方式相同。

在这种情况下，深层和浅层的肌肉都可以被人为地调动起来，并能更好地控制运动，这对前臂和手的运动尤为有效。大家希望里德太太能够借此伸展肘部和手腕，张开手掌并抓取东西。中风虽然没有影响到她走路，但她一直从事无板篮球运动。想要重返球场就必须学会双手扔球和接球。如果一切顺利，她最终能够摆脱计算机，像大脑发出电信号控制运动那样，

□ 可怕的现象

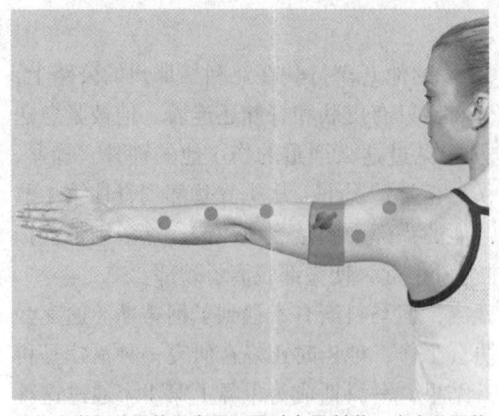

"仿生学"装置的示意图。通过电子刺激，这个装置能帮助中风患者弗兰·里德恢复手和胳膊的运动功能。2台刺激器植入上臂，3台植入前臂。

自由地让手臂运动。

课题的领导者珍妮·波里芝说，如果里德太太能更好地使用这个系统，她的运动能力就会有所提高。而恢复肌肉并训练肢体识别运动的电信号是问题所在。

波里芝医生说："患者的左臂只能动一点点。她可以用拇指和其他手指夹住东西，但不能松开。我们的目标是帮助她实现够到并抓取东西的功能。现在必须对微型刺激器进行测试，确定让胳膊动起来的时候它需要多大的刺激，比如拿起杯子或梳头发这种运动。在中风患者中，30%～60%的人有上肢功能障碍。直到现在，电子刺激装置还没有得到广泛应用，主要原因是表皮的遮盖使人们难以把电极放在适当的位置来引起相应的动作，而且植入系统需要进行大规模的手术。但是植入了这套系统之后，电极不需要放在皮肤上，被激活的肌肉还可以使动作更自然，更多样化。这种手术的侵入性也比以前的神经植入手术小，而且由于电极非常小，能植入许多不同的肌肉，所以能够使患者做出精确并有力量等级之分的动作，这正是手和胳膊极其重要的功能。这套系统不是为了代替运动，而是帮助训练肌肉，使它们学会运动。如果把微型刺激器植入瘫痪者体内，就不会产生任何作用，因为这其实是一种治疗方法，只能帮助有部分运动能力的人。"

在美国、加拿大和日本，类似的装置也曾植入患者的手臂或肩膀，这些手术都只利用了1台刺激器。但是医生为了协调胳膊和手的动作，给里德太太的上臂植入了2台刺激器，前臂植入了3台。如果这个系统成功了，日后它还将用于帮助脊髓受伤者学会行走。

用肌肉培养出新下巴

一名德国患者因为癌症而切除了下颌，后来，医生从他背部肌肉里面培养出了新颚骨，终于使他9年以来吃到了第一口固体食物。手术于2004年在基尔大学进行，医生首次用患者自己的身体培养并合成出骨骼组织替代品。新下巴在患者肩胛下的钛制金属笼里生长，结合计算机辅助设计和骨骼干细胞技术培育而成。这种新技术之前只在猪身上实验过。

患者现年56岁，于1995年动手术切除了下颌上的癌。因为没有下巴，从那以后他只能靠吃软烂食物和喝汤维持生命。然而，移植新下颌之后不到4个星期，他就能痛快地享用面包和香肠了。

对这样的病人，医生过去会从小腿或臀部取出一块骨头，削成合适的形状植入嘴里，代替摘除的下巴。像肩胛这种骨骼平坦的部位经常被用到。但是要复制出像下巴这样复杂的三维结构非常困难，而且，骨骼移植会使病人极其痛苦，愈合缓慢，而且被取出骨头的部位会变得骨质疏松并容易感染。这名患者长了动脉瘤，正在服用抗凝血剂华法林，因此医生考虑到从他身上其他部位截取骨头可能导致术后流血，发生危险。他们没有选择截取骨头的手术方法，而是用患者骨髓中的干细胞培育出所需的骨头。

由帕特里克·沃恩克领导的基尔医疗小组首先对患者口腔进行三维扫描，并在计算机上建立起虚拟的下颌形状。根据这个形状用特氟纶材料制成一个模具，并用钛网将其包起来。

然后取出特氟纶材料，就得到了和下颌形状相同的空心 U 形钛笼。接下来向钛笼中注入硫酸软骨素、从病人自身骨髓提取的干细胞血和骨骼生长蛋白。钛笼起到脚手架的作用，骨骼生长蛋白可以根据它的形状把血液中的干细胞培育成新的骨骼。新下巴需要形成自己的供血系统，因此把它先移植到一个血管丰富的部位——患者右肩胛下面的肌肉里。沃恩克医生对《新科学家》的记者说："他对此没有感到不适，而且用那边身体睡觉也没问题。"患者只是注射了抗生素以防感染。

医生密切关注着下颌骨的情况，CT 扫描显示，新骨骼发育正常。经过 7 周的生长之后，新下颌骨连同周围的血管和肌肉被取出来。医生进行了 3 个小时的手术，将新下颌骨和患者口中残存的下颌骨根部固定在一起，并将新骨头上的血管与现有的下巴肌肉和颈部血管连接起来。最后用皮肤尽可能地包住新下颌。手术几个星期之后，沃恩克医生说："形状配合得非常好，他对手术结果很满意。他现在又能咀嚼食物了，讲话也清楚了不少，尤其在电话里。"术后不到 9 周，患者已经能吃鱼片了，但他还没有牙齿，所以只能将鱼片撕成小片放进嘴里。骨骼还在继续生长，沃恩克医生希望先取下钛笼，将新颌骨平整之后再植上假牙。

钛笼植入肌肉的时候，患者自己的组织在其周围生长。沃恩克医生说："因为那是他自己的组织，所以不会产生排异反应。"

世界首例 3 条断肢被同时接合

2005 年 3 月，在澳大利亚西部的佩思市，特里·范在朋友家打篮球。在他展示灌篮本领的时候，支撑篮板的砖墙轰然倒塌。边缘锋利的瓷砖和钢管在他手腕以上 6 厘米处将双手斩断，左脚膝盖和脚踝之间被切断。虽然特里大量失血，极度疼痛，但他仍然头脑清醒，情绪稳定。他的伙伴们呼叫了救护车，并把断肢捡起来，放入冰袋。救护车赶到的时候，他还有意识，问女司机："我是不是你见过的最严重的伤员？"她回答说人们一般在事故中只是失去一只手或脚，而他的情况显然不同。

佩思玛格丽特公主儿童医院的罗伯特·拉夫医生立即组织了 3 个小组，包括 8 名外科医生和护士等其他 18 名医护人员。每个小组分别负责接合一条断肢。首先，将断肢上所有的坏死组织和砖块碎屑清理掉，然后用钢板和螺钉把每只手臂上的桡骨和尺骨分别固定在前臂合适的位置上。医生们在脚上也进行了类似的处理。由于特里的肢体受损太严重，3 条断肢在接回身体之前被截下来 3～4 厘米。同时他们找出主神经、肌腱和血管，并修复了大动脉下面的深层肌腱，以便重建血液循环。这些是通过显微手术实现的，使用的缝合线比头发丝还细。手臂断口两边的肌腱也修复了，但是每条手臂至少损失了 20 根肌腱。虽然要接上 3 条断肢，但是医生为了防止断肢坏死，在 6 个半小时之内就完成了手术。第 2 天，他们把特里右侧大腿上的皮肤移植到伤口上。

镇静剂的药力过去后，特里醒过来。这是世界上第 1 个为病人同时接上 3 条断肢的手术，所以医护人员看

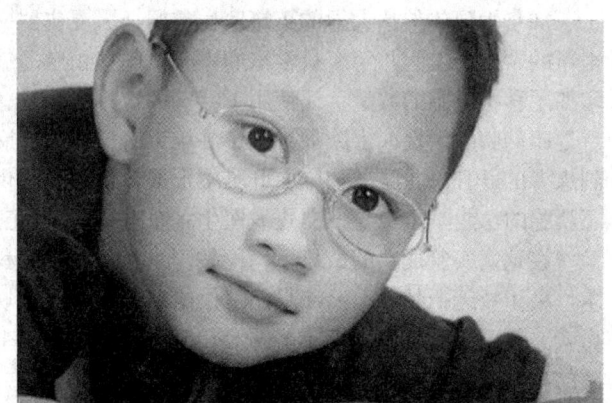

小小年纪的特里·范面临如此残酷的考验，甚至要从膝盖以下截肢，却仍能保持乐观。

□ 可怕的现象

到特里的拇指能够活动的时候异常兴奋。尽管他神经受损，还不能感觉出冷热和刺痛，但是大家都对他未来的伤愈充满信心。

很不幸，虽然手术一开始宣告成功，但几天之后又不得不再切除特里的左腿。因为接合没有起到作用，足部肌肉坏死了，所以要从膝盖以下14厘米处截肢。

"血液还在流向足部，"拉夫医生解释说，"但是肌肉已经坏死了，足部就从内向外整个坏掉了。我们能够加强足部血液流通，但是这不仅对里面坏死的肌肉无济于事，还会使小块肌肉紧缩，脚趾上翘，而且足部仍然无法恢复知觉。即使能防止余下的部分继续坏死，但那样其实还不如截肢。手术之后的前两天，脚看起来还挺好的，可是后来的结果让人失望。"

特里把又一次的挫折看得很淡泊。拉夫医生告诉记者："他明白截肢的必要性，表示完全接受，甚至比医生和他父母还赞成这一决定。"我问他截肢之后会有什么感觉，他说"有一丝喜悦，又有一丝悲伤。"

但是，特里的恢复整体上还不错。两只手的肌肉都保住了，皮肤移植得很成功，而且每个手指很快都能移动1~2厘米了。医生说他们希望给特里的左腿装上假肢，因为膝关节安然无恙，所以他应该可以正常行走。他年龄小，还在长身体，坚信未来是光明的。拉夫医生说："社会上有很多人在使用假肢并能正常行动。所以我们对这次事故感到痛心的时候，这个年轻人却很乐观。"

糖尿病患者的希望

糖尿病是由糖代谢紊乱导致体内血糖水平过高引起的。胰岛素可以帮助人体控制血糖水平。胰腺里的胰岛细胞停止分泌胰岛素或者胰岛素不能正常工作都会导致糖尿病。胰岛素的作用是将一部分葡萄糖吸收到细胞里作为能量供应，另一部分吸收到肝脏和脂肪细胞里储存起来。如果缺乏胰岛素，血液中的葡萄糖水平就会异常升高，使患者排出大量尿液并感到口渴。人体不能储存或使用葡萄糖还会引起体重下降、饥饿和疲劳感。Ⅰ型糖尿病发病较快，多发于10~16岁的人群。往往在人体受到病毒感染的时候，胰腺中负责分泌胰岛素的胰岛细胞被免疫系统损坏，从而基本停止分泌胰岛素。此时若没有注射胰岛素，患者就会陷入昏迷，甚至死亡。而Ⅱ型糖尿病发病较慢，多见于40岁以后。胰岛素还在分泌，但数量不能满足人体的需要，这在超重患者身上尤为突出。Ⅰ型糖尿病患者每天都要注射胰岛素来保持正常的血糖水平，而Ⅱ型糖尿病患者有时可以通过节食或吃药来控制血糖。

加拿大阿尔伯达大学的英籍医生詹姆斯·夏皮罗完善了这项技术，为Ⅰ型糖尿病患者带来新的希望。二十几年来科学家们一直试图移植胰岛细胞，但未获成功，而夏皮罗医生不仅增加了移植细胞的数量，还使用了特殊的抗排异药物，取得了良好的效果。他先从死亡捐献者健康的胰腺中提取出胰岛细胞，并给患者进行局部麻醉，然后通过门静脉将胰岛细胞注射到患者的肝脏里。胰岛细胞在肝脏中形成自己的血液供应，开始产生胰岛素，这样肝脏就有了胰腺的功能。2000年，夏皮罗医生宣布有7名患者已经成功摆脱胰岛素长达11个月。

在这次实验成功的鼓舞下，伦敦国王学院医院的科学家们改进了培养、提取和移植的技术。由于缺乏捐献者，治疗只能提供给那些不适合常规胰岛素疗法或者患有严重低血糖症的患者。英国的两名患者接受了手术，但随后还是需要注射少量胰岛素。2005年，国王学院医院的医疗组终于迎来了期待已久的胜利。

理查德·雷恩是肯特州布罗摩里地区的一名商人，于1976年诊断出Ⅰ型糖尿病，此后一直依赖胰岛素，每天需要注射4次。他的低血糖症经常在一周之内发作6次，甚至使他晕厥过去。1997年，他由于血糖水平过低而晕倒，遭遇到严重的车祸，给脊柱动了大手术。为了控制血糖，医生给他24小时供应胰岛素，每隔6分钟就注射一次。刚开始，这种做法取得了理想的效果，但是后来血糖症又复发了。他还患上了视网膜病，不得不接受激光治疗，而这属于糖尿病极其常见的并发症。由于健康原因，雷恩先生只好放弃会计公司合伙人的工作。几年后，他有机会成为胰岛细胞移植手术的实验对象。一开始他表示不能接受，后来又改变了主意，于2004年9月进行了第1次移植手术。第2个月，他再次手术，最后在2005年1月接受第3次手术。

2005年3月，医生宣布：自从6个月前的第1次手术以来，61岁的雷恩先生的血糖症就再没发作过。刚手术之后，他每天晚上需要注射3个单位的胰岛素来保护胰岛细胞，与之前每天要注射80个

经过细胞移植之后，Ⅰ型糖尿病患者理查德·雷恩再也不需要注射胰岛素了，这在英国尚属首次。

单位相比已经大大减少了，而现在，他根本不用注射胰岛素，成为英国第1个彻底病愈的Ⅰ型糖尿病患者。尽管他余生中必须一直服用抗排异药物，但他说这是很小的代价。他现在每天能够轻快地走上30分钟，还减掉了许多赘肉。

他说："30年来我的健康状况从来没有这么好过。我再也不用担心走远路了。以前如果我走路忘了带巧克力或者可口可乐，回到家就会累趴下。我妻子原来总是担心我出门之后会有救护车的急救人员给她打电话。如今我们可不用担心了，因为我的身体一切运转正常，就像从来没有得过糖尿病，简直像换了一个人似的。"

斯蒂芬妮·亚米尔是国王学院医院糖尿病医疗组的带头人，她对雷恩先生胰岛细胞移植之后的康复情况非常满意。她说："这次成功激动人心，影响深远。它最终可以使所有的Ⅰ型糖尿病患者摆脱对胰岛素的依赖。"

尽管有雷恩先生的例子，但此项技术尚不完善。许多患者所移植的细胞不能产生足够的胰岛素来控制血糖，因此还是需要补充胰岛素。而且，治愈一名病人需要100万个胰岛细胞，也就是说，每个移植手术只有一位捐献者是不够的。英国每年只有800个捐献出来的胰腺，远远无法满足20多万名等待治疗的患者。缺乏捐献者显然是一个主要障碍，人们希望能利用干细胞培养出更多的胰岛细胞，或者用活体捐献等新技术解决这一问题。

最近，日本医生在后一种方法上取得了进展，首次进行了活体胰岛细胞移植手术。一名27岁的女病人自从15岁就患有Ⅰ型糖尿病，医生从她母亲的胰腺中移植了胰岛细胞。手术之前，病人由于血糖过低，每两天就会昏迷一次。因为日本人难以接受从死人胰腺中移植胰岛细胞，所以由病人的母亲作为捐献者。开始医生担心捐献者失去太多胰岛细胞之后会患上糖尿病，但京都大学的医疗组说，从母亲胰腺中只需取出不到一半的胰岛细胞就能在22天之内治好患者。两个月后，患者一直不需要注射胰岛素，她母亲也没有出现任何并发症。研究人员称，这个手术达到了使用两个甚至两个以上的死亡捐献者的胰腺的效果。他们认为这是由于活体捐献者的胰岛细胞具有较大的潜能。然而他们提醒说，移植手术的效果也许持续不到5年，病人以后还可能需要注射胰岛素，但相信她的生命不会再受到血糖症的威胁了。1/4

的糖尿病患者会反复发作低血糖症，他们中有15%的人不能通过常规疗法治愈。因此，尽管活体移植术还存在争议，但全世界的糖尿病患者都在密切关注日本的这项研究。

神奇的脸部畸形矫正术

诺丁汉大学的史蒂夫·郝杜教授和俄罗斯特罗伊茨克激光与信息技术研究院的瓦莱迪密尔·波波夫博士合作，开发出了聚乙烯羟基磷灰石填充物。2005年初，研究组在莫斯科对18个月到18岁年龄段的孩子进行了临床试验。12岁的柯森妮娅·高迪娃就是其中的一名小患者，她出生的时候张嘴过度，下颌受伤。一直以来她只能用吸管吃东西，言语不清，没法刷牙，而且营养不良导致其身体瘦弱。经过5个小时的手术，医生摘除了受损的骨头，并在她脸部植入了5厘米的填充物。9天之后，她就能毫不费力地张开嘴巴、吃东西、笑，并能像其他女孩子一样和朋友聊天。她说："手术前，如果我想张嘴就必须先把头向右歪，但是现在容易多了。我能和朋友们一样讲话，还能正常地吃饭。"

维塔里·罗金斯基教授是俄罗斯权威的颅脑上颌外科医师，是他实施了这次试验性的手术。他说："现在柯森妮娅可以正常进食，她会长成一个健康、漂亮的姑娘。"

15岁的阿娜拉·珍苔米萝玛小时候下颌发育不良，她也接受了罗金斯基教授的治疗。他给小姑娘进行了一系列的手术，在最后一次手术中植入填充物。他说："这种填充物使我们能做一些原来无法完成的手术。它易于调整和变形，使我们的工作更加得心应手。"

在莫斯科的圣维拉德玛儿童医院，医学家在手术之前给小患者做检查。他们根据X射线和断层摄影术制作出受损部位的塑料模型。这种固体模型是通过激光立体成形这种高科技工艺制成的，它能帮助医生在开刀之前就对手术制定出精确的计划。医学家计算出需要去除多少骨头之后，用立体成形技术做出适合患者的聚乙烯羟基磷灰石填充物。这个过程几个小时就能完成，而且能做出复杂的模型。模型被送交医院后用激光扫描聚合物的表面，描绘出填充物的轮廓。这个过程反复进行上百次，直到模型完成。最早在莫斯科进行的手术只是矫正下颌和颅骨的变形，但是这种填充物适用于全身任何地方的骨骼。植入手术成功的关键在于所使用的类矿物质，它用来使聚合物坚固并保证与骨头结合良好。协同研究人员还发现了增加填充物孔隙率的方法，这对新骨骼生长非常重要，而且便于用高压二氧化碳排除聚合物中的毒素。如果不能增加孔隙率，植入手术就会给患者带来损伤。

波波夫博士兴奋地说："我相信在未来几年内，聚合物将取代手术中使用的钛。现在我们找到了提高聚合物强度的方法，它已经成为理想的填充物。我们的技术可以使手术更快、更有效率，这对患者有好处，也为医院节省了时间和金钱。"

虽然聚乙烯羟基磷灰石填充物取得了良好的效果，但是在孩子成长和骨骼发育的过程中，它们可能需要更换。考虑到这一点，英国和俄罗斯的科研小组开始探索可生物降解的填充物，它可以随着受修复骨骼的生长而逐渐溶解。郝杜教授说："如果我们能够研究出来这种材料，孩子们做一次手术就够了，而不用做很多次。这对他们来说显然非常有利。"

引发心脏病的元凶

心脏病是现代社会中对人类健康威胁最大的杀手之一。心血管内壁受到堵塞容易导致心搏停止，从而中断了向其他重要器官的血液供应。动脉狭窄或硬化称作动脉硬化症，而冠状动脉硬化症就是引发心脏病的主要原因。虽然环境和生活方式等因素能够导致心脏病，但是各种基因也是导致心脏病的重要因素。和心脏病有关的基因有30多种，但是在2003

年，美国医生又发现了一种基因，它普遍存在于有长期心脏病史的家庭中。克利夫兰医疗中心宣布，他们发现了第1个能够引发冠心病的人类基因。人们称它为"心脏病基因"。

唐·史蒂芬森一家来自艾奥瓦州，他们的前辈亚瑟在45岁那年猝死，若干年后，亚瑟的儿子唐在打野鸭的时候心脏骤停。唐幸运地活了下来，刚开始他以为家族的心脏病史可能是由于饮食和运动习惯导致。他有很多亲属患有心脏病，因此他引起了医生的关注。

2002年，唐到克利夫兰医疗中心治病。医疗中心的埃里克·托普医生是心脏科主任，当时他和其他同行一样，正

埃里克·托普医生（右）正在向唐·史蒂芬森解释他的基因情况和家族的心脏病史。正是托普医生的研究发现了一种特殊的心脏病基因。

在为发现心脏病基因而寻找一个大的家族病例。唐告诉医疗中心的一名心脏病医生说，他们兄弟姐妹10个中9个有心脏病。托普医生查看了他们的病历，注意到唐的亲属中有8个人在59～63岁之间患上了心脏病，其中有4个人于61岁患病，两个人于62岁患病。他说："这很惊人。心脏病一般发病于50～60岁之间，但是这个家庭的人基本在同样的年龄患病，这显然是基因的作用。"

在一个家庭里心脏病这样普遍，而且有足够多的心脏病幸存者——包括心脏病3次发作的76岁高龄的依蕾妮，他们愿意为DNA测试提供血液，因此对托普医生和他带领的50名研究人员来说，史蒂芬森一家是上天赐给他们的礼物。在1年多的时间里，他们从21名史蒂芬森家庭成员（只有一个人拒绝参加）的几十亿个基因信息中进行筛选，并比较他们中心脏病患者和极少数没有心脏病的人的基因，希望找到导致心脏病的基因。托普医生对最后的结果感到惊讶，因为从来没有人把这种基因和心脏病联系在一起，那就是MEF2A突变基因。

他们发现，MEF2A基因会产生一种蛋白质，使动脉壁变得脆弱，因此动脉壁容易形成动脉硬化斑。一旦冠状动脉中出现阻塞，就可能引发心脏病。每个患病的家庭成员体内都发现了这种致病基因。托普医生说："尽管这可能是极少数的情况，但是它为发现其他引起心脏病的重要基因创造了条件。"这一发现意味着将来医生能够通过简单的血液测试来检查病人的基因，并建议可能患病的人注意避免胆固醇和高血压，因为这两种因素都容易导致心脏病。

实际上，"心脏病基因"比托普医生开始估计的更普遍。第2年，医疗中心进一步的研究表明，美国所有心脏病和冠心病患者中，2%以上的人携带有各种MEF2A突变基因。

克利夫兰医疗中心的心血管基因组主任王青医生说："找出新的MEF2A突变基因是一个重大的发现，因为它使我们向解开心脏病的基因之谜前进了一步。发现心脏病患者中有1%～2%的人携带MEF2A突变基因很重要，因为这有利于发展对这些患者的基因检测技术。改变生活习惯和预防性的疗法将帮助患者避免或延缓心脏病的发作。"

在研究冠心病的同时，斯德哥尔摩的基因学家宣布他们发现了第1种与自身免疫性疾病

□ 可怕的现象

和心血管病有关的基因。自身免疫反应就是免疫系统误把自己的组织当做异物入侵，并向它们进行攻击，从而引起炎症——这是关节炎、糖尿病和多发性硬化症的根本原因，也是动脉硬化症的主要病因之一。卡罗琳斯卡医学院的医学家发现，免疫系统靠一种蛋白质来抵抗疾病，而 MHC2TA 突变基因可以使这种蛋白质减少。他们对 4000 多人进行了研究，包括患者和健康者，结果显示，39%的心脏病患者、29%的关节炎患者和 14%的多发性硬化症患者携带有这种突变基因。

延长寿命的神奇之药

甲状腺素是一种在人类咽部腺体分泌的激素，阿伯丁大学动物系的约翰·斯比克曼教授坚信在甲状腺素中可以找到长生不老药。他在老鼠身上进行了试验，并以此为基础得出结论：每天以药物等形式补充甲状腺素能让我们活到 105 岁。他给老鼠吃甲状腺素，结果它们的寿命大大延长了。

斯比克曼教授提出，延长生命的关键在于人体的新陈代谢和消耗能量的效率。生物学家通常认为，消耗能量的总量限制着动物的寿命，因此，新陈代谢很快的老鼠只能活几年，而代谢缓慢的大象能活 70 多岁。但是斯比克曼教授发现，用甲状腺素提高老鼠的新陈代谢率之后，它的寿命却延长了，从而推翻了"生活放纵，寿命不久"的谚语。在试验中，吃了甲状腺素的老鼠比正常老鼠的寿命延长了 25%。斯比克曼教授说这相当于人类的 30 年。

他分析了这种现象的原因，指出我们每次呼吸会给正常的新陈代谢循环带来变化，产生非常活跃、不稳定的氧分子，即自由基。这些有害的产物在细胞中穿行，给 DNA 和其他保证人体正常运转的身体各部分带来伤害。细胞受到的伤害越多，就越容易出现问题，使身体组织衰老。但是斯比克曼教授认为，新陈代谢率高的动物实际上产生的有害自由基更少。有些人自身分泌甲状腺素不足，他们已经通过服用甲状腺素达到了健康的新陈代谢率，因此，教授说可以通过药物来达到与试验相同的效果，延缓自由基引起的伤害。他相信通过改变这一生理过程可以推迟衰老。

他对《苏格兰周日报》说："我们发现提高细胞新陈代谢效率意味着消耗更多的氧气，产生更少的自由基。实际上，用药的目标就是加快新陈代谢，从而减少自由基的产生。由于自由基还是引起癌症和其他疾病的因素，所以减少自由基不仅能延长寿命，还能改善健康状况。也就是说，人们在延长的寿命中不需要待在疗养院里，而是把寿命加在了中年时期。我们也许将看到有人 80 岁才退休，因此人们创造价值的时间会更长。这将给社会和经济带来显著的影响。"

应用甲状腺素药物的关键在于找准正确的剂量。体内甲状腺素过多的人还必须用医疗手段使新陈代谢回落到正常水平。

生物工艺与生物学研究会给斯比克曼教授提供了 45 万英镑的资金，教授计划花 4 年的时间用老鼠进行实验，找到最有效的药物剂量。他说："有了这笔资金，就能做试验来验证我们能否提高新陈代谢率，并找到合适的甲状腺素。我们将在饮用水中加入甲状腺素，提高新陈代谢率，然后观察寿命的变化。"他还打算研究人们应该从哪个年龄段开始服用这种药物。

伦敦皇家自由医院的人类荷尔蒙紊乱专家皮埃尔·保罗克斯对此提出了警告。他认为老鼠和人类的新陈代谢不同，在老鼠身上的发现也许并不能在人类身上灵验，因此他对老鼠能否作为此项研究的最佳试验对象提出了置疑。事实如何只有用以后的研究结果来证明，如果斯比克曼教授的预言成真，未来我们将拥有更多的时间。

令人震惊的脸部移植

以前人们曾经在脸部做过再植手术。1994年，印度北部一名9岁的女孩在一次可怕的事故中失去脸部和头皮。她父母用塑料袋装着她的脸火速赶往医院，医生成功地将血管连接好，并为她再植了皮肤。但是严重毁容的人一般只能从身体其他部位切下一小块皮肤组织移植到脸上。一些烧伤患者为了修复面容不得不做50多次这样的皮肤移植手术，效果却不理想。然而，全脸移植为恢复容貌和脸部功能带来了希望。

脸是人的重要特征，它是使我们区别于他人的最明显的特点，也表达着我们的个性。通过脸就能看出一个人的出身、血统和民族。人的情绪基本上都能通过面部表情表达出来，例如高兴、生气和焦虑的表现分别是微笑、咆哮和皱眉。缺少了这个信息系统就很难进行社交，因此人们盼望着能够出现恢复面部运动的移植手术。脸部包括多种具有特殊性质的皮肤，例如眼睑和嘴唇内侧不适合一般的皮肤移植，因为它们不能移动而且很敏感。对于脸部肌肉基本完好的患者，如果能连同皮下脂肪和深层血管移植整个脸部，他们饮水、进食和保持眼睛湿润的能力将大大提高。而对于深度毁容的患者，脸部移植也有可能修补面部肌肉，恢复必要的面部活动。

尽管许多国家的医生都希望能够实施面部移植手术，但是长达24小时的手术难度太大了。脸部运动一共要调动50多块肌肉，仅仅微笑就需要17块肌肉。做全脸移植的话，医生需要移植从发际线到下颌、两耳之间的皮肤、鼻子、嘴、唇、眼眉、眼睑、皮下脂肪、部分肌肉、鼻软骨和神经。然而最大的危险是排异反应。人体最难移植的组织就是皮肤，因为皮肤作为身体的第1道防线对外来组织异常敏感。这一点阻碍了外部器官的移植，例如手部移植。由于医生不知道免疫系统会对移植的皮肤产生多大的反应，所以使用抗排异药物具有一定的危险性。而接受器官移植的患者中，有15%的人不愿意服用抗排异药物，因此脸部移植的问题变得更加麻烦。一旦新的脸部组织受到排异，其伤害就不仅是精神上的，还是致命的。

人们还对带着一张死人的脸到处走有所顾虑。医生不知道移植后的脸与捐献者原来的脸有多相似，但是如果它使某些人回想起死者，就会引起精神方面的问题。英国移植学会道德委员会主席皮特·罗说："患者遇到的主要问题在于接受新的相貌。他们接受了新面孔，就可能连同别人的身份也一起接受，这就会对潜在的捐献者造成不良影响。捐献者曾是活生生的人，我们对尸体应当保持尊重。"

还有一个问题就是，需要接受捐献的人不少，捐献者却难找。捐献者的家人可能不同意移植，因为他们认为那样对死者不敬。有的人注意到，如果可以有偿提供死者的脸部，那么志愿提供器官的人就会减少。因此人们一致认为，只有死前表示同意捐献的人才能作为脸部捐献者。寻找合适的配型也同样困难。血型、大小和其他指标都要仔细考虑之后，才能最终确定将哪个捐献者的脸部移植给哪个患者。死者家属也可能需要更多的时间来做出这种重大决定。

早在1967年克里斯迪安·巴纳德医生进行首例心脏移植手术的时候，热心于推进脸部移植的人就指出了类似的问题。脸部移植看似只是为了改善外貌，并没有挽救生命那么重要，但人们能否接受脸部移植呢？这还是个问题。

匪夷所思的子宫移植术

大约有15%的夫妻不能生育。多数不育可以用体外授精（IVF）和植入精子来解决。但是在英国，每年有1.5万名女子向生育专家求助之后却失望地发现自己无法怀孕，因为她们

□ 可怕的现象

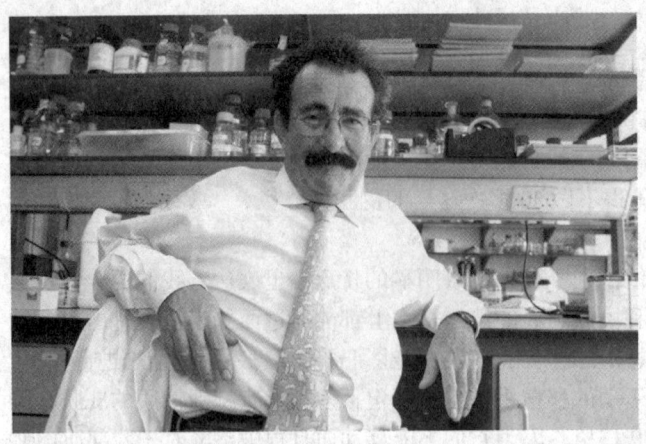

生育专家劳德·温斯顿公开反对子宫移植,他认为,不论从身体还是道德上讲,这项手术目前都是危险的。

的子宫受到了损坏。这可能是子宫切除手术或癌症治疗的结果,也可能是她们生来就没有子宫。她们中间只有 200 人左右选择体外授精代孕,也就是使用她们自己的卵子和丈夫的精子,但是由别的女人帮助怀孕生子。在一些地区,代孕还不能被人们接受。

然而,很快就会有一种全新的方法帮助女人怀上自己的孩子了,这就是子宫移植。科学家最近预计说,在几年之内将出现第 1 例通过子宫移植产下的宝宝,但是这种观念引起了争议。

早在 2000 年世界上就出现了第 1 例子宫移植。接受手术的是 26 岁的珊迪·阿拉比亚,她剖腹产之后大出血,只好切除了子宫,但是她还想生孩子。移植的子宫来自一名 46 岁的捐献者,这一复杂的手术在吉达的法哈德国王医院进行。手术非常顺利,术后患者通过服药来防止新子宫出现排异反应。肾移植患者服用的也是这种药物,她们中就有许多人成功怀孕。在荷尔蒙的刺激下,珊迪的子宫内壁增厚到 18 毫米,足够怀孕所需,她还来了两次月经。但是可能由于子宫在盆腔中发生了移位,出现了血液凝固问题,因此 99 天之后医生不得不把子宫切除掉。

瓦法·弗吉教授是移植小组的带头人,他说尽管手术过程极其复杂,但这是一个"良好的开端"。其他妇科学家也表示赞同,说这种手术大有前途。理查德·史密斯是切尔西和威斯敏斯特医院的顾问妇科医师,他对《守护者》报说:"他们取得了很大的成绩。他们证明这项手术在技术上是可行的。"谈到患者终身都要服用抑制免疫力药物,他说:"我们一直认为,患者植入子宫,生下一两个孩子之后,子宫就可以取出来了,她们的服药时间只有几年。"

皇家妇产科医学院的皮特·鲍文希姆金斯也表示,他相信这项技术的发展最终能让没有子宫的女性成功生育。他说:"病例的子宫存活时间长达两个月经周期,这说明第 1 个难题已经解决了。"

然而,权威生育专家劳德·温斯顿反对将珊迪·阿拉比亚列为成功的病例。他说,血液凝固证明整个移植是失败的。"在以后的子宫移植过程中,如果把血液正在凝固的组织植入盆腔,患者的生命将受到威胁,还可能出现血栓症。不论在英国还是美国,从道德上讲这种行为都是不对的。"他还说,这个手术激起了不育女性的生育希望是"很遗憾"的事。"许多女性在生育年龄失去了子宫,还有的女性天生就没有子宫。但是,这种手术不能帮助她们。"

劳德·温斯顿一个主要的反对理由就是,在 50 年的试验中,正是因为血液凝固这个问题,子宫移植一直无法成功,包括动物试验。虽然劳德·温斯顿对手术表示反对,但是 2002 年,人类子宫移植还是前进了一步:瑞典科学家在老鼠身上进行了子宫移植并使之成功怀孕,这是第 1 次通过子宫移植使动物怀孕。这项研究是由哥德堡大学的麦茨·布兰斯罗姆教授领导的,他确信可以用从老鼠身上获得的成功经验为人类进行类似的手术。他说:"已经生育过的亲姐妹或母亲可以作为合适的捐献者,因为这样免疫和血液类型更容易配合。然后,你可以用植入的子宫怀上孩子，而你自己就曾在其中度过胎儿阶段。"他设想得很长远，甚至说最后可能把子宫移植到男人体内，然后注射荷尔蒙使之怀孕。但是，对子宫移植表示怀疑的人暂时还顾不得考虑男人生孩子的问题！

  关键在于，子宫移植不同于其他器官移植，它并不是生存所必需的手术，因此它是不正当的，尤其是考虑到服用抑制免疫药物的危险性。然而，数千名生育年龄的女性拥有良好的卵巢却没有子宫，对她们来说子宫移植的重要性不应该受到轻视。这正如美国妇科学家路易斯·G.基思在《国际妇产科学报》上所写的："某些人认为生育下一代是一生中最重要的事，所以对她们来说，为了生孩子而移植器官虽然不是生死攸关的，但也绝非轻率或可有可无的。"

五、无法解释的奇异现象

无法解释的人体自燃现象

人体自燃现象最早见于 17 世纪的医学报告，时至今日，有关的文献更是层出不穷，记载也更为详尽。那么，什么是人体自燃呢？它是指一个人的身体未与外界火种接触而自动着火燃烧。

1951 年，佛罗里达州圣彼得堡的利泽太太被人发现在房中化为灰烬，房子也是丝毫未受损坏。在这个案件中，调查人员使用各种现代科学方法，以确定这一神秘意外的来龙去脉。可是，虽然有联邦调查局、纵火案专家、消防局官员和病理专家通力合作研究，历时一年仍然没有把事件弄清楚。

在发生事故的现场除了椅子和旁边的茶几外，其余家具并没有严重的损毁，可是在屋内却出现了一种奇怪的现象：天花板、窗帘和离地 1 米以上的墙壁，铺满一层气味难闻的油烟，在 1 米以下的墙壁却没有。椅子旁边墙上的油漆被烘得有点发黄，但椅子摆放处的地毯却没有烧穿。此外在 3 米外的一面挂墙镜可能因为热力影响而破裂；在 3.5 米外梳妆台上的两根蜡烛已经熔化了，但烛芯依然留在烛台上没有损坏；位于墙壁 1 米以上的塑料插座也已熔化，但保险丝没有烧断，电流仍然畅通，以至于护壁板的电源插座没有受到破坏。与一只熔化了的插座连接的电钟已经停摆，上面的时间刚好指在 4 点 20 分。当电钟与护壁板上完好的插座连接时，仍然可继续走动。附近的一些易燃物品如一张桌子上的报纸以及台布、窗帘，却全部安然无损。

在世界其他地区也有像利泽太太这样人体自燃的案例，而且自燃的形式多种多样，有些人只是受到轻微的灼伤，另一些则化为灰烬，更令人不可思议的是，受害人所睡的床、所坐的椅子，甚至所穿的衣服，有时候竟然没有烧毁。还有些人虽然全身烧焦，但一只脚、一条腿或一些指头却依然完好无损。在法国巴黎，一个嗜好烈酒的妇人在一天晚上睡觉时自燃而死，整个身体只有她的头部和手指头遗留下来，其余部分均烧成灰烬。

在以前发生过的人体自燃事件中，男女受害人的数目比例大致相同，年龄从婴儿到 114 岁的老人都有，其中很多是瘦弱的。他们有的人是在火源附近自燃，有的人却是在驾车时或是毫无火源的地方行走时莫名其妙地着火自燃的。

有人虽然曾经提出一些理论，但是一直没有合理的生理学论据来说明人体是如何自燃甚至于化为灰烬，因为如果要把人体的骨髓和组织全部烧毁，只有在温度超过 3000°F 的高压火葬场才有此可能。至于烧焦了的尸体上尚存有未损坏的衣物，或者是一些皮肉完整的残肢，就更令人觉得有些神秘莫测了。

神秘的人体不腐现象

古今中外，人体不腐的现象引起了科学界和医学界专家们的高度重视。他们对这一现象进行了多方面综合的考察，但是人体究竟为何会不腐呢？

中国古代僧人用秘方保存肉身的事例也甚多。唐代高僧元际禅师的肉身，历经千年至今仍然保存完好，被学术界视为"世界唯一奇迹"。可惜的是，现在这国宝级的文物却不在中国，而在日本。肉身现存于横滨鹤见区总持寺，被日本视为"国宝"。

在唐贞元六年（公元790年），91岁高龄的元际禅师知道自己来日不多了，于是悄然返回故乡湖南衡山的南台寺。从此时开始他便停止了进食，只嘱咐门徒把他平日搜集来的百余种草药熬汤，每天他都要豪饮10多碗。饮食后小便频繁，大汗淋淋。门徒见到这种情况，纷纷劝阻，元际禅师只是笑而不答，仍然继续饮用这种散发芬香的草药汤。一个月后，他更加清瘦了，可是脸色红赤，两目如炬。有一天，他端坐不动，口念佛经，安详地圆寂了。这

沼泽古尸

样又过了月余，禅师的肉身不但不腐，而且还散发出芬芳。门徒们感到非常惊讶，认为这是禅师功德无量的结果，特地建了寺庙敬奉。千百年来，香火非常兴盛，一直持续到清末民初。

20世纪30年代，日本间谍渡边四郎乘乱把元际禅师肉身偷偷地装船运到了日本，并一直秘而不宣。直到他死后，人们才从仓库里发现禅师的肉身。只见禅师盘腿而坐，双目有神，俨如活人。专家们认为，一般的木乃伊只是人工药物制的"躯壳"，不足为奇。可是禅师的肉身一直暴露于空气中仍能千年不朽，实在是世界唯一奇迹。经检查，禅师腹内无丝毫污物，体内渗满了防腐药物，嘴及肛门也都被封住，这些可能都是肉身不朽的主要原因。至于他临终前饮用的大量汤药究竟是什么草药，已经无法考究了。

无独有偶，国外也有这样的奇事。

1984年，在英国曼彻斯特附近的沼泽地里，科研人员发现了一具男子尸体。经检验，这名男子虽死于大约2000年前，但看起来却像是不久前才去世的。科研人员利用现在的高科技手段，发现其秘密在于一种有着特殊防腐性能的沼泽化学物质。原来，在苔藓遍布于小块低洼地，并导致泥土变得又涝又带酸性时，沼泽便开始生成。在这样的条件下，细菌很难生存，更谈不上分解死去的苔藓以及别的植被了，后者便慢慢地堆积起来，碳化成泥煤。与地下水断开了的尸体能保持潮湿达数世纪之久，且处于泥沼水化学效应的庇护下，免受细菌的侵蚀。苔藓产生的单宁还把死尸的皮肤鞣化成皮革状，从而起到保护尸体不腐烂的作用。

有着悠久历史的意大利西西里岛的古老遗址中，至今还保留着旧石器时代绘画的驿罗萨里奥洞窟教堂。这个教堂有一个神秘之处：在这里的地下，竟沉睡着8000具木乃伊！这着实令人惊叹不已。而真正令这座地下墓室在世界闻名的，却是8000具木乃伊中一个年龄仅有4岁的木乃伊女童。

这位名叫伦巴尔特·劳扎丽亚的女童，死于1920年12月6日。她的母亲特地将巴勒莫

的一位叫萨拉菲亚的名医请来，请他使用数种药剂为这个女童做了特殊防腐注射。80多年后，这个女童在玻璃棺内，无论从什么角度去看，都会让人觉得她依然是活人。

但是，令人遗憾的是，萨拉菲亚在给女童做了不腐处理之后不久便突然死去，而且在他死前，对保存遗体的秘方也是只字未露。

神秘的记忆移植

传统心理学将人们在过去生活中不断积累的知识与经验在大脑中的反映称为记忆。另一种关于记忆的说法是来自认识心理学，其观点是：信息的输入、编码、储存和提取的过程就是记忆。一个正常成人的大脑分为左右两个半球，重约1400克。大脑最重要的部分是大脑皮层，它厚约1.3～4.5毫米，若是将它全部展开，面积可达7200平方厘米，它是重要的心理活动器官，其结构和功能相当复杂。那么，是大脑的哪个部位将输入的记忆信息储存起来了呢？记忆可以移植吗？

在科幻电影中有移植记忆的情节，将一个人的记忆通过某种仪器移植入另一个人的大脑当中，植入者不但拥有了前者的全部记忆，而且也可以将许多知识、技能同时植入其脑中。那么，这种出现在电影中的神奇景象是否也会出现在我们的现实当中呢？另外，究竟移植记忆有哪些现实意义呢？如果记忆真的可以成功移植，这项技术将对人类生活产生重大而深远的影响，我们的生活也将随之发生巨大的变化。

荷兰化学家戴维德曾尝试在老鼠身上进行移植记忆的实验。他将从某只老鼠的大脑中分离出的一些记忆物质，移入另外一只老鼠的大脑中，实验结果表明，接受移植的老鼠的记忆状况和感受能力都有了改变。整个欧洲因为此项实验的成功而轰动，实验得出的结果也令科学家们激动万分。

早在1978年，原联邦德国生物学家马田就开始尝试给蜜蜂进行换脑实验。他首先选择培训对象，让两只健康的蜜蜂每天都在固定的时间从蜂房飞出，然后让它们飞到另一个蜂房，在那儿放置了一碗蜜糖让其寻找。经过一段时间的培训，这两只蜜蜂便形成了每天在固定的时间都要飞出去一次的习惯。这之后，马田将它们脑神经中的一点物质取出，并将这些物质分别注入两只未经过任何训练的蜜蜂的神经组织中，奇迹出现了：这两只小家伙每天也在相同的时间飞到另一个蜂房中寻找蜜糖，如同前两只经过培训的蜜蜂一样。由此可以证明，前两只蜜蜂的记忆被移植到了后者的脑中，移植记忆的实验成功了。

在对动物进行的脑移植试验过程中，科学家们受到启发：记忆的传递完全可以建立在物质基础之上，并能够实现在不同大脑之间的相互交换。

从以上两例成功的实验中能够推断，人的记忆从理论上也可同动物的记忆一样进行移植。当然，科学家们若想从一个人的脑中取出一些记忆物质植入到另一个人的脑中，这几乎是不可能的。但是可以采取其他的一些模式，如把一个人大脑中储存的知识完全复制到另一个人的大脑中。科学家能够把一个人的大脑活动情况通过某种仪器记录下来，然后如同给电池充电一般，再通过另一种仪器将这些信息输入到另一个人的大脑中去，使此人也获得该信息。这种模式被科学家们称为"充电模式"。除此之外，还有其他一些模式也被科学家所采用。

科学家的目的是希望找出一种获取知识的突破式新方法，让我们从书本知识共享的时代进入到一个全新的脑资源共享的时代。其实，移植记忆的真正意义在于，通过对该课题的研究，我们会加深对大脑这一神秘的意识载体的了解，使人类向着生命科学研究的更深层次迈进。

神奇的"生物钟"

在世界上，整个生物界好像都在按着同一个时刻表在有规律地运转着，例如夜晚万物入眠，清晨鸡啼鸟鸣。当你每天都需要在某一特定时刻内醒来，在开始几天可能必须借助于闹钟之类的提醒，可是，日子一久你就会惊奇地发现，当不再借助闹钟时，你仍然能在大约这个时刻里醒来，中间的误差甚至相差不了几分钟。

这说明，人体内部有一定的生命节律，有一种类似时钟的机构，这种结构不依赖外部条件而自行运转，指挥人体的正常生理活动，这就是人体的生物钟。可是，究竟是什么使人体产生了生命节律，这个控制节律的生物钟在哪里？

有人根据达尔文的进化论提出了进化学说，这种学说认为，人类之所以有生物节律，是因为生存的需要，人类只有在生理上、行为上适应了环境的节律，才能得以生存。人类在长期的进化过程，使得体内有利的基因能够得到遗传，这样，就使后人出现天生的生物节律来，而这种节律又受到周围环境的影响。

另有一些人认为，人体的生物节律是外源性的，也就是说控制生命节律现象的动因，是某些复杂的宇宙信息。人类对广泛的外界信息，如电场变化、地磁变化、月球引力以及光的变化等特别敏感，这些变化的周期性能够引起人体生命节律的周期性。

日本科学家也有了一个新的发现：原来人类的生物钟同时钟并不同步。人类生物钟的周期是 24 小时 18 分钟，也就是说人类生物钟每天比时钟慢 18 分钟。

既然人体生物钟每天会晚 18 分钟，那么为什么生物钟与时钟这种不同步现象不会累计起来最终打乱人们的生活规律，从而让人醒来得一天比一天晚呢？研究者说，光线会通过影响体内激素水平和体温等多重因素来不断重新设定生物钟，这种解释应该是比较合理的。

哈佛大学的神经生物学家已确定了生物钟所在的部位，它位于大脑的后部，由特殊的细胞组成。它的两大部分分别位于大脑的两个半球。

为什么胳肢自己不会感到痒

胳肢并不会引起真正的笑——至少我们胳肢自己的时候不是。因为不论在别人用手指挠你脚底的时候你多么痒，你自己挠的时候却根本没有反应。神经学家几十年来一直对这个问题感到困惑。

长期以来，科学家一直认为对胳肢的反应是原始人类的一种防御机理，当陌生而有潜在危险的东西触碰人体的时候，痒的感觉使身体警觉起来。这能够解释为什么最脆弱的部位都怕痒，比如容纳着许多重要器官的腹部，还有重要的颈静脉所在的颈部。

后来，对胳肢的研究使人们偶然发现了胳肢自己不会痒的原因：大脑里的某种东西可以预知自身行为带来的影响并使感觉麻木。大脑在感觉到胳肢之前就发出一种叫做伴随发送的信号，这种信号立即对感觉产生影响，使所有感觉变得迟钝。实际上，大脑能够分辨出预料到的感觉和预料之外的感觉，比如分辨出自己胳肢自己和被别人胳肢。

任何执行动作的命令都在大脑回路中留下一个备份，用来通知大脑其他部分，为即将发生的动作做好准备。幸亏有这个备份，我们才能做出复杂的系列动作，还可以监控甚至识别自己的动作。但是，这种动作命令的备份几乎必然的具有附加功能：预测并抑制将由动作引起的感觉。自身动作引起的感觉受到限制，大脑才有空闲来接收预料之外的更有价值的感觉。这就是为什么我们走路的时候感觉不到鞋子和脚底之间的摩擦，有石头钻到鞋里的时候却能

□ 可怕的现象

人们认为对胳肢的反应是原始人类的一种防御机制，这就是为什么我们最脆弱的部位都怕痒。

立即察觉到。这也是为什么我们说话的时候根本没注意到舌头在嘴里动来动去，而咬到它的时候却立刻感觉出来。大脑就像一个检查员，忽略掉次要的东西，而把注意力留给更重要的事。我们在书本或报纸上阅读一句话的时候，眼睛快速地前后扫过，在这种迅速地移动中，大脑检查着视野，所以我们不会感到不适，也不会晕头转向。正是大脑的这种能力让我们能把麦粒从谷壳中挑出来，也解释了为什么挠自己不感到痒。

1998 年，克里斯·弗瑞史教授、丹尼尔·沃尔伯特博士和萨拉－杰妮·布莱克莫尔 3 名神经学家为了进一步研究这个问题，在神经学研究院进行了一系列的触觉实验。他们使用了一种机器人，能执行胳肢人的命令，还让 16 名志愿受试者胳肢自己。机器人用小海绵胳肢受试者的右手心，然后受试者再自己做相同的动作，感觉明显没有机器人胳肢的那么痒。后来不用一只手挠另一只手了，而是先把左手的动作传给机器人，再由机器人胳肢右手，因为中间产生了时间间隔，所以他们自己胳肢自己也觉得痒了。时间间隔减小，感觉也随之减弱，而时间间隔越长，感觉越痒。这一实验结果证实了关于伴随发送信号具有时间性的观点，说明在胳肢自己的动作与实际感觉之间间隔较长的时候，伴随发送的效果就弱。但是只需要 0.2 秒的间隔时间，胳肢自己就完全能产生感觉。

下一个任务是定位伴随发送信号的来源，进而找到大脑的检查器。研究人员让一些受试者闭着眼睛仰卧在核磁共振成像仪器中，同时启动另一个装置，用塑料小棒头上的软泡沫胳肢志愿者的左手心。有时候参与者自己操作塑料棒，其他时候研究人员从扫描仪外面操纵小棒。他们比较了不同实验条件下大脑各个部位的活跃情况，想确定大脑的哪个地方控制着胳肢的动作，哪个地方引起痒的感觉。结果显示，自己胳肢自己的时候，头部后侧的小脑区域抑制了所有痒的感觉。小脑在大脑中主要负责保持姿势、平衡和协调动作，但这些实验表明，小脑还有其他功能。自己胳肢自己的时候，小脑的前小脑皮质发送出信号，不让大脑中感知胳肢的身体感官皮质兴奋。而当研究人员胳肢受试者的时候，小脑的这个部位就不活跃了。身体感官皮质在大脑中负责感知外界刺激。别人胳肢我们时，它给身体其他各个部位发出信号，让它们做出反应。但是，如果我们自己胳肢自己，小脑就向它发出信号，不让它产生感觉，胳肢就这样被短路掉了。

只剩下一个问题：为什么被胳肢的时候我们禁不住要笑？有人坚持说，这是反射反应。而包括查理·达尔文在内的其他人认为，这是和别人身体亲密接触的结果。但是伦敦研究者的发现支持前一种理论——我们被胳肢时的笑属于反射行为。

同时,瑞典的一组科学家在胳肢方面又有了惊人的发现。通过比较大脑对真正受到胳肢和预感到要被胳肢时候的反应,马丁·英瓦尔和他的研究小组发现,在两种情况下身体感官皮质的兴奋程度是一样的。因此他们得出结论,预感到胳肢所引起的感觉和真的一样。但是自己胳肢自己的时候就没有感觉了……

我们为什么打嗝

人类打嗝的原因几个世纪以来一直困扰着科学家。打嗝看上去没有任何实际作用,它不仅没有什么好处,还是件讨厌的事,尤其像艾奥瓦州安东市的查理斯·奥斯伯尼那样,打了68年的嗝!1922年,在杀猪前给猪称重的时候他开始打嗝,一直不见减轻,直到1990年——据估算他打嗝达4.3亿次。很不幸,他在停止打嗝的第2年就去世了。

幸运的是,多数的打嗝发作起来并没那么严重,用各种民间方法几分钟就可以治好(喝水、憋气、拍打背部等)。打嗝是由膈肌受到刺激而抽搐引起的。多数情况下,膈肌正常工作。我们吸气的时候它下沉,帮助肺部吸入空气,而当我们呼气的时候它向上推,帮助排出肺中的空气。但是,有时候由于控制膈肌的神经兴奋,膈肌会不自觉地收缩。最常见的原因是吃东西或喝东西太快,身体努力要在吃东西的同时进行呼吸,引起了刺激。当人受到刺激并吸入空气时,咽喉后侧声带之间的空隙(声门)忽然关闭,发出响声。这就是我们打嗝时听到的声音。

但是尽管我们完全清楚是什么引起打嗝,但打嗝的具体目的多年来连最杰出的医学家亦感到困惑。科学家们试图找到解释,于是从人类的初级阶段开始研究。超声波扫描显示,两个月大的胎儿在子宫里就会打嗝了,而此时呼吸运动尚未开始。一种理论说,这种收缩锻炼了胎儿的呼吸肌,为出生后的呼吸做准备;另一种理论说这是为了避免羊水进入胎儿肺部。但是,这些理论都没有解释清楚打嗝的所有特征。例如,如果打嗝的目的是不让液体进入肺部,那么和向内吸气相反,像咳嗽一样的向外呼气岂不更奏效。

2003年2月,法国科学家提出一种新的理论。在巴黎的一家医院,由克里斯丁·史兆斯带领的研究小组表示,人类打嗝的原因可能跟祖先曾在海里生活的进化论有关。他们指出,某些动物关闭声门并收缩呼吸肌有其特定的目的——呼吸空气的原始动物还保留着腮,比如肺鱼和青蛙,这些动物挤压口腔使水流过腮,同时关闭声门以防止水进入肺。史兆斯说,原始动物控制腮部呼吸的大脑回路可能一直保留到现代哺乳动物身上,包括人类。

研究人员指出,打嗝与蝌蚪等动物的腮式呼吸有很多相似之处。肺里充气或外界二氧化碳水平较高的时候,二者都受到抑制。人类的祖先早在3.7亿年前就开始向陆地迁移了,为什么人类现在仍然在打嗝呢?史兆斯认为,控制腮和声门的大脑回路之所以经过多年进化还能保留下来,是因为它对产生其他更复杂的运动模式有帮助,比如吃奶。吮吸乳汁的一系列动作与打嗝相似,关闭声门可以防止奶水进入肺部。史兆斯说:"打嗝可能是为了保留吃奶的动作而付出的代价。"

中风偶尔会引起打嗝。在极端的情况下,打嗝可以持续1年之久。

□ 可怕的现象

在得克萨斯州，50岁的肖恩·沙弗自从中风之后就不停地打嗝，持续了1年之久。有时候，打嗝与颈部、胸部神经受到刺激有关，而像肖恩这样的打嗝与中风引起的迷走神经紊乱有关。和迷走神经有关的脑细胞与其他膈神经细胞群是有联系的，外科医生怀疑中风使二者的联系变得异常。持续打嗝令沙弗十分痛苦，每天需要注射10次镇痛剂或者催吐才能得到些许的缓解。2004年，他在路易斯安那州立大学进行了开拓性的手术，使用了一种叫做迷走神经刺激器的装置，这种装置能控制对神经的刺激。植入患者体内的发生器产生电脉冲，传导到两条缠绕在颈部神经周围的细线上。植入的装置一启动，沙弗的打嗝就停止了。

眉毛的特殊作用

尼安德特人以体毛遍布全身而著称，但是当他们从类人猿进一步进化的时候，大部分体毛已经褪去了，尤其是脸部。人类脸上只有一个地方还神秘地保留着毛发，这就是眼睛上面的眉骨位置。关于这两条栖息在眼睛上的"毛毛虫"，还有一个长期以来悬而未决的医学难题：它究竟有什么用？

乍看上去它们没什么用，除了给时髦小青年当做装饰空间，在上面穿钉带环。我们不能用眉毛看，不能用它们听，也不能用它们闻，那么眉毛是用来做什么的呢？

事实上，眉毛不是没有实际用处的，科学研究已经发现了至少4种人类长眉毛可能的原因。我们只能用眉毛做少数的几件事情，动眉毛是其中一件，而第1个原因就和它有关。在非语言交流中，眉毛起很大作用。和所有的面部肌肉一样，眼睛周围的肌肉会一直不自觉地随着人的思想和情绪而运动。挑起眉毛表示惊讶，皱眉头表示关注，因此，在某些交流场合，眉毛甚至比言语更有表现力。

第2个理论也许是最普遍的，即眉毛可以让雨水或汗水转向，顺着脸颊流下，这样就能保持眼睛干燥，视线清晰。这也解释了为什么除非拔掉眉毛，否则它会一直保持在那里。眉毛和它的弧形有助于引导液体避开眼睛流淌。此外，眉毛还能聚集起来阻挡到处乱窜的汗珠。对于原始人类，保留这一特点显然非常重要，因为如果被汗水迷糊了双眼，就难以逃脱食肉动物的追赶。

眉毛存在的第3个原因是，要想让上眼睑工作，构成眼睑的肌肉必须依靠在一个东西上让自己向上拉。这个东西就是眉毛，眼睑肌连接在眉部，就像窗帘缚在横杆上。

第4种解释是，凸起的眉骨和其他面部骨骼对脆弱的眼球有保护作用。如果眼球周围没有骨骼的保护，面部受到的任何冲击都可能对眼睛造成危害。

关于眉毛还有一个谜：为什么有些人拔眉毛的时候会打喷嚏？这也许是因为我们拔眉毛的时候搅动起细小的灰尘微粒，微粒刺激到了鼻腔内壁，但是也有可能拔眉毛刺激到了掌管鼻道的一组神经。三叉神经是传递面部感觉的神经分支，包括上眼睑和鼻子的感觉。任何对鼻腔的刺激都能使三叉神经兴奋。神经系统受到的刺激传递到脑干上的一组神经元，这里称为"喷嚏中心"。医生推测，即使刺激不是来自鼻腔，拔眉毛也能使整个神经异常敏感，这样，一丁点的刺激都可以到达"喷嚏中心"，引起打喷嚏。

互相传染的打哈欠

为什么我们一看到别人打哈欠，自己就本能地也跟着打哈欠呢？虽说一般打哈欠与疲劳和厌倦有关，但在这些情况下，我们没有必要用哈欠来回应他人。毕竟，我们完全能够集中注意力并保持清醒，但是为什么我们看见同一间屋子里的人（甚至电视里的人）开始打哈欠，自己也禁不住要打呢？甚至在读到哈欠或者想到哈欠的时候也是如此。关于这个长期的医学之谜，我们都了解哪些东西呢？

罗伯特·普罗文博士在马里兰大学任心理学教授，是世界上研究哈欠最权威的专家之一，长期以来一直在研究这个课题。他发现打哈欠能够打开从耳朵通向咽喉的咽鼓管，调节中耳的气压。打哈欠还有重要的治疗作用，防止手术之后的呼吸并发症。非常有趣，精神分裂症患者很少打哈欠，除非脑受到了损伤；患有严重身体疾病的人除了在康复阶段，也不打哈欠。

打哈欠不仅是人类的行为，狮子见到同类打哈欠的时候往往也会做出同样的行为。

普罗文还发现，人们看到打哈欠者口部的图片时没有反应，而看着他们的眼睛却使人打哈欠。有一个普遍的假说，说打哈欠是由于血液和大脑中缺氧或二氧化碳太多。而普罗文做的实验表明，人在二氧化碳浓度较高的空气中呼吸时，打哈欠的次数并没有增多，呼吸纯氧气的时候哈欠次数也没有减少，所以他推翻了这个假说。他还观察到奥林匹克运动员在重大赛事之前会打哈欠，由此他又反驳了打哈欠完全与疲劳和厌倦有关的推断。

普罗文总结说，哈欠帮助我们的身体在活跃与不活跃的状态之间转换，这就是为什么我们在睡觉前后都会打哈欠。在不同的情况下，打哈欠既可以放松大脑也可以促使大脑紧张。至于哈欠的传染性，他也相信这是我们经过部落生活所留下的，因为一起打哈欠有助于部落内部保持同步。我们疲倦的时候开始打哈欠，这样其他人就意识到该休息了。

但是哈欠的传染基本是无意识的，这使打哈欠会传染这件事更加神秘。我们对哈欠的反应似乎是由大脑自动引起的。我们见到别人打哈欠，立刻产生模仿冲动，根本没有经过思考。有时候我们也许意识到自己的做法，但不明白为什么。研究表明，成年人看了打哈欠的录像之后，55%以上的人也开始打哈欠。实际上，仅仅待在打哈欠者身边还不够，多数情况下我们必须眼看着别人打哈欠，自己才会受到传染。为了证实这一点，有研究发现，持续打哈欠的人看到自己脸部图像之后，能更好地推断别人看到自己的表情会怎么想。大脑图像测试也表明，看着别人打哈欠的时候，大脑中与自我信息处理有关的部分非常活跃。

纽约州立大学的进化心理学家戈登·盖洛普对《新科学家》的记者说："人类能够自我理解，也有能力利用自己的经验来理解别人相似的行为和心理状态。我们的数据说明，打哈欠是这些能力的产物。"幼童的行为证明了这个理论。婴儿两岁之前不能认出镜子里的自己，他们就不会被哈欠传染。精神分裂症患者的情况类似，他们不能自我觉察，也基本不会受到哈欠的传染。

最近，芬兰赫尔辛基技术大学的科研小组做了进一步的研究。他们让受试者观看录像，录像中的演员在打哈欠或做其他口部运动，此时用核磁共振成像系统扫描受试者的大脑，根据耗氧量显示出大脑各个部位的活跃程度。然后他们询问受试者在看到图像的时候想打哈欠的程度。研究证实了哈欠的传染基本是无意识的。不论大脑的哪些部分受到了影响，都与有意识地分析、模仿他人行为的大脑回路无关。那些受到影响的大脑回路称作"镜像神经元系统",当自己做某事或模仿别人行为的时候,它所包括的特殊神经元就活跃起来。然而芬兰的研究者发现,与其他不能传染的面部运动相比,看见别人打哈欠并不能使这些大脑细胞更加兴奋。由此他们得出结论:"看见别人打哈欠而引起的大脑活动似乎避开了镜像神经系统的主要部分,这和传染性哈欠会自动使人产生行动的本质一致,而不是像真正的模仿那样,需要对行为有具体的理解。"

赫尔辛基研究小组还注意到,在观察别人打哈欠的时候,大脑左侧的扁桃体结构中有一个区域明显受到抑制。扁桃体区域和下意识地分析面部表情有关。实验者越受到别人打哈欠传染的时候,这个区域就越不活跃。尽管从这个发现中还没有得出任何具体的结论,但是这意味着人们第1次找到了感知哈欠传染的神经生理学特征。实际上,除了知道哈欠传染的原因与大脑有某种关系外,这个问题仍然是一个谜。

2004年,由苏格兰斯特林大学的詹姆斯·安德森领导的研究小组发现,打哈欠不仅是人类的行为:非洲黑猩猩也会打哈欠。所以,也许黑猩猩能为解决这个问题带来一线希望。

能预测天气变化的关节炎

目前受阳光照射而患皮肤癌的人数激增,这使我们更加关注天气和健康的关系。大风天看起来总是比枯草热强,然而在温度计的另一端,暴露在极冷的环境中会导致冻疮。最近皮肤癌的危险性备受关注,而疾病和天气的关系至少可以追溯到公元前4世纪希波克拉底的年代,许多那个时候的传说中都讲到下雨和疼痛的关系。我们知道,一些人说他们能"预测天气",在天气晴朗的时候,经常有年过半百的阿婆注视着窗外,抚摸着有关节炎的肩膀,一脸严肃地说:"要下雨了。"

关节痛和天气潮湿之间有科学的联系吗?目前还没有得到确定的证据。1948年,科学家爱德斯特姆最先对这一问题进行了研究。他发现,风湿性关节炎患者在温暖干燥的环境中感觉很好。1961年,宾夕法尼亚医科大学的荷兰籍博士约瑟夫·赫兰德做了一个实验,让12个人(8个患风湿性关节炎,4个患骨关节炎)进入特殊的"天气室"中,里面的温度、气压和湿度可以调节。他们中间有8个人之前说自己能预感天气,而这8个人中有7个在湿度增大、气压降低的时候症状加重。

气压降低之后经常出现暴风雨。有一种理论说,大气压降低能引起关节周围的组织肿胀,导致关节疼痛,这可能是细胞渗透性所造成的结果。关节炎患者的血管壁一般渗透性比较好,因此有较多的血液进入组织。血液受到的压力总是比其周围的身体组织大,当外界环境压力降低的时候,就有很多血液进入组织。如果关节已经又疼又肿,那么增加的体液会令疼痛加剧。为了证实这个观点,人们利用放在气压室里的气球作为模拟装置进行了实验。外面的气压降低,气球中的空气就膨胀起来。如果发炎的关节周围也发生类似现象,加剧的肿胀就会刺激神经,引起疼痛。神经对气压非常敏感,即使有微小的变化也会发生反应。

这个解释听起来非常可信,但它尚未得到科学的验证,还只是一种理论。部分原因是气压降低引起的人体关节肿胀程度十分微小,不能用科学手段检测出来。其实,和暴风雨相关的气压变化与乘电梯的时候所生产的气压变化差不多。因为在医学文献中还没有乘电梯使关节炎加重的记载,所以这个解释还没有得到认可。

另一个使天气和健康难以联系起来的障碍是大气状况的变化多端。气压、温度、湿度和沉积物都可能使疼痛加重。而且,患者之间说法不一。有的说天气变化之前感到疼痛;有的说是同时发生的;还有更多的人说变天之后才有感觉。怪不得解决了这个问题的科学家少之又少。

荷兰人后来做的实验对证明关节炎痛和天气有关更加不利，让事情变得扑朔迷离。1985年，他们对 35 名骨关节炎患者和 35 名风湿性关节炎患者进行了研究。在受调查者不知道的情况下改变气压和湿度，虽然 62% 的人自称对天气敏感，但是结果却是在天气状况和关节痛之间没有找到确定的联系。对 62 名以色列关节炎患者的研究得到了稍稍令人欣慰的结果。风湿性关节炎患者中只有 25% 的人感觉到了天气变化，而骨关节炎患者中有 83% 感觉到了。温度变化、下雨和气压波动都影响着骨关节炎患者的关节痛，他们中 80% 以上的人能准确地预测降雨。其中，女性对天气变化比男性敏感，但一些女性说男人对什么东西都不敏感！然而，美国关节炎研究协会主任弗朗西斯·威尔德最近进行了研究，却没有发现关节炎和天气变化之间有任何有意义的联系。但威尔德保持乐观，他说："我想也许是科学还没能抓住有力的证据。"

即使天气和疼痛之间确有联系，但也可能不是身体的关系，而是心理关系。人们在潮湿天气里心情不好，郁闷的情绪可能使疼痛更难以忍受。还有另一种可能，雨天让老年人喜欢长时间待在床上或舒适的沙发里，缺乏运动使他们感到关节僵硬。怀疑者还指出，如果你很想相信一些坏事情，那就真的会发生。有的疼痛和痛苦受心理影响。美国气象学教授丹尼斯·崔西科说："如果你确信天气和疼痛有关，那么，天呐，真的有关。每当气压计读数下降，阴云密布，凉风骤起，如果你想着关节炎又要发作了，那它就真的会疼起来。"

虽然对于是什么使天气潮湿和关节痛联系在一起还有相反的观点，但有一点绝大多数专家都表示赞同：不要急于搬到气候干燥的地方——变换环境带来的压力可能让症状加重，而且经过几个月，身体适应了新的气候之后，感觉不会比原来更好。

为何哭的时候会流眼泪

悲伤吗？是的话就大哭一场吧。有人说哭过了就感觉好多了，许多科学家都相信，这是揭开眼泪之谜的一条重要线索。

在外眼角的上方，紧挨着眉毛的地方，有一个分泌眼泪的腺体，叫做泪腺。泪腺只有杏仁大小，但这些微型工厂却可以源源不断地产出眼泪。泪腺每时每刻都在分泌眼泪，甚至当你读到这里的时候，它也没有停止工作。眼泪可以冲洗眼球，并保持它们时刻清洁明亮。泪水从外侧眼角中的通道涌出来，眨眼的时候，眼皮就把泪水在眼球上均匀地摊开。这与挡风玻璃上的刮水片的工作过程很相似。然后眼泪顺着内眼角中的排水管道流走，沿着另外的通道流到位于鼻子背后的区域，在那里，眼泪会被身体吸收。

如果眼睛里进了沙子，情况就不太一样了。为了迅速清理掉眼球上的异物，泪腺大量分泌眼泪，于是便有泪水从下眼睑边缘涌出来。这时，你会抱怨："我的泪水止不住了！"

这些眼泪与哭泣时的眼泪有所不同，后者通常是由强烈的情感或剧烈疼痛引起的。哭泣的原因中有一半与悲伤有关，但有些时候人们哭泣也可能是因为高兴、愤怒，或者恐惧。那么这些没有清洁功能的眼泪又有什么用呢？其实，这些眼泪就是让我们"感觉好多了"的原因。

眼泪的主要成分是水、油、盐和碳酸氢钠（也就是蒸馒头用的小苏打）。所以如果眼泪顺着脸颊流进嘴里，你会觉得它是咸的。人类的眼泪不是最咸的，而是生活在海上，以海鱼为食的海鸥的，它们体内存积着大量的盐分。过量的盐分对身体可能有害，眼泪则帮助身体排出多余的盐分。鸟掉眼泪是为了排盐，那么人掉眼泪是不是也为了排出某种有害物质呢？这种猜测看起来很合理。

当我们心情激动或者感到剧烈疼痛时，大脑里就会产生一种化学物质来传递兴奋或者悲伤的信号，同时我们的身体里会产生一种特殊的应激激素。研究哭泣的科学家就在眼泪里发现了这种应激激素，所以哭泣可以帮我们排出那些会使我们产生强烈情感的化学物质。

随着这些化学物质被排出体外，我们也逐渐镇定下来。许多人会感觉哭过之后精神振作了许多，就像泪水的冲刷清洁了大脑。所以，虽然没人想做一个爱哭鬼，但适当的哭泣是有助健康的。

月圆之夜暴力事件增多之谜

有关精神失常或者月圆会引发癫狂的老旧的说法在现代科学的观点中根本就站不住脚。尽管此类轶闻的报道不断，但是人们通过流行病学的研究，在月相和人行为异常之间找不出任何一致的联系。此外，因为月亮离地球很远（其他天体就更别提了），所以月球施加在个体身上周期性的影响作用微乎其微。科学家也找不出生物化学上的理由来说明这种联系的存在。

1985年，尼古拉斯·桑杜利克进行了一次有名的流行病学研究。随后，美国俄亥俄州克利夫兰市凯斯西储大学的一位天文学家进行了一项统计学研究，以此作为对阿诺德·莱伯博士一本著作的回应。

莱伯博士提出，既然人体体内富含水分，那么人体内也应当有一种"生物潮汐"的生物规律在起着作用。每个月月初和月半之时，当月亮和太阳的联合作用接近最大时，人体内产生的"生物潮汐"就有可能使人产生精神分裂。莱伯博士声称，根据自己10年来对美国迈阿密市和克利夫兰市犯罪情况的调查研究，他发现每月月初和月半时在两市发生的杀人案件要多于平时。根据完全相同的原始数据，科学家们在独立地展开分析研究后却认为，莱伯的结论存在漏洞、缺乏说服力。

在莱伯的研究结束之后，桑杜利克也展开了一项类似的调查。他将研究的范围拓宽到包括克利夫兰市郊区在内的整个地区，在研究了凯霍加县验尸所（克利夫兰市是凯霍加县的首府）内保存的从1971～1981年整整11年来对该地区3370名杀人犯的统计数据之后，桑杜利克认为月相和凶杀案件之间毫无相关性可言。就如他发表在《怀疑论者》杂志上的文章所言，自己的结论"预示着凶杀案件发生率的逐日起伏波动实际上极有可能是随机的，而且它与月相之间也没有任何关联"。不过研究也表明，在周末凶杀事件确实有明显增多的迹象，桑杜利克将此归结为周末人们饮酒量增加所致。

在对数项类似的全国性研究的回顾综述中，桑杜利克称"无论从哪个方面，都没有发现任何确凿的统计学证据，能够证明月亮会对人类的行为造成影响"。

针对有关满月的逸闻趣事的起因，桑杜利克也提出了自己的看法。他说，在急救室忙碌了一个晚上，被接二连三地送进来的急救病人折磨得疲惫不堪的医护人员可能会抱怨道："今晚肯定又是一个满月。"这会在其他的工作人员头脑中留下一个印象，不管那天晚上到底是不是满月，事后想起类似的夜晚总会联系到满月。

男人为什么比女人容易患色盲

在生活中，我们有时会发现一些人天生对某几种颜色分辨不清，这种病症被称为"色盲"。而且我们还发现患色盲的多为男人，以致有人戏称色盲是男人的"专利"。那么男人为什么比女人更容易患色盲呢？

人体眼内视网膜上的锥细胞产生了人类的色觉。色觉的产生过程是由于各种光线的不同混合以及锥细胞的三种色素（感红、感绿、感蓝）按不同比例分解，从而产生了色觉，蓝天、青山、白云、绿草也就随之而产生了。由于某种原因，如果一个人对红光的刺激缺乏辨别能力，则成为"红色盲"，依次类推有"绿色盲"、"紫色盲"等等。当一个人红绿两种颜色均不能辨认时则称他为"红绿色盲"。如果某人对于红、绿、蓝3种颜色均不能辨认，则他就是"全色盲"。对于全色盲的人来说，全世界没有什么美丽的色彩，一切五彩缤纷的东

研究表明，色盲症患者是由于缺乏一种能分辨红、绿或蓝光的视锥细胞（颜色感受器）而致。然而色盲为何为男性"专利"的原因仍待进一步探索。

西，在他的眼里都是黑、灰、白，就如看黑白电视机一样。这种全色盲的患者并不十分多见，红、绿以及红绿色盲在现实生活中则较为常见。色弱与色盲产生的病理原因一样，不过是分辨能力较正常人差，而比色盲者要强罢了。

人类认识色盲只有100多年的历史。1875年，瑞典发生了一次严重的火车相撞事故，在事故调查中，两辆火车司机都肯定自己是按信号灯指示驾车的，没有违规操作。最后发现其中一位司机是色盲患者，根本无法分辨红色和绿色，以致酿成大祸。

从此以后，各个国家对于汽车、飞机、火车、轮船的驾驶员的从业资格进行了严格规范。同时，对驾驶员也进行严格筛选，对今后参加这个工作的人员也提出了要求，规定患有色盲、色弱的人不能从事驾驶员工作。其后，军事、印染、艺术、纺织、化学、医药等一些与色觉密切相关的行业也制定了对色盲、色弱的限制规定。这些限制和规定，并不是对于色盲和色弱人的歧视，而是因为在这些与色彩有着密切关系的行业中，一旦色觉上出现问题，往往会造成不可估量的损失。

在后来的观察研究中，医学家们发现男性的色盲发病率明显高于女性，并且男性呈显性，女性呈隐性。譬如：父母都是色盲，其所生的儿子则因其为男性，色盲呈显性而表现为色盲，而其女儿则会因色盲呈隐性而表现为色盲基因携带者，但其本身并不是色盲。其女儿结婚后所生的儿子有一半的机会可能是色盲，即如果有两个儿子，那么其中的一个可能就是色盲。同样，其所生的女儿则有一半的机会是色盲携带者。

通过专家临床观察发现，色盲多为先天性遗传而来，也就是说，色盲不会由后天发生的疾病而产生。其病因在患者的父母身上，其发生原理可能是由于锥细胞缺乏某种或全部感光色素所致。由于感光的合成不足可能产生色弱，或继发性视网膜炎、视神经炎等疾病。与色盲不同的是，色弱既可以是先天性的，也可以是后天其他疾病引起的。而对于为什么男性色盲患病率高于女性这一问题，专家们的解释是这样的：在人体中男、女遗传因素上存在性染色体的差别，男性性染色体为XY，女性的为XX，因而，其遗传基因很可能与性染色体有关。但是，对于具体的原因，专家们仍不能提供进一步的解释，因而，对这一问题，医学界

□ 可怕的现象

尚无定论。看来，色盲之谜还有待人们进一步去探索，色盲成为男性"专利"的原因总有一天会真相大白。

魔力十足的催眠术

一提起催眠术，人们就觉得它是那么的神秘莫测。我们经常在电影里看到有关催眠的镜头，被催眠者在催眠的状态下进入一种"无知"的状态，于是人的潜意识里的东西就被挖掘出来了。催眠术这种神奇的作用让人瞠目结舌。其实早在远古时代，催眠术就产生了。随着历史的发展，它现在已经发展成了一门学科，但研究者们对它的种种神奇之处仍无确切的解释。

催眠术由来已久，它的历史与巫术、医学甚至魔法的历史一样古老。实际上在远古时代，催眠、巫术和医学往往天然地结合在一起。催眠术不仅能激发人的潜意识，而且还能治愈疾病等。

当受眠者接受催眠师暗示双眼闭合，并表现出生理上的深度松弛（例如深呼吸）时，代表着他已经进入了完全被催眠的"失迷"状态。"失迷"是一种与睡眠类似的恍惚状态，但又不同于睡眠状态。表面看来，受眠者被催眠后像睡着了一样，但是真正处于睡眠状态下的人，神经系统和外界基本上是隔绝的，外界刺激对他没有反应。但处于催眠状态的人大脑局部神经系统恰恰相反，它处于兴奋状态，并且完全集中于催眠师的暗示下，但他对催眠以外的各种刺激都没有反应。

说起催眠术用于治病，其实在科学意义上认识、运用催眠术早在18世纪时就开始了。1766年，奥地利内科医生麦斯默首次将催眠术在医疗上得到运用。在对此前曾十分流行的"动物磁气说"进行改造的基础上，他提出有关疾病、健康的理论。在他看来，地球的万有引力通过确实存在于人体和自然界的一种气流体影响着人的健康。这种看不见的气体被他称为"磁气"。他认为，疾病就是因为这种磁气在人体内流动时受到阻碍而产生的。当人处于一种"失迷"的临界状态即催眠状态下，这些阻碍可以被消除，磁气能恢复自然流动。为了使这种自然流动恢复，麦斯默发明了许多种方法，统称为"催眠疗法"，即"麦斯默术"。

随着人们对催眠术研究的不断深入，催眠术又有了新的发展。

到了19世纪70年代，科学界对催眠术产生了广泛的兴趣。上个世纪最伟大的精神分析大师西格蒙德·弗洛伊德正是这时出场的。1885年秋，弗洛伊德前往巴黎求学，师承法国著名学者夏尔科。求学期间，催眠术治疗神经失调症的巨大潜力，使弗氏记忆深刻。1886～1938年间，弗洛伊德开设了治疗精神疾病的私人诊所。他起初用催眠术治病，后来发现这种方法存在很多局限。在著名医师布洛伊尔的启发下，他采用宣泄法，在催眠的条件下让病人畅述内心的积郁，以达到治疗目的。此后不久，弗洛伊德自创精神分析或自由联想法，作为分析和治疗的根据。由此，弗洛伊德在创建自己的心理分析体系时将催眠术扬弃，转向了自由联想。在现代心理分析学者看来：催眠术是从属于自由联想的一个特殊分支。

如此看来，催眠术已在科学的殿堂上有了一席之地，但它仍有许多神奇的现象令科学界无法解释。

科学家们发现，受眠者在催眠状态下可以完成平时不可能完成的事情，并出现一些非常规的现象。例如，一个娇弱的女子在催眠状态下会变成一根僵直的棍子，将她的脚和头肩用两个支撑物支起，这时就算在她身上站一个比她重得多的男子，她仍然会像桥面一样坚硬，面部表情无异。这完全超过了人的身体一般所能承担的限度。

由催眠术所产生的各种奇异现象，研究者还无法做出科学的解释。一般认为，人们在平时很难进入潜意识的世界；但在催眠状态下，如果处于α脑波状态，人们的注意力会非常集中，很容易被引导打开潜意识的记忆库，给潜意识输入积极、正面的信念。

通过催眠术我们可以接触到在人类物质世界背后深藏的不可思议的意识和精神世界，它所体现出来的巨大能量令我们为之着迷，因而人们相信对它的进一步探索有助于我们创造更美好的明天。但我们也应该清楚地明白，催眠术的研究要得出正果也并非易事，它需要科学界的共同努力。

人为什么会做梦

梦究竟是怎样产生的？它究竟能不能预卜吉凶？它受不受人世间自然力量的安排和支配呢？这些问题一直都吸引着历代学者去探讨。然而真正系统而比较准确的研究还是近现代的事。

1900年，世界著名心理学家弗洛伊德从心理学的角度解释梦的原因。他认为，梦是一种愿望的满足。在多种多样的愿望中，他更为重视性的欲望。认为性欲是人的一种本能，而本能是一种需要，需要是要求满足的，梦就是满足的形式之一。弗洛伊德还认为，梦是有意义的精神现象，是一种清醒的精神活动的延续。借助梦可以洞察到人们心灵的秘密。梦是无意识活动的表现，人在睡眠时，意识活动减弱，对无意识的压抑也随之减弱，于是无意识乘机表现为梦境的种种活动。

弗洛伊德的学生阿德勒则认为，做梦是有目的的。梦是人类心灵创造活动的一部分，人们可以从对梦的期待中，看出梦的目的。梦的工作就是应付我们面临的难题，并提供解决之道。梦和人类的生活是息息相关的。每个人做梦时，都好像在梦中有一个工作在等待他去完成一般，都好像他在梦中必须努力追求优越感一般。梦必定是生活样式的产品，它也一定有助于生活样式的建造和加强。人在睡眠时和清醒时是同一个人，由白天和夜里两方面表现结合起来才构成了完整的人格。人在睡梦中并没有和现实隔离，仍在思想和谛听。梦中思想和白天思想之间没有明显的绝对界限，只不过做梦时较多的现实关系暂被搁置了。梦是在个人的生活样式和他当前的问题之间建立起联系，而又不愿意对生活样式作新要求的一种企图。它联系做梦者所面临的问题与其成功目标之间的桥梁。在这种情况下，梦常常可以应验，因为做梦者会在梦中演习他的角色，以此对事情的发生作出准备。

弗洛伊德的另一名学生荣格认为，梦就是集体潜意识的表现。重视潜意识，尤其是集体无意识，是理解和分析梦的前提，梦具有某种暗示性。梦所暗示的属于目前的事物，诸如婚姻或社会地位，这通常是问题与冲突的根源所在。梦暗示着某种可能的解释。同时，梦还能指点迷津。

可以说，弗洛伊德、阿德勒和荣格对梦的心理机制、梦的成因以及梦的作用和意义等方面，都有自己独到的见解和贡献。

世界著名生理学家巴甫洛夫从生理机制方面解释了

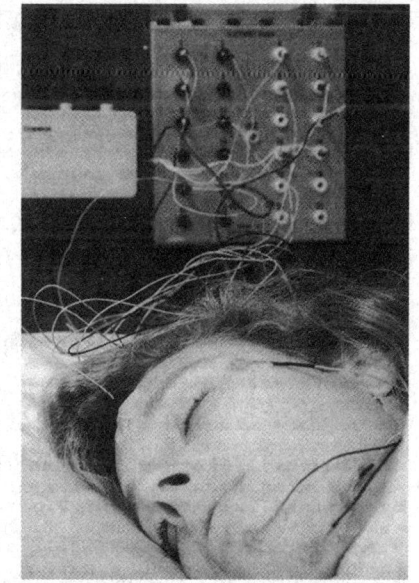

在睡眠实验室中，一个志愿者昏昏入睡。她的头和脸上贴着电极，用以侦测脑和肌肉活动，为研究者提供与做梦相关现象的记录。

人为什么做梦的问题。他认为，梦是睡眠时脑的一种兴奋活动。睡眠是一种负诱导现象。大脑皮层兴奋过程引起了它的对立面——抑制过程，抑制过程在大脑皮层中广泛扩散并抑制了皮层下中枢，人便进入了睡眠状态。人进入睡眠时，大脑皮层出现了弥漫性抑制，也就是抑制过程像水波一样扩展，当人熟睡时，弥漫性抑制占据了大脑皮层的整个区域以及皮层更深部分后，这时就不会做梦，心理活动被强大的抑制过程所淹没。当浅睡时，我们大脑皮层的抑制程度较弱，且不均衡，这便为做梦提供了条件。

现代科学发达，可以通过实验分析来逐步揭开梦的奥秘，有的科学家认为：梦是快速眼球运动中"意象"的集合，在快速眼球运动睡眠就会产生梦境，此时脑电波振幅低、频率快，呼吸和心跳不规则，周身肌肉张力下降。当这时候叫醒睡眠者，他会说："正在做梦中。"如果不断地叫醒（打断其梦），会使其情绪低落、精神不集中，甚至暴躁和性急。

有的科学家做过这样的实验：将乙酰胆碱类药物注射到猫的脑干里。经研究发现，当脑干里某神经元放出乙酰胆碱进行沟通信息时，另一种神经元就停止放出去甲肾上腺素和羟色胺，前一种神经元将信息传至大脑皮层，皮层的高级思维和视觉中心，借助已存的信息去解释、编织成故事，梦就产生出来。在梦境里为什么只见"镜象"，尝不出五味，闻不到香臭，这是因为快速眼球运动期间发射出的是视神经元，而不是味觉、嗅觉神经元。为什么梦醒片刻就记不住梦的内容，这是由于梦的储存仅在短暂记忆里，而长期记忆库的去甲肾上腺素和羟色胺处在封闭状态。

当然，心理学家和生理学家对梦的解释和研究也不是完全正确的，有些解释还欠妥和过于简单。但可以相信，随着心理学和生理学的发展，当代和未来的心理学和生理学们会对梦作出更准确、更完善的解释。

人类为何会得癌症

癌症这个词现在频繁出现在人们的嘴边，可谓谈癌色变。它夺去了无数人的生命，已经成为威胁人类健康的最可怕的"杀手"之一。有资料显示，全世界每年因癌症死亡的多达几百万。近年来，儿童患癌率显著增加，这一现象令医学家们大为震惊。癌症如此可怕，不禁令我们疑惑：究竟是什么导致人类得这种致命的绝症呢？

带着这个疑问，科学家们进行长期的研究，现今已经了解和掌握了一定的规律，并取得了一些临床治疗上的进展，但是科学家们并未把致癌症的真正原因找到，每年仍有大量的人因患癌症而死亡。所以说，要想彻底攻克这个难关并揭开它的秘密，还会有相当长的路要走。

科学家们首先把注意力放在了寻找致癌物质上。他们研究了患肿瘤的动物，通过研究发现，诱发癌症的主要因素有：一定的化学物质和物理、环境方面的因素。举例来说，许多日本人在广岛的原子弹大爆炸中因核辐射患血癌、长期工作在铀矿的矿工患肺癌的几率大大高于普通人，而且死亡率也相当高。

然而，科学家们在进一步的研究中发现，日常生活中也不乏患癌症的人，那么日常生活用品中自然也含有致癌物质，到底哪些物质含有致癌物呢？经过统计发现，诱发癌症的因素还有煤油、润滑油、香烟中的尼古丁、发霉的爆米花和粮食中的黄曲霉素等等。

还有一些科学家提出，癌症还与遗传因素有关，致癌物可能通过基因突变传给后代。根据一部分医学工作者研究的结果，有一种癌症属于"遗传性癌"，它是直接由遗传决定的。进一步的研究之后，医学专家们又发现，那些属于非遗传型的癌症，竟也呈现出明显的遗传倾向。比如，胃癌患者的子女得胃癌症的几率比一般人高出4倍；母亲患乳腺癌，女儿的乳腺癌发生率也比一般人要高。很显然，遗传因素对癌症所起的作用是不容忽视的。相关研究还表明，某些人对癌症具有易感性，主要因为体内某些酶的活性降低，染色体数目异常或畸变。总之，遗传上的缺陷很有可能促发癌症。但遗传因素是怎样促发癌症的，却仍然令医学家们感到费解。

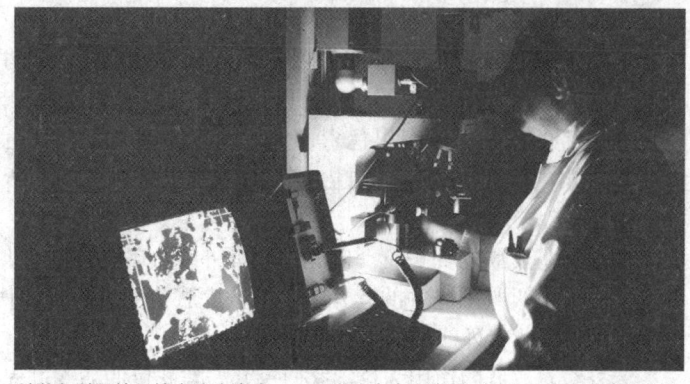

科学家利用基因技术治疗癌症，为人类攻克癌魔指引了方向，由于致癌因素的复杂性，这项工程任重道远。

近年来，有一些医学专家提出，绝大多数癌症与环境因素有关，例如，土壤中镁含量低的地区，胃癌的发病率就相对较高一些；皮肤癌的发病率和饮用水受砷污染的程度密切相关；饮用水中的碘的含量如果过低，甲状腺癌的发病率就会上升等。可见，环境因素对癌症的发生起着不可忽视的影响。

综上所述，我们看到，诱发癌症的因素很多，但是这些致癌因素之间并没有什么共同点，这到底是为什么呢？经过一系列临床研究实验后，医学家们发现，同样的致癌因素，并不一定都能诱发癌症。也就是说，所有的致癌因素可能都不过是外在因素，还有可能存在着内在的因素。因此，科学家们又开始了致癌的内在原因的探寻过程，经研究发现，癌组织是由正常组织细胞病变而来，具体来说，人的肌体内都存在着克服致癌因素的抑癌因素，在这种抑癌因素的作用下，细胞才会健康发展。如果抑癌因素的作用减少或消失，正常细胞就会发生基因突变，代谢功能紊乱，细胞也因此无限地分裂、增生。一般来说，正常细胞演变成癌细胞，再引发癌症是一个相当漫长的历程，大约需要10多年的时间。同时，科学家们又发现人体基因内存在着癌基因，这是造成正常细胞癌变的关键。其实，人体内不仅存在有癌基因，还有抗癌基因。抗癌基因的发现，使人类对癌症的研究有了突飞猛进的进展，是人类最终战胜癌症的前提。科学家们把培养的抗癌基因注入动物身上，取得了初步成功。如果研究能够再深入一步的话，有望在不远的将来把这种方法应用于人类的癌症治疗上。

一部分医学专家在不断研究细胞癌变的过程中还发现，癌细胞的氧含量很低，而蛋白质含量却很高，而且癌细胞的表层组织越深入其裂变能力越差，直至坏死。因此，细胞缺氧可能也是诱发癌症的因素之一。当局部组织受到损坏，并进入窒息状态时，会改变其生存方式，癌细胞由此生成。

关于癌症的成因，可以说是林林总总，莫衷一是，但这些都只是具体细节方面的分歧，大体上来说，都有一定的合理成分在其中。但从根本上讲，人们并没有把癌症的病因彻底弄清楚，仍处于推测假说阶段。面对癌症这个疯狂病魔的肆虐，医学家们在大多数情况下仍然是束手无策，无能为力。但"魔高一尺，道高一丈"，随着科学的进步，经验的累积，研究的深入，相信终有一天，人类会彻底弄清楚癌症的病因，彻底地降服这个恶魔。

人类拥有不同肤色之谜

我们经常这样叫"黑人"或者"白人"，但这并不足以概括人类的多种肤色。人的肤色取决于他们的祖先居住在什么地方。科学家们曾经提出过许多种理论，试图解释人类不同的肤色是如何形成的，但没有任何一种能让人完全信服。

皮肤的颜色取决于一种叫做黑色素的化学物质。皮肤里的黑色素越多，肤色就越深。肤色浅的人在阳光下呆久了，皮肤里会产生大量的黑色素，换句话说就是这个人被晒伤了。白化病患者的皮肤里没有黑色素，他们的皮肤通常是粉红色的，这其实是血液透过无色的皮肤呈现出的颜色。通常，白化病人的毛发也是白色的。所以患有白化病的人，从小就是一头白发。

黑色素是皮肤的保护伞。阳光中的紫外线会晒伤皮肤，甚至导致皮肤癌，黑色素像防晒霜一样，可以吸收阳光中的紫外线，保护皮肤免受进一步的伤害。皮肤中的黑色素越多，肤色就越深，吸收紫外线的能力也就越强。

紫外线对皮肤的作用为科学家们探究人类肤色的演变过程提供了有力的线索。我们来自非洲的类人猿祖先曾经身上长满软毛，这些毛起到了隔离紫外线的作用，在几万年的进化过程中，我们的体毛逐渐消失了。虽然没有人知道为什么会出现这样的变化，不过我们光洁的皮肤的确暴露在了强烈的日光下。

由于黑色素可以保护皮肤免遭紫外线的伤害，肤色深的人就比肤色浅的人生存能力更强。于是，更深的肤色被一代一代传承下来，生活在非洲的人类祖先就演变成为今天的黑人。

然而，随着人类的分布范围逐渐向北扩展，他们发现这里的天气比非洲冷得多。比如说欧洲，这里的光照比非洲弱得多——特别是冬天的时候。这种气候给他们的生存带来了新的威胁。适量的紫外线照射有助于身体制造出维生素D，而维生素是人体的必需元素之一，对于骨骼的健康生长至关重要。欧洲地区的光照强度低，阳光中紫外线的含量也少。第一批到达欧洲的人类由于皮肤中的黑色素含量过高，又妨碍了适量的紫外线的吸收，因此有些儿童可能患上佝偻病。佝偻病的症状是骨质软，易变形，而且容易折断。

所以在欧洲，浅肤色人群的存活率比较高。同样地，浅色的皮肤被一代又一代地传承下来。冬天，浅色的皮肤可以让紫外线有效地透过皮肤被身体吸收。但是在阳光强烈的夏天，阳光会促使皮肤产生较多的黑色素，从而防止皮肤被晒伤。

今天，人类遍布于世界的各个角落，他们的肤色也反映了世界各地的气候状况：在光照不足的斯堪的纳维亚半岛，居民的肤色最浅；阳光较充足地区的居民，皮肤呈现出金色或淡棕色；而居住在非洲和澳大利亚的土著居民则拥有最黝黑的皮肤。近年来，随着交通工具的飞速发展，人们可以自由地往来于世界各地。结果便出现了几种不同肤色的混合色肤色。

为什么人类有不同的血型

人与人之间血型的差异就好比每个人头发颜色的差异。你的血型一般属于四大基本血型之一：A型，B型，AB型，或者O型。你的血型取决于红细胞和血浆（大部分是水，是血细胞的生存环境）里的蛋白质类型。

血细胞里的蛋白质叫做凝集原；血浆中的蛋白质叫做凝集素。凝集原分为两种，分别为A和B；凝集素也可以分为两种，叫做a和b。

比如，艾米丽是A型血，也就是说她的红细胞里有A凝集原，血浆里有b凝集素。莉莉是B型血——B凝集原和a凝集素。杰夫是AB型血，他的红细胞里既有A凝集原又有B凝集原，但血清里没有凝集素。胡安是O型血，红细胞里没有凝集原，但是血清里含有a、b两种凝集素。

你的身体会把含有不同凝集原的血液当作外来入侵者。如果A型血的艾米丽被输入了B

型血,她血浆里的 b 凝集素会使入侵的血细胞凝集在一起,血细胞因此而不能在血管里自由地移动,因此不能把氧气运送给组织,比如大脑,从而危及生命。B 型血也同样排斥 A 型血。对于 O 型血来说,A 型血和 B 型血都是入侵者。为了避免医疗事故,病人在接受输血前都要进行血型测试。

然而,没有一种血型的血会排斥 O 型血,因为 O 型血的红细胞里没有凝集原来抵御其他血型的血。所以 O 型血的人又被叫做"万能供血者",因为他们可以为任何血型的人供血。

由于 AB 型血中既含有 A 凝集原又含有 B 凝集原,它与其他任何血型的血混合在一起都不会发生凝结,所以 AB 血型的人可以接受任何血型的血。因此,跟杰夫同血型的人又被叫做"万能受血者"。

与头发颜色相同的是,你的血型直接取决于你父母的血型。而且,不同血型在人群中的分布与种群的发源地有关。

因为世界各地的人都在接受这样或那样的血液化验,所以科学家们发现了血型在不同地区的分布规律。在美国,41% 的高加索人是 A 型血;源自非洲的美洲人中,有 27% 是 A 型血。在秘鲁,几乎所有的印第安人都是 O 型血。在亚洲中部,B 型血最为常见。

人类的血型为什么会有差异,科学家至今也不太清楚,但是人们却已经发现了血型与某些疾病之间有趣的联系。比如,O 型血的人比其他血型的人更容易患溃疡症。A 型血人群中,胃癌的发病率明显较高。

更有趣的是,科学家发现,人类的血液组蛋白与一些细菌和病毒表面的蛋白极其相似。如果入侵的病毒刚好具有与人类血型蛋白相似的表面蛋白,那么你身体里的免疫系统就很可能会将入侵的病毒当作自身的细胞,器官和组织也会向他们敞开大门。例如,导致淋巴腺鼠疫的细菌,表面覆盖着与 O 型血细胞的表面蛋白很相似的蛋白。因此,O 型血的人最容易得上这种疾病。淋巴腺鼠疫起源于东南亚,后来逐渐向西蔓延。14 世纪,淋巴腺鼠疫席卷欧洲,夺去了欧洲 1/4 的人的生命,被称为黑死病。亚洲中部是淋巴腺鼠疫蔓延最慢的地区,这里又同时是 O 型血人群密度最低的地区之一。这表明,O 型血对于生活在淋巴腺鼠疫泛滥地区的人们来说,是一个不利条件。相比之下,A 型、B 型和 AB 型血的人则获得了生存优势。科学家坚信,血型与疾病之间的联系,必将成为揭开人类血型起源之谜的有力工具。

耳鸣究竟是怎么回事

我们通常认为耳朵听到的声音来自周围环境,而不是耳朵自己发出的。但有时即使是在完全安静的房间里,我们仍然能够听到声音,这时声音仿佛是从我们脑袋里发出的。

这种声音有时像是收音机发出的嗞啦声,有时则是连续不断尖鸣。有一位年轻的妇女曾经这样形容:"这声音就像是一群士兵列队踱过我的脑袋时发出的。"

似乎有人在我们的耳朵里放进了一只铃铛,我们把这种现象叫做耳鸣。耳鸣现象通常出现在耳朵接受了大声的刺激之后,比如,有人在你耳边击掌,或者周围有人放爆竹等。观看摇滚音乐会后,或带着耳机并把音量调到很大,过后都会导致耳鸣。这种耳鸣往往经过一夜的睡眠才会消失。不过,如果长时间呆在大噪声的环境中,人的听力会严重受损,甚至会丧失听觉。

那么,在安静环境下听到的声音又是怎么来的呢?我们的耳朵里面有一条通向大脑的通道,叫做耳道。沿着耳道向内,可以看见一层膜,叫做耳鼓——横穿耳道,将耳朵分为中耳和外耳两部分。声音在空气中传播进入耳道,使鼓膜也随之振动。

□可怕的现象

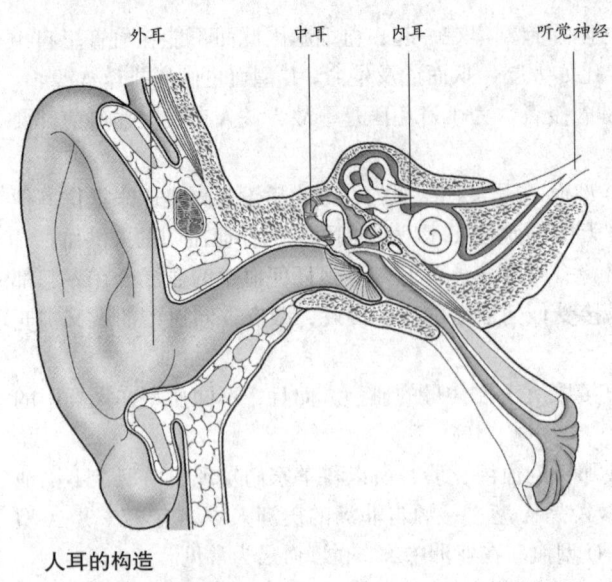

人耳的构造

在耳鼓后面,有一个小的骨质腔,里面分布着3根可以活动的小骨头,叫做听小骨。3根听小骨分别叫做锤骨、砧骨和镫骨,它们可以将耳鼓传来的振动向内耳传导。

再向里,是一段充满液体的管道,长约30毫米,叫做耳蜗。听骨的振动使耳蜗里的液体形成波。像水草一样,液体里的纤毛细胞随着波动的液体摆动。

这些纤毛细胞对于人类的听觉至关重要。波浪经过纤毛细胞时,会促使纤毛细胞产生电脉冲,电脉冲沿着听觉神经向大脑传导,大脑再将接收到的这些电信号转变成声音,于是我们便听到了大千世界中各种各样的声音。

巨大声响刺激和重击头部都会导致纤毛细胞的损伤。受到损伤之后,纤毛细胞可能会发生缠结,或者变松脱落,甚至完全丧失通过听觉神经传导电脉冲的功能。

但有时纤毛细胞受损还会表现为另一种现象:它们持续不断地向听觉神经发出电信号,即使是在对周围环境中的声音已经失去敏感性的情况下。这些纤毛细胞永久性的起作用,大脑只要接收到电信号就会认为把它当作声音信号来处理。这就是耳鸣的原因,也是我们在最安静的屋子里也能听见声音的原因。

除了巨大声响和头部伤害,其他原因也会引发耳鸣。耳硬化症是一种常见的耳科疾病,这种疾病的患者通常有海绵状骨增生,从而导致听骨对正常声音的反映不够灵敏,却会传导大量的耳鸣信号。伤风和感冒会导致内耳肿胀,从而增高血压。高血压促使血管收缩,血液中的胆固醇会阻塞血液的流通,使纤毛细胞营养供应不足。这也会导致耳鸣。

有时,服用阿司匹林后的一两天内也会出现耳鸣症状。像咖啡因和可卡因这样的兴奋剂同样可以让纤毛细胞无中生有地发出信号。此外,如果长期服用滋补剂,其中的奎宁就会在体内慢慢积累,这也会引发耳鸣。

诱发耳鸣的原因多种多样,耳鸣的现象也很普遍,人群中至少有50%经常听到奇怪的耳鸣声音。为了保护耳朵,除了要远离噪声源以外,我们还要尽量避免以上可能诱发耳鸣的因素。

人老后为什么会长皱纹

导致脸上长出皱纹的原因主要有两个:一是生活在某个星球的表面;二是群居动物。

我们脸上的皱纹与脚下的地球有什么关系呢?无论待在哪儿——学校、办公室,还是山顶,你的身体都时刻受到重力作用,它作用在你的脸上,就会把皮肤往下拉。如果你呆在室外,阳光中的紫外线会穿过表皮,进而损害深层的皮肤结构。

除此之外,每次微笑、皱眉,或抬起眉毛,都会让皮肤皱起。日积月累,折缝的痕迹就永久地留在了你的脸上,成为漫长岁月中喜怒哀乐的留念。

有些人因为遗传因素，不容易长出皱纹：如果你的父母或祖父母脸上皱纹不多，那么你也很可能不会长出满脸的皱纹。如果你天生肤色黑，也不太容易长皱纹。因为皮肤里的黑色素会降低阳光中紫外线对皮肤的伤害。和尚一生中大部分时间都花在阴凉安静的寺庙里，他们整日沉思，很少外出活动，所以一位90岁高龄的僧人很可能拥有比50岁中年人更光滑、健康的皮肤。

为什么说50岁，而不是30岁，甚至20岁呢？因为无论待在哪儿，和尚也逃不开地球引力的作用。皮肤在重力的作用下慢慢下垂，日积月累，就形成了松弛的面颊和下垂的眼袋。此外，随着年龄的增长，皮肤覆盖着的组织也会发生变化。老的细胞死去，却没有新的细胞顶替，所以颧骨和颞部都会出现轻微的塌陷。于是，皮肤对于变小了的内部组织结构来说，就变得松弛了。

我们当中的大多数不会去做和尚。所以对于我们来说，降低阳光对皮肤的伤害成为抵抗皱纹的主要途径。紫外线会损伤真皮——表皮下面的深层组织。在真皮中，一种叫做胶原纤维的蛋白质结构支撑着皮肤，紫外线的照射使胶原纤维凝结在一起，削弱了皮肤的弹性。而且，射线还会使皮肤变薄。我们知道，一张纸比一摞纸更容易折叠。同样的道理，越薄的皮肤也越容易出现皱纹。

因为每次做出面部表情时，面部皮肤都会被折叠，所以在被阳光晒伤过的皮肤上更容留下皱纹。防紫外线很简单：不晒日光浴，不要长时间让皮肤直接暴露在日光下，防晒霜或遮阳伞都可以防止射线穿过皮肤损伤真皮。

吸烟可以加速皱纹的形成。科学家曾经将吸烟者的皮肤与不吸烟者的皮肤进行比较，发现吸烟者出现皱纹的时间远早于那些不吸烟的人，而且吸得越多，脸上的皱纹就越多，而且越深。吸烟者满脸皱纹的几率是不吸烟者的5倍。

科学家发现，烟草里的有毒物质会破坏皮肤里的胶原蛋白，还会进入眼部的组织，导致出现鱼尾纹——从眼角向两侧发散的细小皱纹。吸烟还会使嘴唇轮廓变得模糊不清。

我们为什么会晕车或晕船

去郊游的路上，公交车里又热又挤，到处是叽叽喳喳的孩子。汽车在蜿蜒的公路上向山上行驶。每次汽车加速或刹车，你的胃也随着晃来晃去。更奇怪的是，只要视线落在车里，马上就会泛起一阵恶心。

其实晕车并不是什么奇怪的病，晕车的人不在少数。刚进入太空的宇航员和"伊丽莎白二世号"客轮上的乘客都吃过这种的苦头。无论是晕船还是晕车，都表现出相同的症状，叫做晕动病。

我们走路的时候都不会晕，可是为什么在同样的马路上，坐在汽车里就会晕呢？问题出在视觉与感觉之间出现了分歧。在运动的环境中，比如在轮船上，你可以感觉到自己的身体随着波浪上下颠簸。感知运动的器官在耳朵里，这是由于内耳里的液体随着船身晃动而运动时，它便将运动的信息传给大脑。这是正确的信息。

但在你的眼睛看来，房间还是原来的房间，人还是原来的人，大家都站在原来的位置上，一切都没有变化。所以，你的眼睛则告诉大脑将你没有运动。大脑同时接到两条信息，而且两条信息的内容完全相反。这下它可不好办了，要相信哪个呢？耳朵还是眼睛？

这时，身体里开始产生大量促使紧张的激素，如肾上腺素；大脑也进入了紧张状态，促使汗液分泌。胃部的肌肉因此获得更多的生物电信号，蠕动更加有力而且频繁。再接下来就

□ 可怕的现象

出现了呕吐。

人群中十有八九都晕过车。为了降低晕车的几率，专家给出了以下几条建议：

不要空腹乘车或乘船，那会加重恶心的症状。最好在出发前吃点东西。

在车行驶的途中，眼睛尽量往车外看，这样你的眼睛和耳朵就会同时得知，身体在移动。不要在车上看书或把注意力放在车内的物体上。上车后，最好在车的前排就座，因为前排的位子既可以看到正前方的马路也可以看到两旁的马路。类似地，如果在海上航行，待在甲板上会比待在船舱里舒服些。几天之后晕船的症状就会消失。因为大脑发现，你的身体确实在运动。宇航员们适应宇宙飞船环境的过程也是这样的。

你可以服用一些抗晕车的药物，比如茶苯海明。但是这类药物会使人昏昏欲睡，而且药物本身也会让人产生眩晕感。

你也可以佩戴"防晕船护腕"，这是一种戴在手腕上的塑料绷带，在贴近手腕一侧装有按摩器，可以为手腕上的特殊穴位按摩。根据针压法的理论，按摩某些特殊穴位可以减轻晕动病的症状。这种方法同样可以减轻孕妇怀孕初期的不适反应。事实证明，防晕船护腕的确有效，但是我们至今还不清楚它的具体原理。

第5篇
不堪回首的可怕历史

　　人类的历史是用鲜血书写的,历史的天空飘满了血雨腥风。在历史的长河中,湮没了无数我们无法破解的谜团,只能凭借有限的资料来分析、揣测。而这些曾经改变历史进程的转折点,随着时间的流逝,带给了我们越来越多的困惑。

□ 可怕的现象

一、酷烈的战争与"丛林法则"

流血漂杵的征服战

在世界历史上曾经有过许多辉煌一时的大帝国,帝国是对领土非常辽阔,统治或支配民族众多,拥有极大的国际影响力的强大国家的通称。虽然我们对帝国一词并没有非常精准的科学定义,但是有一点可以肯定:这些赫赫有名的大帝国无一不是通过对外的军事扩张建立起来的。由于年代久远和当时对统计的不重视,帝国征服战争的军队数字、死伤人数,除了在部分战争中有所记载之外,大部分的数字都无法确定。但是有一个十分明显的事实,那就是作为冷兵器战争的古代战争,无疑都是建立在鲜血和尸骨上面的。"一将功成万骨枯",如今,我们只能凭我们的想象,去追忆战争的惨烈,去哀悼那些在征服战争中死去的人们了。

开始于亚述那西拔二世统治时期(公元前883～前859年)的亚述帝国征服战争以野蛮和残暴而闻名于世。从亚述国王们的年代记中可以看出来,亚述军队所到之处,城镇被毁为废墟,财富被掠夺,军民被杀戮或掳走,大片土地荒芜,许多地方人口锐减。亚述那西拔二世的铭文中得意地说:"我将敌人的尸体堆满了山谷,直达顶峰;我砍掉他们的首级,用之装饰城墙;我将他们的房屋焚毁。我在城门前建了一座墙,并包上一层从反叛首领身上剥下来的皮;把一些人活着砌进墙里,另一些人则沿墙活着插进尖木桩⋯⋯"而在毁灭了古都巴比伦的辛那赫里布(公元前704～前681年在位)的年代记里记载,他占领和毁灭了75座城市,并掠走了其中的人和财物。萨尔贡二世(公元前722～前705年在位)在位第一年远征萨马利亚时,俘虏了将近3万人;在镇压两河流域南部的一次起义时,把20万人及大批财富带回亚述;在镇压叙利亚的起义时,又把20万人及大批财富带回亚述。

波斯帝国是古代世界第一个通过征服战争而建立起来的、地跨亚非欧三大洲的大帝国。这是波斯王居鲁士二世及其后代执行征服政策的结果,同时也是用敌人和波斯军队的人头堆起来的结果。在征服希腊的时候,公元前480年春末,薛西斯一世

在坎尼之战中,汉尼拔曾动用大象作战。

和他率领的军队用了7天7夜的时间,才全部通过达达尼尔海峡用船搭成的浮桥。他的军队过于庞大,共有近50万人,这些数字远超过希腊的军队。但是,结果却大大出乎薛西斯一世所料。帝国的海军败于萨拉米斯,陆军败于普拉蒂亚,帝国在爱琴海上米卡尔角的战船被希腊人焚毁。在这场战争中,波斯陆军逃出性命的不超过3000人。也就是说,曾经骁勇善战的波斯军队中的大多数都成了白骨。

代波斯帝国而起的马其顿王国的建立者们在文明发展的道路上,比南部的希腊人迟了一大步,但是这并不妨碍他们的征服战争。在腓力二世在位期间,他已经对国家的政治和军队进行了大刀阔斧的改革,从而使马其顿成为军事强国,为后来者打下了坚实的基础。腓力二世很快征服了周边的许多国家。为了对付共同的敌人,希腊诸城邦和马其顿建立希腊联盟,以反对共同的敌人波斯帝国。这实际上使希腊落入了马其顿的控制之下。

亚历山大在继承腓力二世的王位的时候只有20岁,但是他已经完全能够胜任征服者的职责。他很快夷平了在腓力二世去世后带头起义的底比斯,并将城里的居民变成了奴隶。在平定了各地的骚乱和起义之后,他的目标指向了波斯帝国。亚历山大带着3.5万名骑士和步兵东侵。当英勇的亚历山大和波斯国王大流士三世遭遇的时候,后者怯阵逃脱,16万波斯军队在马其顿军队面前全线溃败。

亚历山大在腓尼基的推罗遇到了出师以来最大的抵抗。他用了7个月的时间,终于将其攻占。随后亚历山大在城内进行了极为残暴的大屠杀,有8000人被杀死,3万多人被卖为奴隶,令人发指的血腥恐怖连许多马其顿人都感到不寒而栗。在离开时,他下令彻底焚毁这座城市。公元前331年夏天,亚历山大的军队在尼尼微附近和波斯军队进行决战。亚历山大的军队包括4万步兵和7000名骑兵,这在大流士三世面前可谓区区小数——后者的军队有数十万步兵和4万名骑兵。但是最后,亚历山大采取了令人生畏的突袭战术,结果,大流士三世又一次在亚历山大面前第一个扭转马头溜之大吉,然后被亚历山大追了50多千米。最后,大流士三世的整个波斯大军,只剩下3000名骑兵和6000名步兵跟随他进入米底首府埃克巴坦那,其他的要么被杀,要么变成了马其顿军队的俘虏。

公元前330年夏天,亚历山大彻底征服了波斯帝国,成了"波斯帝国之王"、"亚洲之王"、"王中之王"。之后,亚历山大又远征中亚、南亚。他短短的33年的生命有12年是在东征西战中度过。经过大规模的流血漂杵的军事远征,亚历山大最后在辽阔的土地上建立了一个前所未有的大帝国。这个大帝国的版图,西起希腊、东至印度河流域、南至尼罗河、北抵多瑙河。亚历山大和他的帝国的辉煌和胜利,是用践踏和涂炭生灵换来的,也是其导演的战争和灾难悲剧。

在波斯帝国、马其顿王国之后,亚欧大陆上还先后出现了许多疆域辽阔的帝国,通过对其他民族的侵略和征服,都建立了前所未有的大帝国。其中,奥斯曼土耳其帝国通过征战,在极盛时,领土北面从奥地利边界直至俄国境内,西达非洲摩洛哥,东抵亚洲高加索和波斯湾,南境一直伸入非洲内地。而成吉思汗及其后继者则在50多年的时间里,以总数不到40万人的军队,先后灭亡世界上几十个国家,征服了上百个民族,建立了人类历史上版图最大的国家——蒙古国。其稳定时期版图面积超过3500万平方千米,版图最大时期面积超过4500万平方千米。

这些国家的统治者为了达到征服世界的目的而进行的征服战争,给被征服的民族带来了巨大的灾难。战争的铁蹄所至,房屋变成废墟、百姓惨遭杀戮、生产力遭到严重破坏、文明被野蛮所践踏。而这些通过军事征服的帝国,好像被那些在战争中丧失生命的人们的亡灵诅

□ 可怕的现象

咒了一样，在达到它们的顶峰之后，一个个都风雨飘摇，难以维持它们的统治，最后终于消失于历史的硝烟之中。

用人头垒起的霸主宝座

历史证明，实力强大起来的大国，其野心也会随之一起膨胀。这些国家的统治者们，最擅长的就是依据自己国家的实力和别人争夺利益。有人想做全世界人类的霸主，有人想坐镇一方；有人想把世界作为自己的市场，有人想占据一个交通要塞；有人想和别人分得一杯利益之羹，另一些人垂涎于别人手中的肥肉……这些为了争夺霸权——世界的或地区——的国家之间的各种矛盾日益尖锐，冲突越演越烈，解决的办法通常只有一个，那就是战争。战争的结果，诞生了一个又一个新的霸主。

在人类文明诞生的开始，霸主们就一个个粉墨登场了。那些在世界历史上曾经辉煌一时的大帝国，已经成功地圆了它们称霸世界的美梦——虽然这段时间一般来说并不长久。随着世界经济的发展和人类文明的进步，那些野心勃勃的统治者们越来越意识到，要成为世界霸主实在太难，大英帝国的国王、第三帝国希特勒等等——它们把目光转向于某一个地方和某一方面的利益，并开始努力将之据为己有。这样，就诞生了新的区域性的霸主。不过，像所有的产生霸主的方式一样，战争，仍然是它们的主要选择——自然，战争带来的灾难不在它们考虑范围之内。

在公元前3～前2世纪的时候，地中海地区的古罗马与迦太基王国之间发生了一场旷日持久争夺地中海霸权的战争，史称布匿战争。在第一次布匿战争中，罗马的适当的战术帮助它们暂时战胜了迦太基，并趁机占领了迦太基几块土地。为了挽回败局，公元前218年，迦太基将军汉尼拔率领9万名步兵、1.2万名骑兵和37头战象开始了对意大利的远征。不幸的是，当汉尼拔终于越过阿尔卑斯山的时候，他的部队只剩下了2万名步兵、6000名骑兵和1头战象。但是他的突然降临使得罗马人大惊，并取得了很大的胜利。在特拉西梅诺湖畔，汉尼拔军队和罗马激战，杀死罗马1.5万人，俘虏几千人。在奥费达斯河岸的坎尼地区，迦太基消灭了7万罗马人，而自己只损失了5700人。这就是著名的坎尼之战。但是在公元前202年，迦太基和罗马在扎马城附近进行决战，罗马年轻的统帅西庇阿击溃了汉尼拔率领的迦太基军队，斩杀对方2万人。这次战役使迦太基失去了海上霸主的地位，罗马成了西地中海的霸主。半个世纪以后，罗马害怕迦太基会复兴，于是进犯迦太基，挑起了第三次布匿战争。公元前146年，迦太基城被罗马攻破。迦太基战死者达8.5万人，城市被夷为平地。大火燃烧了16天，残存的5万人被卖为奴隶。迦太基从此在历史上消失了。

无论是罗马还是迦太基取得了最后的胜利，都必须面对一个事实：它们的胜利是由人头堆积起来的。无数的军人在敌人的刀剑下丧失自己的生命，无数的家庭失去自己的亲人。不过，这些霸主们并不关心。亚历山大的一句话正好说出了这些争霸者的需要的是什么。当他在推罗屠城的时候，他的部下劝阻这样野蛮的行为，亚历山大执意要兑现出征前对士兵们的许诺："把战争带到亚洲，把黄金和财富带回希腊。"既然胜利者能够拥有这种好处，那么争霸的血腥似乎也就无关紧要了。

在布匿战争之后还有过无数的争霸战争。不仅是那些年代久远的国家之间为了争霸而战，在欧洲中世纪，战争也给本来就生活在贫苦中的人们带来沉重的负担。英国和法国在1337～1453年进行了一场超过百年的战争。这场为了争夺王位和领土的旷日持久的战争，给两国的人民带来了无尽的灾难。骑士的尸体堆满了战场，经济遭到了极大的破坏。遭受战争破坏的法国，人口比战前减少了 1/3，许多原本繁华的城市变成了废墟。

19 世纪中叶，俄国和土耳其、英国、法国，撒丁王国联军在克里米亚半岛进行的克里米亚战争可以算是近代史上最著名的争霸战争之一了。在这场战争中，俄军损失了 30 万人，耗资 8 亿卢布，使财政陷入崩溃状态。联军方面也损失巨大，法军损失 10 万人，英军损失 6 万人。这次战争使得沙皇俄国从欧洲大陆的霸主宝座上跌落下来，迫使俄国将扩张的重点转向了亚洲。

争霸并不仅仅局限在陆地上，海上霸权也是强国们争夺的对象。16 世纪，军事殖民帝国西班牙在西半球不可一世，它建立了一支海上舰队，号称"无敌舰队"。但是与此同时，迅速发展起来的英国海军的势力也不可小觑，并且不断向外扩张，触犯了西班牙的利益。1588 年 7～8 月，英国和西班牙在英吉利海峡进行了一场海上决战。战争的结果是英国海军大获全胜，老牌的殖民主义国家西班牙在后起的英国面前俯首称臣，"无敌舰队"的 130 艘战舰、8000 名水手和 1.9 万名士兵最后只剩下一半仓惶逃回西班牙。取得了海上霸权的英国海军在后来的 3 次英荷战争中继续展示了自己的实力，大大削弱了荷兰海军的实力，致使荷兰在经济、贸易、海运方面的实力大大下降，从而沦为欧洲二流国家。

争夺霸权的战争并不全部在交战双方的土地上进行，有时候那些被争夺的土地——第三国变成了战场，争霸给这些国家的人们带来了沉重的灾难。从 1494～1559 年，欧洲强国法国和西班牙为了争夺对亚平宁半岛的霸权，在意大利领土上进行了长达半个多世纪的意大利战争。惨烈的战争对交战双方造成了巨大的损失，但损失更大的是意大利。战争双方签订的和约规定，意大利大部分领土并入哈布斯堡王朝，使得意大利人仍然必须面对分裂之痛。意大利遭到战争蹂躏后，其政治局面更加混乱，经济益加凋敝，而且丧失了文艺复兴的领导地位，结束了它的"黄金时代"。

1904～1905 年间，日本与沙皇俄国为了侵占中国东北和朝鲜半岛，在中国东北的土地上进行了一场帝国主义战争，史称日俄战争。当这场历时 1 年零 3 个月的战争以俄国的惨败而告结束的时候，俄国在这场战争中一共死去了 12 万人，物资消耗达 26 亿多卢布。腐朽无能的清政府在战争中宣布中立，使得中国东北人民蒙受了极大的灾难，生命财产遭到空前的浩劫。无数的工厂和房屋被炸毁，战争带来的饥荒使得流离失所的难民达几十万人。日俄双方都强拉中国老百姓为他们运送弹药、服劳役，许多人惨死在两国侵略者的炮火之下，更有成批的中国平民被日俄双方当做"间谍"，惨遭杀害。

"城头变幻大王旗"，各个霸主依靠战争取得自己的宝座之后，来不及抚慰在战争中死去的那些亡魂，就马上准备开始另一场保卫霸主宝座的战争。对那些争霸的国家而言，人的生命已经无足轻重，胜负才是最关键的问题。

灭绝人性的殖民战争

以强凌弱从来就是民族间的丛林法则，这种法则在 15 世纪世界地理大发现以后，在世界范围内产生了更加普遍的作用。从古至今，大国对弱小国家的殖民侵略在各种伪装或者赤裸裸的表现下，其方式可谓五花八门。但是作为征服殖民地的第一步，殖民战争无疑算是殖民掠夺的最为原始、直接和野蛮的手段。它主要指世界地理大发现后的近现代国家对落后民族发动的侵略战争，这一定义的适用时间范围始于 1415 年葡萄牙占领摩洛哥的休达，一直延续到 21 世纪。

地理大发现促进了欧洲的资本原始积累和世界市场的出现，这些国家开始了殖民掠夺，

□ 可怕的现象

这4幅画记录了西班牙人在墨西哥对土著人的暴行。

同时也促进了本国经济的发展；而经济的发展又反过来为殖民掠夺提供了强大的后盾。那些坐着军舰到达落后地区的颇有教养的皇家军队、绅士和基督徒们，登岸后立即改变了他们在欧洲的温文尔雅的形象，露出了贪婪和残暴的本性。他们对土著居民们使用了那些对方尚不认识的火枪或者其他先进武器，杀死对方，以使其俯首称臣。以美洲为例，由于殖民者（主要是西班牙人）对印第安土著的残酷的战争屠杀，印第安人的数量由15世纪末的5000万锐减至17世纪的400万。新航路发现之后约100年内，以墨西哥为例，印第安人口就减少了90%。在圣多明各岛，土著居民几乎被殖民者屠杀殆尽。

日本曾经是给许多国家和无数人民带来深重灾难的殖民国家。在完成了政治统一之后，日本开始走上了对外扩张的道路。它把罪恶的魔爪首先伸向了一衣带水的邻国。日本统治者丰臣秀吉妄图征服朝鲜和明朝，实现其统治东亚的梦想。1592年4月，日本16万人的军队大举入侵朝鲜，朝鲜统治者惊惶失措，不能有力地组织军民进行抵抗。因此，日本军队在釜山登陆以后，长驱直入，不到20天就占领了汉城（今首尔）。两个月后，朝鲜半壁江山都被日本所占。日本在占领区内肆意烧杀抢掠，仅晋州一地，被杀就达6万人之多。后来在中朝人民的共同打击下，日本军队的侵略计划被粉碎，但是日本的侵略给朝鲜人民带来了巨大的民族灾难，战后朝鲜的耕地只有相当于战前一道（道为朝鲜王朝行政单位，相当于中国的省）的耕地，在籍人口则只相当于战前的1/6。而几百年后，中国遭到和朝鲜一样的命运。

朝鲜只是世界上众多饱受殖民战争摧残的国家之一，日本也只是众多贪婪的殖民主义国家中的一个。19世纪下半叶，社会达尔文主义为帝国主义和殖民主义政策的合法性提供了新的理论武器。这种观点认为"弱肉强食，物竞天择，适者生存"也同样适用于人类社会，并且是正当的。与这种逻辑相配合的是，殖民者们提出了与以往欧洲国家之间的战争完全不同的法则。在欧洲进行的战争一般都受到国际法的约束，要正式宣战，要区分军人和平民，最后通过缔结和约结束战争。而国际法只适用于西方国家之间的战争，欧美的殖民战争奉行的则是赤裸裸的占领和消灭当地的居民。法国在对阿尔及利亚进行殖民战争时，一位将军就对其部属说，要把在法国军校学的那一套统统扔掉，因为在阿尔及利亚面对的不是一支敌军，而是全体人民。

在这种逻辑主导下发生的战争，辅以交战双方相差悬殊的力量对比，使得被侵略的国家和民族遭到了毁灭性的打击。在亚洲，1757年6月23日，一支3000人的英军在加尔各

278

答以北 30 余里的普拉西村和印度决战,近 7 万印度军队不敌英军,尽数被灭,印度开始沦为英国的殖民地。在非洲,欧洲国家使用机关枪和其他先进的自动武器对付当地人民,巨大的军事优势帮助欧洲殖民主义者毫不费力就占领了大片领土。1861 年,法军侵占越南嘉定、边和、定祥 3 省。为了镇压人民的反抗,侵略军毁灭了几十个村庄,杀光了村里的老人、儿童和妇女。

世界历史上的殖民战争在各个时期的特征虽然有所不同,但是其根本点是相同的:殖民者依靠强大的军事力量,进行灭绝人性的侵略战争,给殖民地人民带来巨大的灾难。

酷烈无比的世界大战

人类历史上发生的最大规模的战争就是世界大战。世界大战指的是全世界范围内的规模巨大和异常激烈的军事战争。从已经发生过的世界大战来看,它们都是对立的国家集团之间进行的全球性战争,是帝国主义的产物。交战双方为了达成各自的战争目的,倾注国力,以武装斗争为主,在军事、政治、经济、文化、科技、外交等战线上展开激烈的大搏斗,战争的规模、消耗与危害,都是史无前例的,给世界人民造成了极大的灾难。

人类历史上的两次世界大战都发生在 20 世纪。这个世纪是人类文明高度发达的世纪,但是文明不但没有阻止战争的到来,反而可以说是促成了世界大战的发生。

19 世纪末 20 世纪初,随着第二次工业革命在世界范围内的进行,世界各重要资本主义国家相继过渡到帝国主义阶段。为了在世界范围内争夺殖民地和世界市场,这些国家间矛盾重重,争夺日渐达到白热化的程度。由于暂时具有共同的利益和敌人,德、奥、意于 1882 年形成了"三国同盟",英、法、俄于 1907 年正式形成了"三国协约",这两个在世界大战中扮演重要角色的同盟在西方形成了尖锐的对峙。

双方在巴尔干半岛上的争夺极为激烈,巴尔干半岛被称为"欧洲的火药桶"。1914 年 6 月 28 日,奥匈帝国皇储斐迪南大公夫妇在邻近塞尔维亚边境的波斯尼亚检阅军队,到达波斯尼亚首府萨拉热窝进行访问。当斐迪南大公夫妇参加完市政厅的欢迎仪式后,被塞尔维亚爱国青年普林西普用手枪击毙。

萨拉热窝事件顺理成章地成为了引发世界大战的导火线。7 月 28 日,急不可耐的奥匈帝国宣布对塞尔维亚宣战。俄国出面支持塞尔维亚,法国则宣布支持俄国。8 月 1 日,德国对俄国宣战。3 日,德国又对法国宣战。4 日,英国以德军侵入比利时为借口对德宣战。23 日,日本对德宣战。

欧洲战场是第一次世界大战的主战场。大战爆发后,在欧洲战场上形成了三条战线——西线战场、东线战场和巴尔干战线。在三条主要战线上,战争双方都投入了大量兵力,进行了顽强的攻守战,特

第一次世界大战使城市变得一片狼藉,图为德国的囚犯在修复被炸毁的道路。

□ 可怕的现象

别是在几次重要的战役中，双方伤亡都十分惨重。其中在西线战场，1914年9月5~9日，英法联军与德国军队在马恩河进行大战，双方投入兵力共达180万人，最后英法联军伤亡26.3万余人，德军则伤亡22万多人。在东线战场，1914年8月末，俄军和德军在东普鲁士的坦能堡地区进行激战，近3万俄国萨松诺夫集团军士兵被打死和淹死在湖泊中，9万人被俘，集团军首领萨松诺夫被迫自杀；莱宁坎普集团军则伤亡14.5万人。1915年2月，德奥军队在俄军西南战线进行激战，交战8个月，俄军的伤亡达85万人，被俘达90万人。在1916年的凡尔登战役中，德国从各个战场调了46个师50余万人和几千门大炮，法国军队拼死抵抗，全国军队的70个师中有66个师先后参与过这次战斗。这场战争中，双方死亡人数共超过了百万人。在另一次索姆河战役中，双方伤亡达120余万人。

在此期间，意大利背弃了同盟国，加入到和昔日的盟友之间的战斗中去。1917年4月6日，一直采取观望态度的美国抓住时机，宣布对德作战。接着，古巴、巴拿马、中国等国都加入协约国一方，宣布对同盟国作战。这些国家的加入大大改变了战争双方的力量对比。随着同盟国作战的困难越来越大，保加利亚、土耳其和奥匈帝国先后宣布投降，1918年11月11日，德国宣布投降，标志着第一次世界大战正式结束。

第一次世界大战历时4年零3个月（1914年8月~1918年11月），战火席卷了欧洲、亚洲、非洲的33个国家15亿人口，动员军队7340万人，军队损失3750万人（其中死亡850万人），平民死亡660万人，直接经济损失1800亿美元。这场有史以来最大的战争促成了社会主义制度的建立，基本框定了目前地球上的国家的地域形态，导致了旧帝国的灭亡，并为第二次世界大战引发埋下了伏笔。

第一次世界大战后，德、日两国的经济发展极为迅速，随着国力的大大增强，它们称霸的愿望也越来越强烈。1929~1933年世界性的经济危机加剧了各个国家的国内矛盾，迫使这些国家急于找到转移国内矛盾的机会。为了和其他国家争夺地盘，1936年，德、意、日三国分别结成了同盟，开始形成"柏林—罗马—东京"轴心。随着三国侵略其他各国步伐的加快，第二次世界大战的爆发迫在眉睫。1939年9月1日，由于德军向英、法的盟军波兰发动突然袭击，9月3日奉行"绥靖"政策的英法两国不得不对德宣战，第二次世界大战由此爆发。

第二次世界大战可以分为轴心国的战略进攻阶段、交战双方攻守互易的战略转折和反法西斯同盟国战略反攻3个阶段。在轴心国的战略进攻阶段，德军用闪电战术在欧洲取得节节胜利。1941~1942年，德国进攻苏联，在莫斯科遭遇了大战后的第一次大失败。1940~1941年，意大利和英国在非洲开战。1941年，日军占领中国大部分地区。12月，日军偷袭珍珠港，导致美国宣战。1942年1月，中、美、英、苏等26个国家签署了《联合国家宣言》，结成反法西斯同盟。

在战略转折阶段，苏联取得了斯大林格勒会战、库尔斯克会战的胜利，迫使德国进入战略防御。斯大林格勒战役以历史上最血腥的战役而载入史册，双方大约有200万人死亡，英军在1942年10~11月取得了对德意联军的阿拉曼战役的胜利，扭转了非洲战场的局面。1943年，北非的德意联军被迫投降，北非战场战事结束。7月，意大利被盟军占领，10月，意大利向德国宣战。在太平洋战场，美军取得了对日本的中途岛海战的胜利，日军的大部分航空母舰编队被歼灭。该战役与斯大林格勒战役同时成为二战最重大的转折点，日军被迫转入战略防御。

在战略反攻阶段，1944年6月，盟军成功登陆诺曼底，开辟了欧洲第二战场。1945年

2月，苏军逼近柏林。3月，美英军队渡过莱茵河，迫使西线德军溃退。5月2日，苏军攻克柏林，4月30日，希特勒自杀。7日，德国签署无条件投降书，欧洲战场战争结束。1945年8月6日和9日，美国分别向负隅顽抗的日本投掷了两颗原子弹，中国军队转入全国反攻。9月2日，日本签署无条件投降书。第二次世界大战结束。

在第二次世界大战这场决定人类命运的大搏斗中，先后有60多个国家和地区参战，波及20亿人口（占当时世界人口的80%），战火燃及欧、亚、非、大洋洲。交战双方动员兵力达1.1亿人，因战争伤亡的军人和平民超过9000万，直接军费开支总计约1170亿美元，占交战国国民总收入的60%～70%，参战国物资总损失价值达4万亿美元。第二次世界大战给人类留下了无法愈合的战争创伤，也改变了战后世界发展的格局。

反对外来压迫的解放战争

如果说整个世界史同时是一部国家遭受奴役的历史的话，那么毫无疑问，它也是一部被压迫民族的抗争史。这种抗争以各种形式出现在整个殖民侵略和殖民统治过程中，而其中最为直接和激烈的就是解放战争。

在古代，犹太人曾经进行过轰轰烈烈的反对罗马征服者的战争。公元66年，由于罗马总督弗洛卢斯屠杀了3600名耶路撒冷犹太人，反抗罗马的犹太民族大起义随即爆发。起义军一开始消灭了耶路撒冷的罗马驻军，并迅速席卷了巴勒斯坦全境。但是起义随后遭到了罗马统治者的疯狂镇压。公元70年，罗马大军围攻耶路撒冷城。为了保卫这座圣城，犹太人和罗马军队之间展开了殊死搏斗，城破之后，无数犹太人被钉死在十字架上，7万人沦为奴隶。在整个犹太战争中，起义死难者人数达到110万。由于罗马帝国推行高压统治，横征暴敛，公元131年，犹太人再次举行了大规模的起义。起义群众超过了20万，持续了3年时间。当起义失败之后，被屠杀的犹太人达58万之多，耶路撒冷变成了一座死亡之城。

随着殖民活动的加剧和在全世界范围的展开，近代史上的民族解放战争也越来越多。虽然遭到严重的打击，那些殖民者却不愿意放弃统治其他民族的所能够得到的利益。那些被压迫民族的人们知道，民族解放战争是一项长久的事业，为了这项神圣而伟大的事业，必须做出巨大的牺牲。美洲是饱受西方列强侵略的地区之一，因此当地人民和殖民者的较量也异常激烈。1775～1783年，北美人民在华盛顿的带领下，经过异常艰苦的独立战争，击败了当时拥有最先进装备的陆军和强大的海军的英国，击溃了其派往北美的装备精良的9万军队，赢得了美国的独立。1790～1804年，海地人民为了推翻法国的殖民统治、废除奴隶制度和建立独立的国家，进行了轰轰烈烈的独立战争，建立了世界历史上第一个黑人共和国。期间，武装干涉的英军在6年时间内伤亡达10万余人，其中死亡4.5万人，耗费1亿多美元；法军6万名军队中的3.5万人死亡，余下的则被关进了海地的监狱。1810～1826年间，美洲

印度民族大起义中的战斗

大陆上西班牙殖民地人民为了摆脱殖民统治，进行了艰苦卓绝的战争。这场解放战争世界历史上涉及地区最广、参加人数最多、斗争时间最长的一次反对殖民统治的战争，它结束了西班牙在美洲长达300年的殖民统治，先后建立了15个独立国家。

在亚洲，1857～1859年的印度民族大起义使数百万印度人民丧失了宝贵的生命，但是从根本上动摇了英国在印度的统治，是印度人民驱逐殖民统治者所进行的尝试。在欧洲，1821～1832年的希腊独立战争使希腊人民获得了独立和解放，结束了奥斯曼帝国对希腊近400年的军事封建统治。希腊人民为独立做出了巨大的牺牲，在战争进行的第二阶段，土耳其政府对起义进行血腥镇压，在开俄斯岛上进行大屠杀，一次就杀害希腊人2.3万，4.7万人被卖为奴隶。在非洲，1881～1899年，历时18年的马赫迪大起义是非洲近代史上规模最大的一次反殖民武装起义，这次起义给当时世界头号殖民帝国——英国以沉重打击，其规模之大、持续时间之久、组织之强，不仅在近代非洲反殖民战争史上无与伦比，在近代世界民族解放战争中也极为罕见。

已经到手的利益不肯丢弃，是殖民主义国家的贪婪本质的体现。在经历过第二次世界大战的民主和和平的洗礼后，西方国家仍然顽固地推行殖民主义政策，被统治的国家不得不继续漫长而又艰难的解放斗争。在二战后印度人民反抗封建统治者和英国殖民者的起义中，特伦甘纳农民起义是其中持续时间最长、影响最大的一次。特伦甘纳地区是由殖民政府通过土邦的王公贵族和柴明达尔封建地主进行统治，因此，当地的人民遭受封建主义和帝国主义的双重压迫，生活困苦不堪。起义的导火线是1946年6月在该地区的卡达文迪村发生的一起地主打死当地民族主义组织安德拉大会成员的事件。起义爆发后，迅速波及包括3000个村庄和300万人口的广大地区，人民军队和游击队发展到1.2万。这次起义是印度共产党领导的第一次武装斗争。在坚持了5年的斗争后，被反动统治者扼杀。

弱肉强食的竞技场

人类为了追求自己的利益，由于客观条件的限制，必须分出胜负或优劣，因此都要面对一个很重要的问题：竞争。就像人类总是在追求发展和进步一样，竞争也是人类永恒的话题。在历史上，国家间的竞争是人类竞争中非常重要的一部分。虽然在很长一段时间里，各个国家之间彼此隔绝，但是一旦这种隔绝被打破，竞争便出现了。那些弱小的国家被强大的国家所欺凌、掠夺甚至强占，这已经是历史的常态。虽然弱肉强食本来是生物的一种竞争状态和结果，不少人对这个法则应用于人类社会尤其是国家间的竞争关系的正当性表示怀疑，但不可否认的是，我们的世界就是这样形成的。残酷的历史表明，在很长一段时间里，世界就是一个弱肉强食的竞技场。

国家间的战争是竞争的最高形式。那些强大——无论就综合国力，还是仅就军事力量而言——的国家总是觊觎那些相对较弱的国家，想要从对方获得或大或小的利益，于是发动了战争。强大的国家打败、征服甚至吞并或灭亡较弱的国家，这就是弱肉强食的最直接的体现。在古代，雄霸地球的波斯帝国、罗马帝国等帝国多次发动征服战争，许多弱小国家都被打败，甚至灭亡；英法百年战争中，实力较弱的法国败于强大的英国，类似的更多为了争夺某种利益的战争也基本都是同样的结局。即使力量对比发生变化，结局却仍然是强大的国家战胜或摧毁弱小的国家。

在近代，欧洲主要殖民国家的殖民扩张行为也是这一规则的体现，它们所建立的殖民帝国都是弱肉强食的结果。西方国家在将近500年的历史里，成为世界的支配力量，欧洲成为

"世界中心"达400年之久,其基础就是依赖其用各种手段获得的强大的经济力量。在人类文明早期,由于各种因素,如地理环境、气候条件、社会制度等关系,使有的民族、国家开发得早些、快些,而有的民族、国家则开发得迟些、慢些,从而形成了政治上、经济上先进与落后、富裕与贫穷的差别。欧洲大国倚仗其先行一步的社会变革所创造的财富力量,向后进国家和地区扩张自己的势力,倾销自己过剩的商品,掠夺贫弱国家和地区的资源。

从主要殖民主义国家的侵略行径中可以清晰地看到这一点。16世纪,葡萄牙和西班牙是世界上最强大的两个商业殖民帝国。以葡萄牙人为例,他们早在15世纪就在非洲西海岸的刚果、安哥拉等地设立了许多据点。16世纪初,葡萄牙又占领了东非海岸的莫桑比克、索法拉等地。1509年,葡萄牙人确立了印度洋上的海上霸权。1510年攻占了果阿,接着入侵了锡兰(今斯里兰卡)。1511年,它控制了马六甲海峡。后来,葡萄牙人陆续侵占了印度西海岸的第乌、达曼、孟买。就这样,只有200万人口的葡萄牙凭借自己强大的海军成为亚洲贸易的霸主。17世纪初,经过尼德兰革命后强大起来的荷兰成为头等贸易及殖民强国,荷兰商人几乎垄断了全世界的贸易。与此同时,荷兰也夺取了广阔的海外殖民地。它从葡萄牙手中夺取了广大的亚非殖民地,同时占有北美的一部分。17世纪,法国在美洲建立了加拿大和路易斯安那两块殖民地,并且开始征服印度,在印度沿海建立了昌达那加等贸易站,又在西印度夺取两个岛屿,并入侵非洲的马达加斯加,占领戈雷和塞内加尔河口。19世纪,包括中国、越南、朝鲜、印度、埃及等国在内的亚非拉诸国都先后被强大的西方国家入侵。20世纪初,西方国家更是掀起了瓜分殖民地的狂潮。

在资本主义强国的侵略下,从16世纪初到18世纪中叶,东方落后国家从属于西方的局面正式形成。1800年,欧洲人占有或是控制了全世界35%的领土面积。80年后,他们将这个数字提高到了67%。而到了1914年,欧洲人控制了整个世界84%的领土面积。

而被侵略的国家和民族的遭遇从另一个方面说明了这一丛林法则,这些落后的国家或民族的命运就是等待着被宰割。欧洲殖民者几百年的殖民扩张和掠夺,造成了殖民地千百万人民的死亡。在美洲的殖民活动使得土著印第安人整个部落被消灭。到1541年,仅在西班牙殖民地被消灭的印第安人就不下1500万。在地理大发现之后的100年间,印第安人人口减少了90%~95%。加勒比海的岛上及热带沿海地区的印第安人在一个世纪之内被完全灭绝。到20世纪,只有热带地区的印第安人的人口恢复到1492年以前的水平,而其余地区的印第安人口仍远远低于原来的水平。此外,罪恶的奴隶贸易使非洲丧失了1亿左右的壮年黑人。在欧洲殖民者的征服和掠夺下,殖民地的社会经济陷入了停顿甚至倒退。

在这个竞技场上,竞技者们有各自的强盗逻辑,他们恃强凌弱,通过阴谋、暴行和欺骗等手段来达到自己的目的。1531年,西班牙征服者首领弗朗西斯科·皮萨罗和他的4个兄弟率领一支只有150人的远征军入侵印加帝国。当他到达卡贾马卡城的时候,邀请印加统治者阿塔瓦尔帕前来赴宴,并在宴会上捉住这位手无寸铁且毫无防备的皇帝,同时当场屠杀皇帝的许多随从。皇帝不得不拿出一个大房间堆满金银财宝作为赎金。但是皮萨罗在得到这些财富后,背信弃义地杀死了皇帝。在打败印第安人的抵抗之后,皮萨罗进入帝国的首都库斯科城大肆抢购,这样,印加帝国就被西班牙人征服了。

资本主义思想家为西方殖民主义提供的帮助可谓姗姗来迟,但是它们却是这一国际丛林法则强有力的理论依据。其中最著名的是19世纪后期斯宾塞的社会达尔文主义和尼采的唯意志论。斯宾塞借用达尔文的"生物进化论"来解释人类社会的基本构成和行为准则。他认为人类社会发展的规律和生物进化的规律一样,也是生存竞争,优胜劣汰。社会达尔文主义曾在欧洲广泛流传。在国际政治上,各国之间的竞争鼓励了军事化和对世界依照殖民势力范围进行划分。当时对社会达尔文主义的解读更侧重于物种间的竞争而非合作。而尼采的唯意志论阐述强力意志是世界本质思想,把意志看做是世界上决定一切的力量。到19世纪末,尼采的理论表达和激起了民族主义和德国容克资产阶级争夺海外殖民地的渴求。20世纪三四十年代,纳粹主义把它奉为德国的官方理论,鼓吹并实践了对外侵略的思想。

谋求全球利益是这些超级大国对外政策的主旨。在以和平和发展为主题的现代国际社会,西方资本主义国家的侵略手段虽然已经改变,但是其最终的目的却仍然是奴役落后的国家。霸权主义仍然横行在国际上,说明弱肉强食的潜规则仍然有效。

日不落帝国的"辉煌"

在历史上曾经有许多辉煌一时的大帝国,其中以"日不落帝国"为翘楚。日不落帝国是指在其领土上始终有太阳照耀的帝国,通常用来形容繁荣强盛、在全世界均有殖民地并掌握当时霸权的帝国。在这个意义上,在美洲大陆被发现以前,虽然古代的波斯帝国、罗马帝国等世界性的大帝国极盛时的疆域都十分辽阔,但是它们都无法戴上"日不落帝国"的桂冠。

16世纪时,西班牙国王卡洛斯一世骄傲地向世界宣称:"在朕的领土上,太阳永不落下。"他的宣言并不言过其实。西班牙帝国是世界历史上第一批全球帝国之一,也是第一个被冠以"日不落帝国"称号的国家。15世纪末,统一后的西班牙迅速走上海外扩张的道路。16世纪中期,拥有地理优势和中央集权优势的西班牙及葡萄牙成为地理大发现与殖民扩张的先驱。在美洲,西班牙征服者推翻了阿兹特克和印加帝国,并对南北美洲大片领土拥有主权。卡洛斯一世时期,西班牙和神圣罗马帝国合二为一,使得西班牙在欧洲的影响力迅速提高。这位野心勃勃的君主更打败最强大的敌人法国和奥斯曼帝国,之后西班牙开始称霸欧洲。卡洛斯一世统治下的欧洲国土包括西班牙、那不勒斯、西西里、撒丁、奥地利、尼德兰、卢森堡、名义上的整个德意志邦联,还有非洲的突尼斯、奥兰等,加上美洲正在不断扩大的、数倍于欧洲本土面积的殖民地。菲利普二世时期,虽然西班牙与神圣罗马帝国分治,但哈布斯堡王室的力量并没有削弱,反而于1580年兼并葡萄牙,并获得了后者广阔的殖民地,把半个亚平宁半岛、整个伊比利亚半岛和几乎整个中、南美洲归为己有,还包括亚洲的菲律宾群岛。自此,西班牙成为世界上最大的帝国。

印加帝国的著名遗迹——太阳门

尽管西班牙无敌舰队在1588年败于英国,帝国开始衰弱,但其仍不失为欧洲最强大的国家。直到三十年战争后,西班牙一蹶不振,才从其辉煌的顶点迅速跌落下来。这时,西班牙帝国虽然保住了美洲殖民地,但它在欧洲政治上不再作为一个大国而被人们所侧目。西班牙王位继承战争和半岛战争使这个老态的帝国雪上加霜,之后其美洲殖民地纷纷独立。美西战争更给西班牙以最后一击,昔日的"日不落帝国"被彻底毁灭。

西班牙帝国衰弱后，获得"日不落帝国"称号的是大英帝国。自1588年击败西班牙无敌舰队后，英国成为海上新兴的霸权国家，并开始扩张海外殖民地。之后，英国相继在英荷战争和七年战争中打败最强劲的对手荷兰和法国，夺取了两国的大片殖民地，确立了海上霸权。1815年，英国在拿破仑战争中的胜利又进一步巩固了它的国际政治军事强权地位，工业革命更让英国成为无可争辩的经济强权。维多利亚时代的大英帝国步入了鼎盛时期，当时，全世界大约有4.5亿人是大英帝国的子民，占全球总人口的1/4；其领土面积则有约3000万平方千米，是世界陆地总面积的20%，地球上的24个时区均有大英帝国的领土，成为名副其实的"日不落"帝国。当时英国出版的大英帝国全球地图通常用红色把帝国的领土标出，可以清晰地了解到这个庞大的帝国在全球的影响力。

　　但到了20世纪中叶，随着二战后民族主义运动的兴起和英国国力的日渐衰落，大英帝国的殖民地纷纷独立，与此同时，美国和苏联的崛起也促使大英帝国逐渐瓦解。如今，英国再也无法在政治、外交和经济等各个方面直接影响其他国家了，昔日的"日不落帝国"终于看到了日落。

　　事实上，如果对"日不落帝国"一词究其原意，则部分老牌殖民帝国，如葡萄牙帝国、荷兰帝国和法兰西殖民帝国都符合条件。19世纪中叶以后，"日不落帝国"一词的应用对象明确包括了英国和美国，其意义也不仅仅表现在对领土的占有方面，而扩展到了语言、文化和艺术等领域。该词被应用于美国的势力范围，如1897年的一篇文章中就曾说："山姆大叔头上的太阳永不落下。"但是美利坚合众国已经不是原来意义上的"日不落帝国"了。

　　毫无疑问，这些号称"日不落帝国"并有着其辉煌的国家是建立在殖民扩张和奴役其他国家人民的基础上的，因此其统治不可能长久。现在以及将来，任何一个"日不落帝国"都再难以出现，这个曾经辉煌的名字将永远埋入历史的废墟之中。

罪大恶极的殖民统治

　　殖民统治是指资本主义国家在殖民地国家采取的军事、经济和政治方面的统治政策。在资本主义发展的各个阶段，殖民统治有着不同的特点。在资本原始积累时期，殖民主义主要表现为海盗式的掠夺、欺诈式的贸易和贩卖奴隶等方式；帝国主义阶段的殖民统治主要采用军事、经济和文化侵略的手段，使殖民地国家成为资本主义国家的商品市场、原料产地、劳动力市场和军事基地；第二次世界大战后，帝国主义则采用新殖民主义政策，即通过经济、军事援助和文化渗透或支持政变、扶植傀儡政权、组织政治和军事集团等方式继续控制其他国家，以保持和扩大其殖民统治。

　　赤裸裸的掠夺是殖民国家最直接的殖民统治方式。老牌殖民国家英国在一开始就采用了以暴力为基础的、赤裸裸的财富掠夺。在征服孟加拉后，1757～1765年，英国东印度公司从孟加拉国库中夺走价值526万英镑的财富，侵吞孟加拉国库一项，就给东印度公司带来3700多万英镑的收入，其中仅克莱武一人就盗走价值23万英镑的金银财宝。通过各种手段，大量财富从印度流入英国，仅1757～1815年就达10亿英镑。原料和人口也是殖民国家掠夺的对象之一。鸦片战争后，外国商人控制中国的丝、茶出口的数量和价格，把这些农副产品纳入世界资本主义的商业原料市场。仅1847年，中国茶叶出口2.2万多包，到1853年竟增至6.2万多包。拉美国家也成为殖民者的原料产地。以委内瑞拉为例，1830～1831年出口6万袋咖啡、3.8万袋可可、1500头牛、4.5万张皮革，但到了1847～1848年，则增加为20万袋咖啡、6.7万袋可可、1.6万头牛、36.6万张皮革。殖民者在撒哈拉以南的非洲掠夺了无数的黑人奴隶；

□ 可怕的现象

在中国，仅 1852 年上半年，厦门就有 1.5 万人被殖民者贩运到海外。

商业侵占是殖民国家在商业上最常用的殖民统治手段。西班牙在中南美洲统治期间，在墨西哥及秘鲁等地开办银矿，征发印第安人入矿劳动，完全将这批矿工当奴隶使用。银矿中繁重的劳动使得无数的印第安人死去，而银矿主人却因此大发横财，西班牙政府也得到额外的财政收入。1500～1650 年，从美洲流到西班牙的金银多得令人咋舌，共有 1.6 万吨白银、180 吨黄金。在北美殖民地，英国商人把不值钱的玩具以高价卖给印第安人，从对方手中骗取了大量的财富。在西印度群岛，殖民者建立了大规模的种植园，使用黑人奴隶劳动，以此积累不计其数的高额利润。英国东印度公司在印度通过垄断贸易，也大发横财，仅在食盐一项上的利润就高达 200%～300%，仅 1793 年一年的食盐垄断贸易就为殖民者带来 80 万英镑的利润。而奴隶贸易每年更为奴隶商人赚到无法估计的利润。1814～1835 年印度对英国实行"自由贸易"期间，印度输入英国的棉布从 125 万匹下降到 30 多万匹，而同时英国输入印度的棉纺织品从不到 100 万码剧增到 5100 万码。印度往日手工业发达、人口稠密的城市，如达卡，遭到了毁灭性的破坏，人口从 1827 年的 15 万减至 3 万人。在镇压了印度民族大起义后，英国加紧对印度的资本输出。到 20 世纪初，英国在印度投资总额高达 4.5 亿英镑。列强在中国的所作所为也一样。1846～1848 年，通过英法等国的非法贸易，中国每年外流白银 1000 万两。甲午战争以后的 5 年间，列强在华投资白银 1 亿两以上，利用资本输出直接压榨和剥削中国人民，掠夺中国的自然资源，并占据广大的市场。资本主义国家的商业侵占使殖民地半殖民地无数失业的手工业者找不到工作，在贫困和死亡线上挣扎。

掠夺土地和土地使用权。北美中部实行半封建的租佃制度，这是一种大土地所有制。比如在纽约的殖民地，250 万英亩的土地都集中在原来是英国贵族的大地主手中。他们把自己的土地分成小块租给佃农，整个纽约州几乎有 5/6 的居民是佃农。在大地主死后，他们的土地由长子一人继承。为了维护有利于殖民者的大土地所有制，在南部和中部的北美，殖民者还立法禁止大地主出卖土地，也禁止没有身份的人继承土地。法国颁布的新土地法规定，全国只有一小部分土地给皇室，其他土地则全部归殖民行政机构管辖。19 世纪中期，英国在埃

大英帝国的全球版图

及取得了修筑铁路等特权。它通过修建尼罗河三角洲的铁路，逐渐控制了埃及的经济。1856年，法国和埃及签订条约，开凿苏伊士运河，规定埃及提供土地并无偿提供劳动力，运河开通后出租给法国99年，每年收取运河收益的15%。为了修建运河，埃及牺牲了12万人的生命，承担了1600万英镑的费用，而欧洲国家只花费了不足400万英镑。埃及为了支付这笔费用大借外债，仅1862年就举债329万英镑。

征收重税苛捐。法国人保罗·杜美任印度支那总督期间，土地税、人头税大为增加，而且各种间接税以及鸦片、酒、食盐等税收也极高。1900年的间接税收入为1350万元，鸦片、酒、盐3种税收占1100万元。1897年每担食盐课税0.25元，到1906年增至2.35元。在印度，仅1760～1780年间，英国用苛捐杂税分文未花地从殖民地向国内输进价值1200多万英镑的商品。在1765～1766年，东印度公司征收土地税147万英镑，1771～1772年则增至234.1万英镑，1775～1776年增加到281.8万英镑。在哈斯丁任印度总督期间，在马德拉斯和孟买实行"莱特瓦尔制"，公社农民必须向东印度公司缴纳相当于全年收入一半以上的土地税。榨取的土地税占殖民当局总收入的3/5，从而使印度农民陷入赤贫。

在印度建立英国的统治权方面，任何人的贡献都不及罗伯特·克莱武。图中，他正与孟加拉的地方长官在一起。罗伯特·克莱武抵达印度的时候，他的身份是东印度公司的职员，他通过对法国以及印度军队作战的胜利而成为著名人物。1764年，他成为了孟加拉——他在7年前为英国赢得的土地——总督。后来，罗伯特·克莱武因为腐败而受到了指控，在1775年自杀身亡。

列强还通过政治贷款控制殖民地政权。1822～1826年，在拉丁美洲解放战争期间，英国向拉美各国发放了10次贷款，共2100万英镑。1826～1850年间，英国对拉美各国贷款和投资总额达到1亿美元。1870年，英国向拉美各国投资金额高达8500万英镑。在外国殖民者统治期间，埃及财政入不敷出，不断向西方国家借欠债务，到1863年，埃及的国债达到1600万英镑，不得不以国家的主权作为抵押。1886～1913年间，法国资本家向殖民地政府贷款4亿多法郎。在1873年成立的东方汇理银行，1885年就获利39.3万法郎，1905年竟达到266.6万法郎。在1895～1898年间，俄、法殖民者向清政府贷款1亿两白银；英、德殖民者则向清政府贷款3亿两白银，本息高达7亿两，从而牢牢控制住清政府的财政。

除了以上这些，殖民主义者在殖民地实行的还有其他方面的许多统治政策。在政治上，殖民国家对殖民地人民进行残酷的统治和迫害，对那些反抗的人民的打击则更为严厉。在政权组织形式方面，殖民者常用的是扶植殖民地傀儡政权进行伪统治。如在现代史上，日本控制的伪满洲国政权和汪精卫政权、德国控制的法国贝当政权都是傀儡政权。在思想文化上，殖民国家实行的殖民统治思想在极大程度上毒害殖民地人民和当地原有的文化，如纳粹德国在殖民地执行的"洗脑"政策。

□可怕的现象

殖民国家的殖民统治罪行可谓罄竹难书。无论殖民统治的形式如何千变万化，控制和扩大殖民地是殖民国家的唯一目的。殖民统治给殖民地国家带来了严重后果，广大殖民地国家在政治上丧失独立自主，在经济上陷于长久的落后和贫穷之中，殖民地原有的文化也遭到摧残。因此，罪恶的殖民统治的最终结果是加大了东西方国家之间力量的差距。

国家间的分赃阴谋

在近代，许多较为强大的国家为了某一方面的利益而相互争夺，由于国力的均衡，它们在一般情况下并不诉诸武力，而采用一种较为平和的方式来进行利益的分配。这种对不正当利益的重新分配，就是国家间的分赃。这种国际分赃通常是以谈判会议的形式进行，在会议期间，参加谈判的各方在会议中的表现和所争取到的"胜利"结果，跟各国之间的力量对比有着十分直接的关系。各国代表都通过各种手段，尽最大可能争取最大化的利益，贪婪的嘴脸在明争暗斗中暴露无遗。

不可一世的拿破仑帝国覆灭后，欧洲战胜国在1814年10月1日至1815年6月9日召开了一次大规模的维也纳会议，由欧洲15个王室在内，200多个公使以及各国外交大臣参加。但这并不是一次平等的国际会议。虽然这是一次全欧会议，但是操纵会议的是强大的俄、英、普、奥四国。这几个大国的目的十分明显：扩张本国领土；恢复法国大革命以前的欧洲旧秩序，复辟封建王朝；压制法国。四大国的代表也各自心怀鬼胎：俄国想要建立在欧洲的霸权；英国坚持其一贯的大陆均势政策，同时扩大英国的海外殖民地，加强英国在海上的霸权地位；奥地利力图建立自己在中欧尤其是德意志的优势；普鲁士则希望和奥地利争夺德意志的领导权。在维也纳会议期间，强国代表们唇枪舌战，进行着激烈的争吵。俄国通过妥协，争取到普鲁士的支持；奥地利则和英国联合起来。两个阵营的斗争愈演愈烈，几乎闹到决裂的地步。最后会议终于签署了《最后议定书》。决议恢复了欧洲许多国家的封建统治，处置了拿破仑帝国在欧洲及海外的领土，限制了法国，维持了德意志和意大利的分裂局面。会议分赃的结果完全忽略了民族主义和自由主义的趋势，间接促成日后欧洲的革命浪潮；牺牲了许多小国利益以保持大国的势力均势和恢复欧洲旧有秩序，并在欧洲大陆建立了一个顽固的保守系统。

在分赃阴谋中，被牺牲的注定是弱小国家和民族的利益，它们"理所当然"地成为"赃物"，被强大的国家们所分割。1878年6月13日至7月13日，为了重新划分在巴尔干的势力范围，欧洲大国在柏林召开了一次国际会议，史称"柏林会议"。正式参加会议的有俄、英、德、奥匈、法、意、土等国，罗马尼亚等国也象征性地出席会议。会议一直在激烈的争斗中进行。英、奥联合对俄施压，德国表面持"中立"态度，俄国处境相对孤立而被迫让步。会议最终形成的决议承认若干国家的独立，但同时也确认了俄、奥、土等国这一地区的利益分配。柏林会议是国家间进行分赃阴谋的重要代表，也是近代国际关系的一次重要会议——它对于正在衰落、瓦解的奥斯曼土耳其帝国，巴尔干近东政治版图的变化调整是个重要转折点。在这次会议中，巴尔干地区的保加利亚、波斯尼亚和黑塞哥维那成为被分割对象。在另一次欧洲列强瓜分非洲的"柏林会议"中，非洲国家，尤其是刚果成为"赃物"。1884年，法国、葡萄牙和比利时把持的"国际刚果协会"因瓜分刚果河口土地问题发生争执，德国首相俾斯麦倡议召开了欧洲15个国家参加的国际会议。会议承认比利时国王利奥波德二世以个人名义领有"刚果自由邦"；除卡奔达飞地外，葡萄牙放弃刚果河口北岸，宣布贸易自由和刚果河自由通航。会议通过的议定书规定，此后任何国家在非洲进行新的领土扩张必须通知在议定书上签字的国家。

有时候，分赃阴谋甚至并没有通过正式的会议来实现，而只是通过一纸文字。当19世纪末列强在华划分势力范围的时候，美国正忙于和西班牙进行争夺菲律宾及附近地区的美西战争，无暇参与在华争夺租借地和划分势力范围的活动。当美西战争结束后，1899年9月，美国迫不及待地提出了所谓的"门户开放"政策。作为争夺中国和亚洲霸权计划的一部分，美国在承认列强在华"势力范围"和已经获得的特权前提下，要求利益均沾。这一政策不仅避免了美国在华利益被其他国家从其势力范围内被排挤出去的危险，而且使美国的触角伸入到其他国家的势力范围之内，并享受与各国同等的侵华特权。"门户开放"政策提出后，意大利表示无条件接受，其余各国都做了不同程度的保留。这一政策的提出和实施实质上是列强争夺在华利益的妥协方案，是列强在政治上对中国的一次分赃阴谋。

作为"赃物"，战争的胜利果实更是引起了各国极为强烈的兴趣。1919年1月18日至6月28日，第一次世界大战的战胜国和战败国在巴黎凡尔赛宫召开和平会议。虽然会议标榜通过媾和建立世界"永久和平"，但实际上是英国、法国、美国、日本、意大利等战胜国分配战争赃物，重新瓜分世界的会议。和会一开始，主要战胜国之间便陷入了激烈的争吵之中，有时甚至达到互相以退会相威胁的程度。会议经过5个多月的争吵，最后通过了《凡尔赛和约》等一系列和约，并在战后形成了"凡尔赛体系"。结果表明，所谓的"和会"是要在欧洲、近东和非洲建立资本主义世界的新秩序，甚至没有解决帝国主义之间争夺殖民地的矛盾。1921年11月12日至1922年2月6日，为重新瓜分远东和太平洋地区的殖民地和势力范围，美、英、日等帝国主义国家在华盛顿举行会议。华盛顿会议实质上是巴黎和会的继续，会议最后建立了帝国主义列强在亚太地区新的国家关系结构。但这次分赃会议并未消除帝国主义之间的矛盾。此后，美日两国之间在远东及太平洋地区的争夺愈演愈烈。

第二次世界大战末期，随着反法西斯战争接近最后胜利，美、英、苏之间的矛盾日益明显暴露，1945年，三国首脑在雅尔塔举行会议。此次会议巩固和维护了三国战时联盟，制定了战后世界新秩序和列强利益分配问题。但会议的某些协议未经有关国家同意，具有明显的大国强权政治的倾向，严重损害中国等国的主权和利益。会前其他国家并不知情，故其结论亦有"雅尔塔密约"之称。在某种意义上，这也是一次国家间的分赃会议。

不过，由于各个国家，尤其是帝国主义国家间的矛盾无法消除，以及各国力量的对比发生变化，更加重要的是，由于分赃阴谋是对被分配国家和地区主权或利益的侵犯，本身带有严重的非正当性，因此，分赃阴谋所形成的决议一般难以维持很长时间。这或许是历史对待非正义的的一种表现。

制造分裂与对抗

为了控制或统治其他国家，殖民国家所采取的政策通常随着不同的形势而变化。利用矛盾使国家产生分裂和对抗，然后对其进行控制和统治，这也是殖民主义国家的惯用伎俩。分裂政策是一种分化瓦解之术。因为如果被统治的对象团结起来，对殖民者的威胁就太大。毫无疑问，殖民国家采用的最常用的分裂手段是对国家的统治者和人民采取完全不同的统治政策。对拥有相同利益的统治者，他们通常采用扶持、拉拢的殖民统治政策；而对于人民，他们则主要是采用打压的政策。

另一种较为常用的分裂手段是从行政上进行分裂，即在不同的地方采用不同的政策。法国殖民者在统治越南的时候，采取的基本殖民政策就是"分而治之"。它承袭了越南阮朝的行政区划，将越南分为南圻、中圻和北圻，并在三地分别采取不同的殖民统治形式。南圻由总督直接管辖；在中圻采取"保护领地"的形式，保留阮朝的统治机构，只派总监进行监督；在北圻则由阮朝傀儡政权统治。在对越南、柬埔寨、老挝组成的"印度支那联邦"进行殖民统治时，法国殖民者也采用类似的方法，尽量破坏三国的团结然后达到分而治之的目的。他们经常调遣这一国的军队去镇压另一国的反抗，利用此民族去反对彼民族。其中最常用的手段是用越南牵制其他两国，就是所谓的"以越治柬"、"以越治老"。

英国在印度所制造的分裂在殖民主义国家中颇具代表性。英国在印度一直采取"分而治之"的殖民统治原则。二战后，印度人民反抗英国殖民者的斗争走向高潮，特别是特伦甘纳起义的发生和工农运动的高涨使英国统治者感到印度的独立不可避免，他们的出路只有与印度资产阶级妥协，通过移交政权，借助条约尽可能多地保留其殖民利益。1947年7月18日，英国议会极不情愿地通过《印度独立法案》，宣布1947年8月15日起在印度境内成立两个独立的自治领：印度和巴基斯坦。

印、巴独立结束了英国殖民者对印度次大陆长达190年之久的直接统治，但是也给独立后的印、巴留下了严重的祸根。英国殖民者在准备移交政权的过程中，继续施展传统的"分而治之"政策。独立法案公布后，印度的宗教冲突达到高潮，包括圣雄甘地在内的50万印度人在相互殴斗、残杀中死去。另外，独立法案没有明确划定印巴边界，因此，印巴边界纠纷问题，尤其是克什米尔土邦的归属问题，造成了印巴的严重对立。克什米尔是战略要地，法案规定相互矛盾，双方的强硬态度，加上外部势力的插手，致使克什米尔争端长期得不到解决，而且越来越复杂。

在雅尔塔会议上，正式通过了苏、美、英对德分区占领的决议。德国投降后，苏、美、英、法四国分区占领了德国，四国总司令组成盟国管制委员会，其任务是保证占领区协调行动，并就涉及德国整体的主要问题做出决定。但是后来，各国占领区都想把德国问题的处理纳入本国战略方针的轨道，结果盟国管制委员会形同虚设。不仅如此，各占领国政府对战后德国的处置和发展的政策分歧加深，最终导致了德国的分裂。东、西德国成为了社会主义阵营和资本主义阵营对抗的一部分。

支持敌对势力与国家政府进行对抗是分裂政策的一种常见形式。二战后，在以昂山为主席的"缅甸反法西斯自由同盟"等民族主义独立运动力量的领导下，缅甸人民坚决反对英国殖民者重返缅甸，英国对此不得不采取妥协政策。虽然英国表面上答应逐步给缅甸独立，但是却在极力拖延缅甸独立的日期。英国总督在重返缅甸后，积极扶持右派势力，迫害爱国主义力量。希望通过和平途径解决独立问题的昂山等民族主义领袖对此十分不满，他们在1947年制宪会议选举后，成立了以昂山为总理的临时政府，并宣告缅甸将成为独立的共和国。恼羞成怒的英国殖民者竟指使暴徒刺杀了昂山和其他6位部长。

帝国主义国家常常通过支持反对势力发动政变来达到自己的目的。比如，在刚果共和国宣告成立后，比、英、法等老牌殖民主义者在刚果的主要工矿区支持叛乱，制造加丹加、开赛省从刚果共和国分裂。

无论是使用制造分裂与对抗，还是其他形式的政策，殖民主义国家所要达到的目的都是一致的，那就是维护殖民国家的利益。

结盟与对抗

由于矛盾和竞争的存在，拥有共同利益的国家常常联合起来对抗别的国家。正像各国间的竞争一样，常常打着各种正义旗号的结盟也是为了维护或争取自己国家的利益。可以说，利益是国家间结盟或对抗的唯一的指挥棒。

早期的人类就已经意识到结盟的重要性了。许多城邦联合起来反对其他城邦，城邦联盟之间进行各种对抗，这是人类早期历史的常态。比如，在苏美尔文明的早王朝时期（约公元前 2800～前 2371 年）各邦的争霸战争中，南部两河流域就形成了以乌尔和乌鲁克为霸主的南方同盟和以基什为霸主的北方同盟。为了反抗埃及图特摩斯三世（公元前 1504～前 1450 年在位）的侵略，许多国家组成了由米坦尼王国支持、以卡迭什为首的叙利亚联军。在布匿战争中，马其顿国王腓力五世曾和迦太基结成同盟。14 世纪晚期，金帐汗国与麦汗和立陶宛结盟，共同攻打莫斯科公国。而在近代和现代历史中的结盟和对抗就更多了。

联盟内部成员并非都是平等的。实际上，在更多的时候，联盟常常为其中某一国或几国所操纵。古希腊的伯罗奔尼撒同盟和雅典海上同盟就是如此。斯巴达号称天下无敌的陆军使之在伯罗奔尼撒半岛上以霸主自居。公元前 6 世纪后期，伯罗奔尼撒半岛上的各个城邦，除了阿哥斯和西北部阿卡亚少数小邦外，都被斯巴达纠结起来组成了伯罗奔尼撒同盟。入盟城邦在外交、军事问题上按同盟决议一致行动。在这个军事同盟中，斯巴达是当然的核心和领袖，斯巴达利用伯罗奔尼撒同盟作为控制入盟各邦的工具，并且在整个希腊世界也具有举足轻重的作用。公元前 478～前 477 年，雅典组织中希腊、爱琴诸岛和小亚的一些城邦结成雅典海上同盟（又名提洛同盟），入盟城邦达到近 250 个。同盟的章程和伯罗奔尼撒同盟相似，实际上入盟城邦的军事外交皆需听从盟主雅典指挥，所以这个同盟实为雅典霸权的工具。

在近现代历史上，即使像国际联盟这样大规模的结盟也不能例外。1920 年 1 月 10 日，在美国总统威尔逊的倡导下，国际联盟宣告正式成立。国际联盟共有 44 个会员国，后来逐渐增加到 63 个国家。国际联盟是世界历史上第一个立誓共同防御侵略、以非暴力方式解决争端的世界范围内的国际组织。但从本质来讲，它是主要帝国主义国家，尤其是英国、法国维护凡尔赛体系的工具。由于帝国主义之间的利害冲突，国际联盟在审理和解决国际争端方面成效很少。

大多数同盟建立的真正目的并非像它们的成立宣言或条约上所阐述的那样，而是有不可告人的目的。1948 年 3 月 17 日，英、法、比、荷、卢 5 国代表在比利时首都布鲁塞尔缔结了 5 国《合作和集体防御条约》，即《布鲁塞尔条约》，有效期为 50 年。这是一个以军事同盟为核心的政治、经济、文化的合作条约。虽然条约表面目的是防止德国侵略政策复活，但是缔约国的真正想法是"苏联总有一天要进攻西欧"，因此它的主要目标是针对苏联的。

结盟的目的是为了对抗，这种对抗常常以战争为最后结果。在某种意义上说，两次世界大战都是同盟之间的战争。一战前，由于资本主义政治经济发展的不平衡和强烈的利益需求，各帝国主义国家间的矛盾日益尖锐。在激烈的竞争中，各国都在积极寻找同盟者，以壮大自己的力量并压倒对方。1879 年 10 月，奥匈帝国和德国缔结了针对俄国的秘密军事同盟条约，1882 年 5 月，意大利同德、奥签订了三国同盟条约。三国同盟的矛头直指俄、法，促使它们迅速接近。1894 年，法俄同盟正式形成。一直奉行"光荣孤立"政策的英国感到深受德国威胁，在 1904 年 4 月同法国签订了协议；1907 年 8 月与俄国订立协约，至此，三国协约正式形成。三国协约的形成标志着两大对立的帝国主义军事集团终于形成。两个集团之间的军备竞赛越演越烈，最后终于导致了第一次世界大战的爆发。

1936 年 10 月 25 日，法西斯德国和意大利达成同盟条约，建立"柏林—罗马"轴心。11 月 25 日，日本军国主义同德国签署《反共产国际协定》，意大利后来也加入进来。1939 年 5 月 22 日，德、意两国又签订了《德意同盟条约》。1940 年 9 月 27 日，德国、日本和意大利

□ 可怕的现象

借助强大的军事力量遏制社会主义是北约的根本目的,图为隶属北约的英国军舰在巡航。

三国外交代表在柏林签署《德意日三国同盟条约》,成立以"柏林—罗马—东京"轴心为核心的军事集团,这就是臭名昭著的"轴心国"。1942年1月1日,反法西斯的26个国家在华盛顿签署了《联合国家宣言》。宣言的签署和发表,标志着国际反法西斯同盟正式建立。到大战结束时,加入同盟的共达52个国家。它团结了可能团结的力量,最大限度地孤立了法西斯侵略势力,对于最后战胜法西斯国家起了决定性作用。

世界历史上最大规模的结盟和对抗发生在二战后。1949年4月4日,美国、加拿大、英国等12个国家的外长云集华盛顿,举行《北大西洋公约》签字仪式。8月24日,各缔约国均按照本国的宪法程序完成批准手续,公约正式生效,北大西洋公约组织正式成立。这是由美国所组织的最大的一个军事同盟,是它的冷战政策的主要支柱。作为回应,1955年5月14日,苏联、波兰等8国在华沙缔结了《华沙条约》,并根据条约成立了华沙条约组织。华约组织的建立使东西方之间最终形成了两个对立的军事集团,社会主义阵营和资本主义阵营进行了世界范围内的角逐。

当然,为了对抗人类的不平等,正义的力量也会联合起来。1945年10月24日,中、法、苏、英、美和其他多数签字国递交了批准书后,联合国正式成立。联合国是最大的世界性的联合组织,到目前已经有近200个成员国。联合国的宗旨是维护国际和平与安全,促进国际合作与发展。虽然它曾经被大国所操纵,但是却越来越朝着创立的目标发展,并且在国际社会中起到越来越重大的作用。不结盟运动是唯一一个以不结盟为目的的同盟。1961年9月,25个国家在南斯拉夫首都贝尔格莱德举行了第一次不结盟国家和政府首脑会议,正式宣告了不结盟运动的诞生。不结盟运动成员国奉行独立、自主和非集团的宗旨,支持各国人民争取和维护民族独立、捍卫国家主权以及发展民族经济和民族文化的斗争;坚持反对帝国主义、新老殖民主义、种族主义和一切形式的霸权主义,维护世界和平;呼吁第三世界国家加强团结;主张国际关系民主化和建立国际经济新秩序。

二、扑朔迷离的死亡悬案

古埃及图坦卡蒙法老死因探秘

古埃及以其灿烂的文明和神秘的传说吸引了无数历史和考古学者。在开罗南700多千米的尼罗河西岸，埋葬着30多个法老，学者们称之为"帝王之谷"。

1922年，考古工作者在"帝王之谷"内发现了距今3000多年前十八王朝的法老图坦卡蒙的陵墓。图坦卡蒙是著名的阿蒙普特四世（即埃赫那吞）王后尼费尔提提的女婿。这位君主政绩平平，没有什么大作为。他大约于公元前1361年登基，当时年仅10岁，娶了一个12岁的少女。19岁时他便死去了（也有人认为他死时18岁）。这些就是史料传说对他生平的全部介绍。图坦卡蒙的陵墓是迄今为止所发现的最完整、最有价值的古代埃及法老的陵墓。

1972年和1976年图坦卡蒙墓中出土的部分珍贵文物先后在伦敦、华盛顿展出，吸引了成千上万的欧美观众，再次轰动了整个世界。图坦卡蒙又一次成为人们津津乐道的话题。

古老、神秘的图坦卡蒙之墓发掘成功后，人们终于见到基本上完整的法老墓葬，也第一次看到了法老的葬制。

整座墓由前室、墓室、耳室、库室组成。除墓室外，所有的地方都放满了家具、器皿、箱匣等各类器物，其中包括墓主人的宝库。墓中的每件器物，都以金银珠玉装饰而成。在墓室中还发现了两尊真人大小的乌木镀金雕像，据学者们认为是图坦卡蒙的形象。这两尊雕像生动逼真，栩栩如生，充分反映了古代艺术家们高超的技术和丰富的想象力。在8年的挖掘过程中，卡特在墓中发现了2000多件文物，墓中奇珍异宝非常丰富。

图坦卡蒙的木乃伊被密封在重重的棺椁之中，在棺材外面的4层是涂金的木椁。最里面的是黄金打制成的棺椁。当揭开裹在木乃伊脸部的最后一层亚麻时，人们突然发现图坦卡蒙的脸上靠近左耳垂的地方有一处致命的创伤，创伤是怎么造成的？凶手是谁？这一切都成了谜。

我们结合一些文献史料的记载和刚出土的壁画文物可以大体得知：由于图坦卡蒙登基时年纪非常小，只是同老臣阿伊共掌大权。他在19岁时突然死去。在他死后，他的年轻皇后请求赫梯王派一王子与她完婚。可是赫梯王子在来埃及途中被人杀害。接下来，老臣阿伊继承了王位。

可是，我们从这些零散的资料与传说中无法揭开图坦卡蒙猝死之谜，谜底在哪里？也许仍长眠于尼罗河充满神奇色彩的土地下，我们只有期待更多的出土资料来揭开这个谜底，也许会由此发现更多不为人知的谜团，从而为世人留下更多的悬念、无限的遐想。

马其顿亚历山大大帝死于谁手

亚历山大大帝一生纵横无敌，他曾率领马其顿希腊联军发起对波斯帝国的远征，用近10

年的时间把东方广大地区征服,从而建立了横跨欧、亚、非三大洲的庞大帝国,然而,这位纵横天下的大帝于公元前323年夏在巴比伦猝死,他到底死于什么原因呢?

生于马其顿都城伯拉的亚历山大大帝(公元前356~前323年)出身于新兴的王族家庭,他的父亲就是腓力二世。他小时候曾拜著名哲学家亚里士多德为师,从而受到良好的希腊文化教育,他16岁就随父出征,从而学得不少军事知识。他公元前336年即位,并先后平定宫廷内乱,制服北方诸侯反叛,击败了希腊各邦的反马其顿运动。公元前334年春,亚历山大带领着他的马其顿希腊联军,穿过赫斯斯湾海峡远征波斯。公元前333年,在小亚细亚伊苏城附近把大流士三世率领的波斯军打得落花流水,并俘获了大流士三世的母亲、妻子。公元前327年夏,利用印度诸国之间的矛盾,亚历山大占领印度西北的许多地区。但是由于当地人民的顽强抵抗以及战士的厌战情绪,再加上当地气温高、瘟疫流行,亚历山大被迫撤军。公元前324年,亚历山大军队分别从海陆两路回到了巴比伦。

公元前323年夏,亚历山大突然暴病而亡,这时他正准备着一次新的远征。是何种疾病夺去了亚历山大的生命?史学家们有许多不同的看法。

第一种看法是他死于恶性疾病,苏联学者塞尔格叶夫曾在《古希腊》中提过。在《亚历山大新传》这本书中,美国学者高勒将军认为"亚历山大由于长期在沼泽地区作战而染上恶性疾病,在6月13日晚上发作,从此离开人世"。他来不及留下遗嘱,更没时间指定由谁来继位,持同样看法的还有我国史学家吴子谨教授。

第二种看法是,英国著名史学家赫·乔·韦尔斯认为:"在巴比伦,亚历山大有一回酩酊大醉以后,突然发烧,从此一病不起,不久就死去了。"《大英百科全书》也有这样的看法:"在一次超长的酒宴之后,他突然一病不起,10天之后,即公元前323年6月13日去世了。"

第三种说法是亚历山大为毒药所害。在古希腊史学家阿里安的《亚历山大远征记》中说部将安提帕特鲁送给亚历山大一副药,正是这副药让亚历山大命丧黄泉。还说药是盛在一个骡蹄壳里,由安提帕特鲁的儿子卡山德送到亚历山大那里去,这副药是亚里士多德替安提帕特鲁配的。卡山德的弟弟埃欧拉斯里是亚历山大的御杯侍从。由于亚历山大不久前曾冤枉过他,他一直怀恨在心。但到底是什么原因使得这位正处于人生、事业巅峰的亚历山大大帝一病不起,至今仍让人不得而知,只有让后人面对着他所建立的不朽功勋大发感慨。

杨贵妃真的被缢死了吗

杨贵妃是中国家喻户晓的一位绝代佳人。她那传奇的一生曾触发无数骚客文人的才情,为之吟诗作赋。然而,这位国色天香的美女究竟归宿如何呢?史书记载天宝十五年(公元756年)六月,洛阳沦陷,潼关失守,盛唐天子唐玄宗狼狈地与众臣逃跑,其爱妃杨贵妃死于马嵬驿。可是,文人赋咏与史家记述是相差十万八千里的,因此杨贵妃的最后归宿,至今还留下许多疑问。

一种观点认为,杨玉环或许死于佛堂。《旧唐书·杨贵妃传》记载:禁军将领陈玄礼等杀了杨国忠父子之后,以"后患仍存"为由,强烈要求赐杨玉环一死,唐玄宗无奈,与贵妃诀别后只得下令。杨贵妃"遂缢死于佛室"。

也有人认为,杨贵妃也可能死于乱军之中,这可从一些唐诗中的描述看出。杜牧的"喧呼马嵬血,零落羽林枪"、张祐的"血埋妃子艳"、温庭筠的"返魂无验青烟灭,埋血空生碧草愁"等很多诗句,都认为杨贵妃被乱军杀死于马嵬驿,而不是被强迫上吊而死。

一些人称,杨贵妃之死存在其他可能,比如有人说她实际上是吞金而死。这种说法只出现在刘禹锡所作的《马嵬行》一诗。刘禹锡诗中有段写道:"绿野扶风道,黄尘马嵬行,路边杨贵人,坟高三四尺。乃问里中儿,皆言幸蜀时,军家诛佞幸,天子舍妖姬。群吏伏门屏,贵人牵帝衣,低回转美目,风日为天晖。贵人饮金屑……平生服杏丹,颜色真如故。"从此诗来看,杨玉环是吞金而死的。陈寅恪先生曾对这种说法颇感新奇,因而在《元白诗笺证稿》中提出质疑。陈氏怀疑刘禹锡所作《马嵬行》一诗,是流于"里中儿",所以会有很多说法。可是,陈氏也没有排除杨贵妃在被缢死之前,也有可能吞过金,所以"里中儿"才一传十、十传百。

还有一种说法是,杨贵妃没有死在马嵬驿,只是被贬为庶人,并被下放于民间。俞平伯先生在《论诗词曲杂著》中对白居易的《长恨歌》以及陈鸿的《长恨歌传》作了考证。他本人认为白居易的《长恨歌》、陈鸿的《长恨歌传》之本意,蕴含着另一种意思。假设以"长恨"为篇名,写到马嵬就不写了,何苦还要在后面假设个临邛道士和玉妃太真呢?从而俞先生认为,杨贵妃并未死于马嵬驿。当时军中正乱,贵妃不明去向,只有金银散落一地。诗中详细说明了唐玄宗"救不得"之因,因此正史所载的赐贵妃一死,当然绝不会有。陈鸿的《长恨歌传》所言"使人牵之而去"是说杨贵妃被使者牵去藏了起来。白居易《长恨歌》说玄宗回长安后要为杨贵妃重造陵墓,结果是"马嵬坡下泥土中,不见玉颜空死处",连尸骨都找不到。这就更证实了贵妃也许是被人救出。令人深思的是,陈鸿作《长恨歌传》时,恐怕后人不明其故,所以重点突出"世所知者有《玄宗本纪》在",而"世所不知"者,今传有《长恨歌》。这分明是暗示杨贵妃没有在马嵬驿死去。

还有一种说法认为,杨贵妃最后逃亡到日本。1984年出版的《文化译丛》第五期,张廉译自日本《中国传来的故事》一文说,当时马嵬驿被缢死的,乃是个侍女。禁军将领陈玄礼为贵妃美色所吸引,不忍杀之,遂与高力士谋,以侍女代死。杨贵妃则由陈玄礼的亲信护送南逃,大约在今上海附近扬帆出海,经海上漂泊,辗转来到日本久谷町久,最终在日本安度晚年。

但其生死情况究竟如何,至今仍令人难解。

"烛影斧声"与宋太祖之死

宋太祖于公元960年发动陈桥兵变,黄袍加身,做了17年皇帝,到公元976年便撒手归西了。正史中没有他死亡的明确记载,《宋史·太祖本纪》中的有关记载也只有简单的两句话:"帝崩于万岁殿,年五十。""受命杜太后,传位太宗。"因此他的死一直是一个不解之谜,为历史留下了又一桩悬案。

司马光的《湘山野录》中记载,开宝九年(976年)十月,那天天气极为寒冷,宋太祖急唤他的弟弟晋王赵光义进入寝宫,宋太祖斥退旁人,只留下他们两人自酌自饮。酒过三巡,已是夜深了,他见晋王赵光义总是躲在后边,极其害怕,自有几分得意。见殿前雪厚几寸,便用玉斧刺雪,还不时对他弟弟说:"太容易了,真是太容易了。"当夜赵光义依照没走,留宿于禁宫。第二天天快

宋太祖像

亮时，禁宫里传出宋太祖已经死了的消息。赵光义按遗诏，于灵柩前即皇帝位。

历史上所谓"烛影斧声"的疑案就指此事。有人认为"烛影斧声"也许不是疑案，只是晋王赵光义戕兄夺位的借口。宋太祖安排后事是宋朝的国家大事，不可能只召其弟单独入宫，并且赵光义又在喝酒时退避。用玉斧刺雪，这正是宋太祖与赵光义进行过争斗的状态，晋王一狠心杀死宋太祖。要是不这样写，这段史料也许会被封杀。

不过，关于光义弑兄的原因，史书上另有一种说法。《烬余录》称，赵光义很喜爱已归降的后蜀主孟昶的妃子花蕊夫人费氏。孟昶死后，花蕊夫人被宋太祖纳为自己的妃子，而且特别宠爱。宋太祖因病卧床，深更半夜时赵光义胆大妄为，以为宋太祖已熟睡，便趁机调戏花蕊夫人。可没想到太祖惊醒，要用玉斧砍他。等到皇后、太子赶到之时，宋太祖已经只剩一口气了。赵光义趁机逃回自己的王府，第二天太祖就升天了。由此可知，赵光义趁夜黑无人、宋太祖昏睡不醒的时候调戏他觊觎已久的花蕊夫人，谁知宋太祖突然醒来发觉了，也许是他盛怒之下欲砍赵光义，可是因为病体虚弱，体力不足，未砍中赵光义。赵光义觉得自己只有死路一条，不管用何种方式都不能取得其兄的原谅与宽恕了，预料到自己将会死得很惨，于是一狠心便杀死了自己的同胞兄弟，然后慌忙逃回府中。宋太祖是病怒交加而死，还是他弟杀死的呢，谁也不知其详。不过十分清楚的是，宋太祖之死与其弟赵光义当夜在皇宫内院的行为有一定的关系。

对于这个疑案，也有一些人为赵光义开脱罪责。司马光的《涑水纪闻》记道："太祖初晏驾，时已四鼓，孝章宋后使内侍都知王继隆召秦王德芳；继隆以太祖传位晋王之志素定，乃不召德芳，径趋开封府召晋王。见医官贾德玄坐于府门……乃告以故，叩门与之俱入见王，且召之。王大惊，犹豫不敢行，曰：'吾当与家人议之。'入久不出。继隆促之曰：'事久，将为他人有。'遂与王雪下步行至宫门，呼而入……俱进至寝殿。宋后闻继隆至，曰：'德芳来耶？'继隆曰：'晋王至矣。'后见王愕然，遽呼官家曰：'吾母子之命，皆托于官家。'王泣曰：'共保富贵，无忧也。'"从这一记载来看，宋太祖过世时，他弟弟赵光义并不知晓，也没在宫中待过，似乎可以洗去"烛影斧声"的嫌疑了。

但是，从赵光义继帝位后，宋太祖的长子德昭于公元979年被迫自杀，次子德芳又于公元981年无故而死来看，宋太宗赵光义还是摆脱不了"烛影斧声"、"戕兄夺位"的嫌疑。

雍正帝暴死之谜

一代枭雄雍正帝，于雍正十三年（1735年）八月二十三日清晨突然暴死在圆明园离宫中。官方记载说他是忽然发病身亡。作为第一手资料的《起居注册》中是这样记载的："八月二十一日，上下豫，仍办事如常。二十二日，上下豫。子宝亲王、和亲王终日守在身旁。戌时（午后七时至九时）皇上病情加重，急忙在寝宫发布遗诏给诸王、内大臣及大学士。龙驭上宾于二十三日子时（夜十一时至翌日一时）。由大学士宣读朱笔谕旨，着宝亲王继传。"

然而民间却流传着雍正遇刺身亡的故事。例如《满清外史》、《清宫遗闻》、《清宫十三朝》等等记载说吕留良的孙女吕四娘刺杀了皇帝。吕留良文字狱于雍正六年（1728年）发生。十年（1732年）十二月，留良、葆中父子被处死。其亲人也被严加处置，另一子毅中斩决，孙辈发配极边为奴。传说四娘以宫女身份混入皇宫侍奉皇上，伺机行刺。还有传说四娘在吕案发生后逃亡外地，练就一身功夫潜入宫内，以飞剑砍去清帝脑袋。还有人传说除四娘外还有一位名为鱼娘的女子做帮手。即使下笔谨严的学者，在提到雍正死时，也会提及这些传闻。但有人认为这种行刺之说纯属谣言。首先，吕案发生后，其家人皆受罚，无漏网之鱼。

其次，四娘根本不可能混进宫。虽然曾经也有过罪犯眷属特别是15岁以下女子，没收入宫为奴，像株连在吕案中的严鸿逵、黄补菴，其妻妾子妇即服侍于功臣家。然而吕氏的孙辈在宁古土基成为奴隶，犯大罪的人犯多是这样下场。所以四娘不可能混入宫内。

还有，皇帝实际上一年之中的2/3都驻跸在圆明园这个离宫。紫禁城内明令整肃，与有"亭台园林之胜"称号的圆明园根本不可比较。因此，他"自新正郊礼毕移居园宫，冬至大祀前始还大内"，"盖视大内为举行典礼之所，事毕即行，无所留恋也"。园内内阁及各部院等机构之规模宏大与大内不相上下。雍正二年起（1724年），便设护军营，一个女子根本不能飞檐走壁，穿过昼夜的巡逻和森严的戒备，轻易地就进入寝宫，刺杀皇帝。因而，雍正遇刺身亡的说法便受到了一定的质疑。

又有人认为雍正既不是遇刺身亡，也不是寿终正寝，他可能是服丹药中毒而亡。这是从宫中档案等资料中推出的结论。雍正生前，在宫中曾蓄养了一些僧道异能之士，他死后第三天，也就是八月二十五日，嗣主乾隆忽下了驱逐炼丹道士出宫的谕旨。

新君刚登基，尚有众多事务待理，而紧急驱逐数名道士，这种做法确有奇怪之处。乾隆说其父视僧道如俳优，未听一言，未服一药，这显然在为父亲辩解，否则又怎会突下逐客令？他又说这几个道士早就该受驱逐，但为何雍正容忍他们在宫中？乾隆如果为的是崇正道、黜异端，就应该加以排斥，然而他却沾沾自喜地称："朕崇敬佛法……仰蒙皇考嘉奖，许以当金法会中契超无上者，朕为第一。"而且，还善待超盛、元日两僧让他们来京瞻仰梓宫。

驱逐道士的同日，乾隆另降一道谕旨谕令内监、宫女，告诫他们不许妄行传说国事，"恐皇太后闻之心烦"，"凡外间闲话，无故向内廷传说者，即为背法之人"，"定行正法"。此事也值得注意，"中毒身亡"论者认为此事必与雍正横死有关，否则为何皇太后所见外间闲话会心烦。

雍正帝的死因被这种种说法蒙上了层层的神秘面纱，变得更加扑朔迷离，让人难以看清其中的真相。

伊凡雷帝杀死了亲儿子吗

伊凡雷帝是俄国历史上第一位沙皇，他3岁就继承了莫斯科和全俄罗斯大公位，人称伊凡四世。他性情凶残又生性多疑，独断专行且手段残酷，因而得名"雷帝"。这与伊凡雷帝幼年的生活环境有着重要的关系，他17岁亲理朝政以前可以说是生活在一片黑暗中，先是他的母亲倒行逆施且不明原因地暴亡，然后是贵族们为了争权夺利而每天火并撕杀，没有人顾及到年幼的小沙皇的教育。从这种尔虞我诈的环境中成长起来的伊凡雷帝，过早地目睹了宫廷生活的黑暗和丑恶，在他的性格中埋下了暴戾多疑的种子。俗语说：虎毒不食子，伊凡雷帝却被怀疑亲手杀死了自己的儿子。

俄国著名画家列宾创作过一幅名为《伊凡雷帝杀子》的油画：在灰暗压抑气氛笼罩下的画面上，奄奄一息的皇太子伊凡无力地靠在父亲的胸前。伊凡雷帝惊恐地搂着儿子，他用一只苍老的、血管突出的手抱着伊凡的身体，另一只手紧紧按住儿子流血的伤口，试图挽回儿子的生命。但死神已经快要降临了，儿子的身体软绵绵地支撑在地毯上，用一双绝望却宽恕的眼睛看着衰老的父亲。而伊凡雷帝的双眼中充满着悔恨，两人的眼神形成了强烈的对比，整幅画有着一种摄人心魄的艺术魅力。

人们为什么会怀疑伊凡雷帝呢？主要是伊凡雷帝的性格非常残忍。在他还是个孩子时，就经常把捉住的小鸟一刀一刀地杀死，或是站在高高的墙上，将手中的小狗摔死，从而发泄

□ 可怕的现象

恐怖的伊凡雷帝

心中的不满。而在他13岁的时候，就放出豢养的恶狗，将执掌朝政的皇叔伊斯基活活咬死。而当他刚登上皇位后，为了加强皇权，就在全国范围内实行恐怖政策，惩罚反对皇权的大贵族，也不可避免地杀害了许多无辜的平民，用尖桩刑、炮烙、活挖人心、抽筋剖腹等酷刑处死了数万人，得到了"雷帝"的称呼，意思就是"恐怖的伊凡沙皇"。

他的暴政和独裁不仅使遭到镇压的大贵族们心怀怨恨，也引起了广大人民的强烈反对，就连沙皇身边的人，也有"伴君如伴虎"的危机感。本来，伊凡雷帝的这种暴戾性格在他娶了年轻美貌、温柔善良的皇后之后有所改变，她能理解他，开始以自己的爱温暖着沙皇那颗受伤的心灵，总是像天使一样地抚慰着他。可是，保佑他的天使没有永远伴随他，1560年，他亲眼看着心爱的女人被疾病夺去了生命。失去了皇后之后，童年时期形成的性格又激发出来了。到了晚年，孤独的伊凡雷帝性情更加乖戾、喜怒无常，他总是疑神疑鬼，觉得有人要害他。但是，对于他的长子、未来的皇位继承人伊凡，他还是宠爱有加的，经常让他跟随在自己左右。可以说，除了这个儿子，他已经不再相信任何人了。可是这位皇太子却死在伊凡雷帝的前面，上演了一出"白发人送黑发人"的悲剧。

伊凡太子的死因有着不同的说法，最普遍的一种是：从1581年起，伊凡雷帝开始怀疑太子有夺取皇位的嫌疑，多疑的性格使这种想法日益强烈，父子关系也因为他的提防而紧张起来。有一天，伊凡雷帝看见伊凡的妻子叶莲娜只穿了一件薄裙在皇宫中走来走去，违反了当时俄国妇女至少要穿3件衣裙的惯例。伊凡雷帝勃然大怒，动手打了儿媳，使已经怀孕的叶莲娜因惊吓而流产。伊凡听到这个消息后，对伊凡雷帝大吼大叫。伊凡雷帝也很生气，一边大骂着"你这个可耻的叛徒"，一边举起手中的铁头权杖向儿子刺去。晚年的伊凡雷帝手里常常拿着一根铁头杖，这是一根顶端包有铁锥尖、柄上刻有花纹的长木杖。伊凡雷帝一旦发怒，就会随时用这个铁尖木杖向对方刺去，所以宫内的人只要听到木杖敲击地面的声音，就会吓得赶紧躲起来。可是没想到当时伊凡雷帝的铁杖正好刺中了儿子伊凡的太阳穴，然后就是列宾笔下《伊凡雷帝杀子》悲剧场面，最后伊凡因伤势过重而死去了。

俄罗斯历史学家斯克伦尼·尼科夫却不同意这种说法，他认为，当时伊凡父子虽然发生了激烈的争吵，但父亲只不过在儿子身上用权杖敲了几下，并没有造成致命的伤害。太子伊凡原先就有病，再加上丧子和恨父，心情极度悲伤，以致癫痫病发作，后来又引起并发症死去了。因为伊凡雷帝在争吵前几天的信中曾谈到："儿子伊凡病倒了，今天他仍在病中。"所以，伊凡的死主要是病死，而不是伊凡雷帝失手杀死了他。

各国历史上宫廷内部血雨腥风，像这样的父子相残、兄弟反目的事情层出不穷。伊凡雷帝有没有杀死自己的亲儿子，只有让历史来慢慢寻找真实答案了。

英王威廉二世真是死于意外吗

自古宫廷多纷争。在权势和财富的驱使之下，手足相残、杀母弑父之事可谓比比皆是。人称"红面庞"的威廉二世似乎也是因为此类原因而丧命于狩猎场的。

1100年8月的一个下午，英王威廉二世在新林骑马狩猎。新林占英国南部一大片土地，当时是皇家狩猎苑。威廉的弟弟亨利和一些随从同行。一行人分为几个狩猎小组，国王和他的亲信顾问蒂雷尔一组猎鹿。国王看见一只赤鹿跑过，立刻射了一箭，射中了赤鹿，但是它没有死。很长一段时间威廉坐在马鞍上不动声色，他用手挡着夕阳的斜照光线，想看清楚那只受伤赤鹿的行走路线。

蒂雷尔就在此时射了一箭，鹿没有射到，却把国王射中，国王向前面倒下去，那支箭在国王摔到地上的时候更深地插入他的胸膛，国王当时便没了气息。蒂雷尔急忙跑出树林向法国逃去。亨利则和其他的人策马飞奔，赶到临近的收藏皇室财宝的曼彻斯特，亨利把财宝抢到并确实予以掌握后，便马上赶回伦敦，加冕登基为亨利一世。此时，距威廉去世之日仅3天，众人从猎鹿的树林离开时，威廉二世仍然暴尸荒野。

但是国王之死至今仍是疑点重重：威廉二世是死于意外，还是被他那充满野心的弟弟谋害了呢？或是如有人所说的威廉二世心甘情愿依照异教徒的可怕教规自杀身亡呢？大多数人当然相信传说中所出现的凶兆，这凶兆是威廉到新林行猎前夕所做的一个噩梦：他梦见自己躺在血泊中而被惊醒，惊醒时不断狂叫。此外，还有人说听见国王命令蒂雷尔杀死他，因为根据威廉信仰的"宗教"，他已经老而无用，作为一个权力逐渐衰落的国王，必须在仪式中引颈就戮。

威廉一世共有3个儿子，威廉二世是老二。威廉一世在世时已给3个儿子分家，留给长子罗伯特的是法国的诺曼底，给次子威廉的是英国，亨利则没有土地，只获得一笔财富。大哥与二哥经常争执不下，甚至兵戈相见，但是二人在1096年以诺曼底为抵押，罗伯特向威廉借了他们所需的钱。罗伯特在1100年夏季启程返国时，还娶了一个十分富有的女人。威廉决定，决不让哥哥还债把诺曼底赎回，他开始计划强夺诺曼底。新林猎鹿驾崩事件就是在做这种准备的时候发生的。

同时，如果亨利真的企图篡夺英国王位，他一定已把形势看得非常清楚。出乎意料之外的新发展对他篡位的计划有所妨碍，所以亨利先下手为强，其后只须对付一个哥哥而不必再与两位兄长争雄。威廉驾崩，罗伯特又远在他乡，亨利就能篡夺他原本无权过问的王位。证明亨利要对猎鹿时发生"意外事故"负责的一个有力证据是：他从未试图抓蒂雷尔回来以弑君之罪论处，甚至没有没收蒂雷尔的土地以示惩罚。

可是，以亨利的本领和为人是否能组织这样一个谋朝篡位的大阴谋呢？蒂雷尔跟主谋勾结杀掉恩公和朋友，又会得到什么好处呢？事实上自惨祸发生后直到去世时，蒂雷尔都不承认他有弑君行为。

依上所述，亨利的嫌疑可谓是最大，但他要策划这样一个缜密的阴谋却也不是件容易的事情。真凶何在，我们拭目以待。

拿破仑死亡之谜

给古人断案，是一件颇为有趣的事情。就拿一世枭雄——法国军队统帅拿破仑·波拿巴（1769～1821年）来说，法兰西第一帝国和百日王朝皇帝，生前曾在战场上指挥千军万马，立下了赫赫战功，可谓风云一时，然而，1815年滑铁卢战役失败后被捕，被流放到圣赫勒拿岛。1821年5月5日下午5点40分，年仅52岁的拿破仑死于该岛。这样一位显赫于世的人物到人生的最后竟连怎么死的也成了一件没有定论的史事。

近一个世纪以来，世界各国舆论对拿破仑之死众说纷纭，各抒己见。据美国《百科全书》记载，拿破仑是死于胃病。中国新版《辞海》则说拿破仑"病死"。死于什么病，未加说明。在法国，有人说拿破仑死于癌症。因为他的父亲在40岁时患癌症离开人世，也许癌症会遗传。当时法国官方的死亡报告书鉴定为死于胃溃疡，而有人却认为他死于政治谋杀，更有人论证他是在桃色事件中被情敌所谋害。也有人说拿破仑在进攻埃及和叙利亚的时候，得了一种热带病，后来死于此病。还有人则说，拿破仑是在圣赫勒拿岛上被人毒死的……

在众多的争议之中，最具有代表性的要数砒霜中毒而死和胃癌不治而死两种说法。

先看第一种砒霜中毒说。也许使你感到奇怪，查出拿破仑之死的线索，竟是他的头发！

原来，这位不可一世的统帅死后，人们想保存他的遗容，以作永久的纪念，但是因为还没有发明摄影术，人们只能靠制作脸部模型。于是，在制模型前，要把他的头发先剃光，以免头发粘连石膏。就是这个机会，一位拿破仑的侍从悄悄地取了一绺拿破仑的头发，留作纪念。

于是，英国的科学家、历史学家对拿破仑的头发成分及含量进行了分析。他们还实地调查了当时滑铁卢战役失败后放逐拿破仑的圣赫勒拿岛，并惊喜的发现当年囚禁拿破仑房间中的墙纸含有大量砒霜。于是，在经过周密研究后，宣布杀死拿破仑的"凶手"是砒霜。听到这个消息，人们都感到十分意外。因为，拿破仑死前并没有吃过砒霜，也没有人用砒霜谋害过他（因为食用砒霜会立即死亡，而拿破仑是在囚禁过程中生病死的），一时很难让人理解。

为了消除人们的疑虑，英国科学家作出如下解释：砒霜的学名叫三氧化二砷，是一种可以经过空气、水、食物等途径进入人体的剧毒物。当年囚禁拿破仑的房间的墙壁上正是贴着这种含有砒霜成分的墙纸。又因为囚房里十分阴暗潮湿，墙纸中的砒霜就生成了一种含有高浓度砷化物的气体，以致被关在这间屋子里的拿破仑整天呼吸着这种受到污染的空气，日积月累，年复一年，终于因慢性砷中毒而死。

这一结论与当年化验拿破仑尸体的报告相吻合。当时，发现在他的头发中，砷的含量已超过正常人的13倍。另据当年的监狱看守人记录有"拿破仑在生命的最后阶段，头发脱落，牙齿都露出了齿龈，脸色灰白，双脚浮肿，心脏剧烈跳动而死去"。这种症状与砷中毒的症状十分相似。

然而，就在人们仍然没有彻底消除疑虑的时候，法国3位权威科学家应法国《科学与生活》杂志之邀，利用同步加速器射线对拿破仑遗留下来的头发进行了细致分析，结果断定：拿破仑死于胃癌，而非有关专家推测的砒霜中毒。长达40多年的拿破仑死因之争又有了新的说法。

来自巴黎警察局毒物学实验室负责人里科代尔、巴黎原子能委员会凝聚态、原子、分子研究所专家梅耶尔和法国奥赛电磁辐射使用实验室专家舍瓦利耶便是这新死因说的提出者。他们同样也拿到了拿破仑遗留下来的一些头发。据介绍，这些头发共有19绺，并且取得的时间分别在其死后和生前的两个时间点，互相之间都间隔有10多年。3位专家为了得到更具有说服力的第一手材料，他们对每绺头发都进行了上百次的测量，对每根头发的测量间距精细到0.5毫米。那么结果究竟如何呢？

实验的结果向人们揭示了一个全新的世界。无论是在1821年拿破仑死后尸体上取下来的头发里，还是在1805年和1814年拿破仑在世时保留下来的头发里，砒霜的含量都超出正常值5~33倍。由此专家们断定，这些头发的取留时间相距16年。而在长达16年的时间里，这些头发中的砒霜含量几乎一致，并均匀分布在整根头发上，这表明头发上的砒霜不是拿破仑摄食到体内的，它们来自外部环境，所以，拿破仑不是死于砒霜中毒。

那么，拿破仑头发中的砒霜又是从哪来的呢？对此，专家们推测木材取暖、放置老鼠药、摆弄含砒霜的子弹等都可能是砒霜的来源，而最可能的是来自某种防腐剂。因为在19世纪时，法国非常流行用砒霜保存头发。

3位法国专家的分析头头是道，那么究竟是当年的根据尸体解剖和临床症状得到的死于胃癌并发症的结论正确呢，还是死于砒霜中毒的结论对呢？至今仍难以定论。

林肯被刺的背后隐秘

亚伯拉罕·林肯是19世纪中期美国北方资产阶级民主派的代表人物，也是美国历史上的第16任总统。他在任职期间提出了废奴主张，并领导美国人民取得了南北战争的伟大胜利。

1860年11月，林肯成功当选为美国第16任总统。南方诸州不满这一结果，在其上台后的3个月中，先后有11个州退出联邦，组成新美国政府，举选出总统和副总统，并制定了新宪法。奴隶主分裂了联邦，开始公开叛乱。

美国国内形势十分危急，内战一触即发，北方政权岌岌可危，宣誓就职后的林肯就这样面临着严峻的考验。1861年4月12日，萨姆特要塞一声炮响，南北战争拉开帷幕。

战争进行了1年，但战场上的情形却几乎没有进展，也没有解决黑奴问题，原因是林肯政府一直认为，战争只是为了维护宪法和联邦的统一。当时的林肯综合各方面的意见，做事非常谨慎，认为立刻废除黑奴制不妥。人民与资产阶级左派对他的做法感到不满，并不支持他。

1864年元旦，林肯签署了"联邦成立以来美国历史上最重要的文件"——《解放奴隶宣言》。此举赢得了全国人民与资产阶级左派的支持，并因此扭转了战争局势。

1865年4月，美国内战终以北方的胜利而告终。林肯开始忙于战后的重建工作，他希望总统任期结束后，能回家乡去开一个律师事务所，但他的愿望没有能够实现。

1865年4月14日晚在首都华盛顿，林肯邀请格兰特将军及夫人去福特剧院观看歌剧《我们美国的表兄弟》。在去陆军部的路途中，林肯忽然有一种不祥的预感，他停下车犹豫起来，觉得自己是不是应该取消去剧院的计划，但很快便放弃了这个念头。为了自身的安全考虑，他亲自要求作战部长斯特顿派一个名为埃克特的陆军上校来做自己的保卫。但斯特顿通知总统，埃克特早已在当晚安排了任务，后来只得委派一名叫布莱恩的军官来作为总统当晚身边的警卫官。

演出十分精彩，剧情慢慢发展到高潮，有人悄悄走进了总统的包厢。不久传出一声枪响，子弹击中了总统的后脑，总统应声倒下再也没有醒来。4月15日清晨7点22分，在这个令人伤感的时刻，虽然医生全力抢救，但仍是回天无术，林肯总统命赴黄泉。

枪击林肯后，慌乱中的凶手急于逃跑，不慎碰伤了自己的脚。警察沿着血迹找到凶手，因拒捕被

林肯像

前来围捕的警察开枪击毙。

刺杀总统的真凶究竟是什么人？他怎么能在有警卫的情况下溜进包厢？人们对这些问题都希望能有所了解，可直接犯罪嫌疑人已被击毙，只好通过其他途径来了解事实。

一番调查之后，事情终于初现端倪。凶手是一位名叫约翰韦克斯的职业演员，据说在内战爆发初期，他是站在北方这边的，但后来不知为什么却突然支持南方政权。他曾不止一次地对人说有朝一日一定要杀死林肯，这样不但一下子除去了这个新执政者，而且干掉林肯会使自己出名。他刺杀总统的原因真的如此简单吗？当然这只是官方的调查结果，官员是这样向民众解释的。但很多人都不相信这种说法，他们认为刺杀总统一案一定是一个阴谋，有不可告人的玄妙内情。

我们在前面提到，林肯在去剧院之前曾有过不祥的预感，而且还对作战部长点名要求要埃克特陆军上校担任自己的警卫，作战部长借口说埃克特上校当晚要执行别的任务而改派他人。事实上，埃克特那晚根本就没有执行什么任务，他在家里待了一晚上，作战部长为什么要说谎？后来派去顶替埃克特的布莱恩，一向行为不轨，认识他的人对他都没什么好印象，但林肯夫人却亲自点名要他保卫林肯，其中是不是藏着什么玄机？至于对凶手的追捕，抓活口也不是不可能的，可最终却把唯一的直接参与者击毙了，是谁开枪打死他的？又是谁下命令要把凶手杀死的呢？更令人奇怪的是，在后来的凶手缉拿报告中人们惊奇地发现上面居然写着：凶手系自杀身亡。

一般认为林肯遇刺的原因是他的举措对南方不利，激怒了南方叛党。而且他在南北战争中，成功领导北方打败南方，取得了反对南方分裂运动的胜利。南方叛乱分子对他恨之入骨，欲除之而后快。

1861年3月4日，林肯准备到华盛顿宣誓就任美国第16任总统。当他从家乡前往华盛顿时，美国南方特务便计划在路上刺杀他。林肯事先得到风声，从另外一条路来到了华盛顿，避免了这次暗杀。林肯就任后，南方叛党开始进行更为频繁的谋杀计划，一心想将林肯置于死地。他们甚至在报纸上刊登了一则广告：我愿意前往华盛顿击毙林肯和西华德，只要联邦政府出资100元作为我的酬劳。有意者请函信箱119号。由于经常发生恐吓事件，林肯周围的人非常担心他的安全问题，他们经常提醒林肯要小心。面对这一切，林肯表现得镇定自若，他用了两个大纸袋把恐怖分子寄来的恐吓信都装在里面，并在纸袋外面写了"暗杀"两个大字。虽然他表现得满不在乎，但早已有心理准备。

林肯是一个政治家，在那场关系到国家生死存亡的南北战争中，是他领导美国人民取得胜利的。他给黑奴带来了崭新的生活，却在和平时期的子弹下丧生。

1926年，林肯的儿子罗伯特·托德·林肯离开人世。他去世之前，把父亲的一些私人文件付之一炬。他告诉朋友，他要把那些文件毁掉的原因是这些文件里有内阁成员犯有叛国罪的证据。现在人们已无法得知他所说的情况是否属实。如果是真的，罗伯特为什么要将这些证据焚毁呢？为什么不向世人公开呢？这成为林肯之死的谜中之谜。

巴顿将军车祸之谜

1945年12月9日，美国陆军四星上将乔治·巴顿，在德国曼海姆附近遭遇车祸。将军不幸身受重伤，抢救无效，于12月21日在海德堡医院不治身亡。

巴顿将军在第二次世界大战中威名远扬，号称"血胆老将"。他于1885年出生于美国一个军人世家，先后在弗吉尼亚军校、西点军校、顿利堡骑兵学院及轻装甲部队学院接受军事训练,为日后成为一名优秀的将军打下了良好的基础。在第一次世界大战爆发后,巴顿曾经奔赴欧洲参与作战,并在指挥坦克作战方面显示了出色的才能。第二次世界大战爆发后,他被任命为美国第二装甲军团司令,更是驰骋沙场,战功赫赫,屡次创下辉煌战绩。在战场上他最有特点的话语是"混蛋,你们的刺刀应毫不犹豫地刺向那些杂种的胸膛!"正是由于他的勇猛神武,1945年4月,美国军方授予他四星上将的军衔。

然而又有谁能料到,这么一位久经沙场的老将,居然会在战争结束后不久就死于车祸?本该躺在战功簿上安享成果的巴顿将军,却在被授予军衔的8个月后倒在了另一个"战场"上。

1945年12月9日清晨,住在德国曼海姆的巴顿将军和盖伊上将相约去打猎,第二天一早,他就将搭乘艾森豪威尔将军的专机离开,他的司机霍雷斯·伍德林开着一辆超长豪华凯迪拉克送他们去。据说事发当日,巴顿将军乘坐的轿车刚好遇上火车过道口,等火车驶过,司机注意到离火车道口600米处停着两辆大卡车。当轿车开始向前慢慢行驶时,一辆卡车也从路边开过来,向着巴顿将军的轿车慢慢驶来,同时另一辆卡车也由相反方向驶近。情急之下,巴顿将军的司机迅速踩下刹车。但是事故还是发生了,凯迪拉克车重重地撞在了卡车右边的底盘上,被撞出3米开外。巴顿将军被惯性向前甩去,头部重重地撞在司机席后面的围栏上,脊柱完全裂开,眉骨上方的头皮也被隔板玻璃撞成8厘米的伤口。

1个小时后,巴顿将军躺在海德堡医院的病床上,他的头脑还比较清醒,但是四肢不能动,脖子以下没有知觉。医生诊断说,他脊柱严重错位,头骨也受了重伤。经过精心救治,巴顿将军的病情开始好转,他的一条胳膊变得有力,另一条腿也有了些微弱的知觉。医生们开始认为他已经脱离了危险,可是就在12月20日下午,巴顿将军的病情突然急转直下。12月21日清晨5时55分,他终因血栓和心肌梗塞而停止了呼吸。

在巴顿将军死后,留给我们的是一个谜。车祸发生时轿车里坐的共有3人,为什么只有巴顿将军受重伤,而其他2人则毫发无损呢?案发后肇事司机竟能溜掉,也令人不可思议。车祸后赶来的宪兵们对现场进行的例行调查也极为马虎草率,甚至没有留下任何官方记录。以至于日后当人们查起巴顿的情况时,除了军方履历表外,其他方面居然是一片空白。而履历中虽有他在服役期间的全部文献,却独独少了他遇难情况的有关材料。

这些疑点似乎都表明,巴顿将军之死并非单纯因为一场偶然发生的车祸,实际上有可能是有人蓄意制造谋杀。可是究竟是谁是幕后指使?他为什么要策划这起谋杀呢?

有人认为,巴顿将军的死可能与"奥吉的黄金案"有关。"奥吉的黄金"是二战中纳粹埋藏的一批黄金,据说当时被美军一些高级将领发现了,他们没有上交给国库,而是私下里瓜分了。事情发生后不久,巴顿将军就被政府指派去调查这个案子。雷厉风行的巴顿将军很

欧洲战场上的巴顿将军(左)与布雷德利将军、蒙哥马利将军讨论作战问题。

重视这件黄金被窃案，调查得非常认真，进展迅速。可是就在案情快要大白于天下的时候，巴顿突然遇车祸身亡了。这个时间上的巧合不能不让人产生怀疑，也许是那些人害怕事情败露而先下了毒手。

也有人说，巴顿将军的死是他的上司精心策划的阴谋。因为据说在二战结束以后，巴顿一直有亲德倾向，他曾公开批评盟军的"非纳粹化政策"，并在新闻记者们面前把纳粹分子和非纳粹分子的斗争，不恰当地比喻成美国民主党与共和党之争。后来据说他又在考虑要扶植德国几个未受损失的党卫军部队，然后挑起一场对苏联的战争。

由此，一些美国历史学家们甚至提出很具体的假设，即这位上司就是艾森豪威尔将军。他们认为，众所周知，艾森豪威尔将军与巴顿将军不和的传闻由来已久，巴顿将军在二战后采取的一些行为无疑与艾森豪威尔的主张大相径庭。艾森豪威尔对此非常不满，为了拔除这个处处和自己作对的眼中钉，很有可能派人除掉巴顿。

如果巴顿将军的车祸真的是一场有预谋的事件，那么究竟是由于什么原因，是谁在幕后策划，恐怕只能等车祸参与者本人坦白才能弄清吧！

肯尼迪遇刺悬案

"不要问你们的国家能为你们做些什么，而要问你们能为自己的国家做些什么。"约翰·肯尼迪的这句名言让这位美国最年轻的总统深得美国人民的拥护与爱戴。然而当他尚未完成对美国民众的承诺就不幸遇刺身亡，而且他的死因一直众说纷纭，现在还未形成统一的结论。

悲剧发生在 1963 年 11 月 22 日，当时肯尼迪正在美国南部得克萨斯州达拉斯城进行政务视察。12 点 30 分，总统车队缓缓地通过达拉斯的得克萨斯州教科书仓库大楼时，突然几声枪响划破了寂静的长空。枪响过后，总统在人们的惊叫声中倒卧在血泊之中，与此同时，凶手奥斯瓦尔德被当场抓获。

由于事情发生得太突然，国会决定由副总统约翰逊继任总统。约翰逊上任后，立即成立了一个 7 人调查委员会，由最高法院大法官沃伦领导。经多方取证和严格调查之后，该调查委员会于 1964 年 9 月发布了该案件的调查报告，报告指出刺杀行动是奥斯瓦尔德一人所为，与其他部门与集团一概无关。一时间，舆论哗然，结论难以让人信服，案情仍是谜团重重。

案件最大的疑问在于枪响的数量。当时官方公布的消息是 3 声枪响，包括穿透肯尼迪总统的身体，同时又射中康纳利州长的那一枪。但是后来一位美国法医 D.B. 托马斯经过审慎研究，在《英国法庭科学周刊》杂志发表了一份震惊世界的研究报告。这份报告仔细分析了当日的现场录音带，并指出当时射向总统车队的子弹是 4 发。证明研究所采用的录音带是当时总统车队中达拉斯警方的汽车上的麦克风所录的现场录音，因而资料来源绝对真实可靠。而官方当时认为是 3 声的原因是这 4 声枪响中只有其中 3 声枪响听起来比较清楚，剩余的那声枪响则被国家研究委员会说成了"听起来像枪声的噪音"。最为关键的是，得到官方认可的 3 声枪响都与肯尼迪中弹的时间有明显的间隔，反而是那声"像枪声的噪音"与总统中弹的时间吻合。而这个声音的来源地也不同于其他 3 声，经回声分析，专家认为射击地点应当位于公园山丘。对现场照片进行研究后不难发现，这发子弹是从前面射来的。众议院特别暗杀委员会主席罗伯特·布莱基在接受《华盛顿邮报》采访时也承认自己认可和接受托马斯的这一分析结果。

1990 年召开的一个记者招待会披露出了一些鲜为人知的内幕事件。记者招待会是一个名为珍尼弗·怀特的妇女召开的，她声称自己的丈夫罗克斯曾是一名杀手，与奥斯瓦尔德和鲁比同时受命于美国中央情报局。珍尼弗曾经亲耳听到他们商量刺杀现任总统的计划。肯尼迪遇刺后第四年，罗克斯被中央情报局出卖，接着就死于一场令人匪夷所思的爆炸事件。到了1982年，珍尼弗的儿子李奇·怀特无意间在家中发现了父亲珍藏的私人日记，日记中对1963年的事件进行了详细的记录。美国联邦调查局得知此消息后派人取走了该本日记，至今尚未归还。

刺杀事件发生后的20年内，涉及该案的重要证人都接二连三地丢掉了性命，死亡人数已近200人，而该案的真相却始终未浮出水面。很多人注意到了这样一件事实，那就是得克萨斯州法律规定死于当地的人，尸体必须在当地解剖。但是肯尼迪的尸体却被直接送到了位于贝塞斯德的美国海军医疗中心，并且总统的遗体是在其家属尚未知晓的情况下进行秘密解剖的。于是有人断言当时运到贝塞斯德的青铜棺内并无尸体，这一切只是为了掩人耳目。

整个事件充满了神秘气息，然而这只是肯尼迪家族半个世纪以来悲剧的开始，约翰·肯尼迪的弟弟罗伯特·肯尼迪在总统竞选时也遭人枪杀。对此有一种说法是因为有人担心一旦罗伯特·肯尼迪进入白宫，便会下令调查哥哥被害事件的整个内幕。肯尼迪家族的其他成员也由于各种各样奇怪的原因死于非命，或是终身瘫痪，或是失去了一切政治资本。这个家族悲剧还延续到了下一代人，肯尼迪的儿子小约翰·肯尼迪尽管遵循母亲杰奎琳的教诲低调生活、远离政治，却也未能摆脱不明不白的死亡结局。刺杀肯尼迪总统的凶手究竟是谁？

众所周知，保护美国大财团、大企业家的利益一向是国家制定政策的行为准则。肯尼迪总统是个有进取心的年轻总统，"旧的时代已经结束，旧的行为和旧的思维方式已不再适用"是他竞选总统的著名言论。肯尼迪当选后，便以改变保守的政治机器为己任，这使他与美国主要经济部门大亨们的矛盾日益激化。到了凶案发生的前一年，这些大亨们已无法容忍，可肯尼迪当时的威信很高，大亨们担心他连任下一届总统会继续影响他们的权益。另一方面，肯尼迪与中央情报局在古巴军界问题上也有很大的分歧，中情局的人极有可能也想拔去这个眼中钉。

也有人认为此事件最为关键的是以胡佛为首的联邦调查局。胡佛历经几代总统，权高位重，手中掌握了很多政客的把柄，在美国政界几乎可以一手遮天，是肯尼迪不肯向他妥协，积极限制胡佛的权力，两人势如水火。据说在肯尼迪遇刺之前，撤换胡佛之职已提上了工作日程。于是，大财团、中情局、胡佛三者联手策划此次谋杀事件也是在意料之中的。

1993年，古巴首都哈瓦那放映了一部纪录片名为《ZR——来复枪》。该片的拍摄资料严格遵循史实，参照了古巴和美国电影档案馆资料及古巴保安官员和美国中央情报局探员的访问材料，最终披露出该刺杀事件只是一项政治阴谋的一部分。目前，还未调查清楚策划该事件的人，但古巴方面认为，刺杀总统的凶手是芝加哥的一名黑帮分子和两名古巴流亡分子。

耐人寻味的是，约翰逊在委托特别委员会调查此事后又将调查结果封存起来，对外宣称要在2038年，与此事有关的人员全部谢世之后，才能公布。这是为了保护什么人还是在遮掩内幕，人们不得而知。如今，民间有关肯尼迪遇刺案的各种调查仍在继续，但扑朔迷离的结果一直让人们争论不休，也许真要等到2038年所有的一切谜团才能揭开。

梦断梦露

玛丽莲·梦露被称为好莱坞性感女神，是上世纪50年代美国电影界最具魅力的女星，并因其卓越的表演成就被载入电影史册。

梦露之美举世公认，以普通人的身份幸运地进入影坛并一炮而红，她演绎了无数动人的故事，并塑造了众多光彩夺目的女性形象。金钱、荣誉和数不尽的风韵伴随着成功而来。然而一切止于1962年8月4日，梦露在家中自杀，但其中隐秘却风传至今。

在那一天的早上，女管家默里太太刚刚醒来，发现一丝灯光从梦露卧室门下透出，她前去推门却推不开。于是急忙叫来梦露的私人医生格林森打破窗户进入其卧室，看见梦露身裹被单僵卧于床上，手边还放着电话听筒。格林森检查后判定，梦露吞服了大量安眠药巴比妥酸盐身亡。

有人发现梦露的尸体解剖报告中有许多可疑之处：报告一面认为梦露一次性吞服47粒安眠药，而同时又说她的胃内除去20立方厘米的褐色液体外几乎是空的，而按常理吞服如此多的安眠药在胃内却没有残留是不可能的。尤其是梦露的尸体检查报告从开始的长达723页，不知何故删减到54页。

梦露死亡当日，美国《纽约先驱论坛报》记者乔·海厄姆斯对梦露的邻居进行了采访。据邻居透露，事发前一天，有架直升机一直在房子上空低飞，嗡嗡作响。乔·海厄姆斯向电话公司索要梦露的通话记录，但遭到拒绝。之后他去查阅卡尔弗机场出租飞机公司的工作记录簿，发现8月5日凌晨2时，一架直升机将一个人从劳福德海滨别墅运到洛杉矶机场。根据线索推论，直升机运输的那个人极有可能是罗伯特·肯尼迪。

梦露的前夫罗伯特·斯莱泽对于梦露的自杀充满怀疑。他曾在梦露死后亲自查看现场，在梦露卧室外面发现一些落下的玻璃碎片，如果说这些碎片是格林森破窗而入留下的，那碎片就应该在室内而非室外。另外，梦露的红色日记本也失踪了，上面记载着梦露与肯尼迪弟兄密切交往的情况。斯莱泽认为梦露之死一定是他杀，红色日记本也被那人拿走，随后破窗而逃。

好莱坞影星劳福德是约翰·肯尼迪总统的妹夫，据他说，梦露生前曾与约翰·肯尼迪及罗伯特·肯尼迪兄弟交往甚密。1954年，劳福德介绍梦露与约翰·肯尼迪认识，两人开始接触。肯尼迪登上总统宝座后，梦露为其45岁生日庆祝会演唱"祝你生日快乐"和"谢谢你记住我"，肯尼迪总统甚至公开说："我甚至可以为那么甜美的声音和完美的技巧放弃我的总统职位！"没过多久，总统的弟弟罗伯特和警察局长胡佛就通知肯尼迪总统，黑手党掌握了他与梦露的关系。无奈之下，肯尼迪只好以断绝与梦露的关系来打击黑手党。梦露却不甘心地一直给肯尼迪打电话、写信，甚至以公开他们的关系作威胁。

肯尼迪被逼无奈只好请弟弟罗伯特劝说，而罗伯特却与梦露一见钟情，梦露向外宣称她将与罗伯特结婚，可他们的关系也渐渐出现裂痕。梦露通过劳福德找到罗伯特，向他威胁说要向全世界公开她是如何被肯尼迪兄弟欺骗的。梦露失去理智并向罗伯特拳打脚踢，劳福德从旁阻止，并通知梦露的心理医生格林森大夫才使她安定下来。

事情的真相果真如此吗？1985年，默里太太向外公布：1962年8月4日，罗伯特曾去贝弗利山庄与梦露见面，两人发生争执，梦露开始疯狂，罗伯特的随从只有干涉。梦露死亡现场的最先检查者洛杉矶市中心警察分局杰克·克来蒙斯警官证实，梦露的尸体的确出现了乌青块，而且也不是保持梦露死时的原状。

知名私家侦探史毕葛罗也坚持认为梦露是他杀而非自杀。史毕葛罗于2000年在洛杉矶过世，生前曾著有3本讲述梦露之死的书。他追查梦露死亡真相的历程长达20几年，他在书中所做的定论是：梦露一定是他杀，凶手正是肯尼迪家族中的某位人士，正是他命令芝加哥黑帮分子"做掉"了梦露。

萨斯曼在20世纪60年代曾为梦露做过宣传人员，他在一个电视节目中对梦露的坏脾气大加批判，说她"不可理喻"、"简直是婊子"、"傲慢"。萨斯曼说，美国传媒对于肯尼迪兄弟与梦露的关系无人不知，但肯尼迪兄弟不可能会因梦露披露此事而深感威胁，也没理由买通凶手杀她。

梦露的一位朋友曾披露，她生前曾与他通电话："如果约翰周末还不来见我的话，我星期一便通过记者会的方式，揭露我与他们兄弟的关系，看看事情闹到华盛顿会有什么结果。"

萨斯曼对于肯尼迪家族派人暗杀梦露灭口和梦露自杀的说法都不相信，不过他对梦露有"每个行动都是自我毁灭的"这样的评价，他认为梦露只是通过此举报复肯尼迪兄弟。

梦露在电影《格格不入的人们》的拍摄现场。

好莱坞原制片人唐·沃尔夫对梦露的死因一直深表怀疑，经过7年的不懈努力，他找到并询问了多名关键性的证人。沃尔夫还同一些专家对梦露的毒物报告进行研究，结果发现在她的血中含有4.5毫克戊硫巴比妥和8毫克水合氯醛，这个剂量可以让15～26个人致死。而在胃里却找不到任何痕迹，由此可以认定是他人强行给她进行了致命的静脉注射。沃尔夫写了《对一个谋杀案的调查》一文，于1998年10月15日同时在美、法、英三国出版。文中认定梦露的死是因为她与肯尼迪兄弟的特殊关系，知道太多的国家机密，对美国的安全已是一个不安定因素。

人们为梦露的猝死深感惋惜，无论是自杀抑或谋杀，夺去的都是她美丽的生命，而这个悲剧背后有着更深层的社会原因，由此演绎的女主人公的故事则愈见迷离。

马丁·路德·金遇害是一场阴谋吗

1968年4月4日傍晚，美国南方基督教领导会议主席、诺贝尔和平奖获得者、美国黑人民权运动领袖马丁·路德·金博士在美国田纳西州孟菲斯市的洛兰停车场旅馆306房间用过晚餐，走出房间来到阳台上，看到前来接他去参加晚间集会的车已经停在院子里了。他向司机打了个招呼，告诉他自己马上就可以动身了。正在这时，随着一声震耳的巨响，一颗罪恶的子弹飞来击中了马丁·路德·金，他应声倒在了血泊中，就再也没有醒来。刺杀事件在全美产生了极大的震动，马丁·路德·金的继任者沉痛地表示："马丁·路德·金的被杀是人类历史上最黑暗的一页。"马丁·路德·金的被杀激怒了成千上万的美国黑人，痛失自己种族领袖的黑人们失去了理智，在4月4日晚，美国20多个大城市同时爆发了规模空前的黑人示威活动。一周后，黑人骚乱又扩大到168座城市。为了平息黑人的情绪，美国联邦调查局的侦探们忙得不可开交，到处搜捕罪犯的踪影。

通过调查发现，凶手是从洛兰停车场旅馆对面的一家出租公寓的房间内开枪的，旅馆登记簿上显示当天入住的是一位名叫约翰·威拉德的男子，案发以后这个人就了无踪影了。不久，警方在距离公寓不远的大街上捡到一个包，里面除了装有一架望远镜、一台收音机、两个空啤酒罐和一些零星物外，还有一支口径30.06毫米的"雷明顿"牌步枪。根据指纹分析，很快查清凶手是一个名叫詹姆斯·厄尔·雷的惯犯，曾以偷窃、抢劫等罪名被捕，最近的一次是因持枪抢劫被判处20年监禁，后来从监狱中逃出。当时雷已经逃到了国外，在国际刑警

□ 可怕的现象

图为马丁·路德·金在1963年8月的一次华盛顿示威集会上发表演讲《我有一个梦想》，这次集会有30万人参加。马丁·路德·金将其短暂的一生献给了美国黑人民权运动。

的协助下，美国联邦调查人员费了一番周折，终于在英国将雷正式逮捕归案。

1969年3月7日，孟菲斯法庭开庭审理了马丁·路德·金被暗杀一案。在法庭上，雷对所犯罪行供认不讳，审讯进行得异常顺利，最后法庭作出判决，判处詹姆斯·厄尔·雷监禁99年。表面上看来，这桩震惊世界的谋杀案就这样了结了。可审判刚刚一结束，雷似乎就后悔了，他坚持自己是无罪的，并要求重新审理此案。实际上在此之前，人们就在雷身上发现了许多疑点。

詹姆斯·厄尔·雷为什么要谋杀马丁·路德·金？他只是一个令人啼笑皆非的三流窃贼，第一次偷打字机时把自己的存折丢在作案现场；逃避警方追捕时，虽然躲到了电梯间里，却又忘记关上电梯门；抢劫杂货店后驾车逃跑时，又因为急转弯而被甩出车外；两次越狱都被当场抓获……但是就是这样一个笨蛋，后来却莫名其妙地越狱成功，并到处旅游，过上了挥金如土的富裕生活。人们不禁要问：他的钱是从哪里来的？越狱后的雷为什么会突然变成了一个老道的杀手，逃离旅馆时带走了所有物品？（虽然在后来他把它们扔到了大街上有些不太高明）而在离现场不远发现的步枪，联邦调查局只能证实杀害马丁·路德·金的子弹是从这种型号的枪中射出去的，是否就是杀害金的那一支，却没有足够的证据。此案的疑点那样多，雷为什么会在法庭上一口承认是自己杀了马丁·路德·金？

根据马丁·路德·金遇刺前后的事态发展，甚至有人认为美国联邦调查局也卷入了这个案件。早在20世纪50年代，联邦调查局就开始注意马丁·路德·金的一举一动了。后来他们认为马丁·路德·金是一个受了共产主义影响的危险分子，还在1964年制定了专门的"消灭金小组"计划。当马丁·路德·金获得诺贝尔和平奖之后，据说当时的联邦调查局长胡佛还派人送去一封恐吓信，要他在拿到奖金之前"自毙以谢国人"。虽然人们都知道联邦调查局对马丁·路德·金的政治活动采取过许多卑劣手法，但谁也拿不出确凿的证据来证明联邦调查局参与了这场谋杀。

而雷从判刑后就一再为自己喊冤，对法庭做出的"凶手是单独作案，不存在任何密谋"的判决不服，认为自己是被卷入了一起杀害马丁·路德·金的阴谋当中了。可是当特别委员会被迫重新开始调查时，雷又说不出这起阴谋是怎么回事，也无法指认出阴谋的其他参与者。

看似简单的马丁·路德·金遇刺案其实并不那么简单，几十年的光阴一晃而过，它仍然无法破解。糊涂笨贼詹姆斯·厄尔·雷成了刺杀案的凶手，尽管他从来没有供认自己的动机，但却为这件事在铁窗中度过了自己的漫漫余生。

列侬为什么会遇刺身亡

凡是爱好音乐的人没有不知道"披头士"乐队的大名，而对于乐队的创始人约翰·列侬更是崇拜万分，直到现在，还有不少人收藏"披头士"的唱片。这个成立于20世纪50年代的乐队，在60年代可以说是主宰了整个摇滚乐坛。吸引无数青年人的不仅是他们的音乐，还有爱德华七世时代的服饰和那一头拖把似的长发，他们所到之处，受欢迎的程度可以用狂热一词来形容。这支独特的以敲打乐组成的乐队风靡了欧美各国，在世界各地巡回演出并发行了大量的唱片专集，给英国财政赚回了不少外汇。因此，1965年的时候，英国政府特意为乐队颁发了大英帝国勋章。而作为整个乐队灵魂的列侬，不但演唱出色，而且还具有非凡的创作才华，写了不少迷人动听的歌曲。随着他们代表作品被制成唱片在国内外大量发行，列侬的名气也如日中天，拥有了越来越多的歌迷和崇拜者，许多人日夜守候在列侬可能出现的地方，只为能够得到一张列侬的亲笔签名。

可是，就是这样一位天才的音乐家，却在1980年12月8日的深夜在纽约达科他寓所门口被人枪击而死。列侬的死震惊了全世界，成千上万的人为他的死悲痛、惊叹、沮丧、愤怒，以各种方式来哀悼他，不亚于对谋害诸如肯尼迪兄弟等有胆量和受人欢迎的政治家，或者像精神领袖马丁·路德·金遇害的反应，因为在他们的心中，列侬已经成为一代人的象征。

历史定格在12月8日那个令人心碎的凄惨夜晚，列侬在录音棚里工作到了很晚才回家。当天一直下着小雨，透过雨丝看到属于他的那扇窗口中的昏黄的灯光，列侬不知不觉地加快了脚步。"列侬先生，"黑暗中有人叫着他的名字，他刚要转过身去，只见一个穿着黑雨衣的男子突然从阴影中冲了出来。同时列侬听见了一声巨大的枪响，等他醒悟过来时，一颗子弹已经飞快地穿进了他的胸膛，然后是第二发、第三发、第四发……这时家家户户的电视中正在放着同一个画面，那就是当天下午列侬在接受旧金山电视台的访问实况，电视上的列侬微笑着对电视机前所有看到他的人说："我希望前程万里。"

由于一切是在突然和可怕的情况下意外发生的，致使人们对整个事件的发生充满了疑惑：凶手为什么要杀死列侬？这是不是一次蓄意谋杀？

有人认为列侬是因为拒绝为可能是歌迷或崇拜者的凶手签名，便遭到了恼羞成怒的凶手的杀害。一篇题为《"披头士"歌星约翰·列侬》的文章中说："他在纽约的寓所门口，因拒绝为人签名，被一个莫名其妙的凶手开枪打死。"而列侬的遗孀大野洋子则认为，凶手可能是个糊涂人，他们常想用制造轰动事件来使自己出名，于是，凶手把目标锁定在了当时红得发紫的列侬。

可是有人认为列侬的遇害并不简单，是一次有预谋的暗杀。事后很快就抓住了凶手，他是一个住在夏威夷的25岁的青年马克·查普曼，以前当过保安人员。在事发前两天，他来到纽约，住在离列侬家有9个街区的基督教男青年会里，并且和许多崇拜者一起到列侬的住所门口，希望得到列侬的亲笔签名。而在列侬给查普曼签名以后的几个小时，他再一次等待列侬的出现，并向他开枪。当警察抓住他时，发现他身上还带着有列侬亲笔签名的纪念册，可是凶手始终没有说出自己杀害列侬的动机。有人推测查普曼可能是个偏执狂或是歇斯底里症患者，这些人在情绪激动或受某种刺激后便无法控制住自己的行为。

艺术界很多人也同意列侬是被谋杀的说法，因为列侬与"披头士"乐队其他成员比，更加关注政治，其中后期的作品包含有对社会的评论；列侬还是一个参加和平运动的积极分子，因此，他遭到过很多次别人的攻击，生命也多次受过威胁。早在1964年，乐队在法国举行第一次音乐会时，列侬在后台就收到了一张纸条："我要在今天晚上9点钟把你打死。"而且，在查普曼到达纽约的当天晚上，他叫了一辆出租汽车，去了格林威治村一趟。第二天晚上他就突然离开青年会，搬到希尔顿中心的一家饭店里去住，并且还大吃了一顿。第三天晚上他就开枪杀死了列侬，这实在是令人不得不怀疑，凶手极可能是受雇于人。

列侬的歌曲可以说是一代人的最大的希望和最美的梦想的集合体,歌者虽然去了另外一个世界,那些优美的旋律永远留在了一代又一代人的心目中。

扑朔迷离的拉宾遇刺案

1995年11月4日夜,在以色列特拉维夫国王广场上灯火通明,照得整个广场如同白昼一样。这里正在举行着一个有10万人参加的、声援和平的集会,以色列总理拉宾到会发表演讲,呼吁全体民众支持他的和平政策。总理慷慨激昂的演讲获得了一阵阵热烈的掌声,广场上的群众唱起《和平之歌》,拉宾在人群的簇拥下,走向等在一旁的卡迪拉克防弹轿车。突然,拉宾身后响起枪声,拉宾应声倒在地上。一小时后,这位中东和平的使者停止了呼吸,终年75岁。

拉宾遇刺不幸去世的噩耗震惊了全世界,各国政府和领导人纷纷发去唁电,盛赞拉宾对世界和平事业作出的贡献,缅怀他的伟绩,严厉谴责恐怖分子的刺杀行为。

拉宾曾经担任过以色列陆军参谋部长、国防部长等职务,为以色列扩张版图立下了汗马功劳。但是,战争的连绵不断和残酷唤起了他的良知,他努力要在这块战火纷飞的土地上实现和平。

1992年,72岁的拉宾在大选中击败对手,第二次担任了以色列总理。上台后,他凭借着在以色列的巨大威望,先后与巴勒斯坦、约旦签订了一系列"土地换和平"的协议,给中东地区带来了和平的曙光。鉴于拉宾在促进中东和平中所发挥的积极作用,联合国授予了拉宾多项和平大奖。1994年,拉宾获得了诺贝尔和平奖。1995年,拉宾再次和阿拉法特、佩雷斯共同荣获诺贝尔和平奖。

拉宾这些化解矛盾、着眼民族利益、争取中东长久和平的举动,赢得了世界爱好和平人民的尊重,但是也激起了以色列国内一些极端右翼分子的不满。激进组织因此策划了这起枪杀案。

不久,以色列官方宣布,当场抓获了刺杀拉宾的凶手,他是赫兹利亚市巴尔伊兰宗教大学法律系的一个学生,名叫伊加尔·阿米尔。27岁的他一直是拉宾政府的反对者,经常参加抗议拉宾政策的活动。在警方审问下,他对自己刺杀总理的罪行供认不讳,并声称是"个人行为"。并且还交待,他曾5次试图暗杀拉宾,均因条件不成熟而失败。这次他站在拉宾身后2米多远的地方,向总理背部连开了3枪。

但是,在拉宾遇难身亡当天,医院出具的验尸报告上却说,子弹从拉宾胸口射入,穿透了心脏的大动脉,又从第五与第六脊椎骨射出。警方也断定:根据拉宾体内残留的大量火药粉末和衣服上的破洞判断,刺客是一个训练有素的杀手,致命的一枪是用枪抵住拉宾的胸口射击的。也就是说,拉宾实际上是两次遇刺。

到底是谁杀害了拉宾?医院报告上记录,拉宾因致命枪伤大出血,输血8次。拉宾的保镖鲁宾则在枪响的一刹那,就把拉宾压倒身下,而警方在案发现场却没有发现丝毫血迹。另外,案发现场刚好被一名业余摄影爱好者拍了下来,胶片上显示着:拉宾在中弹后,身体猛地向后一转。对比官方说法,子弹从拉宾背后射来,击断脊椎,伤及脊髓,这就让人很难理解。当脊髓受伤后,人的神经系统受到损伤,信息传递受到影响,会丧失运动能力,不要说转身,就连手指都动弹不了。综合上面的情况,很可能是广场枪击发生后,在拉宾被送往医院的途中发生了第二次谋杀。记者巴里·哈密什和电脑专家纳坦·赫芬不约而同地对整个拉宾案进行了追踪分析,最后不谋而合地下了拉宾遇刺别有内情的结论。

拉宾受伤之后，由他的司机达姆奇驾车送往医院。达姆奇原是一名赛车手，20余年来为4任总理开过车，经验非常丰富。可以色列国王广场到伊希洛夫医院只隔两条马路，步行不过15分钟，开车只需要5分钟就能到，而当天却花了整整20分钟才到医院。达姆奇后来解释说，当天通往医院的路口不巧都设有路障，慌乱中他走错了路，幸好半路上有人指点，他才开到了医院。但这种解释很难使人信服，一辆载着受了伤的国家总理的车，竟然无法闯过一般性路障？更让人不可思议的是，汽车绕了一个大圈子到达医院时，医生们竟然还没有得到通知，更谈不上做好了急救准备。

巴里·哈米什对现场录像进行了仔细、认真地研究，清楚地看到司机冲出车外时，汽车的4扇车门都打开着，车旁没有任何人，但右车门却最先悄悄关上了。当司机坐进车内后，先关上了左前门，又侧身关上了右前门。负伤的保镖鲁宾坐在后排，他的左边躺着拉宾，另一名保镖关上了左后门，车启动了。拉宾这辆车后门没有装开关门的遥控装置，是否有人早就藏在车里，并关上了右后门？如果有这样一名神秘刺客存在的话，那他就是杀害拉宾的真正凶手。而汽车在前往医院的途中多绕了15分钟，无疑就是让凶手逃离。但这些仅是推测而已，没有可靠的、令人信服的证据。

总之，人们对官方的调查和解释感到"不能满意"，于是出现了关于拉宾遇刺的种种猜测，使这起事件到现在还没有一个确切的结论。在巴以冲突愈演愈烈的今天，人们更加怀念拉宾。

黛安娜王妃车祸谁之过

1977年，年轻美丽的黛安娜结识了她的白马王子——英国王储查尔斯，并迅速地坠入了爱河，不知引来了多少名门佳媛的既羡慕又妒忌的目光。1981年7月29日，幸福的黛安娜与查尔斯在白金汉宫举行了异常隆重的婚礼。据统计，当时全世界各地大约有7.5亿人通过电视转播收看了这场"世纪婚礼"，他们的结合被媒体称为"20世纪最美丽的童话"，黛安娜则成了现代版的"灰姑娘"，这一切都埋下了日后黛安娜不幸遭遇的种子。从此以后，天性活泼的她失去了自由的权利，一举一动都成了英国各种媒体争相报道的话题。后来，黛安娜和查尔斯王子感情破裂、婚姻亮起了红灯，直到正式签订离婚协议书，乃至离婚后的个人私生活，无不被大小报刊津津乐道，大肆炒作。

英国民众大都十分同情黛安娜，纷纷指责王室枯燥生活的禁锢，查尔斯王子的冷落和不忠是他们婚姻破裂的主要原因。即使是离婚后，大众媒体仍然保持着对黛安娜生活的关注。先是黛安娜做王妃时的马术教练出了一本《情迷黛妃》的书大肆披露两人的恋情，后来又是与埃及富豪多迪·法耶兹之间的浪漫爱情，报纸上到处登载着两人在游艇上度假的

1992年，依旧一同出席活动的查尔斯夫妇已是貌合神离，不久便传出了两人分居的消息。

□ 可怕的现象

照片，对于英国皇室来说这多少有些尴尬。同样，黛安娜也不堪其扰，曾不断投诉说，她一直受到了专门偷拍名人照片的摄影员追踪。

1997年8月31日午夜，黛安娜和多迪在巴黎市郊区的里茨饭店共进晚餐，然后驱车前往巴黎第16区法耶兹的豪华住宅。饭店找来了一名叫保罗的保安人员来为黛安娜驾车，上路不久，还是被疯狂的记者们追上了。为了逃避"狗仔队"们，司机保罗不断地猛踩油门，汽车时速超过了100千米。当高速行驶的汽车驶到塞纳河畔的阿尔马桥下隧道时，前面突然出现了急转弯，黛安娜的座车由于速度太快而失去了控制，先是猛烈地撞击在隧道隔带的立柱上，然后翻滚着撞向隧道右墙，最后摔落在隧道的车道中央。

高速行驶的汽车冲力太猛，瞬间成为一堆废铁，多迪和司机保罗当场死亡，坐在后座的黛安娜也身受多处重伤。随后赶到的记者们蜂拥在汽车残骸周围，疯了一样从各个角度咔嚓咔嚓地急忙拍照。黛安娜后来被火速送往医院，但终因胸肺受重伤出血，于凌晨4点不治身亡，年仅36岁。

黛安娜车祸遇难的消息惊动了英法两国各个有关方面，巴黎警方迅速针对车祸展开了调查，但是最后结果却不能令人满意，反而给黛安娜的死蒙上了层层迷雾。

巴黎检察署曾经发表声明，司机保罗酒后开车，对这起车祸负有不可推卸的责任。这一结论是从保罗的验尸结果中得出来的，根据法律规定，每公升血液的酒精含量是0.5克，而保罗每公升血液中的酒精含量高达1.75克。一时间舆论哗然，司机保罗及其所在的里茨饭店成为众矢之的。饭店却对这一结果大声喊冤，保罗的同事表示，他们在出事前没有闻到酒味或是看到保罗有喝过酒的迹象；里茨饭店出示的录像带显示，保罗在出事前行走正常，似乎没有喝醉。至于为何会出现酒精含量如此高的缘故，新西兰法证学家吉姆·斯普罗特从专业的角度提出一种解释，用来检验保罗血液酒精含量的方法出现了错误。医院装血瓶通常只用来装血，在等待检验保罗血液酒精含量的血瓶中，未加入抗酵保存液，导致血糖发酵，因此酒精含量也跟着提高。

媒体和追踪黛安娜的记者也成为被激烈谴责的对象。黛安娜生前曾经多次指责英国报界严重骚扰了她的生活，而此次车祸从直接原因来看，正是由于记者们的疯狂"跟踪采访"，使保罗超速驾车，以致酿成惨祸。而事发后，他们忙于拍照抢镜头，而没有向受害者提供及时的帮助。黛安娜的弟弟斯潘塞伯爵更是激烈地指责新闻界，他说："那些鼓励摄影记者不顾一切拍摄黛安娜照片的报业主编们，你们的双手终于沾染了黛安娜的鲜血！"

而车祸的另一受害者多迪的父亲老法耶兹却一口咬定，黛安娜是被英国安全机构谋杀的，并在车祸发生后的6年内一直努力争取重新全面调查多迪和黛安娜王妃车祸的真正原因。埃及官方通讯社也煞有其事地认为：黛安娜和多迪的丧生是"种族主义阴谋造成的"。一位埃及公务员说："这是一个阴谋。这起车祸是英国情报机构策划的，因为他们不能容忍黛安娜同多迪的恋爱关系。"

总之，黛安娜特殊的身份使得这场看似普通的车祸扑朔迷离，它涉及英国王室、埃及富豪、法国商业娱乐界，以及号称"无冕之王"的媒体。这一事件还促使欧洲议会就"传媒和隐私权问题"展开辩论，但是人们的分歧依然很大。

三、令人谈之色变的瘟疫与灾难

历史上的流感

相对于其他人类疾病来说,流行性感冒可能并不会引起人们多大的注意力。的确,它的名字极为普通,而且经常被人提起。流感在流行病学上最显著特点为:突然暴发,迅速蔓延,波及面广,具有一定的季节性。一般而言,流感在流行 3~4 周后会自然停止,发病率高但死亡率低。

医学家的这些资料并不能提醒我们流感有多么危险,这是因为这些流感只是平常意义上的流感,它只是全部流感史上较为安全的一部分。如果我们翻阅人类的疾病史记录,就会发现:我们平常看到的流感不是它的全部面目,它有让人感到可怕的另一面。

早在公元前 412 年的古希腊时期,伟大的医学家希波克拉底就已经记述了类似流感的疾病。不过,直到 19 世纪,德国医学家赫斯基才详细列表记述了自 1173 年以来的历次类似流感的流行病暴发情况。

第一次流感大暴发出现在 1510 年的英国。后来在 1580 年、1675 年和 1733 年也曾出现过大规模的流行性感冒,其中 1580 年的那次有对流感大流行最早的详尽描述。之后,赫斯基的文献中共记载了 31 次流感大流行,从中我们可以看到,1742~1743 年的流感曾波及 90% 的东欧人;而 1889~1894 年席卷西欧的"俄罗斯流感",波及全球人口的 40%,死亡上千万人,造成了严重影响。

在流感史上,1918~1920 年发生的"西班牙流感"是最让人感到恐怖的一次。当时正值第一次世界大战,新式武器装备出现在各个战场,并且很快地夺去敌人的生命。美国在一开始执行的是一贯的中立政策,在 1917 年的时候,总统威尔逊才下令参战,想要在世界大战中为美国捞得好处。

1918 年,美国军队在还没有到达欧洲战场之前,就已经流传着严重

美国的介入改变了第一次世界大战的格局,同时也将流感疫情带到了欧洲大陆。图为美国步兵在巴黎受到他们的法国"同行"的欢迎。

□ 可怕的现象

的感冒疫情。不过，这时候的疫情还不是很严重。但是当美军登陆到西班牙的时候，流感马上传染到这个国家的每个角落，甚至连深居皇宫的西班牙国王也未能幸免。在短短的一个月的时间里，西班牙就有 800 万人身患流感，大量人口死亡。虽然这场瘟疫在美国已经开始，但是直到流行在西班牙的时候才为人们所重视，因此这次全球性的流感被称为"西班牙流感"。

流感在整个欧洲大陆迅速地蔓延开来。一个月之内，在西线战场上的英军有 3.1 万人染病，5 月时，竟有 10% 的英军感染，强大的英国海军几乎因此失去作战能力。在英格兰和威尔士，死亡人数达到了 20 万之多。法国巴黎每周有 1000 多人死亡。在不到一年的时间里，法国大约有 40 万人死于流感。在流感的发源地美国，因为流感而死亡的人数达到了 50 万。对同盟国的德国而言，情况也同样不妙。有统计表明，德军因流感造成的非战斗减员，已经使整个军队减员 30% 以上。3~8 月，在流感和战争中死去的德军士兵达到 80 万。到 11 月时，看到败局已定，走投无路的德国终于签署了停战协定。

一些历史学家认为，美军带去的"西班牙流感"比美军参战本身迫使第一次世界大战结束的作用更大。在流感的袭击下，成千上万的协约国和同盟国的士兵倒下，枪支成为他们在战场上的"拐杖"。就连美军将领麦克阿瑟也被流感折磨得奄奄一息，不得不在担架上指挥战斗。

"西班牙流感"不同于以往的流感，它袭击的对象不是那些体弱的老人和儿童，而恰恰是抵抗力强的 20~50 岁的青壮年。而且，它之所以威力无比，还因为它在一年时间里在全球出现了 3 次传播高峰。这 3 次流行波"成功"地完成了"西班牙流感"席卷全球的任务。

在亚洲，流感在印度孟买造成了共约 700 万人死亡。在南非，白天，人们全部在忙着出殡，而夜晚只有救护车在不断地穿梭。在大洋洲，大约 20% 的萨摩亚人死于流感。

当时全球有大约一半的人口感染了"西班牙流感"病毒，这场"战争"一共造成了 2000 万~4000 万人死亡，大大多于第一次世界大战中的死亡人数（850 万人）。流感过后，美国人的平均寿命下降了 10 岁。专家认为，"西班牙流感"是有史以来对人类打击最大的一次流行性疾病。

此后，世界上又出现过 3 次流感大流行，即 1957 年开始的"亚洲流感"、1968 年出现的"香港流感"以及 1977 年发生的"俄罗斯流感"。在 1957 年"亚洲流感"流行期间，美国共有 7 万人因此死亡。而在 1968 年"香港流感"流行期间，共有 3.4 万人在美国因感染致死。

1989 年，英国发生的流感潮造成了 2.6 万人死亡。1999 年 12 月中下旬在瑞典蔓延的流感，使全国 885 万人中的 150 万人感染，造成的死亡人数超过 3000 人。在 2000 年时，流感开始肆虐全球。英国有 20 万人染病，专家估计，可能有超过 2 万人死于这次流感。除了英国以外，荷兰也是此次流感的重灾区。在荷兰的东部省区，平均每 10 万人就有 260 人患病。而在往年，这个地方在相同的人口基数中，仅仅有 20 人患病。

迄今为止，世界上已经发生过的大流感和若干小流感，造成数十亿人发病，数千万人死亡。如今，美国每年有 2 万人死于流感，俄罗斯每年也有 1 万人死于流感，英国每年有 5 万人由流感发展成肺炎，其中约 20% 死亡。据估计，全球每年流感患者死亡人数高达 60 万人，多于艾滋病患者死亡的人数。美国已将流感列为继心脏病、癌症、中风、肺气肿之后的威胁生命的第五大"杀手"。

"死神的帮凶"天花和伤寒

天花曾经是历史上严重危害人们生命和健康的传染性疾病之一，英国历史学家纪考莱把天花称为"死神的忠实帮凶"，在很长一段时间里，它的名字就是死神的别名。几千年来，那些患上天花的人中,每4人中就有1人会死去,而剩下的3人则可能会失去自己美好的容貌,留下丑陋的痘痕,还有很多人甚至失去听觉、双目失明,或者染上结核病。

最早有关天花发作的记录发生在古埃及,与此印证的是,公元前1157年去世的埃及法老拉美西斯五世的木乃伊上就有天花皮疹的痕迹。这说明天花几乎是有人类历史以来就存在的可怕疾病。

可怕的后果,大面积的传播,加上没有应对的正确方法,是人们对天花产生恐惧的原因。公元846年,天花突然在来自塞纳河流域、入侵法国

琴纳将自己的余生奉献给了推广种痘的事业,后来,这种方法传播到全世界,极大地减少了因为天花以及其他致命疾病而死亡的人数。但在早期,人们并不理解他的做法,这幅漫画就在讽刺人们以为种上牛痘就会长出牛来。

巴黎的诺曼人中间流行起来,令那些在战场上经久厮杀而不知恐惧的士兵毛骨悚然。残忍的诺曼人首领为了不让这种可怕的传染病在军队中蔓延和殃及自己,命令杀掉所有天花患者及所有看护病人的人。这种处理手段在当时被认为是应对天花的唯一可行的办法。

天花并不懂得宽容任何人,它总是无情地入侵宫廷或农舍,任何民族、任何部落,不论贫富、不论年龄与性别,都逃脱不了天花的侵袭。1520年,当西班牙人进入新大陆的时候,那里同时发生了天花的大流行,造成了300万人死亡。之后50年,美洲因为身患天花而死去的人口将近2000万。仅在1560年,巴西发生天花流行病,死亡数百万人。正因为此,数量上只有几百名的西班牙人才得以征服几千万的印第安土著。18世纪是天花大肆袭击人类的世纪:欧洲蔓延天花,死亡人数高达1.5亿;在亚洲,天花每年要夺去80万人的生命;在澳大利亚,据英国人估计,天花"杀死"了50%的当地土著人,这也是澳洲土著遇到的最大的一次"人口大地震"。

直到1796年,英国乡村医生爱德华·琴纳才发明了预防天花病的牛痘疫苗,不过即便如此,天花病患者的死亡率仍然很高。到20世纪初,天花仍然肆意蔓延。在英国,因天花丧生的人在1857~1859年为1.4万多人,1863~1865年为2万多人,1872年则将近4.5万人;1872年,美国仅费城一地就有2500多人因为身患天花而死;俄国在1900~1909年间约有50万人死于天花;1926~1930年,印度天花造成50万人死亡。后来,西方发达国家逐步控制了这种疾病,但非洲农村仍有流行。最后有记录的天花感染者是1977年的一个医院工人。1979年10月26日,联合国世界卫生组织在最后一批尚未消灭天花病的东非四国之一的肯尼亚首都内罗毕宣布,全世界已经消灭了天花病,并且为此举行了庆祝仪式。到目前为止,天花是人类消灭的唯一的传染病。

伤寒是另一种曾经给人类带来巨大灾难的瘟疫。由于人类已经发明出了疫苗并大规模地推广接种,因此它与天花一样,对生活在今天的人们无法构成大的威胁,但是,当我们驻足历史星空的时候,它的恐怖的气息仍然清晰可闻。

伤寒是一种急性传染病,可引起高热和肠道出血,具有很高的传染性,病死率可达40%~50%。伤寒是战争和贫穷的附庸,在14~16世纪,伤寒基本上都随战争而暴发。在

□ 可怕的现象

19世纪50年代的克里米亚战争中，因伤寒而死亡的士兵是因战争而死亡的人数的10倍。到了1898年，尽管这种疾病在当时仍然无法治愈，英国医生赖特却研制出了伤寒疫苗。虽然在于1899年爆发的布尔战争期间，士兵死于伤寒者仍然5倍于因战伤而死亡的数量，不过在第一次世界大战时，这种疫苗得到了广泛的采用。那时候，尽管数百万的士兵因战壕内恶劣的条件或者其他疾病（如流感）而死亡，但死于伤寒的只有100人。

斑疹伤寒是不同于一般伤寒的传染病，它同伤寒一样，一般容易在战争、灾荒及卫生条件不良时引起流行。直到20世纪初，随着美国医学家立克次和波兰医学家普洛瓦切克对这一传染病的研究，人们才对斑疹伤寒有了清楚的认识。不过，在此之前，斑疹伤寒已经夺去了无数人的生命。

更早的记录已经无法查询。1528年7月，一支打算攻打那不勒斯的法国军队因为一场斑疹伤寒死伤超过50%，不得不放弃自己的计划。1530年，土耳其发生的严重的斑疹伤寒夺去了10万人的生命。1545年，古巴因为斑疹伤寒死亡25万人。1575~1577年间，新大陆墨西哥高原发生了斑疹伤寒大流行，一共死亡200万人。1812年，当法兰西第一帝国皇帝拿破仑和他的60万军队打算征服俄国的时候，因为寒冷、饥饿、敌人和斑疹伤寒的袭击，最后只有不到4000人蹒跚着回到安全地区，而且只有1000人是健康的。即使进入20世纪，1915年，塞尔维亚因为这种传染病在半年内就死亡了15万人。1917年俄国十月革命前后，斑疹伤寒严重流行，导致死亡约300万人。

幸运的是，疫苗的发明使得斑疹伤寒已经无法对人类造成威胁。比如，在第二次世界大战的时候，美军中只有104例患斑疹伤寒的病例，而且没有一例死亡。现在，斑疹伤寒只在安第斯山、喜马拉雅山和非洲的一部分地区还存在。

令人丧胆的麻风病

人类历史上有一些令人不寒而栗的疾病，它们并不能夺去人的生命，但是除非拥有坚强的意志力，否则人们无法面对它们带来的无穷无尽的身体和精神上的双重痛苦。它们的使命并不是要摧毁人们的身体，而是摧毁人类的精神，麻风病就是这样的疾病。

麻风病是由麻风杆菌引起的一种慢性传染病，主要侵犯人们的皮肤和周围神经，使患者身体多处发生溃疡，并可导致残疾，未经治疗的麻风病人是目前唯一的已知传染源。麻风病的潜伏期很长，一般有3~5年，有的甚至更长。作为一种毁容的疾病，很长一段时间以来，麻风病在世界范围内都是一种常见的病，连《圣经》里也曾提到过它的名字。

麻风病和人类相伴已经有几千年的历史了。不过，在这几千年里，人类与其的斗争几乎全都是失败。世界上最早的麻风病记录出现在世界四大文明古国的印度和埃及。在公元前1400年的印度古代经典《吠陀》中，就有比较真实可靠的关于麻风病的描述。

根据记载，公元前1324~前1258年，埃及法老雷姆赛斯二世统治着古埃及辽阔的疆土，这时突然"一种奇怪的疾病"开始在埃及南部和苏丹等地的黑人中蔓延开来。这些病人先是手脚残破，接下来鼻塌目陷、面目狰狞，最终痛苦地死去。埃及人把这种病称为"瑟特"，意思是"溃烂"，历史学家怀疑它就是麻风病。3000多年后的现代，考古学家们打开了神秘的金字塔，他们发现一具埃及木乃伊在生前曾经遭受过麻风病的残酷折磨，他的颅骨已经因为疾病而严重变形，这有力地证实了关于麻风病在古文明时期就存在的种种传说。

公元前8~前6世纪，麻风病从古老的亚洲和非洲传播到了欧洲。当时希腊最强大的城邦雅典与斯巴达，在与西亚和北非的国家进行了许多场战斗之后，把许多敌俘带回希腊作为

中世纪欧洲医药方面较为落后，对于麻风只有恐惧，没有有效应对的方法。

奴隶使用。于是一些身患麻风病的奴隶把这种可怕的疾病带到了欧洲。到 4 世纪时，麻风病在欧洲已经广为流行，面部畸残、手脚残疾的麻风病人随处可见。

那时候的人们对麻风病极为恐惧，却又无可奈何。在中世纪的欧洲，经常有这样的传闻：统治者下令用船把麻风病人大批大批地运到海上，再投入大海溺死。而那些荒郊野外和无人居住的山谷，则成了专门放逐麻风病人的隔离区。麻风病人被当做死人看待，在隔离前已经举行了送葬仪式，在隔离后更要限制其外出，如果外出，麻风病人必须边走边摇铃，以提醒他人及时躲避。

尽管在 19 世纪 80 年代以来，麻风病得到了有效控制，患病人数大大减少，但在广大发展中国家，麻风病疫情仍然很严重。20 世纪 40 年代以前，世界上没有治疗麻风病的药物，麻木、溃疡、残疾是麻风患者无法避免的结局。目前麻风病在全世界均有分布，患病人数最多的有 25 个国家，已经登记的病人有 1200 多万，每年新发现病人约有 50 万。全球 62％的麻风病患者在印度，30％集中在巴西、印度尼西亚、孟加拉等国。

瘟疫过后，文明衰败

瘟疫，总是与人类历史如影随形。总的来说，瘟疫指的是一些强烈致命性的微生物，如细菌和病毒所引起的传染病。它种类繁多，鼠疫、伤寒等致命性的疾病传播都是瘟疫的。对人类而言，它不仅会毁灭生命，而且会对整个人类文明造成致命的打击。

西方文明的源头可以追溯到地中海的希腊文明。希腊文明崛起的时代是公元前 8 世纪，到公元前 6 世纪的时候，希腊各个城邦中逐渐形成了雅典和斯巴达两大城邦势力。在为数众多的希腊城邦中，雅典的地位一直比较特殊。就像许多西方哲学家评论的那样，雅典文明在整个希腊文明的夜空中，是最璀璨的那颗明星。尤其在伯里克利统治时期，雅典文明无论是在政治、经济还是军事、文化方面，都达到了空前的繁荣。即使在几千年之后的今天，当我们读到

□ 可怕的现象

有关雅典文明的历史文献、看到雅典时代的遗迹的时候，仍会被其辉煌的文明深深震撼。

如果没有意外，雅典文明完全可能达到另一个更加辉煌的阶段，带动整个希腊文明发展下去。但是没有丝毫征兆地，雅典文明就在这段时期内戛然而止，它非常急剧地衰败下去，并且在非常短的时间内退出了历史的舞台。究竟是什么原因导致了这一切的发生？

答案是，一场瘟疫。

修昔底德，生活在雅典辉煌时期的希腊历史学家，忠实地记录了自己生活的时代发生的那一场巨大的灾难。他这样写道："那些生来就强健的人未必就比身体衰弱的人更加能够抵抗这种疾病，无论强者还是弱者，只要惹上了这种疾病，同样会走向死亡，就算那些医疗得最好的人也是一样。最可怕的是当人们一旦意识到自己得了这种病的时候，立即陷入了深深的绝望之中。因此，他们丧失了一切抵抗的力量，在疾病面前屈服了，这使得疾病更加容易得手。……这就是雅典遭遇的灾难；当时的日子的确是艰苦的，因为城内的人们都在死亡。"

自己也染上了瘟疫的修昔底德所记录的正是这场灾难的真实写照。我们通过这些描述可以清晰地看到当时的可怕情形。当瘟疫发展到高峰期的时候，雅典死亡的人数多于活着的人，人们没有时间来掩埋死者的尸体，当时政府在城内设置了许多焚烧点，人们把尸体扔进焚烧炉中。有的焚烧炉彻夜不息，乌黑的浓烟和恶臭的气味遮住了城市的天空。

这场雅典大瘟疫持续了好几年的时间。尽管修昔底德没有为后人留下在这场瘟疫中丧失生命的人数，但是通过他的描述和其他历史资料，后世的历史学家估计当时雅典城邦 1/3 的人口，包括雅典"黄金时代"的缔造者伯里克利都死于瘟疫。

不管这场瘟疫来自哪里，它对雅典所造成的打击是致命的。雅典不但失去了继续发展的经济基础，而且造成了人们的混乱和恐慌，原本纪律井然的雅典开始出现了违法乱纪的现象，人们甚至对整个雅典文明产生了怀疑和厌倦。经过瘟疫的打击，雅典文明迅速衰败下来，斯巴达贵族寡头政治取代了雅典的民主政治在整个希腊文明中的引导地位，希腊文明也开始走向衰落。对于整个人类历史而言，瘟疫所造成的影响并不仅仅是对死亡的恐惧，而是曾经辉煌的希腊文明从此退出了历史舞台的遗憾。

发生在 2 世纪晚期和 3 世纪中期的一系列大瘟疫，同样导致了罗马帝国的迅速衰败。这个经过长时间的对外征服战争，终于建立起来的横跨欧亚非三大洲的超级大帝国，无论是在政治、经济还是在文化方面，都取得了巨大的成就，但是却无法抵挡瘟疫的攻击。

罗马帝国在安东尼王朝时期达到了顶峰，成为当时世界上最为强大的帝国之一。公元166 年，当克劳狄率领的军队从帝国东部回到罗马时，瘟疫向人们张开了它的血盆大口。由于这场瘟疫发生在安东尼王朝，于是被称为"安东尼瘟疫"。这场瘟疫是罗马历史上第一次大规模的瘟疫。瘟疫很快从罗马波及到整个帝国，凡是染上瘟疫的人，都毫无例外地死去。每天人们只看到一车一车的尸体被运往城外进行处理。后来，尸体甚至多到政府没有足够的人手来进行这项工作。

安东尼瘟疫在染病的罗马帝国皇帝马可·奥勒留的死去这一年才渐渐平息，但是到了公元 189 年，瘟疫再次发作。虽然这次瘟疫的规模要小很多，但是还是对罗马造成了巨大的打击。在当时，每天要死亡 2000 多人。这场瘟疫持续了一年，之后，罗马帝国进入了一个比较安定的时期。但是到公元 250 年，瘟疫再次"光临"帝国。这场被称为"普里安瘟疫"的疾病蔓延得十分迅速，罗马人成批地死亡。更加可怕的是，这场瘟疫持续了 16 年之久。罗马帝国陷入了空前的恐慌之中，当时的人们甚至开始担心人类会因为瘟疫而灭绝。此起彼伏的瘟疫使得曾经辉煌一时的罗马帝国无可救药地衰落下去，安东尼王朝仅仅繁荣了 60 多年。从 3

世纪开始,罗马帝国陷入了严重的危机之中,农业生产效率低下,城市衰落,内战连绵,帝国全面瘫痪,历史上称这一时期为"三世纪危机"。

瘟疫不只是在古老的欧洲大陆上肆虐。在全世界的每块土地上,在世界历史的每个时期,它都曾经对文明造成过严重的打击。几乎与罗马帝国同时并存且同样强大的中国的东汉王朝,在3世纪初受到瘟疫的袭击,加上战乱,导致繁荣的帝国出现了"白骨露于野,千里无鸡鸣"的荒凉景象,全国人口锐减3/4。而在瘟疫最为剧烈的中原地区,人口在3世纪末竟然只剩1/10。而14世纪末的欧洲黑死病使得欧洲历史出现"拐点",欧洲人口减少2/3,文明遭受极为沉重的打击。

谈之色变的霍乱

1831年6月2日,在国会的开幕式上,"日不落帝国"国王威廉四世以一种前所未有的低沉的声音发表了他的讲话:"无论付出任何代价,我们都要想方设法阻止这场灾难进入大不列颠帝国。"

不过这样的豪言壮语在这场"灾难"面前,显得过于无力和自欺欺人。实际情况是,作为当时世界上最强大的帝国,即使倾全国之力也无法阻止这场"灾难"进入自己的国家,这场灾难的名字叫做"霍乱"。

用任何恐怖的词语来形容这次霍乱侵袭下的世界都不为过。无论是在东欧的俄罗斯、波兰,中欧的德国、奥地利,西欧的法国、比利时,还是在南欧的意大利,北欧的丹麦、芬兰,都有无数人在一夜之间死于莫名其妙的腹泻。人们一旦惹上这种毫无征兆的瘟疫,便基本相当于被判了死刑。霍乱就像一个幽灵一样,游荡在欧洲的上空,随时夺去人们的生命。据估计,1830年,每20个俄罗斯人中就有1个因为身染霍乱而死,而在波兰,死亡的人数达到了全国人口的1/30。在防范甚严的英国,也至少有14万人死亡,一些村庄的人口甚至整体灭绝。从英国的殖民地——印度——开始的这场瘟疫扫荡完欧洲后,又横渡大西洋到达了加拿大和美国。它一开始就残忍地夺去了新奥尔良5000人的生命,在接下来的两年多时间里,霍乱总共夺取去了美国数十万条生命。

这场霍乱在1833年末终于消失,不过它只是暂时休息了一下。1836年,沉寂的霍乱死灰复燃,到1837年,这个幽灵又开始从印度向其他地方扩散,传到全世界。在印度,从1837年6月中旬到7月中旬短短的一个月时间里,全国平均每天死去1200人,仅7月14日一天就死去1500人。霍乱再次夺去了全世界无数人的生命,其中包括伟大的俄国音乐

19世纪初的伦敦脏乱不堪,使霍乱传播成为可能。其后英国政府下决心发展公共卫生事业,有效控制了霍乱等疫病的传播。

□ 可怕的现象

家柴可夫斯基、德国军事家克劳塞维茨等。

在人类历史上，霍乱曾经7次在全世界向人类伸出自己的魔爪。在每一次的霍乱流行的记录中，最短的时间为6年，最长的则达20多年，每次霍乱瘟疫都先后波及亚洲、欧洲、非洲、美洲的数十个国家和地区。

第一次是在1817～1823年，这场源于印度的霍乱传到非洲和地中海沿岸，不过，最终因为气候寒冷而渐渐平息。

第二次就是1826～1837年的这一次。在这场霍乱中，欧洲仅1831年就死亡90万人。在1817～1837年的20年时间里，霍乱两次在全世界大流行，因此成为全世界最令人害怕的19世纪世界病。

第三次开始于1839年，一直持续到19世纪50年代。这场瘟疫开始于英国，在1840年第一次鸦片战争的时候进入中国。而后，瘟疫进入到中亚地区，然后进入欧洲，1848年，霍乱流行于美洲大陆。到1854年，全世界都在霍乱的包围之中。这一次全世界性的霍乱使全球死亡数百万人。

1863～1875年，霍乱第四次在全球范围流行，仅1866年东欧一地就死亡30多万人。这次霍乱一共导致超过千万的人口死亡。

1892～1899年，1923～1925年，是第五次和第六次霍乱流行。在这两次瘟疫中，死亡的人数同样超过千万。另外，1921年印度霍乱的流行造成了至少50万人死亡。而1924年印度再次发生的霍乱，造成30万人死亡。

第七次霍乱发生在1961年之后，情形和可怕程度和前几次大致相似。

即使是只有一次这样的瘟疫，人们也是避之唯恐不及，更何况这么多次连续不断的袭击。在受到霍乱的袭击的同时，它变成了人们谈之变色的名词。人们一度将之描写成"摧毁地球的最可怕的瘟疫之一"。而且，当霍乱从它的"故乡"印度登陆欧洲大陆的时候，人们对之几乎一无所知。正是这种无知使人们无计可施，也加剧了它的可怕。

在霍乱流行的时候，伦敦的一名妇产科麻醉师约翰·斯诺通过坚持不懈的努力，终于找到了霍乱传染的媒介——那些不干净的水源和食物。约翰·斯诺因而成为寻找到霍乱元凶的伟大前驱。1883年，德国著名细菌学家罗伯特·科赫和他的研究小组终于在埃及发现了导致霍乱的致病菌——霍乱弧菌，这是人类第一次发现霍乱真菌的真面目。由于这一发现，科赫在回到德国后受到民族英雄般的欢迎和礼遇，这在某种程度上间接反映了人们对霍乱的恐惧。

普遍流行的黄热病与疟疾

1647年，在北美洲东南部的西印度群岛上，一场从未有过的瘟疫随着欧洲殖民者和他们带来的黑奴一起到达了巴巴多斯。让殖民者感到恐惧的，不仅是这场瘟疫在短短几个月内就让巴巴多斯死亡了5000多人，而且是这场瘟疫只对众多的白人和巴巴多斯当地的印地安人发生作用，那些黑奴却安然无恙。一开始人们以为这是上帝在惩罚殖民者，后来发现这场叫做"黄热病"的瘟疫之所以对黑奴无效，是因为他们已经对其有了免疫力。

不过，这个发现对他们并没有什么作用，在瘟疫的打击下，大量的人不断地死去，尸体多到让活着的人们掩埋起来都十分困难。不久，这次黄热病引发的瘟疫在整个美洲大陆进行了全面的"扫荡"。正在中美洲和牙买加作战的英国军队为这场黄热病付出了惨重的代价：据统计，当年平均每周有140名英军因为该病而死亡。黄热病将美洲的许多居住点夷为平地。

1691年夏天，又一场黄热病袭击了巴巴多斯，在当地5.5万的总人口中，共有数千人死亡，其中包括了3100名英国人。而接下来的200多年里，黄热病一直不断袭击整个美洲。在每一次的袭击中，它重点"照顾"的对象总是来自欧洲的白人殖民者。

1761年，黄热病瘟疫横扫了古巴的哈瓦那。在这场瘟疫中，驻扎在哈瓦那的1.5万名英军中，有3000名水兵和5000名其他士兵死于该病。1794年6月，黄热病使驻扎在海地首府约4000名英军中的1000人染病身亡，11月，死亡人数已经达到了2200人。那些早上还好好的人们，到晚上可能就被放进坟墓。而在1802年，法国军队在海地的损失达到了2万人之多。

1349年夏天，法国保护下的城市图纳伊，黑死病病人的死亡速度比挖坟还快。

早在1668年，黄热病就已经传到了北美洲的殖民地。而后在整个18世纪，美国有35座城市曾经遭受过黄热病的袭击。1878～1879年间，再次暴发黄热病大流行的美国，染病者超过了10万人，其中有2万人死亡。黄热病在南美洲同样肆虐。在巴西，黄热病早在1685年就已经出现，整个19世纪后期，黄热病在巴西里约热内卢共夺去了7万人的生命。

黄热病似乎并不满足于美洲，在欧洲，1800年夏季，西班牙加的斯暴发黄热病，造成数千人死亡。据估计，8～12月，加的斯约有8000人死于黄热病，1806年，黄热病肆虐安达卢希亚36%的人口。1821年8月到年底，黄热病夺去巴塞罗那1.8万～2万人的生命。在英国，仅1828年，直布罗陀地区死于黄热病的就达1600人。

直到20世纪中期以后，黄热病仍然成为人们恐惧的对象。在其发源地非洲，1940年，苏丹约1.5万人染病，其中1500多人丧生。在东非的埃塞俄比亚，1960～1962年的黄热病至少导致3万人死亡。在1986～1987年间，黄热病夺去了尼日利亚1万人的生命。

由于黄热病针对白人进行重点袭击，因此在客观上使得美洲殖民者付出了更加惨重的代价，从而削弱了其在美洲的殖民统治力量。当1801年拿破仑派遣一支由2.5万名士兵和60艘战船组成的军队准备在海地登陆时，一场黄热病降临了。当地的黑人基本上安然无恙，而来自欧洲的法国军队却大批死亡。据估计，拿破仑派遣的2.5万名士兵中，有2.2万多人死于瘟疫。就连这支军队的统帅、拿破仑的妹夫勒克莱尔也身染瘟疫而死。1804年，美洲第一个黑人共和国——海地共和国成立，可以说是拜黄热病所赐。

由于在症状和传播源上的类似性，在相当长的一段时间里，人们都将黄热病和另外一种瘟疫——疟疾混淆起来。作为一种侵害人类身体健康的最古老的传染病之一，疟疾也曾经像黄热病一样造成巨大的灾难，征服者亚历山大大帝据说就是因为患疟疾而早逝的。20世纪60年代的越南战争中，疟疾在美军中流行，迫使美军军队减员50万人。因此有人说"是蚊子打败了美国人"。

虽然人类早在17世纪30年代就已经发明了抗疟疾的药物，并且收到了一定的效果，但是由于疟原虫的抗药性越来越强，因此抗疟疫苗迟迟未能开发成功。目前，疟疾广泛流行于世界各地，据世界卫生组织统计，仍有92个国家和地区处于高度和中度流行，每年发病人数为1.5亿，死于疟疾者约有100万人。

全球有超过41%的人口都有感染疟疾的风险，并且由于不断恶化的卫生系统、不断增长的药品和杀虫剂的抗性、气候变化以及战争，这个比例每年还在不断提高。

鼠疫，欧洲人三不存一

老鼠在很长一段时间以来都被人们认为是不洁的东西，这并不是人类天生的偏见，而是跟历史有很大的关系。下面的文字描述了与老鼠有关的一种瘟疫发生的时候，人们心里产生的恐惧：

"……它似乎骤然挨近市中心，侵入了商业区。居民们归咎于大风把病菌吹了进来。'它把事情搞复杂了。'医院院长说。不管怎样，当城市中心的居民听到黑夜里越来越频繁的救护车铃声在他们的窗前经过，响起了瘟神阴沉无情的召唤时，就意识到轮到自己的时刻到了。"

这是法国小说家阿尔贝·加缪在小说《鼠疫》中描写同名瘟疫的一段文字。当鼠疫降临的时候，人们惊慌失措的样子仿佛清晰可见。这种恐惧并不仅仅存在于虚构的小说之中，在历史上，它的确曾经使人们一听到它的名字，就感到死神的降临。

真实的历史往往比小说更加惨不忍睹，在人类历史上，鼠疫一共有过3次毁灭性的大流行，每一次鼠疫的大流行都改变了世界历史。

公元541年，当拜占庭帝国的查士丁尼大帝踌躇满志，打算再建罗马帝国的辉煌时，一场灾难在他和他的臣民们头上降临，那是一场前所未有的鼠疫。鼠疫一开始袭击了拜占庭帝国治下的埃及。一时之间，埃及的街道上到处都是无人埋葬的腐烂的尸体，随时都有人走着走着就一头栽到地上，再也爬不起来。在城市的每个角落，成堆的尸体在腐烂。瘟疫同样摧毁了农村，谷物无人收割，大群家畜简直变成了野生动物。

在拜占庭帝国的首都君士坦丁堡，约有半数以上的人口死亡。在一天当中，就有5000~7000人，有时甚至1.2万~1.6万人因为瘟疫而离开这个世界。瘟疫使这座原本富丽堂皇的国际大都市彻底衰落了。一直到好几百年以后，它才渐渐恢复元气。据历史学家统计，这场大瘟疫使拜占庭帝国丧失了1/3的人口。

这次鼠疫一共持续了近两个世纪，死亡总数将近1亿人，这真是可怕的灾难。作为人类历史上最可怕的瘟疫之一，鼠疫不仅使查士丁尼一个时代蒙受了灾难，而且影响到了整个世界的发展格局。

这场鼠疫使原本雄心勃勃、胜利在望的罗马帝国恢复事业戛然而止。人口的大量死亡使拜占庭帝国无力再组织任何一次有影响的远征军事行动。查士丁尼，这个原本雄心勃勃的帝国皇帝，面对这样可怕的情景，从此变得心灰意冷。他不再对征伐有任何兴趣，而是带领着帝国的臣民拜倒在了基督面前，面对生命的无可奈何，想要从基督教中得到安慰。整个帝国陷入了宗教狂热之中。

这就是鼠疫第一次在世界历史上的大流行，之后这一可怕的灾难总是不断地对人类发起进攻，而人们面对这样的灾难，总是要付出巨大的代价。鼠疫最为猖獗的一次是在14世纪，这一次的鼠疫造成了巨大影响，成为欧洲历史的大拐点。

这场鼠疫被当时的人们称为黑死病，这是因为患者死后皮肤通常会变成蓝黑色。那些染上黑死病的人们在发病后，多则四五天，少则几个小时就死亡，死亡率几乎是百分之百。

瘟疫首先横扫了整个意大利。很快，黑死病将魔爪伸向了欧洲的每一个角落。在西班牙西南部，仅马洛卡一地就死亡了3万多人，西班牙国王阿方索十一世也是死于黑死病。在法国北部，弗兰德城邦人口数量因之下降1/5。在神圣罗马帝国，埃尔富特死了1.2万人，明斯特死了1.1万人，美因茨死了6000人，均相当于当地人口的1/3以上。

瘟疫在欧洲的传播速度越来越快，到1348年，整个欧洲大陆全部陷入了瘟疫的包围之中。1349年春天，黑死病开始进入欧洲唯一的"净土"英格兰，并很快蔓延到英国全境，就连最小的村庄也不放过，有的庄园里的佃农甚至全部死光。5月，原本拥有5万人口的伦敦锐减为3万；洛维奇的人口从1.2万减少到7000人。到1351年，英国已经损失了它总人口的40%左右，远远高于在英法战争中的损失的全部人口。

1348～1352年是黑死病的高峰期，这一时期死亡的人数超过了6200万，使欧洲总人口减少了1/3。之后，它在欧洲的传播势头开始迅速减缓。不过整个14世纪，黑死病常常带着死亡的魔爪光临欧洲。1350～1400年，黑死病使欧洲人均寿命从30岁缩短到20岁。随后的300多年间，黑死病在欧洲多次暴发，直到17世纪末18世纪初才平息。欧洲中世纪暴发的这场旷日持久的黑死病，加上战争和饥荒，使欧洲约半数人口命丧黄泉。

黑死病给欧洲带来了一系列问题，如劳动力锐减、物价上涨、阶级矛盾激化、社会动荡等，它带来的大毁灭彻底改变了欧洲的历史。在此之前，欧洲处于蒙昧黑暗的中世纪，黑死病的流行使许多幸存者质疑旧制度和旧价值观，并通过行动来促使中世纪结束。在巨大的死亡人数、极度的混乱和恐怖的心理面前，教会的精神枷锁开始崩溃，因此有人说，黑死病在客观上摧毁了旧有的社会体系，使欧洲迎来了文艺复兴的黎明。

第三次世界性鼠疫大流行范围较广。这次瘟疫于1894年始自香港，疫情暴发的头一年，死亡人数达2500人，之后2～3年间，每年都有1000人以上死亡。疫情在20世纪30年代达到最高峰，波及全世界的60多个国家和地区，死亡人数超过千万。印度是疫情最严重的国家，在1898～1918年的20年间，死亡人数超过100万。此次鼠疫传播速度之快、波及地区之广，超过前两次大流行。鼠疫暴发对生产力造成了巨大的破坏，从而令日趋激化的社会矛盾进一步加剧，使原本动荡不安的世界更加凄惨。

破坏一切的地震

人类历史上极为常见的一种自然灾害——地震，是地球构造运动的一种表现形式。鉴于地震的巨大的破坏力和毫无征兆，在很长一段时间里，人们倾向于用神灵的力量来解释它发生的原因。在古希腊，人们一度相信海神波塞东同时也是掌控地震的神，地震的发生当然就是他的杰作；南美洲的人们则认为地震是支撑着世界的巨人的身子颤动的结果；埃及和印度流传着地下住着的动物在作怪的传说，古代日本人也认为日本岛之所以经常发生地震，是因为下面住着大鲶鱼，如果它不高兴了，就会将尾巴一扫，然后就会发生地震。这些传说和想象都是上帝发脾气的另一些版本，它们在某种程度上说明了天灾的本质：人类对此无能为力。

科学的发展使人们再也不会相信那类说法了。自18世纪以来，随着地质学的发展，人们开始清楚地认识到地震发生的种种原因：火山爆发、地面塌陷、地下核爆、山崩、陨石撞击地面，以及地壳断层错动等。其中，以无须借助外力的断层错动为最主要原因，世界上大约有90%的地震是因为断层错动而引起的。

地震的另外一个特点是具有巨大的破坏性，它给人类带来的直接伤害有：建筑物与构筑物的破坏，像房屋倒塌、桥梁断裂等；地面破坏，如地面裂缝、塌陷等；山体等自然物的破坏，如山崩、滑坡等；海底地震还可以引起巨大的海啸。

地震还经常引发种种次生灾害，包括：火灾，大多数由震后火源失控引起；水灾，因为

□ 可怕的现象

1923年，日本关东大地震造成的破坏极为严重。

地震可能会引起水坝决口和壅塞河道等现象；毒气泄漏，由建筑物或控制装置被破坏而引起。此外，地震严重破坏生存环境，甚至可能引起瘟疫的发生。这些次生灾害所造成的破坏，有时候可能比直接灾害更加巨大。1932年日本关东大地震的时候，地震引发的直接灾害仅仅使房屋倒塌1万幢，但是地震引发的火灾却烧毁了70万幢房屋。

专家借助极为敏感的地震测试仪对地震进行统计，结果显示，全球每年平均发生地震500万次，其中能够为人们所感觉到的地震大约是5万次左右，造成严重破坏的有20余次。就是这20余次的地震，因为它们的不可抗性和巨大的破坏力，也会给人类历史记上无数的苦难，留下无法愈合的伤痛。

1755年11月1日，葡萄牙首都里斯本城附近的海域发生了欧洲历史上最大的一次地震。里斯本城被严重破坏，死亡人数达到了六七万。当时里斯本是欧洲最富有的城市之一，也是一个世界贸易中心，但是这一震级达到里氏8级以上的地震将这座城市变成了一堆废墟。地震和海啸引起的大火燃烧了6天，余震持续了9个月。这次地震引起海啸使葡萄牙海岸最大海浪高达15米。法国、英国和荷兰的港口受到很大的损失，甚至远至中美洲海岸也能感受到海啸的影响。214年后，即1969年2月28日，这个海域又发生了一次里氏7.8级大地震，不过距里斯本城较远，并未造成很大的伤害。

位于太平洋东岸的美国城市旧金山经常发生地震，即使这里的人们对地震已经习以为常，但是仍然会对发生在1906年4月18日的那次地震印象深刻。这场震级为里氏8.3级的地震在当地时间早上5时13分袭击了旧金山。地震仅仅持续了75秒钟，但是旧金山的大部分建筑在顷刻之间倒塌，许多人被压死。更加可怕的是地震带来的次生灾害：一场持续了3天3夜的大火无情地吞噬了旧金山的大部分地区，大约8平方千米内范围万物俱焚。

这场来自于海岸北面300多千米的地震以一股势不可挡的力量劈开了悬崖峭壁，冲向旧金山，几乎重造了海岸线。在旧金山的商业区里，房屋被摧毁后，堆积起来的瓦砾高达四五米。人们花了20年时间、耗资600万美元修建的旧金山市政厅大厦，虽然它的钢铁圆屋顶由许多高耸的铸铁和石头圆柱支撑，人们一度认为十分坚固，但是也被地震毫不费力地扳倒在街上。在地震面前，任何坚固建筑都被这个可怕的魔鬼撕得四分五裂，散落到各处。

当人们面对着地震的肆虐毫无还手之力的时候，新的灾难又降临了。地震发生后，一场不知道来自何处的大火开始蔓延，整个旧金山成为一片火的海洋。更加可怕的是，来自巴巴利沿岸的几百个歹徒没有放过任何一个发财的机会，他们趁火打劫。一些歹徒冲进银行，将里面的金钱洗劫一空。甚至有人企图抢劫美国铸币厂，而使部分警察和军队不得不放下营救工作而和歹徒搏斗。

在地震和地震引起的火灾面前，旧金山的人们的作用显得有些渺小。旧金山的消防局共有585名消防员，这些消防员虽然尽职尽责，但是面对到处弥漫的熊熊烈火，他们的工作收效甚微。地震破坏了自来水管道干线，在扑灭火的过程中，有一些居民因为没有水源，于是从地窖中搬出了多年的啤酒桶,用啤酒灭火,这是人类消防史上的一大奇观。后来,人们使用了炸药来封锁火势,虽然这一办法同时也带来了不小的副作用,但是最后终于成功了。地震和烈火不但使人们无家可归,也使那些藏身于垃圾堆的老鼠们到处乱窜。地震发生后,这些带着东方淋巴鼠疫的老鼠的洞穴遭到破坏,于是,成千上万的老鼠跑到地面,这些老鼠把鼠疫传给了旧金山人。在地震后一年死亡的病例中,绝大多数是因为身染鼠疫。

地震和火灾使旧金山遭到了彻底破坏,其中共有500多条街道被毁,无数的建筑物着火。这场灾难夺去了大约700人的生命,另外有几百人失踪,几千人受伤,直接经济损失达到5亿美元。

日本是世界上发生地震最多的国家之一。在日本历史上,经过统计的大地震就多达2000多次。在日本的首都东京,平均每3天人们就能感觉到地震的发生,而那些人们不能感觉到的地震数不胜数。在这无数次的地震当中,危害最大的就是1923年9月1日关东大地震。那一天,位于关东地区的日本最重要的工业区——京滨工业区人来人往,热闹非凡,人们都在紧张地忙碌,没有意识到将要降临的巨大的灾难。上午11时58分,在关东平原地区突然发生了强烈的地震,而震中距离东京只有70~80千米。震后的测量表明,这次地震直接导致了海底地形的大变动。日本房总半岛因为地震向东南移动了较大的距离,相模湾中部的海底下沉了100~200米,而某些地区的海底则上升了250米。这场里氏8.3级大地震使大地出现了大裂缝,直接吞噬着人们的血肉之躯。日本多处出现山崩地裂的现象,一座大森林中的树木以每小时90千米的速度从山上滑向山谷,所过之处所有生物都遭到毁灭,直到裹挟着一大堆人掉入了相模湾,靠近海岸的海域顿时被染成红色。一列载有200名乘客的火车与一堵不知从何而来的水泥墙相撞,之后,这列火车和它上面的人都被带进了相模湾,顷刻之间无影无踪。

地震、地裂、泥石流、大塌方,这些"团伙作案的凶手"无情地残杀着无数的生命,最终使日本全国1/20的财产被毁灭。东京地区的高楼大厦毁灭殆尽,许多古建筑和现代建筑的精品变成了一堆废墟。惊恐的人们拼命乱跑,相互推搡、践踏至死的人们不计其数。但是这还不是最可怕的,大地震使得关东地区的煤气管道遭到破坏,到处都燃起了熊熊大火,人们不得不跑到那些空旷地带。其中一家服装厂的空地上挤了几万名避难者,但是大火立刻包围住了这些好不容易脱险的人们,所有的出口都被烈火封住,3万多人无一幸免,惨不忍睹。在地震中死亡的人,其中有80%都是在大火之中失去生命的。

大火使人们奔向海滩、港口和码头,但是地震引起的海啸使海水向关东地区袭来,滔天巨浪疯狂地扑向受难的人们。那些灾民看到巨浪铺天盖地而来,还来不及反应,就已经被海水吞噬。"水火不容"的两个凶手在这场灾难中联手上演了一场残忍异常的连环杀人案件。

这场地震和地震带来的其他灾难给日本带来了极为巨大的损失。东京城内85%的房屋被毁,而横滨则有95%以上的房屋被夷为平地。就日本全国而言,共有大约70万所房子到毁坏。这场灾难使得整个关东受灾地区共有超过14万人丧生,20万人受伤,那些无家可归的幸免者亦以数十万计,而整个国家损失的财产则高达300亿美元。

人类历史上震级最高的一次大地震发生在智利中南部的海岸地区。这场大地震最突出的特点是在一个月之内连续发生7次里氏7级以上的地震,其中有3次是在里氏7.7级以上的巨大地震,最大的一次则为里氏8.9级。这次规模巨大的地震使得地球整体遭到了一次罕见的冲击,甚至发生了地球自由振荡。地震引发了海啸,在地震发生15小时后,海啸传到了夏威夷群岛上,22小时后居然传到了日本的东海岸,对日本造成了巨大的损失。

□ 可怕的现象

而生活在亚美尼亚的列宁纳坎的人们，如果没有在 1988 年 12 月 7 日这一天失去自己的生命，那么他们则是幸运的。因为在这一天，整个城市至少有 10 万人在地震中丧生。亚美尼亚的列宁纳坎大地震使 50 多万人无家可归，经济损失高达 1000 多亿卢布，它是迄今为止屈指可数的损失最为惨重的几次重大地震灾难之一。

2003 年 12 月 26 日 5 时 28 分，当世界上大多数国家正在庆祝圣诞节的时候，伊朗有着 2000 多年历史的巴姆古城发生了里氏 6.8 级地震。这次浅源地震（震中离地表较近的地震）释放出来的能量相当于 100 万吨级氢弹，使得地震能够产生足够大的杀伤力。巴姆城在地震中的死伤人数是全城总人口的 80%，其中死亡 3 万多人。

火山喷发，世界在瞬间毁灭

除了地震，苦难的人类还有另一个足以在瞬间毁灭一切的"敌人"——火山喷发。

早期人类文明之一的玛雅文明是印第安人伟大智慧的结晶，但是有一部分历史长期以来为人们所不知。近几十年来，考古学家在萨尔瓦多里奥·帕斯河谷进行了考古挖掘工作，因为这里有玛雅人最大的历史古城之一——恰里丘阿帕遗址。这座遗址古时候是玛雅山地部落发达的大村镇，是其政治、宗教和经济中心。考古人员在遗址处发掘出大片肥沃的土地，许多民房，另外还有很多宏伟壮观的石头庙宇的残垣断壁，以及一些阶梯式的金字塔。这些金字塔周围有祭坛，上面有各种各样的雕刻和玛雅文字。种种迹象表明，这个地方已经具备城市的规模。当其他地区尚未出现玛雅古城之前的公元前 1000 年末，恰里丘阿帕已经成为了一个真正意义上的城市。历史学家认为，如果没有什么意外的话，这个山地部落应该能进入国家及国家文明时期。

但是由于某种原因，恰里丘阿帕城并没有进入国家时期，它在此之前就已经夭折了。考古学家通过研究后认为，阻止恰里丘阿帕进入国家文明的是坐落在其东部 75 千米处的伊洛潘戈火山：火山喷发使这座城市瞬间消失。火山喷发的时候，巨大的瓦斯热浪、火山灰及熔岩顺着山坡滚落，烧毁了几乎所有的庄稼、树林和村庄。这场大灾难带来的后果延续了很久，一直到几千年以后，这里才重新恢复生机。直到现在，在方圆 77 千米的地方仍然覆盖着一层 20 厘米厚的火山灰。

许多金字塔和庙宇还没有竣工就被毁掉，人们不得不逃离这个可怕的地方。直到 5 世纪的时候，另一批玛雅人来到此处。他们安顿在距离恰里丘阿帕不远的谢连镇，并开始种植玉米和豆类谷物。

不幸的灾难再次降临。这批玛雅人定居不到 100 年，拉贡·卡里杰火山的爆发将谢连镇瞬间毁灭。

在历史上，火山一直在展示自己作恶多端的"能力"。罗马诗人马尔提阿里斯在一篇铭文中写道：火山将一切变为凄凉的灰烬，但诸神对火山的威力一筹莫展。在古代，火山一直在对人们的生命和财产安全构成威胁，并且依靠自己的淫威使人们对其充满敬畏；在近现代，火山喷发也一直是人类重要的威胁之一。据统计，1500～1914 年，全世界死于火山灾害的人数达到了 19 万人。

火山喷发是埋藏在地下深处的高温岩浆及其气体、碎屑从地壳喷发而出的一种严重灾害。就活动的频率而言，火山可以分为死火山、休眠火山和活火山。死火山是火山构造已经遭到破坏的火山，这类火山对人们而言是安全的；那些形态完好，但是现在暂不活动的火山称为休眠火山；而那些正在喷发或者在人类历史上经常活动的火山，称为活火山。顾名思义，这类火山是人类真正的敌人。

火山喷发通常与地震结伴而行,其威力绝不在地震之下。它像地震一样,不但会直接带来毁灭性的打击,而且会带来许多次生灾难。

火山喷发会引起气候的变化。由于火山灰非常细小,经常随着空气的流动飘飞到很远的地方,或者上升到高空,经久弥漫在空气之中,使能见度降低,从而导致空难和交通事故的发生,甚至使气候发生变异,出现所谓的"冷夏"现象。在日本,由于1783年浅间山火山的喷发,就曾经发生过"冷夏"现象,在东北部地区甚至出现了冻害的现象。

火山喷发可能引起环境变迁。火山的喷发物如二氧化碳、二氧化硫、氢、硫化氢等气体可引起严重的空气污染,从而形成酸雨,产生温室效应。

火山喷发极容易引起大火和海啸。1977年,非洲尼拉贡戈火山的喷发烧毁了扎伊尔、卢旺达430万平方千米的森林;而1883年印度尼西亚巽他海峡中的喀拉喀托火山的爆发则引发了人类有史以来最大的海啸,吞灭了这一海域的全部船只,席卷了爪哇、苏门答腊沿岸的无数的车辆、人畜和房屋。仅印度尼西亚就有3.6万人在此次灾难中丧生,经济损失更加无法估算。

火山爆发引起的洪灾和泥石流也十分可怕。1943年,墨西哥帕利科纳火山的爆发引起了泥石流,瞬间埋葬了山下3个村庄和数十个村民,600多平方千米的农田被毁。

许多火山在爆发之前被人们认为是死火山,或者至少还会沉睡几个世纪,直到它突然之间爆发,但是这时候,人们已经来不及逃避这样突如其来的灾难。比如1928年,科学家对墨西哥沉睡了1200年的艾尔奇乔纳火山进行了最后一次考察,认为这座火山已经对人类没有任何威胁,但是1982年,这座火山却突然喷发,造成了极为惨烈的灾难。从这个角度而言,这些貌似已经死去的火山是最恐怖的暗杀者。

火山的旁边经常聚居着一些勤劳而勇敢的人们,因为人们在很早以前就知道火山附近的

公元79年,维苏威火山爆发时,庞贝城中惊恐的人们。

□ 可怕的现象

土壤很肥沃，十分适合农作物的生长。有记载显示，早在2000多年前，位于那不勒斯海湾的维苏威火山附近就居住着许多人们，他们种植的葡萄因为肥沃的土壤而获得过大丰收。

最迟至公元前1世纪，人们一直认为维苏威火山是一座死火山。在公元79年8月24日这一天，有人发现聚集在火山上空的云团突然变得昏暗起来，那是火山喷出的火山灰遮盖住了太阳的光芒。整个世界都变得十分黑暗，石头从山上像下雨一样砸到地面。

那座著名的庞贝古城此时正商贾云集。当人们意识到危险来临的时候，他们已经没有办法使自己摆脱危险。所有的街道都被不断撒下的厚重的火山灰所覆盖，毒气弥漫在空气中。那些想要跑出去的人们在街上被火山灰和毒气杀死，而待在家里的人们则窒息而死，或者被压垮的房屋压死。

维苏威火山的喷发使这座当时罗马的大城市彻底覆灭，但是火山也用它的火山灰使这座城市能够完好地保存下来。里面的角斗士竞技场和许多2000年前的建筑，甚至那些死难者生前的姿势以及死后的骨骼、服装都因为厚重的火山灰而保存下来。面对着18世纪的考古学家们，这层厚达3米的火山灰似乎在告诉他们：保护和毁灭历史的竟然是同一个凶手。

位于印度尼西亚松巴哇岛上的坦博拉火山1815年的一次大喷发，是世界上有历史记载的最大的一次火山爆发。

有学者考证，坦博拉火山在大喷发前一直沉睡了5000年。这次从4月5日持续到7月中旬的火山爆发的威力，大约因为积蓄了足够的力量，比同一年的拿破仑战败更加让人大吃一惊。巨大的爆炸声传到了1400千米以外的地方，火山灰像瀑布一样倾泻到松巴哇岛及其周围的岛屿。科学家估计喷入空中的火山灰和碎石约为170万吨。火山附近500千米的地方因为被火山灰遮盖，一连3天都是漆黑一片。当烟雾消散以后，人们看到坦博拉火山已"喷掉了山顶"，其高度从4100米减为2850米。接踵而来的比马湾海啸摧毁了沿岸无数的楼房，大商船被抛到离岛很远的地方。

学者估计坦博拉火山喷发出的能量相当于20万颗原子弹爆炸的能量。在这次火山喷发中，一共死去了9.2万人，整个地区只有29人幸免于难。同时，火山喷发使得这块原本很富饶的土地变得异常贫瘠，随后便带来了饥荒。松巴哇岛上饿死了4.8万人，松博拉岛上饿死了4.4万人，巴厘岛上则有5000人饿死。

火山喷发甚至改变了欧洲的气候，那一年被称为"没有夏日的一年"。伦敦的气温比往常下降了2~3℃，在爱尔兰和威尔士则发生了饥荒。而几千千米以外的坦博拉火山，是造成这一切苦难的罪魁祸首。

对科学家和他们的结论的信赖一度使人们遭受惨重的损失，路易斯火山的喷发所造成的灾难就是这些代价之一。位于哥伦比亚首都波哥大西北方向150千米处的这座火山高5398米，它最近一次喷发是在1595年。将近500年以来，路易斯火山都没有任何活动的迹象，科学家让人们相信这是一座已经熄灭的或熟睡的火山。但是1985年11月12日，路易斯火山却突然醒了过来。

第二天夜里，伴随着一声巨大的爆炸声，厚厚的灰和岩块喷出火山口。高温使得又厚又广大的冰川和长年的积雪在瞬间融化，岩石、泥浆、水和冰块汇成的河流朝山下以雷霆万钧的力量奔驰，似乎想要吞没整个世界。一瞬间，厚达5米的泥石流将山下的阿尔梅罗和周边的村庄冲垮，并使2万居民瞬间葬身泥浆之中。融化的冰雪使山下河流泛滥，洪水滔天，热烫的熔岩直接吞噬着万物。

沉睡了500年的路易斯火山彻底毁灭了方圆150千米的一切。据官方的报道称，路易斯火山爆发导致 2.3 万人丧生或失踪、5000 人受重伤或致残、15 万牲畜死亡、4500 座建筑物被毁、几万人失去了住所和他们的生活来源，直接经济损失超过了 50 亿美元。

洪灾和泥石流

基督教经典《圣经》中有一段人尽皆知的故事：上帝对人类所犯下的罪孽非常忧伤，决定用洪水消灭人类。但是上帝不忍心消灭所有的人类，挪亚是个正直的人，于是上帝盼咐他造船避灾。经过 40 个昼夜的洪水，除挪亚一家和部分动物外，其他生物都被洪水吞没。

这个挪亚方舟的故事一直以来被认为是虚构的，但是有趣的是，相距几千千米的不同的大陆上都流传着同一个关于世界洪水的故事。这些故事跟挪亚方舟的情节十分相似：有一个人，为了拯救地球上的生物而建造了一艘大船，将人和不同的动物各一对救上了船。而最近的研究已经表明，在公元前约 1 万年前，地球上的许多地方都发生过特大的洪灾，这场洪水持续了很久，夺去了无数人和动物的生命。

这个故事，或者说历史事实，似乎在无意之中告诉人们，洪水注定就和人类的历史紧密相连。这一历史的咒语在孟加拉得到印证。这个位于南亚次大陆的国家，北靠世界屋脊喜马拉雅山脉，西依印度的东高止山脉，南濒孟加拉湾，东临缅甸的阿拉干山脉。特殊的地理位置使得整个国家几乎每天都受到龙卷风、热浪和洪灾的袭击，因此它也成为世界上最不发达的国家之一。虽然它的面积只有 14.27 万平方千米，但是在全球的自然灾害历史中，它可以作为一个标本来供人们参考和研究。1943 年发生在孟加拉的特大洪水震惊了全世界，连续不断的暴雨使得恒河水位激涨，孟加拉国一半以上的国土被淹没。到 1944 年，这一次灾难一共无情地夺去了 300 万人的生命。

1970 年 11 月 12 日，来自于印度洋上的热带风暴在潮汐的配合下，对孟加拉国进行了一次空前猛烈的袭击。海水直扑孟加拉湾一带的地低人稠的海滨地带，孟加拉国最大的港口城市——吉大港瞬间遭到灭顶之灾，哈提亚岛变成了水的海洋。这次风暴带来的洪灾使至少 30 万人丧生，100 万人无家可归，28 万头牲畜被淹死，经济损失无法估量。但是仅仅过了 4 年，洪水再次侵袭孟加拉国。这次洪水和它带来的饥荒和疾病，直接导致了 3 万人死亡。虽然后来孟加拉国倾全国之力修筑了一条长达 7000 千米长的巨型堤坝，但是也没有阻止大自然的作恶多端。悲剧再次发生在 1988 年，洪水淹没了全国近 55% 的土地，其中有 2000 人丧生。1991 年再遭重创，全国 1/10 人口受灾，高丘、楼顶、树林尖顶等制高点，成了人们逃命的"孤岛"，黑压压地爬满了人，而毒蛇和猛兽也和人们展开了争夺高地的战争，整个国家一派末日景象，惨不忍睹。在这一次的洪灾中，全国死亡 13.8 万人，经济损失 30 亿美元。据统计，孟加拉国平均每年受灾面积达到 4 万平方千米，约占全国面积的 35%，一半的耕地面积被淹，水深 1～4 米。在这里，一般性洪水灾害每 1～2 年发生一次，严重的洪灾每 7 年左右泛滥一次，而每隔 40～50 年就有一次巨大的灾难降临。

美国的密西西比河是世界第四长河，也是北美洲流程最长、流域面积最广、水量最大的河流。滔滔不绝的河水像乳汁一样养育着整个流域的人们，人们尊称密西西比河为"老人河"。这条"老人河"在未经治理之前几乎年年泛滥。1771 年，人们为了控制密西西比河水而修建了一条堤坝，但是密西西比河的下游仍然时常泛滥。1921 年 4 月上游暴雨，中下游 6.7 万平方千米土地受淹，城乡建筑多被摧毁，淹死数千人，无家可归者百余万。1993 年 7 月，这条"老人河"再次发生巨大的洪水，连日的暴雨使得河水水位迅速上涨，冲破或者漫过人们修建的河堤，造成了至少 50 人死亡和 7 万人无家可归，淹没了 4.4 万平方千米的土地。这

□ 可怕的现象

场洪灾一直持续了1个多月，淹没了75个城市，经济损失达到100亿～200亿美元，它是美国有史以来损失最为惨重、覆盖区域最广、持续时间最长和洪水量最大的一次洪水灾害。

俄罗斯的圣彼得堡经常发生大大小小的洪灾。在城市存在的300多年间，水位曾经有12次超过2.5米的警戒线。最近一次水灾发生于1999年11月30日，当时圣彼得堡遭受了5000万卢布的损失。大水淹没了滨河街道与河道两侧的居民楼门洞，其中包括海军部、埃尔米塔日博物馆和俄罗斯博物馆。

世界历史上还有无数次像以上这些洪灾一样大、甚至更大的灾难。比如，1951年夏，阿尔卑斯山脉连降暴雨，意大利北部山洪暴发，大小河流满溢，全国最大河流波河水位猛涨。在洪水的扫荡下，波河流域下游村镇的几万公顷良田覆埋在泥石之下，百里沃野成了不毛之地，死伤千余人，这是欧洲20世纪以来最大的洪灾。一年后，即1952年6月22日，从日本本州岛静冈登陆的台风带来的暴雨使濑户内海沿岸灾情严重，河川泛滥，堤坝崩溃，稻田荡然无存，全国交通陷于瘫痪。至7月25日，共死亡1.3万人，是日本百年来最大的水灾。

和洪水伴生的另一个灾难是泥石流。泥石流是一种突然暴发的夹杂着大量泥沙和石块的特殊山洪，它来势极猛、历时极短、破坏极大。如果说人们有可能凭借自己的本领在洪水中保全自己的生命的话，在面对泥石流的时候，人们却避无可避。

20世纪最大的两次泥石流永远地记录在人类的灾难史上，像其他灾难一样让人触目惊心。1970年，秘鲁的瓦斯卡兰山暴发了冰泥石流，500多万立方米的雪水夹带着泥石，以每小时100千米的速度俯冲向山下的容加依城，造成了2.3万人死亡。同容加依城一样，彻底从地球上消失的还有沿海港口城市卡斯马、瓦拉斯、罗马巴姆巴，秘鲁在这场灾难中共有5.2万人死亡、15万人受伤、2万人失踪、8万人无家可归，造成的经济损失高达5.7亿美元。1985年，哥伦比亚的路易斯火山泥石流冲击了近3万平方千米的区域。

可怕的雪崩

瑞士阿尔卑斯山脉有一座小城策尔玛特。它的周围是它吸引游客的主要名胜：山中山。这座山峰的轮廓像一个圆锥体，体现了几何图形的完美。人们喜欢完美的事物，因此这里经常有许多从世界各地来的旅游者。

1908年2月29日，山顶柔软轻盈的白雪闪着光芒。晚上，一个高山宾馆的人们正沉浸在欢快的气氛当中，宾馆老板突然走进来，神情庄重地告诉人们这里可能会发生雪崩。但是那些旅游者认为这只是一个玩笑，没有人愿意离开这个快乐的地方。人们很快就后悔了——他们听到了巨大的响声，然后看到宾馆的屋顶的一角被掀到山的另一侧，沉重的台球桌像羽毛一样飞上了天空，雪崩带来的巨大的气压使他们窒息。30个在场的人中有12个当场死去。

雪崩是多雪山区的一种严重的自然灾害，是山上的积雪因为地球引力和其他外力的作用大于其内聚力的作用而产生的。那些雪山看似平静，但仅仅是因为引力和内聚力平衡的结果，实际上，这种平衡随时都可能被打破。沉重的冰雪块犹如挂在一根细细的长线上，哪怕登山者一次轻微的滑动，只要打破引力和内聚力的平衡，积雪就会承受不住重压向下倾泻，然后把一路的积雪都裹挟而下，横扫路上的一切。人们将雪崩称做"白色死神"，长期以来，它夺去了无数人的生命。在雪崩发生的时候，常常伴有巨大的气浪，这些巨大的气浪带来的伤害有时候大于冰雪块的伤害。

在那些古老的山民中流传着与雪崩相关的故事。澳大利亚新南威尔士州的人们给每一次雪崩都起上一个女性的名字，而阿尔卑斯山的一些居民将每一次雪崩都看做魔鬼的施法。

1652年，阿尔卑斯山的一个村庄对"魔鬼"进行审判，人们指控一些妇女用魔法引发雪崩，审判者当众判处这些妇女以绞刑，并立即执行。

瑞士是发生雪崩最多的国家。一份史料记载了1689年2月初的雪崩。大雪连续下了几天，雪崩就发生了。当人们意识到应该躲避的时候，已经没有时间采取行动。一些人躲在了300多年前修建的十分牢固的房子里，但

阿尔卑斯山的雪崩
此为英国画家菲利普·卢泰尔堡的画作，描绘了雪崩时惊天动地的场面。

是雪崩将这些房子也破坏掉了。山谷里死去了许多人和牲畜，有些尸体在数周后才被发现，死去的人们浑身是血，脸部和肢体都已经变形。

而在地球的另一端的美国也经常发生雪崩。1860~1910年，即美国历史上著名的"淘金"时期，西部的淘金者们的村落通常整座整座地被雪崩埋掉，导致上百人死亡。1911年发生在华盛顿州的雪崩是美国最大的一次雪崩，有3列火车被埋，120人丧生。

雪崩和战争带给人们的都是无穷的灾难，而历史上有很多与雪崩有关的战争。

迦太基与地中海北岸的罗马之间发生了布匿战争。公元前218年，迦太基统帅汉尼拔统率步兵3.8万、骑兵8000和大象37头，绕道西班牙和法国，在10月底翻越阿尔卑斯山，想从背后偷袭罗马军团兵士。汉尼拔没有想到阿尔卑斯山是他们可怕和难以战胜的敌人。他的部队在阿尔卑斯山上被雪崩冲击得晕头转向，损失惨重，有1.8万名士兵、2000匹战马和大部分大象都葬身在雪崩之中。无论在哪一次战争中，汉尼拔都没有遭受过这么沉重的打击。

到了近代，法兰西第一帝国皇帝拿破仑准备侵略意大利，两国之间同样隔着阿尔卑斯山。拿破仑先派出士兵到山上去侦察，看是否能够通过。士兵回来报告说："也许可能通过，但是……"骑着战马的拿破仑立即阻止对方继续说下去，他雄心勃勃地说："只要有可能，便没有但是！马上向意大利进发！"于是1796年，拿破仑亲自率领军队4万人，浩浩荡荡，从西北向东南横越阿尔卑斯山。尽管拿破仑事先做了充分的准备，但是，阿尔卑斯山的雪崩还是掩埋掉他近千人兵士。

阿尔卑斯山最大的一次雪崩发生在1919年，当时意大利和奥地利正在阿尔卑斯山的特罗尔地区打仗，一天之内，至少6000名奥地利士兵死于雪崩。这一悲痛的日子被奥地利人称为"黑色星期四"。后来，双方经常有意用大炮轰击积雪的山坡，制造人工雪崩来杀伤敌人，由于雪崩，双方死亡的人数不少于4万。后来有个奥地利军官在回忆录里感叹道："冬天的阿尔卑斯山，是比意大利军队更危险的敌人。"

来自海上的灾难

我们生活的地球有70%的面积被海洋覆盖。在阳光的照射下，波光粼粼的海面平静如镜，蔚蓝的大海深沉而富有浪漫气息，海洋和生活在陆地上的人们友好相处。但是，如果海洋一旦发怒，它会变得十分暴戾和可怕。来自海洋的灾难主要可以分为以下几种：海啸；风

暴潮，包括台风风暴潮和温带风暴潮；海浪，包括涌浪、风浪和近海浪；海冰；赤潮；海岸带灾害，包括海岸侵蚀、滑坡、土地盐碱化、海水污染等。

海啸是由海底地震、火山爆发或水下塌陷和滑坡所激起的巨浪，是海浪中最具破坏性的波浪。引起海啸发生的原因一般来自海底，这些海啸一般平均一年发生一次，给人类造成巨大的灾难。有时候陨石的坠落也能引发海啸，陨石坠入大海，会激起高达1000米的水堤，在海岸也会引起50～100米高的巨浪，幸运的是，这种毁灭性的天灾几百万年才会发生一次。

作为世界上国土面积最狭长的国家，处在环太平洋火山活动带上的智利处于极不稳定的地表之上。自有历史记载起，智利就经常发生火山喷发、地震等自然灾害。1960年5月21日，智利的蒙特港海底发生了世界地震史上罕见的强烈地震。之后，在1个多月的时间内，智利一共发生了225次不同震级的地震，其中8级以上的地震居然有3次。地震引起的海啸以摧枯拉朽之势越过海岸线，迅速而猛烈地袭击着岸边的城市和村庄，港口的所有设施，那些地震后倒塌的建筑物，都被海水席卷一空。事后，这里似乎从没有过村庄和城市。这场海啸使得数万人死亡和失踪，房屋、建筑物被毁坏的不计其数，200万人无家可归。这是迄今为止世界上影响最大、灾害最为严重的一次海啸灾难。

日本也是一个多地震和海啸的国家。自1596年以来，日本遭受了20多次大海啸的袭击。1703年的日本海啸使得栗津10万人丧生，1933年的海啸袭击日本本州岛东岸，有大约3000人遭难。

俄国萨哈林地区的国家档案库里一份印有"绝密"字样的文档记载了俄国20世纪危害最大的一次海啸的秘密。1952年11月5日，这场发生在堪察加和千岛群岛沿岸的海啸彻底毁灭了北库里尔斯克市和沿岸的村落。凌晨4点钟的时候，人们被强烈的地震惊醒，但是见惯了地震的他们继续睡觉。有人注意到海水向后退了近500米的距离。地震过后，地上出现大约5～20厘米宽的裂缝，许多房子被撕成了两半。虽然震后似乎平静了下来，但是从远处很快传来了巨大的声音和咔嚓声——这是巨大的水柱在冲击海岛。在一艘正行驶的离海岛不远的船上，船长看到的只有水，于是惊惶失措地用无线电通知陆地上的人们："幌筵岛正在沉入海底！"——当然，那只是海浪在冲击海岸而已。

这些声音再一次唤醒了沉睡的人们，不明就里的他们顾不穿上衣服就跑出家门，往最近的山上跑去。10分钟后，第一次的海浪开始退去，但是第二次巨浪马上就冲了上来。警察和军队用炮声提醒人们巨浪又一次来临，然而汹涌的巨浪由于已经没有什么阻挡，它将整座城市毁掉并夺去了大部分人的生命。

对于海啸的发生，人们只能无能为力，即使在21世纪。2004年12月26日，印度尼西亚苏门答腊岛发生40年来最严重的9级大地震，引发印度洋超级大海啸，即使是远至东非地区也受到波及。海啸掀起的滔天巨浪有的高达10米，13个印度洋国家将近30万人消失在惊涛骇浪中。沿岸的酒店和村庄城镇也受到严重破坏，无数的建筑被毁，180万人无家可归。据估计，这些国家的经济损失近百亿美元。

风暴潮是发生在海洋沿岸地区的一种严重的海洋自然灾害，是由大风或气压剧变而引起的海面异常升降现象，它又被称为"气象海啸"或"风暴海啸"。相对来说，那些地理位置处在海上大风的正面、海底地形较平缓、人口密度较大、经济较为发达的地区，受到的风暴潮灾害要相对严重。

日本名古屋的地理位置和海底地形很适合风暴潮的发生。1959年9月26日，日本发生了历史上最严重的风暴潮灾害，60万户民房被毁，人员伤亡7万多，经济损失将近10亿美元。

临近印度洋的孟加拉国在1970年11月13日暴发了一次震惊全球的特大风暴潮灾害。这次灾难是亚洲地区近百年来最严重的一次海洋灾难，恒河三角洲一带有近30万人丧生，100万人无家可归。10年后，1981年，这里又发生了一次严重的风暴潮，所幸预报及时、防范有效，死亡人数和受灾程度比1970年大大降低。但是隔了10年，1991年4月，这里发生的一次特大风暴潮再次使13万人丧生。可以说，对人类来说，风暴潮——这种来自海洋的灾难的危害绝不亚于地震等其他自然灾害。

扫荡一切的狂风

小时候，我们很多人都问过类似的问题：为什么我们会感到很凉爽？我们听到呼呼的声音，那是什么东西发出来的？大人们会告诉我们，那是风。

简单地说，风是指空气的流动。风是农业生产、生物成长的环境因子之一。近地层热量交换、土地蒸散和空气中的二氧化碳、氧气等输送过程随着风速的增大而加快或加强。风可传播植物花粉、种子，帮助植物授粉和繁殖。风能是分布广泛、用之不竭的能源。空气只有流通才能产生雨水，才能让我们呼吸到新鲜的空气，排出呼吸的二氧化碳……从这些意义上来说，风对人类是不可或缺的。

但是风有时候也对人们的生活造成不必要的麻烦，甚至威胁着人类的生命财产安全，尤其是那些强度较大的风。台风就是这些强度较大的风中间的一种，从古至今，台风用"作恶多端"来形容毫不为过。2007年，9号台风"圣帕"造成中国福建、浙江、江西、湖南4省36人死亡，9人失踪，紧急转移安置137万人；农作物受灾面积31.39万公顷，其中绝收4.24万公顷；倒塌房屋1.6万间，损坏房屋4.5万间；因灾直接经济损失49.7亿元。

台风是至今为止人类还在经常遭受的重大自然灾害之一。它是指发生在热带海洋上强烈的暖心气旋性涡旋，是一种热带气旋。台风中心气压很低，中心附近地面的最大风速一般为30～50米/秒，最大的时候可能会超过80米/秒。台风引起的巨大海浪，会对船只造成极大的破坏；当台风靠近海岸、登陆陆地时，狂风会引起大范围的海潮，让陆地处于特大的暴风雨之中，从而造成大范围的洪涝灾害。

生活在菲律宾、中南半岛和日本的人们很早就对台风很熟悉。1881年10月，台风袭击了越南的东部沿海地区和海防市，据推测，这次台风共夺去了70万人的生命。1937年，孟加拉遭受了特大台风，台风引起的海潮使10万人丧生，另外至少有20万人死于台风引起的传染病和饥饿。

1959年春天，被台风

这幅珍贵照片拍的是1965年美国南达科他州弗利门镇附近形成的龙卷风。可见漏斗柱从大云团中渐渐垂下。

袭击的马达加斯加首都塔那那利佛变得面目全非。马达加斯加的5个省份遭到了台风的袭击，导致了几千人丧生，几万人无家可归。6月，台风引起了香港的瓢泼大雨，许多楼房受损或彻底倒塌，有40多人死亡，还有许多人失踪，造成香港损失几百万美元。

飓风是人类需要面对的另外一个"风"类的敌人。气象学家将发生在北太平洋和大西洋的、风力在12级以上的台风称为"飓风"，这个定义很明显地告诉人们飓风有多么可怕。

飓风在人类早期文明时就已经给人类带来了巨大的灾难。有关史料记载了公元前492年夏天，希腊波斯战争期间的一次飓风。当波斯王大流士一世决定出征希腊的时候，他的强大的海军遭到了飓风的袭击，船队被驱散，其中有300艘船和海员被打翻入海。

1780年，巴巴多斯岛的飓风袭击美国佐治亚州的萨凡纳。飓风以势不可挡之力吞没了一切，卷走了一切，6000人在飓风中丧生。在马提尼克岛上，飓风将40艘法国运兵船和船上的4000名士兵掀翻到海里。

发生在1992年8月的"安德鲁"飓风是一次连锁风暴。它在8月13日开始袭击美国大西洋城，之后下起了大雨，气压很低。8月24日，"安德鲁"到达了佛罗里达州南部地区。风速每小时120千米，有时候最强达到了每小时320千米，气象学家已经难以确定"安德鲁"的风势到底有多强。戴德地区的8万多座房屋几乎全部被毁，虽然之前已经接到通知，但是仍然有几十人死亡。飓风发生7周后，这里才开始复苏。在一座被毁掉的房屋墙上，一句话被人们保留了很久："安德鲁，你这个作恶多端的怪物！"

龙卷风是一种伴随着高速旋转的强风涡旋，其中心附近风速可达100～200米/秒，最大300米/秒，比台风中心最大风速大许多倍。龙卷风的袭击突然而猛烈，产生的风是地面上最强的。在美国，龙卷风每年造成的死亡人数仅次于雷电。它对建筑的破坏也相当严重，经常是毁灭性的。

1995年，在美国俄克拉何马州阿得莫尔市发生了一场龙卷风，屋顶之类的重物被吹出几十千米之远，而那些较轻的碎片飞到300多千米外才落地。在1999年5月27日，美国得克萨斯州中部，包括首府奥斯汀在内的4个县遭受特大龙卷风袭击，造成至少32人死亡，数十人受伤。据报道，在奥斯汀市北部的贾雷尔镇，有50多所房屋倒塌，30多人丧生。

如果强风还带有"帮手"一起"作案"，后果将会更加严重。1934年5月11日，美国西部草原地区发生了一场美国历史上、甚至是人类历史上空前未有的"黑色风暴"。风暴是强风和黑沙的混合物。风暴整整刮了3天3夜，形成一个长2400千米、宽1440千米、高3400米的移动迅速的巨大黑色风暴带。风暴所经之处，河水断流，水井干涸，田地龟裂，庄稼枯萎，牲畜渴死，致使千万人流离失所，甚至还把至少3亿吨肥沃地表土送进了大西洋。

黑风暴的袭击给美国的农牧业生产带来了极其严重的消极影响，使原已遭受旱灾的小麦大片枯萎而死，肥沃的土壤表层被刮走后，露出了贫瘠的沙质土层，甚至使土壤结构发生变化，从而严重制约灾区日后农业生产的发展。

恐怖的沉船事件

在海中发生的沉船事故数不胜数。那些可怕的沉船事件提醒人们，海洋是个看起来温顺实际上残暴的杀手，而人们一个小小的失误都有可能成为事故发生的重要原因。

美国好莱坞大片《泰坦尼克号》给我们讲述了一个有关船只沉没的爱情故事，这部制作极其昂贵的电影，现在仍然居于全球电影票房排行榜榜首，成为电影史上的一个神话。

电影成为经典的背后是残酷的历史现实，即使没有这部电影和虚构的爱情故事，1912年，

"泰坦尼克号",这艘20世纪初最为豪华的轮船的沉没也会永久地停留在人们的记忆中。这是人类和平时期遭遇到的最为悲惨的航海事故,在这次事故中,一共有1500多名身份不同的人葬身在冰冷的大西洋海底。它的悲剧色彩因为造船者过分夸大的安全性,以及船长在关键时刻没有能力采取正确的办法来抢救乘客而更加浓厚。

号称永不沉没的"泰坦尼克号"这次空前绝后的航行是发生在1912年4月——这既是它的处女秀,也是它的最后一次航行。每年这时候,海面上到处漂浮很多散漂的巨冰。"泰坦尼克号"对令人不安的气象预报没有任何明智的反应,船长对可能存在的冰山毫不在意。航行进行到第4天,"泰坦尼克号"不幸与冰山相撞,船体受到了致命的撞击,但是人们只是感到硕大的船身微微颤动了一下。船长和船员们发现船体已经被损害,随后不断地涌进水来。10分钟后,冰水涌进锅炉房,并引起了威力巨大的爆炸。2~3个小时后,"泰坦尼克号"开始下沉。

直到第一个烟囱倒下,船头急剧翘起之前,人们仍对"泰坦尼克号"不会下沉坚信不移。船倾斜得越来越严重,开始不断有人掉进冰冷的海水中。人们慌作一团,原来井然有序的逃生计划被破坏,人们为了生存而相互残酷地打斗。夜间2时20分的时候,"泰坦尼克号"几乎完全竖立起来。之后,除了那些通过救生艇和小船成功出逃的少数妇女和儿童,"泰坦尼克号"和船上1517名乘客消失在大西洋冰冷的海水中,这其中包括大部分船员和船长——他知道自己盲目的乐观没有能够使更多的人逃出厄运,因此拒绝了水手的帮助。

就像"泰坦尼克号"上的船长和乘客们一样,对那些豪华轮船给予十二万分的信任,往往使自己陷入危险的绝境之中,历史上向来不乏这样的事例。在"泰坦尼克号"沉船之后不久,1915年5月7日,有"大西洋骄傲"之称的"卢西塔尼亚号"远洋轮沉没,这原本也是一件不应该发生的悲惨事故。

"卢西塔尼亚号"有着辉煌的历史。1907年,该舰获得"大西洋蓝带"奖,并且被认为是世界超级快速船。在第一次世界大战初期,德国巡洋舰企图拦截"卢西塔尼亚号",但是它却成功地逃离了敌人的追捕行动。

举世闻名的"泰坦尼克号"处女航,也是它最后一次航行。

可怕的现象

搭载有当时世界首富、美国百万富翁阿尔弗莱德·万德比利特的"卢西塔尼亚号"没有把德国的通告放在眼里。该通告警示人们，德国将消灭出现在横跨大西洋航线的悬挂英国国旗或其盟国国旗的任何船只。人们认为，"卢西塔尼亚号"有永不下沉的性能和极高的安全系数，有着辉煌的过去，而且该船由经验丰富的船长威廉·特奈尔指挥，因此不必在意德国的通告。

灾难在5月7日凌晨发生。一颗鱼雷撞到了船舷上，给"卢西塔尼亚号"带来了毁灭性的打击。上千吨海水涌进"卢西塔尼亚号"，轮船立刻倾斜，船头沉到海中。船里的人有一半滑落到水里，20多米高的烟囱跌落到甲板上，砸死了许多人。收到求救信号的船只只来了一部分，因为德国潜水艇再次出现。"卢西塔尼亚号"上的大多数人都遇难，只有少数人被救上来。这是继"泰坦尼克号"之后最大的一次海难，在短短的18分钟之内，1198人葬身大西洋。

意大利热那亚的造船厂曾经建造过许多有名的大型战列舰，其中最著名的3艘都因为不同原因而先后沉入海底。1916年，"列奥纳多·达·芬奇号"由于船体下方爆炸而翻船，并在意大利附近沉入海底。1940年，"孔吉·季·加富尔号"则因为被英国鱼雷击中而葬身海底。1955年10月末，已经在1949年2月移交给苏联的"新西伯利亚号"则因为某种不明的原因，在塞瓦斯托波尔港爆炸而下沉。在这次惨剧中，从沉入海底的战列舰上逃出10人，其余将近1600名军人或者因为窒息而死，或者呛水而死。

1994年9月28日，波罗的海波涛翻滚，"爱沙尼亚号"客船正在暴风雨中行驶。这艘拥有高达6层楼房，可容纳2000名乘客的客船，明显地感觉到海浪的冲击力。不过，只有几个小时就要达到斯德哥尔摩了，船员一如既往地专心工作，乘客们都在利用这段时间享受自己这次海上旅行的最后一段时光，没有人意识到灾难将要降临。

客轮被海浪摇摆得越来越厉害。船头的固定装置承受不住巨大海浪的冲撞，使得船有一些倾斜。船头在早些时候已经出现了裂缝，海水穿过裂缝流进底舱，这时候已经超过了允许的范围。此次在"爱沙尼亚号"的底舱内停放着30辆卡车、2辆大轿车和客车。这些没有固定或固定不牢靠的车辆随着船身一起摇摆，加剧了船只的倾斜。不到一会儿，倾斜已经达到了30°。紧接着，船头被海水冲垮，海水大肆进入底舱。一切都发生得很快。虽然总功率为6000马力的4台涡轮机仍然驱动船只向前行驶，但是海水转眼间灌满了底舱。

一开始乘客们以为这只是船只在行驶当中应该有的颠簸，不过，马达停止工作，照明设备全部关闭，周围一片漆黑，这些告诉了他们这是一场不同寻常的灾难。海浪使得巨大的船只仿佛轻轻的木片。

船员发出的求救信号告诉周围的芬兰海事会，"爱沙尼亚号"已经无力抵抗海浪的侵袭，成为海洋猎取的对象。到出事地点有35千米，在漆黑的夜里，在刮着风暴的海面上，应该往什么地方派救生船？派出的海岸救护船和直升机艰难地搜寻了数小时后，终于找到了"爱沙尼亚号"沉没的地点。这次营救行动仅仅救出了139人，打捞起42具冻僵了的尸体，而船上应该有900多名乘客和船员。在接下来的几天几夜里，12艘船只和5架直升机在附近的海面继续搜索，但是一无所获。

后来人们打捞起了"爱沙尼亚号"的船头。专家发现，如果船长在发现船只倾斜的情况下不下达全速行驶的命令的话，完全可以营救出更多，甚至全部的人。因为根据"爱沙尼亚号"的技术性能，它完全可以在事故发生后继续在海上漂浮五六个小时。

太空中的悲剧

长久以来,探索浩瀚的宇宙一直就是人类美好的梦想。人类自古以来就有着翱翔太空的渴望,想要了解宇宙的奥秘。人类为这样的理想一直在付出努力,同时也做出了很多牺牲。那些勇敢地在太空中探索的人们,用自己的生命谱写了一曲曲壮丽的乐歌。

人类历史上首位"航天殉难者"是中国的万户。传说14世纪末,万户坐在安装有47支火箭的座椅上,两手分别持一只大风筝,想要飞上天空,却不幸殉难。为了纪念这位世界上第一个实验火箭飞行的探险家,人们把月球表面东方海附近的一个环形山叫做万户山。

真正意义上的航天史是在现代。19世纪末20世纪初,随着科学技术的大跨步前进,近代火箭技术和航天飞行技术得以迅速发展。1961年4月12日,苏联"东方1号"飞船载着杰出的航天员尤里·加加林首次成功进入太空,开辟了载人航天的崭新时代,也标志着人类走完了从梦想到现实的漫漫长路。如今,人们瞻仰着静静地躺在莫斯科红场克里姆林宫墙上的加加林的骨灰,借以怀念这位第一个从宇宙俯瞰世界的宇航员。不过,加加林并非是在太空中遇难,而是死于一次普通的飞行训练。

"挑战者号"航天飞机在起飞时爆炸。

在已经过去的几十年里,人类在载人航天领域既经历了许多巨大的成就,也遭遇了许多难以忍受的沉重打击。而人类的航天事业就是在鲜花和眼泪中前进的,它的前进同时推动着人类文明的艰难发展。以下是世界进入航天领域以来发生的部分航天灾难:

* 1967年1月,3名美国航天员在进行"阿波罗1号"飞船模拟发射时,因飞船失火而丧生。
* 1967年4月,苏联航天员科马洛夫因飞船坠毁而身亡,成为世界上第一位在执行空间飞行任务时献身的航天员。
* 1971年7月,在太空实验室里工作了创记录的24天后,苏联的3名航天员在返回地面的过程中身亡。
* 1980年3月,苏联"东方号"运载火箭在进行燃料加注时发生爆炸,导致50名技术人员死亡。
* 1994年12月,欧洲"阿利安"火箭升空后坠入大西洋,价值1.5亿美元的"泛美卫星Ⅲ"被毁。
* 1998年8月,美国"大力神4A"运载火箭在起飞不久后发生爆炸,火箭连同所带的间谍卫星价值在10亿美元以上。

1986年1月28日,本来应该是作为让人兴奋的一天而被人们记住的,世界各国的报纸

□ 可怕的现象

上都有这样一个消息："7位美国宇航员将飞往宇宙，并将像英雄凯旋一样回到地面。"不幸的是，就在同一天，当7位宇航员的相片再次出现在电视机上的时候，四周已经被镶上了一道黑纱。播音员沉痛地说："他们将永远不再返回地球。我们将永远记住他们是为科学献身的英雄。"

这是人类的太空悲歌，奏响悲歌的是美国已经成功进行了9次飞行的"挑战者号"航天飞机。飞机从发射架上升空70多秒后发生爆炸，化为碎片，坠入大西洋，7名机组人员全部遇难。

隆隆的爆炸声和可怕的画面从显示屏上传来的时候，人们惊得目瞪口呆，简直不敢相信自己的眼睛。几秒钟后，看台上已经哀声四起，人们泣不成声。时任联合国秘书长的佩雷斯向里根总统发出唁电："全世界的人们都将为在开拓人类知识边疆中的这一悲剧而感到万分沉痛。"里根总统在追悼会上沉痛地说："我们今天所说的远不能代表我们的悲痛，语言在我们的不幸面前显得如此苍白无力……"

"挑战者号"的失事使全人类更加深刻地了解了征服太空的艰难，但是也坚定了自己的决心，世界航天史并没有因此而中断，而是继续向前发展。

2003年1月16日又是一个可怕的日子，在这一天，美国"哥伦比亚号"航天飞机在返航途中不幸解体，7名宇航员全部遇难。

虽然在遇难的时候其寿命才25岁4个月零22天，但是"哥伦比亚号"航天飞机在此之前已经经过了非常仔细的调适和测试工作，并成功进行了27次飞行。"哥伦比亚号"可以算是航天飞机中的元老，是航空次数最多、飞行里程最高的航天飞机。让人感到十分意外的是，在美国航天局42年载人飞行的历史里，航天飞机在返航时还从未出现过事故。

航天飞机失事的原因极为复杂，要对航天事故下结论，是一件非常复杂和困难的事：人为的和意外的事故都可能发生。不过，可以确定的是，在1986年"挑战者号"失事以后，美国航天局经过多次论证，放弃了在航天飞机上安装紧急逃生装置的计划，从而剥夺了航天飞机上7名航天员唯一的逃生机会。

第6篇
失落文明的神秘密码

伟大的人类在历史上曾经创造了不朽的文明，并且盛极一时。但仿佛一夜间，这些文明成了谜。如今的人们既无法说清它的由来，也无法说清它的失落。通过一系列的考古研究，呈现在人们眼前的文明使人瞠目结舌。失落的文明使人们发出由衷的赞叹！

一、解读古文明的密码

神秘的澳大利亚原始洞穴手印

在澳洲的史前文化中，南澳大利亚的库纳尔洞穴发现的2万年前的岩壁画，成为一个引人注目的现象。土著先民们最初用手指甲刻在软石灰岩壁上的一些细小线条、一些弯曲迂折的但仍然很流畅的凹线刻画，成为库纳尔洞穴岩壁画中最早的遗存。那时的岩壁画的图形已经有横切面呈"V"字形的，甚至还有几个颇为工整的格形图案。作为太平洋岩画群体中年代最为久远的画面之一，澳洲岩画画面虽然很简略，但作者的原始意念已经有明确的表露，包括原始的祭祀仪式及与新石器时代文化的源流关系。

在早期的具有代表性的岩刻画的画面上，脚印和手印也醒目地分布在其上，而且对脚印和手印的刻画粗细、手法并不相同。脚印的雕琢很精致、细腻，造型准确，生动形象，依脚趾的排列和方向去选取刻画的维度，而不是根据踩踏的脚印去刻画，画技不能和蘸了颜料而印成的岩绘画相比，但其留下了澳大利亚原始土著居民的较早的足迹。手印的刻画有些粗糙、拙陋，用较为宽而粗的块面表现，不仔细辨别很难看出是手的印记，但拇指还是很容易辨别出来的，整个手的画面显得抽象而简单。在太平洋岩画的群体中，岩画的作者大都是崇鸟的氏族，动物脚印的数量在岩刻画的画面中也占有一定的比重。以鸟类的脚印为最多，而且这些脚印大都随鸟类在其生存环境中的地位而有大小的区别。尺寸较大、粗壮、痕迹较深的鸟脚印，或许应为表示鸵鸟在那个生活环境中所拥有的不寻常而非同一般的地位，其他鸟的脚印很小，但是种类很多，有三叶片状，有圆点状的，也有箭头状的。

在澳大利亚沙漠中发现的巨大的人手形岩画，它可能是土著居民用手工雕刻而成的。

澳洲原始居民在岩壁上留下足印之后，人类艺术起源时期的一个可靠而珍贵、神秘而伟大的标本就产生了。在澳大利亚的古人类遗址中，人们普遍地发现了赤铁矿石块以及磨盘，这分别是用作颜料和研磨用的。而土著人在向自己的身上涂抹红色时，澳洲土著人再生的意念已经萌发，伴随与之的是用颜料在岩石上作画的原始艺术的诞生。在新南威尔士西南部的蒙戈尔湖的河床一带，曾出土了大量史前猎人的生产和生活的遗迹，他们采集植物的果实，捕猎袋鼠、山猫和鱼类等。而且在这处遗址中还发现了一位妇女的墓葬，这是具有一定仪程的葬礼，所埋葬的洞穴便成为了岩画的写实素材，并开创了太平洋岩画画面中大量出现的圆穴凿刻艺术的先河。

在澳大利亚广阔的领土上有上万幅原始洞穴岩画。或许从2万年前开始一直到今天，澳大利亚的土著居民从来没有停止过岩画的绘制与雕琢。北澳大利亚岩画中的"祖灵"形象非常显著。地处约克半岛的一个洞穴里保存着几百幅主题是人物的岩画，那些人物或许是英雄、是神灵、是祭司，艺术家们不得不为原始土著居民的人物画所赞叹与倾倒。而种种人物形象或许都与澳洲人心目中的祖先即最先来到这片土地的人们有关。原始人类的迁徙活动使澳洲最早住民的构成众说纷纭。总之，北澳大利亚岩画中的祖灵形象为研究澳洲提供了丰富形象的资料，对寻觅澳大利亚史前文化的源头具有重要的意义。

此外，在澳大利亚一些文化遗存十分丰富的地区，岩画画面的主要题材是鸟形人。作者用一条带状的彩色线条勾出椭圆形的脸框，在用密集的短线条在脸框上装饰出细细的绒毛，眼和嘴连在一起，眼睛用细线条勾画出睫毛，很似鸟的形象。鸟形人面的岩画在东亚和太平洋地区的岩画中也很丰富，在夏威夷岛上的崖壁画中，鸟形人面成为最引人注目的主题。澳大利亚的鸟形岩画，清楚地反映了崇鸟部族的迁徙路线，而这条路线与澳洲的最早住民进入大洋洲的历程恰好是重叠的。岩画能不能成为亚洲的先民迁徙到澳洲汇合的一种印证？土著人谨慎地崇敬岩画中的人物，认为他们是澳洲山河的缔造者，他们有着永存的精神和无穷的力量。成为氏族印记的岩画中的鸟形人面形象，其背后是一种强大人群与种群的力量。

澳大利亚岩画通常采用夸张的手法而对人身体的某个部位进行放大。画人的双臂时，采用"透视法"，将其画得硕长劲健，充分显示出人攫取食物的力量。双腿用粗实的线条画得很有力量。用明确的线条勾勒出脚趾和脚踝。虽是夸大、变态的造型，人体的主要特征还是很明显的。可以把变态的人体看成是一种写实的记录和一种大胆的创意，早期农业开发的艰难，强大的人体是落后的经济形态的一种补充，也包含了早期人类祈望谷物丰收、人丁兴旺的执著的理想和愿望。澳洲岩画对人类早期生活的记录可谓文明史上的重要一页。

同时澳洲的原始岩画在一些形象上展现了一种古老而又新奇的原始美，一种人类初萌时期的混沌美、朦胧的美，某种程度上是超现实的美。从澳大利亚原始岩画中，我们看到了澳洲原始土著居民及人群的足迹，看到了人群不断的迁徙与融合的痕迹，看到了原始居民对生命的理想与祈望，更看到了原始艺术的灿烂光芒。

金字塔是怎样建造的

谈及埃及，就不能不说代表其灿烂文化的"世界七大奇迹"之一的金字塔建筑群——胡夫金字塔、卡夫拉金字塔和门卡乌拉金字塔。胡夫金字塔位于开罗西南郊，是埃及最大的金字塔，由230万块巨石建造，其中最轻的2.5吨，最重的达40吨。这些金字塔由于修建时期在5000～6000年前，目前没有发现任何记录它建造的文字，因而在建筑学、数学、几何学、物理学等方面给后人留下了种种离奇、有趣的暗示，也留下了无数的难解之谜！

胡夫金字塔的底面呈正方形，每边长230多米，绕金字塔一周，要走近1千米的路程。胡夫金字塔，除了以其规模的巨大而令人惊叹以外，还以其高超的建筑技巧而著名。塔身的石块之间，没有任何黏着物，而是一块石头叠在另一块石头上面的。每块石头都磨得很平，至今已历时数千年，人们也很难用一把锋利的刀刃插入石块之间的缝隙，这不能不说是建筑

□ 可怕的现象

古埃及人建造金字塔示意图（想象）

史上的奇迹。另外，在大金字塔身的北侧离地面 13 米高处有一个用 4 块巨石砌成的三角形出入口，因为如果不用三角形而用四边形，那么，100 多米高的金字塔本身的巨大压力将会把这个出入口压塌。而用三角形，就使那巨大的压力均匀地分散开了。在 5000 多年前对力学原理就应用得如此巧妙，不能不令人叹为观止。

而著名的 $\pi = 3.14159\cdots\cdots$ 这一数字，是金字塔的地基周长除以其高度的两倍。究竟是什么力量，什么机器和什么技术，把这块岩石地带整平的？建筑师是如何挖掘通向地层下的隧道的？他们如何使光线渗入内部？

多年来，人们公认的说法是，埃及金字塔是由埃及的劳动者在公元前 3000 多年用手工建造的。当时的劳动者用没有轮子的运载器械运送如此沉重的石块，而且他们只能借助于畜力和滚木来艰难地移动石块，把巨石运到建筑地点，他们又将场地四周天然的沙土堆成斜面，把巨石沿着斜面拉上金字塔。就这样，堆一层坡，砌一层石，逐渐加高金字塔。每批 10 万人，每一大群人要劳动 3 个月，历经 20 多年的劳动才换来胡夫金字塔的建成。多年来，专家们认为劳动者都是被强迫来做工的奴隶，然而新的发现使他们相信劳动者并不是奴隶，他们是埃及的公民。在金字塔的一些石块上发现的标记为这种想法提供了证据。专家们认为这些标记是劳动者写明他们的工作以表示他们为建造金字塔而自豪的方式。这些标记是以古代象形文字书写的，它们是劳动者的人名。美国耶鲁大学和埃及考古学家在金字塔附近还发现了一座大建筑物的废墟。他们相信这里曾经是储藏食物和烘烤面包的场所。他们认为这个地方所产生出来的食物可供养 10 万工人。

但这种说法却在今天受到了考古学家们的挑战。根据金字塔的建造规模，有关专家估计，在修建大金字塔时，埃及居民至少应有 5000 万，否则难以维持工程所需的粮食和劳力。然而，据历史资料统计，在那个时期，世界总人口才有 2000 万，这是一个多么惊人的矛盾。更令人不解的是，建造金字塔的石块都是从很远的地方运到吉萨沙漠去的。这些石块大的有 50 吨，小的也有 2.5 吨，仅胡夫大金字塔就用了 230 万块这样的石块。按埃及当时科技水平来看，还没有能力运输如此又重又多的大石块。因此，有人大胆设想，石块不是从陆地或水上运输的，而是由宇宙来客在空中运输的。这种大胆设想或许被认为似乎太荒谬了。但是，以胡夫金字塔来说，该塔底边的边长230米，误差不到20厘米。塔高146.5米，相当于40层楼高，东南角与西北角的高度误差仅为1.27厘米，如此低的误差率，即使许多现代建筑也望尘莫及。更让人惊奇的是，胡夫大金字塔的塔高乘上10亿等于地球到太阳的距离；用2倍塔高除以塔底面积，等于圆周率3.14159，而该塔建造好差不多过了3000年后，人们才把圆周率算到了这个精度。塔的四边正对着东南西北4个方向，塔的周长米数正好与1年的天数相吻合（即365.24天），其周长乘以2正好是赤道的时分度，坡面的高是纬度的6%，塔的自重乘以10的15次方正好是地球的重量。因此，无论是谁选定的这个塔址，都应该对地球体结构、陆地和海洋的分布等有充分了解。

因此一位叫戴维·杜维斯法国化学家，提出了一个关于金字塔建造的全新见解，他认为，建造金字塔的巨石是人工浇筑的。他从金字塔上取下来的小石块逐个加以化验，结果证明，这些石块是由人工浇筑贝壳灰石组成。尽管考古证明，人类在几千年前就已掌握混凝土制作技术，但这些贝壳石灰石浇得如此坚如磐石，以至很难将它们与花岗岩区别开来，实在是令人难以置信。由此他推测，在埃及，奴隶建造金字塔很可能是采用"化整为零"的办法，先将搅拌好的混凝土装进筐子，再抬上正在建造中的金字塔。这样，只要掌握一定的技术，就能浇筑成一块块巨石，将塔一层一层加高，这种做法既省力又省工。或许是上天特意为了证明他所说是正确的，这位法国科学家还在石块中发现了一缕人的头发，也许这缕头发就是当时辛勤劳动和灿烂智慧的见证。可惜的是，这些推论都是后人的一种猜测，当时的人是如何建造这样的一个奇迹，我们无从知晓，修建金字塔，一定是集中了当时古代埃及人的所有聪明才智。今天，当我们再次漫步在金字塔世界时，我们只有陶醉在它谜一般的神话传说中。

埃及狮身人面像之谜

在埃及的尼罗河畔，除了众所周知的金字塔外，还屹立着一座巨人——狮身人面像。它从埃及向东方凝视，面容阴沉忧郁，既似昏睡又似清醒，蕴含着一股雄壮的气势，给人以神秘的遐想。多少年过去了，经过几千年的风吹日晒雨淋，一切都在变化之中，然而狮身人面像却一直默默地守护在尼罗河畔，似乎在捍卫着什么，守望着什么。然而又是谁建造了它，保护了它，为它除沙除尘呢？

有种意见认为，狮身人面像在埃及"古王国"时期建成，是由第四王朝的法老卡夫拉（公元前2520～前2494年）建成的。这是传统历史学观点，它出现在所有埃及学标准教科书、大百科全书、考古杂志和常见的科学文献中。这些文献都表示，狮身人面像的面部是按照卡夫拉本人的模样来雕刻的——也可以说，卡夫拉国王的脸就是狮身人面像的面孔，这一点已被认为是历史事实了。

比如，闻名世界的考古专家爱德华兹博士就说过，狮身人面像的面部虽已严重损坏，"但依然让人觉得它是卡夫拉的肖像，而不单只是代表卡夫拉的一种象征形式"。

他们之所以这样说，根据之一乃是竖立在狮身人面像两前爪之间的一块花岗岩石碑上刻着一个音节——khaf。这个音节被认为是卡夫拉建造狮身人面像的证据。这块石碑与狮身人面像并不是同时出现，而是对图特摩斯四世法老（公元前1401～前1391年）功德的纪念。这位法老把即将埋住狮身人面像的沙土彻底清洗干净了。这块石碑的碑文说狮身人面像代表了"自始至终存在于此的无上魔力"。碑文的第13行出现了卡夫拉这个名字的前面一个音节

khaf。按照瓦里斯·巴杰爵士的说法，这个音节的出现"非常重要，它说明建议图特摩斯法老给狮身人面像清除沙土的赫里奥波利斯祭司认为狮身人面像是由卡夫拉法老塑造的……"。

然而仅仅根据一个音节，我们就能断定卡夫拉建造了狮身人面像吗？1905 年，美国埃及学者詹姆斯·亨利·布莱斯提德对托马斯·扬的摹真本进行了研究，却得出了与此相悖的结论。布莱斯提德说："托马斯·扬的摹真本提到卡夫拉国王的地方让人觉得，狮身人面像就是这位法老塑造的——这完全是没有事实根据的；摹真本上根本看不到古埃及碑刻上少不了的椭圆形图案……"

你也许会问什么是椭圆形图案。原来，在整个法老统治的文明时期，所有碑文上法老的名字总是包围在椭圆形的符号里面，或是用椭圆图案圈起来。所以，很难使人明白刻在狮身人面像两前爪之间的花岗岩石碑上的卡夫拉这位大人物的英名——实际上其他任何一位法老都不例外——怎么可以缺少椭圆图案。

再者，即使碑文第 13 行的那个音节指的就是卡夫拉，也不能说明是卡夫拉雕刻了狮身人面像。卡夫拉可能还因为其他功绩被怀念着。卡夫拉身后的许多位（或许其身前也有许多位）法老（如拉美西斯二世、图特摩斯四世、阿摩斯一世等等）都修复过狮身人面像，卡夫拉怎么就不可能是狮身人面像的修复者之一呢？

实际上，19 世纪末和 20 世纪开创埃及学的一大批资深学者都认为狮身人面像并不是由卡夫拉雕刻，这一说法才是合乎逻辑推理的。当时担任开罗博物馆古迹部主任的加斯东·马斯伯乐也是那个时代是受人推崇的语言学家，也是认同这种观点的学者之一。他在 1900 年写道："狮身人面像石碑上第 13 行刻着卡夫拉的名字，名字前后与其他字是隔开的……我认为，这说明卡夫拉国王可能修复和清理过狮身人面像，这在某种程度上也证明了狮身人面像在卡夫拉生前已被风沙埋没过……千百年过去了，'斯芬克斯'仍然伫立在尼罗河畔，即使它的身上已经是千疮百孔。也许对于敬仰它的人，膜拜它的人来说，这无损于它的形象。"

神秘的英国"巨石阵"

在英国南部的索尔兹伯里平原上，有一群排列得相当整齐的巨大石块，这便是举世闻名的斯通亨治"巨石阵"。

巨石阵的主体是一根根排成一圈的巨大石柱。每根石柱高约 4 米，宽约 2 米，厚约 1 米，重约 25 吨，其中两根最重的有 50 吨。在不少石柱的顶端，又横架起一些石梁，形成拱门状。巨石阵的主体是由一根根巨大石柱排列成的几个完整的同心圆。周围由一道深 6 米多、宽约 21 米的壕沟勾勒出轮廓。沟是在天然的石灰土里挖出来的，挖出的土方正好作为土岗的材料。紧靠土岗的内侧，56 个等距离的坑构成又一个圆圈。由于考古学者奥布里于 17 世纪首先发现这里，所以这些坑被称为"奥布里坑"。坑用灰土填满，里面还夹杂着人类的骨灰。在这个范围内有两个巨型方石柱一般大小的圆形石阵，并列在一个小村旁边。这些巨石高约七八米，平均重量 28 吨左右，直立的石块上还架着巨石的横梁。砂岩圈的内部是 5 组砂岩三石塔，排列成马蹄形，也称之为拱门，其中最高的一块重达 50 吨。这个马蹄形位于整个巨石阵的中心线上，开口正好对着仲夏日出的方向。

据考古学家们分析，那平均重达二十五六吨的青色巨石、砂岩石是从 30～200 千米以外运来的。建造者们首先挖出一道圆形的深沟，并把挖出的碎石沿着沟筑成矮墙，然后在沟内侧挖了 56 个洞，但这些洞挖好之后又被莫名其妙地填平了。也就是说，最令人费解的奥布里坑就是这一时期所造。公元前约 2000 年开始的是巨石阵建筑的二期工程，这次最早修筑的是

巨石阵结构示意图

一条两边并行的通道。三期工程大约始于公元前1900年，建成了庞大的巨石圆阵。在其后的500年期间，巨形方石柱的位置被不断调整，二期工程的青石也重新排列，终于形成了欧洲最庞大的巨石结构。可惜的是双重圆阵西面部分始终没有竣工。

据英国考古学家考证，巨型方石阵于公元前2750年开始建造，距今已将近5000年，其建造时间可能比埃及最古老的金字塔还要早。据估算，以当时的生产力水平，建造巨石阵至少需3000万小时的人工，也就是说，至少需1万人连续工作1年。

在发掘中，始终没有发现用轮载工具或是牲畜的痕迹。建造者们是如何从数十千米甚至数百千米外把巨石运来的？曾有专家组织人用最原始的工具试图把1块重约25吨的巨石从几十千米外运来，但几经努力，都没有成功。从实际操作技巧看，有些巨型石块单靠滚木和绳索，恐怕得用上千人才能移动起来，所以有理由相信，建造者们绝对不是一个未开化的民族。

有人认为，巨石阵很可能是一个刑场。原因是最近从巨石阵挖掘出了一颗年代久远的人类头骨。现代分析技术认为，这是一具男性骨骸，曾有一把利剑将他的头颅齐刷刷地砍下。考古学家在这颗头颅的下颌下发现了一个细微的缺口，同时在第四颈椎上发现了明显的切痕。由于其墓穴孤独地埋在那里，人们有理由相信，他并非死于一场战争，而是被一柄利剑执行了死刑。在巨石阵及其周围还曾发现数具人类遗骸。1978年，一具完整的人类骨骸在围绕巨石阵周围的壕沟中被发现，这个男人是被像冰雹一样密集的燧石箭射死的。

最近一种流行的说法是，巨石阵有天文观测的功用。早在18世纪，就有人发现巨石阵有以下特点：巨石阵的主轴线指向夏至时日出的方位，巨石阵中现在标记为第93号和94号的两块石头的连线，正好指向冬至时日落的方向。

本世纪初，英国天文学家洛基尔进一步指出，如果站在巨石阵的中央观察，那么第93号石头正好指向立夏（5月6日）和立秋（8月8日）这两天日落的位置，第91号石头则正好指向立春（2月5日）和立冬（11月8日）这两天日出的位置。因此，洛基尔认为，早在建造巨石阵的时代，人们就已经把一年分为8个节令了，即立春、春分、立夏、夏至、立秋、秋分、立冬、冬至。洛基尔的研究引起了天文学家和考古学家们的浓厚兴趣。他们联想,巨石阵大概是远古时代人们为观测天象而建造的,它很可能就是一座非常非常古老的"天文台"。

20世纪60年代初,一位名叫纽汉的学者宣称,他找到了指向春分日和秋分日日出方位的标志,并指出91、92、93、94号石头构成了一个矩形,矩形的长边正好指向月出的最南端和月落的最北端。后来,英国天文学家霍金斯用电子计算机进行了大量计算,用巨石阵来预报月食。巨石阵里还有56个围成圈的坑穴,坑内有许多人的头骨、骨灰、骨针和燧石等。霍金斯认为,古人就是用这些坑穴来预告月食。

后来天文学家霍伊尔更认为巨石阵能预报日食。果真如此的话,那么巨石阵的建造者在天文学和数学方面的造诣,将远比希腊人、哥白尼甚至牛顿还高。天文学家迈克·桑德斯则认为,巨石阵是在已经了解太阳系构造的基础上建造的。

对于把巨石阵称为天文台的说法,有人提出疑问:建造者们为什么不用既轻便又很容易从当地得到的木材和泥土来建造这座天文台,而非要到很远的威尔士山区去运来这些大石块呢?再说,上面提到的那些坑穴中的人类墓葬又和天文学有什么关系呢?正是这些疑问,使不少人坚持认为巨石阵实际上是一种神秘的宗教场所,它和天文台根本沾不上边。

现在,又有人提出一种观点,认为巨石阵既可能是用来祭祀的宗教活动场所,又是墓葬场所,同时也可能还是观测天象的天文场所。这就好像在中国已经发掘出的不少古墓那样,其中也都发现了古代的星图。

曾有一块巨石倒塌下来,现代学者们曾试图把它准确地放回原来的位置,但经努力,终难如愿。为此,有位学者指出:在地球上的位置若有几厘米的偏差,在外太空的计算上就可能达到若干光年。

奇怪的是,曾有学者用当前最先进的仪器设备,检测出巨石竟能发出超声波!古人在刀耕火种的时代怎么会知道超声波呢?难道是外星人在遥远的史前时代光顾了英格兰?

究竟是天文台,还是宗教活动场所,或者是二者兼而有之,还在争论之中。

罗马人为何用处女守护圣火

在厄比妮亚那个时代,供奉罗马灶神威斯塔的神庙里,一年四季圣火都燃烧着,共有6个处女守护着圣火。她们担当守护神庙圣火的重要宗教职务,共同在称为灶神院的地方居住。她们以灶神庙中永远燃烧的圣火为守护对象,以此来纪念史前时代每一次生火的艰难。由于灶神崇拜以火为中心,并且火纯洁无垢,因此,罗马人认为守护神庙圣火的只能是处女。

守护圣火的处女除了生病之外,一般不能离开她们所居住的罗马公会所东南的女灶神庙。每天每名处女至少值勤8小时,主要负责保持神殿内圣火不熄灭。她们还有诸如到圣泉去取水,为公众祈福以及烹制祭礼仪式上用的祭品等其他职责。守护圣火的处女在庆祝农作物收成的节日上有更多的宗教任务,而更不可思议的是,她们必须参加生育祭礼。由于这些处女被整个罗马人的社会公认圣洁无垢,因而她们还受命保管条约、遗嘱、珍宝和其他重要文件等。或许这种服务是她们自愿提供的,委以如此重任也常看做是对她们的敬意。

守护圣火的处女享有的特权与荣誉是其他罗马妇女所没有的。但是守护圣火的处女也有严格的纪律约束,一旦犯错就要受可怕的处罚。如果她们玩忽职守,祭司长通常以鞭笞来惩罚任由圣火熄灭的守护圣火的处女,对不贞的则处以活埋。后一项表明了罗马人认为守护圣火的处女一定要纯洁。

被活埋的守护圣火的处女在长达1000年的历史中不到20人,这其中部分原因可能是严厉的惩罚起到了相当大的威慑作用。当然那20个遭活埋的女性中，也许有些是被冤枉的。起因是罗马人认为受人尊敬的处女如果行为不端，可能会引起军事失利及其他灾难。

古罗马人为什么喜爱看角斗士表演

古罗马统治者最喜爱的娱乐活动就是角斗士表演。格斗是在斗兽场里进行的，通常有两种方式，一种是让奴隶与奴隶格斗。角斗士在格斗时手持刀剑和盾牌，实际上是互相残杀，直到其中一人倒在地上死去方算结束；另一种方式是让奴隶与猛兽格斗。奴隶主专门养了狮子、老虎等凶猛的野兽，格斗时使猛兽处于饥饿状态，而把角斗士"喂"得饱饱的，他们坐在看台上"欣赏"人与兽厮杀，看到奴隶被野兽撕吃时则高声叫好。看过电影《角斗士》的人们，恐怕没有谁不被这种血腥场面所震撼。如果你到罗马城旅游，站在空旷的罗马竞技场，这种感觉就更强烈了。

面对这座"欢乐的屠场"，你肯定会思考这样一个问题：创造了高度文明的古罗马人，何以对这样残忍的表演如痴如醉？

史学家们没少争论这个问题，并且提出了好几种假设。有人认为古罗马人爱看角斗士表演和政治活动关系十分紧密。在当时的罗马，政治活动的主要场所有元老院、浴场和角斗场。元老院是罗马的直接议政机构，而浴场则是平民的主要集会场所，而在角斗场中举行的角斗活动，恰恰最易于迎合和笼络平民。有野心的贵族往往通过举办角斗士表演来拉拢民心，巩固其政治地位。例如曾有一个叫赛马修斯的贵族，费尽心力找来了所需的强壮奴隶和猛兽，准备举办一个大型的角斗士表演。可是在比赛前一天晚上，29名奴隶被政敌秘密勒死了，结果由于没有举办成功而导致平民的强烈不满，使得他的政治地位岌岌可危。另外，据历史记载，著名的奥古斯都皇帝曾严格限制贵族举办角斗士表演，以防止他们拉拢民心危及自己的统治。可是这种说法还是没有回答中心问题：为什么古罗马平民那么喜爱观看角斗士表演呢？

还有人认为这和古罗马人提倡尚武斗勇的风气有关。当时的罗马致力于对外扩张，罗马帝国最兴盛时曾控制了整个地中海，其势力范围之广，扩大到欧亚非三大洲。因为长期战争，所以统治者必须想方设法让人民保持战斗传统，为此，他们想出了角斗士表演这个办法，以在公共场合培养一种剽悍勇猛的嗜血风气。考古学家在庞贝遗址发现了一个用黏土做成的奶瓶上绘有角斗士图像，这说明当时获胜的角斗士就像现在的体育明星一样，是被人崇拜的。而到了后来，罗马曾经有长达200年的和平时期，这时作为战争的一种变体，角斗士表演显得就更重要了。

这种野蛮的角斗士表演现在已经灰飞烟灭，人们只是探求古罗马人为什么如此喜欢看角斗士表演，希望人类永远向着善的方向发展。

古希腊为何有众多的裸体雕塑

人们现在已经可以从各种渠道欣赏到琳琅满目的古希腊雕塑，每每大饱眼福之后，都不禁生出一个疑问：为什么几乎所有的古希腊雕塑都是裸体的呢？

这个问题困扰了几个世纪的学者，他们的回答也大相径庭。居于主流的一种观点认为：古希腊以裸体为表现对象的人体雕塑艺术特别发达，这主要与当时战争的频繁和体育的发达有关。那是一个弱肉强食的时代，为了征服另一城邦和不被别的城邦征服，古希腊统治者对公民从小就要进行体能训练，选拔士兵时，不论男女，在竞技场上都要裸体进行比赛。古希腊法律中有这样在今天看来极不人道的律令："体格有缺陷的婴儿一律处死。"甚至为了达到

□ 可怕的现象

少女裸像 古罗马

一种"优生优育",还有这样的规定:"老夫有少妻的,必须带一个青年男子回家,以便生养体格健全的孩子。"这在客观上造就了希腊人崇尚裸体的民俗。据史料记载,在当时的全民性竞技比赛上,人们并不以裸体为耻,无论男女,为了显示自己健美的身体,常常一丝不挂,甚至特意突出自己的性器官。

古希腊人认为,"健康的精神寓于健康的躯体之中"。他们把具有健、力、美的躯体视为神的馈赠,并成为人们最高追求和崇拜的目标。他们理想中最完美的人是:具有宽阔的胸部,虎背熊腰的躯体,能掷铁饼的结实胳膊,善跑善跳的矫健腿脚。于是,古老的奥运会就成了炫耀和展示人体的盛会,运动员个个赤身裸体,参加拳击、摔跤、格斗、赛跑、赛马等各种比赛。据史料记载,不仅民间崇尚裸体美,而且统治阶层也有这种倾向。公元前4世纪,亚历山大在特洛伊城曾率士兵围绕英雄阿喀琉斯的墓裸体赛跑。专家认为,正是这些奠定了希腊大量裸体艺术雕塑得以产生的社会人文基础。

但是近来有些学者对这一观点进行了反驳,认为希腊裸体雕塑是当时盛行性自由和性快乐主义的产物,其中学者潘绥铭的解释很有独到之处。他认为人类的裸体有3种性的特征。第一特征是男女生殖器外形的不同;第二特征是男女体形和体表的不同;第三特征是男女心理、气质的不同。这3种特征构成性吸引和性审美的3个层次:生理的、心理的和习俗的。古希腊的裸体艺术之所以发达,并非来自于体育竞技,而是由于当时普遍流行性快乐主义的缘故。它的表现原则有3:第一,不隐讳外生殖器;第二,身体结构理想化,例如把女性乳房塑造为圆锥形或高耸的形状,臀部往往前后突出;第三,以动态和神态来刻画第三性特征。有一个著名的传说可以作为古希腊性快乐主义流行的佐证。《千禧日记》里有一个故事:《荷马史诗》中的《伊利亚特》曾经描写为了争夺美女海伦,希腊人与特洛伊人进行了10年大战,希腊各城邦都不堪其苦,于是召开了元老会讨论要不要停战。元老院在讨论中认为,为了一个女人打如此长时间的仗实在是不值得,应该马上回去。但是没想到海伦突然出现在他们面前,讨论者马上缄口不言,全都惊讶于海伦的美貌,于是立即改口说,哪怕再打10年也值得。

还有人认为古希腊的裸体雕塑起源于原始社会时的裸体风俗。原始社会时,人们往往裸露自己的生殖器,并以此为美,他们把性看作是上天的恩赐。在今天的非洲许多土著中,还有显露外生殖器的风俗。而希腊人显然继承了这一风俗,他们不仅以男性裸体为美,更以女性裸体为美。

古希腊有众多裸体雕像的原因是什么,至今还是一个谜,但古希腊的裸体雕像是西方裸体雕塑和绘画艺术的源头,它以其独一无二的完美,将永远为世人所瞻仰。

米洛的维纳斯断臂之谜

古希腊神话传说中,有一个女神叫阿芙罗蒂,专管"美"和"爱"。到了古罗马时代,罗马人将她称为维纳斯。没有人见过这位女神,但是关于她的雕像却留下很多。其中最有名的就是一尊断臂的维纳斯雕像。

1820年4月的一天，农民伊沃高斯带着他的儿子在爱琴海中的米洛岛上耕地。当他们正打算铲除一些矮灌木时，突然一个大洞穴出现在他们面前。他们走进这座山洞，发现了一座非常优美的半裸的女性大理石雕像，这就是"断臂维纳斯"神像。

法国驻希腊代理领事路易·布莱斯特很快得知了这个消息，他立即向法国公使利比耶尔侯爵作了报告。侯爵以高昂的代价从伊沃高斯手中买下了这座雕像，价格高达2.5万法郎，又把它装上法国军舰，偷偷运往法国。现在这座雕像就陈列在法国巴黎著名的卢浮宫美术馆里，成为卢浮宫的镇馆珍品之一。

从那以后世上就广为流传着有关断臂维纳斯的故事，人们不仅惊叹于维纳斯之美，也充满了对她的疑问和困惑。她是谁？她的制作者又是谁？她的手脚哪里去了？臂断之前她又是怎样的姿态呢？

这尊在米洛岛上发现的雕像是维纳斯公认的形象，被命名为"米洛的维纳斯"。有些人认为她的这个名字过于"外国化"，因此将它命名为"米洛的阿芙罗蒂"。又因为这座石像的脸型很像公元前10世纪古希腊著名雕像家普拉克西德雷斯的作品"克尼德斯的维纳斯"的头部，所以这件作品又被叫做"克尼德斯的阿芙罗蒂"。

正因为这两件作品如此相似，很多人断言她的创作者就是普拉克西德雷斯。但是也有相当一部分人认为这么优美的作品的作者应该是公元前5世纪古希腊更伟大的雕像家菲狄亚斯或菲狄亚斯的学生，因为作品的风格和这个时代相似。时至今日，比较公认的看法是认为这是一件晚至公元前1世纪希腊化时期的作品；还有一种看法认为这只是一件复制品，是仿制公元前4世纪某件原作而雕塑出来的，而原件已经消失了……总之众说纷纭，让人莫衷一是。

现在人们又对另一个问题产生了兴趣：她断了的两只胳膊原来是什么姿势？是拿着金苹果？是扶着战神的盾？还是拉着裹在下身的披布……近年来的考据家则较一致地认为，她的一只手正伸向站在她面前的"爱的使者"丘比特。虽然不少人曾依照各自的推测补塑了她的双臂，但总觉得很别扭，不自然，还不如就让她缺两只胳膊，让人们用自己的想象去补全它，从此她就以"断臂美神"而闻名遐迩了。

虽然这是个半裸的女性雕像，而且优美、健康、充满活力，可是给人的印象并不是柔媚和肉感。她的身姿转折有致，显得大方甚至"雄伟"；她的表情里有一种坦荡而又自尊的神态，显得很沉静。她无须故意取悦或挑逗别人，因为她不是别人的奴隶；她也毫无装腔作势、盛气凌人之感，因为她也不想高踞他人之上。在她的面前，人们感到的是亲切、喜悦以及对于完美的人和生命自由的向往。

自普拉克西德雷斯以来，艺术家们为了歌颂这位女神的美丽与温柔，塑造了各种姿态的裸女造型，而最成功的就是这尊雕像。她体现了菲狄亚斯的简洁，普拉克西德雷斯的温情，也具有留西波斯的优美的人体比例。她的面庞呈椭圆形，鼻梁垂直，额头很窄，下巴丰满，洋溢着女性典雅与温柔的气息。虽然衣裙遮住了她的下肢，但人体动态结构准确自然，艺术家的不凡技艺尽在其中。

然而，现在可能还是她的断臂让人们最感兴趣：美人的手臂在何处呢？

人们曾经在发现石像的同一座洞穴里找到过一些断臂与手的残碎石片，但这些究竟是不是这座雕像的手与臂的残片呢？目前还没有一致的看法。

"断臂"使这座雕像显得很神秘，却更增添了她的残缺美。人们为了解开断臂之谜，还发挥着无尽的想象力，但这个谜也许永远都不会有答案。

□ 可怕的现象

罗得岛巨人雕像之谜

希腊邮票上的罗得巨像——太阳神赫利俄斯穿着短裤，头戴太阳冠冕，左手按剑于腿上，右手托着火盆在头顶上，双腿叉开立于两座高台上，背后是海港，胯下是出入口航道。那样的巨像该有多大？据说神像高约32米，以450吨青铜铸成，站立的石座高达四五米，巨人的手指头有几人合抱之粗，大腿中空，内部可居住一家人。

罗得巨像建于公元前292～前280年，历时12年完成。巨像与希腊神话中的一则故事有关：远古时代，希腊诸神争夺神位而混战，宙斯最终成为最高的统治之神。宙斯给诸神分封领地时，唯独忘了出巡天宫的太阳神赫利俄斯。等到赫利俄斯归来时，宙斯指着隐没于爱琴海深处的一块巨石，封给赫利俄斯。巨石欣然升出海面，欢迎太阳神的到来。赫利俄斯以爱妻之名命名那里为罗得岛。

后来的历史渐渐失去了神话色彩。公元前408年，罗得国控制爱琴海几个岛屿，向地中海沿岸殖民，引起雅典、斯巴达、马其顿、波斯人的嫉恨与恐慌。公元前305年，波斯的季米特里国入侵罗得岛，全岛居民撤守罗得城。波斯人围困一年未能攻陷，只好撤离该岛。走时匆忙，将攻城装备和大批兵器遗弃于城下。罗得人感谢太阳神的保佑，决定将收集的金属器材熔化铸造一尊赫利俄斯的神像。铸成的巨大铜像立于港口，雄镇海疆。

巨像坠倒的时间确认在公元前225年。在一次大地震中太阳神像坍塌，倒在原地。这就是说，神像立于基座不过85年，这可能是罗得巨像记载不详的原因之一。

巨像倒地后，断成几截，后人记载称："底座只剩下巨像的双脚，其他部分全散落地上，露出中间的铁质骨架。"

罗得人认为这是"神的意志"，不愿再加修复。后来罗得城从破坏中复苏，繁荣不减当年，要复原巨像毫无问题，然而再也找不到像以前的艺术大师，只好任其自然了。

巨像散落后，为何消失得无影无踪？此谜有三解：

第一，公元653年，罗得岛被占领，占领者看中了神像残骸的巨大物质价值，击碎躯体，搬走碎块，运往意大利，变为废铜出售。

第二，铜像可能被人盗走，赃船在海上遇风沉没了。

第三，难道铜像残骸真的躺在地上达887年之久才被拿走？不大可能。大概坠地不久便被入侵者或当地人就地熔化制成其他器械了。罗得岛从公元前2世纪开始，历经罗马帝国、拜占庭、土耳其等的统治。

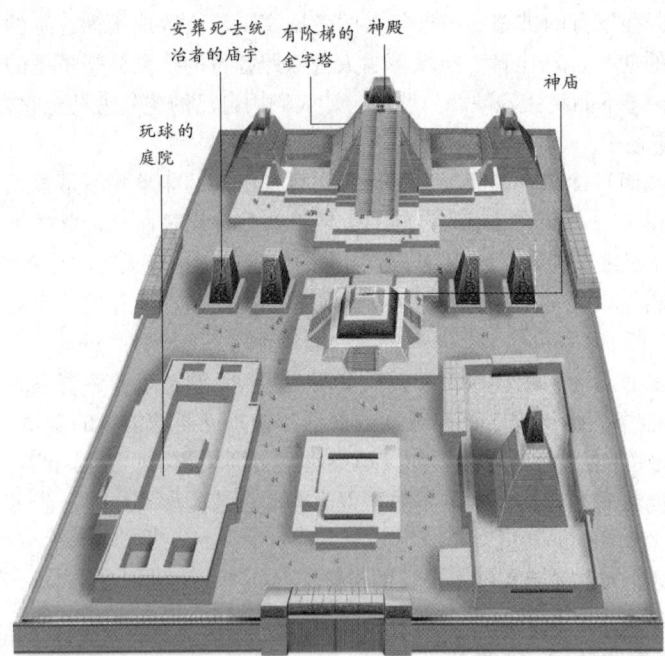

玛雅城市
玛雅城市的中心是高耸的金字塔形状的庙宇。在庙宇建筑群内包含了特别的庭院，用以进行玛雅人喜爱的游戏。

罗得人视太阳神像为圣物,肯定不会自行捣毁。在罗马帝国时期,恺撒、庞培等帝王、贵族都曾到过罗得城游览,他们对太阳神巨像的精巧与庞大惊叹不已。罗马人不可能当废金属处理掉,很有可能运回本土收藏起来了。

然而,这仅仅是猜测而已,太阳神巨像的下落就像它的铸成一样,千百年来一直都是个谜。

米诺斯迷宫何以保存得如此完整

相传远古希腊克利特岛上有个富裕强盛的米诺斯国,国王米诺斯是最高天神宙斯的儿子。王后与一头公牛怪私通,生下一个牛首人身的怪物。牛首怪不食人间烟火,只爱吃人,刀斧不入,横行宫廷。国王对它毫无办法,又怕丢丑,于是就命人建了座迷宫。这就是米诺斯迷宫。迷宫有无数通道和房间,牛首怪关进去以后出不来,而外人也难以进去。牛首怪每9年要吃7对童男童女,由臣服于米诺斯的雅典城邦国进贡。

这种情形直到雅典第三次进贡时才得以改变。雅典王子提修斯自愿充当牺牲品。王子来到米诺斯迷宫,米诺斯公主对他一见钟情,两人相爱了。公主送他一团线球和一柄魔剑,叫他将线头系在入口,边走边放线。王子在王宫深处找到了牛首怪,经过一场殊死搏斗,终于用魔剑刺死了它。然后顺原线走出王宫,携公主返回雅典,从此,王子和公主幸福地生活在一起。

这个故事出自荷马史诗《奥德赛》和古希腊的神话。世上真的有米诺斯迷宫吗?直到1900年,英国考古学家在经过了25年的考古工作以后,终于发掘出了2.33万平方米的米诺斯迷宫遗址。在清理出无数浮土后,古王宫墙基重现于世人眼前。

米诺斯迷宫建于什么年代,为什么能够保存得这样完整?

古希腊文明源于爱琴海,克里特文化是爱琴海文化的代表。早在公元前3640年,克里特岛居民就懂得使用青铜器。按历史分期,公元前3000~前2100年为早期米诺斯文化。克里特岛面积8336平方千米,是爱琴海最大岛屿。中期米诺斯文化时以岛北克诺索斯城为中心建立了统治全岛的奴隶制国家,并控制了爱琴海大部分岛屿和希腊南部沿海地区,是当时欧洲第一海上强国,因而有雅典进行活人牺牲祭祀之说。公元前1700年前后的一次大地震使岛上建筑大部分被毁坏,而后开始复建的米诺斯王宫更加雄伟壮丽。可是200年后,王宫忽然销声匿迹,米诺斯文化也突然中断。

人们苦苦思索:早期克里特人有能力复建被毁的建筑物,晚期反而弃之而去,当时的人到哪里去了呢?从遗址出土的2000块线形文字泥板,被鉴定为公元前1500年左右的遗物。1952年,英国学者破译其内容,确认那是希腊半岛迈锡尼人的希腊文字。这证明米诺斯的主人已经换成迈锡尼人,米诺斯王国已经不复存在了。既然迈锡尼人统治了克里特,为何不享用这宏丽的宫殿,却忍心把它毁了呢?

对此,美国人威斯、穆恩、韦伦3人在合撰的《世界史》中这样说:"约在公元前1400年,克里特发生了一个突然而神秘的悲剧。米诺斯的伟大王宫被劫掠了,被焚毁了,克里特的其他城市也遭到了同样残酷的命运。"是叛乱吗?是地震吗?

有人说,公元前1450年克里特再次发生的地震毁了米诺斯的文明。但通过查证灾害地理档案,人们发现这一年并没有发生足以毁灭米诺斯的地震。倒是公元前1470年前后,发生过一次骇人听闻的火山灾害。

克利特岛北方130千米处有个78平方千米的桑托林岛,岛上有座海拔584米的桑托林活火山。公元前1470年前后,这里发生了人类历史上伤亡十分惨重的一次火山大喷发。桑托林

☐可怕的现象

米诺斯宫殿
米诺斯王及其大臣居住的宫殿,不只是政治权力的中心,它们还主宰全国经济。宫殿里充满了浓厚的宗教气氛,犹如令人敬畏的神庙。

火山喷出625亿立方米的熔岩、碎石、灰尘,仅次于人类有史以来喷出物最多的坦博拉火山(1815年,印度尼西亚,喷出物1517亿立方米)。火山灰覆盖了附近的岛屿,50米高的巨浪席卷地中海的岛屿和海岸,造成数以十万计的人口死亡,同时毁灭了克里特岛的一切。

持上述观点的学者认为,米诺斯迷宫除了顶盖外,地基、墙体、壁画保存得那样完整,只能用一霎时的天降之灾来解释了。若是人为破坏,必然有捣掘、剥离的痕迹。火山之灾毁灭克里特文明,可能更为接近实际。

米诺斯迷宫留给人们太多的谜,也许再过100年也找不到真正的答案,也许根本就找不到什么真实的答案。

玛雅文明为何如此先进

智慧的玛雅人创造了灿烂的玛雅文明,但直到1576年,由于西班牙王室使者迭戈·加西亚的发现才使得在中美洲丛林中沉睡达几个世纪之久的玛雅文明浮出水面。几个世纪以来的研究表明,玛雅文明已达到了令人吃惊的先进程度。

公元前1000年,玛雅人在危地马拉、洪都拉斯、墨西哥等地过着定居的农业生活,从此,玛雅文化开始形成。

据研究,玛雅人有独特的年表体系,他们把各个重要的历史日期记载在石碑、绘画里,甚至陶器上。通过对年表象形文献的分析研究,人们能准确地知道发生的历史事件,知道在玛雅各个城市中几个主要历史人物的名字及其出生、登基、去世的日期和地名。

根据传统的年表,玛雅文化史可划为3个阶段:(一)前古典时期,约从公元前1500~公元317年;(二)古典时期,从公元317~889年;(三)后古典时期,从公元889~1697年,至此,最后一批有组织的玛雅人被西班牙人征服。在不同的时期,玛雅文明呈现出不同的特征。

在前古典时期,已经出现了玛雅历法。南部玛雅人在制作陶器、石雕艺术等方面取得了巨大的发展。中部玛雅人建有房基,也制作陶器;建有拱顶和添加灰浆的毛石工程;还竖有一系列初期的古碑。北方玛雅人不仅可以制作简陋的原始陶器,而且还建有大型的宗教中心。

大约在公元元年前后,玛雅人独立地创造了象形文字。玛雅人以石碑作年鉴,每20年立一块石碑,以记载发生的重大事件。令人遗憾的是,用玛雅文字撰写的典籍都被西班牙殖民者入侵美洲时烧毁了。现得以幸存下来并公认的只有3本,即《玛雅三抄本》。

另外,玛雅人也十分精通天文学,他们能准确地预测到日食、月食,并计算出金星公转的周期,其数据的精确度超过同时期的中国和欧洲。他们还制定了太阳历,将一年分为18个月,每月20天,外加5天的1个月,共计19个月计365天,对时间的计算其准确度超过了当时世界上通用的格列历。玛雅人在数学上也成就斐然。早在公元前3000年，玛雅人就发现和使用了0这个数字，这比世界上其他民族要早800年。

在古典时期，南方玛雅人产生贸易交换并得以繁荣。到后期，除了北方地区之外，大都出现了文化衰退。在中部地区有美丽的彩陶和石雕，还出现了更为精美的毛石工程、加工精细的尖顶石碑雕刻和特佩乌陶器。

在建筑、雕刻和绘画上，玛雅人更是堪称一绝。在他们建造的宏伟壮观的宫殿与欧洲最大的宫殿不相上下，巧夺天工的石砌金字塔、太阳庙堪与埃及金字塔媲美，而且镶嵌在每一建筑物上的巨型石雕精美绝伦而又含意深邃。更有意思的是装饰在建筑物正面的蛇形神面具与中国商朝时代祭皿上的饕餮纹十分相似。

在后古典时期，南方玛雅人被托尔蒂克人征服。这里的玛雅文明出现了陶制塑像，在山岗顶上建有防御工事。后来，北方玛雅人也被托尔蒂克人征服；并在奇钦伊察形成了一个巨大的统治中心，人们崇拜"库库尔坎"——长羽毛的蛇神；制成精致的器皿。奇钦伊察后被遗弃，玛雅人迁都于玛雅潘。

玛雅文明现已成为人类文明史上一颗璀璨的珍珠，尽管它被湮灭在历史的洪流中，然而它的光辉将永远闪耀着。

玛雅人为何修建金字塔

大凡讲到金字塔，人们往往会想到埃及的金字塔，其实，古代美洲的金字塔不仅数量超过了埃及，而且特色更鲜明。埃及的金字塔是法老的陵墓，而美洲玛雅人的金字塔则不完全是帝王的陵墓，更多的是一种祭坛。

中美洲的玛雅人是一个特别的人种，语言自成一体，脸型轮廓很独特，前额倾斜、鹰钩鼻、厚嘴唇。他们在美洲这片沼泽低洼、人迹罕见的热带雨林中，创造了令人难以想象的辉煌文明，如平顶金字塔祭坛、浮雕、石碑等众多杰出的建筑物。玛雅人创造了一套精巧的数学，来适应他们按年记事的需要，以决定播种和收获的时间，对于季节和年度中雨水最多的时间准确地加以计算，以期充分利用贫瘠的土地。他们所掌握的数学技巧，在古代原始民族中，高明得令人吃惊，尤其是他们熟悉"0"的概念，比这个概念从印度传到欧洲的时间早1000年。凡此种种，使得玛雅文化也成为世界文明史上的奇葩。

玛雅文明诞生于公元前1000年，分为前古典期、古典期和后古典期3个时期，直到9世纪突然消失。据考证，大约公元元年前后，玛雅人达到了第一个兴盛期，在尤卡坦半岛南端的贝登湖周围建立了第一批"城邦"，营造了一个繁华的城市。现今整个遗迹面积达130万平方米，其中心地带包括金字塔、祭坛等多处建筑。中心大广场东侧的美洲豹金字塔，塔高达56米，分为9级，塔顶建有尖型小庙；西侧是2号金字塔，高46米。最高的4号金字塔高达75米，站在塔顶可一窥岛上全貌。与埃及最早的几座金字塔进行比较，人们发现它们竟然如同孪生的姐妹一般。

不过玛雅人金字塔的天文方位计算得更为精确：天狼星的光线经过南墙上的气流通道，直射到长眠于上面厅堂中的法老头部；北极星的光线通过北墙的气流通道，径直射进下面的厅堂里。

一直以来，人们都认为金字塔是一种坟墓，而且确实在很多金字塔中找到了木乃伊。那么，玛雅人会不会也用工程浩大的金字塔做坟墓呢？如果是，为什么金字塔与塔顶上的神龛是这么不相称，整个塔的建造水平是如此之高，而神龛却是相当粗糙，这不能不令人怀疑神龛可能是后来加上去的。人们在金字塔发掘出了一些精致的透镜、蓄电池、变压器、太阳系模型碎片、不锈钢，以及其他不知什么合金制成的机械、工具等。根据这些，人们又推测，金字塔原先很可能是玛雅祖先的祭坛和用来观察天象的神坛，因为玛雅人对神有种近乎狂热的崇拜。他们信奉的神主要有：太阳神、雨神、风神、玉米神、战争之神、死亡之神等。在玛雅人看来，神的世界远比人间凡世丰富伟大。他们经常举行祭祀典礼，每位玛雅人都认为，为神献身是一种非常神圣的事情。因此玛雅人依照自己的历法建造的金字塔，实际上都是一种祭祀神灵并兼顾观测天象的天文台。

这些宏伟遗迹处处显示的不平凡，使得它与如今比邻的印第安人居住的茅屋和草棚格格不入，而且这些宏伟的建筑并不是出于实际生活的需要，而是严格按照玛雅人的宗教信仰和神奇的玛雅历法建造的，简直令人难以置信。从考古学家掌握的证据来看，当时玛雅人仍巢居树穴，以采集或狩猎为生，过着相当原始的生活，似乎没有文明前期过渡形态的痕迹；那奇迹般的文化并没有经过一个由低向高逐渐发展的过程，而似乎是在一夜之间从天而降，骤然间涌现出了各种超越时代的辉煌成就。任何民族对外部世界的认识都必须和他们的生产方式相一致。因而有些学者以此为基点，认为这些建筑不是玛雅人自己创造的，而是别人传授给他们的，可是又有谁能把这样先进的知识传授给他们呢？

而且从早期的人类文明历史来看，文明的创造和辉煌都离不开河流：埃及和印度的古代文明，首先发祥于尼罗河或恒河流域中；中国古代文明的摇篮则在黄河和长江流域。为何偏偏只有玛雅人把他们的灿烂文明建筑于热带丛林之中呢？

不管怎样，不知出于何种原因，公元900年前后，玛雅人放弃了高度发展的文明，大举迁移，繁华的城市变得荒芜，任由热带丛林将它们吞没。玛雅文明一夜之间消失于美洲的热带丛林中。后来从发掘出来的仅完成了一半的雕刻来看，这场劫难似乎来得十分突然，然而当时又有什么灾难是他们无可抵挡的呢？玛雅人抛弃自己建造起来的繁荣城市，却要转向荒凉的深山老林，这种背弃文明、回归蒙昧的做法，是出于自愿，还是另有隐情？

关于玛雅文明的消失有着种种的猜测，有人说玛雅人是受到了瘟疫、战争等的袭击，但是为什么没有见到尸体？玛雅文明的消失与它的崛起一样，充满了神秘色彩，为世人瞩目。

有人认为，玛雅人有可能被外族入侵，他们被迫离开家园。可是，有谁比正处于文明和文化兴盛时期的玛雅人更强大呢？

有人认为玛雅人是由于发生地震而被迫离开家园。可是直到今天，那些雄伟的石构建筑，虽然有些已倒塌，但仍有很多历经千年风雨依然保存完整。

有人认为，可能是因为隔代争斗，或是年轻的一代起来反对老一代，或是发生内战，或是因为一场革命，使得玛雅人离开了故土。如果真有上述情况中的任何一种发生的话，那么也只有一部分居民，即失败者，离开国家，而胜利者则会留下生活。但调查研究没有发现有玛雅人留下来的任何迹象，哪怕是一名玛雅人！

当历史渐行渐远，成为一种遥远的回忆后，我们所能了解到的只是梦呓般的神话，以及一幢又一幢遗弃的建筑，然而神秘的玛雅人、神秘的玛雅文明、神秘的玛雅金字塔无不让我们心驰神往……

难以解读的《圣经》密码

20世纪50年代，捷克首都布拉格一位叫魏斯曼德的犹太教士发现了神奇的《圣经》密码。所谓的《圣经》密码不过是用数学的方法阅读《圣经》所得出的名字、单字或片语，由于这些词汇和人类历史上发生的许多重大现象密切相关,因而引起了数学家、物理学家和历史学家的极大兴趣。

50多年前,魏斯曼德在阅读《圣经》时发现,在旧约摩西五书《创世记》、《出埃及记》、《利未记》、《民数记》及《申命记》的开端,如果每隔50个字母跳读,就能够拼出一个重要的单词"Torah"。这个单词的意思就是对基督教徒而言意义重大的"摩西五书"。

为了进一步探究这一奇妙的现象,以色列数学家艾利亚虎·瑞普斯和物理学家度伦·维茨特利用电脑进行了研究,发现从圣经时代到现代的智者所挑出的32位重要人物中,他们的名字和生卒日期,在《创世记》里面都是编在一起的。但从其他书本中却得不出同样的结果。

为验证这一结论,他们又把整本希伯来原文《圣经》作为自己的研究对象。在运算时,他们把原文中所有字间距都去除,使之连贯而成304805个字,再用电脑跳跃码方式,在字串中找寻名字、单字和片语。电脑跳跃码的原理是这样的,从《圣经》第1字母开始,找寻一种可能跳跃序列,从第1个字母开始,依序到跳过数个字母,看能拼出什么字,然后再从第2个字母开始,周而复始。举个例子:

Rips ExplAineD thaT eacH codE is a Case Of adDing Every fourth or twelfth or fiftieth to form a word

得出隐含讯息为 READ THE CODE,即读码。

电脑把关键字找到以后,会继续寻找到其他相关讯息。例如找到关键字"希特勒"以后,会继续在这个字附近把"恶人"、"纳粹与敌人"、"屠杀"等相关字寻找出来。又例如找到关键字"肯尼迪总统"以后,还会在"肯尼迪总统"这个词附近找到"将死"和"达拉斯"等相关字,而达拉斯正是肯尼迪总统当年被刺的地方。

利用这种方法,艾利亚虎·瑞普斯和度伦·维茨特还在圣经密码中找到了"奥姆真理教"和"灾疫"、"毒气"、"贝多芬"和"约翰·巴赫"、"德国作曲家"、"莫扎特"和"音乐"、"作曲家"、"毕加索"和"艺术家"、"莱特兄弟"和"飞机"、"爱迪生"和"电"、"灯泡"、"爱因斯坦"同"他推翻现有的事实"、"科学"、"预告一位聪明绝顶的人"、"崭新而卓绝的知解"等连在一起的相关字样。

那么这种《圣经》密码的可信度如何呢?这是数学家们最关心的问题。因此先后有许多位顶尖级的数学专家对它进行了科学验证,认为这并非偶然的巧合和无稽之谈。尽管也有一些数学家表示怀疑,但他们却找不到反驳的论据。而一位美国国家安全局资深解码专家对《圣经》密码进行验证以后,也没有找到任何破绽。

也许有人会说,这样随机组合的字母在任何一本书中都可以找到,并不能说明什么问题。的确如此,但问题在于,在其他书本中虽然可以找到随机字母组合,但却无法找到像"萨达姆"、"飞毛腿"和开战日期等相关资讯。这样连贯的讯息只有在《圣经》中才能找到,而在其他的书籍中,不管是10万本还是100万本,都找不出来。

更加不可思议的是,《圣经》密码暗示《十诫》石板是由电脑制造出来的,而且其中还有着许多恐怖的预言,让人无法置信却不能不信。因为有些预言就是历史上发生的真事!在整个《圣经》密码中,"以色列"与"日本"同"终末战争"、"灾祸之年"是紧密地写在一起的。《圣经》密码预测,在圣城耶路撒冷,这个传说中经过大卫王统治、见过耶稣死亡的城市,也许会因宗教仇恨带来终末战争,并指出当前最危急的是"核子战争"、武装冲突随时发生!

1995年,在日本神户发生的大地震在圣经密码内也早就有所预示。《圣经》密码还预示

□ 可怕的现象

在 2006 年，日本还有爆发大地震的可能。

如果《圣经》密码上的预示都是真的，那么人类在宿命面前是否无能为力？如果不是真的，那么又怎么解释那些准确得不能再准确的已为历史所证实的预言？读过《圣经》的朋友都知道，在《旧约·但以理书》和《新约·启示录》里都预言空前大恐怖将在秘密书卷开启时完全揭露。难道这《圣经》密码就是"秘密书卷"？它的确等到发明了电脑后才能被打开。那么《圣经》密码预告的"终末的日子"、"核子战争"到底会不会发生呢？如果《圣经》密码是对这世界的一种警告，那它从何而来？又为什么能奇迹般地预见 3000 年后的事呢？

这些问题，似乎并不是数学家们所能够回答的。

敦煌遗书因何被封

20 世纪初，冷冷清清的敦煌莫高窟再度为世人所瞩目，因为看管这个地方的一个姓王的道士从中发现了大批的经文和绢画。

作为中国汉唐时期中原与中亚、南亚以及西方交通的重要通道的敦煌，是著名的"丝绸之路"上的一颗璀璨的明珠，是东西方文化交流的会合点。随着商路的开通，一批批的宗教信徒带着宗教经典纷纷云集在敦煌。那里曾是一个繁荣的宗教圣地。宋代以后，由于海上丝绸之路的开通和发达，曾经十分辉煌的敦煌逐渐为人所忘却。王道士发现的这些所谓"古董"就是"敦煌文书"或称"敦煌遗书"，其内容包括佛教、道教、景教等宗教文献，有官私文书，有儒学经典，还有现已成为"死文字"的多种文字写本，是 5～11 世纪敦煌繁荣的历史见证。

如此丰富的文书是何时被封闭在敦煌的？又是因何原因而被封闭的？这些问题从藏经洞被发现至今，一直是一个谜。有人持"废弃说"，认为洞中的文书是被敦煌各寺院集中在一起的废弃物；还有人持"避难说"，认为洞中的文书是因为避免战乱而被有目的地藏起来的。

主张"废弃说"的代表人物是斯坦因，他是第一个来掠取这批宝物的外国人。他对其中的物品进行研究，发现这些写本和绢画及佛教法器等，都是宗教用品，但都是当时敦煌各寺院中的废弃物，因为具有神圣性，是不可随意毁弃的。于是，宗教人士就把这些没多大用处的东西集中在一起，保存起来。同时，根据所见到的写本和绢画上所题写的时间最晚是 11 世纪初，斯坦因断定这个藏经洞封闭于 11 世纪初。主张"废弃说"的还有日本学者藤枝晃。但他认为废弃的原因是随着中国印刷术的发明，印刷的佛经取代了卷轴装的佛经，因为图书馆的重新布置，所以原来的卷轴佛典遭到废弃，时间是在 1002 年以后不久。

主张"避难说"的代表是法国人伯希和，他是一位汉学家。他认为这些文物是为了避免当时的战乱而被封起来的。在唐代"安史之乱"期间，驻扎在敦煌的军队被调入内地平定叛乱，敦煌被占领。唐宣宗时，敦煌一带的人民建立归义军举行起义，摆脱了控制。此后，敦煌又一度被沙州的回鹘占领。1036 年，党项攻占敦煌，随后又被沙州回鹘赶走，在 1068 年又被党项建立的西夏占领了。伯希和认为在第一次党项攻打敦煌时，为避免兵灾，当时僧人匆忙将这些东西堆入洞中，封了起来。所以藏经洞中的藏品没有西夏文书，而且藏品的堆放也没有一定的顺序和分类。

乐山卧佛是自然形成的吗

1989 年 5 月 11 日，广东省顺德县冲鹤乡 62 岁的潘鸿忠老人到四川乐山游览。当他乘船返回时，偶然地回首对岸古塔，见塔的周围正搭架重修。此时天气晴好，山水云天颇具画意。

于是他举起了照相机,拍了一张风景照。5月25日,回返家乡的潘先生将照片拿出来看,友人们都称赞不已。潘先生也在一旁审视,当看到那张古塔风景照时,他突然感到照片中山形恰如一健壮男子仰卧,细看头部,更是眉目传神。老人兴奋不已,示以众人,无不称奇。潘先生将此照印制多份,寄往有关部门。

一天,四川省文化厅文化通讯室甘德明收到了潘先生拍摄的乐山巨佛照片。这位从事文化事业几十年的老人手执照片,禁不住地叫出声来:"这不的的确确是一尊卧佛吗!"从照片上看去,实有一巨佛平平静静地睡躺在江面上,仰面朝天,高突的前额,圆润的鼻唇,四肢皆备。尽管如此,但是仅凭一张照片并不能确实其事,甘德明决定前去进行专门考证。

随后,一支由甘德明等人组成的乐山巨佛考察队出发了。考察队首先向潘老询问了拍照的时间、地点,及当时的情景。经过一个月的仔细考究,终于在名曰"福全门"的地方照下了巨佛身影。据考察者认为,唯有此地才是最佳的观赏地点。从乐山河滨"福全门"处举目望去,清晰可见仰睡在青衣江畔的巨佛的魁梧身躯,对映着湍流的河水,巨佛似乎在微微起伏。那形态逼真的佛头、佛身、佛足,分别由乌尤山、凌云山和龟城山三山联襟构成。

仔细观察佛头,就是整座乌尤山,其山石、翠竹、亭阁、寺庙,加上山径与绿荫,分别呈现为巨佛的卷卷发髻、饱满的前额、长长的睫毛、平直的鼻梁、微启的双唇、刚毅的下颌,看上去栩栩如生。

再详视佛身,那是巍巍的凌云山,有九峰相连,宛如巨佛宽厚的胸脯,浑圆的腰脊,健美的腿胯。

远眺佛足,实际上是苍茫的龟城山的一部分,其山峰恰似巨佛翘起的脚板,好似顶天立地的"警丘柱",显示着巨佛的无穷神力。

全佛和谐自然,匀称壮硕的身段,凝重肃穆的神态,眉目传神,慈祥自如,令人惊诧不已。

然而,更令人称奇的是那座天下闻名的乐山大佛雕像,恰恰耸立在巨佛的胸脯上。这尊世界最高最大的石刻坐佛,身高达71米,安坐于巨佛前胸,正应了佛教所谓"心中有佛"、"心即是佛"的禅语,这是否为乐山大佛所暗示的"天机"呢?

乐山巨佛作为旅游重要景观可确定无疑了。那么,它是怎么形成的呢?这是留给世人的一个大谜。现在有一种推断:据《史记·河渠书》记载:"蜀守冰凿离堆,辟沫水之害。""冰"者即为李冰,是中国古代著名水利工程师都江堰的创建者,"离堆"就是乌尤山。那么,应该在2100多年前古人就凿开麻浩河,造就了巨佛的头。唐代僧人惠净为乌尤山立下

乐山卧佛

法规：任何人不得随意挪动和砍伐乌尤山的一石一草一树一木，代代僧众都视此为神圣不可违犯之法规。因而才保证了乌尤山林木繁茂，四季常青，使"佛头"千年完美无损。民间曾传说：唐代观音菩萨的化身叫"面然"，就是指"乌尤大士"之意。那么，是否那时人对乌尤山即是"佛头"已有所悟了呢？

据研究乐山大佛文化和文物部门的专家们介绍，迄今为止，还没有发现和听说关于巨佛的文字记载和民间传说。那么，巨佛是纯属山形地貌的巧合吗？为何佛体全身人工的刀迹斧痕又比比皆是呢？在1200多年前的唐代开元年间，海通法师劈山雕凿乐山大佛，为什么偏偏选中了凌云山西壁的栖鸾峰，并雕在巨佛心胸处呢？一切都不得而知。

如今到乐山观光巨隐睡佛的游人络绎不绝，而且国际游人已开始慕名而来，尤其是考古学者，更是兴趣盎然，期待他们有一天能解开巨隐睡佛之谜。

墨西哥人头石像和委内瑞拉浮雕有何玄机

1938年，11座全部由玄武岩雕刻而成的人头石雕像在墨西哥的原始森林里被发现了。这一发现轰动了国际考古界，来自墨西哥及世界各地的考古学家和历史学家都对这11座人头雕像表现出了巨大的兴趣，纷纷前往墨西哥进行考证、研究。

这11座人头雕像的外貌很奇特，最大的长16米，最短的长6米，最重的有20吨。最奇怪的是，所有的这些雕像都是只有脑袋，没有身躯和四肢。看着这些奇特的雕像，人们不禁疑问：古人为什么要雕刻这些只有脑袋的雕像呢？古人雕刻它们的意图是什么呢？古人又为什么把这些石脑袋放置在原始森林中呢？更加令人惊奇的就是，其中一颗的石脑袋上雕刻了许多奇形怪状的图画式的象形文字，科学家推测这或许就是石像雕刻者留下的线索，告诉后人他们的意图以及石像作用的文字。但是，迄今为止，这重要的线索没有被人所识破，这些文字至今仍然没有人能够全部解读。

这些的石像都是威武的军士，雕刻极其精细地刻画出了人物的面部表情，神态逼真，表明了当时在雕刻方面已经具有了相当的水准。这些的雕像被考古学家看作了古代美洲雕刻艺术的代表作品，完全体现了那时的艺术水平。

这些石刻人头雕像的作者是谁呢？是谁雕刻了它们？有的学者认为很有可能是传说中拉文塔族人，原因在于：1.根据历史学家的研究，墨西哥有确切的文献资料可考的历史是从公元前2300年左右开始的，而公元前2500～前200年是墨西哥的"前古典文化时代"的阶段。就在"前古典文化"阶段中，墨西哥人已经创造了象形文字、记数法与历法。最重要的就是，这时的墨西哥人经常用重达几十吨或者几吨的巨石雕刻面带微笑的石刻雕像。根据这些的线索来推测，这11座玄武岩雕刻而成的石刻雕像很可能就是墨西哥古典文化的先驱——奥尔梅克时期的奥尔梅克人的作品。2.根据历史学家的考证，在墨西哥地区流传着这样一个古老的传说：远古时代苍茫的原始丛林中，生活有一个创造了高度文明的部落，即拉文塔族。他们居住的宫殿金碧辉煌，传说他们的许多的宏大建筑物都是用巨大的金块砌成的拱门，因此，有理由认为是拉文塔族创造了这些巨石雕像。

但是，有的学者认为，这样的理由太过勉强，原因如下：1.史书的记载，拉文塔族是1000多年前突然消失的无影无踪的。他们究竟到什么地方去了？他们又是怎么样消失的？他们的失踪之谜已经成为了人类历史的一个千古之谜。直到今天，谁也无法说出他们曾经生活过的具体地点以及他们生活的具体情况。怎么可以单凭口头流传的没有事实根据的传说就认定是拉文塔族的雕像呢？ 2.雕刻巨型石像的原料是玄武岩，竟然全部是从3000多千米外的地方搬运而来的。因为石像所在的原始森林中是没有这样的玄武岩的。根据科学考察，当时的墨西哥以及整个南美洲都没有车轮，也没有牛、马等畜力运输工具，只靠人力，是用什么办法把重达数十吨的整个的石块运到了遥远的原始森林的？这同样是一件匪夷所思的事情。

栩栩如生的女性雕像

古人雕刻石像的用意以及用途是什么呢？为什么雕像是只有"脑袋"呢？它们的"脸型"又是以谁作为了"模特"呢？人们百思不得其解。

无独有偶，委内瑞拉的巨型浮雕同样的充满了谜团。委内瑞拉的山区树林中有一块占地大约3000平方米的巨石，平时它就是一个普通的石头，毫无出奇的地方。但是，清晨的阳光照射到一个特定的角度时，奇迹出现了，巨石表面突然显现了许多极其美妙的画像，一段时间后，这些画像便会自然消失。或许图像的出现只是一种自然的巧合？但是科学研究表明，这些图像是人工雕刻而不是自然形成的。这些图像的雕刻者精通光学原理，巧妙的掌握了雕刻的角度与刀口的深度，因此只有当阳光射到了特定的角度时，巨石浮雕方可显现。这些浮雕总共7幅，居中的是一条巨蛇，接近蛇头的地方是几个大钟；还有一幅浮雕是奇特装束的带盔甲的战士。这不似人类的怪象，是否就是外星人的形象呢？而这些浮雕是否是外星人访问地球后留下的礼物呢？

所有的一切困扰着人类，这所有的问题是没有答案的。我们疑惑着，所有的一切究竟是什么样的原因呢？它们背后的玄机是什么呢？它们是人类自己的作品吗？或者它们是外星人送给我们的礼物？真的有外星人吗？

北京古城墙为何独缺一角

《顺天府志》说，北京城雉堞11038，炮窗2108。内城周长约40里。墙高三丈五尺五寸，围栏高五尺八寸，通高四丈一尺三寸。明洪武、永乐年间都重修加固城垣。宣德九年，以五城神机营军工和民夫修城垣。这时才把城垣外壁包上砖。正统元年到四年才建成九门城楼和桥闸、月城（平常叫瓮城）和箭楼等。城垣内壁也包上砖。各城门外立牌楼，内城四隅各立角楼。城外挖濠建石桥。嘉靖年间又在南边增修了27里的外城。修建北京城一直是"皇极用建，永固金汤"的大事。

全城以前门至地安门为中轴，正南正北，整齐如划。从1972年和1975年美国发射的两颗地球资源卫星在北京上方900多千米的高空拍摄的卫星照片上看，最为清晰的就数明代修建的内城城墙形象了。一般说来，城墙应修筑成方形的，我国的一些古城大都如此。可是北京内城城垣的西北角却不呈直角，城墙到了这里，却成了东北－西南走向的。这究竟是为什么呢？

长期以来，人们一直解不开这个谜。

有人从地形上进行分析：元时大都的北城墙，在现今德胜门和安定门以北5里处，至今遗迹犹存。它的西北角并无异常，是呈直角的。明代重修北京城，为了便于防守，放弃了北部城区，在原城墙南5里处另筑新墙。新筑的北城墙西段穿过旧日积水潭最狭窄的地方，然后转向西南，把积水潭的西端隔在城外，于是西北角就成了一个斜角。明初时，积水潭的水远比现在要深得多，面积也大得多。为了城墙的坚固和建筑的需要，城墙依地形而呈抹角是合乎情理的，所以这种观点被很多人所接受。

第二种说法是，从国外卫星影像分析，北京城西北角既有直角墙基的影像，又有斜角的墙基影像。这两道墙基的夹角为35°～36°，正东正西墙基线正位于元代海子西北端北岸附近，和东段城墙在同一纬线上，这说明这里确实曾修过城墙。可是为什么没有修成呢？通过卫星影像还可以看到，从车公庄到德外大街有一条地层断裂带，正好经过城的西北角与那段直角边斜向相交。现在的北京城是明朝永乐年间修建的，建城时北京城四角都是直角。但明清两代，北京及其附近地区经常发生强烈地震，每次地震北京城西北角从西直门到新街口外这段城墙都要倒塌。虽经重修多次，但无论建得怎样坚固，总是被地震震塌。据考证，原来地下地基不牢，可能有活断层。皇帝陛下不得不屈服于地震的威力，决定将西北角的城墙向里缩一块，避开不稳定地段。以后北京地区虽又经历几次地震，城墙却再没有倒塌。这就是为什么缺一个角的原因。

第三种说法是，北京城的设计处处都有含义，其中不修全可能是因为上天的暗示。如紫禁城这个名字取自紫微星垣，紫微星垣系指以北极星为中心的星群。古人认为紫微星垣乃是天帝的居所，而群星拱卫之。所以自汉以来皇宫常被喻为紫微。为佐证这个说法，紫禁城内特意设有7颗赤金顶（分别是五凤楼4颗，中和殿、交泰殿、钦安殿各1颗），喻北斗七星。有七星在此，谁能说不是天上宫阙？所以北京城墙缺一角必然有什么含义。其中就有这么一个故事，在明初年，燕王修建北京城，命手下的两个军师刘伯温和姚广孝设计北京城的图样。他们俩在设计的时候，不知为什么眼前都出现了哪吒的模样，他们很害怕。哪吒说不用害怕，我是上天派来的，告诉你们要如何建造都城，你们按我手中的图建造吧。于是两个人就都各自照着画了。姚广孝画到最后，吹来了一阵风，把哪吒的衣襟掀起了一块，他也就随手画了下来。后来建城的时候，燕王下令：东城照刘伯温画的图建，西城照姚广孝画的图建。姚广孝画的被风吹起的衣襟，正好是城西北角从德胜门到西直门往里斜的那一块，所以至今那里还缺着一个角呢！

北京城墙到底为什么缺少一角现在仍不得而知。令人叹息的是，北京城墙现已拆除殆尽，城墙缺一角之谜也许将永远不得破解。

神奇的"黄泉大道"

特奥蒂瓦坎古城位于墨西哥首都墨西哥城东北约40千米处，坐落在墨西哥波波卡特佩特大山和依斯塔西瓦特尔火山的山坡谷底之间。

4000米长、45米宽的"黄泉大道"是这座古城城内的主要干道，有人称因当时活人被祭司从这条路送到神殿祭神，这条大道成为牺牲者人生之路的最后一段，故得名"黄泉大道"。也有记载，在10世纪时，最早来到这里的阿兹台克人沿着这条大道来到这座古城时，发现全城没有一个人，他们认为大道两旁的建筑都是众神的坟墓，所以就给它起了这个奇怪的名字。

黄泉大道北端东面，屹立着修复了的太阳金字塔。太阳金字塔坐东朝西，正面有数百级台阶，拾级而上，可直达顶部。塔建在长225米、宽222米的塔基之上，66米高的塔共5层，体积达100万立方米。太阳金字塔上原有一座太阳庙，是当年杀人以祭祀太阳神的地方，但现在已不存在了。

黄泉大道北端有月亮金字塔，共分4层，高45.79米，全塔体积37.9万立方米，是当时用来祭祀月亮神的。广场可容数万人，可见当年祭祀规模之大。

城堡中原有羽蛇神庙，但现在保存下来的只有庙基，庙基斜坡上，至今仍可见惟妙惟肖的羽蛇神。宗教上层人物和达官贵人的住所——蝴蝶宫位于月亮金字塔南面，为全城最豪华的地方，宫殿的圆柱上刻有色彩明丽、精致巧妙的浮雕。在整个古城遗址里，至今仍可见当时的地下排水系统纵横交错，密密麻麻，多如蛛网，这充分展现了当时高超的排水技术。

1974年，一位名叫休·哈列斯顿的人在墨西哥召开的国际美洲人大会上声称，他在特奥蒂瓦坎找到一个适合所有街道和建筑的测量单位。通过精确的计算，这个单位长度为1.059米。例如特奥蒂瓦坎的羽蛇庙、月亮金字塔和太阳金字塔的高度分别为21、42、63个"单位"，其比例为1∶2∶3。

哈列斯顿在测量黄泉大道两边的神庙和金字塔遗址时，发现"黄泉大道"上那些遗址的距离恰好表示着太阳系行星的轨道数据。在"城堡"周围的神庙废墟里，地球和太阳的距离为96个"单位"，金星为72，水星为36，火星为144。"城堡"后面有一条特奥蒂瓦坎人挖掘的运河，离"城堡"的中轴线为288个"单位"，刚好是木星和火星之间小行星带的距离。离中轴线520个"单位"处有一座无名神庙的废墟，这相当于从木星到太阳的距离。再过945个"单位"，又是一座神庙遗址，相当于太阳到土星的距离。再走1845个"单位"，就到了"黄泉大道"的尽头——月亮金字塔的中心，这刚好是天王星的轨道数据。假如再把"黄泉大道"的直线延长，就到了塞罗戈多山山顶，那里有一座小神庙和一座塔的遗址，其距离分别为2880个和3780个"单位"，刚好是冥王星和海王星轨道的距离。

难道这一切都只是偶然的巧合？又假如说这是建造者们有意识的安排，那么"黄泉大道"很明显是根据太阳系模型建造的，特奥蒂瓦坎的设计者们肯定早已了解整个太阳系的行星运行的情况，并了解太阳和各个行星之间的轨道数据。那么在混沌初开的史前时代，又是谁给建筑特奥蒂瓦坎的人以启示的呢？

中国明十三陵碑文之谜

明王朝自朱元璋创立后，历经几百年，其间有辉煌也有没落，中国资本主义的萌芽就是从明王朝开始的，在中国历史上，它占有举足轻重的地位。明王朝为历史留下许多不解之谜，其中十三陵的无字碑，便给后人留下许多想象的空间，这里面蕴藏着何种奥秘呢？

在这十三陵中，只有明成祖朱棣的石碑上有碑文，这块长陵石碑，正面刻有"大明长陵神功神儒碑"字样，下面刻有朱棣儿子明仁宗亲自题写、为其父歌功颂德的3000余字的碑文。既然十三陵中的第一陵有碑文，其余十二陵为什么不刻上碑文呢？

顾炎武在访问十三陵之后写出的《昌平山水记》中这样说：传说嗣皇帝谒陵时，问过随从大臣："皇考圣德碑为什么无字？"大臣回答说："皇帝功高德厚，文字无法形容。"而《帝陵图说》给出了另外一种解释。《帝陵图说》写道，明太祖朱元璋曾说："皇陵碑记，都是大臣们的粉饰之文，不能教育后世子孙。"他这一批评，使翰林院的学士们再不敢为皇帝写碑文了。后来，写碑文的任务，便落在嗣皇帝的肩上。所以孝陵（太祖）碑文是成祖朱棣亲撰，而长陵（成祖）的碑文，是明仁宗朱高炽御撰。

但明仁宗以后各碑的碑文，为何嗣皇帝不写了呢？据说，长、献、景、裕、茂、泰、康七陵门前，并没有碑亭和碑，到了嘉靖时才建，嘉靖十五年（1536年）建成。当时礼部尚书严嵩曾请嘉靖帝撰写七陵碑文，可是嘉靖帝迷恋酒色，又一心想"成仙"，哪有心思写那么多的碑文，因此就空了下来。

嘉靖帝以外的各皇帝，看到祖碑上无字，自己也就不便只为上一代皇帝写碑文，但如果都写的话，也没有太多的精力。因此，一代一代的皇帝传下来，就出现了这些无字碑。实际上，自明朝中期以后，皇帝多好嬉戏，懒于动笔，而最主要的原因是，如不加以粉饰，他们所谓的"功德"已不能直言了，因而这些皇帝干脆不写了。

还有人认为，这些皇帝是效仿武则天。因为"武则天是一个聪明的人，'无字碑'立得真聪明，功过是非让后人去评论，这是最好的办法"。这些皇帝们知道自己有可以肯定的地方，但同时肯定也有应该否定的地方。他们知道对自己的一生人们会有各种各样的评价，碑文写得好坏都是难事，因此才决定立"无字碑"，功过是非由后世评说。

不管这些说法怎样，到现在，这些无字碑还在十三陵中，同那些皇帝一起，真正是做到了"功过是非由后世评说"。

纳斯卡地画从何处来

秘鲁的纳斯卡高原是世界上最干燥的地区之一，这里终年骄阳似火，经常连续几年滴水不降。

几十年前的一天，位于秘鲁首都利马的民族学博物馆来了一位飞行员，他自称在秘鲁的安第斯山一带纳斯卡高原的沙漠上，发现了古代印第安人的"运河"。他拿出一张用铅笔勾抹着一些奇形怪状线条的地图，作为自己的证据。

几年过去了，这张地图辗转到历史学家鲍尔·科逊克的手里。科逊克带领一支考察队来到纳斯卡高原。在黑褐色的高原上，他们的确发现了十分明显的"白带"。在这条"白带"上，有的沟形状怪异，沿途也崎岖不平；有的沟则笔直，会长达1.5～2千米。顶多深15～20厘米左右的河床，即使在如此平坦的原野上，水也不会安然流淌在这样的运河里，用运河来命名它，似乎有些夸张。所以，用"沟"来称呼这条"白带"似乎更为准确和到位。考察队的队员们手拿指南针，沿着弯曲的沟行走，同时在地图上记下沟的形状与方位。一段时间过后，他们完成了这个有趣的实验，沟的形状和方位图画成了。令人惊奇的是，这图就像一只喙部突出的巨鹰。与一条长约1.7千米的笔直的沟相连的是鹰的尾部。

在当时的情况下，人们是怎样画出这幅巨鹰图的呢？是怎样确定线条方向和准确地制定鹰身各部位的比例呢？当时采用的测量仪器又是什么样的呢？纳斯卡高原沙漠在考古学家面前展现了它迷宫的一角。

紧接着一些巨大的人工平行线和许多奇异的图案被发现。当考古学家们乘上飞机以一定的角度在纳斯卡高原上空缓缓盘旋，数千条方向各异的线条，分别组成三角形、螺线、四边形等多种几何图形。真是一组奇妙的画面！而且，人们还发现这里面有一幅章鱼图，章鱼伸展着8条弯弯曲曲的触角，非常形象。

人们还发现了这些地上画的规律，即完全相同的动物画，就像盖图章一样，每隔几十千米就出现一批。同时，比这些动物画大数十倍的人物画也被发现。其中一个长620米，躯干挺直而且双手叉在肋下的人像，令人称奇；还有一幅没有脑袋，却画有6个手指的人物等等。

还有许多沟更令人不解，它们有十分精确的南北走向，误差不超过1°。史料中没有记载南美居民持有指南针，而且北极星根本不会出现在南半球，画家在这样的条件下怎么能画得如此精确呢？

以上种种原因和迹象，使纳斯卡高原上的地上画引起了人们的惊叹与关注。有些学者认为它可以与埃及金字塔和巴尔贝克神殿相媲美,将之称为世界第八大奇观。

科逊克等人在将星相图和纳斯卡高原平面图进行对照之后,发现整个四季的天文变化在这些地上画中也有明确的显示。有的标记代表月亮升起的地点,有的画还指出了最明亮的星的位置。在这部地上"天文历"上,太阳系的各大行星,都被标上了各自的三角形和线。在形状的帮助下,点缀在南半球空中的众多星座也能够在地上画中一一发现。

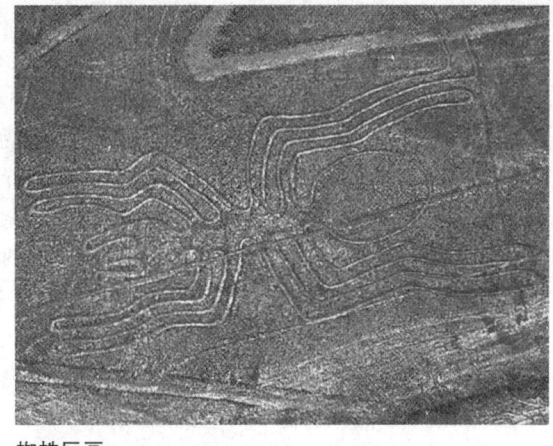

蜘蛛巨画

尽管人们对这些巨大的地上画有不同的解释,但大多数人都同意一点,即只有拥有高度发达的测量仪器和计算仪器的人才能制作出这些画,而且由于只有在空中才能看到它们的形状,所以它们是为专门从空中看才制作的。

据说印加人的部落曾经观察过在这里出现的让他们终生难忘的外星生物(或:神),他们极其热切地希望这些外星生物(神)能够回来。在年复一年的等待中,当他们的愿望实现不了的时候,他们便开始像外星生物(或外星人)一样在平地上仿造图案。

但是,诸神一直没有光临,在这期间人类周而复始地出生死亡,起初人们借助划线方法并未将诸神召回,人们又开始刨出巨大的动物形象。首先是人们描绘各种各样象征飞行形象的鸟;后来在想象力的驱使下又去描绘蜘蛛、鱼和猿猴的概貌。

另外一些考古学家则持否定态度,认为这些图形和线条是半神半人的"维拉科查人"遗留下的作品,并不是出自凡人之手。这个族群在好几千年之前也将他们的"指纹"遗留在了南美洲安第斯山脉其他的地区里。

专家们对镶嵌在线条上的陶器碎片进行了检测,同时对这儿出土的各种有机物质通过碳-14进行测度,结果证实,纳斯卡遗迹年代十分久远,大概是从公元前350年到公元600年不等。至于这些线条本身的年代,由于它们跟周围的石头一样,本质上都是无法鉴定年代的,所以专家不做任何推测。我们只能这么说:年代最近的线条至少也有1400年历史,但在理论上,这些线条可能比我们推测的年代更为久远。如果是后来的人携带这些我们据以推断日期的文物到纳斯卡高原也是很有可能的。

以上的种种假设都存在着一些问题。首先,这些线条的坐标和动物的标志只有从高空中才能看出来,地面上的人如果没有先进的技术,根本无法画出来。其次,位于秘鲁南部的纳斯卡高原是一个土壤贫瘠、干燥荒凉、五谷不生的地方,长久以来人烟非常稀少,恐怕将来也不会有大量人口移居这里,在这种地方谁会去完成如此巨大的工程?

直到今天,人类仍然无法知道纳斯卡线条的真正用途和真正年代,更别说是谁画的。这些线条和图形是一个谜团,越仔细观察,就越觉得充满了神秘。

复活节岛上的石像之谜

复活节岛是世界上最偏远的地方之一,它位于茫茫无际的南太平洋水域。1722年,荷兰人首先发现了这个小岛,那天刚好是复活节,因此这个岛被称为复活节岛。此后的几十年内,西班牙人等欧洲探险家们曾经一次又一次地登上此岛,因为人们不仅对这个荒岛上的土著居

□ 可怕的现象

民很好奇，而且对岛上的上百尊巨石雕像更感兴趣。复活节岛虽然孤处一方，但那些遍布全岛的石像世界闻名。这些有着非常明显的特征的石像被当地人称为"莫埃"：它们有神态各异的长脸，向上略微翘起的鼻子，前突出的薄嘴唇，略向后倾的宽额，垂落腮部的大耳朵，刻有飞鸟鸣禽的躯干，还有垂在两边的手。石雕独特的造型使它们别具风采，使人一眼就能认出它们。此外，有些头上还戴有圆柱形红帽子的被当地人称为"普卡奥"的石像，远远看去这些红帽子就像具有尊贵和高傲色彩的红色王冠。

这些石雕人像的造型一致，都是表情呆滞、脸形瘦长的那种。这说明其加工制作者使用的模本是统一的。从未见过的石像造型所表现出来的奇特风格，充分说明了它是未受外来文化影响的本地作品。当然也有些学者指出，它们的造型与远在墨西哥蒂纳科瓦的玛雅即印第安文化遗址上的石雕人像十分相似。如果说古代墨西哥文化影响过它，但墨西哥在复活节岛数千千米之外，这几乎是不可能的。

在充分研究了小岛各处分布的600多尊石像和几处采石场的规模等情况后，众多学者一致认为这份工程没有5000个身强力壮的劳动力是不能完成的。他们做过一项试验，十几个工人忙一年才能雕刻一尊不大不小的石人像。利用滚木滑动装置似乎是岛民解决运输问题的唯一办法，这种原始的搬运办法虽然可以将这些庞然大物搬运到小岛上的任何角落，但这必定要花费巨大的劳动量。令人不解的还在于，当雅各布·罗格文初到复活节岛时，岛上几乎没有树木，因此利用滚木装置运送巨石人像的可能性也不能确定。

调查者们在拉诺拉库山脉还找到了几处采石场。采石场上到处分布着像切蛋糕似的被人随意切割的几十万立方米的坚硬岩石。这些加工好的巨石人像被运往远方安放，但是数以百计未被加工的石料依然躺在采石场上，加工了一半的石像中还有一尊极为奇妙的石像，它的脸部已雕凿完成，但是后脑部还和山体相连。这件成品只需几刀就可与山体分离，但是它的制作者好像忽然发现了什么，匆匆离去，将它留在这里。

不可思议的还有戴着石帽的石像，这批石雕人像重的超过50吨，小的重约2.5吨，单单石帽就是件吨位沉重的庞然大物。制作者究竟如何将它们从采石场上凿取出来，怎样加工制作，又通过什么途径将它们运往远处安放的地方，并能牢牢地将它们耸立在石像头上。由于前几个世纪岛上居民还没有使用铁器，这一切都那么令人费解。

而且工地上的许多作品，尽管进度并不相同，但是看上去似乎是同时停工的，那么小岛上究竟发生了什么事情呢？地质学家们研究之后，发现复活节岛是座火山岛，但是在人类在此居住以前并没有发生过火山爆发。至今仍无法解释究竟发生了什么事情。

20世纪40年代挪威科学家托尔·海尔达尔提出复活节岛上曾居住过南美印第安人的观点，认为是他们建造了这些莫埃人像。为了证实自己的推断，海尔达尔决定孤身穿越太平洋，他造了一个简陋的木筏，开始了自己的行动。木筏随着信风和洋流一路向西漂去，实际的距离大大超过了复活节岛。101天以后，一直在海中漂泊的木筏在塔希提岛东面一个荒凉的南太平洋小岛上靠岸。

海尔达尔激动万分，因为航行证明了一只简陋的木筏横渡太平洋的可能性。当然这还只是一种可能性，是否真的发生过这样的事情还不能确定。要证明南美洲人的确曾在复活节岛上生活过还需要更多更充分的证据。海尔达尔的推断似乎得到了岛上的一些口头传说的支持。因为岛上的居民曾提到一个这样的民族，他们将耳朵刺穿并在耳垂上挂上重物，人为地把耳朵拉长。这些耳朵很长的人曾经在很长一段时间里统治了小岛，后来那些短耳朵的人感到不满，于是奋起推翻了他们。由于那些莫埃人像的耳朵几乎都垂到了肩上，所以海尔达尔推断它们是由那些"耳朵很长"的人建造的。那么这些人是从哪里来的？岛上居民传说他们来自东方，那里仅有一望无际的海洋……以及南美洲。

然而后来的一些理论却否认了海尔达尔的推想。首先，通过放射性碳元素测定年代法表明，早在5世纪之前，岛上就有人居住了，而莫埃人像则最早建造于公元900～1000年之间。而且后来的许多研究也证实岛上的居民是从波利尼西亚迁移过来的，

散落在草丛中的石雕

而不是从南美洲迁移过来的。从语言学的角度进行分析，岛上居民使用的文字更接近波利尼西亚的文字；对他们的骨骼进行研究，岛上的居民也更接近东南亚人。

最早来到复活节岛上的是波利尼西亚人这一观点得到了普遍认同，因为这一结论能在一定程度上解释为什么能够建造那些巨大的雕像。由于波利尼西亚非常盛行祖先崇拜，因此那些莫埃人像可能是由岛上的家族或部落建立起来的用以纪念先人的墓碑。马克萨斯群岛还有一种在死者的雕像上放上一块石头，以示哀悼的传统。而在莫埃人像顶部盖上红石头很可能就是由这种传统演化而来的。

复活节岛上的石雕人像不断地被人写入游记、见闻和回忆录里，变得日益神秘起来。现在，这些石雕人像随着科技的发展和电视的普及已经家喻户晓了，但是仍有许许多多的谜团困扰着人们，而岛上的那些石雕人像仍屹立在那里，俯视着岛上络绎不绝的游人。

神秘的奥尔梅克石像

奥尔梅克文明的历史，可以追溯到公元前2000年，但是在阿斯特克帝国崛起之前的1500年，这个古老的文明就已经消失了。

传说中的奥尔梅克人的家乡，正是科泽科克斯河注入墨西哥湾的地方。"科泽科克斯"这个地名的意思就是"蛇神出没的地方"。相传远古时代，奎札科特尔和他的门徒就是在这个地方登陆墨西哥的——他们搭乘"船身光亮有如蛇皮一般的"船舶，从地球的另一端渡海而来。也就是在这里，奎札科特尔登上一艘"蛇筏子"扬帆而去，从此离开了中美洲。

就在科泽科克斯西边，从圣地亚哥·图斯特拉镇出发，向西南方向行驶25千米，穿过葱翠的原野，便是崔斯萨波特古城；科泽科克斯的南边和东边则是圣罗伦佐城和拉文达城，在这些地方，无数的典型奥尔梅克人雕刻品相继出土。有些雕刻的是庞大的头颅，重达30吨，其他的是巨型的石碑，上面镌刻着两个相貌完全不同的种族（都不是美洲印第安人）相会的情景。制作这些杰出艺术品的工匠，肯定是属于一个精致的、高度组织化的、繁荣富裕的、科技上相当发达的文明。令研究者们困惑的是，除了艺术品之外，这个文明没有留下任何东西，让后人探寻它们的根源和性质，它们的存在又有什么样子的代表意义。唯一能够确定的是奥尔梅克人在公元前1500年左右，带着已经得到了充分发展的、高度文明的文化，突然出

□ 可怕的现象

现在了中美洲这片神奇的土地上。

考古学家挖掘出的巨大人头像中,最大的一尊是在耶稣基督诞生之前不久雕制完成的,也就是公元前 100 年左右制作的,它重达 30 多吨,大约高 1.8 米,圆周 5.4 米。它们呈现的大多是非洲男子的头部——戴着紧密的头盔,绑着长长的颚带,耳朵穿洞,鼻孔宽阔,鼻梁两旁显露出一道道很深的沟纹,嘴巴肥厚下垂,下巴紧贴着地面,有的两只大眼睛冷冷地睁着,宛如两颗杏仁,有的则是安详地闭着双眼。在那顶古怪的头盔底下,两道浓密的眉毛高高翘起,显出一脸怒气。看上去总会感觉有一种阴郁、深沉的凝重气息。奥尔梅克人留下 5 座非同一般庞大的雕像,描绘的是面貌具有明显黑人特征的男子。当然,2000 年前的美洲并没有非洲黑人,直到白种人征服了美洲之后,黑人才被抓来当奴隶。然而,考古学家发现的人类化石却显示,在最后一个冰河时代,移居美洲的许多种族中就有非洲黑人。

这一尊尊人头像,都是用整块的巨大玄武岩雕成,竖立在粗糙的石板叠成的基座上。尽管体积十分庞大,雕工却十分细致老练,五官的比例均匀完美。

在清除了周围的泥土之后,它立刻呈现出一种令人望而生畏的严肃气概。和一般的非洲土著的雕刻品不同的是,它所使用的是写实的雕刻方法。五官的线条简洁而且有力度,表现出黑人身上所独有的面貌特征。

显然,奥尔梅克人曾经建立了相当辉煌灿烂的雕刻文明,进行过大规模的工程计划。他们的高超技艺,有能力雕琢和处理巨大的石块(他们遗留下的人头像,有些用一整块巨石雕刻而成,重达 20 吨以上)。不可思议的是,尽管研究者一再地努力挖掘,却始终没有在墨西哥找到任何的证据和迹象可以证明奥尔梅克文化曾经有过"发展阶段"。

那么这些巨型的人头像雕刻品,代表什么意思呢?有人推测是奥尔梅克人自己的自画像,有人认为那不是他们制作的,而是出于另一个更加古老的、已经被遗忘的民族之手。

科泽科克斯城中圣奥古斯丁公园里的石像群

正统学界一贯主张1492年之前，美洲一直处于孤立的状况之中，跟西方世界没有接触。思想比较前卫的学者，拒绝接受这种教条式的观念。他们认为，奥尔梅克雕像所描绘的那些深目高鼻、满脸胡须的人物，可能就是古代活跃于地中海的腓尼基人。早在公元前1000年之前，他们就已经驾驶船舶，穿过直布罗陀海峡，横越大西洋，抵达美洲。提出这个观点的考古学家进一步指出：奥尔梅克雕像所描绘的那些黑人，具体的讲，是腓尼基人的"奴隶"，他们是在非洲西海岸捕捉到这些黑人，然后千里迢迢地将他们带到了美洲。

然而还有一个问题，纵横四海的腓尼基人，在古代的世界许多地区留下了他们的独有的手工艺品，却没有在发现奥尔梅克人聚居地留下属于他们的任何东西。事实上，就艺术风格来讲，这些强劲有力的作品似乎并不属于任何已知的文化、传统和艺术类型。不论是在美洲还是在全世界，这些艺术品都没有先例。

奥尔梅克文明究竟从何形成，又是如何衰亡？这是个连历史学家都无法回答的问题，刻在石头上的日历以及历史，就更加难以解释了。总之，奥尔梅克文明隐含着诸多未知数，对它的了解和研究才刚刚开始而已，历史学家和科学家们不知还要经历多少年的不懈的努力，才能够找到它的谜底。

二、隐藏在孤寂中的荣华

消失的古大陆：亚特兰蒂斯

亚特兰蒂斯在希腊神话中是海神波塞冬统治的一座广大岛屿。

希腊神话中说，这座岛屿被分割成10份，由波塞冬的5对双生子共同统治。长男亚特兰蒂斯以盟主的身份成为王中之王。因此这座广大岛屿被命名为亚特兰蒂斯。

亚特兰蒂斯位于"海洛克斯之柱"（直布罗陀海峡）外的大西洋中，面积比北非和小亚细亚合起来还更宽广。其强大的权力则不仅限于周边的大西洋诸岛，还远达欧洲、非洲和美洲。

亚特兰蒂斯岛的海岸险峻，中央部位却有宽阔肥沃的平原，在距外海9千米处是首都波塞多尼亚。这座都市十分富裕繁华，其市中心有王宫和奉祀守护神波塞冬的壮丽神殿。神殿是以黄金、白银、象牙，或如火焰般闪闪发光、名为"欧立哈坎"的金属装饰。岛上的所有建筑物都以当地开凿的白、黑、红色的石头建造，美丽而壮观。另外，在波塞多尼亚的四周还建有3层的环状运河。最外侧的运河宽500米，可通行大型船只，这些运河都以宽100米的水陆和外海衔接。

环状都市外有宽广的平原，四周为深30米、宽180米、全长达1800千米的沟渠所环绕，内侧的运河则以每18千米纵横交错的方式围绕着，就好像是棋盘的格子一样的整齐方正。人们就用此水种植谷物和蔬菜，并通过运河将产品搬运到消费区。

在水路和海相接之处有3座港口。港口的附近密集地住着许多居民，从世界各地前来的船只和商人络绎不绝地往返于3座巨大港口之间，港口一带因此而昼夜喧嚣不已。

平原被分割成9万个地区，每个地区设有一位指挥官。这位指挥官担负着调度一辆战车费用的1/6、马2匹、骑兵2名、轻战车1台、步兵和驾驶者各1名的义务。除此之外，还能调度12名战斗员和4名水兵。若将这些兵力加在一起，那么亚特兰蒂斯就能随时拥有120万兵员的强大战斗力了。

拥有强大国力的亚特兰蒂斯，终于越过直布罗陀海峡，开始侵略别国了。

勇敢地抵抗亚特兰蒂斯进攻的是雅典人。雅典人在激战后，终于击退了亚特兰蒂斯军队，保障了国家独立和人民的自由。但未知的悲惨命运立即发生了。

因为当时爆发了恐怖的地震和洪水，雅典的军队仅仅在"悲惨的一昼夜"间就陷入地狱中，而亚特兰蒂斯也陷没于海中，从地球上永远消失了。这是发生于距今1.2万年前的事。

这就是希腊的哲学家柏拉图在《迪迈斯》和《格利迪亚斯》中所描绘的亚特兰蒂斯的全貌。他是将希腊贤人之一的梭罗从埃及祭司那里听来的故事，写到自己的书里并介绍给世人。

每当人们在大西洋或附近什么地方发现史前文明的遗迹时，各种媒体便会不约而同地声称这儿可能就是柏拉图所说的神秘消失的亚特兰蒂斯大陆。

令人称奇的是,柏拉图对亚特兰蒂斯的描述与目前所掌握的情况往往不谋而合。

1968年以来,人们不断地在比米尼岛一带发现巨大的石头建筑群静卧在大洋底下,像是街道、码头、倒塌的城墙、门洞……今天的人们虽然还未考证出这些东西始于何年,但根据一些长在这些建筑上的红树根的化石,表明它们至少已有1.2万年的历史。这些海底建筑结构严密,气势雄伟,石砌的街道宽阔平坦,路面由一些长方形或正多边形的石块排列成各种图案。

1974年,苏联"勇士号"科学考察船,在直布罗陀海峡外侧的大西洋底,成功地拍摄了8张海底照片。从照片中可以清楚地看出,除了腐烂的海草外,在海底山脉上还有古代城堡的墙壁和石头阶梯……这些照片足以证明,这里曾经是陆地,并且有人类居住过。

所有这一切似乎都表明,曾经有过一个古代大陆以及文明社会被埋葬在大洋底下。

柏拉图的代言人克里梯亚斯在描述了亚特兰蒂斯的古代母城之后,又告诉我们这个"国家其余部分"的情况。他说道,这一岛屿高高地屹立在海上,大部分岛屿是一块矩形平地,周围环绕着山脉。平地面积约相当于美国艾奥瓦州的大小。原文上的不一致和多种解释使我们得出一个结论:亚特兰蒂斯王国并不是前面所说的古代母城。由于有10个这样的王国,我们可以估算,亚特兰蒂斯的大小大约是上述面积的10倍。

20世纪早期,人们对现已消失的亚特兰蒂斯的科学技术水平做了过分的断言,不过从柏拉图的叙述我们可以得出结论:假定亚特兰蒂斯确实存在过,那么它是个青铜时代高度文明的古国。亚特兰蒂斯一直繁荣昌盛到公元前9600年,那以后便"在一昼夜间沉没"了。

现代考古学告诉我们,1.2万年以前还不存在青铜时代的文明,也根本没有地质资料证明大西洋中有一块沉没了的巨大陆地。对亚特兰蒂斯的任何推测必须合理地解释这两项矛盾。古希腊人并没有因为这些看法所影响,但许多人,包括亚里士多德,都怀疑亚特兰蒂斯的真实性。

在相信亚特兰蒂斯存在的科学家没有发现更多更有说服力的证据之前,在反对亚特兰蒂斯假说的科学家没有完全令人信服的作出证伪的工作之前,在信息时代,正在获得越来越多的混淆不清证据的人们,对人类文明、对现阶段人类文明抱有更多希望与想象的人们,都会始终在心中保持这样一个疑问:亚特兰蒂斯曾经是一个真实的存在吗?

特洛伊城遗址之谜

著名的《荷马史诗》第一部《伊利亚特》叙述了这样一场战争:英俊潇洒的特洛伊王子到各国游历,到了斯巴达王国,国王不在,受到年轻漂亮的王后海伦的热情款待,这两人一见钟情迅速坠入了爱河,结果特洛伊王子将海伦带走了。这自然引起斯巴达国王的强烈不满,于是他纠集了希腊各国大军,围攻特洛伊城,但整整围攻了10年,也毫无所获。这时希腊人想出了一个绝妙的办法:他们首先造了一个大木马,将一支突击部队藏在木马里,然后在两军对垒之时,假装撤退,而让特洛伊人俘获了木马。特洛伊人不知道木马的机关,还以为是希腊军队的新式武器,于是很高兴地抬回去研究。谁知到了晚上,当特洛伊人张灯结彩举办庆功酒宴之时,希腊的这支突击部队从木马中钻出来,打开了城门,之后与城外的部队里应外合进攻特洛伊城,刹那间昔日美丽壮观的特洛伊城变为一座废墟。

作为史诗的叙述,这场战争是真实的,并且已经得到了考古学家的确认。但是这场激烈残酷的战争的遗址究竟在什么地方呢?

1871年,德国考古学家亨利·施里曼在小亚细亚北部的希萨里克,大约距达达尼尔海峡5千米附近的土岗上进行考古发掘,结果意外地发现了特洛伊遗址的第一和第二文化层。之

□ 可怕的现象

特洛伊城遗址俯瞰
特洛伊古城位于土耳其西北部的希萨里克山丘下，紧临碧波万顷的达达尼尔海峡，隔海与巴尔干半岛相望。长期以来，人们一直以为它是荷马史诗中虚构的一座城市，并且为此引起过一些争论，但是特洛伊城遗址的发现启示我们，文学作品包括神话传说的创作，都可能有其真实背景的存在。

后他又在当地挖掘第三文化层时，挖出了许多古代的黄金酒杯、王冠、银瓶、手镯等贵重物品，并且发现了有火灾的痕迹。他在进行一番考察与分析后，宣布自己找到了特洛伊城的遗址。

可是出人意料的是，施里曼的朋友、他的合作者建筑学家德尔费尔德根据自己的考证否决了他的这一观点。德尔费尔德认为，特洛伊城自公元前2000多年前到公元后几个世纪，一直有人居住，因而先后应该形成了9个文化层，而不止3个。他在第六个文化层里发现了许多尸骨以及大量被烧毁的房屋，这明显是战争的遗迹。据此他指出，特洛伊战争遗址不是在第三文化层，而应该在第六文化层。

德尔费尔德的观点一时为人们所接受，直到20世纪30年代，又有人提出质疑，其中最具代表性的是英国考古学家布列。他根据自己发现的新材料指出，德尔费尔德在第六文化层发现的大量被毁坏的房屋和许多尸骨，是由于地震造成的，而非战争所为，因此是不能作为特洛伊战争遗址的。布列在第七文化层中发现了大量遭受火烧和抢劫的房屋，而且各家各户都备有埋在地下的大瓮，瓮口仅露出地面，这表明当时特洛伊城正在遭受围困，并且不久就毁灭于战火之中。因此布列认为真正的特洛伊战场遗址在第七文化层。

无论是施里曼还是德尔费尔德还是布列，他们尽管都有各自的看法，但是却存在着共同的认识基础：认为希萨里克附近的山冈就是古代特洛伊城的遗址。假如古代特洛伊城的遗址不在那里，那么他们的推论就完全变成了空中楼阁。事实上，不断有人对古特洛伊城遗址的方位提出新的见解。例如多年从事《荷马史诗》研究的墨西哥语言学家罗伯特·萨利纳斯最近提出一种新的观点，他认为特洛伊城的遗址并不在小亚细亚，而应该在南斯拉夫境内的加贝拉镇。该镇位于纳雷特瓦河流入亚德里亚海入口处，这个地形与《伊利亚特》中的环境描述是接近的，并且"入口处"的位置也为希腊大军的停泊船只提供了证明。

还有人认为，特洛伊战争的主战场根本就不在特洛伊城，而在贝喀西以东的地方。在特洛伊城西北8千米处的贝西卡港湾有深水且深入内地，可以说是希腊军队船只理想的停泊之处。因此，有些专家强调说，特洛伊战场应该在特洛伊城以西的地方。

但是这个说法至今并没有得到很多人的认可。所以特洛伊战争的遗址究竟在哪里，至今还是一个未解之谜。

巴比伦空中花园之谜

在2500年前，一名希腊经师写下了眩人耳目的七大奇观清单：罗得岛巨像、奥林匹亚宙斯神像、埃及金字塔、亚历山大灯塔、巴比伦空中花园、以弗所阿提密斯神庙以及毛索罗斯王陵墓。这位经师说：七大奇观，"心眼所见，永难磨灭"。这就是所谓世界七大奇观的由来。

巴比伦空中花园当然不是建在空中，这个名字纯粹是出自对希腊文 pmaddeisos 一字的意译。其实，pmaddeisos 一字直译应译作"梯形高台"，所谓"空中花园"实际上就是建筑在"梯形高台"上的花园，后来蜕变为英文 paradise（天堂）。

巴比伦空中花园是什么时间建造的呢？

一般认为，巴比伦空中花园是在幼发拉底河东面，距离伊拉克首都巴格达大约 100 千米，是在巴比伦最兴盛时期尼布甲尼撒二世时代（公元前 604 ~ 前 562 年）建造的。

千年古都巴格达向来以文学艺术和雕塑绘画著称于世，世界名著《天方夜谭》中许多故事的出处都在巴格达。然而，美丽的巴比伦空中花园究竟在哪里呢？

据历史记载，巴比伦是公元前 626 年迦勒底人建立的新巴比伦王国的遗址，主要由阿什塔门、南宫、仪仗大道、城墙、空中花园、石狮子和亚历山大剧场等建筑组成。遗址一直埋在沙漠中，直到 20 世纪初才被发现。而汉谟拉比（公元前 1792 ~ 前 1750 年）时代的古巴比伦王国遗址，至今还被埋在 18 米深的沙漠底下。

在遗址宫殿北面外侧不远的一堆矮墙中间是一个深深的地下室，散发出一种异样的味道，原来这就是空中花园的所在地。据说，花园建于皇宫广场的中央，是一个四角锥体的建筑，堆起纵横各 400 米、高 15 米的土丘，共有 7 层，每层平台就是一个花园，由拱顶石柱支撑着，台阶并铺上石板、芦草、沥青、硬砖和铅板等材料，眼前只有盛开的鲜花和翠绿的树木，而不见四周的平地；同时泥土的土层也很厚，足以使大树扎根；虽然最上方的平台只有 20 平方米左右，但高度却达 105 米（相当于 30 层楼的建筑物），因此远看就像似一座小山丘。

更有历史学家放言道："从壮大与宽广这一点看，空中花园显然远不及尼布甲尼撒二世宫殿，或巴别塔，但是它的美丽、优雅，以及难以抗拒的魅力，都是其他建筑所望尘莫及的。"公元前 1 世纪，作家昆特斯·库尔提乌斯这样描述这座空中花园："无数高耸入云的树林给城市带来了荫蔽。这些树有 3.6 米之粗，高达 15 米。从远处看去，如荫的灌丛让人以为是生长在高大巍峨、树木繁盛的山上森林。"

然而这么豪华的"天堂"现在却什么也看不到了，只有一段修复后的低矮墙中残留的一小块原址遗迹，旁边有一口干枯的老井。据说这就是当年空中花园的遗存品，但经过考证，现在仍不能确认这就是真正的空中花园遗址，因为这里离幼发拉底河 20 多千米，而资料记载空中花园就在河边上。事实上，大半描绘空中花园的人都从未涉足巴比伦，只知东方有座奇妙的花园。而在巴比伦文本记载中，也没有一篇提及空中花园。所以真正的空中花园在哪里，至今没人能说得清楚。

至于为什么要建造奇特的巴比伦空中花园，古代世界就有两种不同的说法。

一种说法是，公元前 1 世纪中叶，西西里岛的希腊历史学家狄奥多罗斯在他的 40 卷《历史丛书》中提及，"空中花园"由亚述女王塞米拉米丝供自己玩乐所建。空中花园或许真的曾名噪一时，但塞米拉米丝却实无其人，她只是希腊传说中的亚述女王。

另一种说法是，巴比伦祭司、历史学家贝罗索斯（公元前 3 世纪前期）写过一部向希腊人介绍巴比伦历史和文化的著作，曾提及公元前 614 年巴比伦国王去世，新国王尼布甲尼撒即位后，迎娶了北方国米提之女安美依迪丝为妃。而米提是一个山国，山林茂密，花草丛生。米提生长的王妃，骤然来到长年不雨的巴比伦，触目皆是黄土，不觉怀念起故乡美丽的绿丘陵来。她日夜愁眉苦脸，茶不思，饭不想，这可急坏了巴比伦国王。怎么办呢？他请来了许多建筑师要他们在京城里建造一座大假山。经过几年的营造，也不知花费了多少奴隶的血汗，

□可怕的现象

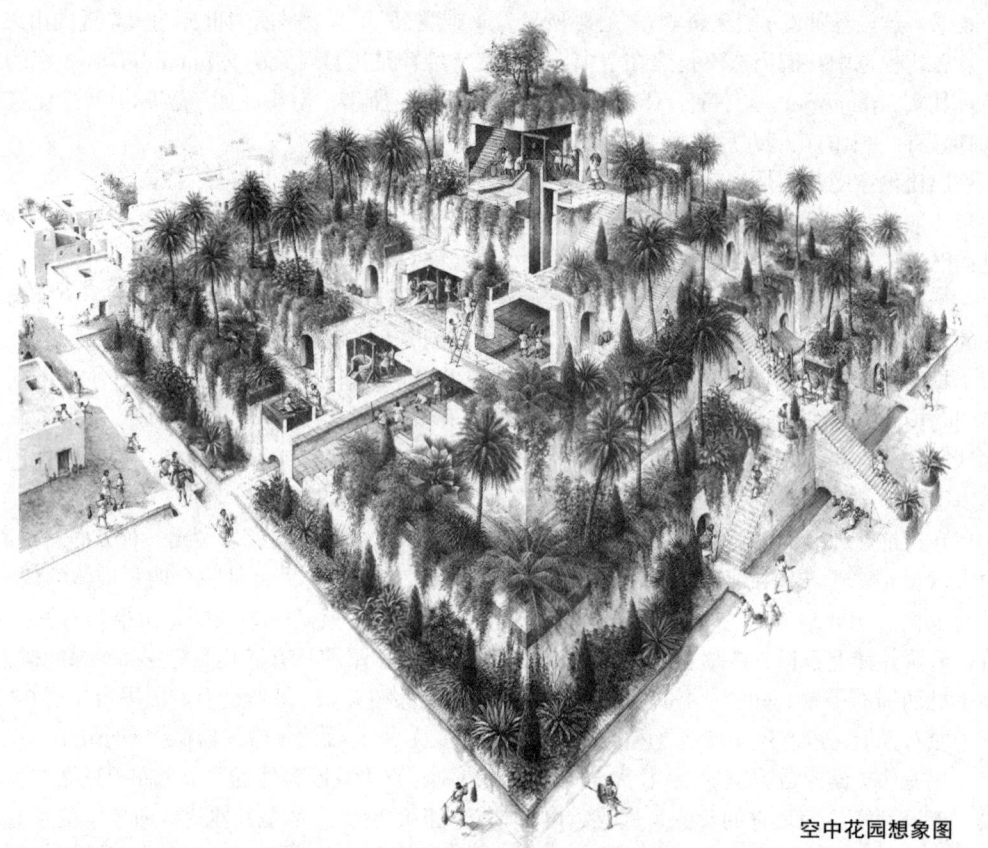

空中花园想象图

一座大山终于造好了。山上还种上了许多奇花异草，这些花木远看好像长在空中，所以叫做"空中花园"。花园里还建造着富丽堂皇的宫殿，国王和王后得以饱览全城的风光。据说，米提公主从此兴高采烈，思乡病一下子消失得无影无踪。

虽然空中花园已全部为荒漠所吞噬，但同伊甸园一样，空中花园的传说一直吸引了无数人。很长时间以来，许多古代的著作对它是否真的存在过表示疑问。19世纪，德国考古学家罗伯特·科德卫发现了一些证据，他认为可以证明空中花园确实存在过。第一条线索是若干个石拱，它们可以轻易支撑住树林、土壤、岩石以及导水管的巨大重量。接着，他又发现一根轴，从屋顶一直延伸到地面，这可能就是一口井，空中花园的水也就是从这里抽取。进一步的研究表明，屋檐正下方的地面曾用于某种形式的储存。这极可能是一个蓄水库。今天美索不达米亚一带气候干燥、缺少石材，空中花园离幼发拉底河又有一段距离，而花园的花离不开水，那么它是如何解决供水问题的呢？如果真是这样的话，在水泵发明几个世纪前，水又是如何被运到屋顶花园的？

公元前1世纪的历史学家兼作家斯特拉博曾记载："有专门的旋转式螺旋桨把水送到屋顶。这些螺旋桨的功能就是不断地从幼发拉底河抽取水源以播洒滋润整个花园。"尽管人们一直把这种旋转式螺旋桨视为阿基米德螺旋泵，并且由于它能够较好地输送大量水源，最终引发了全世界农业的革新，然而奇怪的是，古代文卷中没有一处特别提到巴比伦曾使用过这种水泵。可这种水泵却被另一位统治者亚述国王塞纳恰诺波使用过，他的都城设在尼尼薇，横跨巴比伦西北部的底格里斯河。

专家们认为，空中花园应该要有完善的输水设备，由奴隶不停地推动着连系的齿轮，把地下水运到最高层的储水池中，再经过人工河流往下流以供给植物水分。同时美索不达米亚平原没有太多石块，因此研究员相信花园所用的砖块定是与众不同，相信它们被加入了芦苇、沥青及瓦，狄奥多罗斯甚至指出空中花园所用的石块加入了一层铅板，以防止河水渗入地基。

事实究竟如何呢？迷人的空中花园将无尽的谜尽藏腹中，还有待于进一步考证。

迈锡尼古城及其毁灭

公元前2000年左右的早期青铜时代是迈锡尼文明的萌芽时期，大约公元前17世纪，希腊人的一支——阿卡亚人在迈锡尼兴建了第一座城堡和王宫。据《荷马史诗》描述，兴盛时期的迈锡尼以金银制品名扬天下，被人们称为"富于黄金"的城市。

现存的迈锡尼城堡的平面形状大致呈三角形，位于查拉山和埃里阿斯山之间的山顶上，城墙高8米，厚达5米，用巨大的石块环山修建。有一座宏伟的大门开在西北面，门楣上立有三角形石刻，雕刻着两只虽无头但仍威武雄健的雄狮。这两只狮子左右对称的雕刻形式显然是受到东方文化的影响，是欧洲最古老的雕塑艺术。迈锡尼城堡的正门也因而被称为"狮子门"。

迈锡尼城门上的一对石狮子从1876年起就再也不能保持安静了。德国考古学家谢里曼等人在城内发现的墓圈，吸引了全世界的目光，人们似乎又看到了3000多年前繁荣"多金"的迈锡尼城。古代希腊世界迈锡尼文明的重要遗址陆续被发现，如梯林斯、派罗斯、雅典等。人们目睹了迈锡尼文明时代王宫的残垣断壁，面对令人惊叹不已的王室宝藏，我们自然会发出疑问：如此辉煌的文明，是怎么毁灭的呢？

由于可靠的文字资料实在太少，线形文字泥板文书和《荷马史诗》所提供的信息又过于简单，所以，要回答这个问题，实在不是一件容易的事，于是许多学者都不约而同地从考古学的角度去研究。最初，谢里曼夫妇在这里发现了5座坟墓，后来，第6座坟墓又被希腊考古学会派来监督他们的斯塔马太基发现。这6座长方形的竖穴墓大小、深度不同，深0.9～4.5米，长2.7～6.1米，以圆木、石板铺盖墓顶，但大部分已经坍塌。共有19人葬在这6座墓穴中，有男有女，还有两个小孩，同一墓中的尸骨彼此靠得很近，大多用黄金严密地覆盖着。妇女头上戴着金冠或金制额饰，身旁放着各种名贵材料做的别针以及装饰用的金匣，衣服上装饰着雕刻有蜜蜂、玫瑰、乌贼、螺纹等图案的金箔饰件；男人的脸上罩着金面具，胸部覆盖着金片，身边放着刀剑、金杯、银杯等；两个小孩也被用金片包裹起来。

考古学家的发现远不止这些，在谢里曼发掘圆形墓圈A的75年之后，即1951年，希腊考古学家帕巴底米特里博士发现了被称为圆形墓圈B的第二个墓区。这个墓区在狮子门以西仅百米之遥，发掘出来的珍宝完全可以与谢里曼的发现相媲美，而且时代与前者十分相近。英国考古学家韦思等在大约与帕巴底米特里发现圆形墓圈B的同一时期，又发掘了9座史前公墓，地点是在独眼巨人墙以西、狮子门之外的地区。这些圆顶墓（因形似蜂房，又叫蜂房墓）约建于公元前1500～前1300年，均属于青铜时代中期。

公元前1400～前1150年左右的青铜时代末期，是迈锡尼发展的鼎盛时期。从迈锡尼城遗留下来的城堡、宫殿、墓葬及金银饰品中都能看出这一王国当年的强盛，但是要找到其消亡的原因，确实不是一件容易的事。我们尽管能从考古发掘中得到一些启示，但要把不会开口说话的遗迹、遗址、遗物唤醒，实在是一件困难的事。

有人认为，迈锡尼世界的毁灭与一些南下部落的入侵有关，多利亚人更是祸首元凶。但也有人持与此相反的见解，他们指出，迈锡尼世界在西北方的入侵者来到之前已经衰落。迈

□ 可怕的现象

迈锡尼古墓外观

锡尼文明的统治至公元前13世纪后期已开始动摇。据考古资料看，多利亚人在公元前13世纪期间，并未进入希腊世界，他们涉足此地是在迈锡尼文明的不少城市已经变成废墟的很长一段时间以后，多利亚人面对的是一个已经不可避免要毁灭的世界。因而，公元前13世纪末以来迈锡尼文明世界的各地王宫连遭毁灭之灾，与多利亚人无关。考古资料也提供不出当时多利亚人到来的物证，于是J.柴德威克在对古文字研究的基础上提出大胆假设。他指出，多利亚人臣属于迈锡尼人的历史事实，可以从神话传说中有关赫拉克利斯服12年苦役的故事中反映出来，多利亚人作为被统治者早就遍布在迈锡尼世界各地。赫拉克利斯的子孙返回伯罗奔尼撒，却道出了多利亚人推翻迈锡尼人只不过是内部的阶级斗争的真情，根本不存在所谓的多利亚人入侵。以派罗斯为例，当时便存在很严重的经济问题，青铜不够用，青铜加工业已衰落，国家经济组织疲惫不堪，税收不齐，经济面临崩溃的边缘。有限的土地不能满足经济发展之需，国家只能靠积蓄的产品度日，要么就从地方额外征收黄金。当时受到挑战的还有神权，村社不按祭司要求行事，有的人甚至敢不履行宗教义务。由于受到其他部门或其他国家的过分压力，中央的高度集中化受到了破坏。在这种形势下，派罗斯的王宫随时都有覆灭的危险。这一切都可能是导致派罗斯毁灭的主要原因。

另有一些人认为天灾是祸根。天灾造成人口减少，食物短缺，大量小村庄被放弃，王宫经济发生危机。迈锡尼为了远征小亚细亚富裕的城市特洛伊，倾国出兵，围攻10年方才攻陷。迈锡尼大量的人力、物力和财力在这场旷日持久的战争中严重消耗，从此国势一蹶不振。

还有人提出，迈锡尼文明遗址中有几个地方是毁于不知什么原因引起的火灾中的。这样，活跃于东地中海的海上民族便吸引了这些猜测者的目光。他们认为是这些海上民族破坏了小亚细亚、埃及等地的许多城市，促使赫梯帝国灭亡，埃及帝国衰弱，当然迈锡尼世界也受到了影响。

学者们经过一番深入的研究之后，不但没能解开迈锡尼文明的衰弱之谜，同时又提出了一些新的问题：迈锡尼没有金矿，黄金从何而来？固若金汤的迈锡尼城怎么会屡遭沦陷？还有埃及人、腓尼基人都在其坟墓墙上刻下了文字，后来的希腊罗马人也树立了有文字的墓碑，迈锡尼人已普遍掌握了线形文字，并且用来记写货物清单，可是他们为什么不将死者的姓名和业绩刻在墓碑上呢？这到底如何解释呢？一切还有待于后人的深入考察。

亚历山大灯塔之谜

今日埃及最大海港城市亚历山大，早先是马其顿帝国的亚历山大大帝在埃及尼罗河口西面建立的一个古城。公元前236年，古希腊最为显赫的风云人物亚历山大在20岁时继承王位，成为马其顿国王。后来他率领希腊联军，在埃及尼罗河口一个地理位置优越的无名渔村，建起了这个希腊化的城市，并用自己的名字将其命名为"亚历山大城"，命大将托勒密驻守于此。亚历山大大帝死后，埃及托勒密王朝开始兴起，亚历山大便成为托勒密王朝的首都并因此繁荣起来，加上亚历山大位于亚洲、非洲及欧洲3个洲的接合位置，亦能通往尼罗河及地中海的港口，可以想象当时亚历山大的繁荣景象，通商有多么发达。而且被称为"世界七大奇迹"之一的亚历山大灯塔更是照耀着港口，日夜注视着过往的人群，成为朝代更迭的观望者。

据史料记载，亚历山大灯塔建于公元前285～前247年间，位于法罗斯岛，督造人为托勒密大将，也就是后来的托勒密王朝的国王，设计师是希腊人。建造此灯塔，一是为了方便当时人们的航海需要，另一方面也彰显亚历山大大帝的赫赫战功。自从亚历山大海角尖端的法罗斯岛有了它以后，塔顶的柴薪燃烧不息，地中海航船有了导航方向，夜航难事件大大减少。它一直工作了15个世纪，即使亚历山大城多次地震，大部分房舍坍塌，灯塔依然屹立不倒。

灯塔总高134米，比现代最高的日本横滨港灯塔还高28米。据说，由凹面金属镜反射出来的耀眼的火炬火光，使得夜晚航行的船只在距离它56千米的地点就能够找到开往亚历山大港的航向。灯塔塔身是由上、中、下3个部分组成的，全部以纯白色大理石砌成，缝隙用熔化了的铅液浇铸，坚如磐石。下层塔身底部呈方形，塔身随着上升逐渐收缩，高约71米，底部每一边长为高度的一半，上面四个角各安置一尊海神波塞冬的儿子口吹海螺号角的铸像，以此来表示风向方位。中层呈八角形，高约34米，相当于下层高度的一半。上层呈圆柱形，高约9米，上层塔身之上是一圆形塔顶，其中一个巨大的火炬不分昼夜地冒着火焰。塔顶之上铸着一尊高约7米的海神波塞冬青铜立像。塔身外围筑环形驰道盘旋到炉室，供马车拉运燃料。这灯塔实际上也是一座摩天大楼，内设300间厅室，供管理人员和卫兵居住。

然而传说只是传说，没有见到实物，终归是一个谜。谁敢相信2000多年前能够造出那样庞大的灯塔？一段时间以来，一直没有灯塔的任何实质性东西出现，以证明那个遥远的时代的确存在这样一座雄伟的灯塔，以至于人们不能不怀疑，2000多年前的亚历山大人果真能建造如此雄伟的巨塔吗？甚至有人认为，历史典籍中所描绘的高耸入云的亚历山大灯塔也许只是个美丽而带有虚构的传说。

后来经过考古学家们的考证，公元前235年的地中海大地震以及随之发生的海啸，将亚历山大城的无数建筑转眼间夷为平地，并使5万居民丧生，但亚历山大灯塔却奇迹般地保留了下来。不料在1301年、1302年先后两次的强烈地震将灯塔的部分震塌。随后1375年又一次更加猛烈的地震，终于将残存的塔基倾覆于地中海海底。千百年傲视地中海狂风巨浪，为古代航海事业作出非凡贡献的亚历山大灯塔从此销声匿迹。此后的一个多世纪中，亚历山大城战火纷飞，灯塔的光芒在弥漫的硝烟中逐渐被人遗忘。特别是1472年，统治埃及的马穆鲁

□ 可怕的现象

埃及亚历山大城遗址图中那个圆柱形的可能就是后来人复制的亚历山大灯塔。

克王朝为了抵御外来入侵，干脆在灯塔的原址修造了一座军事要塞，命名为马穆鲁克要塞。1994 年，在灯塔旧址附近修筑防波堤时，意外地发现古代石料船之类的东西，于是令世人瞩目的海底考古开始了。考察队在亚历山大灯塔旧址周围发现了 3 世纪地震时没入海底的大量古代文物，其中有托勒密王朝末代女王克里奥巴特拉的王宫，她的情夫、罗马统帅安东尼的宫殿。还有许多小型的人面狮身石像，有头部重达 5 吨的托勒密王朝二世时期的，其身体和雕像的底座也在附近被发现，底座长达 3.5 米，侧面刻有托勒密王朝二世的称号。另外在海底还发现一组巨型雕像，总数达 2000 具以上。它们体积巨大，高度多在 13 米以上，重达数十吨。经过长时间水下搜索，考察队终于找到了亚历山大灯塔塔身。经测量，灯塔边长大约 36 米。在灯塔的每个侧面，都有大量的精美巨型雕像作为装饰。可以想象，昔日的灯塔是何等的壮观！

令人困惑的是，打捞中还发现了古埃及的方尖塔。它是太阳神的象征，也是法老时代的遗物。该方尖塔的头部是花岗岩制成，高 1.44 米，尖端为金字塔状，在塔的下面用象形文字刻有赛帝一世的名号和它统治的第 19 王朝守护神的形象。据推测，此文物应有 3000 多年的历史，见证了过去的沧桑。此外，刻有大量的象形文字和法老时代的符号的文物也重见人世。

披着神秘面纱的亚历山大灯塔终于得以再现人间，人们对灯塔长期以来是否存在的疑问被彻底打消了，但灯塔周围为什么发现大批雕像和石材，甚至公元前 3000 年前古埃及时代的遗物，这不能不留给人们太多的猜测，而且灯塔本身到底是在什么时候建造的也无从探索。

有人认为，灯塔本身是出于 3000 多年前法老时代的古埃及人之手。更多人认为，灯塔是托勒密王朝所建，这些古埃及时代的雕像和石材只是亚历山大大帝征服埃及后从古埃及神庙征调来的。也许这是一种合理的解释，毕竟当时战事纷纷，亚历山大率军远征，所到之处无所不能，这些东西作为战利品被运回也是可能的。

今天的亚历山大拥有 250 万人口，每年的夏天有 100 多万人来此避暑。港口年吞吐货物量 2760 万吨；在港口的海角的确有一座灯塔，但与古灯塔相比却大为逊色。1892 年，由避暑行宫改建的希腊—罗马博物馆收藏着零散的文物，展示亚历山大饱经沧桑的历史。但亚历山大灯塔究竟是在什么时候，由什么人建造的，至今迟迟不见定论。

谜团重重的秦始皇陵

秦始皇陵位于西安市临潼县城东,背靠骊山,面临渭水。据《史记》记载:秦始皇13岁即位(公元前247年)就开始建造自己的陵墓,直到死时(公元前210年)建成,历时37年。为造秦陵,当时征发了所谓的"罪人"有72万之多。秦始皇陵规模宏大,气势雄伟,经勘察,面积达57平方千米,分内外两城,内城周长2.5千米,外城周长6千米,呈南北长方形。秦陵的布局,东侧1500米处是大型兵马俑坑,西侧是车马陪葬坑及大批刑徒墓地,西北角有面积相当大的秦代石料加工场,南面还有一道长达1500米防止洪水冲毁陵墓的人工堤渠。据《史记》记载,陵墓内挖地极深,用铜液浇灌加固,上面放置棺椁;墓中建有宫殿及文武百官的位次,还有大量的珠宝玉器等;为防盗墓,里面设有弩机暗器,地底下又灌注水银,造型似江河、大海,以机械转动川流不息;又用鱼油膏做成蜡烛,点燃长明,久不熄灭。

秦始皇陵至今还未完全发掘。科学家利用高科技手段对秦始皇陵进行了多次探测,也由此引出了一系列谜团:秦始皇陵的封土取自何处?史料中记载的"旁行三百丈"究竟是什么意思?秦陵司马道究竟是南北走向还是东西走向?是谁点燃了秦宫火?

秦始皇陵封土堆呈覆斗形,高76米,长和宽各约350米,如此大规模的封土堆是国内之最。体积如此庞大的封土取于何处,历来人们说法不一。在临潼地区长期流传着一种说法,认为封土堆的土是从咸阳运来的,因经过烧炒,所以秦陵上寸草不生。关于秦始皇陵的封土来源,史书中也多有记载。《史记·秦始皇本纪》中说,"复土骊山"。《正义》注释道:"谓出土为陵,即成,还复其土,故言复土。"意思是说把原来从墓穴中挖出来的土,再回填到墓上去。《水经·渭水注》记载:"始皇造陵取土,其地深,水积成池,谓之鱼池。池在秦始皇陵东北五里,周围四里。"今天在秦始皇陵封土东北2.5千米的鱼池村与吴西村之间,确实有这处地势低洼、形状不规则的大水池,有人曾估算鱼池总面积达百万平方米。于是郦道元"取土于鱼池"的说法也得到了不少考古专家的认可。究竟秦始皇陵的封土取何处,还要通过大量的勘测、体积还原计算和对比才能最后定论。

《汉旧仪》一书中有一段关于修建秦陵地宫的介绍:公元前210年,丞相李斯向秦始皇报告,称其带了72万人修筑骊山陵墓,已经挖得很深了,好像到了地底一样。秦始皇听后,下令"再旁行三百丈乃至"。"旁行三百丈"一说让秦陵地宫的位置更是显得扑朔迷离。近些年来,科技人员运用遥感和物探的方法对秦始皇陵进行了多次探测,证实了地宫就在封土堆下,距离地平面35米深,东西长170米,南北宽145米,主体和墓室均呈矩形。秦始皇陵的地宫虽然被定位,但史料记载"旁行三百丈"究竟何意?有专家认为:"旁行三百丈"是地宫初挖点比原来计划向北移了700米。因为在封土堆南约700米处出现了重力异常的现象,按地质理论说明该异常区与周围土质存有差异。所以有人推断,秦始皇陵地宫最初挖掘点可能位于这个异常区,因土中含有大量砾石,修陵人无法挖掘,只好向北移到了目前封土堆的位置。也有专家认为:秦始皇陵封土堆南部紧挨骊山,由于山间冲积扇的原因,山下的地层中分布着厚层的砾石,修陵人从地宫向南挖巡游通道时,遇到了大砾石,最后不得不顺着砾石层改向挖掘,即所谓的"旁行三百丈"。

古时候,帝王在世时专用的道路叫"御道",而死后特意为其专修的道路就叫"神道",也叫司马道。司马道一般也是帝王陵墓的中轴线,具有重要的考古意义。可是秦始皇陵司马道究竟是南北走向还是东西走向,考古学家和地质专家说法不一。袁仲一、王学理等众多秦陵考古专家都一致认为,秦陵的司马道为东西走向,即陵园面向东。但也有专家认为"陵园

□ 可怕的现象

秦始皇陵兵马俑 秦

南高北低，背依骊山，俯视渭河，南北高差达85米，陵园面向北是再合适不过了。同时，其他国君大多将封土堆安置在回字形陵园的中部，而秦始皇陵的封土堆却位于内城南半部，从对称角度讲，司马道东西走向说不通"。司马道为南北走向的观点最早是由地质学家孙嘉春先生提出来的，并得到了不少人的赞同。

另外，火烧秦陵仅仅是一种燎祭方式还是项羽所为？这一历史悬疑至今也没有结论。项羽是否火烧秦陵？在对秦始皇陵的发掘过程中，考古专家发现了陵区有大面积的火烧土分布，同样考古专家在对秦陵陪葬坑的挖掘中也发现了大量火烧土和残余焦木。有人认为这正验证了历史上项羽火烧阿房宫的记载。但也有人提出，如果是项羽火烧了秦陵，那么陪葬坑里的珍宝为什么没有被运走？珍禽异兽坑虽然遭到了火烧，但坑内却完好保存着精美的铜鹤、铜鹅、铜鸭子等，这让人觉得不可思议。于是有专家认为"火烧陵墓很可能是当时的一种祭祀方式，即所谓的燎祭"。

关于秦始皇陵众多谜团的种种说法，只是人们根据已有材料的推断。我们期待着秦始皇陵的进一步考古发掘，也期待着考古专家们早日为我们揭开这些谜团。

神秘消失的楼兰古城

在负有盛名的汉唐时代的丝绸之路上，曾经有一座著名的古城楼兰。它的遗址位于今塔里木盆地的东部，罗布泊洼地的西北边缘。司马迁在《史记》中曾提到过这座城市，由此可知，楼兰王国在当时已经是众所周知了，它在中西方的经济、文化交流方面也起到了重要的桥梁作用。公元前77年，汉朝皇帝将楼兰的国名改为鄯善。

可是，这座绿草遍地，车来车往，门庭若市的繁荣古城，在4世纪以后，却突然神秘地消失了，留下的只是"城廓巍然，人物断绝"的不毛之地。

现在，由于探险和考古发现不断进步，楼兰文明越来越清晰地展示在人们面前。

荟萃了东西方文明的楼兰古城最显著的特征是将多元民族、多元文化相互融合了起来，在宗教信仰和物质习俗方面均表现出这种特点。

如1997年新疆文物考古所在尉犁县营盘古城附近发掘的一座汉晋墓地，出土文物包括汉晋的绢、绮、缣、丝绣、织金锦、汉代铁镜，这些物品都带有明显的中原风格。同时还发掘出了带有中亚风格的麻织面具、黄金冠饰、金耳环和金戒指等，还有来自波斯安息王朝的玻璃器皿和古希腊罗马风格的毛纺织品，等等。可以说很多当时天下的宝物都聚集在这一座小小的墓地之中。

这种多元文化的格局正是塔克拉玛干沙漠文明赖以存在和发展的基础。塔克拉玛干沙漠文明从地域位置看处于各主要文明的边缘，似乎是一个"文化边缘地带"，而实际上却是各民族文化交流与展现的舞台，是各种文化聚集融合的场所。

楼兰古城出土的汉文木简和文书内容比较丰富，主要是当地行政机构和驻军的各项公文及公私往来信件，从中不但可以看出楼兰城的军事力量和状况，以及各屯区农业生产、水利与生活的一些情况，而且还可以了解到楼兰城内与居民日常生活有关的情形，如城内设有仓库、客馆和医院，有制造铁工具和兵器的手工业，有以谷物丝帛作价的商业活动。此外，文书还记录了一些有关城内居民与户口、法律等方面的情况。从某种意义上说，这些文书是当时楼兰文明在政治、经济、文化方面的真实写照。

然而，4世纪以后，这样一个绿草遍地、人口繁盛的绿洲却瞬间消失了。黄沙漫漫，盖住了曾经在这片土地上发生的一切。一望无际的沙漠代替了昔日的绿洲，只有丝绸之路上留下的斑斑白骨暗示着这里曾经是一个商旅云集的贸易中转站。文明就这样突然中断了。那么，到底是什么力量造成了这一切呢？从楼兰古城出土的汉文简牍中可以知道，当时楼兰王国的农业生产每况愈下，又联想到楼兰处于沙漠之中，我们推测这可能是当时的自然环境发生了较大变化，水源日益不足，环境恶化，生态失衡，最终导致了楼兰文明的覆灭。楼兰人不得不放弃他们曾经坚守的故国，四处逃散，而文明也就消失了。

三星堆文化之谜

三星堆遗址位于四川省广汉市南兴镇北，这里有一条古河道叫"马牧河"，河道北岸的阶地形似月牙，人们便给它起了个美丽的名字——"月亮湾"，而三星堆则得名于河道南岸的3个大土堆。三星堆遗址的最初发现，是非常偶然的。1929年2月的一天，家住广汉市太平镇月亮湾的燕氏父子在浇灌农田的过程中，锄头锄到了一块石板，他们满怀惊奇地撬开石板，竟发现了满坑光彩夺目的玉石器。不懂文物的他们却肯定这是宝物，于是燕氏父子便在深夜偷偷将一共300多件玉石器取出，搬回家中。过了一年，燕氏父子见周围并无异常反应，为了牟利，他们便携带这些玉石器到城市的少城路——以前最大的古董市场去卖。据说这些被他们变卖的玉器至今仍下落不明。如此多的罕见之宝涌入市场，一时间，广汉玉器在古董商和古玩家之间炒得沸沸扬扬。大批所谓的"淘金者"纷纷涌向月亮湾，去寻觅宝物。

三星堆遗址能以真面目示人也得益于一个机缘，就在燕氏父子出卖那些玉石器的时候，也带了一些送给当地驻军旅长陶宗凯。此人乃一介武夫，对古董一无所知，但他找到了当时在华西大学地质系任教的葛维汉先生，请他帮助鉴别。葛维汉先生来自美国，对古董有所研究，他看到这些玉石器后，眼前为之一亮，没想到如此精美的玉石器也会出现在西南地区，他初步认定了这些玉器是周代礼器，是稀世珍宝。就在1933年秋，葛维汉先生与同是华西大学教授的林铭钧先生、戴谦和先生等人组成了对三星堆遗址的考古发掘队。考古队在发掘中发现了许多陶器、石器、玉珠、玉圭等稀世珍

戴黄金罩青铜像

横径16.7厘米，纵径21.4厘米，高48.5厘米。四川省广汉市三星堆出土。由铜头像和金面罩组成。倒八字眉，丹凤眼，蒜头鼻，鼻梁直，阔口，闭唇，长条形耳廓，粗颈。金面罩用金箔制成，大小、造型和铜头像面部特征相同，双眼双眉镂空。古代蜀人将黄金制成面罩作为青铜人头像的面部装饰，更是古代蜀人的杰作。

□ 可怕的现象

宝。1936年，考古队将发掘所获加以整理分析，在《华西边疆学刊》上发表了《汉州初步发掘报告》的文章。在报告中，有关遗址文物被称为"广汉文化"。不幸的是，第一次发掘工作仅仅持续了4年，就被1937年开始的日本侵华战争阻断了。

第二次正式的发掘工作开始于20世纪50年代初期。为配合宝成铁路的建设，考古学家们又一次来到了月亮湾进行考古调查，继续10余年前对遗址的勘探。他们采集了大量石器和陶器标本，根据初步考证，他们确定该遗址可能是西周时期的古遗址。1963年的一次规模较大的发掘，是由四川大学历史系考古学教授冯汉骥带领他的学生进行的。他们来到月亮湾的高地上，极目远眺，顿感这是一个不凡之地。冯先生深有感慨，他认为这里极有可能是古代蜀人的"都城"。后来的考古发掘证明了他的预言是正确的。

1980年，在全面发掘条件成熟的情况下，由四川省文物管理委员会组织的对三星堆遗址抢救性的发掘全面展开了。这次历时3个月的发掘，收获颇丰，不仅出土了不少的陶器、玉器、石器，并且还发现了大量的房屋基址和4000多年前的墓葬。这些陶器、石器让人们了解了4000多年前古蜀人的文化特点，从而也从它们身上见识到了古蜀文化和古蜀人的生活方式。在这次成功发掘的激励下，考古学家们锲而不舍、继续前进，试图进一步揭开古蜀王国之谜。1986年7月23日凌晨2时30分，他们又有了一个重大收获。考古学家以竹签为工具，在谨慎的挑土过程中，发现了一小点在灯光照耀下闪闪发光的黄色物体。他们耐住性子，继续挑土，不一会儿，黄色物体显露的面积越来越大，还显出花纹来。先是一尾雕刻逼真的鱼映入眼帘，接着人们又发现了一只振翅欲飞的小鸟。这弯弯曲曲的黄色物体不断地延伸，竟长达1米多，令人惊奇的是，上面除了刻有鱼、鸟纹外，竟然还刻有一个王者之像。考古人员将这一发掘物称为"金腰带"。意识到此发现非同小可，他们立即向政府请派军警保护现场，局面得以控制后，考古人员才公开了发现古蜀王"金腰带"的消息。一时间舆论哗然，三星堆又一次成为世人关注的焦点。继"金腰带"之后，大量的玉器、象牙、青铜器及金器也被陆续发现，尤其是青铜器中的各式人头像和黄金面罩是中国考古史上的首次发现，具有十分重要的意义。

在考古人员不知疲倦的奋战下，一具具神奇的青铜面具，一件件晶莹剔透的玉器，闪闪发光的金鱼、金叶，离开了它们沉睡的泥土，发出了熠熠光辉。尤其是1986年发现的两座器物坑，是三星堆遗址的代表，它的发现令世人瞩目。其中一号器物坑位于三星堆土堆南侧100米左右，坑是一个口大底小的长方形，坑内大概有400多件文物出土；二号器物坑位于祭祀坑东南，相距大概20米，是一个坑壁稍微有些倾斜的长方竖穴，从这个坑里出土了439件青铜器，131件玉石器，此外还有骨、象牙等器物。这些3000年前的青铜人像雕塑，在中国古代文明史上十分罕见，在东方乃至世界艺术史上都占有十分重要的历史地位。那件大型青铜人像的发掘，填补了美术史上商代大型雕塑的空白，它总体身高将近3米，是目前为止发现的几尊最大的青铜铸像之一。人像面部的器官雕刻得栩栩如生，头上还戴着用羽毛装饰的发冠。它手臂的动作好像是在进献贡品，人像身着饰有巨龙、云雷、人面花纹的衣服，看上去十分华丽。无论是从它的面部表情、身体动作，还是衣着来看，都体现了浓厚的宗教色彩。因此，有的专家推断这个青铜大立像可能是一个象征着王者的"司巫"。在二号祭祀坑还出土了41件铜人头像，它们的大小、面部比例、神色与真人非常接近，大概也是反映了巫师的形象。

在这两座器物坑中，人们还发现了一种被专家称为有"不死"或"通天地"功能的神树，那就是用青铜器制作的铜树。其中最大的一棵高近4米，由树座、主杆和3层树枝组成，体态挺拔，装饰十分精美。树下底盘为圆环形，上有一个描绘着云气状花纹的山形树座。高大的树杆一共有3层,一层向外伸出3根枝条,每一根枝条上都站立着一只鸟,枝端挂着一颗桃形的果实,十分精巧。除此之外,更让人称奇的是,在树座下面背朝着树干跪着3个人像,他们的表情十分威严庄重,愈发使神树显得神圣无比。这棵神树是目前世界上发现时代最早、形体最大的一株,据推测,后世兴起的"摇钱树"可能就是在此基础上发展而成的。两座器物坑中除了青铜人像和铜树外,还有玉石器和青铜礼器也是颇为重要的。出土的玉器,其中一部分像斤、斧、凿、刀、锄、舌形器、椭圆形穿孔附饰等,具有浓厚的地方特色,很明显是当地人制造的、蜀人本来就有的玉器;而另一部分像玉璋、玉琮、玉戈、玉瑗等,它们的制造则体现出中原文化的影响。

三星堆遗址重新出现在世人面前,它的社会影响和学术意义是十分重大的。英国《独立报》曾以《中国青铜像无与伦比》为题发表文章,称三星堆青铜像是"古代最杰出的艺术制品",而这次大量青铜文物的出现,也将使人们对中国金属制造的认识上升到一个新的高度,让我们感受到了一个高度发达的早期蜀王国文明的无穷魅力。从对三星堆遗址的研究来看,商的势力和文化的影响确已达到了成都平原。虽然过去专家们在研究殷墟卜辞时也曾发现有"征蜀"、"伐蜀"、"至蜀"的记载,然而遗憾的是,由于人们怀疑商王朝根本无力攻入像四川这样的遥远之地,所以这些记载以前并没有引起人们足够的重视。至于商文化是如何从遥远的中原地区传入四川的,专家们提出种种推测。著名历史学家李学勤先生经过考察三星堆出土的若干青铜器,认为商文化可能是在向南推进的过程中,经由淮河流域,穿过洞庭湖,沿着长江流域逐步发展到四川地区的。

历史渐渐离我们远去,唯有在这些遗迹和遗物中,我们才能探寻到过去的讯息。当然,我们从中所感受到的只是一个早期蜀王国灿烂文明的物质表现,至于它那深厚的文化底蕴和神秘的青铜艺术则需要我们慢慢地去品味、去欣赏。

神秘的罗马地下墓穴

据史料记载,在2~4世纪期间,罗马帝国曾实行这样的法律:死去的人只能被火化,或被埋入城墙内。这条严厉的法令被强加于所有罗马居民的身上,基督教徒也不例外。但基督教徒的信仰是:只有把他们死去的亲友埋在地下后,他们的亲人才会复活并获得重生。为了维护自己的信仰,同时又为了不冒犯帝国的法令,基督教徒中的富裕人家就将坟墓修建在了罗马城外的道路两旁。这些坟墓被称为卡塔康巴斯,希腊语是"洞穴"的意思。最初的基督教徒公墓就建在道路两侧的这些空地上。

罗马的地下墓穴就是从这些早期的公墓发展演变而来的。那些早期的墓穴是一些简单的洞穴,用以纪念基督教忠实的信徒,同时也表达基督徒们对基督教的无限忠诚与支持。地下墓穴的建造始于2世纪,因为公墓的空间越来越拥挤,原本在地面进行的墓地建设最终不得转移到地下,长时间后就逐渐形成了巨大的地下墓穴。罗马的地下墓穴中的大多数墓穴都有4层,有着一个体系庞大的陈列馆和

奥古斯都陵墓
这是当时富人的陵墓。它的直径达87米,上端是锥形土丘,土丘上种了树,并竖立着皇帝的塑像。

许多狭窄的通道和阶梯。死者的尸体都放在了墓穴中的壁灶里，这些壁灶有 4.8～7.2 米高、8.1～18 米长，是由多孔凝灰岩石制造而成的。那么这个庞大的地下墓穴是怎么样制造的呢？

原来这座地下冥府是由一群被称为"法苏里"的专业人员建造的。这些建造者充分运用了他们的经验和智慧，在罗马的地下开凿出了一个巨大的地下系统。地下墓穴里面长廊鳞次栉比，纵横交错，它们通过过道相互连接，并且还分为了上下层，上下层之间是通过狭窄而陡峭的阶梯相连接的。除了这些工作之外，他们还在岩石上精雕细琢，不放过任何一个细微之处。

罗马地底的土质属于凝灰岩层，属于一种软性泥土的性质，它们的质料细腻，有时也较粗，并且中间有时还混杂着类似火山喷口的碎屑。这类泥土开掘时极其容易，但是这种泥土一旦和空气接触，便凝固犹如坚石。罗马土壤干燥，掘下几丈或 10 余丈深，还是见不到水，死人埋葬地下，可以永久安眠。这样的墓穴安排既不冒犯帝国的法律，又保护了基督教徒的信仰。

为了防止盗墓并且保护死者不受亵渎，早期的隧道挖掘者设计了迷宫一样的长廊和狭窄的通道，使闯入墓穴者几乎无法找到出口或按照原路返回，这样的安排是为了保护死者的灵魂。地下墓穴里阴冷、潮湿，空气中弥漫着令人窒息的尸臭味，更重要的是那里绝对黑暗，任何进入地下墓穴的人都会被这绝对的黑暗所震惊。

有的墓穴的墙壁是用一根根的人骨堆砌而成。并且中央还设有祭坛，祭坛的底座是使用人骨横着堆放的，祭坛高约 2 米，上面是用一个个人的头骨镶嵌而成的圆形图案，这些头骨都保留了骷髅的形状，有的露出了两个眼洞，有的张着大嘴，使人看了毛骨悚然。祭坛的后面还矗立着高高的人骨十字架纪念碑，这些组成十字架的人骨是经过了精心挑选的，它们一根根放着寒光。除此之外，还有许许多多用人骨拼凑的海盗的符号，并且周围还有完整的人骨柱，靠近墙根的地方还有很多没有整理的人骨堆。

地下墓穴是古代基督徒拜祭圣徒和殉教者的地方。几个世纪以来，虔诚的基督徒在地下墓穴中跪拜，以表示他们对那些因信仰而死去的人们的敬仰，这样的人被称为殉教者派。从地下的绘画中可看出，有些不同身份的人围坐在桌旁喝酒吃面包，而这就是一种简单的让人难以置信的仪式。

这种地下墓穴，不但罗马一城有，意大利各城市也有；不但意大利有，而且法国也有。巴黎的地下墓穴面积巨大，几乎与整个巴黎城市相当。据考古学家的考查，今日的小亚细亚、克里特、爱琴海诸岛、希腊、西西里等各地也都有地下墓穴的发现，可见这个风俗分散的广泛性。

今天罗马地下墓穴还在持续不断的发现中。已经发现的墓穴，它们的起点均在郊外，这些墓穴环绕着罗马城垣，成为了纵线向外引伸，纵线中有横线来加以贯通。倘若我们把罗马城市比作一只大肚的蜘蛛，那么这些纵横交错的墓穴，就好像一幅大蛛网布满了罗马的各个角落。地下墓穴的大小不一，现在已经发现的墓穴，按照初步计算，埋葬在其中的死者，约有 600 万人。

海底墓群之谜

大约在半个世纪以前，考古学家们就已经发现在西太平洋的密克罗尼西亚联邦的近海区域内的珊瑚礁群内，有一处用石柱群围起来的神秘的海底墓群。

密克罗尼西亚联邦是在 1986 年独立的一个袖珍国，人口仅数千人，首都设在波纳佩岛，是一个与世隔绝的、相当落后的国家，居民绝大多数都是渔民。岛国的四周围绕着美丽的珊瑚礁群，是一处旅游胜地。

在水位高涨的时候，这个小岛看上去与其他孤立在大洋中的小岛并无两样，但是在水位退去的时候，人们就可以清楚地看到露出水面的珊瑚礁群——在礁群间有工程十分浩大的人工建成的水道，50多条人工渠道的周围则有无数建筑得十分坚固的石柱，这些石柱群都是由一根根圆形石柱组成，比马路上的水泥电线杆稍微细一些。据当地人说，这里是历代酋长的墓地，因不愿意外人侵扰亡灵，所以将坟墓建在活人难以进出的海礁中。

1920年，日本生物学家、东京大学教授杉浦来到了该岛。当时的密克罗尼西亚是日本托管地，为了揭开海下墓地之谜，他的随行人员抓来了一名酋长，逼他说出墓地的秘密。酋长说："这是万万说不得的，岛上的酋长终身供奉的海上女神（即希腊神话传说中海上会唱歌的女妖，海上行驶的船只向着歌声驶去，会被海浪吞没），保佑着海底的亡灵。任何人去惊动墓地的主人，都会惹怒女神，从而遭到惩罚。"

杉浦认为这是无稽之谈，就叫手下对他严加拷打。酋长被迫说出了进入墓地的秘密通道，但几天后便遭到雷击身亡。

杉浦依酋长之言从秘密通道进入了一个海底坟墓，并且获得了墓地的第一手资料，回来以后杉浦就闭门谢客，一头扎进了资料堆里，加速研究海底墓地之谜，准备让真相大白于天下。但不久，他突然暴病而亡。杉浦家人为了实现其夙愿，委托历史学家泉清一教授继续编译遗稿。然而令人感到恐怖的是，泉清一教授也突然死亡。大家想起了杉浦生前对他们所说的"海上女妖的诅咒"，说凡是想对这墓地进行研究的人必然会暴卒而死，吓得研究者将所有资料全部焚毁。

几年后，又有一位不信邪的德国考古学家伯纳不远万里来到了这个充满了神秘色彩的岛国，他摸清了海底坟墓的地理形势后，筹备了物资和人员。但是就在他准备动工发掘的前夕，伯纳又一次遭到了暴毙的命运，"女妖的诅咒"再次发生了"威力"。此后人们对这块神秘的地方采取敬而远之的态度，科学家们也把它列入了与百慕大三角洲同样神秘的"人类科学未知"的范围内。

到了1970年，日本生物学家白井洋平到西太平洋去调查海洋生物，顺便对这个神秘的海底墓地进行了一次专业外的探险活动。他租了一条小机动船，带了两名随从，在一个晴朗的下午，趁落潮时驶入了一个被石柱包围的小岛。

他们刚踏上岛，就看到一座用玄武岩柱垒起来的神庙状建筑物，石墙还分内外两重。正当他们从外侧进入内侧时，刚才还是晴空万里的天空忽然乌云密布，接着就电闪雷鸣，顷刻间大雨就劈头盖脸地浇了下来。3人被这突变的天气惊呆了，他们回过头来逃出"神庙"，上船后急速调转船头，驶离了这块神秘之地。令人感到惊奇不已的是，小船刚一离开，立即就雨停日出，乌云散尽，天空又恢复了晴朗。

当天晚上，白井洋平去请教一位当地的酋长。酋长对他说："这里根本没有下过一滴雨，这是死者不让你们进入他们的墓地而发出的警告。你们若再敢冒犯，保护它们的海神是不会放过你们的，说不定会掀翻你们的船，叫你们有去无回。"

最近，美国的一个科学调查小组来到了该地，并带来了许多先进的科学探测仪器和雷达设备，通过对石柱样本的碳化测定，科学家认为其建造年代为1200年左右。石柱与岛北的火山玄武岩相同，由此推测，石柱的材料来自岛北的采石场，就地加工后运到此处安装。在12世纪，该岛的统治者是兴盛的萨乌鲁鲁王朝，这个王朝共维持了200多年，当时岛上总人口约3000人。

□可怕的现象

据调查小组估计,如果要在 200 年内完成规模这样庞大的工程,至少需要动员 1 万名劳动力。因为单石柱的数量就达上万根之多,而当时岛上全部可以使用的劳动力还不足 1000 人。这就留下了一个历史之谜。专家们认为,要揭开这个历史之谜,首先必须做到的是取出墓中的棺木和随葬品,但要做到这一点,则必须跨越"诅咒"之门,战胜海神的"报复",才能进入墓地进行考古发掘工作。

重见天日的古罗马庞贝城

在意大利半岛西南角坎佩尼地区有一座历史悠久的历史名城——庞贝城,它曾经是罗马富人寻欢作乐的胜地,曾经是一座人口超过 2.5 万人的酒色之都,也曾经是一座背山面海的避暑小城。然而在一夜之间,这一切都灰飞烟灭了。

公元 79 年 8 月 24 日这一天,维苏威火山突然醒过来了。突然之间,火山喷出的灼热岩浆遮天蔽日,四处飞溅;浓浓的黑烟,裹挟着滚烫的火山灰,铺天盖地地降落到庞贝城;令人窒息的硫磺味弥漫在空气中,弄得人头昏脑涨。很快,厚约 5.6 米的熔岩浆和火山灰就毫不犹豫地将庞贝城从地球上抹掉了。

1748 年,一位当地的农民偶然发现了埋葬于地下 1000 多年的庞贝城。即使到今天,庞贝城也只有 3/5 被考古学家们发掘出来,仍有许多死难者、器具和建筑物被深深地掩埋在地下。尽管如此,富丽堂皇的庞贝城也使人们产生无限遐想。

庞贝城占地面积 1.8 平方千米,用石头砌建的城墙周长 4.8 千米,有塔楼 14 座,城门 7 个,蔚为壮观。纵横的 4 条石铺大街组成一个"井"字形,全城被分割成 9 区,每个城区又有很多大街小巷相通,金属车轮在大街上辗出了深深的车辙,历历在目,仿佛马车刚刚驶过一般。

在大街的十字路口都设有高近 1 米、长约 2 米的石头水槽,用来向市民供水。那么水槽里的水又是从哪里引来的呢?原来水槽与城里的水塔相通。水塔的水则是通过砖石砌成的渡槽从城外高山上引进来的,然后分流到各个十字路口的公共水槽中,这个系统也为贵族富商庭院的喷泉和鱼池供水。

庞贝遗址
庞贝原是一个平凡的城市,住着平凡的市民,在历史上充其量只能占一个不起眼的地位。但是一场浩劫把它从活人的世界上抹去,把庞贝人的生活冻结了十几个世纪。

庞贝城里还有 3 座大型剧场,其中最大的一座剧场位于城东南,建于公元前 70 年,可容纳观众 2 万人,也可以当做角斗场,当年人与人、人与兽的角斗就曾在这里举行。

这座大型剧场的东侧还有一座近似正方形的圆形体育场,边长约 130 米,场地三边用圆柱长廊围住,黄柱红瓦,金碧辉煌,场地正中是一个游泳池。这个体育场估计能容纳观众 1 万余名。

城西南有一个长方形广场,是全城政治、经济和宗教中心,四周建有官署、法庭、神庙和市场。

城市至少建有一座公共浴室，不但冷热浴、蒸气浴样样俱备，还附有化妆室、按摩室，装修也十分到位，墙上还用石雕和壁画装饰着。

庞贝城遗址充分反映了古罗马社会的道德沦丧，一部分人沉溺于酒色，纸醉金迷，生活糜烂。庞贝城明显有两多：一是妓院多，二是酒馆多。不堪入目的春宫画画满了妓院的墙壁，各种淫荡的场画在墙壁上随处可见。城内酒店林立，店铺不是很大，酒垆与柜台都在门口，酒徒可以站在柜台外面喝酒。酒鬼们在一些酒店的墙壁上留下了信手涂鸦的歪诗邪文，至今依稀能够辨识出来。

比起埋在地下 20~30 米深且被新城覆盖的赫库兰尼姆，庞贝城埋在地下平均深度为 3.6 米，较易发掘，但要运走那么多的泥石，也不是一件容易的事。目前，整个庞贝遗址就是一座博物馆，用外墙围成，不准任何人居住，更不准车辆入内，而在遗址外围，逐渐形成了一座几万人的游览城市。

一座死城就在科学家们的努力下重见天日。它反映了古罗马时代城邦居民的日常生活，是一座世界少有的天然历史博物馆。

尼雅文明为何消亡

20 世纪初，在我国西北部塔克拉玛干大沙漠边缘的尼雅地区，英国探险家斯坦因发现了一座古城。古城遗址规模庞大，东西宽约 7 千米，南北长约 26 千米，许多城墙、房舍、街道、佛塔的轮廓依然保存相当完好，其气势磅礴，堪与著名的古罗马庞贝城相媲美。更令人惊讶的是，从这里挖掘出的大量珍贵文物，其中还有很多书写了奇怪符号的木简。这些发现立刻使尼雅一夜间轰动了世界，那些奇怪的符号是文字吗？如果是的话，写的又是什么？为什么在这沙漠之地会有具有高度文明的古城？这座古城是如何从历史上消失的？

在尼雅考古发掘中发现的奇怪木简符号，经专家考证确实是一种叫佉卢文的文字。这是一种早已消失的文字，起源于公元前 4 世纪的印度西北部，公元前 3 世纪印度孔雀王朝的阿育王时期就使用此种文字。2~4 世纪曾流行于新疆楼兰、和田一带，随着印度贵霜王朝的灭亡，佉卢文也随之消失了，距今已经有 1600 多年，当今世上只有极少数专门的研究者能读懂它。佉卢文能在异国他乡流行起来至今还没有非常合理的解释。不过这似乎并不重要，重要的是木简上的佉卢文写的是什么内容呢？

在解读它们的过程中人们发现，木简内容也许揭示了尼雅消亡的原因。其表述的多是各种命令，如"有来自某国人进攻的危险……，军队必须上战场，不管还剩有多少士兵……"，"现有人带来关于某国人进攻的重要情报"；"某国人之威胁令人十分担忧，我们将对城内居民进行清查"。这些文字字体是弯曲形的，没有标点，字与字之间无间隔，给解读带来了困难。但单从这些零星的只言片语我们可以得知，尼雅王国受到了某个王国的威胁，而且该国力量异常强大，尼雅几乎无力抵抗，只有忐忑不安地等待着那悲惨的命运。尼雅的消失，是不是因为那个令尼雅害怕的王国的致命一击呢？

新疆一带古时又称西域，公元元年前后，有诸多小王国都臣服于强大的汉王朝。尼雅遗址属于当时某个小王国当属无疑，但又是哪个小王国呢？有人认为是史籍中记载的精绝国。精绝国位于昆仑山下，塔克拉玛干大沙漠南缘，与今天的尼雅遗址十分接近，而且精绝国的消失也是在 2~3 世纪，与尼雅王国的消失时间上重合。不过当时的精绝国可不是滚滚黄沙,而是气候宜人,水草丰茂的一片绿洲。2~3世纪,中原处于东汉末年和三国两晋的慌乱与纷争中,无暇他顾,致使西域诸多势力较强的王国没有顾忌,也掀起了兼并弱小王国的战争。木简上的佉卢文记载了尼雅的恐惧,无情的战火央及尼雅,伟大的文明淹没在血腥的厮杀中。

另一种说法是,尼雅被毁是尼雅人自己造成的。从遗址及所发现的文物可以看出,当年的古城盛极一时。清澈的尼雅河从城郊缓缓流过,众多水道交织,大小湖泊星罗棋布,周边茂密的林木将遥远的大沙漠隔离。但尼雅人的活动却不断地对环境造成了破坏,特别是在1700多年前,尼雅的生产方式粗放,人口的增加破坏了植被,又大肆砍伐树木,致使水源枯竭。塔克拉玛干大沙漠最终把尼雅吞噬。现在的尼雅遗址中房屋建筑被厚厚的黄土掩埋,只露出一些残垣断壁,到处是破碎的陶器,累累的残骨,干尸常常暴露在废墟中。要是当年富庶的尼雅人能看到今天的破败景象,也许他们就会珍惜那片神赐的绿洲。

尼雅的命运令人扼腕叹息,同时又告诫人们:我们只有一个地球,如果不珍惜,即使再辉煌的文明也会成为一片荒凉的废墟。

神秘的玛雅文明

1839年,一位名叫约翰·洛德·史蒂芬斯的美国律师和英国画家弗雷德里克·卡塞伍德踏上了一块破败不堪的土地——洪都拉斯的科潘。

这两位资深的旅行家在当地印第安人的带领下,用大刀在潮湿的热带丛林中清出一条道路,来到一座和金字塔的形状非常相近的建筑面前。当时,这座建筑隐藏在树丛中。他们在一片灌木丛中找到一根独立式的四方形的石头立柱,这个高4米、边长1米的纪念碑通常被称做石碑。碑面上是浮雕,镌刻得密密麻麻。碑的正面刻的是一个衣着奇异、表情凶狠的人物造型,其他三面则刻满了文字,是一种绘画式的象形文字。史蒂芬斯认为这些雕刻所表现出的技巧娴熟,与古埃及人镌刻在纪念碑上的铭文所用的高超技艺不相上下,但对这些符号的含意和这个面目狰狞的形象的身份却不了解。

接着,他们继续探索热带丛林中的其他地带,先后分两次对这些掩藏在丛林中的城市废墟进行考察,其中一些被严严实实地掩盖在丛林中,以至于当地人都不知道它们的存在。他们发现了40多座这样的城市废墟。当他们返回家中后,对其发现用文字和图片的形式公布于世,顿时激起了公众极大的兴趣,人们纷纷前往美洲探险。玛雅文明终于在沉睡了千年之后,重新被揭开了神秘的面纱。

玛雅人是一个十分古老的民族,大约1万年前,即刚刚结束上一个冰河时代时,第一批人迁移到这片土地上,也就是现在的拉丁美洲。他们从北方迁移到这里,构成了后来的玛雅领地,现在的整个尤卡坦半岛、危地马拉和伯利兹全境以及洪都拉斯、墨西哥和萨尔瓦多的部分地区在那时都属于这片土地。

前古典时期约在公元前1500年前后开始,那时,大量的村落开始形成,玛雅文明开始生根发芽。在7~8世纪的时候,玛雅文明发展到了巅峰时期。现在我们发现的玛雅人的金字塔毫不逊色于埃及人的金字塔,例如危地马拉的蒂卡尔城内有座金字塔塔身高达70米;墨西哥有令人困惑不解的巨石人像方阵;特奥蒂瓦坎的金字塔堪称奇绝,其雄伟和精美令无数人啧啧称奇……

然而,让考古学家和历史学家琢磨不透的是,如此神秘而灿烂的文明,却在8世纪的中后期突然消失了,留给人们的只有一座座宏伟建筑的废墟、神秘的艺术作品以及由此而引发的无尽的思考。

为此，科学家们又进行了大量艰苦的探索，也由此产生了种种推测。科学家们首先想到的是野蛮的古代战争。考古学家们破译了大量文字，这些文字刻绘在石碑上、陶罐上以及城墙上。从这些被破译了文字的一座座墓碑上，翻译者们看到了一些关于玛雅人的描述，有战争策略、血腥的战场以及用被俘的敌人来进行祭祀……我们所看到的玛雅的统治者，都是些好战的武士，而不是以前人类所提出的，玛雅人是一群非常爱好和平而且具有丰富知识的人。因为大部分文字记载的都是他们的战争以及在战争中取得的胜利。

然而，考古学家们又发现了更多的证据，这些证据向我们展现的是玛雅人的穷兵黩武。例如，在蒂卡尔曾发现一些类似护城河和胸墙的长而且狭窄的壕沟和土埂。这种曾用于防御的城墙也在拜肯发现过。人们在卡拉科尔的建筑物上发现有烧焦的痕迹，还发现一个未被埋葬的儿童躺在一个金字塔的地板上。在博南帕克曾发现过许多栩栩如生的类似宗教仪式的壁画，而现在我们再看它们，则仿佛是那些真实的战争场面的再现。

考古学家们对玛雅人的穷兵黩武的新形象有了大概的了解后，就找到了新的原因来解释玛雅文明的消亡。有人认为玛雅文明在各个城邦之间的连绵不断的战争中被摧毁了，从他们在伯利兹的一个地方发现的武器中可以看出这一点。在危地马拉北部的一次发掘中发现了成堆的人头，从这些被砍下的头颅中，考古学家得出了相似的结论，并估计玛雅人在公元820年前后数量就锐减到其以前的5%。

还有人从环境学的角度出发，认为是大自然"淘汰"了玛雅文明。古气候学家在1995年研究尤卡坦半岛中部的奇彻坎努博湖时，发现有大量的沉积物沉淀在湖底。在这些沉积物中，硫酸的含量在公元800～1000年的沉积物中很高。只有在湖水很少的情况下，硫酸才会沉到湖底，而且通常是在干旱时期。据此，考古学家认为，灭亡可能是因为有严重的干旱发生在这一时期，玛雅文明消亡的主要原因就是在干旱的情况下，庄稼歉收、饿殍遍野、疾病盛行。

祭祀石碑
石碑表现的是玛雅原始宗教中用人的鲜血乃至心脏、头颅向神献祭时作为牺牲者的痛苦表情。

还有人认为玛雅人不断地毁林造田，以得到更多的耕地，但到最后他们将自己的土地都用尽了。还有人则认为地震、台风等自然灾害是造成玛雅文明消亡的原因。也有人认为在西班牙人的征服之后，疾病起了很大的破坏作用，疟疾和黄热病造成了玛雅文明的消亡更有甚者把玛雅人同外星智慧生物联系起来，他们的依据就是玛雅文明中令科学家难以解释的"发达科技"，如系统的数学理论、精确的天文计算等。这更给匪夷所思的玛雅文明的消失蒙上了一层神秘的面纱。

但是，所有这些理论都缺乏证据支持，虽然我们也很难驳倒这些理论。试想一下，玛雅

□ 可怕的现象

文明遇到前所未有的自然环境的灾难，必定有某些痕迹留在地质层中，但令人遗憾的是，没有任何蛛丝马迹遗留下来。

重现于世的吴哥古城

历史总留下很多遗憾，光阴总毁去太多珍奇。庞贝古城、玛雅文明遗址已让人们感慨不已，吴哥古城更在丛林之中吸引着人们的目光。吴哥古城是柬埔寨的象征，它是人类文化宝库中的明珠。它与埃及金字塔、中国的长城、印度尼西亚的婆罗浮屠并称为"东方四大奇观"。12世纪前半叶吴哥王朝全盛时期，信奉婆罗门教的高棉国王苏利耶跋摩二世，为了祭祀"保护之神"毗湿奴，炫耀自己的功绩，而建造了著名的吴哥窟（小吴哥）。

大吴哥位于吴哥窟的北部，是阇耶跋摩七世统治时期建造的新都。吴哥城规模非常宏伟壮观，护城河环绕在周围。城内有各式各样非常精美的宝塔寺院和庙宇。在吴哥城中心的是巴扬庙，它和周围象征当时16个省的16座中塔和几十座小塔，构成一组完美整齐的阶梯式塔型建筑群。重现于世的吴哥古迹，具有独特和永久的魅力，这使世人为之倾倒、赞服，同时又使人们产生了无穷的遐想和许多疑点。

疑点之一，何人建造了美妙绝伦的古城。它的每一块石头都是精雕细琢，遍布浮雕壁画，其技巧之娴熟、精湛，想象力之丰富、惊人，使人难以置信，以至于长时间流传吴哥古迹是天神的创造，不可能出自凡人之手。在垒砌这些建筑时，没有使用黏合剂之类的材料，完全靠石块本身的重量和形状紧密相连，丝丝入扣。时至今日，吴哥古迹的大部分建筑虽历经沧桑，仍岿然不动。吴哥古迹充分向人们展示了柬埔寨人民高超的艺术才能和充分的智慧。

疑点之二，通过对吴哥城的规模进行估计，在这座古城最繁荣的时候，至少近百万居民生活在这儿。可是为什么这样一座繁荣昌盛的都城竟会淹没在茫茫丛林里呢？它的居民为什么都不见了呢？有人猜测，流行瘟疫或霍乱之类的疾病，使他们迅速地在极短时间内全部死去。还有人猜测，可能是外来的敌人攻占这座城市后，将城里的所有居民赶到某一地方做奴隶去了。

疑点之三，在柬埔寨历史上放弃吴哥是一个具有重要转折意义的事件，它标志着一度强大的吴哥王朝的瓦解。那么，是不是有别的因素呢？中国一些学者认为，这种结局与暹罗人的不断入侵有关，这使得高棉人做出了撤离吴哥的最终决定。自从暹罗人不断强大后，使高棉人蒙受深重的灾难和巨大的损失。日益衰竭的国力使高棉人无法应付暹罗人的挑战，只好采取回避的方法。O.W.沃尔特斯博士也有相似的看法。但是他认为，吴哥王朝的衰弱和抵抗力的丧失，并非完全是暹罗人所造成，而是高棉王族之间内部矛盾斗争发展的后果。这时，暹罗人入侵，从而导致了吴哥王朝放弃古城之举。

15世纪上半叶，吴哥王朝被迫迁都金边，曾经繁华昌盛的吴哥城杂草灌木丛生，逐渐被茂密的热带森林所湮没。由于有关柬埔寨中古时代的史料极其缺乏，重现于世的吴哥古城只能有待后人去探索研究。

神奇的"羽蛇城"

在法国布列塔尼半岛上，有一群庞大的石柱群，平列蜿蜒，远远望去犹如长蛇在空中飞舞。其平列总长度近10千米，巨石总数达4000块，最重的达到350吨，可以称得上是迄今为止已发现的世界上最壮观的石柱群了。

众所周知,布列塔尼半岛突出在大西洋的海面上,而卡纳克石柱群就是在半岛上的卡纳克镇附近。在那里,现在竖立于地的花岗岩巨石有 3000 多块,另外还有近 1000 块残破或者失落了。每块立石一般的高度是 1~5 米,而且石柱以天然大理石作为垫底。具体讲来,它一共包括有 3 个石阵。

第一石阵距离卡纳克镇 500 米左右,石柱成 12 行纵队排列,呈东西方向,蜿蜒在高低起伏的土地上,一直延伸到松林极目的远处,总长度已经达到 4000 米之多,巍然壮观。石柱行列微微弯曲,石与石间距离长短不一,石面打磨得相当平滑。在石阵的起点处有甬道,甬道的两壁和顶部是由花岗岩石板砌成的,里面很黑很低,必须手持电筒屈身前进。过了甬道,就进入一个小石室里,石室的四壁雕有图案,相当美观。

大约隔有一个小丘的距离,就是第二石阵。排列成 7 行,在总体长度上超过第一石阵。在石阵的中间有一座古老的磨坊,游人可以登上磨坊顶部,观看两旁绵延不绝的石柱阵容。过了一片稀疏的树林,就会看到第三个石阵。排列成 13 行,可惜长度仅仅有 355 米。不过那里的石柱在排列上,远比前面两阵更为密集。

考古学家试图将石柱与当时的拜蛇教联系到一起。历史上,当地高卢人是十分崇拜蛇神的,因而那些弯弯曲曲的石阵,有可能是模仿蟒蛇蜿蜒爬行的姿势来建造的。又因为那些石柱匍匐于高低起伏的大地上,远远望去,颇有振翅飞动的气势,因此,也就称其为"羽蛇城"。

这么惊人的石阵阵容,18 世纪以前竟然没有一个字的记载!当今的各种辞书和地理图书也是极少提及,那么神奇的"羽蛇城"是什么年代建造的,又是如何建造起来的呢?

1764 年,有位考古学家偶然路过这里,见到了石柱群,并作了报道,这才引起了世人的注意。而他的论说也仅仅是依据民间传说而已。

当然还有更多的猜测,有认为是庙宇祭坛的,有认为是外星人访问地球石的"登陆台"的,如此等等,真是莫衷一是。

20 世纪 60 年代,考古学家使用放射性碳测试技术,确定石柱存在于公元前 4650~前 4300 年,距今约 6000 多年,比英国的斯通亨石环要早得多,可谓人类新石器时代最早的文化遗址之一。

但是,石阵所在地没有石头,须从 4000 米以外的山岩上开采。古人最先进的搬运工具也就是绳索、滚轴、杠杆、滑车,还有土坡的斜力下滑。他们是如何搬动 350 吨重的大石柱的呢?是什么鼓动他们狂热地进行这么浩大的工程呢?英国考古学家哈丁翰只能说:"卡纳克石柱群比金字塔更神秘,是考古学史上历史最久而又未被人类攻破的秘密。"如果要揭开石柱的秘密,必须先弄清营造石阵的那批古人的来源。继而了解当年的生活情景,留存下来的墓葬,为此提供了可靠

卡纳克镇上部分伸入大西洋的石柱
布列塔尼半岛上的许多石柱都具有像这些伸入海中的石柱一样的特征。

□ 可怕的现象

的见解物证。

1900～1907年，法国的考古学家勒胡西率领着一支队伍，发掘卡纳克附近的圣米谢尔古墓。该墓的体积是7.5万立方米，出土大量公元前4000年前后的遗物。1979～1984年，另一位考古学家勒霍斯带队发掘卡纳克辖区的格夫尔林尼斯岛上的甬道墓，发现该墓是个可以经营的地下建筑，大理石块砌成的同心圆台如同露天运动场的看台一样，墓壁上还有精美的浮雕图像。他们还在距那里20千米外发现了另一古墓，墓内的石雕也有类似的图案。格夫尔林尼斯岛上的甬道墓，今天已经辟为地下博物馆供游人参观。新石器时代的石雕令人叹为观止。29块墓道墙壁石板中有27块刻有图案，6000年前的无名大师雕刻了许多的同心圆弧、枞树、斧头、蛇、牧羊者手杖等等精美图案，还有类似女神的人像。墓内室顶端的一块巨石上面，刻着一头长角的牛头和其前半身以及一把斧头。

卡纳克人有高超的本领营造这样的"地下宫殿"，就已经充分说明：6000年以前的卡纳克人已经具有相当高的文化素养了，自然也有足够能力来架设简单的"地面柱林"，建筑出显示着高度文明的石柱群落来。也就是说神奇的"羽蛇城"实际上正是卡纳克人高度文明的最佳体现，"羽蛇城"本身就是他们勤劳和智慧的完美展现。

古印加人为何将"空中之城"弃之而去

神秘的"马丘比丘"这座空中古城在被废弃了近1个世纪之久后又重新展现在世人的面前，它位于乌鲁班巴河峡谷中，马丘比丘山的山顶，它的雄伟壮丽让世人惊叹不已，但对它的种种疑问也时时萦绕在人们的心头。

根据传说，"马丘比丘"是印加帝国的缔造者曼科·卡帕克的出生地。它位于印加帝国首都库斯科以北118千米处，名字取自它所在的山峰，字面意思是"老山峰"。它三面临河，一面靠着白雪皑皑的萨而坎太山，地势极为险要。正是因为如此，它才躲过了西班牙征服者和天主教士的侵扰与破坏，得以完整保留。

城中建筑极具宗教色彩，凡是磨制光滑、对缝严整的建筑均为神庙，且都配备3扇窗，缝与缝之间没有任何黏合物粘接，连最锋利的刀片也插不进去。墙上的每一块石头都像是在玩拼图一样被巧妙地连接起来，与其他印加遗址的风格大相径庭。

在城市中间的"神圣广场"，矗立着一座巨大的日晷，马丘比丘人通过它来测定每天的时刻。在古城的一端还有著名的太阳神庙和"拴日石"，印加人希望用拴日石永远留住他们心中至高无上的神——太阳——万物生命和希望的起源。

勤劳的马丘比丘人还在城堡对面的山峰上筑出一层层梯田，并在每一层上开凿了引水渠，引来雪水浇灌农田，企望获得丰收。

拥有如此美丽而逍遥的"空中之城"，马丘比丘人为何离开自己理想的家园？没有任何留恋，没有任何先兆，到底是什么原因呢？很多人认为是因为西班牙征服者的原因。可是，根据历史记载，当年侵略者的铁蹄并未能够踏上这里，并且，考古学家在研究中还发现，早在1533年，西班牙人征服印加帝国之前，马丘比丘人就已经离开了这座美丽的"空中之城"！即使真的是因为西班牙人的入侵，想想印加帝国的雄厚实力，拥有万骑精锐的印加人，居然不敢和100多人的西班牙入侵者作殊死的战斗？这种解释恐怕站不住脚。

今天的考古学家在绵延的安第斯山脉中，陆续发掘到许多印加帝国的遗迹，证明印加人确实是抛弃了他们美丽的家园，而在荒芜的山地中重建了他们理想的国度。

马丘比丘人在云雾缭绕的山顶建造了美丽的空中家园，他们在此安居乐业，可是他们又离开了这方他们赖以生存的乐土去重建家园，到底是为了什么？是上苍的旨意，还是部落之间的侵袭与纷争，还是奴隶们的反抗使其统治坍塌了？目前没有任何证据能解释他们为何弃家而去，印加人和马丘比丘人给人们留下了一道无法解答的难题。

令人惊奇的土耳其地下城市

世界上有许多神奇而又古老的地方，土耳其的卡帕多基亚就是其中之一。它位于土耳其的格尔里默谷地，有许多奇形怪状的石堡，这一地貌是由火山熔岩硬化后形成的。真正使卡帕多基亚闻名世界的是这里地下城市的发现。

迄今为止，人们在这一地区发现了大约36座地下城市。其中并不是所有的都像卡伊马克彻或代林库尤附近的地下城市那么大，但都称得上是城市。现在人们已经描绘出了这些城市的俯视图。熟悉这一地带的人认为，地下城市的数量肯定比这要多。现在所发现的地下城市相互间都相通，以一系列地道连接在一起。连接卡伊马克彻和代林库尤的地道，足有10千米长。

地下城市确确实实存在着，可谁是它的建造者呢？它们是什么时候建成的？用途又是什么？对此，人们众说纷纭。当然也有人举出具体的史实加以考证。史实之一是，据记载在基督教诞生早期，这一新生宗教的信徒为了寻找避难之地来到了此地。最早的一批大约在2世纪或3世纪至此，以后一直延续到拜占庭时期。然而考古学家发现他们并不是真正的建造者，因为在他们到来之前地下城市就已存在。

这一带的地基是由凝灰岩构成的，因为附近就是火山群。只要有黑曜岩，即火石，地基就十分容易被凿空，而火山在这一地区十分常见。就这样，也许花了不过一代人的时间，地基就被掏空了。地下城市大多是超过13层的立体建筑。在最低的一层，人们甚至发现了闪米特时代的器物。

问题是人们修建这些地下城市有什么用途？他们为什么要躲避在地下？一个最有可能的原因是由于对敌人的畏惧。那么谁又是敌人呢？

首先，假设地面上的敌人拥有军队，在地面上，他们肯定能看到耕种过的土地和没有人烟的房屋。而地下城市里建有厨房，炊烟将通过通气井冒出地面，很容易被敌人发觉。要把呆在鼠洞般的地下城市里的人们饿死或者憋死是一件轻而易举的事。所以，有研究者推测，人们恐惧的不是地面上的敌人，而是能飞行的敌人。这个猜测是否有道理呢？

当然有。根据闪米特人在他们的圣书《科布拉·纳克斯特》中的记载，我们知道所罗门大帝曾经利用一只飞行器把这一地区搞得鸡犬不宁。不仅他本人，他的儿子，所有服从他的人，也都曾乘坐过飞行器。历史学家阿里·玛斯乌迪曾描述过所罗门的飞行器，并大致介绍了他的部族。当时的人类对于飞行器现象产生恐惧，这是很有可能的。也许他们曾被剥削、奴役过，所以每当报警的呼喊响起来的时候，人们就纷纷逃进地下城市。当然这种说法也仅仅是一种推测。人们至今仍不知道土耳其地下城市的真正用途，但神秘的地下城市却引起人们更多的关注。

悬崖宫是如何建成的

1888年的冬天，在美国科罗拉多州西南部高原上，两个牧民正在赶着牛群行走，突然被眼前的一片悬崖挡住了去路。他们定睛一看，原来那悬崖竟然是层层叠叠的房子，最前面还有一座巨大的"宫殿"呢。他们惊奇万分，这么蛮荒的地方怎么会出现么样多的房子呢？于是他们随口把"悬崖宫"作为该地的名字。

□ 可怕的现象

当然，发现"悬崖宫"的消息很快传遍全世界，一批批冒险家到这里探寻宝藏，许多珍贵文物遭到了破坏。1906年，美国国会被迫通过了保护悬崖遗址的法令，定名为"弗德台地国家公园"。1909年，最大的悬崖宫村落正式出土，1979年，这里被联合国教科文组织列为"人类文化遗产"，予以保护。

这里是到处遍布悬崖绝壁的台地，地面上长着草，树木稀疏，很适于放牧。"弗德"就是"绿色"的意思。16世纪末，西班牙占领墨西哥后，侵入科罗拉多高原，称这里的印第安人为"普韦布洛人"。普韦布洛是西班牙语"村、镇"的意思。19世纪初，台地同科罗拉多州一起被并入美国。

弗德台地发现的1300年前的普韦布洛人村落遗址迄今已经达到300多个，方圆达到210.7平方千米。几万人聚居在这个台地上，各村落之间相对的独立，又由于彼此近在咫尺，既能互助互济，又可以共同对付强敌。每个村落就是一个家族的集体聚居地，外有土砖墙加以维护，内有多层成套住房和公共建筑。多层房仿照印第安人的原始祖先悬崖穴居的样式，逐层向上缩进，使整幢房屋好像呈锯齿形的金字塔。下层房顶就成为上层的阳台。上下层之间有木梯，上层大部分房间与邻室有侧门相通，底层则是专供贮藏食物之用的，也就不开侧门。在中心庭院有供集体使用的活动空地、祭祀房，地下还有两个礼堂（地穴）。

在哥伦布发现新大陆之前，人们关于美洲社会，仅仅知道这样的情况：在中美出现过有玛雅文明、托尔特克文明、阿兹特克文明，在南美仅仅有印加文明，并且大多建立了农业王国。至于北美的印第安人基本上被看作是不懂耕作、不会造房的野蛮部落。弗德台地的发现，改变了这种传统的偏见。

1909年，美国的考古学家出土了台地上最大的村落遗址，俗称梅萨维德"悬崖宫"。这座村落依傍崖壁而建，占地近1.4万平方米，据估计当时施工周期达50年。村落的布局十分紧凑，有许多方形、圆形的各种高楼，其内共有150间民房、23间地穴祭祀房间。著名的云杉大楼，也就是两个牧民见到的"宫殿"，因楼板是由云杉板铺成而得名。该楼是3层楼，长达203米，宽为84米，地面有114间住房，地下还有8件祭祀房间，而其中最大的一间地穴祭祀房竟然足有7间住房那么大呢。云杉楼的北边有个"杯子房"，里面藏有430只彩陶杯子、盆子、饭碗之类，这里或许是祭器贮藏室。

村落的四周都是悬崖绝壁，即使是野兽都难以攀登。在壁面有凿出的一个个的小洞，仅容许手指和脚趾插入进去。村民便是靠着这些小洞来攀爬崖宫，进出村落。显然，这有对付外敌入侵的功用。村落周围还陆续发掘出蓄水灌田的水渠、水塘，编织篮筐的作坊，精美的陶器、玉器、骨器等。总之，村落处处闪烁着普韦布洛人的智慧和文明。

那么，普韦布洛人是以何为生？又是如何建造其悬崖宫的呢？

考古证明，早在公元初始时，西方称之为"编篮者"的北美印第安人就已经能编织篮筐，栽种玉米。这些人曾经居住在洞穴或者土穴的圆形小屋里，过着频繁的迁徙生活。到了5～10世纪，这些"编篮者"居民制作陶器、种棉织布，还建造房屋。到了大约7世纪，他们进入弗德台地，12世纪前后达到全盛期。在那里，这些"编篮者"居民聚族而居，建筑其规模宏大的"悬崖宫"聚落，使外族不敢轻易靠近和进犯。当时的"编篮者"居民尚处于母系社会，部落长是女性，妇女掌管着祭祀大权，把持家政，专司制陶工艺。男人则从事农耕狩猎、编织和保卫村落等活动。此外当时集市贸易兴起，已经实行物物交换了。

尽管西方殖民国家称这些居民为"普韦布洛"，"编篮者"也被称为"普韦布洛人"，但实际上他们有自己的族名：阿纳萨齐族。

  但是几代人辛勤建造而成的弗德台地大村落，后来为什么又被弃置了呢？这是到现在也没有搞清楚的谜团。目前，持自然灾害说的人们最多了。普韦布洛人在弗德台地上平平稳稳地度过了几百年，人口基本趋于饱和，地力负荷也近于极限。1276~1299年，这里发生了一场长达23年之久的大旱灾，饮水枯竭。人们被迫忍痛放弃家园，向东逃荒到水源充足的地方去。从此，"悬崖宫"大村落被废弃。

三、历史，曾带给我们惊奇

古埃及的"木鸟模型"与外星人有关吗

人们在埃及的一座4000多年前的古墓里发现了一个与现代飞机极为相似的模型。这个模型是用古埃及盛产的小无花果树木制成的，重约31.5克。发现之初，人们还不知道什么是飞机，便把它称为"木鸟模型"。这个模型现在存放在开罗古博物馆中，编号为"物种登记"第6347号。仔细想来，人类史上的第一架飞机直到1903年才出现，那么，在4000多年以前的飞机模型从何而来呢？

1969年，考古学家卡里尔经仔细分析和研究，断定这是飞机模型，而绝不是"鸟"的模型。因为埃及古墓里飞鸟模型具备现代飞机的特点：有一个平卧的机体，一对平展的翅膀，尾部还有垂直的尾翼。

卡里尔博士组织了大量专家对其进行分析和研究，以弄清这架飞机模型的本来面目。专家们认为，这个模型具备了现代飞机的基本特点：机身长14厘米，两翼平展跨度18厘米，嘴尖长3厘米，机尾垂直，尾翼上有一个类似现代飞机尾部平衡器的装置。尾翼的外形设计完全符合空气动力学原理，更重要的是，其特点使机身有巨大的上升力。机内各部件的比例也经过了精确的计算，设计得非常精确。后来，在埃及其他一些地方，人们又陆续找到14架这样的飞机模型。古埃及人掌握了这样的技术吗？

在南美洲的一些地方，人们发现了一些与之类似的奇妙飞机模型。还有更令人难以相信的事情，在哥伦比亚，人们在地下约530米深的地方，挖出了一个古代飞机模型，这个黄金做的家伙竟然跟美国的B-52轰炸机十分相似。

这所有的一切应该如何解释？埃及的飞机模型与南美的飞机模型之间有什么内在联系？据考古发现，4000多年前人类的技术根本无法制造飞机，那么这些精确的飞机模型又是谁设计的？人们回答不了这个问题，也只有寄希望于外星人。究竟事实的真相如何，还待于进一步的研究确定。

足球是黄帝发明的吗

蹴鞠是中国古代一种类似足球的运动，用以练武。公元前3世纪末的古籍《蹴鞠新书》记载了一个古老的传说：足球是黄帝发明的。蹴鞠亦作"蹙鞠"、"蹹鞠"。关于蹴鞠，除《蹴鞠新书》的记载外，刘向《别录》也有很相似的记载："蹴鞠者，传言黄帝所作，或曰起于战国时。"足球是否是黄帝发明已经没法考证。不过近代发掘所得，也似乎可以解释中国古代就有类似足球的运动。但它到底是什么时候开创的呢？现在只能推断出它的始创时代可能比战国要早。

1926年,中央研究院的李济教授在山西夏县西阴村灰土岭,发掘到大小不一的纹饰陶球和一个陶制小陀螺。考古专家卫聚贤看过这些实物后,认为这些陶丸大的是玩具,小的则为弹丸。根据考古学家研究的结果,认为这些器物与半坡遗址同期,属于距今约四五千年的新石器时代仰韶文化遗物。

考古研究的发现并不止于此。1934年,李济和梁思永等又在山东历城县城子崖发现龙山文化遗址。在这里,他们发掘到直径2.2厘米的红色陶球,而且在同一遗址第五区黄土凸起处东灰土堆内,发现一堆大泥球,但都已经被打坏。这些大泥球以碳-14法加以测定,约在公元前2800~前2300年之间,属于龙山期文化,在新石器时代晚期。

蹴鞠图 北宋

蹴鞠是宋代流行的一种体育活动,这幅画描绘了宋太祖赵匡胤、他的弟弟赵光义和近臣赵普等一起蹴鞠玩乐的情景。

1954年,在西安半坡仰韶期文化遗址,考古专家们又发掘到一些大小不一的石球。他们认为:这些石球不但数量多,而且磨得光滑、规则,直径自1.5~1.6厘米,很可能是弹丸一类的东西。这就产生了疑问:这些到底是弹丸还是玩具呢?如果是弹丸,它们一旦被打出去,就很难得找回来。以新石器时代的打磨技术,要制成一个弹丸必须费很长的时间,大概要数日。那么新石器时代的古人,会不会把这些费劲做的"弹丸"用来打出去呢?这一点看来是不大合理的。又有人认为这些石球是装饰品,可是它们上面并没有穿孔,也着实难以令人相信。

《汉书·枚乘传》有"蹴鞠刻锐"的说法。颜师古注云:"蹴,足蹴之也;鞠,以韦为之,中实以物;蹴鞠为戏乐也。"由此可见,金元时寒贱之子琢石为球,恐怕是古代的游戏方法,以其作为某些皮球的代用品。在殷墟发掘工作中没有发现当时可能存有的皮球,而在西安的发掘工作中却发现了石球,也许因为皮制品不好保存,而石球、陶球却可以很好地保存下来。

这些虽然仅仅是主观的推断,没有形成定论。但根据考古发现的种种器物,中国新石器时代即使不一定有足球,也似乎已经有了球类运动。公元前2世纪司马迁作的《史记》和公元前1世纪刘向校的《战国策》,都明确地记载了战国时代齐都临淄人爱好足球运动,可见足球运动在当时已经很广泛了。

中国古代到底有没有指南车

有人认为黄帝是指南车的发明者。相传在4000多年前,黄帝同蚩尤在涿鹿大战,黄帝打败仗,因为蚩尤能作大雾,使黄帝的队伍迷失了方向。因此黄帝组织人力,研究创造了指南车,于是,再和蚩尤作战就取得了胜利。还有一个传说是西周初,居住在偏远南部的越裳氏派使臣来朝贺周天子,周天子怕他们回去时迷路,就造了辆指南车送他们。

上述传说给人们带来一系列思考:真的有指南车吗?它是什么形状的?

有一个叫马钧的人,生活在三国时期,是一个著名的机械制造家,他能做许多奇特的机械。他改进了提花机,使它操作方便而且省时,还能织出复杂精美的图案;他还创造出了龙骨水车,这个水车结构精巧,运转省力,为灌溉提供了连续不断的水源;他甚至还改进发明了兵器,据说,马钧改进了当时诸葛亮使用的一种"连弩",让它在连续射箭的基础上再提高5倍的效率。他试制成一种很厉害的攻城武器,叫"轮转式发石机",能连续发射砖石,射程几百步;他还创造了"变幻百端"的"水转百戏"。这是一组木偶,利用机械传动装置,机关一开,各个木偶能够各自做着不同的动作,像是一台戏,机关一停,便马上停止运转。由此可见,马钧有杰出的机械设计才能并且发挥得淋漓尽致。

后来马钧在魏明帝的支持下,根据传说潜心研究指南车的造法。不久,马钧真的造出来一辆机械的、能指定方向的车子。他把齿轮传动机装在车上,车走起来,车上木人会自动指示方向。这种车子不同于利用磁铁造的指南针。

现在已看不到马钧造指南车的具体方法了,而且当时人们也没有使用指南车,只是作为陈设而束之高阁。西晋末,这辆指南车就下落不明了,留给后人的只是一个千古之谜。

后秦时,皇帝姚兴又让令狐生造了一辆指南车。可惜那辆指南车在后秦灭亡时,作为战利品被运到了建康。由于年久失修,机件散落,指南功能也就丧失了。

60年后的齐高帝萧道成忽然想起这个奇宝来,他让当时著名学者祖冲之再研制一辆指南车,祖冲之便闭门钻研。同时代的索驭林鞬由于不服气也造了一辆。又过了几百年,北宋中期的燕肃和吴德仁都制造过式样不同的指南车。

指南车制造困难,比较笨重,实用价值不高。但古时人们对指南车的不断探索与研究,反映了我国古代人民辛勤劳动和不断创新的精神。正是由于几代人不断地辛勤研究,不断地改进和提高,才有我们今天指南针的问世。

古印度人制造"宇宙飞船"之谜

在人们的印象中,高速飞行器械肯定是现代人的发明。但是,考古学家的发现却给出了不同的答案。因为,考古发现,古人不但能够造飞行器械,还能造宇宙飞船。

近年来,人们竟然根据印度古文献仿造出了飞行速度达5.7万千米/小时的飞船。当然,从现代科技的角度去看,也许这是小事一桩。这份文献是从一座倒塌的史前时代的庙宇地下室中发现的,这份资料以古代梵文木简写成。而这种飞船就是大名鼎鼎的"战神之车"。

这份资料详细记载了"战神之车"飞船的驱动方式、构造、制造飞船的原料乃至飞行员的训练与服装等众多细节,篇幅达6000行之多。据记载,"战神之车"的飞行速度如换算成现代计算单位应为每小时5.7万千米。

这就是说,当人类发明了火车、飞机、飞船并为自己的发明所陶醉的时候,他们根本就没有想到,这些看来非常现代化的工具在几千年前就可能已经存在了,这真让科学家们尴尬了一回。

说起"战神之车",还要从印度南部古城甘吉布勒姆的424座神庙说起。这些神庙据说最多时曾达到1000座,因而"寺庙之城"就成为这座城市的当之无愧的称号。在这些神庙中,除了有众多古印度的神灵雕像外,还有一种飞船的雕塑。这种被雕成不同样式的飞船上面刻有众多神话人物,但"战神之车"却是它们共同的名称。据说这些飞船就是这些神话人物乘坐的坐骑。

研究者们发现,"战神之车"是一种多重结构的飞船,绝缘装置、电子装置、抽气装置、螺旋翼、避雷针以及喷焰式发动机都装备在了飞机上。文献中多次指明飞船呈金字塔形,顶端覆盖着透明的盖子。这简直就是传说中的飞碟。

这份文献是 1943 年从印度南部的迈索尔市梵语图书馆一座倒塌的庙宇地下室中发现的。这些神话故事因为它的发现开始变得更加扑朔迷离了，究竟这些人是神话人物还是真实人物？究竟这种飞船是地球人所造还是外星人所造？连科学家们也无法回答这些问题。

飞船的驾驶方法也被记在这份文献中，也就是说早在史前时代，飞船和飞船驾驶员就出现在了印度这个地方。这样看来，人类的科技真像魔术一样神奇。

当然，人类科技的发展是从当代和现代才开始的，这已被众多的事实所证明。那么，对古印度的飞船就只有一种解释看上去显得合理一点，那就是根本就不是人类建造了这些飞船。也许那时的人们看到了一个这样的飞船，而这个飞船却是外星人乘坐着到地球上来考察的。然后根据这个也许被外星人废弃了的飞船，当地人仿造出了其他的飞船，而他们将那些外星人当成了神仙供奉起来了。但一切都只是猜测而已。

古希腊出土的青铜飞船模型
古希腊也发现了宇宙飞船，它与古印度的"战神之车"似乎有某种联系。这不禁让人猜想，古代地球上真有过外星人光临吗？

古希腊人制造过齿轮计算机吗

在 20 世纪初，一位采集海绵的希腊潜水员在安蒂基西拉海峡的水底看到一个巨大的黑影。他游过去一看，发现是一艘古代沉船的残骸，这令他大吃一惊。这个突然的发现使他十分激动，他又一次潜下水，仔细察看，发现有很多大理石雕像和青铜雕像装在古船里面。

不久人们成功打捞了这艘沉船。经专家考证，这艘古船沉没在水下已达 2000 年之久。也就是说，它沉没于公元之初。有关组织马上采取措施保护船上珍贵的古代艺术珍宝。

突然，人们又发现了另一奇迹，而它的价值，所有雕像都不能及。

在工作人员分析、清理船上物品时，他们发现有一团沾满锈痕的东西夹在无用的杂物中。在认真的处理后，人们发现那里面有青铜板，还有一块上面刻有精细的刻度和奇异的文字，有被机械加工的铜圆圈残段。专家们马上意识到这圆圈意义重大，这种东西怎么会出现在古代船上呢？

在认真地拆卸、清洗它 2 次之后，专家们更加惊异了。这块青铜板竟是一台由复杂的刻度盘、活动指针、旋转的齿轮和刻着文字的金属版组成的机器。经复制发现它由 20 多个小型齿轮、一种卷动转动装置和 1 个冠状齿轮组成，一根指轴在一侧，指轴的转动会带着刻度盘以各种不同的速度转动。青铜活动板保护着指针，板上面有供人阅读的长长的铭文。

美国学者普莱斯用 X 光对这台机械装置进行了检查，最后断定它是一台计算机，太阳、月亮和其他一些行星的运行都可以用它来计算。据检测，它制造于公元前 82 年。世人都为之惊异。要知道，1642 年帕斯卡尔才发明了计算机，而且他当时制造的计算机械十分不准确。虽然希腊人被人们公认是古代最有智慧的民族，但人们对这台古代计算机的出现，还是感到不可理解。

还有，这个机械装置全部是由金属制成的，精密的齿轮转动装置也在其中使用。而人们都知道，在文艺复兴时代才开始使用金属齿轮转动的，必须具备钳、刨、铣等机械加工工具才可以制作它，而在古希腊是根本就不存在这些工具。

于是人们又提出这样一个问题：到底是谁制造了这台机器？

有人说，如果确是古希腊人制造了它，那么恐怕要彻底改写古希腊科学技术的历史。但又无法进行这样的改写，因为只有这个计算机的证据，人们并不知道它的制造者。在古希腊和其他一切古代民族的文献中，也从未发现过关于计算机机械的记载。

如果不是古希腊人制造了它，那么必定是远比古希腊人更聪明、工艺水平和科学技术水平也要高得多的智慧生命制造了它。

中国酿酒的始祖是谁

我国的酒文化十分悠远。早在原始社会末期，我国便发明和生产了酒。那是远古人在劳动中发现了发酵的果类和谷物带有一种味道甘美的浆液，可以取而饮之，他们将这种味道称为酒味。从此，我们的祖先通过不断的实践认识了果类和谷物是怎样被发酵而变得甜美的，最终摸索出了酿酒的技术，制作了各种成酒。

1987年底，在龙山文化遗址中就发现了各种陶制的酒器。一种密封保存完整的商代古酒在河南省被发掘，这酒距今已有3000多年的历史了。据专家测定，这种具有浓郁香气的酒是专用于祭祀祖先的，说明当时已有种类繁多的酒，酒也已成为专卖商品，难怪《诗经·商颂》里就有"既载清酤"的描写。商代出土的象形字中就有"酒"字，说明酒在商代已有很大的发展。有的学者认为是在商以前的2000～3000年前才开始发明酒的。

因此，不管按哪种说法，出生在周朝的杜康，只能是个酿酒者或酿酒技术革新者，而并不是发明酒的始祖。即便是夏朝人仪狄（传说大禹曾饮过他酿造的酒），也不是酒的始祖，还有学者认为酒的起始是在距今7000年前的磁山文化时期，那时生产力发展了，粮食和果品逐渐有了剩余，人们就把它们储蓄起来，在存放过程中自然发酵而成为酒。先人们根据这个原理，再反复实践，才有了人工酿酒。

杜康生活的周代，出现了酒曲，这在酿造史上无疑是个飞跃，这也是世界化学史上的伟大创举。1974年，在河北平山县战国时期的中山王墓内发现了两种曲酿酒，一开启密封完好的酒壶盖，一时间酒香四溢，据说这就是闻名遐迩的"杜康"，意即好酒。此外"杜康"还应理解成品种名称。曹操说的"惟有杜康"，也是泛指好酒之意。《说文解字》上却说酒为"吉凶所造"，这里的吉凶不是说吉凶这个人造酒，而是说酒造吉凶。大禹就曾主张禁酒，并预言"后世必有以酒之其国者"。果然，历代帝王中有许多嗜酒如命，甚至因酒精中毒而死去。商纣王也是过着"以酒为池"的荒淫生活，最后导致国破自焚。周代吸取了教训，颁发了禁酒令。因而酿酒集中在作坊中，开始专行专卖，而不是像以前分散在每家，每户均可自行酿酒，而酿酒技术也从家庭女主人的手中走向专业化，从而杜康之类的名师才得以崛起。我国古代典籍《周礼》也对酿酒过程中各个阶段作了详细区分，说明其产物名称，这体现了我国酿酒技术逐步走向专业化。

汉字起源真是"仓颉作书"吗

早在几千年前就产生的汉字孕育和记录了中华民族古老的历史文化，传承了黄土地上悠久的文明。汉字以它独特的形状和用法而在诸多文字中独树一帜，汉字是怎样产生的？又是什么人发明的？对于这个问题，历来有不同的说法，最为流行的是"仓颉造字"说。

关于"仓颉造字",有个美丽而神奇的传说。仓颉本来是黄帝的史官,有着4只眼睛,能上观天文,下察地理,还能看到一般人所看不见的东西。黄帝时期,还是结绳记事,这种方法过于简单,没办法将复杂多变的情况记录下来,人们往往因为无法正确传达和交流而使农耕生产受到了阻碍。于是关心民生的黄帝就命令仓颉去想办法。仓颉接到命令后,把自己关在洧水河岸边上的一个房子里,天天想得饭都忘了吃,觉都顾不得睡,整天蓬头垢面,还是没能造出字来。有一天,他站在屋门口的大树下发呆,一只凤凰飞过,把嘴中的果实丢在他面前。仓颉捡起来仔细一看,发现上面有一个从来也没见过的图案,十

仓颉造字图 汉

分美丽。这时有一个猎人经过,看到那个图案就告诉他说那是貔貅的蹄印,与别的兽类蹄印不一样,而且世界上万物的蹄印都是各不相同的。仓颉从这些话中得到了启发,意识到自己原来造不出字是因为闭门造车的缘故。于是,他周游四方,跋山涉水,看到什么都要仔细地观察和思考,将它们的特征记下来,风花雪月、飞禽走兽、日月星辰都成为他的灵感来源。他将这些灵感的美丽动人的地方整理出来,成为最早的象形字。传说他在造字的时候,天上竟然不可思议地下起米来,夜间听到天地间有野鬼凄厉的哭嚎声。仓颉把他造的这些象形字献给黄帝,黄帝看后非常满意,立即召集九州酋长前来,让仓颉把造的这些字传授给他们,九州酋长们又在各自的部落和领土大力推行。于是,九州大地上的人们都开始使用这些象形字,给生产生活和交流信息提供很大的方便。

关于这段传说,很多书中有相关的记载。汉代淮南王刘安著的《淮南子》一书中说:"颉作书,天雨粟,鬼夜哭。"汉代最伟大史学家司马迁在《史记》一书中也说:"造端更为,前始未有,若仓颉作为……是也。"到了东汉,许慎更是很明确地在《说文解字》中写道:"黄帝之史仓颉,见鸟兽蹄迒之迹,知分理之可相别异也,初造书契。"《兖州续志》中说"仓颉,冯翊人,黄帝史官也。生四目,观鸟迹而制字"。此外,为了纪念仓颉造字的功劳,后人还根据传说把河南新郑县城南仓颉造字的地方称作"凤凰衔书台",到了宋朝时还有人在这里建了一座叫"凤台寺"的庙宇。甚至仓颉的坟墓也有多处,其中文物考古工作者在现在的铜城镇王宗汤村调查发现一处龙山文化遗址,距今约4000余年,据说原来就是被当地人称"仓王坟",坟前原来还建有"仓王寺"。可以看出,仓颉造字的说法还是很有来历的。

但是如果客观和理性地分析的话,汉字的复杂和多变根本不可能由一个人在一个较短的时间内发明出来。仓颉所处的时代还是原始社会,人们每天风餐露宿,最基本的生活都无法保证,如此低的生产水平和文化水平,要发明像汉字这样既是独立发展又有相当久远历史的文字,对仓颉这种原始人简直不可能。此外,根据学者的考证,当时的文字有许多异体字,无疑产生于很多人的手中,所以人们认为"仓颉造字"是一种不太可信的说法,可能性大些的是他对这种形体不一的文字进行了整齐划一的工作。荀子就曾经认为:古时候,创造文字的人很多,文字是众人发明的,仓颉的功劳只是在于整理它们罢了。一个很有说服力的考古

□ 可怕的现象

史实是：有人发现西安半坡出土的陶器上有一些刻画符号，笔画简单，距今大约6000年左右，比仓颉造字的时代早1000年。除了仓颉外，还有传说中的神农作穗书，黄帝作去书，祝融作古文，少昊作鸾凤书，曹阳氏作蝌蚪文，曹辛氏作仙人书，帝尧作龟书，大禹铸九鼎而作钟鼎文等等，可以说是各有各的道理。文人学者们为此考证了2000多年，提出了各种看法，但谁也没能排除众议，成为权威。

不管"仓颉作书"的真相是怎么样的，不论它是严肃的史实还是美丽的传说，它都反映人们对祖国文字的热爱，是传承中华民族悠久文化的重要媒介。正因为人们对那些造字的祖先怀着热烈的感激和景仰，这些动人的传奇才能流芳千古。

巴格达古电池作何解释

1936年6月，巴格达城郊，同往常一样，一群筑路工人一大早开始在这里修筑公路。大概过了有一个多小时，一个工人突然铲到一个硬硬的东西，怎么也掘不动，于是呼唤同伴帮忙。大家齐心合力，在这周围用力挖掘，结果竟挖出了一个巨大的石棺。考古人员马上赶来，小心地打开石棺，发现了大量的金银器具和613颗珍珠组成的念珠等贵重物品，经专家鉴定为公元前248~前226年间波斯王朝的文物。

在这些文物中，有些东西人们始终不知道是做什么用的。那是一大堆奇怪的陶制器皿，锈蚀的铜管和铁棒。时任伊拉克博物馆馆长的德国考古学家威廉·卡维尼格这样描述这些奇怪的文物："陶制器皿类似花瓶，高15厘米，白色中夹杂一些淡黄色，边沿已经破碎，上端为口状，瓶里装满了沥青。沥青中有一个铜管，直径2.6厘米，高9厘米，铜管顶端有一层沥青绝缘体。在铜管中又有一层沥青，并有一根锈迹斑斑的铁棒，铁棒高出沥青绝缘体1厘米，由一层灰色偏黄的物质覆盖着，看上去，好像一层铅。铁棒的下端长出铜管的底座3厘米，使铁棒与铜管隔开。看上去好像是一组化学仪器。"经过鉴定，卡维尼格宣布了一个令世界震惊的消息："在巴格达出土的陶制器皿，铜管和铁棒是一个古代化学电池，只要加上酸溶液，就可以发出电来。"

当时许多人说卡维尼格一定是疯了，要么是个大骗子。略有理智的人都知道，公元前3世纪的波斯人，怎么可能会制造电池呢？众所周知，电池是意大利科学家伏特在1800年才发明的。正当众人纷纷指责卡维尼格的时候，卡维尼格却神秘失踪了，那些古代的"电池"也不见了。于是指责者更有了口实，都说卡维尼格的谎言被揭穿了，"夹着尾巴逃跑了"。可是几个月后，卡维尼格又出现了，并且理直气壮地向世人宣布："这的的确确是电池，没有一个科学家能够驳倒我的观点。"原来卡维尼格悄悄带着这些东西回到了柏林，进行了一项重要的试验，他把那些陶制器皿、铁棒、沥青绝缘体和铜管组合成了10个电池，结果又有了一个更惊人的发现：古代人很可能是把这些电池串联起来，以加强电力，给塑像和饰物镀金。

古人难道真的已经使用了电池？德国另一位考古学家阿伦·艾杰尔布里希特抱着科学求实的态度，决定亲自做试验验证这个传闻。他仿照巴格达出土的"电池"原型，自己制作了一些陶瓶、铜管和铁棒，从新鲜葡萄里榨出汁液，倒进铜管中。奇迹出现了，和电池连在一起的电压表的指针突然移动起来，显示有0.5伏的电压。接着艾杰尔布里希特又做了一个试验，他找到一个小雕像，把它放入金溶液里，然后用仿制的巴格达电池通电，两个多小时之后，一个完美的镀金雕像摆在他的眼前。艾杰尔布里希特宣布说："我起初也不相信这件事情，但是我的试验至少证明了，卡维尼格先生并没有撒谎。"

无独有偶，人们在神秘的古埃及金字塔中也发现了电池的踪迹。在古埃及的金字塔建筑群中，规模最大的一座是距今约 4600 年前，在开罗近郊吉萨建造的胡夫金字塔，它内部结构极为复杂和神奇，并饰以雕刻、绘画等艺术品。由于墓室和甬道里十分黑暗，这些精致的艺术作品需要光亮才可能进行雕刻、绘画，而这项工作应该是在利用火炬照明或者是在油灯下才能完成。可是，现代科学家对墓室和甬道里积存了 4600 多年之久的灰尘进行了全面仔细的科学化验和分析，结果证明：灰尘里没有任何黑烟和烟油的微粒，没有发现一丝一毫使用过火炬或油灯的痕迹。由此可见，古埃及艺术家在胡夫金字塔地下墓室和甬道里雕刻、绘制壁画时，根本不是使用火炬或油灯来照明，而很可能是利用某种特殊的蓄电池或者其他能够发光亮的电气装置。

美国科学家为了验证巴格达电池的真伪也进行了一系列的试验。他们首先成功地从仿制的巴格达电池中获得了 0.5 伏电压，并且用它连续工作了 18 天之久。他们使用了多种溶液，都是古代人类已经发现或者开始使用的，例如葡萄糖溶液、醋酸、硫酸铜等。参加试验的科学家们一致认为，除了发电外，他们不知道这些东西还有什么别的用途。

1938 年，德国考古学家柯尼希在巴格达城郊又发掘出了远古时代的一组电池。与两年前不同，这次发现的古电池是铜外壳、铜蕊，外壳是借助铝和锡固定好的，直到今天人们还普遍采用这个方法。时至今日，人们仍然难以相信卡维尼格的推论，但是这之前发现于巴格达的古电池又该怎样解释呢？2000 多年前的埃及人或巴格达人已经开始使用电池发电、镀金，这确实是不可思议的事情，无怪乎人们对此采取审慎的态度了。要想弄清真伪，恐怕仍需要科学上的新发现。

古印度铁柱为何永不生锈

印度首都新德里位于该国西北部，坐落在恒河支流西岸。这里原本是一个古都，叫德里，后来在古都旁边又扩建了一座新的城市，将这个新城区称为新德里，以区别于老德里。新德里和老德里统称为新德里，面积 1485 平方千米，人口 838 万。新德里是古老传统和现代化相互结合的一座城市。老德里如一面历史镜子，展现了印度的古代文明，新德里则是一座里程碑，让人们看到了印度前进的步伐。

老德里历史悠久，建都于公元前 1400 年，取名"因陀罗普拉斯特"，即"雷神之住所"的意思，此后这里曾先后出现过 7 个德里城。到公元前 1 世纪，印度王公拉贾·德里重建此城，德里由此得名。在 1648 年，莫卧儿王朝皇帝沙·贾汗曾把德里改名为沙·贾汗纳巴德。德里城内宗教气氛浓厚，古代建筑众多，用红砂石建造的莫卧儿王朝德里皇宫、公元前 200 多年孔雀王朝阿育王建立的阿育王柱和印度最高古塔库塔布塔等，都是驰名世界的名胜古迹。

德里皇宫因其围墙是用红色砂岩建成，故被称为红堡。凡到过德里的人，都会慕名去游览这座闻名遐迩的宫堡。整个建筑呈八角形，有 5 个城门，临河一面的城墙高达 30 米，雄伟壮观，气势磅礴。城内的宫殿都是用大理石与红砂石砌成。石柱和墙壁刻有花卉人物的浮雕，窗棂用大理石镂空，嵌镶有各种宝石，灿烂夺目，富丽堂皇。而孔雀王朝兴建的旧堡遗址和阿育王柱，在这里见证了 2000 年岁月的沧桑。

在库塔布塔附近，位于德里城南，内中竖立一根粗大的铁柱，高 7 米多，重约 6 吨，这就是著名的阿育王柱，也是印度最珍贵的历史文物之一。当地人称，只要能背靠铁柱将它环抱，许下的心愿就一定能够实现。也许这铁柱真具有一种神奇的力量，让现代人的智慧在它面前软弱无力。

但令人不可思议的是，阿育王柱在露天中耸立了 2000 余年，经历了数千年的风吹雨打，

□ 可怕的现象

阿育王柱，它是用铁做的，经历了 2000 多年也不曾生锈。

见证了历代帝王将相的更迭，至今却没有一点生锈的痕迹！众所周知，铁是最容易生锈的金属，一般的铸铁几十年就将锈蚀殆尽，根本不用说数百年上千年的了。而且直到现在，人们依然在寻找防止铁器生锈的有效办法。尽管从理论上说，纯铁是不生锈的，但纯铁的提取却是十分困难的。

由于其奇异的表现，引得世界各地的科学家，抱着极大的兴致，前去研究。1862～1865 年，《印度的考古学概述》中对该王柱有如此描述：这是一根锻造的铁柄，上端直径为 40 厘米，长约 6.6 米，铁柱的上端呈现奇怪的金黄色。这一描述引得一段时间的猜疑，许多研究者认为该铁柱是钢做的。此外，描述还提到该铁柱上的刻印文字非常清晰，这些文字使人们能够确定它的制造时间在公元 310 年。

1911 年，罗伯特·哈德费尔德爵士从铁柱上取了一小块铁做检验，此后又对一块大的铁柱样品做了一番详尽的研究，研究结果表明该铁柱含 0.08% 的碳，0.046% 的硫，0.114% 的磷，0.032% 的氮，99.72% 的铁，铜和其他元素 0.034%，这表明铁柱几乎是一个完全没有杂质的加工铁制品中的精品。从铁的纯度和统一性来看，甚至比现代瑞典的碳铁还好；从结构上看，该铁柱由大的铁晶粒组成，只有一小部分水泥，有时在晶粒的边缘，偶然在铁柱体上，一个更小的粒状结构，独立于大粒子，几乎看不见。此外还有大量的正常形态的小线条，似乎与小颗粒结构有关，这可能是老化的表现。哈德费尔德将铁柱上的一小片取下来后，上面淋上水，结果发现一夜之间铁片就生锈了，但是铁柱的断端在同样的实验室条件下 4 天都不腐蚀。此后，大量的分析研究也表明，铁柱是一种接近于纯铁的合金，除铁之外，还含有碳、硅、磷等成分，这或许就是它历经那么多年而不生锈的原因所在。这是否说明古代的印度人早已掌握了冶炼不锈铁器的技术呢？

由于这一奇异的现象，人们后来也注意到了其他千年铁柱，屹立不锈，比如达哈铁柱。这根铁柱有 3 段，在 14～15 世纪的宗教混乱中被切断。铁柱上没有铭刻的文字，别处也没有足够肯定的参考文献，所以关于铁柱是何时制造的，没有任何根据来做哪怕是最模糊的推断。只能从它的形状来判断，它属于古普塔时期（公元 320～480 年），人们普遍认为这根铁柱和阿育王柱大约是同一时期的。还有辛哈勒斯铁柱，研究者对一些从被埋葬的斯兰城里挖出来的铁器进行了研究。许多的铁器被挖掘出来后都严重地生锈，在博物馆里也继续生锈，除非得到特别防护。但是不管怎样，确实存在一个防腐蚀的、质量相当好的铁器，这就是古老的辛哈勒斯铁器，制造于 5 世纪。另外还有克那拉克的铁柱。这种铁柱被用于克那拉克倒塌的黑宝塔建筑中，现在仍留在一些被保护的毁坏了的寺院废墟中。这个寺院被认为建造在 1240 年，因此铁柱也被认为是那时铸造的，而且在寺院的墓铭记中详细地记录了这些铁柱的外观。

这些铁柱都亘古不变，历经千年风雨的洗礼，而对它们的结果分析表明这些铁柱的组成成分和纯度几乎是一样的，这难道也是由于同样的原因？可是这难道就可以说古代的印度人早已掌握了冶炼不锈铁器的技术？为什么我们没有发现其他在同时代冶炼出的不生锈的铁制器具呢？古印度的典籍中，为什么没有任何关于这方面的记载呢？

铁柱依旧矗立在那里，难道它要等到人类解开这一秘密后才轰然倒塌或腐蚀？还是在挑战人类的智慧？我们在等待……

中国铜和铁的冶炼始于何时

中国古代的许多矿冶技术曾在世界遥遥领先，而有关中国古代这方面技术的记载以明代科学家宋应星的《天工开物》记载得最为完备最为系统。不过，这本书也是仅限于作者个人的见闻和经历，所以里面的内容都很简略，不可能全面反映我国古代在矿冶技术上的成就。实际上，我国古代的矿冶技术的成就远远超出了我们现代人的想象，近二三十年来的考古发掘就证明了这一点。

在距离湖北大冶县城3千米的铜绿山上发现了一处2000多年前的古铜矿遗址，该时期相当于我国春秋末期至战国初期。铜绿山，据《大冶县志》记载，"山顶高平，巨石对峙，每骤雨过时，有铜绿如雪花小豆点缀土石上，故名。"其奇特的地貌和遍地盛开的莹蓝色铜墙铁壁草吸引着历代矿工来这里开发铜矿资源。铜绿山古铜矿遗址是迄今为止已经发掘的古铜矿中生产时间最长、规模最大的一个。

在这个遗址中，考古工作者发掘出大量用来支护井壁的圆木，采矿用的铜斧、铜锛、铜凿、木槌、木铲、铁锤、铁锄以及运载工具藤篓、木钩、麻绳等，另外还发现了少量陶罐等生活用具。

在距离开采地不远的东北坡，考古工作者们又发现了古代炼铜遗址。"共发掘出了外形、结构基本相同的炼铜炉九座，炼铜炉上还设有炉基、炉缸和工作台。炉基用沙石、黏土等细细夯筑而成，台基内还设有风沟；炉缸在发掘出来的时候已经残破不堪，据鉴定，为高岭土等耐火材料筑成；而炉身经历千年都已坍塌；工作台用黏土、矿石垒筑在炉侧，台面高于炉缸底部。"在这些炼铜炉内残留着数量不等的炉渣，而附近的渣坑中的炉渣堆积竟高达1米多，据有关专家粗略估计，此矿区遗存的炉渣至少在40万吨以上！对这些炉渣中的含铜量进行测验的结果更是让有关专家大跌眼镜！因为在3号炉西侧发掘出的粗铜其含铜量为93%以上，而炉渣的含铜量仅为0.7%！对大冶湖出土的铜锭进行铜含量测定，竟为91.86%，在距今2000多年前的古代，提炼铜的技术已发展到如此高超的地步！

在我国春秋战国时期开采冶炼技术已如此发达，说明中国古代劳动人民对金属的认识更为久远。事实也是如此，古代奇书《山海经》就已经比较详细地记载了战国以前矿业开发的情况，书中曾经明确提出当时的产矿地有167处，其中有铜矿52处。春秋战国时期进一步发展，其规模不断扩大，如《管子·地数》记载道："凡天下名山五千二百七十二，出铜之山四百六十七"。从这两组数据中，我们可以真切地看出这时矿冶业发展得多么迅速！

江西瑞昌铜岭古铜矿遗址是我国迄今为止发现的年代最早的采矿遗址。在这之前，人们一直认为西周晚期开始出现冶铜业，而瑞昌古铜矿遗址的发现使我国采铜历史往前推进了数百年。

瑞昌古铜矿遗址面积约1平方千米，采矿区约有20多立方米。发掘出竖井53口，平巷6条，斜巷3条，露采坑1处，木溜槽1处。由于这个采矿遗址开采的时间比较长，所以经历了好几个时期，所幸的是其地层叠压关系清晰，出土的遗物比较多。对其中的一件木制滑

□ 可怕的现象

铜绿山铜矿竖井
湖北省大冶县铜绿山出土。上方的是平巷，用来运输；图中的木架结构是当时采矿用的矿井支架。下方形或圆形的木支护井口，是竖井的井口。仅此11号矿体，就清理出炼炉8座，整个矿区的炉渣更超过40万吨，可炼出红铜10万吨。

车进行测定，结果为商代中期的遗物，从而有力地证明了早在商代我国已经有了较发达的采矿业。除此之外，遗物中还有"陶制的鬲、罐、豆、盆、纺轮等；木制的滑车、锹、铲、水槽、瓢等；竹制的筐、盘、签等；铜制的斧、凿、锛等"。

其中出土的木溜槽也同样改写了我国冶炼技术的历史。这个木溜槽长3.5米，据有关专家鉴定，为分节水冲法选矿用的一种原始装置。而这种分节水冲法人们一直以为产生于宋代，在这之前文献资料中并没有记载。瑞昌铜岭选矿槽的发现，把我国的这种选矿技术往前推了2000年！

就目前的考古发现来看，我国铜的开采与冶炼技术最早出现在商代，那么，以后还会有新的考古发现推翻这个结论吗？由于考古本身的随机性，谁也不能保证。

我国人工冶铁开始于什么时候也同样是一个悬而未决的问题。地质学家章鸿钊认为是在春秋战国之间；历史学家范文澜力主东周时期已经有了铁器，并从古体铁字的一种写法推猜东方的夷族最早掌握了炼铁技术；而另一历史学家李亚农则认为早在西周就已经有铁器了，赞成这一观点的还有郭沫若先生。

值得一提的是，在驰名中外的北京周口店龙骨山山顶洞人的遗迹中，考古工作者发现了很多串最原始的项链，这些项链是用红线把一颗颗青鱼上眼骨穿起来制作而成的。让人奇异的是，线之所以是红色，那是因为线是用赤铁矿粉染成的！在10多万年前，人类就已懂得利用金属铁锈做"染料"，这究竟是偶然的利用，还是已掌握了这门技术呢？

放眼世界，人类掌握冶炼技术的年代更扑朔迷离。据说，在苏联的瓦什卡河岸上发现了一块稀有金属的人造合金，制造年代为距今10万年前！在秘鲁高原考古学家发现了一件铂制装饰品，要知道，熔化铂必须要有1800℃的高温熔炉！

这些现象该如何解释呢？有志于此的人可以去进一步探索。

中国古代"透光镜"之谜

汉代时，封建经济得到空前的繁荣，中国作为一个统一的多民族封建国家非常强盛。农业生产发展，铁器广泛应用，手工业生产的规模和水平都得到突飞猛进的发展，金属铸造工艺不断进步。正当许多青铜日用品逐渐被漆器和陶瓷器取代的时候，铜镜的制造却获得了重要发展。铜镜成为汉代铜铸制品中最多的产品。上海博物馆里藏的一面铜镜，就是当时一种非常流行的镜型。此镜直径12.1厘米，圆钮，内区有同心圆及八曲连弧纹，外圈刻着文字："内清以昭明，光象夫日之月不泄。……"其中夹以7个"而"字，共21字。边缘宽阔，铭文两边各有锯齿纹一周。不同时期，流行的铜镜也是有差别的。西汉前期和中期流行草叶纹镜，到武帝和昭帝时，草叶纹镜的地位渐为星云纹镜和连弧纹日光镜所取代。星云纹镜钮座呈圆形，不见草叶纹镜上的大方格，而且上面也不会有任何铭文；带座的大乳钉布于四方，其间安排若干小乳钉，乳钉高低错落，像星云一般灿灿，铜镜因此得名。连弧纹日光镜的内区有一圆连弧纹，镜缘上的连弧纹则被略去，代之以稍宽的平缘；外区中有一圈醒目的非隶非篆的铭文带，铭文开头大都用"见日之光"四字，铜镜也因此得名。连弧纹昭明镜图案与日光镜其实区别并不大，只是铭文较繁，可以看作是连弧纹日光镜的繁体。不过这件连弧纹昭明铜镜却因其新奇的透光效果而为人所关注。

铜镜的透光效果，就是指将镜面对着日光和其他光源时，在墙背上可以反映出镜背的纹饰和铭文。中国古代学者早就对铜镜的透光效应以及透光现象的成因做过深入的研究，《太平广记》记载，隋朝的王度得到一面古镜，发现将镜面对准日光，镜背上的图案竟然会在日影中出现。宋代周密在其《云烟过眼录》中提到，如果把透光镜对准日光，可以看到纤毫无损的镜背影像。此外，金国的麻九畴《赋伯玉透光镜》和明代郎瑛《七修类稿》，对透光镜也都作了生动的描述。像宋代的沈括、元代的吾丘衍、明代的方以智、何孟春和清代的郑复光等，他们也都对铜镜的透光效应作过许多深入细致的研究。19世纪以来，西方学者和日本学者也相继作了不少研究工作，发表了许多见解，这些见解也都被后人继承下来。

目前多数学者经过研究认为铜镜的透光效果是由于镜体厚薄不一造成的，因为镜面各部分出现了与镜背图纹的凹凸不平和曲率差异而形成。但这种曲率差异是怎样产生的呢？学者们的认识也有所不同，有的认为是通过快速冷却方法加工出来的，有的认为是在铸造研磨时产生各种压力后形成的，有的认为是在铜镜加工过程中刮磨不均形成的，有的认为是铜镜在铸造过程中冷却速度不同形成的。尽管关于铜镜的透光效果的看法还存在着不少分歧，但它却是研究中国古代冶金技术的重要资料，对我国古代科技史的研究具有很重要的意义。

"金缕玉衣"真的能让尸体不朽吗

古代皇帝莫不希望长生不老、灵魂不灭，寻找长生不老药、喝甘露、炼丹丸等等是他们一生中的大事。为了长生，他们想尽了一切可能的方法，这种求生的欲望也寄托在死后的裹尸衣上，这就出现了汉代特有的玉衣。玉衣是什么样的？它是如何制成的？它真可以使寒尸不腐？种种谜团被考古工作者解开了。

据载，玉衣是汉代皇帝、诸侯王和高等贵族死后特制的一种殓服，史书中称"玉匣"或"玉柙"，但它的形状究竟是什么样的，汉代以后就没有人知晓了。考古工作者在1968年河北满城县的一座小山丘上，发现了西汉中山靖王和他的妻子窦绾的墓。许多小玉片分散在刘胜和窦绾棺内的尸体位置上，经过考古工作者的精心修整和研究，终于复原出两套完整的玉衣，使我们得以亲眼目睹史书中记载的玉衣的样子，这个谜团随之被解开了。

这两套玉衣制作很精细，他们的外观和人体的形状一样，分为头部、上衣、裤筒、手套和鞋5大部分，各部分都由许多三角形、长方形、梯形、圆形等图形的玉片组成，玉片上有许多小的钻孔，玉片之间用编缀着纤细的金丝，所以又称为"金缕玉衣"。刘胜穿的玉衣形体肥大，头部的脸盖上刻画出眼、鼻和嘴的形状，腹部和臀部突鼓，裤筒制成腿部的样子，颇似人体。可能是出于对女性形体造型的避讳，窦绾的玉衣比较短小，没有做出腰部和臀部的形状，刘胜玉衣全长1.88米，由2498片玉片组成，用于编缀的金丝约重1100克。

汉代人喜欢用玉衣做殓服与当时人的迷信思想必有关联。在汉代，人们深信玉能使尸

□ 可怕的现象

体不朽,玉塞九窍,可以使人气长存。九窍指的就是两眼、两鼻孔、两耳孔、嘴、生殖器和肛门,一共9个孔。出土的玉衣经常就搭配有用玉做成的眼盖、鼻塞、耳塞、口含、罩生殖器的小盒和肛门塞。其中最讲究的是要用玉蝉含口,因为古人认为蝉是一种代表清高而且品格修养好的昆虫,它只饮露水而不吃东西。人死后,其灵魂离开尸体,正如蝉从壳中蜕变出来时一样,所以古人可能就是借"以蝉为含"的寓意。还有的学者持偏向于生物学的解释,他们认为汉人用玉蝉作口含,是受这种昆虫循环生活的启发,从蝉蜕转生而领悟再生,因此给死者含蝉比喻这只是暂时的死亡,而生命可以获得再生。

在2000多年前的西汉时代是如何制作出来如此精美的玉衣的?让我们现代人确实琢摸不透。玉衣制作所用的玉料要经过开料、锯片、磨光及钻孔等多道工序,每一片玉的大小和形状都必须经过精心的设计和细致的加工,制作过程是很复杂的。据科学测定,玉片上有些锯缝仅0.3毫米,钻孔直径仅1毫米,它的工艺繁杂与精密程度实在令人惊叹。整个玉衣制作过程所花费的人力和物力当然也十分昂贵,据推算,汉代一名玉工制作一件玉衣需要花费10余年的工夫。

汉代皇帝可谓费尽心机,用玉衣作为殓服。但其结果适得其反,由于金缕玉衣价格昂贵,往往好多人去盗墓,以致汉代帝陵都被挖掘一空。盗墓者取出金缕玉衣加以焚烧,汉代帝王的尸骨也一并化为灰烬。因此,公元222年,魏文帝曹丕下令禁止使用玉衣,从此历史上就没有玉衣了。有幸躲过被盗命运的那些诸侯墓葬,尸骨早已化为一滩泥土,但他们所留下的精美绝伦的玉衣,让我们不得不惊叹2000多年以前工匠们的高超技艺。

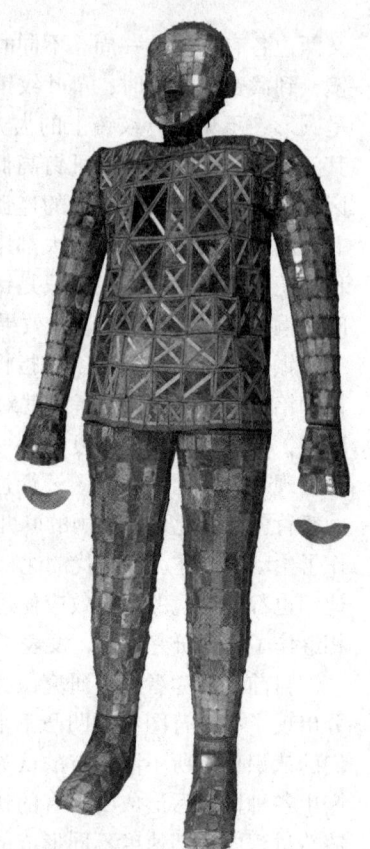

金缕玉衣 汉
河北满城县中山靖王刘胜夫妇墓出土。

千年不腐的马王堆古尸

1972年,在中国湖南马王堆古墓中出土了一具女尸,它震惊了世界。为什么呢?原来,尽管历经2000年,但这具女尸外形完整,面色鲜活,发色如真。解剖后,其内脏器官完整无损,血管结构清楚,骨质组织完好,甚至腹内一些食物仍存。为什么这具古尸历经千年不腐呢?

一般来说,古墓中的尸体留至今天,只会出现两种结果:一是腐烂。因为在有空气、水分和细菌的环境里,大量的有机物质会很快腐烂,棺木也会腐朽,最后尸体也难免烂掉。二是形成干尸。这需要极为特殊的气候条件,在特别干燥或没有空气的地方,细菌微生物难以生存,这样,尸体会迅速脱水,成为"干尸"。

马王堆的女尸为何是"湿尸"而不腐烂呢?其原因是:

第一,尸体的防腐处理完善。经化学鉴定,它的棺液沉淀物中含有大量的乙醇、硫化汞和乙酸等物。这证明女尸是经过了汞处理和其他浸泡处理的,硫化汞对于尸体防腐的作用很大。

第二,墓室深。整个墓室建筑在地底16米以下的地方。上面还有高20多米,底径五六十米的大封土堆。既不透气也不透水,更不透光,这就基本隔绝了地表物理和化学的影响。

第三，封闭严。墓室的周壁均用可塑性大、粘性强、密封性好的白膏泥筑成。泥层厚约1米左右。厚为0.5米的木炭层衬在白膏泥的内面，共5000多千克。墓室筑成后，墓坑再用五花土夯实。这样，地面的大气就与整个墓室完全隔绝了，并能保持18℃左右的相对恒温，光的照射被隔绝，地下水也不能流入墓室。

第四，隔绝了空气。由于密封好，墓室中已接近了真空，具备了缺氧的条件。在这种条件下，厌氧菌开始繁殖。存放在椁室中的丝麻织物、乐器、漆器、木俑、竹简等有机物和陪葬的大量的食物、植物种子、中草药材等，产生了可燃的沼气，从而加大了墓室内的压强。沼气能杀菌，细菌在高压下也无法生存。

第五，棺椁中存有具有防腐和保存尸体作用的棺液。据查，椁外的液体约深40厘米，棺内的液体约深20厘米。但它们都不是人造的防腐液，而是由白膏泥、木炭、木料中的少量水分和水蒸气凝聚而成的。而内棺中的液体是女尸身体内的液体化成的"尸解水"。这种自然形成的棺液防止了尸体腐败，并使得尸体的软组织保持了弹性，肤色如初，栩栩如生。

在重见天日之时，千年的亡魂随同所有出土的文物，散发着迷人的光芒，让人不禁惊叹于造化的神奇。

诸葛亮制造木牛流马之谜

《三国志·诸葛亮传》记载："（建兴）九年（公元231年），亮复出祁山，以木牛运，粮尽退军……十二年春，亮率大众由斜谷出，以流马运。"文章描绘得那么奇妙，可说明诸葛亮以木牛、流马运粮是真实的事情。

诸葛亮到底用过木牛流马没有，确实是一个谜，而且《诸葛亮集》中尽管对木牛、流马作了描绘，但由于没有任何实物与图形存留后世。多年来，人们对木牛、流马到底是什么东西作出了种种揣测。

一种说法为木牛、流马是诸葛亮改进的普通独轮推车。此说源于《宋史》、《后山丛谈》、《稗史类编》等史籍。它们认为汉代称木制独轮小车为鹿车，诸葛亮加以改进后称为木牛、流马，北宋才出现独轮车之称。

一种意见认为，木牛、流马是四轮车和独轮车，但是哪种为四轮，哪种为独轮，各人有不同的见解。宋代高承《事物继原》卷八说："木牛即今小车之有前辕者，流马即今独推者是也，而民间谓之江洲车子。"今世学者范文澜认为，木牛实际上是一种人力独轮车，有一脚四足，就是在车旁前后装4条木柱；流马是改良的木牛，前后四脚，也就是人力四轮车。

一种意见认为，木牛、流马是新颖的自动机械。《南齐书·祖冲之传》说："以诸葛亮有木牛、流马，仍造一器，不因风水、施机自运，不劳人力。"这是指祖冲之在木牛流马的基础上造出更新颖的自动机械。

木牛和流马到底是一种东西还是两种东西，后世对此发起了广泛的争辩。如谭良啸认为，木牛和流马是一回事，是一种新的木头做的人力四轮车；王开则说木牛与流马是两种东西，前者是人力独轮车，后者是经改良的四轮车；王抔认为两者同属一物，并且还做出了一种模型，既具备牛的外形，又具备马的姿势。陈从周等勘察了川北广元一带现存古栈道的遗迹：畜在前面拉，后面有人推，流马与木牛差不多，但没有前辕，不用人拉，反靠推为行进，外形像马。

令人遗憾的是当年诸葛亮没有留下木牛流马的详细制作图解，导致后人苦苦思索，上下探求，仍是难以明白究竟。

□ 可怕的现象

轮船是中国人发明的吗

在当代,轮船在人们的日常生活中发挥着重要的作用。追溯其历史,我们会发现,轮船的发明与中国人有着很大的关系。

最早的船称为车船,车船又称作车轮舟,其前身是南朝的祖冲之制成的千里船。这种船不受流向、风向的限制,内部没有机关,可以自己运行,日行 50 多里。千里船的推动工具在史书上没有明确记述,有的学者根据当时机械学的发展情况分析,它可能是由人力踏动木叶轮而前进。但从此以后,史书上再也没有出现车轮舟的记载,可见千里船在后来并没有被广泛应用。

海鹘图 唐

据说最早的轮船出现于南北朝,到唐朝时江南道节度使洪州刺史李皋,"为战舰,挟二轮蹈之,翔风鼓浪,若挂帆席"。

唐朝德宗时,江南道节度使洪州刺史李皋设计制造了一种新型战舰。史书上关于车船最早的明确记载里写道:这种战舰两侧分别装置一个轮桨,士兵用脚踩踏,带动轮桨转动,使舰前进,能取得与挂帆船一样的速度。

宋朝时车船才得到实际应用和发展。北宋李纲根据李皋的遗制,造战舰数十艘,上下 3 层,装置车轮,用脚踩踏前进。车船作为水军的新型战舰列入编制的时代是南宋。1131 年,鼎州(今湖南常德)知州程昌寓命令南宋造船厂工匠高宣打造了 8 艘车船来镇压杨幺起义。这种车船用人力踏车行驶,船旁设置车板,速度很快,却不见船桨,被人们叹为神奇。交战中,起义军俘获了造船工匠高宣并夺了车船 8 艘。高宣又在起义军中对车船进行了改造。他在两个月内为杨幺的起义军建造了大小船 10 多种、数百只,其中"和州载号"有 24 个轮子,"大德山号"有 32 个轮子,其上层还有 3 层建筑,高达 10 丈以上,可以载 1000 名士兵,前、后、左、右都装有拍竿。这种车船在和南宋战舰交锋中以轮击水,行驶如飞,官军的船只迎上去就被拍竿击碎。起义军在几百只官船中如入无人之境,擂鼓呐喊,踏车回旋,横冲乱撞,官军闻风丧胆。从此,杨幺的起义军声威大震。由此可见,车船在杨幺起义军的作战中发挥了相当大的威力。

1179 年,在江西出现了一种被当地人称为马船的新的车船,船上装有女墙、轮桨,可以拆卸。平时可以作为渡船运送物资,战时可以改装成战船用来作战。1183 年,陈镗建造了多达 90 轮的车船,从而使其航行速度更快。但是车船作为民间船只,一直没有发展起来。虽然如同许多专家说的那样,车船的发明给当今轮船的发展奠定了基础,也显示了中国古代人民的创造才能,但它只能算作轮船的始祖。因为外国人发明轮船不是受中国古代车船的启发的,二者的动力来源本身就不一样,一个是依靠人力,一个是依靠蒸汽动力。

《山海经》到底是何书

《山海经》是我国第一部描绘山川与物产、风俗与民情的大部头地理著作,还是我国古代第一部神话传说的大汇编,有着巨大的文化价值与历史价值。全书共 18 篇,分为《山经》和《海经》两个部分。然而,对于这样一部体系庞大的"怪"书的性质归类,却是各有各的看法。

有一种比较有影响力的观点认为,《山海经》是一部巫术之书,即祭祀的礼书和方士之书,是古人行施巫术的参考书。鲁迅在《中国小说史略》中称:"《山海经》……盖古之巫书也。"他的观点对中国学者产生了重大的影响,绝大多数人都持此种观点。班固把《山海经》置于"术数略"的"形法家",是"大举九州之势"而求其"贵贱吉凶",类似后世讲究"风水"的迷信之书。这是对《山海经》性质的最早的说明。后司马迁认为它荒诞不经,难登大雅之堂,认为《山海经》中虽然记载了方位、山川、异域,但那是因为祭祀神灵的需要,如《海外西经》记载的"登葆山,群巫所从上下也"。此外,《海经》中所记载的海外殊方异域、神人居住的地方、怪物的藏身之处,都是秦汉间鼓吹神仙之术的方士的奇谈。由于诸多对巫术和祭祀的记载,《山海经》被归类为语怪、巫术书。

茅盾从神话学角度把《山海经》归为一部杂乱无章的神话总集,专记古怪荒诞的神话故事。这一看法很具有普遍性。《山海经》所收的神话故事源自上古历史传说,以及各地诸侯国的报表文书和采自民间的神话故事。如我们周知的"女娲补天"就来自于《大荒西经》,还有《大荒北经》中的夸父追日、《北山经》中的精卫填海、后羿射日、共工怒触不周山、大禹治水、黄帝擒蚩尤等这些神话传说都来自于《山海经》中的记载。

此外,还有不少学者认为《山海经》是一部自然地理和人文地理专著,是"第一部有科学价值的地理书",具有极高的军事价值和政治价值。它详细地记载了境内山川地貌的距离和里数,还记录了各个地区的山脉、河流,以及草木、鸟兽、矿藏等,还有关于各地的特产和风情的记载。

近世的许多学者也都认为它是一部既有科学内容、又杂有巫术迷信成分的地理志。既是历史地理学家又精通古代神话和宗教的顾颉刚颇赞同此观点,或许是为了在巫书与地理志之间寻求一种平衡与融合。很长一段时间内,《山海经》是地理书似乎成了定论。但是后来也有人认为,虽然《山海经》记述了山川、异域,但是它并不是以讲述地理为目的,不能够把它误认为是一部实用的地理书。

还有一种观点,认为《山海经》是根据图画记述的。在晋代,陶渊明有诗曰:"泛览周王传,流观山海图。俯仰终宇宙,不乐复何如?"《山海经》中有些文字,如"叔均方耕"、"长臂人两手各操一鱼",确实是根据图片来述说的。根据我国古代很早就有的关于山川地图的记载,可以推测出《山海经》成书时有一种绘载山川道里、神人异物的图画,也就是说最早的《山海经》是图文并茂的,上面既有图形图画,多为一幅幅线描的怪兽人神插图,也有文字,还有大量图画式的文字。

《山海经》是实用的自然地理和人文地理专著,还是杂乱古怪的神话?是奇士编撰的小说,还是巫术和方士之书?它成书于什么时代,作者又是谁?谜底仍未解开,还有待于新的发现和进一步探讨。

谁绘制了最早的古地图

世界的七大洲中,南极洲是最晚被人们所认识的大洲。并且因为南极洲终年有风暴雪,气候条件十分恶劣,鲜有人类居住在南极洲。可是,一幅古地图的发现却打破了人们这固有的观念,这幅古地图说明了早在几千年前,人类就已经开始了对南极的探险,并且绘制了最早的地图。这是多么不可思议的事情,令人惊讶不已又令人高度兴奋。

最早的古地图是皮瑞雷亚斯的地图,它不是任何的骗局,而是1513年在君士坦丁堡绘制成的。1957年,古地图被送到了美国海军制图专家、休斯敦天文台主任汉南姆那里。经过科学分析研究,认定古地图不仅异常准确地描绘了地球外貌,而且包括了一些我们今天也很少

可怕的现象

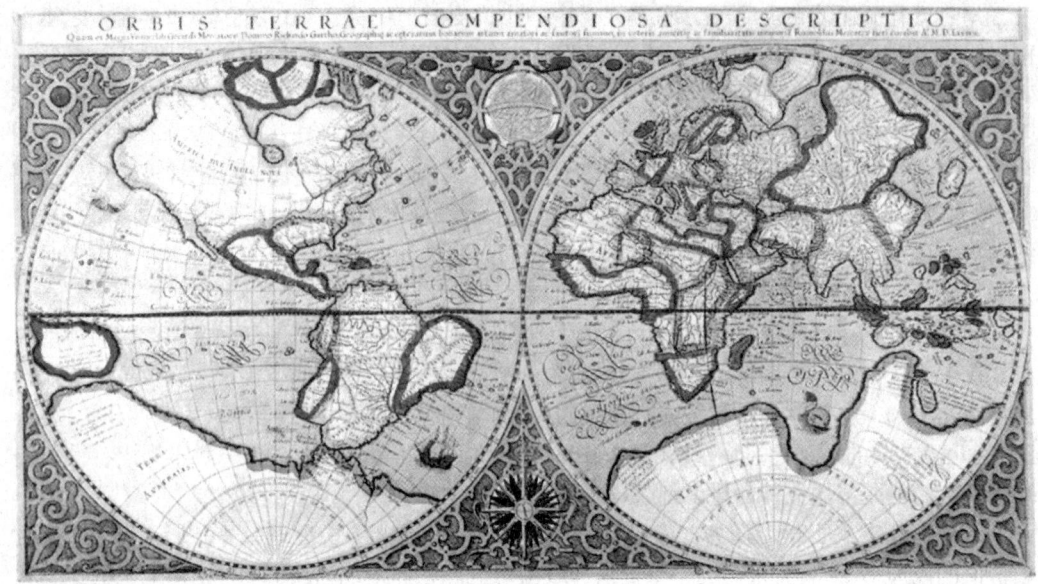

这是18世纪欧洲人绘制的世界地图,从中可以看出人们对世界的认识不很全面。

勘察或者根本没有发现过的地方。这幅古地图被称为了"古地图之谜",是世界的重大奇迹之一,那么,它的"奇"究竟在什么地方表现出来的?

第一,南极洲图形之谜。这幅古地图描绘的是"冰层下的地形",也就是南极洲毛德王后地被冰雪覆盖之前的真正面貌。自从公元前4000年,毛德王后地被冰雪覆盖以来,世人就无缘一睹它的真面目。直到1949年,英国和瑞典的一支科学考察队抵达南极,对毛德王后地展开全面的地震调查,人们才一睹它的"芳容"。

难以想象18世纪之前,在任何人都不可能知道南极洲的真实面目的情况下,古地图的绘制者却绘制了精确而且清晰的南极洲,他们难道到过南极?更令人不解的是,几千年来,人们并不知道南极洲厚达4500多米的冰层下面有山脉,但是古地图不但绘制了这些山脉,有的甚至表出了高度。我们今天的地图是借助回声探测仪才绘制出来的,那么古地图的绘制者是怎么知道这一切的?

第二,"泽诺地图"之谜。"泽诺地图"上的挪威、瑞典、德国、苏格兰等地的精确度以及岛屿经纬的精确度,达到了令我们今天的现代人吃惊的地步。除了精确之外,"泽诺地图"还绘有今天并不存在的岛屿。根据专家的猜测,这些岛屿以前确实是存在过,不过现在已经沉入了海底,还有一种可能就是它们已经被南下的巨大冰块所覆盖了。这些岛屿的存在证明了地图的真实性,难道会有今天的人们来绘制早就已经不存在的岛屿吗?地图的真实反而使我们有了更多的困惑:远古的人类,科学难道已经发达到如此的地步,以至于他们竟然可以绘制这样精确的地图?他们的地图有什么作用吗?他们应该不是为了绘制而简单地描画了远古的地形的,那么,地图的用途是什么呢?难道是古人远航所用的吗?

如果要绘制这样精确的地图,就必须具备两个基本的条件,其一是必须在空中飞行,其二是必须有在空中拍摄的器具与技术。人类掌握空中拍摄的技术不过是近期的事情,古代的人们是如何掌握了这样的技术?他们的拍摄的器具又是如何制造的呢?如果古人不具备这样的条件,他们又是怎样绘制出地图的呢?并且地图的精确度是这样的令我们赞叹!

是外星人帮助我们的古人绘制的地图吗？很明显，许多学者并不赞同这样的观点。那么，如果不是天外来客的帮助，我们的祖先是怎样绘制出地图的呢？到底是什么人绘制了地图？他们又是采用了什么样的方法来绘制的呢？他们绘制这样的地图的用意是什么呢？他们为什么要绘制在今天看来超出了他们的实际需求的地图呢？

面对这样的疑问，我们期盼学者们的研究会给我们一个满意的答案，我们或许只能期盼来自未来的回答了。

火箭是哪个国家最先发明的

首先在《兵法十二篇》中提出拜占庭皇帝列奥六世（公元866~912年）时士兵用的一种投火器，很有可能是火箭，是意大利人瓦尔图在1450年提出来的。这便是火箭源于拜占庭说的开始。此后有不少英法学者对这一观点表示赞同。

18世纪的英国东方学者哈尔海德则提出了印度是火箭发明国的说法。1776年，在哈尔海德翻译印度《摩奴法典》时，有"火炮或任何种类火器"、"火炮"的句子。《摩奴法典》汇编了古印度的宗教、哲学和法律，编成时间大约在公元前3~前2世纪间。如果那时已有火炮或其他种类的火器的话，火药的产生当比此时早。众所周知，世界公认火药是中国古代的四大发明之一。与唐初炼丹家和药物学家孙思邈最早记录火药的配方时间相隔千年，众多学者因此对之提出质疑，印度学者赖伊即指出哈尔海德的译文中存在错误。

美国学者维特认为以上是因为传说、神话被学者当成了史料，因而结论自然是错误的。他这样分析是不无道理的。但那些相信印度起源说的人并不以之为然，因而也只能代表一种观点。在《论火箭的起源》一文中，潘吉星认为在1222年印度本土最早出现火箭，那时火箭曾被蒙古军在对花剌子模国王札兰丁实施追击时曾在北印度使用过。这就是说，在1222年以前印度人根本搞不清楚火箭是怎样的东西。

对火箭源于中国这一观点表示赞同的中外学者，一般认为宋代是火箭的最早发端年代。

在鱼豢的《魏略》中始见"火箭"一词。《魏略》中记载魏明帝太和二年（228年）十二月，诸葛亮攻郝昭，郝昭射诸葛亮的云梯的武器即是火箭。不过那时的火箭并非用火药来推进的，而是在普通的箭上扎上一些耐烧的艾叶、松香和油脂一类的东西，然后用弓箭射出。

印度火器史学家戈代认为火药和火箭的起源地均是中国，是在14世纪以后才陆续传入印度，而这时中国的火箭已出现很长时间了。

著名的科技史学家李约瑟也说："中世纪中国的最伟大的成就之一是火药和火药武器的发展。"在中国古代典籍中关于火箭的记载也有很多，诸如《宋史·兵志》、《武经总要》等。但仍有人质疑中国是火箭发明国的说法。质疑的根据是丘濬的《大学衍义补》，丘濬（1420~1492年）这样说："宋太祖时始有火箭，真宗时始有火球之名，然或假木箭以发，未知是今之火药否也？历考吏制，皆所不载。不知此药于何时仿于何人？意者谓在隋唐以后始自西域，与俗谓烟火者同至中国欤？"中国火箭西来说是由英国汉学家梅辉立首先提出的，他认为6世纪火箭才传入中国。然而仅凭此一条史料，似乎又有点势单力薄，难以说明问题。因此火箭到底起源于哪一国，还有待于进一步深入研究。

明代古海船之谜

明代开国几十年后，中国广州等沿海的大都市发展得十分繁荣。在经济获得良好的发展之后，发展海外交通和海外贸易已经是十分迫切的事。明成祖也想利用对外活动，展示自己

□可怕的现象

的实力，并建立自己的声望。因此，远航活动就势在必行了。要航海就要有能经受大风大浪的海船，明代能造出巨型海船吗？答案是肯定的，因为郑和七次下西洋都使用了巨型海船，并顺利出访远在地球另一边的国家。

不过据史书描述，郑和用的船却不是一般的大，而是惊人的大，明代真的能造出这样的船吗？

在郑和下西洋的船队中，有5种类型的船舶。第一种类型叫"宝船"。最大的宝船长44丈4尺，宽18丈，载重量800吨。这种船可容纳上千人，是当时世界上最大的船只。它体式巍然，巨无匹敌。它的铁舵需要二三百人才能举动。第二种叫"马船"，长37丈，宽15丈。第三种叫"粮船"，它长28丈，宽12丈。第四种叫"坐船"，长24丈，宽9丈4尺。第五种叫"战船"，长18丈，宽6丈8尺。

人们从这些原始记载里了解宝船的概貌，可是疑问也就从此产生了。船到底有多大？这是难解之谜。有的研究者把马欢记述的宝船尺度换算成现代公制，因明代的1尺相当于今天的31厘米，故宝船竟长达138米、宽为56米，这种巨型的木帆船，其排水量估计在3万吨左右，比现代国产万吨货轮还要大得多！宝船规模如此之大，引起了国内外学者的浓厚兴趣，这样在研究中便产生了一个疑问：如此大的"宝船"在明代可能出现吗？

第一种观点，有人相信史籍中关于宝船尺度的记载。他们认为，从历史渊源、明代生产技术水平、中国以及世界造船能力来看，出现郑和宝船那样的奇迹，并不是不可能的。汉朝时，我们已经是世界上最强大的海洋大国，我们的海上"丝绸之路"已经延伸到了印度洋西北。中国是有航海传统的国家，郑和下西洋，不是一个偶然，而是一个必然，它是在我们前面航海传统上的延续。

郑和下西洋也需要造那么大的船，一是装载官军及应用物资的需要；二是装载赏赐品和贸易物资的需要；三是"欲耀兵异域，示中国富强"的需要。由此可见，不单是远洋航行的需要，特别是明朝政治上的耀兵、经济上示富的需要，促使郑和下西洋建造起这么大的船舶来。

郑和宝船与当时的其他船舶和现代船舶相比较，是很宽的。宽的船体对航行速度不利，为什么用于远洋的郑和宝船却如此之宽呢？原来，当时船舶均由木材建造，作为远洋航行的船只，就需要随带大量的人员和食品以及应付各种需要的财物，也就是说需要大的载重量和众多的舱室，而要增大载重量和舱室，就需要增加船长和船宽。

第二种观点，认为《明史》没错，船的大小却不同。他们说《明史》记载宝船尺度是可信的，只是其使用的尺度不一样。其使用的度量尺度与明代通用的尺度不同，明代通用尺寸1尺相当于现在的31厘米，而量古船的尺度为更古老的"七寸"尺，这种尺在上古是通行的，相当于20多厘米。不过即使这样，古船也是大得惊人，充分说明我国造船业的先进。

第三种观点，认为不会有那么大的船。他们认为，如果按照《明史》对古船的描述，古船大到超越现代万吨巨轮的程度，这显然不可能，因此，只能是史籍中的记载发生了错误。真正的史书已经被毁，《明史》本身的真实性受到怀疑，而且古人也一直有夸大的传统。

他们引用了南京静海寺出土的郑和下西洋残碑，碑文里说郑和船队为2000料或1500料的海船，据此推算，这种船只能是十几丈长宽而已。因此，郑和下西洋所乘宝船的尺寸，颇有可能是：长18丈，宽4.4丈。在明代有可能出现这样大小的船，但也不可能造得太多。

明代能否造出这么大的海船还有待考证，但我国当时的造船、航海技术是一流的，这一点却是不容怀疑的。